일본의—혐한

태가트 머피 R. Taggart Murphy 지음

윤영수·박경환 옮김

일본의 굴레

Japan and the Shackles of the Past

헤이안 시대에서
타임의 눈으로 읽어낸 복잡다단, ──
아베 정권까지,
복잡다단한 흐름을 담대한 역사 읽기로 그린

글항아리

오사무에게

I

Allegro con spirito

2부 오늘의 일본을 구속하고 있는 어제의 굴레

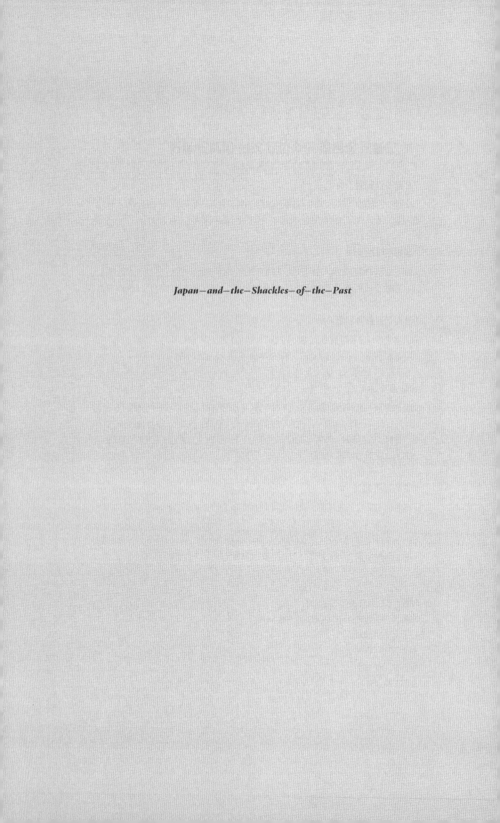

Japan—and—the—Shackles—of—the—Past

1982년 여름 20대 초반의 나이에 일본을 처음 방문했던 나는 충격에 빠졌다. 처음으로 땅을 밟는 외국이었는데 너무나 익숙했다. 내가 일생을 살아왔던 한국 사회의 모습이 거기에 있었다. 내가 익숙하던 일상의 자잘한 모든 것이 거의 다 일본에서 건너온 것으로 착각될 정도였다. 그게 아니고선 이렇게 흡사할 수가 없었다. 도쿄 시내 건물과 길거리 풍경은 물론, 뒷골목 담장부터 밤 유흥가 거리 모습 하나하나가 다 그랬다. 글과 말만 다르지 겉으로 보면 다를 것이 없는 세상이 비행기로 두 시간 만에 도착한 곳에 있었다. 이처럼 일본은 전 세계에서 한국과 가장 비슷한 나라다. 그 후 나는 일본에 큰 관심을 갖게 되었다. 한국의 미래를 알기 위해선 현재의 일본을 알아야 한다고 생각했기 때문에.

하지만 나에게 일본은 가장 이해하기 어려운 나라다. 역사적으로, 문화적으로, 경제적으로 가장 가까운 나라이니 서양인에 비해 직관적으로 이해하기 쉬워야 한다. 개인적으로 친하게 지내는 일본인 친구들도 있다. 그러나 알면 알수록 이해하기 어려운 것이 한두 가지가 아니었다. 자살 행위라는 것을 모르지 않으면서도 제2차 세계대전을 도발한 것, 광기에 가까운 외국인 혐오증을 보이다가 항복 후엔 너무나 순종적 자세를 보인 것 등은 겉으로 드러난 현상으로서는 이미 잘 알려져 있다. 하지만 그것이 어떤 집단적 논리와 설득을 거쳐서 가능했는지는 외국인으로서 이해하기 어렵다. 2011년 후쿠시마 지진 때 일본인들이 보인 성숙한 시민의식에 비해 일본 정부와 도쿄전력이 보인 무책임하고 기만적인 일 처리를 보면서 이것이 어떻게 같은 사회 안에서 동시 병립이 가능한지 물을 수밖에 없었다.

아마 일본에서 가장 이해하기 어려운 것은 그 나라의 정치일 것이다. 제2차 세계대전의 잘못을 인정하지 않는 일본 정치인들 얘기는 잘 알려져 있다. 명색이 민주국가인데도 거의 60년간 자민당이 장기 집권하는 것도 이상하기 짝이 없는 현상이다. 2010년경 모처럼 정권을 잡은 민주당이 4년 만에 붕괴된 것도 미스터리다. 1980년대 이후 일본 총리들의 면면을 보면 최근까지 세계에서 두 번째, 지금도 여전히 세 번째로 경제 규모가 큰 나라인데 저렇게 부실한 정치 지도자들을 돌아가며 선출하는 것은 신기할 정도다. 세계 3위인 경제 규모에 걸맞지 않게 일본이 국제 사회에서 전혀 영향력을 발휘하지 못하고 미국에 종속되어 끌려다니는 것 역시 누가 봐도 이해하기 어렵다.

그런 점에서 태가트 머피 교수의 이번 책은 일본을 알고 싶어하지만 외부인으로서 이해하기 어려운 구석이 너무 많아 당혹스러워하는 사람들에게 매우 요긴한 책으로 보인다. 그의 가장 큰 장점은 그가 일본을 외부자의 시각에서 보면서도 내부자의 감각과 호흡을 이해하는 사람이라는 점일 것이다. 서양인이 일본에 관해 쓴 책은 대개 몇 년 정도 특파원으로 일한 언론인이나 몇 달간 방문한 학자들이 쓴 것이다. 그에 비해 머피 교수는 미국인이지만 지난 40년간 일본에서 산 사람이다. 게다가 처음엔 투자은행가로서, 나중엔 쓰쿠바대학 교수로서 살면서 일본 사회가 내부적으로 어떻게 돌아가는지를 몸소 체험한 사람이다.

사실 나는 번역자로부터 추천사 의뢰를 받고 놀랐다. 저자가 머피 교수였기 때문이다. 번역자는 내가 그를 알고 있는 줄 모르고 부탁했지만 나는 그와 2000년에 한 번 만난 적이 있다. 그가 과거에 썼던 책, *The Weight of the Yen*에 매료되어 흠모하는 마음이 생겨 일본에 사는 그에게 연락해서 저녁 식사를 같이 했다. 그런 내가 20년이 지나 생면부지인 분으로부터 머피 교수가 쓴 책을 번역했는데 그에 대한 추천사를 써달라는 요청을 받다니 이런 우연이 있을 수 있는가!

내가 왜 그의 책에 매료되었는지를 설명해보자. 20세기 말 당시 외환위기 직전에 귀국해서 내가 접한 한국 경제는 그야말로 이해가 불가능했다. 특히 금융 시스템은 상식적으로 이해하기 어려운 구석이 한두 가지가 아니었다. 자기들이 개방한 자본시장 앞에서 무얼 해야 하는지 모르는 것같이 허둥대는 재경부 관료들, 신용 위험은 전혀 안중에 없는 듯이 행동하는 국내 은행들, 수익성은 무시하고 남의 돈으로 덩치만 키우려는 기업 경영자들. 이렇게 하고도 경제가 돌아가는 게 신기했는데 결국은 사달이 났다. 하지만 위기가 발생하고 나서도 도대체 어디부터 손을 대야 하는지, 여러 나라의 경제 정책을 분석해온 나로서도 갈피를 잡기가 어려웠다.

그러던 중 우연히 외국 잡지에 난 서평을 보고 그의 책을 구입해 읽은 나는 눈이 확 뜨이는 느낌을 받았다. 그가 전하는 얘기는 일반 경제학자의 설명과 성격이 달랐다. 머피 교수는 버블기 일본에서 투자은행가로 직접 일한 경험을 갖고 있었기 때문에 그는 일본 금융 산업과 기업 내부에서 무슨 일이 벌어지고 있었는지를 내부자로서 생생하게 겪었다. 일본 경제가 실제로 어떤 논리에 따라 움직이고 어떤 딜레마에 빠져 있었는지를 설명하는 그의 글은 마치 내가 내 눈앞에서 벌어지고 있는 한국 경제의 작동 원리 및 딜레마를 설명하는 듯했다. 그저 다른 것이 있다면 한국 경제가 일본보다 더 허술하고 부실했다는 점뿐이었다.

이렇게 외부자로서의 시각과 내부자로서의 이해를 모두 갖춘 그의 설명을 읽으면서 나는 한국 경제에 대해 내가 갖고 있던 복잡한 생각들이 한꺼번에 정리되는 느낌을 받았다. 그래서 나는 일본에 회사 일로 체류하게 되었을 때 굳이 그에게 연락해 좋은 책을 써주어서 감사하다는 마음을 표시했던 것이다.

이번에 출간되는 이 책은 과거 그의 책이 경제와 금융에 국한되었던 것과 달리 정치, 경제, 사회, 문화, 역사를 모두 다루고 있다. 그가 책 서문에서 말했듯이 일본의 정치와 경제에 대해 갖고 있는 그의 생각을 역사 및 문화에 대한 그의 생각과 결합시킨 것이다. 내가 보기에 이 책은 과거 그의 책과 같은 장점을 갖고 있다. 외부자적인 시각과 내부자적인 이해를 겸비한 저자가 제공하는 다면적인 일본 사회 분석은 그 어디에서도 보지 못했던 통찰을 제공한다. 복잡하고 이해하기 어려운 현대 일본의 사회 현상 뒤에 어떤 역사적 배경과 경제적 논리가 숨어 있는지를 이만큼 총체적이면서도 촘촘하게 엮어 설명해낸 책을 나는 아직 읽어본 적이 없다.

한국에는 일본에 대해 관심과 호기심을 가진 사람이 많다. 그러나 나처럼 대부분의 사람은 깊이 알아보거나 생각해볼 기회가 없다. 그런 사람들에게 이 책은 현재 일본이 과거 일본과 어떻게 연결되어 있고, 과거 일본이 어떻게 지금의 일본을 구속하고 있는지를 잘 설명해줄 것이다. 이 책을 읽고 나서 많은 독자는 현대 일본을 더 잘 이해할 수 있게 될 뿐만 아니라 한국이 갖고 있는 문제와 고민이 일본의 것들과 별로 다르지 않다는 사실도 깨달을 것이다. 이것이 우리가 일본을 알아야 하는 또 다른 이유이기도 하다.

주진형, 『경제, 알아야 바꾼다』 저자

Japan—and—the—Shackles—of—the—Past

이 책은 옥스퍼드대학 출판사의 '누구나 알아야 하는 지식What Everyone Needs to Know' 시리즈의 한 권으로 시작되었다. 이 시리즈의 다른 주제들 만큼 일본 또한 중요하게 다뤄질 만한 주제였기에, 데이비드 맥브라이드로부터 집필을 의뢰받았을 때 대단히 영광이었다. 하지만 불안하기도 했다. 일본에 대해 조금이라도 아는 독자라면 이런 제목의 책을 집어들지는 않을 테고, 나머지 사람들은 아예 관심이 없을 것이기 때문이었다. 2010년, 세상 사람들이 일본에 대해 관심을 갖고 있던 유일한 분야는 문화였다. 일본 음식, 전통 예술, 현대 패션과 디자인, 하루키의 소설, 기괴한 영화와 만화 같은 것들 말이다. 나처럼 인생이 일본과 깊숙이 얽혀버린 특이한 경우가 아니라면 일본의 정치, 비즈니스, 경제에 관심을 갖는 사람들의 목적은 오로지 반면교사로서의 교훈을 얻기 위함일 것이었다. 이런 생각에는 오류가 있다고 생각하지만(반면교사로서의 교훈 외에도 일본으로부터 얻을 수 있는 교훈은 훨씬 다양하다), 내가 예전에 쓴 글들은 모두 이제 아무도 신경 쓰지 않는 듯한 주제인 바로 그 일본의 정치, 비즈니스, 경제에 관한 것이다. 내가 책 한 권을 더 써낸다고 해서 이런 상황이 바뀌지는 않을 테고, 한때 전 세계를 매료시켰던 일본에 대한 관심을 다시 불러일으키지도 못할 것이었다.

하지만 데이비드의 제안은 나에게 다른 종류의 글쓰기를 통해서는 불가능한 작업을 해볼 기회를 마련해주었다. 그것은 일본의 정치와 경제에 관한 생각을, 여전히 사람들이 꾸준한 관심을 갖고 있는 분야인 역사 및 문화와 결합시켜보는 작업이었다. 잘 알려져 있지는 않지만, 지금의 세계 금융시장의 틀을 형성하는 데 일본의 여신與信 창조가 수행해온 중심적인 역할 같은 것을 곰곰이 생각해보면(내 다른 저작들을 관통하는 주제다) 이슈들을 하나하나 떼어놓고서는 일본을 이해하기 어렵다는 생각이 든다. 일본 경험의 총합을 다루지 않고서는 일본 현실의 그 어느 측면도 이해하기 어렵다는 생각이다. 달리 말하자면, 일본 은행의 통화 정책, 일본 기업의 인사 관행, 도쿄의 기묘한 스트리트 패션, 일본 정치의 끊임없는 의자 뺏기 놀이, 수 세기에 걸친 일본의 쇄국, 이런 문제들이 어떤 식으로든 서로 연결되어 있다는 뜻이다. 데이비드는 나에게 이런 연결 고리들을 이리저리 해독해볼 수 있는 기회를 주었다. 이 책을 읽는 사람이 많지 않다고 하더라도, 이 글을 쓰는 작업은 내가 열다섯 살 때 낡고 북적이는 하네다 공항에 내려서, 장거리 버스를 타고 한 번도 본 적 없는 회색의 약동하는 도시의 풍경을 봤을 때부터 나를 사로잡았던 주제들을 정리하고, 내 평생의 사유에 질서를 부여할 기회를 줄 것이었다. 그렇게 나는 책을 쓰기로 결심했다.

집필을 채 시작하기도 전에, 아무도 일본에 별 관심이 없을 거라는 내 생각이 틀렸을지도 모름을 증명해주는 사건이 발생했다. 2011년 3월, 무시무시한 지진과 쓰나미가 전 세계의 이목을 일본에 집중시킨 것이다. 사람들은 삶이 산산조각 난 수만 명의 일본인이 보여준 영웅적인 행동과 인도주의에 감탄을 금치 못했다. 그러다가 후쿠시마 원전이 파괴되고, 원전 뒤에 가려진 내막에 대한 뉴스들이 나오면서, 여기저기서 질문이 터져나오기 시작했다. 놀랄 만한 사회적 단결력과 인간의 품위를 보여주는 한편, 지진에 취약한 영토를 이토록 무섭고도 무자비한 에너지원에 종속시켜버린 지도층을 양산해내는 이 나라는 도대체 무엇인가? 그런 리스크를 지도층이 범죄 행위에 가까운 무시로 일관해왔다니?

원고를 쓰는 와중에, 이런 종류의 질문이 나올 법한 각종 토론장에서 또 다른 질문들도 쏟아져 나오기 시작했다. 명백히 무능한 집권당을 선거로 쫓아내고는 4년도 되지 않아 다시 그 당을 뽑는 유권자들은 어떻게 된 것인가? 선진국 진영에서 가장 '우익'인 정부가 가장 '좌익'스러운 통화 및 재정 정책들을 섞어 쓰는 일은 어떻게 가능한가? 동아시아에서 점점 고조되어가는 호전적인 논쟁들은 과연 전쟁으로까지 이어질 만한 실수를 유발할 것인가? 해외의 다른 나라들(주로 미국)도 그 갈등 구조에 말려들어갈 것인가? 그제야 이 책은 어쩌면 나의 자기만족을 위해서 쓰는 것만이 아닐지도 모른다는 생각이 들었다.

이 책이 이런 질문들을 제기하고 대답하는 데 있어 조금이라도 성공했다면, 그것은 모두 집필과정에서 나를 도와준 이들 덕분이다. 그 첫 번째는 역시 이 프로젝트의 가능성을 처음 읽어내고 수고스럽게도 나를 찾아내 책을 쓰도록 격려해준 데이비드 맥브라이드다. 그는 책의 내용이 애초보다 불어나가는 과정에서 내가 그 작업을 끝마칠 수 있도록 인내심을 갖고 기다려주었다. '누구나 알아야 하는 지식' 시리즈의 포맷을 뛰어넘고 싶어하는 나의 욕심을 알아차리고는, 원래 시리즈의 요구에 부합하도록 나에게 강요하기는커녕, 이 책이 지금의 모양새를 갖출 수 있도록 재설계하는 데 갖은 지원을 아끼지 않았다. 『아시아 퍼시픽 저널Asia Pacific Journal』(http://japanfocus.org)의 마크 셀던과 개번 매코

맥은 애초에 데이비드의 관심을 끌었던 내 글들을 선보일 수 있는 장을 마련해주었다. 마크는 원고의 일부를 읽어보고 그만의 날카로운 조언들을 해주었다. 로버트 알리버, 구미코 마키하라, 레오 필립스도 여러 부분을 미리 읽고 헤아릴 수 없이 많은 유용한 의견을 주었다.

처음 글을 쓰기 시작하면서 이상적인 독자가 한 명 필요했다. 일본에 많이 와본 적도 없고 일본에 대해 생각해볼 여유도 별로 없지만, 일본에 관심이 있고 호기심을 가진 내 책의 독자층을 대변할 만한 사람. 조지 윌리어드가 바로 그런 사람이었다. 조지는 이상적인 독자이자 좋은 친구일 뿐 아니라 훌륭한 편집자이자 본인 또한 뛰어난 작가다. 나는 모든 원고를 조지에게 보여주었고, 그는 과분한 시간과 노력을 들여 내 생각이 모호하거나 혼란스럽거나 충분히 발현되지 못할 때는 지적해주며, 작가라면 누구라도 바랄 만한 세심함으로 답해주었다. 그에게 많은 빚을 졌다.

로드니 암스트롱에게도 빚이 있다. 원래는 오키나와 후텐마 미 해병 기지 이전에 관한 논쟁을 다룬 그의 박식한 글을 「NBR 재팬 포럼」에서 보고 그에게 관심을 갖게 되었다. 그렇게 로드니와 연락을 취했고, 그는 몇 시간이고 관련된 이슈에 관해 나와 얘기하고는 내가 그 주제에 대해 쓴 글을 섬세하고 비판적인 눈으로 읽어주었다. 이 자리를 빌려 깊이 감사드린다.

카럴 판볼페런의 글과 친숙한 깨어 있는 독자라면 내가 그에게도 많은 빚이 있다는 것을 이미 알고 있을 것이다. 그의 글과 그가 몸소 보여준 롤 모델이 없이 이 책을 구상할 수는 없었다. 카럴은 내가 글을 쓰는 동안 가감 없이 독려해주었고, 특히 마지막 두 장을 쓰는 데 그의 의견은 큰 도움이 되었다.

초고를 마치면서 두 친구에게 원고 전체를 읽고 내 생각이 잘못된 부분은 없는지, 어떻게 고치면 좋을지 의견을 달라고 부탁했다. 후쿠하라 도시오와 마이크 베레토는 일본과 미국 어느 쪽의 눈으로도 세상을 볼 수 있는, 내가 아는 한 가장 완벽하게 이중 문화적인 사람들이다. 우리 의견이 모두 일치하는 것은 아니고, 그들도 내가 쓴 내용에 모두 동의하지는 않는다. 하지만 두 사람이 한 줄 한 줄 꼼꼼히 읽어가며 해준 코멘트들은 어마어마한 가치가 있었다. 감사를 표한다.

나의 존재를 모를 것이 거의 확실한 누군가에게도 감사하고 싶다. 로버트 카로다. 일본 정치에 관한 10장을 쓰면서, 그가 쓴 미완의 걸작인 린든 존슨 전기 *The Years of Lyndon Johnson*를 마침내 읽었다. 카로의 글은, 지난 반세기 동안 펼쳐진 일본 정계의 역사에서 다나카 가쿠에이田中角榮(1918~1993)가 수행해온 중추적인 역할에 주목할 수 있도록 해주었다.

지도에 관한 조언이 필요할 때면 내 동생인 알렉산더에게 물어보았다. 내 평생의 든든한 조원자이자 지적 자극의 원천인 알렉은 자신이 가르치던 대학원생인 니컬러스 퍼듀를 추천해주었고, 니컬러스는 훌륭한 작업을 해주었다. 두 사람 모두에게 감사한다.

책의 상당 부분을 내 가까운 친구인 린다와 랜스 로버츠의 아름다운 싱가포르 자택에서 썼다. 집을 흔쾌히 내준 것에 감사한다.

책을 착안해서 출판할 때까지 여러 번 뉴욕에 다녀와야 했다. 내 경영대학원 동기인 준 마키하라와 미미 오카는 내가 뉴욕에 갈 때마다 이스트 빌리지에 있는 아름다운 자택의 게스트윙을 숙소로 쓸 수 있게 해주었다. 감사할 따름이다. 두 사람은 가까운 친구이기도 하지만 지난 수십 년간 일본 자체는 물론 세계 속 일본의 위상에 관해 중요한 통찰의 원천이 되어주었다. 또한 오자와 이치로小澤一郎(1942~)의 커리어와 그가 끼친 영향에 대한 논의를 조사하면서도 두 사람의 덕을 보았다. 미미의 아버지는 오자와에 대한 중요한 전기를 쓴 저명한 저널리스트 다카시 오카다.

책의 대부분은 쓰쿠바대학 도쿄 캠퍼스의 국제 비즈니스 MBA 프로그램이 있는 내 사무실에서 썼다. 일본에 대해 지나치게 비관적이 될 때마다 내 동료와 학생들은 물론이고, MBA 프로그램 자체가 훌륭한 교정 역할을 해주었다. 이 프로그램의 존재, 그리고 쓰쿠바대학과 나아가서는 문부과학성으로부터의 지원은, 일본을 구속하고 있는 과거의 굴레를 벗기고자 하는 사람들이 일본에 존재하고 있다는 증거다. 어둠을 탓하기보다 촛불을 드는 사람들이 있다는 증거.

동료 교수들은 무한한 지적 자극과 동료애로 나를 지지해주었다. 우리 학교 학생들로 말할 것 같으면, 일본의 운명이 우리 학생들과 같은 사람들의 손에 맡겨진다면 우리는 일본의 미래에 대해 그다지 걱정할 필요가 없다고 말하고 싶다. 외국에서 온 유학생의 경우도, 그들이 본국과 일본과의 관계를 만들어가는 데 역할을 한다면 일본이 다른 나라와 맺는 관계에 대해서도 걱정하지 않아도 될 것이다.

원고를 마칠 즈음, 내 사랑하는 고모 에델 굴스비가 세상을 떠나면서 아버지가 제2차 세계대전 당시 집으로 보낸 편지들이 빛을 보게 되었다. 아버지는 태평양전쟁을 직접 겪었다. 수백만의 다른 젊은이와 함께, 자신들이 일으키지도 않은 전쟁에 나가 싸우고 목숨을 내놓도록 동원되었다. 편지는 나를 사로잡았다. 나에게 더없이 소중했던 아버지, 자라면서 어렴풋이 보기만 했던 아버지의 또 다른 면을 알 수 있게 되어서뿐만은 아니었다. 아버지는 편지를 썼을 때 갓 소년티를 벗은 나이였다. 따라서 편지들을 보면, 특히 할머니에게 보낸 편지들을 보면 "우리는 왜 싸우는가"라든지 "잽스Japs, 닙스Nips" 같은 단어를 써가며 일본을 비하하는 상투적인 정서들이 아버지의 부대가 주둔해 있던 필리핀 사회에 대한 날카롭고 흥미로운 관찰과 함께 드러나 있다. 하지만 누나인 마조리에게 보낸 편지에서 아버지는 할머니가 걱정하시지 않도록 편지 내용을 순화했음을 고백하고 있다. 마조리에게 보낸 편지에는 고향에 대한 고통스러운 그리움, "상상을 넘어서는 멍함에 짓눌린 수많은 시간", 부대가 습격을 받았을 때의 "순수한 공포"가 기록되어 있다. "뱃속이 울렁거리고 주체할 수 없을 만큼 몸이 벌벌 떨리기 시작한다"는 묘사도 있다. 아버지는 또 이것이 "많은 사람의 흔한 반응이지만, 그것에 대해 얘기하는 사람은 거의 없다"고도 했다. 아버지는 필리핀에서 일본군들이 저지른 행동에 대해 혐오를 감추지 않았다. 하지만 간밤에 일본군의 습격을 격퇴하고 난 다음 날 아침 이런 얘기를 한다. 아버지는 부대의 작은 막사에서 걸어나와서는 "부서진 몸들, 금방 죽어서 아직 매장되지 않은, 검게 그을리고, 부어오르고, 악취를 풍기는 시체들, 차마 쳐다볼 수도 없는 끔찍한 상처들" 사이에 있는 한 병사의 시체에서 "어린 일본 소녀의 예쁜 사진이 들어 있는 작은 카드 케이스"를 발견했다. 그다음에 이어지는 문장들에서, 나는 아버지가 죽은 병사가 갖고 있었을 인간다움의 증거와 씨름하는 흔적에 마음을 빼앗겼다. 거기 드러난 정서는 최고의 반전 시詩로 꼽히는 윌프레드 오언의 「이상한 만남Strange Meeting」의 정서에 비견할 만한 것이었다. 아버지는 오언만큼 뛰어난 시인이 아니었지만(그런 사람이 몇이나 있을까), 아버지가 정말 심각한 일이 있을 때 하던 말과 표정과 몸동작을 생생하게 기억하는, 아버지를 잘 아는 아들의 관점에서 보니, 아버지의 묘사와 그 뒤에 엿보이는 번뇌는 나에게 오언의 시만큼이나 충격을 주었다. "우리는 우람한 팔뚝과 떡 벌어진 체격으로 적군의 신체적 힘을 우리의 신체적 힘으로 찍어 누르는 젊고 멋진 남자들이 아니다. 우리는 기계 뒤에서 싸운다. 젊지 않은 사람도 많다. 이것은 검투사들의 결투가 아니다. 기관총을 쏘는 허약한 사람이 맨손의 슈퍼맨보다 더 치명적이다. 우리는 맨몸 격투의 흥분과 희열로 싸우는 것이 아니다. 우리는 인류가 파괴를 위해 고안해낸 가장 지독한 장비를 갖고 싸운다. 뜨거운 납덩이나 차가운 쇠와 충돌하면 사람의 몸은 종잇장과도 같다."

그래서 나는 아버지에게도 감사드린다. 아버지와 함께 작업하던 일본 학자들이 아버지를 일본의 대학에서 1년간 지내도록 초청했기 때문에 내가 처음 일본에 오게 되었다는 실질적인 이유도 있지만, 아버지의 편지들이 내가 이 책에서 다루는 주제의 무게를 실감하도록 해주었기 때문이다. 오늘날 동아시아에는 국가의 명예와 영광에 관한 담론이 넘쳐난다. 그 담론들은 역사적인 과오와 부당한 희생이라는 신화로 점철되어 있으며, 외국인 혐오증과 인종차별주의의 냄새를 풍기는 말로 포장되어 있다. 대부분 전쟁에 직접 참여하지도 않았고 앞으로도 참여하지 않을 사람들이 이런 담론을 만든다. 이들은 실재하는 타인이건 만들어진 타인이건, 타인에 대한 분노가 자기반성보다 중요한 사람들이다. 잘못된 일은 모두 타인의 탓인 사람들이다. 동아시아의 전반적인 분위기는 이미 매우 위태롭다. 각 나라의 지도자들은 서로를 멸시하고 인터넷은 민족주의적 허세로 넘쳐난다. 어느 나라는 시민들에게 거리로 뛰쳐나가 이웃 나라에 대한 증오를 외치라며 정부가 돈을 대준다. 또 어느 나라는 바다 건너 나라 사람들을 신뢰할 수 없다는 기사를 실은 삼류 언론의 광고로 지하철 칸이 도배되어 있고, 그 바다 건너 나라 사람들이 모여 있다가 조롱을 당하기도 한다. 미국인들은 이런 것에 대해 쯧쯧 혀를 찰지도 모르지만 그 직접적인 책임은 미국에 있다. 미국은 비록 허술하고 미숙하기는 했어도 지역 공존을 위한 협정이라는 희망을 보여주던 구상을 걷어차버렸다. 단지 일본에 있는 해병 기지를 미국으로 이전해야 할지도 모른다는 이유로 말이다.

어떻게 그런 일이 벌어졌는지에 대한 이야기도 이 책에서 다룬다. 그 이야기는 일본에 관한 일들은 따로따로 떼어서 보면 설명되지 않는다는 것을 보여주는 최근의 가장 중요한 또 다른 사례다. 일본이 바깥 세상과 관계를 맺는 방식과, 미국에 의존한 나머지 정치적 고질병을 진단받지도 치료하지도 못했던 길고 굴곡진 역사를 알지 못하면, 일본이 이웃 나라들과 진정한 평화적 관계를 맺을 수 있었던 지난 두 세대의 기회를 날려버린 근본 원인도 설명할 수 없다. 늘 그랬듯이 배은망덕과 무능력과 비이성 같은 단어가 뒤섞인 앞뒤가 맞지 않는 이야기만 난무할 뿐이다.

이 책에서 이런 문제 및 기타 중요한 문제들이 벌어지고 있는 맥락을 설명하는 데 조금이라도 성공했다면, 상당 부분 내가 위에서 감사를 표한 분들 덕분이다(물론 그 과정에서의 실수는 오롯이 나의 것이다). 그리고 내가 수십 년간 이 나라에 살면서 함께 일하고, 함께 즐기고, 사랑한 수많은 일본인 덕분이기도 하다. 그중 가장 중요한 사람은 내 인생의 파트너인 가와다 오사무川田修다. 대부분 책의 감사의 말 마지막은 책을 써내는 고단한 작업을 견뎌낼 수 있도록 묵묵히 뒤에서 지원과 조언을 해준 사람에게 돌아간다. 내게는 오사무가 바로 그런 사람이다. 이 책을 그에게 바친다.

책을 쓰면서 종종, 오바마와 레이건은 들어봤지만, 린든 존슨이나 리처드 닉슨은 좀 생소하고 배리 골드워터(1964년 공화당 후보로 대선에 출마해 린든 존슨에게 패배—옮긴이)나 조지 맥거번(1972년 민주당 후보로 대선에 출마해 닉슨에게 패배―옮긴이)은 아예 들어보지도 못한 사람에게 미국 정치를 어떻게 설명하면 좋을까 스스로에게 물어보곤 했다. 독자들이 익숙지 않은 일본인 인명의 깊은 덤불을 헤쳐갈 수 있도록 두 가지 부록을 첨부했다. 첫째는 메이지 시대의 주요 인물 목록과 각 인물에 대한 짧은 설명이고, 둘째는 전후 중요한 정치 지도자들에 대한 그와 비슷한 목록이다.

책에서는 성이 먼저 나오고 이름이 뒤에 나오는 일본인 인명의 표준적인 표기 방식을 사용했다(예를 들어 다나카 가쿠에이, 아베 신조). 서양에 정착한 일본인이나 서양에 대중적으로 알려진 사람들, 예를 들어 하루키 무라카미, 히데오 노모 등은 예외로 했다(한국어판에는 한국에 알려진 대로 무라카미 하루키, 노모 히데오로 표기했다―옮긴이).

2014년 7월, 도쿄

사진 목록

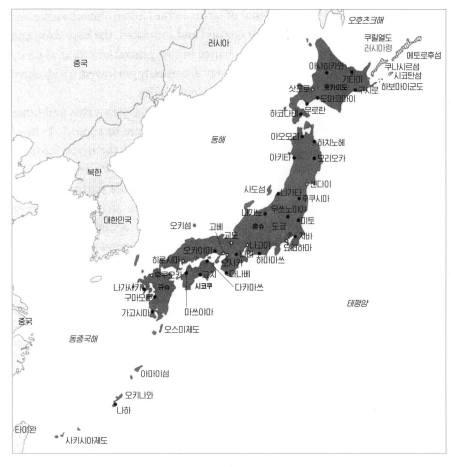

오늘날의 일본. 니콜라스 퍼듀Nicholas A. Perdue 제공. World Sites Atlas www.sitesatlas.com의 지도를 바탕으로 그림.

서문을 쓰기 시작하면서, 2009년 오바마 정권이 영입해 미 자동차 산업의 구조조정을 이끌어낸 월가의 은행가 스티븐 래트너가 『뉴욕타임스』에 기고한 글에 신경이 쓰였다. 최근 일본을 잠깐 방문한 적이 있던 래트너가 사람들이 일본에 대해 알 필요가 있다고 생각하는 것들에 대해 쓴 글이다. 글은 일본의 통화 공급 정책과 경기 부양책을 비판하며 거시경제 정책들을 살짝 언급하고 나서는 진짜 하고 싶은 이야기로 들어간다. 그는 일본이 맞닥뜨린 "세세한 정책적인 과제"들이 "충분한 관심"을 받고 있지 못하다며, "일본도 틀림없이 다른 나라와 마찬가지로 스스로의 경직성에 발목을 잡혀 있고, 미시경제적 개혁이 대단히 시급하다"고 말한다.

사람들이 이런 걸 알아야 할 필요가 있을까? 래트너는 그렇게 믿는 것 같다. 그는 일본이 덫에 걸려 있으며, 우리도 비슷한 덫에 걸리지 않으려면 그런 것들을 알아야 한다고 생각하는 듯하다. 그래서 일본이 소득세를 낮추고 회사 내부의 경영에 대해 주주의 발언권을 높이는 방안을 마련해야 한다고 주장한다. 또 일본이 경제적 '효율성'을 더 필요로 하고, '세수'와 '커다란 재정적자' 사이의 간극을 줄여야 하며, '지나치게 엄격한 이민법'을 완화해야 하고, 결국 해고를 쉽게 할 수 있도록 해야 한다는 의미이겠지만 '경직된 노동정책'에 유의미한 변화가 필요하다고 썼다. 일본이 "고양이 목에 방울을 달지 못하면 다시 경제대국으로 올라설 가능성이 희박하다"고도 했다.

래트너에게는 미안하지만 이런 것은 이미 누구나 다 알고 있는 사실이다. 잘나가는 은행가가 일본에 대해 우리가 무엇을 왜 알아야 하는지 본인의 생각을 설파하는 데, 책이나 『뉴욕타임스』의 사설까지 동원할 필요는 없다. 일본 경제가 오래도록 휘청거리고 있고, 래트너 같은 사람들이 다른 선진국들도 일본으로부터의 '교훈'을 잊지 않도록 신경 쓸 필요가 있다고 생각한다는 것은 이제 상식이다. 래트너 같은 이들은 그 교훈들이 무엇인지 알고 있을 것이라는 점까지 포함해서 말이다.

영국의 극작가 오스카 와일드는 "일본이라는 것은 순전히 창작의 산물이다. 세상에 그런 나라는 없고, 일본인이라는 것도 존재하지 않는다"고 말했다. 오스카 와일드의 냉소로부터 한 세기가 지난 지금, 래트너의 기고가 그렇듯 서양에서는 여전히들 각자의 목적에 맞게 일본을 창작하고 있다. 최근 일본의 이런저런 것을 내세워 마치 회초리처럼 사람들을 때리는 데 사용한다. 래트너의 창작이 완전히 터무니없는 것은 아니다. 그가 지적한 일본의 '세세한 정책적인 과제'는 맞는 부분도 많다. 하지만 그의 주장이 현실 세계에서 발생하는 실제 문제에 대한 이야기라기보다 창작에 가까운 이유는 그의 글에 깔려 있는 암묵적인 전제 때문이다. 일본의 의사결정자들이 이런 과제들에 대해 알고 있지 못하며, 알고 있더라도 마치 고집 센 아이처럼 의도적으로 문제 해결을 거부하고 있다는 전제. 일본이 왜 그렇게 보이는지 이해하기 위해서는 우선 일본의 역사, 지리, 정치 체제, 문화적 유산에 대해 알아야 한다. 그리고 무엇보다,

과연 일본에서는 누가 누구로부터 무엇을 요구할 권력을 갖고 있는지를 파악하는 능력이 필요하다. 달리 말해 사람들에게 일본에 대해 무엇을 알아야 하는가 얘기하고 싶다면, 우선 누가 일본의 진짜 의사결정권자이고, 그들이 어떻게 타인의 삶을 결정하는 권력을 갖게 되었는지를 이해하는 것부터 시작해야 한다는 뜻이다. 이런 의사결정권자들이 반드시 일본의 선출직 지도자인 것도 아니다. 그들 중 일부는 심지어 일본인도 아니며 미국의 수도 워싱턴에 살고 있다.

일본은 실제로 우리에게 교훈거리를 제공한다. 그중 일부는 래트너가 우리에게 설교하는 종류의 것이기도 하다. 하지만 진짜 교훈은 세금에 대한 훈계나 노동시장, 경제적 효율성 같은 것보다 훨씬 더 흥미로운 내용을 담고 있다. 진짜 교훈은 한 나라의 노동시장과 급여 체계가 경제 환경이나 인구 구성의 변화에 따라 바뀌어야 한다든지, 소수당 내부의 극성분자들이 자기네 뜻대로 되지 않는다고 해서 경제적인 대혼란을 야기하겠다고 위협하는 힘을 갖게 해서는 안 된다든지 하는 것처럼 자명하지 않다. 진짜 중요한 교훈은, 일본의 노동 개혁을 예로 들자면, 그 개혁을 가로막고 있는 문화적, 역사적, 지리적, 제도적, 정치적 요인들을 들여다봐야 알 수 있다. 혹은 광적인 선동가들이 미국 정부에 국가 디폴트(채무불이행)를 강요할 만큼 실질적인 협박을 할 수 있는 힘을 갖게 된 각종 요인을 이해해야 알 수 있다. (2013년 말 테드 크루즈를 중심으로 한 공화당 의원들이 오바마 정부의 부채한도 증액 법안의 통과에 반대했던 일을 가리킴. 법안이 통과되지 않았다면 미국이 디폴트 상태에 빠질 수 있었다—옮긴이) 미국인에게 일본을 설명하는 것이 어렵다고 생각한다면, 일본인에게 티파티Tea Party나 미국의 의회 규정을 한번 설명해보라고 되묻고 싶다. 그 이해 과정에서 얻는 교훈에는 '이렇게 안 하면 어떻게 되는지 두고 봐라' 같은 식의 협박성 내용은 많지 않을 것이다. 그러기에 세상은 너무 복잡하고, 또 다행히 개별적으로 특수한 상황이 너무 많으니까. 대신에 우리는 올바른 질문을 던지는 방법에 대해서는 조금 배울 수 있을지도 모른다. 과거의 굴레가 어떻게 현실을 왜곡하고 있는지 다른 나라의 사례를 분석함으로써, 우리 자신의 나라에 존재하는 사고의 굴레가 어떻게 사람들이 알아야 할 것을 알지 못하도록 방해하고 있는지 깨달을 수 있지 않을까. 일본과 같이 비범한 나라에서 왜 누구나 아는 상식을 실행하지 못했고 혹은 실행했는지 연구함으로써, 자신의 나라에서는 어떻게 상식을 행동으로 옮길 수 있을지 힌트를 얻게 될지도 모른다.

가령 이런 질문들을 던져볼 수 있다. 여성들이 아이를 더 이상 갖고 싶어하지 않으면 어떻게 해야 하는가? 수백만의 건강한 이성애자 남성들이 결혼이나 가정은 고사하고 섹스를 하는 것에도 관심 없다고 한다면? 노인들은 어떻게 보살펴야 하나? 특히, 당신 나라의 아직까지 가장 중요한 자산인 사회적 결속력을 해칠지도 모른다는 걱정 때문에 대규모 이민자들이 들어오는 것도 꼴 보기 싫다면? 한때 너무 잘나가서 기적이라 불렸고 수많은 사람이 지속하기를 원하지만, 이제는 뒤집어엎지 않으면 안 된다는 것이 명확한 경제 모델은 어떻게 손을 볼까? 깨끗하고 안전한 무제한의 에너지라고 믿었으나 이제는 국토를 영원히 오염시킬 수도 있는 에너지원에 그간 투자한 수천 조 엔에 달하는 비용을 어떻게 손실 처리해야 하나? 사실상 성장을 멈춘 경제의 파이를, 사회를 분열시키지 않으면서 나눠 가지도록 할 수는 있을까? 지평선 너머의 까다로운 나라가 새로운 강대국으로 부상해서는, 국수주의적 언설로 자국민에게 당신 나라가 거대 악이라고 지목한다면 어떻게 대처할까? 특히 지금까지의 '동맹'이자 보호자였던 나라가 당신의 나라를 무지와 경멸을 뒤

섞어 대하기 시작하면서, 그나마 이러한 문제들에 대처할 수 있는 정권의 발목을 무신경하게 잡는다면? 언젠가는 마주해야 하는 과거와는 어떻게 마주할 것인가? 마주하지 않으면 남들이 다시는 당신 나라를 신뢰하지 않을 테지만, 과거에 무엇을 잘못했는지 제대로 파악하지 않는다면 당신 나라 역사상 가장 큰 재앙을 가져왔던 잘못을 또 저지를 수 있는 위험이 있다면? 온 나라가 아직도 과거의 잘못을 불러왔던 신화에 경도되어 있고, 150여 년 전에 권력을 잡으면서 그 신화를 꾸며낸 사람들의 직계 후손들이 지금도 여전히 나라를 운영하고 있는데, 과거를 마주하는 과정은 과연 어떻게 시작할 수 있을까? 애초에 외국의 소비자들을 위해 만든 것도 아니고, 지정학적 이익이나 심지어 해외에서의 상업적 성공을 고려해 만든 것도 아닌데, 당신 나라의 문화는 어째서 이처럼 온 세계를 매료시키는가?

이 책이 (혹은 다른 어떤 책이라도) 이런 질문들에 확실한 대답을 조금이라도 줄 수 있다면, 그 대답에는 일본에 대해 누구나 알아야 하는 내용이 담겨 있을 것이다. 내가 그런 작업에 성공했을 것이라고 믿을 만큼 어리석지는 않지만, 최소한 제대로 된 질문들을 일부 던졌기를 바란다. 나는 열다섯 살 학생 시절 처음 일본에 와보고, 다른 수많은 가이진外人(주로 서양의 외국인들을 일본에서 차별의 의미를 섞어 부르는 말—옮긴이)처럼 속수무책으로 일본을 사랑하게 되었다. 그러고는 어른이 되어서 다시 일본으로 돌아와 지난 40여 년 시간의 대부분을 여기에서 보냈다. 내 인생의 중요한 사람들은 상당수가 일본인이고, 내가 어릴 적 일본에 대해 느꼈던 매혹은 아직 그대로다. 대신 진정한 사랑이 그렇듯, 그 매혹에는 비극에 대한 깨달음이 덧입혀졌다. 불완전한 생명체와 그들이 만든 것을 사랑하는 일에는 대가가 따른다는 깨달음이다. 이제 나는 예전에는 미처 알지 못했던 사실을 알기 때문이다. 일본 근대사의 대부분이 비극이고, 그 비극이 흔히 그렇듯 외부적 요인과 내부적 결점이 결합해 일어난 것이 아니라, 내가 이 나라와 이 사람들을 사랑하게끔 만든 바로 '그 무언가'로부터 비롯되었다는 사실이다.

해외의 작가들은 수 세기에 걸쳐 무엇이 그토록 일본을 매력적으로 만드는지 글로 표현하려고 했다. 그 작업에 성공한 사람들은(라프카디오 헌, 커트 싱어, 이안 부루마, 그리고 누구보다도 도널드 리치 같은 이들) 세상을 있는 그대로 받아들이는 일본인의 태도를 지목했다. 일본 사람들은 시끄럽게 불평하지 않는다. 그들은 성공한 사람들의 눈에 띄지 않는 작은 일들에서 쾌락을 찾는다. 허황된 꿈이라도 그 꿈을 놓지 않는 어쩔 수 없는 로맨티스트들이다. '현실'은 추하고 형편없고 누추할 수 있다. 하지만 그래서 어떻다는 말인가? 왜 그런 것들이 쾌락을 즐기는 데 방해가 되어야 하는가? 일본 사람들에 대해 얘기하다보면 '특정한particular'이라거나 '상황에 맞게situational'와 같은 단어들이 등장하게 된다. 이 차갑고 추상적인 단어들이 어쩌면, 모순들을 애써 무시하기로 집단적으로 결심한 일본인들을 묘사하는 그나마 정확한 말들일지 모른다.

최근 유튜브에서 또 어느 의욕 넘치는 외국인이 일본인들의 괴상한 성적 취향에 대해 설명하는 동영상을 보았다.[1] 돈을 내고 가학적 성향의 여성에게 결박당하거나 채찍으로 맞는 스튜디오에 가거나, 충분히 자기 힘으로 이성 친구를 사귈 수 있을 만큼 잘생기고 매력적인 사람들이 큰 돈을 지불해가며 이성 '호스트'들과 술 마시고 떠드는 나이트클럽에서 인터뷰를 하는 동영상인데, 그중 한 시간에 7000엔을 내면 젊은 여성의

---

[1] http://www.youtube.com/watch?v=qpZbu7J7UL4&feature=c4-overview-vl&list=PLDbSvEZ-ka6GHk_nwovY6rmXawLc0ta_AD. 유튜브 동영상에서 관련 내용을 볼 수 있다.

품에 안겨 있을 수 있는 가게의 이야기가 나온다. 여성은 그의 눈을 쳐다보면서 그와 '연인처럼' 껴안고 누워 있거나, 심지어 무릎베개를 해서 귀를 파주기도 하지만, 그 이상의 성적인 접촉은 없다.

섹스나 더 변태적인 행위를 위해서 돈을 내는 사업은 상상이 가능하지만, 연인처럼 포옹하기 위해서 돈을 내는 사업이라니? 연인 간의 포옹은 아기 때처럼 무조건적인 사랑에 감싸여 있던 행복한 시간으로 잠깐 되돌아가게 해준다. 거기에 거래라는 개념이 조금이라도 들어가는 순간 대부분의 사람에게는 포옹의 의미가 무색해진다. 나는 일본에 오래 살았기 때문에 대부분의 일본인조차 돈을 내고 포옹한다는 행위에 뜨악해할 것이라고 자신 있게 말할 수 있다. 하지만 동시에 왜 누군가가 이런 '서비스'를 제공해서 돈을 벌 생각을 했는지도 알 수 있을 것 같다. 만사를 따로 떼어 생각하는 것에 익숙해져 있고, 가장 노골적인 모순 앞에서도 야단스럽게 굴지 말도록 사회화되어왔다면, 엄마의 포옹 같은 것이 간혹 필요할 때가 있다(우리 모두 가끔씩 그런 게 필요하지 않은가). 그리고 그 순간 돈을 내고 하는 포옹은 포옹의 의미를 상실한다는 사실을 망각한 채 돈을 낼 수도 있다.

포옹만큼 관능적이지 않더라도 이런 일들은 도처에 널려 있다.[2] 아마도 그래서 일본에서의 생활이 그토록 쾌적한 것일지도 모른다. 대부분의 사람은 본인들의 책임을 매우 진지하게 받아들인다. 서양에서는 할

---

2 친구 한 명이 '포옹 파티cuddle parties'는 미국에도 있다고 지적해주었다. 맞다. 인터넷을 검색해보면 수많은 증거가 나온다. 하지만 그런 모임의 성격은 자기계발이나 그룹 치료 같은 것으로, 알렉시 드 토크빌의 글에도 국민적 특성으로 언급된 미국적 전통의 일부인 것 같다. 그런 파티들은 상업적 목적으로 제공되는 일대일 이벤트가 아니다. 근대 사회가 불러온 원자화라는 현상에 대한 일본과 미국의 반응이 이토록 다르다는 사실은 이 책을 관통하는 주제와도 연관이 있다. 적어도 선진국에서는 보편적으로 나타나는 현상에 대해 일본이 반응해온 독특한 방식이라는 주제다. 미국인이 돈을 내고 누군가에게 연인처럼 안기는 것을 상상하기 어렵듯이, 일본의 성인이 처음 보는 사람들과 포옹 파티에 참석하는 것도 상상하기 어렵다.

만한 가치가 있는 일이라면 잘해내야 한다고들 말한다. 일본에서는 할 만한 가치가 없는 일이라도(그리고 모두들 그렇다는 사실을 안다) 잘해내야 한다. 일본에서 마주치는 예의바름과 서비스의 수준은 아주 하찮거나 사실은 지저분한 일에서조차 다른 곳에서는 상상할 수 없을 정도로 아주 높아서, 가끔 이 세상이 나의 쾌락을 위해 존재하는 것은 아닌가 하는 환상에 빠져들게 할 정도다. 조금만 무언가를 하면 '오쓰카레사마데시타!お疲れ様でした!'(과장된 감사의 톤으로 당신의 커다란 희생에 대해 수고하셨습니다라고 하는 것)라는 외침이 되돌아온다. 누군가에게 차 한 잔과 디저트를 대접하면 진수성찬을 대접했다는 감사를 받는다(고치소사마데시타御馳走さまでした). 반대로, 성대한 식사 자리에 초대받아 갔는데 너무 차린 게 없어서 부끄럽다는 인사를 받는다. 물론 이 모든 것은 형식이다. 하지만 이것이 형식이고 모두 그 사실을 알고 있다고 해도, 그 형식에 자발적인 감정이 가득한 것처럼 행동해야만 한다. 모두가 그런 기대에 부응해 행동하고 있고 그게 또 공공연한 비밀이기 때문에, 가장 공허하고 형식적인 행위들이 오히려 의미를 갖게 되는지도 모른다.

이런 형식성은 대인관계에도 적용된다. 상대방을 별로 좋아하지 않거나, 당신의 노력에 걸맞은 금전적인 보상을 할 의사가 눈곱만치도 없는 까다롭고 형편없는 고객을 상대해야 하는 지루한 일을 하고 있을지라도, 절친한 벗이나 열정적인 동료 또는 매사에 열심인 거래처처럼 행동한다. 하지만 마치 타인의 안위를 진심으로 걱정하는 것처럼, 최고의 동료를 가진 것처럼, 누가 되었건 지금 상대하는 고객의 요구 사항을 들어주는 것이 가장 중요한 일인 것처럼 행동하다보면, 애정이나 존경 그리고 주어진 일을 최대한으로 잘해내려는 의지 같은 감정들을 언젠가 실제로 내면화하게 된다. 그러다보면 어느새 주변은 내가 깊이 아끼는 사람들로 둘러싸이고, 또 그들이 나를 아껴주고 있다는 느낌을 갖게 된다. 이렇게 모든 사람이 한번 약속한 일은 꼭 할 것이라고, 그것도 잘해낼 것이라고 안심하고 믿을 수 있는 사회에는 어마어마한 장점이 있음을 쉽게 깨달을 수 있다.

하지만 실제로는 그렇지 않은데도 모든 일이 제대로 돌아가고 있다고 믿으면서 모순을 애써 부정하려는 이러한 태도에는 치명적인 정치적 차원의 문제가 있다는 점은 흔히 간과된다. 그런 태도가 일본을 매력적이고 성공적으로 만드는 원천일지 모른다. 그러나 앞서 말한 것처럼, 이것은 또한 일본 근대사의 비극을 설명해주기도 한다. 대중을 착취하기 좋은 이상적인 환경을 만들어주기 때문이다.

매사를 있는 그대로 받아들이는 태도를 성숙함이라 여기고, 어쩌면 가치 없는 목표라는 것을 알면서도 그것을 추구하는 데서 삶의 의미를 찾는 마음가짐을 대중이 내면화하는 것만의 얘기가 아니다. 일본에 깊이 각인되어 있는 이런 유동적 가치관의 영향이 사회 지도층 레벨로 가면, 권력자들이 자신들이 하는 일과 그 동기에 대해 스스로를 기만하는 이중적 사고를 하도록 만든다.

저명한 정치철학자 마루야마 마사오丸山眞男는 뉘른베르크 재판에서 보인 나치 전범들의 태도와 도쿄 전범재판에서 나타난 일본 전범들의 태도를 비교하며 이 점을 지적했다.[3] 하인리히 힘러(유대인 대학살의 실무를 주도한 책임자) 같은 사람들은 스스로가 악하다는 것을 알고 그 사실을 즐기기까지 했다. 반면 일본의 전범들은 원치 않은 재난에 마지못해 끌려들어간 수동적인 피해자인 것처럼 행동했다. 그리고 이것이 핵심인

---

3 Masao Maruyama, *Thought and Behavior in Modern Japanese Politics*, ed. Ivan Morris (Oxford, 1963), pp.90–92

데, 그렇게 보이려고 연기한 것이 아니라 실제로 그렇게 믿었다.

최근 중국에서 연일 소리 높여 외치는 내용과 달리, 일본은 더 이상 자국과 이웃 나라들을 불바다로 만들 만큼 위협이 되는 나라가 아니다. 그러나 딱히 원인도 없고 설명할 수도 없는 이유로 이런저런 일이 발생하는 세상에서 살아간다는 의식, 그 안에서 개인은 스스로의 본분을 다해가며 최선을 다해 적응하는 수밖에 없다는 의식은 여전히 만연해 있다. 일본인들이 이런 의식을 부르는 단어가 있다. 바로 피해자 의식(히가이샤 이시키被害者意識)이다. 피해자 의식이 현실 세계에서 초래할 수 있는 상황은 여러 가지가 있을 텐데 다음과 같은 예들이 있다. 가령 일본은 무시무시한 재정 딜레마를 해결하기 위해 한때 전 국민의 경제적 안정을 거의 달성토록 했던 사회적 규약을 내다 버렸다. 또 세금과 물가를 올려서 가계의 구매력을 망가뜨리고, 국민연금이 지켜야 할 약속을 파기하기도 했다. 과거 기업들이 직원들 삶의 질을 보장하던 세계는 안정과 미래라고는 없는 저소득 계약직의 세계로 대체되었다. 이런 정책을 추진하는 사람들은 회사의 자산을 망가뜨리고 직원들을 해고하는 월가의 은행가들처럼 자신들이 한 일을 생각하며 기분 좋아 낄낄거리지 않는다. 대신 그들은 침울한 얼굴로 고개를 숙이고는, 자신들도 선택의 여지 없이 희생의 대열에 참여한다고 생각한다. 그 희생을 통해 본인들이 개인적인 이득을 챙기는 경우에도 별 문제가 되지 않는다. 수백만의 일본 국민이 어깨를 으쓱하며 한숨을 쉬고는 "시카타가 나이仕方がない(할 수 없군)"라고 한마디 하고는 말 것이기 때문이다. 다른 대안이 있다는 사실(강한 노조, 노동자를 대변하는 건강한 정당, 확실한 사회 안전망, 일본 산업의 부활을 위해 가계의 실질소득을 늘려서 내수를 진작시키는 각종 정책)은 고려 대상이 되지 않는다. 고려한다고 해도 성숙하지 못한 포퓰리즘으로 비

난받는다. 어찌어찌해서 그런 대안에 시동을 건다고 하더라도, '일본적이지 않다'는 이유로 공격받고는, 기득권 세력을 위협하는 사람들을 묵살黙殺(모쿠사쓰)하도록 발전되어온 시스템에 의해 폄하될 것이다.

우리는 이런 시스템의 일부를 이 책을 통해 살펴볼 것이다. 책의 마지막 두 장은 최근 수십 년간 일본을 딜레마로부터 구해낼 더 나은 대안을 제시할 수 있었던 최선의 세력이, 미국의 직접적인 공모와 개입으로 인해 붕괴되었던 과정을 다룰 것이다. 그 이야기는 모든 사람, 특히 미국인들이 알아야 한다. 왜냐하면 일본뿐 아니라 전 세계가 마주할 더 큰 도전에 대해 시사하는 바가 있기 때문이다.

그 도전은 국민에게 사람답고 안전한 삶을 제공하는 데 존재 목적이 있는 기업, 은행, 정부, 군대, 경찰과 같은 조직이, 그 조직을 이용해 자신의 배를 채우는 사람들, 가상의 위협으로부터 나라를 지킨다는 명목으로 전 국민에 대한 통제와 감시를 시도하는 사람들에 의해 어떻게 오염되고 장악되어왔는지 이해하는 데서 출발한다. 이런 사람들은 조직을 그런 식으로 운영하기 위해 필요한 일을 해나가면서도, 실제의 동기는 스스로에게 감추는 묘한 심리 상태를 필요로 한다. 조지 오웰은 이런 관념적 곡예에 '이중 사고doublethink'라는 유명한 이름을 붙였다(『1984년』에 나오는 말—옮긴이). 조지 오웰은 권력에 대해 실로 날카로운 통찰력을 갖고 있었다. 근대 사회를 구성하는 정치·경제 시스템의 통제권을 개인적 목적을 위해 장악하려는 사람들이 필요로 하는 지적·심리적 상태를 이해하고 묘사할 줄 알았기 때문이다. 일본의 권력자들은 모순에 대한 관용이 비단 허락되었을 뿐 아니라 필수적이었던 정치적·문화적 전통에 익숙한 사람들이었다. 그렇기 때문에 일본은 이제 다른 나라에서도 우후죽순처럼 생겨나고 있는 문제들에 대한 선례로서 일종의 참고서 역할을 하고 있다.

이 참고서로서의 역할이야말로, 세계의 운명에 대해 정치적으로 깨어 있고 염려하는 사람이라면 일본을 이해해야 하는 가장 중요한 이유일 것이다. 일본은 여전히 세계 3위의 경제대국이다. 페리 제독 탓에 쇄국에서 끌려나온 이후 이미 여러 차례 보여주었듯, 일본은 인류의 역사를 예상치 못한 새로운 궤적으로 끌어올릴 수 있는 힘을 갖고 있다(그런 궤적들을 보여준 예로는 근대 미술, 건축, 영화, 러시아 혁명, 신해혁명, 미국 경제의 구조조정, 아무 담보 없이 미 연방준비위원회의 컴퓨터만으로 유지되는 미 달러 중심의 경제 패권 등이 있다). 일본은 인구 고령화, 금융 시스템의 붕괴, 경제학 교과서가 말하는 것처럼 작동하지 않는 재정 정책, 수익의 감소, 생산 설비 과잉 등 선진세계 전반에 출현한 도전들에 이미 지난 20여 년간 대처해오고 있다(혹은 방관하고 있다).

이런 것들을 보면 일본에 대해 누구나 무엇이라도 알고 있을 필요가 있다는 생각이 든다. 그리고 전 세계가 일본을 얼마나 닮아가고 있는지를 생각하면 그 필요성은 시급해진다. 일본의 특별함, 근대 산업국가 중에서도 의심의 여지 없이 가장 눈에 띄었던 일본의 특별함이 서양 문화의 압도적인 힘에 의해 용해될 것이라고 다들 오랫동안 예측해왔다. 하지만 그런 일은 일어나지 않았다. 물론 산업화와 근대화는 일본의 모습을 완전히 바꿔놓았다. 하지만 일본은 서양의 짝퉁이나 서양의 동양식 복제품이 된 것이 아니다. 자본주의의 발전이 '신성한 것은 모두 모욕당하고 정체된 것은 모두 사라지게 할 것'(『공산당 선언』)이라던 마르크스의 섬뜩하고 예언적인 주장도 일본에서는 실현되지 않았다. 일본이 산업 발전 단계로 나아가지 못하고 그 전 단계에 발이 묶여 있어서가 아니다. 일본의 경제는 어디 못지않게 현대적이고 정교하다.

일본은 여전히 일본으로 남아 있다. 하지만 일본을 제외한 다른 나라들의 엘리트 지배층은 최소한 한 가지 중요한 측면에서 점차 일본처럼 변해왔다. 그것은 상존하는 모순을 받아들이는 법을 배우고, 스스로의 동기를 스스로에게 숨기기 위한 심리적 곡예를 연마하면서, 동시에 그 숨은 동기에 충실하게 행동하는 것이다. 최근 수십 년간 일본의 권력 관계에 대해 가장 날카로운 글을 써온 한 분석가는 "정치적 목적을 이루기 위해 그 목적을 의식하고 있을 필요는 없다"[4]고 주장했다. 이 주장이 담고 있는 중요성을 깨달았다면 이제 런던, 베를린, 베이징, 브뤼셀, 프랑크푸르트, 뉴욕, 예루살렘, 카이로, 리야드, 테헤란 그리고 무엇보다 워싱턴에서 지금 벌어지고 있는 일들에 눈을 돌려보라. 일본에 대해 누구나 알아야 하는 것들과, 왜 우리가 그것을 알아야 하는지를 이해하는 데 가장 중요한 단서를 거기서 찾을 수 있다.

4　Karel van Wolferen, *The Enigma of Japanese Power*(Knopf, 1990)

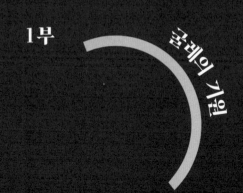

1부 꿀벌의 기원

1장

에도 시대 이전의 일본

일본 열도는 유라시아 대륙의 바깥 경계를 벗어난 곳에 3000킬로미터 정도로 길게 뻗어 있다. 대륙의 문명을 흡수할 정도로 가깝기는 하지만 그렇다고 문화적으로나 군사적으로 대륙에 압도당할 만큼 가깝지는 않은 절묘한 지리적 위치다. 로마 제국 때의 고트나 게르만 부족들, 더 나중에는 유럽 대륙과 영국의 관계에 비견할 만하다. 일본은 거대 문명의 자기장 바로 바깥에 위치한 사회에 어떤 일이 일어날 수 있는지에 대한 완벽한 사례로 손색이 없다. 최근 몇 세기 동안에는 일본이 대륙에 끼친 영향도 컸지만, 역사의 대부분 기간에 일본은 사실상 세계의 변두리에 위치해왔다. 아마도 그래서겠지만 일본이 외부 침략자의 관심의 대상이 되었던 것은 단 한 번, 13세기 쿠빌라이칸 때뿐이다. 하지만 때마침 불어온 태풍(가미카제神風)이 그의 배들을 침몰시켰고, 일본은 몽골 제국에 무릎을 꿇었던 유라시아 대부분 나라의 운명을 피해갈 수 있었다.

근대 이전의 일본은 기술, 과학, 정치의 거의 모든 방면에서 세계에서 가장 앞서 있던 중국 문명의 테두리 바깥에서 성장해왔다. 일본이 대륙으로부터 받아들인 것(매우 많이 받아들였다)의 상당 부분은 중국보다 훨씬 작은 나라인 한국이라는 필터를 통해 걸러져 들어왔다. 그것이 일본

4세기에 축성된 닌토쿠 천황仁德天皇의 무덤.

이 대륙의 제도를 흡수하는 방식을 형성했지만, 그중에 어디까지가 한국 것이고, 어디까지가 중국 것이고, 또 어디까지가 더 멀리서 온 것인지를 구분하려는 것은 대체로 부질없는 시도다(예를 들어 중국과 한국을 거쳐 일본에 들어온 대승불교는 지금의 북아프가니스탄 지역이자 헬레니즘의 영향을 받은 고대 박트리아 왕국에서 전래된 것이다). 그런 시도는 지난 150년간의 역사적 부담으로 인해 더욱 어려워졌다. 일본인과 한국인 사이에는 서로에 대한 분노, 멸시, 노골적인 증오가 존재해서, 근대사 서술에 대한 상호 합의를 가로막을 뿐 아니라 근대 이전의 양국 관계에 대한 분석조차 어렵게 만든다. 일본의 문화나 제도에서 한국적 요소를 찾아내려는 시도는 항상 심각한 논쟁을 불러일으키고, 한국 경제의 성공이 일본 식민지 시절이 남긴 유산의 덕을 봤다는 주장도 그에 못지않은 심각한 논쟁을 불러온다(평양에 가서도 북한 사람들에게 김씨 왕조 숭배 문화의 뿌리가 제2차 세계대전 이전 일본 천황에 대한 숭배에 있다는 이야기 같은 것은 하지 않는 게 좋다).

하지만 일본이 누리는 지리적 혜택에는 그런 논쟁의 여지가 없다. 일본의 사계절과 적당한 기온, 비옥한 화산토양, 노동집약적이기는 해도 발달했던 근대 이전의 농업기술은 3000만 인구를 먹여 살리기에 충분한 칼로리를 생산해냈다. 유난히 긴 해안선 덕에 바다의 먹거리에 쉽게 접근할 수 있었던 것도 물론이다. 일본인들은 이런 자연 조건을 전 세계의 어느 문명보다 더 잘 활용해냈다. 일본이 세계에서 가장 뛰어난 해산물 요리의 나라인 것도 당연하다. 바다는 침략자들을 막아주는 장벽 역할을 했을 뿐만 아니라, 일본 열도 전역을 통합하는 연결 통로의 구실을 했다. 산악지대가 많은 일본의 지형은 농경에 제한을 가져왔지만, 한편으로는 풍부한 목재를 지속 가능하게 공급해주는 울창한 숲을 만들었다. 일본의 아름답기 그지없는 사찰과 사당과 궁궐들은 일본 해산물 요리의 완성도에 비할 만한 목조건축 문화를 형성했다. 그 어떤 문화권에서도 나무를 이용해 이렇게 아름다운 건물을 짓지는 못했다. 산악 지형은 또한 관개사업, 전력 발전, 식수로 사용할 수 있는 막대한 양의 신선하고 깨끗한 물도 제공해주었다.

이 세 가지는 일본 역사의 독특함을 상당 부분 설명해준다. 일본은 문자와 종교 및 철학의 대부분과 과학기술 그리고 많은 제도의 외형적인 부분을 대륙(주로 중국)으로부터 받아들였다. 하지만 똑같이 중국으로부터 많은 부분을 받아들였던 한국이나 베트남과 달리, 일본은 결코 중국의 정치적 영향권 안으로 편입되지 않았다. 일본은 스스로도 그렇거니와 중국으로부터도 좀처럼 조공국이라거나 중국 제국의 일부로 여겨지지 않았다(단 한 번 예외였던 사례는 뒤에서 이야기한다).

일본인들은 항상 무엇이 바다 건너로부터 온 것이고 무엇이 자기 것인지에 대한 명확한 자각이 있었다. 이런 '일본적인 것'과 '외국의 것'이라는 구분법은 일본의 언어에도 반영되어 있다. 일본은 6세기에 처음 대륙 문명과 지속적인 접촉을 하며 자연스레 일본어를 문자로 옮기려는 시도를 하게 된다. 다른 문자의 사례를 본 적이 없던 일본은 중국의 한자를 수입한다. 그 과정에서 각 한자에는 최소한 두 가지 발음이 부여된다. 우선 '훈독'은 그 한자의 의미를 나타내는 일본어 단어다. 또 하나의 발음인 '음독'은 당시 일본어 발음으로 원래 중국 한자 발음에 가장 가까운 소리다.[1] 따라서 사람 인人 자의 '음독'은 중국 북방의 발음인 '진'이 되기도 하고, 남방의 발음인 '닌'이 되기도 하며, '훈독'은 일본어로 사람을 뜻하는 '히토'가 된다.[2] 영어에도 이와 비슷한 현상이 있다. 맨션mansion이나 체어chair처럼 옛날 프랑스어에서 가져온 화려한 단어가 있는가 하면, 똑같은 사물을 앵글로색슨식으로 하우스house나 스툴stool이라는 훨씬 단순한 말로도 부른다. 하지만 '맨션'이나 '체어'가 가졌던 프랑스어와의 연관성이 영어권 사람들에게는 이미 수 세기 전에 사라진 것과 달

---

1 일본어의 발성은 보통 원래 중국어의 발음을 제대로 재현하지 못했다. 폴리네시아어와 같은 일본어의 단순한 발음 체계보다 중국어의 발음이 훨씬 복잡하기 때문이다.
2 한자의 수는 제한되어 있기 때문에 흔히 한 글자에 한 가지 이상의 일본어 발음이 존재한다. 낳을 생生 자는 극단적인 예로 아홉 가지로 다르게 읽힌다: 쇼, 세이, 하(에루), 이(카스), 나(루), 우(무), 나마, 후, 키. 한 글자에 네댓 개의 발음이 있는 경우는 흔하다. 생生은 '살다, 살아 있는' 등의 의미이고, 일본의 저온살균 처리하지 않은 맥주병에 흔히 인쇄되어 있다. 생맥주의 생(나마).

리, 일본 사람이라면 누구라도 '진'은 중국에서 왔고 '히토'는 순수 일본어라는 것을 알고 있다.

외부에서 차용해온 모든 것에는 이와 비슷한 원칙이 적용된다. 건축에서부터 음악, 종교, 그림, 통치 제도, 제철제련법에 이르기까지 대륙에서 도입해온 모든 모델은 일본식 모델에 접붙여졌다. 그 결과 일본에 도입된 것들 중에는 종종 원래의 모델보다 훨씬 더 개선된 사례들이 생겨나곤 했다. 자신들이 변방의 야만인들보다 모든 면에서 우수하다고 믿던 중국인들조차, 일본의 제지법과 염색법이 중국을 뛰어넘는 완성도를 보인다는 사실은 인정한다. 근대 제철산업이 탄생하기 전까지는 세계에서 가장 뛰어난 쇠로 사무라이의 칼들이 만들어졌다.

일본은 기록으로 남아 있는 대륙 문명과의 접촉 초기부터, 항상 스스로가 독자적인 역사와 전통을 보유하고 있으며 중국과는 다르다고 생각해왔다. 근대 이전의 농민들은 자신이 속한 마을 바깥의 세계에 대한 정치적 인식이 별로 없었을지 모르지만, 일본의 지배층은 가장 핵심적인 정치적 아이덴티티를 지역이나 마을 단위가 아닌 일본이라는 국가 단위에 두었다. 또한 중국뿐 아니라 한국, 인도, 몽골 등등 다른 국가의 존재에 대해서도 알고 있었다. 따라서 19세기 중반 서구 세력에 의해 강제로 개항되었을 때도, 일본의 지배층은 "지구 표면의 육지는 뚜렷한 영토 단위로 나뉘고, 각각의 단위는 그 영토 내에서 실질적인 권력을 행사하는 정부를 가지며"[3] 그 영토 단위의 핵심은 "서로를 문화·역사적 공동체로 인식하는 사람들"로 이루어진 국가라는, 베스트팔렌 체제의 영토주권주

---

3 Alexander Murphy, "The Sovereign State System as Political-Territorial Ideal: Historical and Contemporary Considerations," in Thomas J. Biersteker and Cynthia Weber, eds., *State Sovereignty as a Social Construct*(Cambridge, 1996)

의를 받아들이는 데 개념적인 어려움이 없었다.

천황 제도

일본의 천황 제도는 세계에서 가장 오래된 세습 군주제다. 오늘날까지 명맥을 유지하고 있는 정치 제도 중 유일하게 교황 제도만이 그보다 더 오래되었을 뿐이다. 하지만 역설적이게도 일본의 천황은 정치적 권력을 거의 행사하지 않았다. 아마도 그랬기 때문에 천황 제도가 그토록 오래 지속되어왔을 것이다. 일본의 건국 신화에 따르면 신의 혈통을 이어받은 황실이 기원전 660년에 시작되었다고 하지만, 실제 첫 번째 천황이 등장한 것은 아마도 기원후 3~4세기 정도였던 것 같다. 6세기 초반보다 앞서는 기록은 남아 있지 않으나 일본 황실의 원형은 과거 여러 호족 세력 중 우두머리 역할을 했던 정치 집단이었던 듯하다.

6세기 말 불교와 함께 화장의 전통이 일본에 들어오기 전까지 일본의 천황은 해자로 둘러싸인 열쇠고리 모양의 거대한 무덤에 묻혔다.(45쪽 사진) 이 무덤들을 관리하는 일본 궁내청宮內廳에서는 무덤의 신성한 제례적 성격을 신성모독으로부터 보호해야 한다는 이유로 고고학자들의 발굴활동을 거의 허락하지 않고 있다. 하지만 그러한 이면에는 황실의 혈통이 한 번도 끊이지 않고 이어져왔다는 주장에 문제가 될 만한 사실이 발굴을 통해서 드러날지도 모른다는 염려도 숨어 있다.

천황은 원래 사제 비슷한 인물이었던 것으로 보이고, 천황제도는 처음부터 종교적인 역할로 그 성격이 규정되어왔다. 천황은 신토神道에 있어 로마 황제Pontifex Maximus나 마찬가지의 존재였다. 신토는 글자 그대로

'신의 길'을 뜻하고, 한국을 통해 들어온 불교, 즉 '부처의 길'로부터 토속 신앙을 구별하기 위한 목적으로 생겨난 이름이다.

19세기 메이지 정부가 해외에서 유입된 모든 사상적 요소를 배제한 군국주의적인 국가 신토를 의도적으로 만들어내기 전까지, 불교와 신토 는 별다른 모순 없이 공생관계를 유지해왔다. 중세 유럽 성당의 한쪽 옆 에 성인을 기리는 작은 채플이 붙어 있듯이, 큰 불교 사찰의 가장자리 에는 여전히 작은 신토 사당들이 옹기종기 자리하고 있다. 신토의 신들 은 흔히 불교의 수호신이나 보살들의 화신으로 여겨졌다. 오늘날에도 일 본 사람에게는 신토 사당에서 세례 비슷한 의식을 치르는 것으로 종교 인생을 시작하고, 형식만을 빌린 것일지라도 기독교식 결혼식을 치르며, 불교식 장례로 인생을 마무리하는 것이 전혀 이상한 일이 아니다. 한두 세대 전만 해도 기독교식 결혼식을 치르지 않았지만, 그 당시 사람들도 어떤 때는 신토 의식을 따르고 어떤 때는 불교 의식을 따르는 것에 어떠 한 모순도 느끼지 않았다.

천황 제도는 이러한 종교적 절충주의를 체현하고 있다. 큰 사찰들은 황실의 보호 아래 운영되었고(주지승이 황가의 후손인 경우도 왕왕 있었다), 천황은 신토의 대제사장으로서 황실의 직계 선조로 여겨지는 태양신 아마테라스 오미카미天照大御神를 기리는 가장 중요한 제사를 이세신궁伊 勢神宮에서 집전했다.

일본의 정치 시스템을 파악하려고 했던 16세기 유럽의 어느 방문자 는 일본에 교황과 황제가 모두 있다고 보고했다. 하지만 그는 천황을 교 황이라고 생각하고, 쇼군將軍을 황제라고 생각했다. 쇼군에 대해서는 뒤 에서 더 살펴보겠지만, 일본의 명목상 최고 지도자였던 천황을 '황제 폐 하His Majesty the Emperor'라고 부르는 영어의 부정확한 번역보다 이 유럽인의 생각이 오히려 일본 지배 체제의 현실을 훨씬 잘 반영한다. 황제 폐하라는 표현은 '하늘에서 보내신 군주'를 뜻하는 '덴노헤이카天皇陛下'라는 호칭을 일본인들이 영어로 번역한 것인데, 덴노헤이카를 황제라고 부름으로써 천황이 왕King보다 높은 존재라고 얘기하고 싶었던 의도가 들어 있다. 그러나 '황제Emperor'라는 단어의 선택은 적절치 않은 것이, 황제의 어원은 로마 제국 최고 군사 지도자들(제국을 형성하는 여러 나라를 군사적으로 통치하던 사람들)에게 주어지던 호칭인 임페라토르Imperator이기 때문이다. 덴노헤이카는 일본이라는 나라의 종교적 지도자로서, 이 나라 종교의 근원이자 정치적 정통성의 근거다. 천황보다는 '야만인을 토벌하는 군사원수'라는 뜻의 '정이대장군征夷大將軍', 즉 쇼군이 임페라토르의 원래 의미에 훨씬 가깝다.

하지만 이미 전 세계적으로 일본 군주를 '황제'라 부르고 있기 때문에 호칭이 쉽게 바뀌지는 않을 것이다. 그래도 일본 역사 대부분의 기간에 천황이 적극적인 실제 통치 행위를 하지 않고 정신적 지도자의 역할만 했다는 사실은 기억해둘 필요가 있다. 그랬기 때문에 중국이나 한국, 베트남에서 정권이 교체될 때마다 기존의 통치자가 쫓겨나고 새 정권의 통치자가 들어섰던 것과 달리, 일본의 천황은 그러한 운명을 겪지 않았다. 대신에 천황은 지배자에게 통치할 자격을 부여하는 정치적 정통성의 매우 중요한 상징으로서 역할해왔다.

후지와라 가문과 헤이안쿄의 설립

8세기 말부터 12세기 말까지 일본의 실권은 후지와라藤原 가문에 독점되어 있었는데, 이 귀족 가문은 '정략결혼'을 통해 황실을 조종했다. 가문의 딸 중 한 명이 반드시 황태자와 결혼하도록 한 것이다. 결혼은 보통 신랑과 신부가 어린아이일 때 성사되었다. 후지와라 가문은 천황 승계의 조종권을 빼앗기면 자신들의 권세가 언제라도 위협당할 수 있다는 사실을 잘 알고 있었다. 그들은 황태자가 종교적 의례는 수행할 수 있지만 정치적 행위에 참여하기에는 아직 어린 소년일 때 천황에 즉위하도록 하고는, 성인이 되면 곧 퇴위시키는 방법을 썼다. 재위 기간에는 후지와라 가문의 사람이 섭정을 통해 실권을 행사했다.

후지와라 가문은 대륙 문명의 물결이 일본에 처음 쏟아져 들어오던 6세기 초반, 강력한 호족 가문들과의 수십 년에 걸친 투쟁에서 승리하며 등장했다. 투쟁에 종지부를 찍은 것은 정부 기관을 장악하기 위해 다른 가문들을 밀어낸 후지와라의 선조들이 645년에 실시한 다이카 개신大化の改新이라는 이름의 개혁운동이었다(685년에 가문의 이름을 후지와라로 변경했다). 다이카 개신은 중국의 발달된 관료주의 정치 제도를 대대적으로 들여오는 운동이었다. 각 호족 지도자들은 천황을 중심으로 모여서 그들이 아는 한 가장 선진적인 형태의 정치체제를 참고하여 일본이라는 초기 국가제도의 확립을 위해 힘을 합쳤다.

일본의 첫 번째 영구 수도는 701년 나라奈良로 정해졌다. 그 전까지는 천황이 죽을 때마다 새로운 곳에 수도가 세워지곤 했다. 나라는 상트페테르부르크나 워싱턴처럼, 일본이라는 국가의 정치적 실재를 구체화하기 위해 칙령에 의해 세워진 명백한 정치 수도였다.[4] 나라는 당나라의 수도이자 당시 세계 최대의 도시였던 장안(현재의 시안)을 모델로 삼

---

4 정치적 목적으로 건설된 것이 아닌, 경제·상업의 중심지로 자연적으로 발전한 일본 최초의 도시는 오사카였다.

아, 도시의 정점에 황궁이 위치하는 사각형 격자 모양을 하고 있다. 나라는 세워진 지 수십 년 만에 20만 명에 달하는 인구를 자랑하며 일본에서 진정한 의미의 첫 번째 도시가 되었다. 대륙의 예술과 학문을 받아들인 상징으로서 당나라풍 대형 사찰들이 늘어서 있던 나라 최고의 조형물은 도다이사東大寺(글자 그대로 동방의 위대한 절)였다. 728년에 축성된 도다이사는 세계 최대의 목조건물로, 안에는 세계 최대의 동불상이 있었다. 이 절을 짓기 위해 필요한 막대한 재원을 끌어모으다보니 나라를 중심으로 권력의 통합이 빠르게 진행되었다. 도다이사는 전국적으로 조직된 사찰 간 위계질서의 정점에서 일본 불교의 바티칸과도 같은 역할을 했다.

8세기는 일본 불교의 황금시대였다.[5] 승려들의 힘도 막강해져서, 사찰의 끝없는 신축으로 급기야 국가 재정이 위협받는 지경에 이르고 천황 승계에도 승려들이 관여하기 시작했다. 라스푸틴(20세기 초 제정 러시아의 실권을 장악했던 괴수도승─옮긴이)과도 같은 승려의 영향력 아래 있던 고켄孝謙 여황제는, 그에게 천황 자리를 물려주려 했으며 자신에게 반대하던 후지와라 고관의 처형을 명하기도 했다.

고켄 여황제에게 심한 공포를 느꼈던 지배층 귀족들은 아예 앞으로는 여성이 천황의 자리에 오를 수 없도록 규정을 바꾸어버렸다(수 세기 뒤에 몇 명의 여황제가 등장하기는 했으나, 모두 황태자가 성인이 될 때까지 잠깐 자리를 메꾸는 역할만을 수행했다). 그들은 또 불교 승려의 정치적 권한을

---

5 오늘날까지도 많은 유적이 남아 당시의 나라가 어떤 모습이었을지 짐작할 수 있게 해준다. 창건 당시의 도다이사는 화재로 소실되어 아무것도 남아 있지 않다. 현재의 도다이사는 18세기에 중창된 것으로 원래의 30퍼센트 정도의 규모에 불과하다. 그럼에도 여전히 세계에서 가장 큰 목조건물이며, 안에는 예술적으로는 평범할지 몰라도 거대한 불상이 있다(이것 역시 후대에 만들어진 것이다). 하지만 나라 시내와 근교에는 수많은 절이 원래 모습 거의 그대로 보존되어 있다.

대부분 박탈해버렸다. 그리고 나라의 큰 사찰들이 더 이상 국가 기관을 장악하지 못하도록 수도를 나라에서 다른 곳으로 옮겼다. 두어 번의 시도 끝에 후지와라 가문은 794년 수자원이 풍부하고 삼면이 산으로 둘러싸인 곳에 새로 정착했다. 이곳을 평안한 수도라는 뜻의 헤이안쿄平安京라고 불렀는데, 나중에는 글자 그대로 수도라는 뜻의 교토京都로 이름이 바뀌었다. 다시 한번 중국 장안의 모델을 따라 넓은 격자의 도로를 내고 정점에는 황궁 터를 잡았던 교토는, 중국의 풍수지리에서 말하는 좋은 조건을 모두 갖추고 있었다. 도시 가운데로는 강이 흐르고, 불길한 방향으로 여겨지던 동북쪽에는 높은 히에이比叡산이 있어 교토의 삼면을 막아주었다. 산에는 엔랴쿠사延曆寺라는 이름으로 알려진 일련의 사찰들을 지어 일본 불교 절정기에 도다이사의 역할을 대신했다. 이 산속의 사찰들은 도시를 악의 기운으로부터 지켜주는 영적인 역할을 수행하기도 했지만, 주지승들이 정치에 직접 관여할 수 없도록 지리적으로 멀리 떨어뜨려놓았던 것이기도 했다. 이런 조치에도 불구하고 나중에는 간혹 히에이산의 승병들이 교토로 밀고 내려와 이런저런 세력 다툼에 관여하기도 했다. 결국 1571년 군벌 오다 노부나가織田信長가 엔랴쿠사를 불태워 잿더미로 만들면서 불교 승려들의 정치적 힘을 영구히 없애버리게 된다.

하지만 이런 것들은 모두 수 세기 이후의 일이다. 후지와라 가문은 교토에 세계에서 가장 미학적, 예술적으로 발달한 도시를 세웠다. 지배 귀족들은 지난 수 세기에 걸쳐 학습한 것을 소화하고 다듬어냈다. 외부 침략의 위협으로부터 자유로웠기 때문에 예술에 전념할 수 있었던 것이다. 취향의 세련됨이 이토록 지극한 경지에 올라 오래도록 영향을 끼친 비슷한 사례를 찾으려면, 17세기 프랑스의 베르사유 궁전이나 16세기

인도 무굴 제국까지 내려와야 한다.[6]

헤이안 시대의 유산

'헤이안平安'이라고 불리는 몇 세기 동안 일본에서는 진정으로 독자적인 문명이 형성되었다. 물론 헤이안 시대 이전의 수 세기 동안에도 일본은 스스로를 하나의 국가로 자각하고 있었다. 하지만 나라 시대는 그 화려함에도 불구하고 당나라 문화의 아류일 뿐이었으며, 불과 나라 시대 수십 년 전까지만 해도 '일본'이라는 것은 부족이나 호족의 집합체에 지나지 않았다. 하지만 헤이안은 정치적, 예술적, 사회적인 면에서 대륙의 모델로부터 갈라져 나와, 그동안 중국의 문화와 제도를 모방하고 흡수하던 것에서 발전해 독자적인 모델을 만들었다. 해외의 제도를 소화하고 재구성하는 과정을 거쳐 완전히 일본식으로 바꾸는 이러한 방식은 이후 일본 역사를 통해 계속 반복되어 현재까지도 지속되고 있다.

헤이안의 정치·경제적 토대는 수 세기가 지나면서 빛이 바랬지만 그 문화는 깊이 뿌리를 내려 살아남았다. 황실의 의례들과 헤이안 귀족의 상하 관계는 20세기까지도 정치적 정통성의 궁극적인 근거로 작용한다. 귀족제도는 1949년 현재의 헌법이 채택되면서 사라졌지만, 즉위식, 결혼식, 장례식과 같은 황실의 의례들은 오늘날까지도 헤이안 시대에 확립된 궁정 복식을 한 사람들에 의해, 콥트교회 음악과 함께 세계에서 가장 오랫동안 연주되어온 음악으로 알려진 헤이안 음악雅樂에 맞추어

---

6 Ivan Morris, *The World of the Shining Prince: Court Life in Ancient Japan*(Alfred A. Knopf, 1964), 헤이안 시대의 문화와 문학에 관한 그의 심도 있는 분석을 참조했다.

진행된다.

오늘날 일본 생활의 모든 부분에 녹아 있는 정교한 취향과 세련됨은 헤이안 궁정의 극도로 귀족적인 미학에 그 뿌리가 있다. 일본 료칸旅館에 도착해 객실에 놓인 완벽한 형태의 꽃꽂이를 볼 때나, 백화점에서 배달된 물건이 우아한 글씨의 제품 설명과 함께 계절을 암시하는 기막힌 포장에 담겨올 때나, 자동차 문을 열면 만나는 깔끔한 라인과 외형 마무리에 들어간 집착에 가까운 디테일을 볼 때면, 당신은 1000년 전 헤이안 귀족들의 외형에 대한 집착과 그 시절 섬세한 미학의 편린들을 보고 있는 것이다.

이런 예술적 유산이 여전히 헤이안 시대가 중요한 궁극적인 이유일 것이다. 당시의 건축물들은 현재 거의 남아 있지 않다. 처음에는 후지와라 가문 섭정인이 유흥 장소로 사용했고, 지금은 10엔 동전 뒷면에 새겨져 있는 걸작 뵤도인平等院 정도가 그 시절 건축물 중 유일하게 온전히 남아 있다. 거기에 더해 남아 있는 몇몇 조각상과 족자만이 당시 헤이안 궁정의 시각적 화려함을 짐작케 해준다.

문학은 조금 다르다. 대부분 거의 완전한 형태로 지금까지 전해지고 있다. 방대한 양의 시와 소설들, 그리고 세계 문학의 걸작으로 꼽히는 『마쿠라노소시枕草子』와 『겐지 이야기源氏物語』가 있다. 이 두 편의 작품은 당시 궁정에서 살았던 여인들에 의해 쓰였다. 오늘날에도 중요하게 여겨지는 작품의 대부분이 여성에 의해 쓰였다는 점에 있어 헤이안의 문학은 세계사에서도 독특한 존재다.

여성에 의해 쓰인 문학

헤이안 문학이 왜 모두 여성(혹은 여성 필명을 사용한 남성들)에 의해 쓰였는가 하는 이유는, 다시 대륙으로부터 들어온 것과 일본 고유의 것이라는 구분법의 이야기로 되돌아간다. 이는 일본의 역사와 문화를 논하는 데 있어 가장 오래되고 중요한 주제일 것이기도 하다. 헤이안쿄가 설립되기 300여 년 전 일본이 처음 대륙의 문화를 접하면서, 일본은 마치 동그라미를 네모난 구멍에 맞추듯이 일본어 구어를 중국 문자에 끼워넣는 지난한 작업에 착수한다.

5세기 중국어는 이미 완전한 배치형 언어distributive language였다(문장 안에서 어순이 그 단어의 의미를 결정하는 언어. 영어도 상당 부분 배치형 언어이지만 가령 3인칭 단수에 붙는 's'-I walk, you walk, he walks처럼 어미변화도 일부 남아 있다). 중국어 구어를 문자로 쓸 때는 복잡하고 아름다운 한자가 어울리는 것이, 하나의 글자가 하나의 단어를 뜻하기 때문이다.

반면 일본어는 어미변화가 많고 이 때문에 문법이 복잡하다. 예를 들면 누가 무엇을 누구에게 언제 말하느냐에 따라 동사의 어미가 변한다. 라틴어 명사에 격을 표시하는 어미와 비슷하다면 비슷한 조사도 있다. 일본어에서는 심지어 형용사도 변화한다. 표의문자의 기호는 어미변화를 잘 표현할 수 없다. 그래서 지중해 지역에서도 초기에 사용했던 표의문자를 페니키아 문자로 바꾸고 나중에는 그리스나 로마의 알파벳으로 바꾸었다. 인도에서도 브라흐미 문자와 산스크리트 문자 사이에 유사한 전개과정을 찾아볼 수 있다.

일본어의 어미변화를 한자로 표기하는 것은 어이없을 만큼 어려운 일이었다. 결국에는 아마도 불교의 팔리어 경전이 산스크리트 문자로 쓰인 사례를 참고한 듯, 일본에서도 하나가 아니라 두 종류의 문자 체계가 발전되었다. 일본어의 가나仮名(가타카나片仮名와 히라가나平仮名)는 하나의 글자가 음소가 아니라 음절을 표시하기 때문에 엄밀히 말하면 표음문자가 아닌 음절문자다. 전설에 따르면 가나는 도다이사 주지승이었던 고보 다이시弘法大師(774~835)가 발명했다고 한다.[7]

가나는 중국의 한자를 본떠 만들었지만, 한자를 대체하지는 못했다. 현대 일본어에서는 동사의 어근은 대부분 한자로 쓰고 어미 부분을 히라가나로 쓰는 것이 일반적이다. 그리고 영어나 프랑스어 같은 서양 언어에서 수입된 단어들은 가타카나로 쓴다. 그래서 현대 일본어는 표의문자에 더해 두 종류의 음절문자가 섞여 있는 독특한 하이브리드 언어다.

가나는 헤이안 시대에도 이미 사용되었으나 한자와 혼용되지는 않았다. 문서는 어처구니없이 어색하고 어려운 수정판 중국어인 '한문漢文'으로 쓰이거나, 온전히 가나로만 쓰였다. 한문은 공식 서류나 '중요한' 글에 쓰였고, 가나는 창작 글이나 사적인 편지처럼 좀더 캐주얼한 용도로 쓰였다. 그렇게 해서 한문은 소위 '남자의 문자', 가나는 '여자의 문자'가 되었다. 한문으로 글을 쓴다는 것은 기본적으로 자신이 말로는 할 수 없는 언어를 사용해 글을 쓰는 것을 의미했으므로, 한문으로 쓰인 글은 중세 유럽의 경직된 라틴어로 쓰인 작품만큼이나 통용되기 어려웠다. 반면 가나는 사람들이 실제로 말하고 생각하는 언어를 글로 옮기기 위한 목적의 문자였으므로, 가나로 쓰인 문학작품들은 현대인에게도 그 내용이 와닿는다. 그 대표적인 두 작품이 각각 세이 쇼나곤清少納言과 무

---

[7] 고보 다이시는 성 패트릭(5세기 아일랜드의 수호성인—옮긴이)처럼 전국을 돌아다녔으며 그가 다녀간 곳마다 수많은 새로운 절이 생겨났다고 한다. 오사카 남쪽의 고야산高野山의 사찰군도 그가 세운 것으로 전해지며 아직도 그의 혼이 거기 살고 있다고 믿는 사람들이 있다.

라사키 시키부紫式部가 쓴 『마쿠라노소시』와 『겐지 이야기』다.

『마쿠라노소시』와 『겐지 이야기』

위대한 문학작품들이 그렇듯이, 이 두 걸작도 시공을 뛰어넘어 인간 조건에 보편적으로 호소하는 바가 있다. 『마쿠라노소시』는 인간의 약점에 대해 깜짝 놀랄 만큼 현대적인 해석을 하고 있고, 『겐지 이야기』는 주요 등장인물의 내면과 그 변화 과정을 묘사한 점 때문에 세계 최초의 소설로 불리고 있다.

두 작품에서는 모두 미학과 '신분'만이 유일한 가치 기준이고, 이 두 가지가 복잡하게 얽힌 사회를 그리고 있다. 가령 '취향이 좋은' 사람은 거의 항상 높은 신분이고, 이는 거꾸로 해도 맞는다. 다양한 색의 옷을 잘 맞춰 입지 못한다든지, 악필이라거나 시를 쓰는 데 상상력이 빈약하다든지, 계절에 어울리지 않는 종이를 고른다든지 하는 낮은 미적 취향은 천한 신분을 드러내는 도덕적 결함으로 여겨졌다.

반면 성적인 방종함은 용인되었을 뿐만 아니라 당연한 일로 받아들여졌다. 배우자에 대한 정절이나 순결을 지키는 것은 예외적인 일이었고 별나게 여겨졌다. 남자와 여자가 중년이 되어 '세속을 떠나' '삭발'하지 않는 한 신분이 낮은 사람들, 특히 여성은 신분이 높은 사람들의 자비에 전적으로 의존하고 있었다. 높은 사람들의 시중을 드는 것 외에는 생계를 유지할 방법이 없었기 때문이다. 당시의 경제는 본질적으로 돈이라는 것이 존재하지 않았기 때문에, 높은 사람들의 눈 밖에 나면 사회적으로 고립되는 데 그치지 않고 생계의 파탄을 의미했을 것이다. 『마쿠라노소시』는 생생한 필치로 그 당시의 일상에 대한 인상과 메모를 담은 수필이다. 하지만 『겐지 이야기』의 작가 무라사키는 한발 더 나아가 사회적 잣대가 작품 속 등장인물들에게 어떤 영향을 미치는지 인물의 마음속으로 들어가 보여준다. 특히, 일본 문학 연구자인 이반 모리스가 『화려한 왕자의 세계The World of the Shining Prince』(『겐지 이야기』뿐만 아니라 헤이안 시대 궁정생활 전반에 대해 논한 훌륭한 입문서)에서 지적한 것처럼, 무라사키는 질투심을 '인간의 가장 괴로운 고통'(모리스의 표현)으로 그리고 있다. 무라사키가 살던 시대의 사회질서 아래에서는 그럴 법도 하다.

이 점이 바로 비록 시대적 배경은 달라도, 현대 독자들이 이 책에 공감할 수 있는 이유다. 에드먼드 화이트는 헤이안 문학이, 에이즈가 등장하기 전 맨해튼과 할리우드에 특이하게 존재하던 게이 커뮤니티의 남자들에게도 공감받을 수 있을 것이라고 말한다. 그런 커뮤니티는 스폰서 문화와 성적인 방종, 취향의 폭력성(여기서는 신분 대신 외모가 중시된다)으로 점철되어 있었다. 그리고 물론 무라사키가 처절하게 묘사했던 의존적 관계가 심리와 정서에 끼치는 영향은 여성들에게도 많은 공감을 불러일으킬 것이다. 무라사키의 등장인물들이 느끼는 질투심은 애정이 식고 매력이 없어지는 것에 대한 두려움뿐 아니라, 비록 직접 표현하지는 않지만 윗사람의 관심을 잃는 것은 곧 신분의 박탈이라는 두려움에 기반하고 있다. 역시 명시적이지는 않아도 『겐지 이야기』에는 종교적 주제도 작품 전체에 스며들어 있다. 어느 등장인물도 업보의 멍에에서 벗어날 수 없다. 무라사키와 그 시대 사람들은 가장 좋은 시절이 이미 지났다고 믿었다(그 믿음은 옳았다. 헤이안 귀족의 정치·경제적 기반은 그때 이미 흔들리고 있었고, 무라사키가 죽고 한 세기가 채 지나지 않아 그들의 권력은 사라진다). 그들은 그런 쇠락을 정법이 절멸한 시대에 살고 있다는 불교의 말법末法 사상으로 해석했다.

헤이안 질서의 붕괴와 봉건주의의 등장

헤이안 시대는 세상의 여느 정치체제가 무너지는 것과 비슷한 이유로 무너졌다. 헤이안 말기에 이르면 세수원이 줄어든 나머지 사회질서를 유지하고 경제의 틀을 유지하는 지배층의 기본 기능을 수행할 수 없게 되었다. 그리고 치안 유지에 필요한 강한 군대를 키우면서도 이를 정권의 통제하에 놓는다는 정치의 핵심적인 과제조차 제대로 해결할 수 없었다.

교토에 모여 있던 귀족 가문들은 장원莊園이라 부르는 사유지를 전국 각지에 소유하고 거기서 생산된 쌀을 징수하여 경제력을 유지하고 있었다. 그 당시 쌀은 일본 경제의 기반이었고, 19세기 중반까지도 쌀은 다른 생필품과 교환하는 형태로 그 역할을 계속했다. 문제는 점점 많은 장원이 요즘 표현으로 면세 특권을 부여받기 시작하면서 생겨났다.

면세 장원이 늘어나면서 중앙 정부는 비용을 감당할 만큼의 세금을 더 이상 걷어들일 수 없게 되었다. 정부는 화폐를 찍어내는 능력도 상실했고, 이는 곧 모아들인 세금을 교환의 매개체로 변환시킬 수도 없음을 의미했다. 후지와라 가문은 이제 권력을 지탱해주던 무사 가문들에게 보수를 지불할 재정 기반도, 경제를 돌아가게 하는 메커니즘도 상실하고 말았다. 전국을 이어주는 주요 도로에 도적이 들끓고 수도의 거리에도 강도가 출몰하는 작은 문제부터, 점차 제멋대로 사법권을 행사하는 무사들과 같은 큰 문제에 이르기까지, 사회질서가 무너져내리기 시작했다. 후지와라 가문은 천황 승계에 대한 영향력도 상실하게 되었다. 천황들은 한 번은 이쪽, 한 번은 저쪽의 무사 가문과 결탁해서 정치에 관여하기 시작했다. 혹은 달리 말하자면, 그동안 일족의 이권을 위해 조정을 교란하던 후지와라 가문 전통의 특권이 무사 가문들에 그대로 넘어가고 말았다.

헤이안의 몰락기에는, 표면상으로는 퇴위한 상황上皇이 사찰에 들어앉아 국사를 장악하려고 시도하거나, 실제로 장악하는 '원정院政'이 성행했다(예를 들어 1087년 퇴위한 시라카와白河 천황은 후지와라 가문의 섭정인을 배제한 채, 세 명의 천황의 재임 기간에 정치 문제를 직접 주도했다).

헤이안 말기에 이미 확고한 계층으로 자리잡아 나중에 사무라이侍('귀인의 곁에서 섬기다'라는 의미에서 유래한 말)라고 불리게 되는 무사들은, 실제로는 스스로의 권력과 영향력을 위해서였지만 표면상으로는 천황 승계 같은 문제를·구실로 국가를 점점 심각한 내전 상태로 내몰았다. 그 절정은 강력한 무사 가문인 다이라平 가문(음독으로 헤이케平家)과 미나모토源 가문(음독으로 겐지源氏) 사이의 '겐페이 전쟁源平合戰'이었다. 이 서사시적 전쟁은 영국의 장미 전쟁에 비견할 만한 것으로, 그 결과 최초로 무인 정권이 탄생했을 뿐 아니라, 이후 수없이 많은 연극, 그림, 서사 등 다양한 장르에서 예술작품의 소재가 되었다.

이 전쟁을 서술한 고전 『헤이케 이야기平家物語』는 『겐지 이야기』와 함께 일본 문학의 초석으로 여겨진다. 하지만 『겐지 이야기』가 마르셀 프루스트의 『잃어버린 시간을 찾아서』의 11세기 버전 같은 것이라면, 『헤이케 이야기』는 『일리아드』나 『롤랑의 노래』와 같이 대담함과 용맹, 우정, 배신, 비극으로 가득 찬 전쟁 대서사시를 닮았다. 정말이지 1185년 단노우라壇/浦 전투의 와중에 아직 어린 소년인 천황과 할머니가 황실의 삼종 신기三種の神器(태양의 신 아마테라스에게 하사받아 현재까지 일본 천황이 계승한다는 검과 거울과 구슬―옮긴이)를 파도에 던지려고 하다가 바다에 빠져 죽는 마지막에서 두 번째 장은 그 극적인 전개와 비극적 정서의 묘사에 있어 타의 추종을 불허한다. 이 전투는 일본 본섬인 혼슈本州와 규슈九州를 가르는 시모노세키下關 해협에서 벌어진다. 다이라 가문(헤이케)이 먼저 승기를 잡는 듯하지만 장수 중 한 명이 배신해서는 여섯 살배기 안토쿠安宅 천황(다른 자료에서는 8세였다고도 함―옮긴이)과 그 할머니가 타고 있던 배의 위치를 미나모토 가문에 누설한다. 할머니는 다이라 정권을 세운 가문의 위대한 지도자 다이라노 기요모리平淸盛의 미망인이었다. 기요모리는 무사로서 최초로 일본을 실질적으로 통치했던 인물이다. 『헤이케 이야기』는 기요모리를 중심으로 다이라 가문의 흥망을 그린 작품이다. 그가 가문을 위해 쌓아올린 모든 것은 그 미망인과 손자의 죽음과 함께 사라지고 만다.

눈여겨볼 부분은, 이 서사시의 제목을 패배한 가문의 이름에서 따왔다는 것이다. 가망 없는 상황에서도 자신이 목숨 바쳐 지키고자 하는 대의를 향한 충성심과 순수함으로 싸우다 스러지는 고귀한 패자는 일본 문화에 식상하리만큼 자주 등장하는 전형 중 하나다. 19세기 말 봉건주의 말기의 유명한 사건에서 모티브를 따온 할리우드 영화 「라스트 사무라이」를 보면 이런 정서를 약간 엿볼 수 있다. 미국인들이 승자를 지나치게 칭송하는 경향이 있지만 미국에도 이런 정서가 완전히 낯선 것만은 아니다. 남북전쟁에서 패한 로버트 리 장군(남부연합군 총지휘관)의 이야기는 일본식 '고귀한 패자'의 그림에 거의 들어맞는다. 다만 이반 모리스가 말했듯이, 리 장군이 일본식 불멸의 영웅 반열에 들기 위해서는, 노년까지 생을 유지하기보다 아포마톡스 전투(이 전투에서 남부연합군이 항복하며 남북전쟁이 끝난다―옮긴이)에서 전사하는 편이 나았을 것이다.

이렇게 '고귀한 패자'의 전형은 일본에만 국한된 게 아니지만, 유독 일본인의 상상력을 사로잡았다. 제2차 세계대전 말기에 뻔히 보이는 패배를 막기 위한 헛된 시도를 위해 투입되었던 젊은 가미카제 비행사들을 보라. 『헤이케 이야기』는 단노우라 전투에서 다이라 가문이 멸망하는 것으로 끝나지 않는다. 마지막 장은 미나모토 가문의 지도자인 미나모토 요리토모源賴朝의 동생 미나모토 요시쓰네源義經가 전투에서 승리한 뒤에 맞는 비극적 결말을 다룬다. 수많은 연극과 소설, 그림에서 가냘프고 여성적인 소년으로 묘사되는 요시쓰네는 무사 벤케이弁慶와의 진검승부에서 이겨 벤케이가 애정과 충성을 바치는 대상이 된다. 벤케이는 일본 문화의 또 다른 전형을 만든 캐릭터다.[8] 그는 강하고 끈질긴 무사, 말수도 거의 없고 감정도 드러내지 않지만 속이 깊고 용맹하며 완강한 충성심의 소유자라는 캐릭터였다. 반면 요시쓰네는 그 순수함과 도덕성으로 인해 요절하고 마는 저주받은 미소년(비쇼넨美少年)의 전형이다(가부키歌舞伎에서 요시쓰네는 항상 여성 역할을 전문으로 하는 남자 배우인 온나가타女方가 연기한다). 이 둘 사이의 관계는 일본 문화에 나오는 위대한 로맨스로 손꼽힌다. 단노우라에서의 영예로운 승리를 거둔 뒤, 요시쓰네는 가문의 지도자이자 자신의 권력에 조금이라도 위협이 되는 사람은 가차 없이 제거하던 형 요리토모의 분노와 의심을 산다. 요리토모의 수하들이 일본 전역에서 요시쓰네를 쫓기 시작한다. 요시쓰네는 아군으로부터 버림받고 곁에는 벤케이 한 명만 남는다(노能와 가부키 무대, 나중에는

---

8 이안 부루마Ian Buruma, *A Japanese Mirror*, pp.132–135, 요시쓰네와 벤케이 전설에 대해 논함. 일본 문화의 원형에 대한 훌륭한 입문서.

구로사와 아키라黑澤明의 영화에까지 등장하는 애처로운 장면이 하나 있다. 벤케이는 짐꾼으로 변장한 요시쓰네가 들키지 않게 하려고 어쩔 수 없이 요시쓰네를 두들겨 패기에 이르고, 이에 요리토모의 병사들은 그 짐꾼이 요시쓰네일 리가 없다고 믿고 일행을 통과시켜준다). 둘은 결국 쫓기고 쫓기다 멀리 북방의 외딴 성에 고립된다. 요시쓰네가 부인 및 딸과 함께 성안에서 할복하는 동안 벤케이는 밀려드는 적군을 혼자 힘으로 막아낸다. 누구도 벤케이에게 덤벼들지 못한다. 벤케이는 영화 「반지의 제왕」에 나오는 보로미르처럼 무수한 화살을 맞으며 마지막에 쓰러진다. 권력을 위해서라면 무슨 일이라도 저지르고 누구라도 배신하는 냉소적인 계략가라는 일본 문화의 또 하나의 전형인 요리토모는 그렇게 일본 최초의 쇼군이 되어 일본의 통치자로 등극한다.

이 이야기에서 신화와 진실을 가려내는 것은 불가능하다. 이런 인물들이 존재했던 것은 사실이나 요시쓰네나 벤케이의 행적의 많은 부분은 명백히 상상의 산물이다. 요시쓰네는 아마도 능력 있는 지휘관이었겠지만, 초인적인 검술을 구사하는 천사와 같은 외모의 소년은 확실히 아니었을 것이다(어떤 가부키에서 요시쓰네는 벤케이를 처음 만나 부채를 휘둘러 그를 이긴다). 하지만 요리토모는 실제로도 지독한 사람이어서, 너무 많은 잠재적 라이벌을 죽여버리는 바람에 그의 아들에서 대가 끊기게 된다. 요리토모는 어떻게 권력을 잡고 유지해야 하는지 확실히 알고 있는 사람이었다. 일본 역사상 처음으로, 정권의 중심이 전통적으로 일본 문화의 중심이었던 나라가 있는 야마토大和 평원에서 멀리 떨어진 곳으로 이동한다. 요리토모는 머나먼 동쪽의 가마쿠라鎌倉를 자신의 근거지로 삼았다. 삼면이 험준한 산으로 둘러싸이고 나머지 좁은 한 면만 바다로 통하던 가마쿠라는 난공불락으로 보였을 뿐만 아니라, 일본 최대의 간토關東 평원으로 가는 길목을 효과적으로 통제할 수 있는 위치에 있었다. 요리토모로 인해 일본 정치·경제의 중심은 야마토 평원을 중심으로 하는 서쪽에서, 현재의 도쿄가 위치해 있는 간토의 동쪽으로 이동을 시작한다. 그리고 요리토모는 그 뒤 일곱 세기 대부분의 기간에 걸쳐 일본을 지배하게 되는 막부幕府 제도를 만들어낸다.

쇼군

정이대장군(세이다이쇼군征夷大將軍. 야만인을 토벌하는 군사원수라는 뜻)이라는 호칭에 등장하는 야만인은 에미시蝦夷족 또는 나중에는 아이누アイヌ족이라고 알려진 오호츠크해 근처의 부족들과 동족 관계에 있는 원주민들이었다. 일본은 국가를 이루고 처음 몇 세기 동안, 한때 일본열도에서 공생하던 에미시족을 북으로 점차 몰아 결국 혼슈 바깥으로 밀어냈고, 에미시족은 거기서 아이누족과 섞였다(에미시와 아이누의 구분에 대해서는 아직도 인류학자들 사이에서 논의가 분분하다). 19세기 말까지도 일본에 제대로 동화되지 않았던 아이누족은 여전히 적은 숫자가 홋카이도에 살고 있다. 하지만 홋카이도를 벗어나면 에미시나 아이누의 흔적을 찾아보기 힘들다. 지명 중간에 p나 b가 중첩되어 있는 삿포로Sapporo나 벳푸Beppu 같은 곳에 아마도 아이누 혹은 에미시의 뿌리가 있을 것이고, 중국인이나 한국인 또는 몽골인보다 눈이 더 둥글고 남성의 체모가 많은 북방 일본인 일부의 신체적 특징만이 확실히 과거에 종족 간의 결혼이 있었음을 알려줄 뿐이다.

하지만 나라 시대와 초기 헤이안 시대까지도 에미시족은 심각한 군사적 위협이었다. 이들을 토벌하기 위해 황실에서 파견한 장군들이 화려한 복식의 정이대장군이었고, 요리토모는 전국을 제패한 후 거기서 자신의 칭호를 따왔다. 천황을 밀어내고 왕좌를 차지하는 대신 그는 표면적으로 천황으로부터 임명을 받아 그 정치적 정통성을 부여받는 제2의 조정을 가마쿠라에 만들었다. 그러고는 나라 시대 통치자들이 도다이사로 상징되던 일련의 불교 사찰의 건축을 통해 권력을 공고히 했던 것처럼, 가마쿠라 막부도 사찰과 거대한 불상들을 지으며 국가의 재정을 장악했다.[9]

천황과 쇼군의 평행관계는 실질적 권력과 명목상 권력의 문제였다. 나라와 헤이안의 천황들이 이름만 천황일 뿐 실제 통치는 거의 하지 않았던 것과 비슷하게, 요리토모가 1199년에 죽었을 때 실권은 그의 아들들이 아니라 부인인 마사코政子와 그녀의 집안인 호조北條 가문으로 넘어가 세습되는 섭정체제를 이루게 된다. 사실 호조 마사코는 일본 역사를 통틀어 가장 정치적으로 강력했던 여성일 것이다. 그녀는 1225년 죽을 때까지 실질적으로 일본을 다스렸고, 아마쇼군尼將軍(비구니 쇼군)이라는 별칭을 얻었다(남편이 죽은 뒤에 형식상 머리를 깎고 비구니가 되었다). 요리토모를 시작으로 자행되었던 무수한 살인과 처형과 배신으로 인해 미나모토 가문은 요리토모와 그 두 아들 이후로 대가 끊어졌다. 그 뒤의 가마쿠라 쇼군들은 모두 호조 가문이 후지와라 일족이나 황실의 왕자들 중에서 뽑아 앉힌 허수아비였다.

---

9 가마쿠라 막부가 지은 불상이 지금 가마쿠라 관광 포스터에 등장하는 야외 불상이다. 불상이 안치되어 있던 대웅전은 1498년의 쓰나미에 쓸려가버렸다.

몽골의 침략, 가마쿠라의 멸망, 아시카가 막부

1274년, 몽골의 위대한 전사이자 원나라 첫 황제인 칭기즈칸의 손자 쿠빌라이칸이 일본 정벌에 착수하면서, 막부는 외부로부터의 최대 위협에 봉착한다. 쿠빌라이칸은 이미 고려를 조공 국가로 만들고 중국 남송의 마지막 저항 세력을 진압하고 있던 참이었다. 첫 번째 정벌은 몽골군의 군함 대부분을 침몰시킨 태풍에 의해 좌절되었다(학자들은 몽골이 배를 급조하지 않았더라면 태풍을 견뎠을 것이라고 믿는다. 당시 상당수의 몽골군 군함은 바다에 적합하지 않은 하천용 군함이었다). 하지만 쿠빌라이칸은 쉽게 포기하지 않았다. 1276년에 남송의 수도를 함락해서 몽골의 지배에 저항하던 한족 세력을 제거하고는, 1281년 다시 관심을 일본으로 돌렸다. 이번에는 한국과 중국에서 각각 대규모 함대가 출동했다. 두 함대는 규슈 북쪽 해안의 이키壹岐섬에서 만나 일본 본섬을 공격할 예정이었다.

하지만 그동안 막부도 몽골의 재침략에 맞설 준비를 하고 있었다. 지금의 후쿠오카福岡가 있는 하카타博多만에 커다란 장벽이 세워지고 전국에서 무사들이 동원되었다. 이들의 작전으로 몽골군은 애를 먹었고, 다시 한번 태풍이 불어와 몽골군의 군함을 대부분 침몰시켜 이미 상륙해 있던 수만 명의 쿠빌라이칸 병사들을 고립시켰다. 군수물자의 보급과 병력 증원이 불가능해진 침략군은 이어진 전투들에서 거의 전멸했다. 몽골군의 사망자는 10만 명에 달했다.

몽골군 무패의 신화를 일본이 끝냈다는 점에서 몽골의 패배는 세계적으로도 물론 파급력 있는 사건이었지만, 일본 내부에도 큰 영향을 미쳤다. 이 사건은 일본인이라고 하는 자의식을 강화시켰다. 두 번이나 적선을 침몰시킨 위대한 태풍은 글자 그대로 신성한 바람이라는 뜻의 가미카제神風라고 불렸고, 이 이름은 제2차 세계대전 말기의 자살 특공대에게 다시 쓰이게 된다. 대부분의 일본인은 정말로 신이 개입해서 나라를 구해주었다고 믿었다. 무엇보다, 신토 사원들에서 무수히 기도하며 신에게 맡긴 국토가 기도의 효험으로 아무런 피해 없이 되돌아오지 않았는가.

막부의 요청으로 전쟁에 참가했던 이름난 무사들은 관례에 따라 공을 세운 대가로 막부에 토지를 요구했다. 하지만 막부는 전쟁에 대비하느라 모든 자원을 거의 다 써버렸을 뿐만 아니라, 몽골과의 전쟁을 통해 새로운 영토를 획득한 것이 아니었기 때문에 더 이상 나눠줄 토지가 없었다. 무사들 사이에 불만이 고조되고 파벌주의가 고개를 들면서, 천황 승계를 둘러싸고 파벌 간 분쟁이 격화되었다. 일본 역사상 처음으로 천황 승계를 두고 대립하는 두 개의 황실이 세워진다. 그리고 두 세력 간에 돌아가며 승계를 하기로 한 처음의 합의가 깨지면서 결국 서로의 주장을 다투다 전쟁을 벌이기에 이르렀다. 그 시절 가장 야심 많고 유능했던 고다이고後醍醐 천황은 두 황실 중 하나인 남조南朝의 창시자로 여겨진다. 고다이고 천황과 그의 후계자들은 교토를 벗어나 수십 킬로미터 남쪽의 요시노吉野 지역을 중심으로 다스렸다. 이러한 움직임은 가마쿠라 막부의 힘이 약해진 데서 비롯되었다. 고다이고 천황은 호조 가문의 권력에 대항하며 1333년, 동맹인 닛타 요시사다新田義貞 장군을 보내 가마쿠라를 치게 했다. 난공불락의 가마쿠라는 닛타 요시사다의 맹렬한 공격에 함락되고 만다. 호조 가문의 우두머리들과 850여 명에 달하는 그 수하는 집단 자살하고, 그렇게 일본 최초의 막부였던 가마쿠라 정권이 막을 내린다.

하지만 역사의 전형적인 패턴을 반복하듯, 닛타 요시사다는 그의 파벌이 정권을 잡는 것을 보지 못한 채 죽고 말았다. 그를 격퇴시킨 사람은 또 한 명의 야심찬 무사 아시카가 다카우지足利尊氏로, 고다이고 천황에 반기를 들고 북조北朝를 옹립한 사람이었다. 일본 역사상 세 번의 막부가 있었는데, 그는 두 번째 막부인 아시카가足利 막부를 세웠다. 막부의 조정을 세웠던 교토 지역의 이름을 따서 무로마치室町 막부라고도 한다. 1392년 고다이고 천황의 후계자인 남조의 천황이 북조의 천황에게 황권을 양위함으로써 남북조는 통일되고, 일본의 통치는 그렇게 다시 한번 교토라는 하나의 수도에서 이루어지게 된다. 그러나 과연 교토의 중앙 정부가 일본 전역을 통치했다고 할 수 있을까. 왜냐하면 무사의 배신, 공성전, 전투, 조정의 분열, 천황과 쇼군의 승계를 둘러싼 끊임없는 갈등과 같은 혼란의 파노라마가 계속되는 와중에, 일본은 점차 중앙의 조정(들)이 아닌 지방의 군벌(다이묘大名)들에 의해 실질적인 지배가 이루어지는 봉건 국가로 변해가고 있었기 때문이다.

일본의 '봉건주의'

'봉건주의'라는 단어에는 겉으로 드러나는 의미보다 더 많은 함의가 있다. 이 시기 일본 역사를 어떻게 해석할 것인가의 문제는 20세기 일본 국내외 학계에서 숙명적으로 치열한 격론을 불러일으켰다. 민족주의 역사가들은 천황의 실질적 권력을 되찾아 '유신維新'하려던 고다이고 천황의 시도를, 이후 근대 일본의 유신으로 발전하는 선례로 보았다.[10] 한편 일본의 기성 지식인들은 봉건주의를 자본주의로 이행하기 전 논리적으로 거쳐야 하는 단계로 보는 경직된 마르크스주의에 사로잡혀 있었다.

두 라이벌 학파는 과연 20세기 초 일본은 자본주의로의 완전한 이행을 마쳤느냐를 두고 논쟁을 벌였다.[11] 한쪽은 당장 사회주의 혁명이 일어나기에는 일본에 봉건주의의 잔재가 너무 많이 남아 있다고 주장했지만, 양쪽 모두 봉건주의 사회가 존재했다는 사실에는 동의했다.

하버드대학의 에드윈 라이샤워(케네디와 존슨 대통령 시절의 주일 미국 대사)가 이끄는 반反마르크스주의 서구 학자들도 여기에 동의했지만 새로운 해석을 더했다. 이들은 마르크스주의에 반대하던 냉전 지식인의 태도를 총동원하여, 일본이 유럽을 제외하고는 세계에서 유일하게 진정한 의미의 봉건주의를 겪은 나라라고 주장했다. 따라서 봉건주의가 인류 문명의 발전에서 반드시 거쳐야 하는 보편적 단계라는 마르크스의 주장은 틀렸으며, 봉건주의가 사회주의 혁명으로 가는 촉매가 되기는커녕 일본이 비서구 국가로서는 독특하게도 산업국가로 발전하도록 해주었다고 말한다. 이러한 분석에는 일본 역사 궤적의 종착역이 마르크스식 유토피아가 아니라 미국식 시장자본주의일 것이라는 뜻이 숨겨져 있다.

일본의 마르크스주의자들도 그에 반대하는 미국의 지식인들도, 헤이안의 질서가 붕괴된 이후 수 세기 동안 일본이 핵심적인 부분에서 유럽의 봉건주의와 닮은 정치적 제도를 발전시켜왔다는 데는 의견이 일치한다. 일본도, 유럽도 실제 권력의 대부분은 봉토나 영지를 갖고 있던 무사 영주들의 손에 있었다. 이들은 자신들이 가진 봉토나 영지의 경작권

---

10 실제로 1911년 메이지 천황은 칙령을 통해 남조가 정통 라인이며 북조의 천황들은 가짜였다고 사후적으로 발표했다. 이로 인해 당혹스러운 일이 있었는데 남조의 직계 후손이라고 주장하는 이가 나타나, 북조에 조상을 두고 있는 쇼와 천황(서양에는 여전히 히로히토라고 알려져 있음)보다 자신에게 천황 자격이 있다고 했기 때문이다.

11 Germain A. Hoston, *Marxism and the Crisis of Development in Prewar Japan*(Princeton, 1986)

을 가신들에게 나누어주고, 가신들은 영주들을 위해 일할 것을 서약했다. 실제로 땅을 경작하는 것은 농민·농노들이었고 그들은 땅에 법적으로 귀속되어 있었기 때문에 원칙적으로는 땅을 버리고 떠날 수 없었다(실제로는 많이 떠났다). 영주들은 크고 작은 군주들에게 충성을 서약했지만 최소한 1603년 도쿠가와 막부가 세워지기 전까지 이런 서약은 느슨하고 유동적이었다. 속세의 권력과 함께 이러한 관계에 정당성을 부여하는 종교적인 권력도 존재했다. 그리고 종교적인 권력이 속세에 어느 정도 영향력을 행사하기도 했다.

유럽의 영주들은 보통 작위를 받은 귀족들이었고, 이들이 합스부르크 왕가나, 카페 가문, 플랜태저넷 가문 같은 곳들을 전전하며 속세의 서약을 맺을지라도, 종교적 권력은 항상 교회가 쥐고 있었다. 일본의 영주들은 다이묘大名라고 불렸고, 그들의 봉토나 영지는 번藩이었다. 명목상의 서약을 맺은 군주는 쇼군이었고, 쇼군에게 정통성을 부여하는 종교적 통치자는 천황이었다.

일본의 봉건제도는 천황에 의해 임명되던 지방 행정관을 대체하거나 보완하기 위해 가마쿠라 막부가 슈고守護라는 무사들을 파견했던 데서 시작했다. 슈고 다이묘라고도 불렸던 이들은 임기가 있던 예전 황실의 지방 행정관과 달리, 한곳에 머무르며 각 지방에 작은 왕국에 가까운 번을 세웠다. 번은 19세기 말에 폐지되고 새로운 지방 행정구역인 부현府縣이라는 단위로 경계가 새로 정해졌지만 번을 중심으로 했던 지역 개념은 일본인의 의식에 여전히 강하게 남아 있다(가령 도사土佐 방언이라고 하지 고치高知 방언이라고 하지 않는다. 현재 고치현이 있는 곳이 예전 도사번이었다). 일본 현청 소재지의 대부분은(센다이仙台, 히로시마廣島, 고치高知, 가고시마鹿兒島, 후쿠오카福岡 등) 다이묘의 거처가 있던 번의 중심지에서 출발했다.

무로마치 시대가 계속되면서, 아시카가 쇼군의 힘은 점점 약해져 쇼군의 권력이 미치는 지역은 교토와 그 인근 지역 정도로 제한되었다. 특히 1467~1477년의 오닌의 난應仁の亂(겉으로는 쇼군의 승계 문제로 시작해서 교토를 거의 파멸에 몰아넣었던 내란) 이후로는 자신의 영토를 확대하거나 다른 다이묘를 지배하려는 야심을 가진 다이묘들 간의 내전에 가까운 갈등이 거의 끊이지 않고 계속되었다.

하지만 이런 내란에도 불구하고, 일본의 '중세시대'로 알려진 가마쿠라 막부나 무로마치 막부 시대는 문화적으로 찬란히 빛나는 시기였다. 우리가 일본의 '고급문화'라고 알고 있는 대부분의 것들이 이 시대로부터 비롯된다. 가마쿠라 시대의 놀랄 만큼 사실적인 조각품, 노能 가무극, 슈분周文 화풍과 셋슈雪舟 화풍의 수묵화, 전형적인 일본식 정원, 다도, 일본 건축사에 길이 남는 몇몇 작품을 예로 들 수 있다. 그리고 이 찬란한 문화유산은 이전의 헤이안 시대나 이후의 에도 시대와는 달리, 처음에는 중국 그리고 나중에는 서구세계로부터 오던 외부 자극에 대한 반응으로서 생겨났다.

봉건시대의 문화와 종교

전통적으로 역사가들은 헤이안 시대의 구게公家라고 불리는 귀족 중심의 문화와, 가마쿠라 막부를 세우며 교토의 조정으로부터 권력을 빼앗아온 부시(무사武士, 싸우는 사람) 또는 사무라이侍(섬기는 사람)의 문화 사이에 뚜렷한 경계가 있는 것처럼 여긴다. 하지만 역사의 이행이라는 것이 늘 그렇듯 그 시절을 살던 사람들에게는 그런 경계가 분명하게 느껴지지 않는다. 헤이안 시대가 끝나기 한참 전부터 각 지역에서는 독립된 세력들이 생겨나기 시작했다. 그리고 그동안 살펴본 것처럼 권력이 쇼군과 다이묘에게로 이동하기 시작하면서는, 천황의 승계 문제 그리고 새로운 독립 세력들이 기존의 위계질서에서 과연 어떤 위상을 차지하는가라는 문제가 계속 불거져왔다.

문화에도 비슷한 현상이 있었다. 교토의 문화적 패권은 줄곧 절대적으로 이어져 내려와, 1603년 지금의 도쿄인 에도에 도쿠가와 막부가 세워지기 전까지 그 지위가 흔들리지 않았다. 하지만 그 와중에도 문화는 변하고 있었다. 부시(사무라이) 계층은 충성과 명예가 최고의 가치이고, 몸을 사리지 않는 용감함이 가장 큰 덕목이라는 엄격하고 가차 없는 무사의 원칙을 갖고 있기는 했다. 하지만 그들은 그런 원칙과 헤이안 시절부터 전해 내려오는 미학의 추구 사이에 모순을 느끼지 않았다. 역사상 일본의 사무라이만큼 복색이나 서예 실력에 집착했던 무사계급은 없다.

하지만 미의식이 사무라이들에게 영향을 끼친 것처럼, 사무라이들의 가치관도 일본의 미의식에 영향을 끼치기 시작했다. 헤이안 예술의 특징인 사치스러움과 화려함, 과시와 (이렇게 말해도 될까 싶지만) 여성스러움은, 점점 남성적 (혹은 무사적) 절제와 검소함, 그리고 먹, 종이, 흙, 바위, 물, 나무, 고독하고 단순한 피리 소리와 같은 것을 통해 사물의 본질을 파고드는 예술로 변형되기 시작했다. 비대칭으로 놓인 몇 개의 바위와 갈퀴로 흔적을 낸 모래밭만으로 이루어진 정원, 가면을 쓴 배우들이 한 그루의 소나무만이 놓인 무대 세트에서 형식화된 동작을 취하는 노能, 낡은 농가에서 오래되고 갈라진 토기에 차를 담아 진행하는 다도, 희고 흡수력이 강한 종이에 먹을 몇 방울 뿌려 계절의 변화를 일깨우는 그림. 이런 것들이 무로마치 시대의 전형적인 미학이다.

이런 미의식의 변화에 기폭제 역할을 한 것은 중국으로부터 수입된 선불교일 것이다. 무로마치 막부는 명나라(1368~1644)와 외교관계를 수립했다. 이 관계는 역설적이게도 일본 국내의 전반적인 질서가 무너지고 있던 상황을 반영한 것이다. 당시는 일본의 해적(왜구倭寇)들이 점점 중국에서 문제가 되고 있던 시기로, 왜구들이 중국의 해안에서 불러일으킨 피해와 공포는 유럽 바이킹들의 무서움에 비견되곤 한다. 명나라는 막부에 왜구들을 통제해달라는 요청을 했고, 일본 역사상 처음으로 당시 일본의 통치자였던 쇼군 아시카가 요시미쓰足利義満가 스스로를 중국 황제의 신하로 선언하고 중국의 조공제도에 일본을 편입시켰다(조공제도 아래에서는 중국의 위성국가들이 중국 황실에 충성을 서약하고 '조공'이라는 이름으로 물자를 수출했다). 물론 막부는 의심의 여지 없이 부와 무역을 위해 이런 선택을 했던 것이고, 일본을 중국의 위성국가로 만들려는 의도는 아니었다. 하지만 이로 인해 중국으로부터 신유학이 들어와 향후 몇 세기 동안 일본의 정치이론과 통치철학을 바꾸게 되고, 일본어로 젠禅이라 부르는 선불교도 들어오게 된다.

불교는 이미 8세기 전 일본에 뿌리를 내렸기 때문에 명실상부한 일본인의 신앙이었다. 토종 종교인 신토가 살아남기는 했지만 신토의 제례의식이나 교리는 명백히 불교 의식에서 파생돼 나온 것이었다. 하지만 모든 종교가 창립 당시의 이념에서 벗어나게 되는 것처럼, 일본의 불교도 교조주의와 승려 사회, 위계질서와 세속 권력에의 참여 같은 것들로 복잡해져갔다.

거기에 대한 반작용이었을까, 두 개의 새로운 종교적 흐름이 힘을 얻기 시작했다. 첫 번째는 '신앙에 기반한' 종파라고 할 수 있다. 13세기 중국으로부터 들어온 이른바 정토종과 비슷한 시기에 니치렌日蓮이라는 승려가 창시한 니치렌 불교(법화종法華宗)가 그것이다. 이 종파들은 신도 개인의 신앙심을 중시했다. 복음주의 개신교와도 일맥상통하는 부분인데, 신도 계층도 비슷했다. 대륙과의 교역으로 인해 늘어나던 경제적 기회를 보고 교토나 오사카 같은 대도시에 몰려들던 상인과 하층 도시민들이 주된 신도였다.[12]

두 번째 흐름이었던 젠(선불교)은 나라 헤이안 시대로부터 내려오던 불교의 곁에 뿌리 내렸다. 젠은 신앙심보다는 구원과 득도라는 개인적 성취를 이루는 것을 목표로 했다. 현상의 본질을 직감적으로 파악하는 것을 가로막는 언어와 개념의 속박으로부터 정신을 해방시키기 위해 명상과 정신 수양을 강조했다. 이처럼 어려운 수행과 정신 수양을 강조하는 선불교는 무사·사무라이 계층에 즉각적으로 호소하는 바가 있었다. 실제로 선불교는 사무라이들의 종교에 다름 아니게 된다.

선불교가 일본의 고급문화에 미친 영향은 실로 지대하다. 젠의 가치관, 특히 군더더기를 없애버려서 사물의 본질만을 남긴다거나, 통찰을 이끌어내기 위해 관점의 급격한 변화를 시도하는 방법은 오늘날까지도 일본의 미의식을 관통하고 있다.

---

12 실제로 '소카 가카이創價學會'(일본의 중도 보수주의 정당 공명당의 모체. 4장에 자세히 설명—옮긴이)나 '신흥종교'로 대표되는 니치렌의 제도적 후신들의 신도들은, 서양의 근본주의 기독교 교파의 신도들과 비슷한 부류의 사람들이다. 주로 대기업이나 관료사회와 연관 없는 영세 자영업자나 저소득 중산층 사람들이다.

유럽인의 도래

마르코 폴로가 동쪽 먼 곳에는 황금이 넘쳐나서 절과 궁전들이 온통 금으로 뒤덮인 땅이 있다고 썼던 덕에, 14세기 유럽인들은 지팡구 Chipangu라는 이름을 알게 되었다(지팡구는 일본국日本國의 당시 중국어 발음이었고 여기서 재팬이라는 영어 단어가 생겨났다). 하지만 1543년 규슈 남쪽의 다네가섬種子島에 한 무리의 포르투갈 사람들이 상륙하기 전까지 일본은 유럽의 존재를 모르고 있었다. 이들이 누구인지 알 길이 없었던 일본 사람들은 처음에는 남쪽의 야만인이라는 뜻으로 남만인(난반진南蠻人)이라 불렀다. 이들이 실제로 남쪽 어딘가로부터 나타났고, 동아시아와 동남아시아에서 문명인의 상징이던 한자를 읽고 쓰는 능력이 없었을 뿐더러, 몸에서는 이상한 냄새가 나고, 무슨 나무 십자가에서 고문 받다 죽은 신과 관련 있다는 이상한 종교에 대해 계속 떠들어댔기 때문이다.

하지만 이런 의견은 곧 바뀐다. 일본인들은 서양인들의 목욕 습관에 대해 역겹게 생각했을지는 몰라도, 그들의 선박과 항해술, 무엇보다 총포에는 감탄하지 않을 도리가 없었다. 첫 만남은 좋지 못했지만 당시 혼란의 시기를 거치던 일본에서 서양인들의 선교 노력은 좋은 반응을 얻는다. 포르투갈 상인들에 이어 6년 뒤 일본을 방문한 예수회 선교사들은 수십 년의 선교활동 경험이 있는 노련하고 영리한 사람들이어서 불교 승려들과의 어떤 갈등에도 대처할 만한 능력이 있었다. 이들의 지도자인 성 프란시스코 사비에르는 예수회 창시자의 한 명으로, 오늘날에도 위대한 아시아의 선교사로 기억되고 있다. 그는 고아(인도)와 말라카(말레이시아), 마카오(중국)에 가톨릭 신앙을 전파하고 마침내 일본에까지 도착했다. 예수회의 전도 능력과, 새로운 것에 호기심을 갖던 일본인의 전통적 특성, 새로운 신앙을 전파하기에 특히 적합했던 시대적 상황(거의 상시적으로 있던 내전과 그로 인한 정치·사회적 혼란) 덕분에, 성 프란시스코 사비에르가 도착한 지 불과 30년 만에 서쪽 섬 규슈 인구의 3분의 1에 가까운 사람들이 가톨릭으로 개종했던 것으로 보인다. 한편 일본 북쪽에서는, 새로 성립된 센다이 번의 다이묘인 다테 마사무네伊達政宗가 로마에 사절단을 파견한다. 그의 장인들은 예전 센다이 근처 해안에 난파한 스페인 선박을 연구해 배를 만들어서는 태평양을 건너 멕시코의 아카풀코까지 갔다. 다테 마사무네의 사절인 하세쿠라 쓰네나가支倉常長는 멕시코를 육로로 횡단해 베라크루즈에서 또다시 항해를 계속, 유럽에 도착해서 교황 바오로 5세를 만나기에 이른다. 지금도 센다이 근처 해안 마을 마쓰시마松島에 있는 사찰 보물관에 가면 그때 교황이 선물한 크리스털 촛대를 볼 수 있다. 하세쿠라가 교황을 만났다는 크리스털처럼 명백한 증거라고 해야 할까.

유리의 존재를 모르던 일본에게 크리스털 촛대는 확실히 놀라운 물건이었지만 그것만이 전부가 아니었다. 서양 문물에 대한 열띤 광풍이 일본을 휩쓸었다. 다양한 장르의 그림(난반에南蠻繪, 남쪽 야만인을 그린 그림들)이 출현해, 통 넓은 바지를 입고 이상한 모자를 쓴 외국인들의 이국적인 모습을 그렸고, 많은 일본인이 그런 복장을 따라하기 시작했다. 서양의 요리도 받아들였다. 덴푸라는 틀림없이 포르투갈 요리에서 비롯되었을 것이, 일본에는 그 전까지 튀긴 음식이라는 게 존재하지 않았기 때문이다. 덴푸라라는 단어 자체도 아마 당시 포르투갈어로 시간을 의미하는 템포레tempore에서 유래했을 것이다. 포르투갈의 영향은 언어에까지 미쳤다. 고맙다는 뜻의 일본어 단어인 아리가토는 포르투갈어의 오블리가도obbligado에서 왔을지도 모르고, 빵pan이라는 단어도 명백하게 포르투갈어에 그 어원이 있다.

하지만 가장 중요한 것은 역시 총포였다. 서양인들이 도착했던 시기는 일본 봉건사회가 끝없는 전란의 시기로 들어서 혼란이 극에 달했던 때였다. 1467년 오닌의 난 이후로 교토의 무로마치 막부는 더 이상 사회질서를 유지할 수 없을 만큼 몰락했고, 권력은 쇠약한 아시카가 가문으로부터 지방의 강력한 다이묘들에게로 눈에 띄게 넘어가고 있었다. 적나라하고도 긴 혼란이 계속되던 와중에 세 명의 걸출한 전국시대 다이묘가 나타나 마침내 중앙의 권력을 다시 세웠고, 그렇게 근대 일본 국가의 초석이 다져진다. 이들이 부상하게 된 결정적 요인은 총포의 군사적 중요성을 탁월하게 이해했기 때문이었다.

일본의 재통일

전국시대의 분열 상태를 끝낸 세 다이묘의 이름을 일본에서는 어린아이들도 모두 안다. 첫 번째는 오다 노부나가織田信長(1534~1582)로, 현재의 나고야 근처에서 군소 영주의 아들로 태어났다. 아버지가 죽고 나서는 일본의 유구한 전통에 따라 동생을 비롯한 라이벌들을 계략을 통해 제거하고는 재빨리 아버지의 영지를 장악했다. 오다 노부나가는 당시처럼 험했던 시절에조차 그 잔인함과 가차 없음에서 타의 추종을 불허했다. 하지만 그가 군사적 천재였다는 점에는 이견의 여지가 없다. 정벌에 나서면서 그는 곧 주변의 지방들을 복속시키고는 이어 교토를 겨냥했다. 멋지게 차려입은 사무라이들이 먼저 상대에게 자기를 소개하는 전통적인 전투 의례 같은 것은 무시했다. 노부나가는 당시의 조총이 재장전하는 데 시간이 많이 걸렸기 때문에 효과를 극대화하기 위해서는 일제사격이 아니라 열을 나누어 순차적으로 사격해야 한다는 것을 깨닫고, 그에 따라 병사들을 계급에 따라 구성했다. 이렇듯 사격 부대를 탁월하게 지휘했던 노부나가의 권력 쟁취를 향한 20년간의 여정은 1575년 나가시노長篠 전투에서 강적이었던 다케다武田 일족을 파멸시키면서 절정을 맞는다. 나가시노 전투는 새로운 군사기술을 선보여 기존의 전투 방식을 바꿨다는 점에서 아쟁쿠르 전투(영국과 프랑스 사이의 백년전쟁 중 프랑스의 아쟁쿠르에서 벌어진 1415년의 전투—옮긴이)에 비견된다. 구로사와 아키라 감독은 1980년 영화 「가게무샤影武者」에서 이 전투를 재현해 영화사에 길이 남을 전투 장면을 만들어냈다.

노부나가의 서양 문물에 대한 관심은 총포에 그치지 않았다. 예수회 선교사들과 친분을 맺었으며 그들은 노부나가를 일본의 왕이라고 오해했다(예수회 선교사가 그린 노부나가의 초상은 서양 미술에서 최초로 일본인을 그린 그림이다). 그들이 노부나가의 군사적 천재성과 정치적 능력을 높이 평가한 수많은 기록도 남아 있다. 심지어 노부나가가 사실은 크리스천이었다는 소문도 있었다. 아마 사실은 아니었겠지만, 이 같은 소문은 그가 전통 불교 세력을 증오했던 사실에서 비롯되었을 수 있다. 앞에서도 말했지만 그는 교토를 굽어보는 히에이산에 있는 엔랴쿠사 사찰 지대를 불태움으로써 기득권 불교 세력을 완전하고도 철저하게 없애버렸다. 노부나가는 그만의 스타일을 발휘해 마지막 남은 한 명의 승려까지 추적해 모두 죽여버렸다.

노부나가가 역사적으로 중요한 인물인 이유는 그가 수없이 많은 전통 권력 구조의 흔적을 파괴했기 때문이다. 그는 교토를 차지하고 나서 쇼군의 남아 있던 권력을 박탈했고, 주요 사찰 간의 영토 분쟁을 판결하는 것과 같은 천황의 남은 정치적 권한마저 대부분 없애버렸다. 1582년 그는 전체 일본의 3분의 1 가량을 정복하고 스스로 쇼군으로 등극하려 하면서, 고전적인 방식대로 천황의 승계 문제에 관여하기 시작했다. 하지만 가신 중 한 명인 아케치 미쓰히데明智光秀가 그를 배신했다. 노부나가는 교토의 한 사찰의 영내에 갇혀서는, 후대 무사들이 자결하는 표준이 되어버린 방식으로 스스로의 목숨을 끊었다: 바로 할복이었다(셋푸쿠切腹라고도 하고 또는 더 적나라한 표현으로 글자 그대로 배를 가른다는 뜻인 하라키리腹切라고도 한다).

아케치는 천황에게 자신을 쇼군으로 임명하도록 했다. 그러나 그의 천하는 노부나가의 추종자들에게 복수를 당할 때까지 겨우 13일간 지속된다. 그중 우두머리 격이 바로 일본 통일을 추진했던 세 명의 다이묘 중 두 번째인 도요토미 히데요시豊臣秀吉다. 히데요시는 밑바닥 출신이었다. 그의 아버지는 노부나가의 평범한 보병일 뿐이었지만, 히데요시는 전략적 비범함과 추진력으로 곧 노부나가의 최측근 중 한 명이 되었다(나중에 그는 본인이 높은 신분인 것처럼 출신을 꾸며내고 성도 '넉넉한 관리'라는 뜻의 도요토미豊臣라고 바꾸었다). 히데요시는 군사 전략을 쓰는 데 있어 노부나가와 필적할 만했고, 정치가로서는 그보다 몇 수 위였다. 예컨대 그는 파리를 잡으려면 식초보다 꿀이 훨씬 효과적일 수 있음을 잘 알고 있었다. 노부나가의 반사적인 잔인함과 무서움 대신, 히데요시는 적들을 포섭했고 그렇게 해서 노부나가가 시작했던 일본 정복 사업을 완수할 수 있었다. 그 과정에서 근대 국가 일본의 실질적인 제도적 기틀을 마련했다. 그는 사무라이와 농민 사이에 엄격한 신분의 구분을 두고, 신분별로 세세한 의무를 부여하며 거주 지역을 분리하는 등 구체적인 사항들을 지정했다. 절대 복종을 맹세하는 경우에만 다이묘의 특권을 부여했고, 모든 수입을 쌀 단위로 환산해 과세하는 통일된 세금 시스템을 염두에 두고 전국의 모든 경작지를 조사했다. 히데요시는 당시 일본의 그 어떤 개인도 도달하지 못한 절대 권력에 가까운 위치에 있었다.

하지만 절대적인 권력은 절대적으로 부패한다는 액튼 경(근대 영국의 정치가이자 역사가)의 말을 증명이라도 하듯 히데요시는 과대망상 증세를 보이기 시작했다. 예전의 관대함은 의심과 집착으로 바뀌어갔다. 아들이 태어나고 나서는, 원래 후계자로 지정했던 조카를 몰아세워 그의 서른한 명의 식솔을 어린아이들까지 모조리 공개 처형해버렸다. 그러고는 천황의 섭정인 자리에 앉고 나서, 스스로를 단순한 쇼군이 아닌 다이코 太閤(원래 물러난 섭정인을 전통적으로 부르던 호칭)라고 불렀다. 그는 중국으로 진출해 명나라를 무너뜨리고 베이징의 건청궁乾淸宮에서 황좌에 오르려는 목적으로 조선을 두 번 침략했다. 또한 마닐라에 서한을 보내, 그가 세계를 정복할 테니 스페인 총독은 휘하의 영토가 파괴되는 것을 원치 않는다면 당장 교토로 달려와 자신의 발 앞에 엎드려 경의를 표하라고 제안하기도 했다.

히데요시가 해외 정벌을 벌인 데에는 과대망상적·낭만적 동기 외에 현실적인 이유도 있었다. 전국을 통일하고 나서 굶주린 병사들이 약탈할 새로운 땅이 필요했던 것이다. 그러나 이 두 번의 침략을 통해 보여준 새로운 수준의 잔인함은 한국과 중국을 모두 경악시켰고, 향후 몇 세기 동안 두 나라에서 일본의 이미지를 형편없이 망가뜨린다.[13] 그러는 동안 국내에서 히데요시는 억지로 천황에게 본인의 형편없는 노能 연기

---

13 히데요시의 조선 침략은 일본보다 조선에 훨씬 큰 영향을 끼쳤다. 조선 왕조가 쇠락하는 원인이 되었으며, 조선은 히데요시가 남기고 간 학살과 파괴로부터 많은 부분에서 완전히 회복하지 못했다. 명나라가 원군을 보냈으나 명의 자원에도 큰 부담을 끼쳐 몇십 년 뒤 명이 만주족의 손에 멸망하는 원인 중 하나가 된 것으로 보인다.

를 관람하게 하고, 엄격한 다도 의식을 겉만 번드르르한 무취향의 행사로 전락시켰다. 원래 문화적 스승이자 벗이었던 다도의 대가 센노리큐千利休(일본의 다도를 정립한 인물—옮긴이)와도 사이가 틀어져서 할복을 명하여 죽게 만들기도 했다.

히데요시의 부관들 중 가장 영민했던 도쿠가와 이에야스德川家康는 골치 아픈 조선 정벌에서 한발 빠져서는, 과거 전투에서의 공로로 히데요시에게 하사받은 동쪽 지역들을 부지런히 장악해나갔다. 이 지역들은 일본에서 벼농사가 가능한 가장 큰 지역인 간토 대평원을 포함하고 있어서 정치권력에 필수적인 물적 토대를 제공했다. 이에야스는 대평원 남쪽 끝자락의 작은 어촌인 에도江戶를 본인의 성읍으로 정하고, 히데요시가 죽은 뒤 필연적으로 찾아왔던 권력 다툼에서 승리를 거두었다. 1600년 역사적인 세키가하라關ヶ原 전투에서 경쟁 세력들을 대부분 섬멸하고는 자신과 아들이 차례로 쇼군의 자리에 올랐다. 1615년에는 당시 일본 최고의 요새였던 오사카大阪성을 포위하면서 마지막 남은 위협까지 제거한다(당시 오사카성은 세계 최고의 요새였을 수도 있다. 사료를 보면 예수회 선교사들이 일본의 축성술에 크게 감탄해서 당시 유럽은 절대로 그것을 능가하지 못한다고 인정하는 내용들이 있다). 히데요시가 죽을 때 이에야스가 보필하기로 맹세했던 히데요시의 아들 히데요리秀賴가 당시 오사카성에 망명해 있었다. 히데요리는 천황을 조종해서 본인의 직위를 만들어내는 등, 아버지와 같은 영리한 리더가 될 만한 자질을 보여주었다. 이에야스는 곧 여기 제동을 걸어서 천황이 더 이상 사무라이나 다이묘들에게 직위를 내리거나 승진시키는 것을 금하고 예식과 의전에만 전념하도록 하는, 사실상 명령이나 다름없는 조치를 취했다. 직위의 임명이나 승진은 이제 쇼군의 권한이 될 것이었다. 이에야스가 히데요리를 처형하고 오사카성을 잿더미로 만든 것은 물론 배신 행위였다(이에야스의 부대는 트로이의 목마와 같은 계략을 써서 오사카성의 방어를 약화시켰다. 휴전하는 것처럼 가장하고 해자의 보완 작업을 돕기 위해 성안으로 들어가서는 오히려 해자를 메워버린 것이다). 하지만 이런 배신은 이제 이것으로 마지막이었다. 오사카성의 함락으로 500년에 걸친 끊임없는 전쟁의 역사는 막을 내렸다. 이에야스는 그 후 불과 수십 년 만에 에도를 세계 최대의 도시로 변모시키고 그의 이름을 따서 도쿠가와 막부라는 정권을 세웠다. 이 정권은 이후 두 세기 반 동안 일본에 평화를 가져다주었고, 두꺼운 장막을 쳐서 바깥 세계로부터 스스로를 격리시켰다. 그리고 그 안에서 근대 국가로서의 일본을 부화시킨다.

2장

근대 국가로서의 일본의 탄생

일본의 근대화는 보통 1868년 메이지 유신과 함께 시작된 것으로 본다. 그해에 마지막 쇼군이 자리에서 공식적으로 물러나며 천황에게 '권력을 돌려주고', 두 세기 반에 걸쳐 바깥세상으로부터 사실상 스스로를 고립시켰던 일본의 실험을 끝냈다. 정말 꽉 막힌 사람들을 제외하고는 모두가 근본적인 변화가 필요하다는 사실을 받아들이던 즈음이었다. 일본이 맞닥뜨린 현실은 서구 열강(들)에게 식민화되거나, 스스로 정치적 의지를 그러모아 경제 구조와 사회를 뒤집어엎거나 둘 중 하나였다. 그것만이 산업혁명으로 변화된 세상에 스스로의 힘으로 참여할 수 있는 유일한 방법이었다. 쇄국은 더 이상 선택지가 아니었다.

19세기가 끝나갈 무렵, 일본은 성공한 것처럼 보였다. 전 세계 모든 비유럽 국가들을 장악한 유럽 제국주의의 손아귀에서 벗어난 나라는 일본을 빼면 타이와 에티오피아 정도였다. 하지만 일본의 성공은 거기에 그치지 않았다. 일본은 스스로 해외에 식민지들을 만들고 선진 중공업과 현대식 군대를 갖춘 제국주의 열강이 되었다. 그러나 안타깝게도 45년 뒤, 일본은 그 '성공'의 대가로 전쟁에서 패하고는 정치적 독립성을 잃어버려 지금까지도 완전히 되찾지 못하고 있다.

기타가와 우타마로喜多川歌麿 목판화, 「찻집 2층에서茶屋の二階座敷の男女」, 영국박물관 소장.

도쿠가와 시대 동안 일본이 어떻게 진화해왔는지를 들여다보지 않고서는 19세기의 그럴듯한 성공도, 뒤이어 닥친 20세기의 재앙도 이해하기 어렵다. 그것이 바로 역사가들이 도쿠가와 막부가 공식적으로 성립된 1603년을 1868년보다 더 중요한 분수령으로 보는 이유다. 도쿠가와 시대는 그래서 보통 '중세'가 아닌 '전근대'로 분류된다.

이런 종류의 시대 구분은 다 어느 정도 작위적이기는 하다. 1868년을 거치면서도 바뀌지 않은 중요한 것이 많이 있었듯이 1603년 역시 그랬다. 사실 외형적으로만 보면 1868년이 더 확실한 과거와의 단절처럼 보이기는 한다. 그때부터 일본의 지도자들이 서양 사람처럼 옷을 입고, 서양식 건물들을 짓고, 일본식 전통 위에 서양식 이름을 단 제도들을 접목시키기 시작했기 때문이다. 하지만 둘 중 하나를 고르라면 1603년이 더 중요하다. 그해부터 일본이 근대 국가 시스템의 핵심적인 특징을 도입했기 때문이다. 그 특징이란 바로 공권력을 사용할 수 있는 특권이 중앙 정부에만 주어졌다는 점이다. 달리 말하자면 국가의 정치권력이 국가보다 하위 단위(영주 혹은 번)나, 국가를 초월하는 지위(천황)가 아닌, 일국의 정부 단위에서 행사된다는 점이다. 1603년 전에는 공권력의 사용이나 경제 운용에 관한 판단이 조정이나 막부의 권한인 듯 보였지만, 실제로는 번의 다이묘들의 재량에도 달려 있었다. 하지만 1603년을 시작으로 중앙집권화된 국가권력을 위협하는 세력은 없어졌고, 이러한 상태는 더글러스 맥아더가 요코하마橫浜항에 도착하여 미군정을 시작할 때까지 변함없이 유지되었다. 1603년부터 1945년 사이 유일하게 발생했던 권력의 이양은 도쿠가와 막부가 메이지의 과두제로 대체된 것이었는데, 그것은 유신이라는 포장하에 기존에 있던 법적 절차에 따라 이루어졌다.

  1603년은 또한 일본이 세계사의 거시적인 흐름으로부터 의도적으로 스스로를 격리시키기 시작한 해라는 점에서도 중요하다. 유럽의 기술과 과학, 제도와 정치사상이 그 흐름에 따라 전 세계로 전파되고 있었다. 그 결과, 16세기에만 해도 군사, 정치, 기술, 경제와 같은 분야에서 유럽 국가들과 대등한 국력을 가졌던 일본이 19세기 중반에는 일부 핵심 분야에서 시대에 뒤처진다. 하지만 그 대신이라고 해야 할까, 일본의 은둔은 매우 독특한 민족 문화를 발전시켰다. 단순히 미술, 음악, 언어, 문학 같은 것으로 정의되는 문화가 아니라, 정치, 경제, 사회적 제도의 총합으로서의 문화라는 면에서 그렇다. 일본의 문화는 서양뿐만 아니라 가까운 이웃 나라의 문화와도 점점 더 현저히 다른 모습을 띠기 시작했다.

도쿠가와 시대의 쇄국

도쿠가와 쇼군들의 목표는 격리 그 자체가 아니었다. 그들의 관심은 안정과 질서, 누구도 정권에 도전할 수 없도록 국가의 기초를 튼튼히 다지는 일이었다. 흔히 도쿠가와 시대에 붙는 '쇄국(사코쿠鎖國)'이라는 꼬리표에 대해, 역사가들은 그 시절 한국 및 중국과 광범위하게 지속되었던 교역과 문화 교류에 관한 사료를 들어 이의를 제기한다. 도쿠가와 시절 일본의 지도층은 여전히 중국을 문화적 영감의 원천으로 여겼다. 막부의 공식 통치 이념은 위계를 통한 사회질서의 유지를 강조하는 12세기 송나라 철학자 주희朱熹의 신유학(주자학)에 뿌리를 두고 있었다. 한국을 열등하고 후진적인 나라로 경시하는 일본의 태도는 도쿠가와 시절에는 찾아보기 힘들었다. 한국은 정기적으로 에도에 화려한 외교사절단(조선통신사)을 보냈고, 막부는 한국 남쪽의 항구도시 부산에 왜관倭館이라는 일본인 거류지를 두고 있었다. 한국은 물리적으로도 문화적으로도 중국에 가까웠기 때문에, 오히려 한국의 문인과 예술인, 학자들은 에도에서 특별한 존경을 받았다. 또한 오키나와沖繩의 류큐琉球 왕국과 부속 도서들은 당시 베이징 및 규슈 남쪽의 사쓰마薩摩번과 이중으로 조공관계를 맺고는 있어도 여전히 독립국가였으며, 중국과 일본 간 중계무역의 거점으로 중요한 역할을 했다.

막부는 이웃 국가들로부터가 아니라 유럽, 그중에서도 특히 유럽 종교로부터의 격리를 원했다. 격리isolation보다는 은둔seclusion이 도쿠가와 시대 일본의 외교관계를 표현하는 더 정확한 단어일 것이다. 물론 유럽인들은 이미 일본에 총포를 소개했고, 총포가 16세기 일본의 내전에 얼마나 결정적인 영향을 끼쳤는지는 앞 장에서 살펴보았다. 일본인들은 재빨리 기술을 배워 자체적으로 총포를 생산하기 시작했다. 그러고는 곧 유럽의 함선들도 따라 만들었다. 17세기 초 일본은 아스테카 왕국처럼 한 줌의 스페인군이 마음먹고 정복할 수 있는 정도의 나라가 아니었다. 유럽으로부터 지구 반대편에 있지 않았다고 하더라도, 만약 프랑스나 영국 또는 스페인이 일본을 식민지화하려고 했다면 가공할 군사적 도전에 맞닥뜨렸을 것이다. 그것은 당시 일본의 축성술이나 사무라이의 전투력에 대해서 감탄하고 있던 유럽인들도 인정하던 바였다. 유럽이 일본에 위협이 되었던 것은 기술이나 군사력이 아니라 기독교로 대표되는 사상이었다.

일본이 과연 기독교 국가로 전향할 수 있었을까, 그랬다면 과연 어떤 일들이 벌어졌을까 하는 것은 매우 흥미로운 역사적인 가정이다. 기독교에 대한 일본인들의 초창기 관심은 아시아의 그 어떤 나라보다 높았다. 이에 화답하듯 성 프란시스코 사비에르도 그가 만난 비서구인들 중 일본인이 가장 세련된 사람들이었다는 유명한 말을 남겼다. 예수회 선교사들이 일찍이 다녀가고 난 뒤의 시기를 '일본의 기독교 세기'라는 이름으로 부른다. 일본에서 실제 기독교의 유행은 한 세기에도 훨씬 못 미쳤지만, 당시의 일본을 가본 사람이라면 온 나라가 기독교로 개종할지도 모르겠다는 합리적인 결론을 내릴 만했다.

어떤 사람들은 기독교가 일본에서 실패한 것이 오다 노부나가가 일찍 죽었기 때문이라고도 한다. 노부나가는 예수회 선교사들이 가져온 지식에 매료되었고, 그들의 품위와 박식함에 깊은 인상을 받았다. 그는 또한 앞서 얘기한 것처럼 기득권을 누리고 있던 불교의 승려들에게 집요할 정도로 적대적이었다. 기독교에 대한 박해는 히데요시가 광기를 부리던 시절에 시작되었고, 사회질서의 안정을 무엇보다 중시했던 도쿠가와 시대에 이르러 절정을 맞았다. 노부나가의 추종자 중에는 현존하는 두 명의 일본 거물 정치가가 있다. 전 총리인 고이즈미 준이치로小泉純一郎와 일본 민주당 정권 탄생의 설계자인 오자와 이치로小澤一郎가 그들이다. 둘은 노부나가 이후로 일본이 스스로 수 세기 동안 세계사의 거대한 물결로부터 거리를 두었던 것이 실수였다는 데 생각을 같이한다.

노부나가가 20년쯤 더 살았더라면 일본이 어떻게 바뀌었을까 상상해보는 것은 자유지만, 일본의 지도층이 기독교에 반감을 갖게 된 데 결정적 역할을 한 것은 유럽의 종교 전쟁이었다. 개신교와 가톨릭 사이의 증오로 인해 기독교 교단 사이에는 어떤 종류의 연대의 가능성도 남아 있지 않았다. 16세기 말, 그때까지 포르투갈이 선점해서 재미를 보던 일본과의 교역에 개신교 네덜란드 상인들이 적극적으로 뛰어들었다. 일본인들은 이들을 통해 예수회와 도미니크회가 어떻게 이베리아반도식 제국주의의 첨병 역할을 하고 있는지, 아스테카 왕국과 잉카 제국이 어떻게 멸망했는지 그리고 가깝게는 말라카와 마카오와 필리핀이 어떻게 식민지화되었는지 듣게 되었다. 윌 애덤스(일본명 미우라 안진三浦按針)는 1600년 규슈에 상륙한 네덜란드 상선의 영국인 선장이었는데, 도쿠가와 막부의 초대 쇼군이던 이에야스와 2대 쇼군인 그 아들 히데타다秀忠의 환심을 사서 특히 큰 영향을 끼쳤다. 네덜란드를 위해 일하는 개신교도이자 스페인 무적함대의 패배를 지켜보았던 그는 바깥세상에서 벌어지고 있는 일들에 대해 예수회 선교사들과는 매우 다른 관점을 제공했다. 이에야스는 애덤스에게 작은 봉토와 관직까지 내렸다. 1620년 그가 죽고 360여 년 뒤, 그는 베스트셀러 대중 역사소설이자 나중에는 이를 원작으로 한 미국 TV 시리즈 「쇼군」의 핵심 등장인물이 된다.

남색에 대한 예수회의 단호한 비난 또한 일본의 지도층이 기독교로 개종하는 데 걸림돌이 되었다. 다이묘와 사무라이 간의 동성애는 너무나 보편화되었던 나머지 고대 아테네와 스파르타에 비견되곤 한다. 예수회 선교사들은 이런 습속을 강렬하게 비난했고, 그 결과 일본 지도층 상당수의 반감을 사게 되었다.

선교사들이 가장 깊게 파고들 수 있었던 계층은 일반 백성이었다. 그들은 형이상학적 사고를 하는 것은 고사하고 시동들과 쾌락을 즐길 만큼의 여유나 욕구도 없이 혹사당하는 농민들이었다. 사랑과 용서라는 핵심 메시지를 갖고 내세에서의 더 나은 삶을 약속했던 기독교는, 끝없는 전쟁의 비극에 시달렸던 백성 사이에서 글자 그대로 들불처럼 퍼져나갔다. 이런 현상에 더해, 기존 정치 질서와 무관하고 심지어 그것을 뛰어넘는 질서를 암시하는 기독교의 사상은 막부에 커다란 경각심을 일으켰다. '카이사르'와 '신'에게 각각 다른 종류의 충성을 할 수 있고 그래야만 한다는 개념은, 갓 탄생한 막부 정권의 수호자들에게 심각하게 체제 전복적으로 들렸다('누가복음」에 나오는 구절 '카이사르의 것은 카이사르에게, 하나님의 것은 하나님에게'를 인용한 것. 정치와 교회의 분리를 강조하는 예수의 말이다—옮긴이).

이것은 단순히 편협함의 문제가 아니었다. 과거 수 세기를 휩쓴 끊임없는 전쟁으로 인해, 통치권의 정통성을 확보하는 것이 당대 일본의 최상위 정치 과제가 되어 있었고, 오늘날까지도 그러하다.[14] 천황은 크게 약화되고 그 권한이 제한되었으나 여전히 정치적 정통성의 궁극적인 상징으로 그 역할을 하고 있었다. 또한 국내 평화를 유지하기 위해서는 경쟁적인 다이묘들 및 각지에 있는 기타 세력들을 통제할 필요가 있었다.

---

14 Drawn from Marius Jansen, *The Making of Modern Japan* (Belknap/Harvard, 2000)

도쿠가와 가문은 세키가하라 전투가 끝나고 나서, 자신들의 승리가 완전한 것이며 앞으로는 어떠한 저항도 소용없음을 과시하기 위해 교토 시내에서 3일 동안 10만 명의 병력을 행진시키기도 했다. 하지만 압도적인 군사력을 과시하는 것만으로 모든 문제를 해결할 수는 없었다. 막부의 관료들은 물리적인 위협만으로는 부족하다는 확고한 생각을 갖고 있었다. 그래서 그들은 현존하는 정치 질서의 틀을 벗어나는 행동이나 주장은 곧 정통성에 대한 도전으로 여기도록 하는 사상을 의도적으로 보급시켰다. 그러한 도전을 자연 질서에 역행하는 금도의 것으로 만들고자 했다. 이 점을 이해하면 왜 신유학 사상(주자학)이 일본에서 그토록 따뜻한 환영을 받았으며, 일본의 통치자들이 왜 기독교에 대해 조금만 동조하는 기미가 보여도 그토록 집요하게 짓밟으려 했는지 설명이 된다.

일본의 기독교도들에게 가해진 지독한 박해는 콘스탄티누스 황제의 개종 이전 로마 제국에서 행해졌던 기독교 박해에 비교할 만하다. 그것은 단순히 신앙에 대한 금지가 아니었다. 모든 외국인 선교사는 강제 출국되거나 사형당했다. 박해는 수만 명의 신도가 저항 끝에 나가사키 근처 시마바라島原 반도로 피란 가서 자리 잡았던 1637년에 절정을 맞았다. 새로 도입된 과중한 세금제도도 한몫했지만 종교적 신념이 막부에 대한 항거의 핵심이었다. 기독교도들은 아마쿠사 시로天草四郎라는 젊고 카리스마 넘치는 지도자의 통솔하에 수개월 동안 저항했다. 이들의 끈질긴 저항은 역설적으로 이들이 반드시 제거되어야만 하는 위험한 종교 단체라는 막부의 신념을 강화시켰다. 피란 기지였던 성이 함락되면서 수만 명이 학살되었고, 전국에서 또 다른 수만 명이 추적 끝에 처형되거나 신앙을 부인하도록 강요받았다.

그 뒤로 수십 년간, 막부의 지도자들은 기독교에 관한 조그만 동조의 움직임도 절대 그냥 보아 넘기지 않았다. 누구라도 그런 낌새를 보이면 기독교의 상징을 비난하는 의식을 행해 보일 것을 강요받았다. 이를 거부하면 십자가에 매달아 죽였다. 그럼에도 '숨은 기독교인'들은 두 세기 반을 살아남아 은밀하게 신앙을 대물림했다. 이들 일대기 최후의 비극이라고 해야 할까, 그 후손들이 가장 많이 모여 살던 지역은 1945년 나가사키에 떨어진 원자폭탄에 의해 사라져버리고 말았다.

질서와 안정에 대한 도쿠가와 막부의 집착

모든 일본인은 태어나면서 사무라이, 농부, 직인, 상인 이렇게 네 가지 신분으로 나뉘었다. 맨 아래인 상인은 실질적인 가치를 하나도 만들어내지 못했기 때문에 사회에 기생하는 존재로 취급되었다.[15]

각각의 신분은 구체적인 규제와 의무를 부여받았다. 사회 불안의 가장 큰 잠재적 원인이었던 사무라이는 영주나 다이묘에게 절대적인 충성을 맹세하도록 요구받았다. 히데요시의 통치하에 조직적으로 가장 발달했던 다이묘의 번 체제는 그대로 유지되었던 반면, 노부나가와 히데요시의 시대를 거치면서 다른 권력의 싹들은 대부분 제거되었다(기존 승려 세력이 대표적이다). 이에야스는 천황이 다이묘나 사무라이를 임명할 수 있는 권한을 박탈함으로써 일련의 작업에 종지부를 찍었다.

---

15 불가촉천민인 다섯 번째 신분도 존재했다. 의식상 필요하지만 지저분한 일이었던 매질이나 시체의 처리 같은 일을 하던 사람들이었다. 신분의 구분은 19세기 말 정식으로 폐지되었지만, 이런 사람들의 후손에 대한 편견은 한동안 계속되었고 오늘날까지도 그 영향이 남아 있다. 이들은 다른 사회의 소수자 집단처럼 사회적·경제적으로는 전체 사회의 수준보다 낮지만, 인종적·종교적·문화적으로는 다른 일본인들과 구분되지 않는다는 면에서 세계적으로도 흥미로운 소수 집단이다.

막부의 직접 통제하에 있던 지역(일본 국토의 5분의 1가량이지만 농사짓기에 가장 비옥한 땅들)과 황실 및 신사와 사찰에 할당된 약간의 지역을 제외하고 일본 전역은 다이묘들에 의해 지배되는 번으로 나뉘었다. 하지만 다이묘라고 해서 모두 동등한 것은 아니었다.

다이묘들에게 주어진 번들의 규모는 조그만 마을 몇 개에 농토를 합친 정도부터 작은 나라 크기(예를 들어 일본 서해안의 가나자와金澤를 수도로 하는 마에다前田번)까지 매우 다양했다. 도쿠가와 막부와의 관계가 얼마나 가까우냐가 중요한 기준이었다. 대를 이어 도쿠가와 가문을 섬기던 후다이 다이묘譜代大名(세키가하라 전투에서 이에야스를 위해 싸웠던 이들의 후손)들은 에도, 오사카, 교토와 같은 큰 도시들로 연결되는 요충지 근처의 번을 하사받았다. 예전부터 주요 번의 다이묘였지만 세키가하라 전투 이후에야 도쿠가와에게 굴복한 이들의 후손은 외부 영주라는 뜻의 도자마外樣라고 불렸다. 센다이仙台의 다테伊達, 히로시마廣島의 아사노淺野, 사쓰마薩摩의 시마즈島津, 조슈長州의 모리毛利 같은 가문이 그들이다. 이에야스는 이런 명문 영주들의 권력을 빼앗으려 하기보다 이들을 영리하게 포섭했다. 막부의 관리들은 만약 누군가 도쿠가와 가문의 지배에 도전한다면 이들 '외부' 번, 즉 도자마 중 하나일 것이라며 줄곧 경계했다. 결과적으로 이들의 생각이 맞았던 것이, 도쿠가와 막부는 결국 사쓰마, 조슈, 도사土佐(지금의 가고시마현, 야마구치현, 고치현)의 세 외부 번 출신의 사무라이들에 의해 무너졌다. 그 전까지 도자마는 중앙의 벼슬로부터 거의 배제되어 있었다. 이들은 어린 시절을 에도에서 보내야 했고, 어른이 되어서도 '고향에 한 해 걸러씩만 머무를 수 있었으며, 고향에 있는 해에는 에도에 인질을 남겨두어야 했다(참근교대參勤交代). 이러한 조치들은 실질적으로 다이묘 영주들이 전복을 기도할 가능성을 없애버렸다. 1860년대에 막부를 무너뜨린 외부 번 사람들은 다이묘 영주들이 아니라 그곳의 하층 사무라이들이었다.

물론, 어디서 어떻게 살아야 한다는 규제가 다이묘들에게만 적용된 것은 아니다. 막부는 전국에 촘촘한 스파이와 비밀경찰 조직을 운영했다. 여행자들이 다니는 길에는 검문소가 넘쳐났다. 모든 신분의 모든 가정에 강압적인 규제가 적용되었다. 규정상 칼은 사무라이들만 소지할 수 있었고 그 아래 신분의 사람들을 아무런 이유 없이도 벨 수 있었다. 대신 사무라이들은 자신의 영주에게 조금이라도 불충을 보이면 할복(셋푸쿠, 하라키리)을 명령받았다. 낮은 신분의 사람들은 무수한 규정 중 하나라도 어기면 추방되거나, 지배층이 기독교로부터 유일하게 적극 받아들인 제도였던 십자가형을 당했다.

막부는 네덜란드가 가톨릭 세력을 추방하는 데 도움을 준 것에 대한 대가로(네덜란드 선박들이 시마바라 포격에 참여했었다), 네덜란드 동인도 회사voc에 무역 독점권을 주었다. 하지만 VOC 관리들은 나가사키 항구의 작은 섬(데지마出島섬)에만 머물렀고, 매년 한 번 에도의 쇼군에게 인사를 간다든지 하는 특별한 때에만 섬을 나올 수 있었다. 이것을 제외한 서구 세계와의 모든 접촉은 금지되었다. 공식 허가를 받은 네덜란드 사람이 아닌 서양인이 일본에서 발견되면 처형되었다. 이것은 고래잡이를 포함해 각종 해양활동을 늘려가던 서양 국가들에게 점차 심각한 문제가 되었는데, 일본 연안에서 난파된 배의 선원들이 일본으로 흘러 들어가는 일이 늘어났기 때문이다. 일본인들은 간혹 중국이나 한국으로 가는 공식 사절을 제외하고는, 류큐섬보다 멀리 벗어나면 사형을 당했다.

그리고 도쿠가와 막부를 세우는 데 그토록 결정적인 역할을 했던 총포도 사라졌다. 일부 막부 관료를 제외하고 총의 소지는 불법이었으며 제조 또한 금지되었다. 한 나라가 신규 핵심 군사기술로부터 이처럼 의도적으로 등을 돌린 사례는 역사적으로도 찾아보기 쉽지 않다.

경제와 사회의 변화

도쿠가와 막부는 1615년 오사카성 함락 이후에 성립된 권력질서를 영원히 유지하고자 했다. 맨 아래 불가촉천민부터 맨 위 천황에 이르기까지 사회의 모든 구성원은 복잡한 위계질서 안에 정해진 자신의 위치에서, 세세하게 부여된 직무와 의무를 수행해야 했다. 막부가 성공적으로 만들어낸 이러한 공식적인 권력관계는 향후 265년 동안 거의 변치 않고 유지되었지만, 동시에 그 표면 아래에서 꾸준히 일어나던 변화를 가리는 가림막 역할도 했다.

도쿠가와 막부 체제의 일본이 매우 억압적이었던 것은 사실이다. 근대의 감시 기술이 등장하기 전까지 이런 크기의 사회에서 이토록 억압이 만연했던 사례는 아마 역사에 없을 것이다. 그리고 그러한 강권 지배는 대단히 효과적이었다. 막부가 일탈 행위를 제거하고 처벌하는 데 성과를 거두면서, 막부에 심각하게 도전하는 국내 정치 세력은 두 세기 넘게 등장하지 않았다. 오늘날 보이는 사회적 통제의 수단들(매스미디어, 교통의 요지에 설치된 전시성 검문 시설, 사람들의 사상을 분주히 감시하는 사복 경찰 등)은 세계 어느 곳보다 먼저 도쿠가와 일본에서 그 원형을 찾아볼 수 있다.

하지만 이런 억압이 일본인들에게 가져다준 어마어마한 혜택이 한 가지 있다. 유럽이 한편으로는 30년 전쟁부터 워털루 전쟁에 이르는 폭력의 세월을 거치고, 다른 한편으로는 세계를 대상으로 탐욕스런 제국주의 정벌을 벌이는 동안 일본은 줄곧 평화를 누렸던 것이다. 여기에는 군사적 약탈로부터의 평화뿐 아니라 폭력 범죄로부터의 평화도 포함되어 있었다. 도쿠가와 막부 시절의 농민들은 비록 번과 막부의 관리들로부터 극한까지 쥐어짜이며 가차 없이 착취당하기는 했어도, 군인들이 농작물을 빼앗아가거나 집을 불태울까봐 염려할 필요는 없었다. 도시의 장인들은 불이 너무 자주 나서 '에도의 꽃'이라 불렸던 엉성한 시설에서 집단으로 거주해야 했지만, 에도의 거리는 당시 세계의 그 어떤 도시보다 치안이 좋았다.

그런 이유도 있고 해서 일본의 인구는 거의 세 배로 늘어나 3000만명에 달했다. 이는 전근대 농업 중심의 자급자족 경제가 도달할 수 있는 한계에 가까웠다. 18세기 초, 에도는 100만의 인구를 자랑하는 세계 최대의 도시가 되었고, 오사카와 교토는 각각 50만과 30만으로 당시 런던과 파리의 인구와 비슷했다.

인구 증가는 경제 성장을 가져왔다. 도쿠가와 막부의 경제는 농업과 어업만을 진정한 부의 원천으로 여겼다. 하지만 그 시절 일본인들은 스스로도 자신이 무엇을 하는지 깨닫지 못하는 사이 당시 유럽에 맞먹거나 뛰어넘는 정교한 경제 제도를 만들어냈다. 예를 들면 다이묘들이 미래에 수확할 쌀을 담보로 현금을 조달하던 오사카의 창고 네트워크는 아마 세계 최초의 진정한 선물先物시장이었을 것이다.

도쿠가와 막부의 안정에 대한 집착은 이런 많은 제도의 의도치 않은 산파 역할을 했다. 그중 참근교대(산킨코타이参勤交代) 제도가 특히 중요한데, 이는 다이묘들이 번갈아가며 한 해는 에도에 머무르고, 한 해는 고

향에 돌아가 있으면서 부인과 자식들을 에도에 남겨두어야 했던 제도였다. 이 관행으로 에도는 대단한 도시가 되었다. 왜냐하면 이제 에도는 단지 도쿠가와 막부뿐만이 아닌 수많은 번의 지도층이 모여 정부를 이루는 도시가 되었고, 이들이 모두 생필품과 사치품들을 공급받아야 했기 때문이다(다이묘들은 물론 품위 유지도 해야 했다. 에도 문학작품에는 작은 번 출신의 가난한 다이묘 집안이 사회적 품위를 유지하느라 극빈 상태로 전락하는 이야기가 넘쳐난다). 오늘날 도쿄에서 과거 다이묘 저택들의 흔적을 여전히 찾아볼 수 있다. 예인과 상인들이 도시 동쪽의 평지로 몰려들었던 반면(시타마치下町라고 불린 다운타운), 다이묘 저택들은 쇼군이 살던 에도 성(현재의 황궁) 근처의 언덕지대(야마노테山の手)에 몰려 있었다. 현재 이 지역들의 큰 땅을 차지하고 있는 시설들(대학, 대형 호텔, 공원 등)의 상당수가 예전 다이묘 저택 부지에 자리 잡고 있다.

에도와 각 번의 수도 사이를 오가던 끊임없는 행차는 전국을 연결하는 도로망, 여관, 운송 시설, 여객선, 항구, 보급 시설 등 여행에 필요한 온갖 인프라를 만들어냈다. 행차 인력과 에도의 다이묘 저택을 재정적으로 지원하기 위해, 앞서 언급한 쌀 선물시장과 같은 정교한 금융상품들이 생겨나기도 했다. 도쿠가와 막부 재정의 기반은 쌀이라 각 번을 매년 쌀 예측 수확량에 따라 분류했다. 세금도 대부분 쌀로 거둬들였고, 사무라이 계급(전체 인구의 약 6퍼센트)은 매년 녹봉을 쌀로 받았다. 하지만 쌀 수확량은 매년 날씨의 조화에 따라 달라졌기 때문에, 오사카 선물시장이나 미래 쌀 수확을 담보로 하는 또 다른 자금 조달 방식들이 생겨났다.

이러한 복잡한 금융 시스템의 등장과 기나긴 공급망을 관리해야 할 필요로 인해 상인 신분에 많은 힘이 실리기 시작했다. 상인들은 공식적으로는 네 계급 중 가장 낮은 신분이었을지 모르나, 세월이 흐르면서 점점 더 많은 부가 이들에게 흘러들어갔다. 전국 쌀 거래의 중심지이던 오사카는 탁월한 상업도시가 되었으며, 스미토모住友나 노무라野村와 같은 많은 일본 대기업의 뿌리도 당시 오사카 상인에게서 찾을 수 있다.

한편 겉으로는 지배층이었던 사무라이는 갑자기 존재 이유를 잃고 말았다. 이들은 세키가하라 전투 직후 수십 년간 에도 및 다른 주요 성읍들로 흘러 들어갔다. 셰익스피어 시절의 활달한 멋쟁이들이나 오늘날의 힙합을 탄생시킨 화려한 갱스터들처럼, 이 젊은 풍류객들은 에도 시대가 세계 문화에 끼친 가장 오래가는 공헌이라고 할 수 있는 기발한 대중예술 장르들을 탄생시켰다. 가부키극, '풍류세계浮世'의 유곽과 찻집을 묘사한 목판화인 우키요에浮世繪, 즉흥적으로 읊었던 하이쿠俳句, 이런 것들이 모두 17세기 일본의 번성하는 신도시로 모여들었던 한가한 젊은 이들로 인해 생겨났다.

하지만 시간이 남아도는 젊은이들의 무리는 또한 정치적 혼란을 일으킬 수 있는 시한폭탄이나 마찬가지다. 이들이 무장을 한 데다, 스스로를 사회의 오피니언 리더라고 여기고 있으면 더욱 그렇다. 막부는 이들을 관료로 만듦으로써 그런 위험의 뇌관을 제거했다. 막부와 다이묘들이 고용한 이들 사무라이 관료는 근대 전체주의 국가가 등장하기 전까지는 존재하지 않았던 고도의 전문 행정체계를 만들어냈다. 이 중 일부는 사실 유용하기도 했다. 재러드 다이아몬드에 따르면 이때의 인구 조사는 사람뿐 아니라 나무의 수도 조사했다[16]고 한다. 건물의 대부분을 나무로 지었고, 이로 인해 많은 도시가 정기적으로 화재에 시달렸던 자

---

16 Jared Diamond, *Collapse: How Societies Choose to Fail*(Penguin Books, 2005), chapter 9

급자족 국가에서는 말이 되는 일이었다. 국가의 모든 나무는 목재로서의 적합성에 따라 분류되었고, 목재 수요가 지속 가능한 공급량을 상회하지 않도록 목재 자원의 사용 현황을 꼼꼼하게 관리했다. 재러드 다이아몬드는 나무를 모두 베어버려서 결국 멸망했던 이스터섬 사람들의 운명이 인류의 필연이 아니라, 과거에는 자연 환경의 제약에 훌륭히 대처해왔던 사례도 있었다는 얘기를 하려고 했던 것이다. 하지만 나무 호구조사를 포함 이런 유의 무수한 작업은 또한 반체제적 활동을 할 수 있는 잠재적 가능성이 있는 '무사'들을 한데 모아 무력화시키는 역할도 했다. 그 시점에는 무사의 숫자가 지나치게 많았기 때문이다.

사실 사무라이들이 무예를 실전에 사용할 기회는 거의 없었다. 실전경험이 역사 속으로 서서히 사라지면서 사무라이들의 기풍은 역설적으로, 상관에 대한 절대적 복종, 어떠한 명령도 죽음을 무릅쓰고 따르는 자세, 나약함과 물질적 편안함에 대한 경멸 등을 강조하며 점점 더 완고하게 군대식으로 변해갔다. 특히 마지막 항목은 정치적으로도 유용했는데, 사무라이 계급의 경제 상황이 상대적으로 크게 나빠졌기 때문이다. 도쿠가와 막부의 첫 한 세기 반 동안 경제가 급성장하면서, 쌀로 지급되는 고정 급료에 묶여 있던 사무라이들은, 공식적으로는 자신들보다 신분이 낮은 사람들이 경제 성장의 혜택을 대부분 가져가는 것을 지켜봐야만 했다. 그 결과 많은 사무라이는 신분의 우월성에만 더욱 집착하게되었다.

검약을 중시하는 태도뿐만이 아니라, 명령에 대한 엄격하고 무조건적인 복종, 개개인의 강직함, 도덕적 또는 물질적 방종에 대한 경멸 같은 사무라이의 기풍은 애초 튼튼한 군대를 만드는 데 유용했던 것이었으나, 그것은 그대로 고분고분한 관료들을 만드는 데도 쓸모가 있었다. 하지만 이런 기풍은 사무라이들과 상인 계급에서 생겨나기 시작한 부르주아들 사이에 점점 더 큰 간극을 만들었다.

외부인들을 혼란스럽게 만드는 현대 일본의 수많은 모순은, 에도 시대에 존재하던 공식적인 시스템의 구조와 실제 사회의 간극에서 그 뿌리를 찾을 수 있다. 예를 들면 20세기 말 일본은 역사상 가장 눈부신 경제적 성공을 거둔 나라인 동시에 꽉 막힌 얼굴 없는 관료주의의 대명사이기도 했다. 하지만 그것은 성공한 오사카 상인 집안들과 점점 경직화되던 사무라이 계급의 선례를 생각하면 그다지 혼란스러운 일도 아니다. 한편으로는 충성과 자기 부정을 광기의 수준으로까지 가져가면서(사무라이들의 자기희생 컬트, 제2차 세계대전 때 일본군의 가미카제 자살 특공대, 과로사할 때까지 일하는 현대의 샐러리맨), 또 한편으로는 기괴한 비디오 게임이나 헨타이變態(변태적 성욕을 주제로 한 애니메이션), 망가, 괴상한 패션으로 대변되는 엉뚱하고 전위적인 예술을 끊임없이 만들어내는 문화의 뿌리도 에도 시대에서 찾을 수 있다.

일본인들은 이런 모순의 존재를 본능적으로 알고 있었다. 모두가 겉으로만 중시하는 척하는 사회적 평화를 위해 유지하는 가면(다테마에建前)과, 믿을 만한 사람과 술 한잔 나눌 때가 아니고서는 이야기할 수 없는 그 밑의 현실세계(혼네本音) 사이의 충돌을 묘사하기 위한 단어들도 생겨났다. 상사나 채권자, 가정에 지켜야 할 사회적인 의무(기리義理)와 자연스레 생겨나는 인간적인 감정(닌조人情)이 그런 것이다. 동반자살로 파멸을 맞는 가게 점원과 매춘부의 사랑, 주군의 아들을 지키기 위해 자기 자식을 희생시켜야 하는 아버지의 사례를 떠올리면 된다.

이런 모순들은 사회 전체에 막대한 스트레스이기도 했지만, 모든 장르의 예술가들에게 훌륭하고 풍부한 소재를 제공했다. 낮은 문맹률(전체

인구의 30퍼센트 이상이 글을 읽을 수 있었고, 도시에서는 훨씬 높았다), 그리고 경제 성장과 기술의 발전 덕에 출판물들이 싼값에 널리 보급되었고, 도쿠가와 막부는 대부분의 계층의 사람들이 즐기고 참여하는 문화라는 의미에서 아마도 세계 최초의 대중문화라고 할 수 있는 것을 탄생시켰다. 헤이안 시대와 봉건 시대로부터 내려온 노能, 단카短歌, 수묵화와 같은 상류층 문화는 특히 사무라이들과 교토의 귀족을 중심으로 에도 시대에도 계속되었다. 하지만 많은 사무라이를 포함해서 대다수의 사람은 큰 도시들을 중심으로 형성되던 새로운 예술이 가져다주는 오락과 계몽에 빠져들어갔다.

대중문화

앞서 이미 에도 시대 대중문화의 기조를 형성한 것은 도쿠가와 가문의 승리로 인해 존재 이유를 잃고 뿔뿔이 흩어진 젊은 사무라이들이었다는 사실을 살펴보았다. 그러나 시간이 지날수록 상인 계급이 부상하면서 점점 더 유행의 선도자로서 사무라이들의 역할을 대신하게 된다. 대중문화가 발달한 출발지는, 에도의 요시와라吉原와 교토의 시마바라島原로 대표되는, 법적으로 허가된 유곽들이었다. 사무라이들은 규정상 출입할 수 없게 되어 있었지만, 그 규정이 강제 집행되는 경우는 별로 없었다. 대다수 사무라이는 그냥 신분의 상징인 칼을 벗어놓고 들어가면 되었다. 사무라이들이 상인 및 다른 평민들과 어울리던 그곳은 일본에서 유일하게 신분의 구분이 사라진 것처럼 보이는 장소였다.

이들 모두를 끌어들인 것은 섹스였다. 섹스는 에도 시대에 화려하게 꽃핀 대중문화를 움직이는 공공연한 뿌리이자 원동력이었다. 나중에 일본인들이 서양인들의 도덕관념에 신경을 쓰기 시작하면서 가부키나 우키요에 같은 정통 일본 예술의 뿌리는 의도적으로 숨겨졌다. 특히 그때까지 일본의 지도층에게 쓰레기나 다름없는 취급을 받던 에도 대중문화인 목판화나 예술품들에 서양인들이 열광하기 시작하면서부터 그랬다.

아이러니하지만 가부키가 17세기 초 처음 등장했을 때는 마치 현대의 스트립 폴 댄스와 같은 존재였다. 무녀 출신으로 알려진 이즈모노 오쿠니出雲阿國가 젊은 여인들을 모아 교토의 가모가와鴨川 강변에서 춤과 간단한 판토마임 같은 것을 공연하기 시작했다. 오쿠니 자신은 잘생긴 청년 역으로 무대에 등장해서 큰 인기를 끌었다. 돈 있는 사람이라면 공연이 끝나고 여성들을 따로 불러 밀회를 즐길 수 있었다. 단골손님인 젊은 사무라이들 사이에서는 종종 싸움이 나곤 했다(가부키歌舞伎라는 말도 사실 이 젊은이들을 부르던 '이상한 사람[가부키모노かぶき者]' 혹은 '색다르다[가부쿠傾く]'라는 뜻의 단어에서 비롯되었다). 무질서에 민감했던 막부 관리들이 곧 개입했고 여자들을 무대에 세우는 것을 금지시켜버렸다. 오쿠니는 주저 없이 여자들을 소년들로 대체했고, 남색 문화가 만연하던 17세기 초 사무라이 문화 덕에 사업은 타격을 입지 않았다. 아니 더 나아졌는지도 모른다. 왜냐하면 여자 대신 소년들이 등장하자, 3대 쇼군이자 악명 높은 남색가였던 이에미쓰家光가 어전 공연을 지시했기 때문이다. 하지만 1651년에 그가 죽고, 사무라이들이 이제는 여자가 아니라 소년들을 놓고 싸우기 시작하면서, 막부는 무대에 오를 수 있는 남자의 나이를 15세 이상으로 제한했다.

그때부터 가부키는 비슷한 시기 오사카에서 발전했던 인형극인 분라쿠文樂에서 스토리와 영감을 가져오며 오늘날 우리가 아는 훌륭한 가무극으로 탈바꿈해갔다. 가부키에서 여성 역할을 전문적으로 하는 남자 배우인 온나가타·오야마女形 중에 유명한 배우들은 오늘날의 록스타나 바로크 시대의 오페라 가수 카스트라토에 버금가는 유명세를 누렸다.[17] 유행의 선도자로서 그들의 유일한 라이벌은 풍류세계, 바로 유흥가를 지배하는 게이샤藝者들이었다. 경제와 문화 분야에서의 영향력이 사무라이들로부터 상인에게로 넘어오면서, 에도 시대 초기에 유행했던 소년(와카슈若衆)에 대한 컬트는 점점 숙련된 기생인 게이샤에 의해 잠식되어갔다. 게이샤는 글자 그대로 '예능인'을 뜻하고, 게이샤가 되고자 하는 여자는 노래, 춤, 시는 물론 대화술을 포함 모든 종류의 예술을 마스터하도록 훈련받았다. 그들은 단순한 매춘부가 아니었을뿐더러, 매춘이 주 업무도 아니었다. 이들과 육체적 관계를 맺는 것은 부유한 손님들뿐이었고, 그것도 일정 기간을 거치며 손님으로서 그럴 만한 자격이 있다는 것을 증명한 후에야 가능했다.

하지만 게이샤는 어쨌든 섹스를 돈으로 거래하는 세계의 정점에 서 있는 존재였다. 농가의 예쁜 여자아이들이 여섯 살이나 일곱 살쯤에 유흥가로 사실상 팔려온다(겉으로는 팔려오는 게 아니었으나 매우 엄격한 계약에 따라 빚을 갚아야 했기 때문에, 어떻게 보아도 성매매 종사자이기는 했다). 재능 있고 외모도 괜찮으면 보통 도제 형태로 각종 예능을 배운다. 열세 살이나 열네 살이 되면 거액의 돈을 내는 손님과 첫 잠자리를 갖는 의례를 치른다. 계속 재능과 미모가 유지되면 게이샤로서 풍류세계의 꼭대기에 오르기 위해 노력할 수 있다. 아니면 좀더 일반적인 매춘업으로

---

17 귀족 문화인 노와 대중문화인 가부키 사이의 차이는, 리처드 타루스킨이 16세기 피렌체의 귀족층에서 생겨난 고상한 오페라와 베네치아에서 생겨난 대중 오페라의 차이를 비교한 것과도 비슷하다.

흘러들어간다.

풍류세계가 궁극적으로는 섹스 산업이고, 성적 쾌락을 위해 돈과 권력으로 타인을 착취하는 사람들의 능력 및 의사에 기초하고 있었다는 것은 엄연한 현실이었지만, 그것은 또한 문명세계 전체에 영향을 끼치는 영속적인 예술을 탄생시키기도 했다. 600년 전 숨 막힐 만큼 아름다운 헤이안 귀족 문화가 당시 세상에 만연하던 난잡함에 균형을 잡아주었듯이, 풍류세계의 양식미, 심미안, 품격은 그 세계의 기반이 되는 착취구조를 상쇄하는 역할을 했다(『겐지 이야기』에 보면 많은 게이샤와 일반 매춘부의 이름을 딴 등장인물이 나온다. 간혹 농담의 소재로 등장하기도 하지만). 기저에 깔린 돈이나 권력관계는 오늘날 방콕이나 함부르크 유곽의 그것과 같을지 몰라도, 풍류세계는 인류 문화에 공헌한 바가 있다. 문명의 대차대조표라는 것이 존재한다면, 풍류 세상을 가능케 한 계정의 반대편에 풍류 세상이 만든 문화를 넣어 상쇄해야 할 것이다.

풍류세계는 단순히 일본의 도시로 흘러들어가던 부와, 가난한 농가의 딸들을 착취하는 신흥 부자들 및 기성 권력층의 문제가 아니었다. 무엇보다, 시골 마을에 남은 여동생의 삶이 과연 요시와라의 유흥가로 팔려간 언니의 삶보다 덜 힘들었을지 얘기하기 어렵다. 시골에 남은 여자아이들은 보통 부모가 마음대로 정해준 거칠고 투박한 농부에게 시집가서 해 뜰 때부터 해질 때까지 허리가 부러져라 노동을 해야만 했다.

더 크게는 결혼에 대한 인식과 성적 욕망에 대한 당시의 생각이, 풍류세계와 그 예술이 꽃피울 수 있었던 개념적 공간을 만들어냈다고 볼 수 있다. 결혼은 집안 사이의 동맹계약이라는 정치적 제도였다. 남녀평등이라는 개념은 존재하지 않았지만, 남편은 성적 매력이 없어졌다는 이유만으로 부인과 이혼해서 부인의 명예를 더럽힐 수는 없었다. 쉽게 말하면,

요즘처럼 성공한 남자들이 젊은 여자를 탐해서 수십 년 함께 살아온 부인을 버릴 수 있는 방법이 없었다. 대신에 상점 주인이 가끔 유곽을 찾는 것이건 부유한 상인이 게이샤의 손님이 되는 것이건 능력이 되는 남자는 혼외정사를 즐겼다. 정숙한 유부녀는 집에만 있었기 때문에(여기서 부인을 뜻하는 일본의 공식 단어인 오쿠상奥さん이 나왔다. 글자 그대로 집안을 관리하는 '존경하는 안사람'이라는 뜻이다), 매춘부인 게이샤를 중심으로 '사교세계'가 형성되었다. 사무라이들의 전통은 성적인 일탈을 나약하고 여성적인 것으로 보아 멸시했지만, 신흥 상인들은 여성과 함께 있을 때만 느낄 수 있는 사치와 자극을 즐겼다. 역사를 보면 매춘부가 중요한 사회적 역할을 했던 시대와 나라들이 있었다고 해도, 도쿠가와 시대처럼 게이샤가 장악하고 있는 풍류세계를 중심으로 거의 모든 사회적·문화적 트렌드들이 만들어졌던 사례는 없다.

사무라이들이 여성과 함께 있는 것을 삼갔고, 승려들이 성적인 욕망을 해탈의 방해물로 여긴 것은 사실이었다. 그래서 이 두 집단은 소년들과의 연애를 여성들과의 연애보다 우월한 것으로 여겼고, 남색의 대명사처럼 되었다. 그렇지만 일본에서 성적인 욕망 자체는 타락으로 여겨지지 않았다. 예를 들어 남자는 물론 여자도 성적인 욕망을 갖는 것을 자연스럽게 생각해서, 처녀성에 대한 서양의 집착이나 여성들은 섹스를 즐기지 않는다는 빅토리아식 사고 같은 것은 존재하지 않았다. 성적인 감정에 탐닉하는 데 여자가 남자보다 제약이 많았고 간통이 엄하게 처벌받았던 것은 사실이다. 하지만 그럴 여유가 있고 걸리지 않을 자신이 있던 여성들은 유곽을 방문하기도 했다(당시 남창을 표현하는 말로, 낮에는 누워 있고 해가 지면 돌아눕는다는 표현이 있었다. 해지기 전까지 집으로 돌아가야 했던 여자 손님들과 관련된 말이다). 여성들은 또한 에도 대중 출판문화의 주류를 이루었던 관능 소설과 목판화를 즐기기도 했다.

하지만 이런 출판물에 더욱 탐닉했던 것은 풍류세계에 드나들 만한 경제적 능력이 없던 남성들이다. 런던대학 아시아·아프리카 연구소의 타이먼 스크리치는 19세기 말 유럽을 휩쓸며 서양인들을 열광케 했던 우키요에浮世繪(글자 그대로 '풍류세계의 그림')의 절반 이상이 노골적인 춘화라고 주장했다.[18] 이 그림들은 풍류세계의 쾌락을 직접 즐길 만한 금전적 여유가 없던 사람들이나, 무사계급의 여성들처럼 돈이 아닌 다른 이유로 그런 쾌락에 접근할 수 없었던 사람들의 욕구를 대리 충족해주는 역할을 했다. 학계에서는 최근에 들어서야 비로소 이런 사실들을 인정하고 있다. 우키요에가 서양 예술계에서 얼마나 인기가 많은지 깨달은 메이지 정부가 그 기원을 숨기고자 했기 때문이기도 하고, 제2차 세계대전 후 일본의 청교도적 법률이 성기의 노골적인 노출을 금지하면서, 수위가 높은 우키요에들이 글자 그대로 불법이 되었기 때문이다. 1990년대에 이런 법률들이 완화되면서, 에도 시대에 넘쳐나던 에로틱한 출판물은 성적인 욕망 자체는 문제 삼지 않았으나 그것을 직접 즐길 기회는 제한되었던 문화의 산물이라는 타이먼 스크리치의 주장에 힘이 실리게 되었다. 참근교대 때문에 에도에는 항상 여자보다 훨씬 많은 수의 남자가 있었다. 에도에 사는 여자들은 성적인 욕구를 직접적으로 충족시킬 수 있는 자유도 돈도 없었다. 그래서 남자도 여자도 자위에 의존했다.

타이먼 스크리치는 또한 에도 시대의 포르노(포르노라고 할 수 있다)는 거기 드러나는 등장인물들 사이의 애정과 로맨스라는 측면에서 전 세

---

18 Timon Screech, *Sex and the Floating World: Erotic Images in Japan 1700~1820*, 2nd edition(Reaktion Books, 2009)

게 어떤 성애물보다 눈에 띈다고 했다. 에도 시대에는 거의 모든 섹스가 두 사람 중 한쪽의 요구에 의한 불평등한 관계에서 이루어졌다. 이 중 선택의 여지가 없었던 쪽은 보통 여성이었다(매춘, 중매결혼). 여기에서 예외인 것처럼 알려져 있는 사무라이 간의 동성연애조차 관계의 불평등이라는 점에서는 마찬가지였다. 젊은 사무라이들은 선배 사무라이들의 구애를 자유롭게 받아들이거나 거절할 수 있었고 스스로 구애할 수도 있었지만, 그런 관계에 자연스럽게 따르는 항문 성교로부터 어떤 쾌락도 기대해서는 안 되었다. 그들은 관계로부터 얻는 지도와 우정, 멘토링의 대가로 그러한 고통을 참아냈을 뿐이다.[19]

에도 시대의 포르노는 그래서 대부분의 사람이 간절히 원하나 얻을 수 없는 것을 강조했다: 서로 간에 진정한 애정이 오가는 섹스. 에도 시대의 많은 출판물이 위대한 예술작품이기도 한 이유는 그것일 것이다. 이 장 첫 부분에 소개한 기타가와 우타마로喜多川歌麿의 「찻집 2층에서茶屋の二階座敷の男女」와 같은 목판화 작품은 곱씹어볼 필요가 있다. 가장 유명한 우키요에 중 하나인데, 사랑하는 사람들의 로맨틱한 관계에서 드러나는 성적인 열정과 흥분을 고스란히 그리고 멋지게 그리고 있다. 서양 작품 중에는 이런 것이 없다. 사랑하는 사람들의 성적인 황홀감을 이처럼 극도로 충실하게 그린 사례를 서양 예술에서 군이 찾자면, 미술이 아닌 음악에서 베를리오즈의 「로미오와 줄리엣」이나 바그너의 「트리스탄과 이졸데」를 들 수 있다. 하지만 이 음악들이 다루고 있는 것은 금지되고 위험한 사랑이다.

우타마로의 목판화에서는 그 어떤 것도 금지되었거나 위험하지 않다.

---

19 Gary P. Leupp, *Male Colors: The Construction of Homosexuality in Tokugawa Japan*(University of California Press, 1995)

단지 대부분의 사람이 누릴 수 없는 것일 뿐이다. 반면 에도 시대의 미술이 아닌 문학에서 서로 사랑하는 연인을 다룰 때는, 인정(닌조人情)과 의리(기리義理)가 대립되는 상황에서 연인들이 파괴적인 행동을 하게 되는 비극이 주를 이룬다. 에도 시대에 가장 유명한 극작가였던 지카마쓰 몬자에몬近松門左衛門(1653~1724)은 이런 주제에 몰두했다. 그의 작품에 나오는 주인공들은 영웅적인 자질이 전혀 없는 인물들로, 예를 들어 가게 점원과 매춘부가 눈먼 사랑에 빠져 끔찍한 결과를 몰고 온다든지 하는 식이었다.

이런 이야기들이 사회 모든 계층 사람에게 공감을 일으켰다는 점에서 우리는 또다시 대중문화의 태동을 본다. 사무라이들이 절박한 하위 계급 서민들의 이야기에 매료되었던 것처럼(헤이안 귀족들은 상상할 수 없는 일이었다), 돈만 좇던 상인들도 물질적 가치가 점점 지배하는 세상을 시골 사무라이가 낡은 충성심으로 부정하는 이야기에 전 국민과 함께 빠져들곤 했다.

47명의 로닌 이야기

1701년, 막부의 고위 관리 한 명이 히로시마 근처 작은 아코赤穂번의 젊은 다이묘를 웃음거리로 만들고 모욕을 주었다. 그 관리는 다이묘로부터 더 큰 선물을 기대했거나 다이묘의 젊고 아름다운 부인을 탐했거나, 다이묘의 땅을 몰래 노렸을지도 모른다. 아니면 그냥 에도의 규정에 어두운 시골뜨기를 불편하게 만드는 데서 속물적인 자기만족을 느끼는 못된 인간이었는지도 모른다(그 관리는 의례에 관한 규정을 담당하는 사람이었다). 원인이 무엇이었든 간에 젊은 다이묘는 화가 너무 난 나머지 칼을 뽑아 관리에게 가벼운 상처를 입히고 말았다. 쇼군이 머무르는 에도성에서 칼을 뽑는 것은 사형죄였다. 다이묘는 할복해야 했을 뿐 아니라 그의 후계자들은 지위를 박탈당하고, 그의 번은 다른 번으로 합병되었다. 이에 그의 가신 47명이 주군의 복수를 위해 비밀결사를 맺었다. 막부의 경찰들이 이런 일들에 민감하기 때문에 부하들은 우선 흔적을 감추어야 했다. 이들은 우선 유흥가에 빠진 것처럼 요란하게 행동해서는 일부러 모든 명예를 잃어버렸다. 그렇게 의심을 피한 뒤 다시 모여서는 에도에 있는 그 관리의 저택으로 쳐들어가 그의 목을 베어버렸다. 그런 뒤 주군의 무덤으로 가서(이 무덤이 있는 도쿄의 센가쿠사泉岳寺는 오늘날까지도 순례의 대상이다) 관리의 머리를 무덤 앞에 바치고는 관아에 자수했다.

온 나라가 떠들썩하게 놀랐다. 이 47명의 로닌浪人(주인 없는 사무라이) 이야기는 단숨에 전국적인 신화가 되었고, 1930년대 일본을 파시즘으로 몰고 간 암살 사건들을 포함, 수 세기에 걸쳐 반향을 일으켰다. 이 사건이 확실히 막부를 곤란하게 만들기는 했다. 47명의 로닌은 막부 고위 관리의 살인이라는 극히 중대한 범죄를 저질렀다. 하지만 전통 사무라이의 가치가 이기적인 탐욕과 사치 앞에서 무너지는 것을 안타까워하던 막부 내 보수주의자들은 47명의 행동이 그 가치를 보여주는 모범적인 사례라는 것을 인정하지 않을 수 없었다. 이 47명을 일반 범죄자처럼 사형에 처하는 대신, 막부는 이들을 결국 명예로운 사무라이의 방식대로 할복하도록 명했다.

이 사건은 예술가와 작가들의 작품 소재가 되어 1748년 분라쿠와 가부키극 「가나데혼 주신구라名手本忠臣藏(모범 충신들의 이야기The Treasury of Loyal Retainers)」가 탄생한다. 이 가무극들은 헨델의 「메시아」와 같이 오락보다는 종교적인 의식으로서 연례행사처럼 공연된다.

하지만 이 가무극의 엄청난 인기와 극의 바탕이 되는 사건이 전 국민을 사로잡았다는 사실은 막부 체제 마지막 세기의 가장 큰 정치사상적 모순을 드러낸다. 도덕과 충성과 안정적 위계질서에 바탕을 둔 통치 체제는 점점 더 사람들의 실생활과 괴리되어가고 있었다. 이런 모순이 주는 압력이 점점 커지면서, 사람들은 해외의 변화에 대처하는 막부의 능력을 의심하며 그 정통성에 의문을 갖기 시작했다. 해외의 변화는 점점 무시하기 어렵게 다가와 자치 독립 체제로서의 일본의 존재를 위협해오고 있었다.

페리 제독의 '흑선'과 도쿠가와 막부의 몰락

1853년과 1854년 페리 제독의 방문으로 시작된 서구 열강의 두 번째 출현은 도쿠가와 정권의 몰락을 촉발했다. 막부가 상대해야 했던 것은 3세기 전과는 달리 한 무리의 상인과 선교사가 아니라, 전 세계를 나눠 먹기 바빴던 열강들의 위압적인 요구였다. 막부가 그런 도전에 맞설 만한 능력이 없다는 것은 명확했다. 하지만 결국 정권을 몰락시킨 것은 서구 열강들이 아니라 외부 번 출신의 하급 사무라이들이었다. 이들은 무례한 '야만인들'에게 소심하게 대응하던 막부에 대한 분노에서 출발해 이대로는 안 되겠다는 자각을 했지만, 이들의 불만은 이게 전부가 아니었다.

이들은 점점 사라져가는 사무라이로서의 특권, 부유한 상인들과 부패한 관리들의 사치스런 생활, 1830년대의 연이은 흉년이 불러온 극심한 빈곤으로 그들 자신 역시 궁핍한 상황에 놓인 것에 분노하고 있었다. 도쿠가와의 몰락은 보통 페리 제독이 방문했던 1853년에 시작되었다고 하지만, 1838년이라고 봐도 무방하다. 그해, 오시오 헤이하치로大鹽平八郎라는 이름의 오사카 사무라이가 다양한 계층의 군중을 이끌고 반란을 일으켜 오사카의 대부분을 잿더미로 만들어버렸다. 이런 규모의 폭동은 지난 2세기 동안 보지 못한 것이었다. 반란은 곧 진압되고 오시오와 그 추종자들은 자결하거나 극도로 잔인하게 처형되었지만(고문을 견디지 못하고 죽은 사람들의 시체는 소금에 절여서 십자가에 매달았다), 오사카는 상업 네트워크의 중심지였기 때문에 이 소식은 곧 전국으로 퍼졌다. 사람들을 경악시킨 것은 반란이 있었다는 사실 자체만이 아니라, 반란에 가담한 사람들의 면면이었다. 사무라이 폭도들, 좌절한 농민들, 심지어 불가촉천민도 거기 있었다. 반란 자체도 경악스러웠지만 오시오가 이끌던 사람들의 구성을 보면 위계질서가 완전히 붕괴됐다고 생각하기에 충분했다. 연이은 흉년과 바다 건너의 심상찮은 조짐과 같은 일들이 광범위하게 일어나던 와중에, 이 반란 사건은 멸망의 전조와도 같았다.

오시오는 "알고서 행하지 않으면 알지 못하는 것과 같다知而不行只是未知"는 유명한 말을 남긴 명나라 유학자 왕양명王陽明(1472~1529)의 추종자였다. 언행일치를 강조하는 왕양명의 사상(양명학)은 청나라와 도쿠가와 일본의 주류 사상이던 신유학, 즉 주자학과 충돌했다. 왕양명의 저술에 깔린 급진주의는 19세기 말과 20세기 초 동아시아에서 수많은 개혁사상가에게 영감을 주게 된다.

실패로 끝난 오시오의 반란은 서양 세계와는 별 관계가 없는 것으로 보인다. 정통 유교와는 결이 다르긴 했으나 어쨌든 동아시아에 뿌리를 둔 사상에 영향을 받은 이 사건은, 도쿠가와 체제 내부의 모순에서 비롯된 위기를 보여주는 것이었다. 앞서 살펴본 바와 같이 도쿠가와 정권의 핵심은 수 세기에 걸친 끊임없는 내전을 끝내고 권력의 위계질서를 고정시킨 것이다. 변증법적 힘이 작용한 전형적인 예라 할 만큼, 도쿠가와 사회의 안정은 발전을 가져왔고, 발전의 결과인 대도시와 신흥 부유층의 출현은 안정을 위협했다. 서구 세력의 충격이 없었더라도, 이런 모순은 종국에는 막부의 막을 내리게 할 운명이었다. 하지만 그 운명의 끈을 앞당긴 것은 바로 자급자족을 기반으로 하는 도쿠가와 막부의 경제 자립 정책이었고, 이 정책은 국제 무역을 통해 기술과 군대를 급격히 발전시켰던 유럽과는 대조적이었다.

에도 시대의 첫 100년은 인구 증가, 도시화, 문화 부흥과 같은 면에서 급격한 발전을 거듭해서, 일본의 황금시대로 일컬어지는 겐로쿠元祿 시대(1688~1703)에 절정을 맞았다. 그러나 18세기로 접어들면서 도시의 팽창은 자급자족 경제가 지탱할 수 있는 한계에 도달했다. 외부세계와의 제대로 된 교역이 없자 큰 도시들은 정체를 맞았다. 외부로부터 물자의 조달이 없는 상황은, 간혹 흉년이 들면 곧 기근을 불러왔다. 사무라이들은 농촌에서 걷어들이는 쌀로 녹봉을 받고 있었고, 가난한 농민들을 더 쥐어짜려는 시도는 잇키―揆라고 불리는 농민항쟁을 잇달아 불러일으켰다. 이런 항쟁들은 18세기에 많아졌다가 19세기 초에 줄었지만 1830년 대에 들어 다시 증가하는데, 여기에는 계속되는 흉작으로 인한 기근에 더해 바다 건너에서 일어나는 일들에 대한 두려움도 한몫했던 것으로 보인다. 미국과 프랑스에서 발생한 혁명의 머나먼 전율이 에도에서도 느껴졌다. 조지 워싱턴이라든지 나폴레옹과 같은 인물들에 대한 전설적인 이야기도 돌기 시작했다. 러시아 전함들이 쿠릴열도의 남쪽과 홋카이도 해안 지역을 탐사하자, 막부는 더 이상 북방을 원주민들과 정어리와 가

죽이나 교역하는 머나먼 땅의 사소한 일로 치부할 수 없었다. 또 세계적으로 고래잡이가 늘어나면서 일본 연안에서도 외국의 선박과 마주치는 일들이 불가피하게 생겼다.

하지만 일본 지배 계층에 가장 큰 충격을 준 것은 1840년대와 1850년대의 아편전쟁과 뒤이은 중국 항구도시들의 개항이었다. 유사 이래 일본에게 중국은 언제나 수평선 너머의 초강대국이었다. 에도 막부와 청나라 사이에 정식 수교관계는 없었지만, 중국이 굴욕을 당하고 그 주요 항구들이 서양의 야만인들에게 점령당하는 것을 보면서, 동아시아 전체에 크게 드리워진 어두운 그림자로부터 일본도 벗어날 수 없다는 것을 그 누구라도 느끼지 않을 수 없었다.

1868년의 '혁명'?

1868년 정권을 장악한 세력은 막부를 전복시키는 과정에서 일본의 여러 핵심적인 통치 제도를 없애버렸다. 이들은 도쿠가와 막부가 생기기 오래전부터 있던 번 제도를 폐지했고(번 제도는 도쿠가와 막부의 탄생을 가져왔다고도 볼 수 있다), 번 사이의 경계선을 폐지하고 새로운 경계선을 지정했으며, 번의 수도들이 지역에서 끼치던 막대한 영향력을 박탈하고 중앙집권화를 추진했다. 다이묘의 재산을 몰수하고 신분의 구분을 정식으로 폐지했으며, 사무라이들의 녹봉을 일시불로 정산함으로써 사무라이의 국가에 대한 청구권을 없애버렸다. 이들은 또 서양의 제도들을 현기증이 날 만큼 빠른 속도로 들여왔다. 의무교육, 징병제, 주식회사, 유한책임 은행, 의회, 법원, 귀금속을 담보로 발행되는 통화, 최신 과학기술은 말할 것도 없고 심지어는 서양식 옷과 사교댄스까지 모든 분야에서 서양 문물을 받아들였다. 이런 대격변이 혁명이 아니라면 무엇이 혁명일까.

하지만 이런 일들을 단순히 혁명이라고 이름 붙이면 그 뒤에 일어난 일들을 이해하는 데 있어 중요한 사항들이 모호해져버린다. 마르크스는 혁명이란 한 계급이 다른 계급을 전복시킬 때에만 일어난다고 주장했다. 마르크스주의자가 아니더라도 1860년대 일본에서 그런 일이 일어나지 않았다는 사실은 쉽게 알 수 있다. 1860년대의 사건은, 기성 지배 계층의 말단에 있던 세력(외부 번인 조슈, 사쓰마, 도사의 하층 사무라이들)이 사실상의 쿠데타를 일으켜, 일본 지배 계급의 집단적 독립과 자율 권한을 넘보는 실존적 위협에 맞서 행동한 것이라고 할 수 있다. 이런 시각에서 메이지 유신을 1789년의 프랑스 혁명이나 1917년의 러시아 혁명과 비교해보면 오히려 반혁명에 가깝다. 그것은 지배 계층 내부에서 벌어진, 나라의 운명을 건 절박한 권력 투쟁 정도라고 이해하는 것이 가장 적당할지도 모른다. 이러한 권력 투쟁은 향후 한 세기 반에 걸쳐 몇 차례 더 등장하는데, 그때마다 지배층 내부의 한 세력이 다른 세력으로부터 권력을 탈취했다. 그렇게 했던 이유는 지배층이 단지 국가의 방향에 대한 통제력뿐 아니라 아예 국가 운영 능력 자체를 상실하는 상황을 미연에 방지하고자 했기 때문이다.

여기서 우리는 자연스럽게 1860년대 일본에 계급 혁명이 실제로 가능했겠는가 묻게 된다. 달리 표현하자면, 일본은 왜 에도 시대에 진정한 부르주아 혁명을 거쳐 자본주의 사회로 탈바꿈하지 못했을까. 앞서 살펴보았다시피, 필요한 조건들은 상당 부분 갖춰져 있었다. 특히 정교한 경제 금융 시스템, 낮은 문맹률, 발달한 대도시, 부르주아(자본가 계급)의 전 단계라고 말할 수 있는 상인들의 존재는 모두 주목할 만한 조건이다.

상인들은 또한 산업 경제에 필요한 자본을 축적하고 배치할 능력이 있다는 것도 이미 보여주었다.

왜 일본이 자생적 부르주아 혁명에 실패했는가에 대한 대답의 일부는 도쿠가와 막부가 잠재적인 반대 세력들을 회유했던 천재성에서 찾을 수 있다. 이러한 회유의 정치 문화는 막부 멸망 이후에도 사라지지 않고 오늘날까지 일본 정치의 중요한 특징으로 이어지고 있다. 집권층은 상인 계급이 부의 축적을 통해 사무라이와 다이묘들에게 점점 더 큰 영향력을 행사하기 시작했다는 사실을 알고 있었고, 이는 만사의 위계를 중시하는 그들에게 매우 불편한 일이었다. 하지만 막부가 상인들의 일에 직접 관여하고 나섰다면 절대 권력에 대한 잠재적 저항을 일깨워 유럽에서처럼 부르주아 단결의 도화선이 되었을 수도 있다. 그 대신 막부는, 이 부분이 중요한 포인트인데, 상인 조합과 관련 단체들이 스스로를 자율 감독하는 것을 전제로 그들을 간섭하지 않고 내버려두었다.[20] 이러한 자율 감독은 상업활동을 기존 권력 구조에 노골적인 도전이 되지 않는 암묵적인 테두리 안에 묶어두는 역할을 했다. 재산권은 신성불가침의 권리라는 근대적 개념을 몰랐던 일본의 상인들은, 권력에 도전해야 한다는 생각을 스스로 해낼 만한 이론적 틀을 갖고 있지 않았다.[21] 도쿠가와 통치를 관통하는 신유학(주자학) 정치 이론은 현존하는 위계질서를 정치적 정당성의 근거로 삼았다. 달리 말하자면, 현존하는 정치적 관계를

---

20 카럴 판볼페런은 그의 일본어로 된 저서에서 이 문제에 관한 사례를 다뤘다. 이런 사례들을 알게 해준 그에게 감사한다. *Okore! Nihon no Chu ryu Kaikyu*(Bourgeoisie: The Missing Element in Japanese Political Culture)(Mainichi Shinbunsha, 1999)

21 잠재적 골칫거리들을 제거하기보다 공생시키는 또 다른 예로는 에도시대 초반 막부가 도쿄와 교토를 연결하는 도카이도東海道 도로에 창궐했던 도적들을 다뤘던 방식에서도 찾아볼 수 있다. 도적들에게는 말썽을 일으키지 않는 이상 매춘과 도박 시설을 운영할 수 있는 암묵적인 권리가 주어졌다. 현대 일본의 경찰도 똑같은 방식으로, 보이는 곳에서 말썽을 일으키지 않는 한, 야쿠자들이 사실상 불법인 사업을 영위해 돈을 벌 수 있도록 허용해왔다.

초월하는 어떤 질서가 존재해서 그 정치적 관계들에 정당성을 부여하고 있다는 생각을 하지 못했다. '신성한 왕권'으로 대표되는 유럽의 절대 왕정 제도는 그 형성 과정에서부터 군주의 권리가 더 높은 존재인 신으로부터 나온다는 개념(왕권신수설)을 전제로 하고 있다. 즉, 군주 자체는 신이 아닌 것이다.[22] 하지만 일본의 정치사상에서는, 정당하게 설립된 정치 권력 자체가 신성을 지닌다. 도쿠가와 막부는 6세기까지 거슬러 올라가는 이 오래된 개념을 적극 장려해서 어느 누구도 막부의 통치에 도전할 생각을 품지 못하도록 했다.

이 개념은 막부가 막을 내린 뒤에도 살아남아 20세기에 온갖 피해를 일으켰다. 이게 일본의 정치적 상상력에 얼마나 깊이 영향을 미치고 있는지 알고 싶다면 1969년부터 2011년까지 1000편이 넘는 에피소드를 방영한 세계 최장수 텔레비전 드라마 미토 고몬水戸黃門의 어마어마한 인기를 보면 된다(흥행에 대성공한 텔레비전 드라마들도 보통 두세 시즌 정도만 방영하고, 나중에 간혹 한두 시즌 정도를 더 만드는 데 그친다). 모든 에피소드의 이야기 구조는 비슷하다. 전직 부副쇼군이던 미토 고몬이 은퇴한 상인처럼 변장하고는 두 명의 부하와 함께 일본 방방곡곡을 여행한다. 이들은 부패한 관리들과 결탁한 폭력배들이나, 서민을 괴롭히는 타락한 사무라이 같은 악인들과 마주친다. 시청자들의 분노를 일으키기 위해 설정된 일련의 사건이 발생하고, 칼싸움 같은 것이 있은 뒤에 클라이맥스의 순간이 되면, 미토 고몬이 막부의 도장이 새겨져 있는 상자印籠를 꺼내 본인의 신분을 드러낸다. 미토 고몬 및 그와 항상 함께 다니는 선

---

22 이것은 물론 유대인 및 초기 기독교도와 로마 제국 통치자 사이의 논쟁거리였다. 아브라함의 추종자들(유대인)은 정치 권력의 정통성의 근원이 신에게 있음은 인정할 수 있었지만, 숭배 자체는 신에게만 행해져야 한다고 믿었다.

량한 일행을 숫자로 압도하는 악당들은 언제나 경외와 공포에 사로잡혀 바닥에 엎드린다. 이때 작동하는 기제가, 신과도 같은 존재인 미토 고몬이 불의를 참는 데 한계를 느끼고 악을 굴복시킨다는 일종의 정치적 신화라는 것은 굳이 신학 학위가 없더라도 알 수 있다.

물론 다른 시대와 지역에서도 힘든 상황이 발생하면, 사람들은 기본적 정치 질서 탓이 아닌 그 질서를 바꾸고 훼손하는 사람의 탓으로 돌려왔다. 사리사욕에 눈먼 집단과 부패한 관리들(오늘날 '특별이익집단'이라 불리는 사람들)만 없앨 수 있다면, 시대적 배경에 따라 국민 또는 신 또는 천황의 의지가 발동해서 정의가 넘쳐흐를 것이라고 믿었던 것은 일본인들만이 아니다. 하지만 정치 질서 자체가 신성하게 만들어진 것이고 따라서 의문의 대상이 될 수 없다는 생각은 일본에 특히 뿌리를 내리고 있다. 그래서 에도 시대 상인들은 한자 동맹Hanseatic League이나 유럽 자본주의의 모태가 된 이탈리아의 도시국가와 같은 독립적인 자치 단체를 개념적으로도 실제로도 만들기 어려웠다. 그나마 비슷한 것이라면 상인들의 연합에 의해 관리되던 오사카 근처의 항구도시 사카이堺가 있었다. 하지만 유럽과는 달리, 사카이의 상인들은 쇼군이나 다이묘가 가진 제도적 권력에 어떠한 형태로도 제약을 가하거나, 법을 따르라고 요구할 수 없었다. 따라서 막부가 점점 상인 가문의 재력에 크게 의존하게 되었어도, 이들은 여전히 상인들의 재산을 몰수할 권한을 유지할 수 있었다. 그럼에도 상인들이 혁명에 대해서는 생각도 하지 못했던 것이, 이들은 벌어들인 수익을 운용하기 위해 주로 다이묘와 막부에게 대출을 해주었기 때문이다. 상인들에게는 재산을 몰수당할 위협이 항상 존재했고, 빚을 갚지 않으려는 다이묘들에게 강제집행은 고사하고 재판을 받게 할 수 있는 수단조차 없었지만, 다이묘들은 앞으로도 계속 상인들로부터 대출을 받아야 했기 때문에 빚을 갚았다. 상인들은 그렇게 막부 질서의 무언의 동조자가 되었다.[23] 그들의 번영이 전적으로 막부의 생존에 달려 있었던 것이다.

막부의 종말

도쿠가와 막부가 가진 정치적 정당성의 궁극적 원천은 천황으로부터의 임명이었고, 그것이 이 철통과도 같은 정당성의 개념적 허점이기도 했다. 천황으로부터 받은 임명은 이론적으로 철회될 수도 있었던 것이다. 1603년 도쿠가와 이에야스의 쇼군 임명이나 1868년 그의 후손 도쿠가와 요시노부德川慶喜의 임명 철회가 당시 천황의 의지에 의해 이루어진 정책적 결정이 아니었다는 사실은 크게 중요한 문제가 아니다. 페리 제독이 미국 상선에 대해 통상교역과 보급의 특권을 허용할 것을 요구하자, 다른 서구 열강들도 중국처럼 착취하기 좋아 보이는 신규 시장 일본에서 자기 몫을 챙겨보려고 몰려들었다. 무력으로 다퉜다가는 비참하게 패배하고 말 것이라는 사실을 알고 있던 막부 관리들은 통상조약뿐 아니라 치외법권을 허용해서 열강들을 달래려 했다. 불평등 조약이라고 알려진 이 계약들의 조건은, 영국에게 일본 내에서 아편을 팔 수 있는 권리만 주지 않았다 뿐이지 청나라가 10여 년 전에 서명한 조약만큼이나 고약한 내용이었다. 이런 계약들과 함께 갑자기 나타나 감 놔라 배 놔라 하던 오만한 외국인들의 출현은 당연히 많은 사람, 특히 외부 번에

---

23 E. H. Norman, "Japan's Emergence as a Modern State," in *Origins of the Japanese Modern State: Selected Writings of E. H. Norman*, ed. John Dower(Pantheon, 1975)

있던 젊은 다혈질의 사무라이들을 분노케 했다. 이들은 비밀리에 모임을 가지며 네트워크를 형성하기 시작했다. 이들은 사실상 반란 선동에 가까웠던 자신들의 계획을, 오래된 천황 제도를 가져와 개념적으로 받아들여지기 쉽게 포장했다. 이는 다른 사람뿐 아니라 아마도 스스로를 설득하기 위함이었는지도 모른다. 황실도 수 세기 만에 처음으로 직접 정치적으로 관여했다. 고메이孝明 천황(1831~1867)은 막부가 서양 열강의 요구에 굴복하는 것을 보고는 이 젊은 사무라이들의 분노에 공감했다. 황실로부터의 잠재적 위협을 걱정한 막부는 천황의 여동생과 쇼군 도쿠가와 이에모치德川家茂 사이에 당사자들은 원치 않았던 정략결혼을 추진하면서 정국의 안정을 꾀했다. 하지만 결국 막부는 천황이 '야만인들'을 국외로 추방하라는 칙령을 내리는 것을 막을 수는 없었다.

'야만인들'의 요구 뒤에 있는 막강한 군사력을 잘 알고 있던 막부 관리들과는 달리, 옛 귀족적 사상에 경도되어 있던 천황이나 젊은 사무라이들은 일본이 마주한 현실을 잘 모르고 있었다. 1862년, 사쓰마번 수도인 가고시마에서 영국인 상인이 살해되었다. 몇 달 뒤에는 조슈 해안의 포대가 혼슈와 규슈 사이의 시모노세키 해협에 있던 외국 선박들을 포격했다. 영국은 가고시마를 잿더미로 만들어 복수했고, 이어 조슈의 포대들이 미국, 영국, 프랑스, 네덜란드 연합군에 의해 파괴되었다.

많은 급진주의자는 여전히 존황양이尊皇攘夷(천황을 경배하고 야만인을 쫓아내자)의 깃발 아래 격렬히 변화를 요구했지만, 서양 군사력과의 이러한 직접 충돌은 일본으로 하여금 상황을 좀더 현실적으로 보도록 만들었다. 이 시대를 상징하는 인물은 젊은 사무라이 사카모토 료마坂本龍馬였다.[24] 사카모토는 외부 도사번에 있는 부유한 사케 상인의 집안에서 태어났다. 그의 가문은 경작지로 쓸 농지를 번에 팔아 하급 사무라이의 신분을 샀다.[25] 사카모토는 또래 사무라이 남자아이들처럼 유학을 공부하는 서당에 다녔지만, 학문과는 잘 맞지 않았고 아이들에게 괴롭힘을 당했다. 그의 누이는 그런 그를, 당시의 혼란스러운 시대상과 '야만인들'의 도발에 대한 반응으로 여기저기 생겨나던 검술도장 중 하나에 입학시켰다. 그렇게 그는 에도로 유학을 가서, 검술도장에서 가장 급진적인 젊은 사무라이들과 어울렸고, 요즘으로 치면 테러 조직의 일원이 되었다. 그의 첫 번째 임무는 막부의 고위 관리를 암살하는 것이었다. 그 관리(가쓰가이 슈勝海舟)는 서양의 도전에 대응하기 위한 막부의 시도의 일환으로, 일본 해군을 개혁해 해군사관학교를 세우는 일을 주도하고 있었다. 사카모토가 그의 집에 침입하자, 관리는 혈기 넘치는 사카모토를 설득해서는 죽이기 전에 자신의 이야기를 들어보라고 했다. 그러고는 일본이 지금의 세상을 헤쳐나가기 위해서는 무언가 준비하지 않으면 안 된다, 그 준비를 하는 사람을 죽이는 것은 일본의 문제를 해결하는 방법이 아니라며 사카모토를 납득시켰다.

이런 상황에서 종종 그렇듯, 사카모토는 이때 감화 비슷한 것을 받았다. 야만인과 '배신자들'에 대한 그의 혈기 넘치는 분노는 서양에 대한 호기심(그는 특히 만인의 정치적 평등을 얘기하는 미국의 사상에 흥미를 느꼈던 것 같다)으로 바뀌었고, 일본의 문제는 두 명의 통치자(천황과 쇼군)와 두 개의 조정(교토 황실과 에도 막부)이 존재하는 통치 구조에 있다는 확신을 갖게 된다. 막부 경찰에 수배된 사카모토는 에도를 떠나 가고시마로 가서, 전통적인 앙숙이었던 사쓰마번과 조슈번의 반 막부 연합을 만

---

24 Marius Jansen, *Sakamoto Ryoma and the Meiji Restoration*(Princeton, 1961).
25 공식적으로는 신분 구분이 엄격했지만, 실제로는 상당히 유연한 부분이 있었다. 부유한 상인들이 하층 사무라이인 고시鄕士(글자 그대로 시골 사무라이라는 뜻)의 신분을 사는 일이 종종 있었다. 고시는 또한 소작농 중에는 가장 높은 지위라서 사무라이처럼 칼을 차고 다닐 수 있었다.

들어내는 데 중추적인 역할을 했다. 마지막 쇼군이 사퇴하고, 나중에 메이지 천황이라고 알려진 젊은 천황에게 권력이 공식적으로 '반환'되면서 단일 정부를 구상하던 그의 꿈이 실현되기 불과 몇 달 전, 사카모토는 교토에서 암살당했다.

사카모토의 이야기는 그대로 그 시절 일본의 이야기다. 외부로부터의 압도적인 위협에 마주친 일본의 첫 반응은 분노와 부정이었다. 분노와 부정만으로는 독립을 잃는 결과를 초래할 뿐이라는 것이 명확해지자, 일본은 방향을 급격히 바꾸었다. 미래의 위협에 대비하기 위해 기존의 제도를 뒤엎고 외부세계로부터 배울 수 있는 것은 모두 배우려고 했다.

막부는 외국과 타협도 하고 일관되지는 못했어도 개혁을 추진했지만(혹은 그랬기 때문에), 위협에 대처할 능력이 부족하다는 것이 명확해지자 그 정통성을 잃어버리고 말았다. 질서는 무너졌다. 사람들은 거리로 쏟아져나와 춤을 추며 '에에자나이카ええじゃないか(좋지 아니한가)'라고 외치며 하늘에서 돈이라도 쏟아진 듯이 좋아했다. 이런 대중의 광적인 반응과 서쪽 외부 번들의 공개적인 저항을 맞이한 막부는 스스로 붕괴해버리고 말았다. 모든 일은 놀라울 정도로 피도 별로 흘리지 않고 일어났다. 새로운 권력 구조에서 제외되었다는 것을 알아차린 북방 사무라이들의 항거를 새 정부 수립 이후 18개월에 걸쳐 진압한 것이 가장 심각한 무력 충돌이었다. 상대적으로 피를 거의 흘리지 않았다는 사실과 변화에 대한 확실한 열망으로 인해, 일본의 새 집권 세력은 명목상의 권력을 천황에게 '돌려주는' 형식으로 기존의 법적인 절차에 따라 권력을 장악할 수 있었다. 1000년이 넘도록 천황이 절대 권력을 실제로 누리지 못한 일본에서, 천황에게 권력을 '유신'했다는 행위는 일본의 새 정부에게 단박에 정통성을 부여했다. 천황이 직접 통치한다는 환상과, 그런 환상을

이용해 스스로의 목적을 달성하는 과두 집권층이 통치하는 정부라는 현실 사이의 간극은 반세기 후 일본 역사상 최악의 재난을 불러오게 된다. 하지만 새 집권 세력은 그 당시만큼은 그런 정치적 권위를 활용해 불과 한 세대 만에 일본을 서구의 제국주의에 대항해서 이기기까지 하는 강대국으로 탈바꿈시켰다.

3장

페이지 유신에서 미군정기까지

일본이 식민지화되는 것을 막고 선진 산업국이자 제국주의 국가로 탈바꿈시킨 소수의 비범한 인물들을 당시 천황의 이름을 따서 메이지 지도자들이라고 부른다. 이들은 미국 건국의 아버지들이나, 죽어가던 오스만 제국을 근대 터키로 탈바꿈시킨 터키 청년들에 비견된다. 1868년의 이들은 매우 젊었기 때문에, 많은 수가 20세기에도 살아남아 1930년대까지 원로元老로서 일본 총리의 지명권을 행사하며 일본을 다스렸다. 부록 1에 정리해놓은 이들의 이름과 배경을 보면 알겠지만, 이들은 대부분 사쓰마와 조슈 출신이다. 중심인물 중 두 명의 예외는 교토의 귀족 출신이다(미국 건국의 아버지의 상당수가 매사추세츠와 버지니아 출신인 것과 비슷하다).

메이지 지도자들은 세 가지의 긴급하고도 서로 얽혀 있는 과제를 해결해야 했다. 우선은 서양 제국주의를 억지할 수 있을 만큼 강한 군대를 키워야 했다. 또 그런 군대를 현대식으로 무장시킬 수 있는 산업국가로 거듭나기 위해 자본과 기술을 축적해야 했다. 그리고 이 두 가지 과제를 달성하기 위해서는 물론이고, 일본도 열강 그룹에 포함될 만한 조건들을 갖췄다고 서구 열강들을 납득시키기 위해서는 다양한 제도들을 만

이와사키 야타로巖崎彌太郎의 초상화. 미쓰비시三菱 창업자이자 근대 일본 산업 조직의 아버지.

들어야 했다. 그런 제도들에는 강한 군대만 포함되어 있는 것이 아니다 (이것은 자신보다 약한 나라와 제국주의 전쟁을 벌여 승리하면 증명할 수 있다). 건축이나 복장, 성에 관한 관습 및 식사 예절과 같은 부분에서 서양의 방식에 얼마나 익숙한지는 물론이고, 의회, 법원, 은행, 일부일처제, 선거 그리고 이상적으로는 기독교 교회도 포함되어 있었다. 근대 제국을 그럴 듯하게 흉내 내지 않고서는 서구 열강을 설득하여 불평등 조약을 개정할 수도 없고, 유럽인들에게 빼앗긴 관세 주권과 치안 기구를 되찾아올 수도 없었다.

다행히 이들에게는 참고 대상이 있었다. 사쓰마와 조슈는 메이지 유신 전에도 이미 해외로 파견단을 보냈었지만, 1871~1873년 황실의 귀족인 이와쿠라 도모미巖倉具視가 이끄는 이와쿠라 사절단을 시작으로 새로운 지도자들과 그들의 가장 유능한 부하들이 서양 각국으로 퍼져나가 일본에 가장 어울리는 모델을 찾기 시작했다. 영국으로부터는 조선 기술과 해군 조직, 중앙은행과 철도 기술, 군주제의 새로운 형태를, 프랑스로부터는 법학과 요새 건축의 노하우 및 약학을 참고했다. 미국으로부터는 근대 농업, 홋카이도 같은 미개척지를 위한 개발 정책, 공교육 제도를 학습했고, 스웨덴이나 스위스처럼 땅덩이가 작은 나라들로부터는,

약한 나라가 어떻게 강대국 이웃을 억지할 수 있을 만큼 강한 군사력을 키웠는가 하는 교훈을 배웠다.

하지만 가장 훌륭한 모델은 곧 비스마르크의 독일이 될 프로이센이었다. 독일이 특히 적합한 모델이었던 이유는, 독일 또한 수많은 작은 나라와 공국公國들을 통일하면서 '뒤늦게' 발전을 '따라잡아야' 하는 전형적인 도전에 마주한 후발국이었기 때문이다. 국가가 산업 발전을 주도해야 한다는 독일식 사고는 메이지 지도자들 사이에서 당연한 상식이 되었다. 독일의 경제학자 프리드리히 리스트의 저서는 특히 영향력이 있었다. 리스트는 알렉산더 해밀턴이나 헨리 클레이 같은 인물들에 의해 보호관세와 공격적 산업 보조금 제도가 시행되던 초기 미국의 예찬론자였다. 그는 자국 독일에서 시행하던 비슷한 정책을 저서 『정치경제학의 국민적 체계National System of Political Economy』를 통해 옹호했다. 이 책은 새로 설립된 일본중앙은행 총재의 공식 서문과 함께 일본어로 번역되었고, 메이지 지도층 사이에서 널리 읽혔다.

그러나 메이지 지도자들은 산업의 육성과 은행을 중심으로 한 산업군의 편성을 가장 중요시하는 독일식 모델을 철저히 따르기는 했어도, 자본을 축적하는 문제에 있어서는 독일이 경험했던 것보다 훨씬 더 가혹한 도전에 직면했다. 대부호 상인 가문들이 메이지 유신에 필요한 자금을 댔고 이들 중 일부는 일본이 산업경제사회로 탈바꿈한 이후에도 살아남았지만,[26] 메이지 정부는 일본의 부르주아 계급이 자연적으로 성장해 산업화를 주도할 때까지 기다리고 있을 수만은 없었다. 19세기 말 식민지 개척이 한창이던 제국주의 천하에서 자국의 독립을 유지하려던

---

[26] 스미토모住友와 미쓰이三井가 메이지 시대까지 성공적으로 살아남은 가장 유명한 두 가문이다.

나라에게 그런 식의 성장은 우선 너무나 느렸다. 또한 상인 계층에게 경제의 주도권을 맡긴다는 것은 정치와 사상에서 혁명적 전환이 필요한 일이었다. 사무라이를 지배 계급으로 규정했던 제도는 폐지되었을지 몰라도, 정치적 정당성은 곧 위계질서와 선례와 전통이라는 개념과 불가분의 것이었던 당시의 일본에서 결국 사무라이들이 다시 지배층이 되리라는 것은 어쩔 수 없는 결과였는지도 모른다. 메이지 지도자들은 막부와 번의 행정 단위들을 물려받고 새로운 행정 단위도 만들었지만, 곧 스스로가 그것을 실제로 운영하는 법을 잘 모른다는 사실을 깨달았다. 그들은 이런 행정 단위의 중요한 자리들을 옛 사무라이 계층 사람들에게 거의 무상으로 판매하기 시작했다. 이것은 소련의 붕괴 이후 러시아에서 일어난 일들과 약간 비슷했다. 차이점이라면 일본의 지도자들은 보통 자기 주머니를 채우는 것보다는 나라를 구하겠다는 강한 열망, 거의 실존적이라고 할 수 있는 그런 열망에서 움직였다는 점이다. 이들이 내건 구호는 '부국강병(후코쿠 쿄헤이)'이었다.

이와사키 야타로와 근대 일본 산업 조직의 탄생

이 책 부록 1에 메이지 일본에서 가장 위대한 기업가로 소개된 이와사키 야타로의 생애는, 이 당시 국가가 어떻게 움직였는가를 엿볼 수 있는 좋은 사례. 이와사키는 앞 장에서 살펴본 사카모토 료마를 배출한 도사번의 하급 사무라이 관료였다. 메이지 유신 이후, 이와사키는 오사카와 나가사키에 있던 번 무역소의 경영권을 인수했다(주요 번들은 해외에서 필수품을 조달하기 위해 오사카와 나가사키에 사무실을 두고 있었다). 번 제도가 폐지되면서 이와사키는 무역소의 이름을 미쓰비시三菱라고 바꾸었다. 1875년 메이지 정부는 30척의 배를 운영 보조금과 함께 무상으로 미쓰비시에 넘겼다. 이 배들은 정부가 열강들의 일본 연안 해운업 진출에 대비해 세웠다 실패한 해운회사의 자산이었다. 이와사키는 이 배들을 정부와 사이가 틀어진 사쓰마의 사령관 사이고 다카모리西鄕隆盛[27]의 반란을 진압하는 데 사용토록 했고, 그 보상으로 더 많은 특권을 받았다.

선견지명을 타고났던 이와사키는 정부로부터 받은 이런 초기 자산을 이용해 세계 최대급 사업 제국의 기초를 닦았다. 그는 또한 일본의 산업 구조를 조직하는 데 있어 주요한 혁신을 도입했고, 그 결과물은 오늘날에도 건재하고 유용하다. 메이지 지도자들은 독일식 모델을 따라 기업 그룹의 중심에 은행을 두고, 산업에 필요한 자본을 채권시장이나 주식시장이 아닌 주로 은행을 통해 조달하게 했다. 하지만 이와사키는 은행이 기업 그룹 내 기업들의 지분을 보유하는 것보다는, 기업 그룹을 총괄 경영하는 사람들이 은행과 기업의 지분을 직접 보유하는 형태가 바람직하다고 생각했다. 이런 이와사키의 혁신에서 우리는 자이바쓰財閥(재벌)라고 알려진 일본만의 독특한 산업 조직의 원형을 찾아볼 수 있다. 이 형태는 삼성 그룹과 현대 그룹 같은 한국의 재벌들에게도 여전히 남아 있는데, 모두 제2차 세계대전 이전 일본의 자이바쓰 체제를 모델로 삼은 것이다. 일본에서는 제2차 세계대전이 끝나고 자이바쓰 가문들이 지분을 몰수당하고, 자이바쓰는 지배 가문이 아닌 동일 그룹 내의 기업끼리 서로 지분의 과반을 소유하는 '게이레쓰系列 회사' 또는 '그룹 회사'의 형태로 거듭났다. 오늘날 일본 산업과 금융계의 많은 대기업이 이런 그

---

27 이 사건이 영화 「라스트 사무라이」의 바탕이 되었다.

룹 회사의 관계사다.

메이지 시대에는 서로 긴밀히 연계된 일본 엘리트들이 지배하는 기업 그룹의 중심에 은행이 있었고, 이는 바로 희소한 금융 자원을 '전략적' 산업에 우선적으로 배분한다는 뜻이었다. 19세기 말의 전략적 산업이라고 하면 여전히 군대의 근대화에 필요한 산업들을 의미했다. 하지만 이런 산업들을 만드는 데 필요한 자본을 애초에 어떻게 축적할 것인가 하는 문제는 여전히 남는다. 일본은 새로운 공장들을 가동하는 데 필요한 장비들을 수입할 자금조차 마련할 수 없었다. 19세기 말에는 금으로 담보된 금융상품만이 국가 간 교역에서 받아들여지던 유일한 범용 지불 수단이었다. 일본도 산업의 기초를 건설하기 위해서는 어떤 식으로라도 금이라는 형태로 된 금융자본을 모아야 했다. 하지만 일본은 보유하고 있던 금의 대부분을 막부 말기에 잃어버렸다. 당시 1대 5였던 일본 국내의 금/은 교환 비율은 해외의 교환 비율인 1대 15와 큰 차이가 났고, 막대한 차익 거래의 기회를 감지한 눈치 빠른 외국인들이 일본의 금을 무자비하게 저평가된 가격으로 사재기했던 것이다. 막부나 메이지 정부가 관세를 통해 금의 빠른 국외 유출을 막는 것도 불평등 조약 때문에 불가능했다.

당시에는 물론 일본이 손을 벌릴 만한 세계은행이나 해외 개발원조기구 같은 것도 존재하지 않았다. 하지만 런던에 해외 차관이 존재했다. 북미의 철도 건설 자금도 대부분 런던에서 조달된 것이다. 일본은 미국의 선례를 따라 런던의 차관을 받아 첫 번째 철도를 건설했다. 일찍이 비스마르크는 해외 차관에 의존하는 것의 위험성에 대해 이와쿠라 사절단에게 특별히 경고한 바 있다. 원금이나 이자를 상환하지 못하면 채무불이행의 대가로 영국 해군이 자산을 차압할지도 모른다는 위험이 있다고

한 것이다. 1881년 재무장관이 된 마쓰카타 마사요시松方正義는 이집트
나 터키 같은 나라에 실제로 이런 일이 발생하는 것을 보았다. 그는 비
스마르크가 이와쿠라에게 경고하던 자리에도 동석했었다. 마쓰카타는
차관을 반드시 상환하리라 결심했고, 그 뒤로도 비스마르크의 말을 굳
게 신뢰했다.

자본의 축적과 입헌 정부라는 겉모습

자본을 해외로부터도 조달할 수 없고 수입을 제한해 해외로의 자본
유출을 막는 것도 불평등 조약 때문에 어렵다면, '부국강병'을 어떻게든
달성하기 위해 자본을 축적하는 유일한 방법은 이미 오랫동안 핍박당해
온 일본의 농민들을 좀더 쥐어짜는 것뿐이었다. 임금과 물가와 생활의
질을 뚝 떨어뜨린다면 관세가 어떻든 간에 자본 이득을 발생시킬 수 있
었다. 1740년 스코틀랜드의 데이비드 흄이 처음 선보였던 이런 방법은
곧, 최첨단 군대의 건설을 위한 산업 기반을 만들려고 고민하던 해밀턴
의 미국, 비스마르크의 독일, 스탈린의 러시아에 직관적인 해법으로 다
가왔다.[28]

하지만 임금과 생활의 질을 낮추는 일은 농민과 노동자들이 저항하

---

28 '가격-정화正貨 흐름 이론(모델)price-specie flow theory'으로 일컬어지는 흄의 이론은 체계적 과학에 기반
한 최초의 경제학적 법칙으로 알려져 있다. 흄에 따르면 금본위제의 나라가 무역 흑자를 통해 금(정화正貨)
을 얻으면, 그 나라의 통화 공급이 늘고, 물가 상승으로 인해 수출 가격도 올라, 결국은 수출량이 줄어든
다. 반면 수입 가격의 하락으로 무역 적자가 발생해서 금이 국외로 흘러나가게 되고, 정부가 개입하지 않
는 한, 물가와 임금이 하락해서 다시 무역 흑자가 발생하는 현상이 계속 반복될 것이라고 했다. 흄 이론
의 핵심은 임금과 물가의 하락을 용인하는 한, 국제수지 불균형은 시정되고 정부는 금의 해외 유출을 두
려워할 필요가 없다는 것이었다.

지 않을 때만 가능하다. 마쓰카타는 일련의 디플레이션 정책을 시행해서 필요한 자본 잉여금을 확보하는 데 성공했다. 그 결과 그의 전임자들이 일으켰던 해외차관을 상환하고 이와사키와 같은 그의 지인들이 필수적인 자본 설비를 수입할 자금을 마련할 수 있게 되었다. 그러나 그 대가로 일본은 1940년대 말까지도 이어진 '자유민권운동'이라는 형태의 아래로부터의 저항을 겪어야 했다.

각종 서양 문물과 함께 일본에 들어와 유행하던 민주주의 사상에 눈 뜬 전직 사무라이들에 의해 자유민권운동의 기운은 이미 상당히 형성되어 있었다. 이들 중 일부는 단순히 권력의 대부분을 사쓰마와 조슈번 출신들이 가져가버린 데 대한 울분을 표출한 것인지도 모른다(이타가키 다이스케板垣退助를 포함해 자유민권운동의 초기 지도자들의 많은 수가 도사번 출신이었다). 하지만 동기야 어찌되었건 이들은 일본이 낙후된 원인으로 민주적 대표성이 결여된 정치 시스템을 지목했다. 마쓰카타가 디플레이션 정책과 더불어 새로운 세금 제도를 도입하자 자유민권운동은 사회의 하층부로 번져갔다. 수만 명의 사람이 토지세를 내지 못해 땅의 소유권을 몰수당했다. 빈곤으로 내몰리고 조상 대대로 내려오던 재산을 빼앗긴 농민들은 당시 양잠업의 중심지이던 지치부秩父 같은 곳에서 폭력 시위를 벌였다.

메이지 지도자들은 이 같은 위기에 대한 대응으로 '메이지 헌법'으로 불리는 일본의 첫 근대 헌법과 의회를 설립했다. 이런 제도들은 격화되어가던 민주화 운동을 어느 정도 진정시켰을 뿐 아니라 일본이 근대 국가로서의 제도적 체제를 갖춰나가고 있다는 구체적인 증거가 되었다.

1895년의 청일전쟁

일본이 이제 만만찮은 근대 국가가 되었음을 서구 열강들에게 알리는 더 확실한 증거는 전쟁에서 승리하는 것이었다. 가장 쉽게 떠올릴 수 있는 전쟁의 대상은 무너져가고 있던 청나라였다. 여기에 한국이 편리한 구실을 제공했다. 1870년대 이후로 메이지 지도자들에게 한국의 합병은 이미 불가피한 것이지 논쟁의 대상이 아니었다. 문제는 일본이 언제 침략할 '준비'가 되느냐 하는 것이었다. 전 세계적으로 식민지 확보의 광풍이 불던 당시 상황에서 변명하자면, 일본은 전략적인 고민을 하지 않을 수 없었다. 얼마 전까지만 해도 제국주의에 반대하던 미국 같은 열강도 하와이, 푸에르토리코, 필리핀을 집어삼키던 중이었다. 땅덩이가 적어 나라 취급도 받지 못하던 벨기에 같은 곳도 아프리카 대륙에서 약탈과 강간을 일삼고 있었다. 우드로 윌슨의 표현을 빌려 일본이 '침략 전쟁을 벌이기에는 자긍심이 허락치 않는다'는 태도를 취해봤자 열강들은 일본에 전혀 점수를 주지 않을 것이었다. 비스마르크가 일본에 파견한 독일 군사 고문은 한국이 '일본의 심장을 겨누는 단도'라고 경고하기도 했었다. 한국은 전통적으로 중국과 정식 조공관계를 맺어오고 있었다. 하지만 시들어가는 청나라가 서구 열강들의 점점 노골적인 침략에 저항력을 잃어가면서, 일본은 한국이 중국에 크게 의존하고 있다는 점, 또 스스로 독립을 유지하기 위한 개혁을 할 능력도, 의지도 없다는 점 때문에 한국이 서구 식민화의 좋은 먹잇감이 되지 않을까 염려했다. 한국이 중국을 벗어나 누군가의 식민지가 된다면 일본은 스스로 그 누군가가 되고자 했다. 한국 내부에서는 중국과의 전통적 관계를 유지해야 한다는 의견과 메이지 일본의 변화를 모델로 삼아야 한다는 의견이 팽팽하게 갈렸다. 1894년 상하이에서 친일 한국인(김옥균)이 암살당하고, 한국으로 보내진 그의 시신이 능지처참되는 사건이 벌어지자 일본은 적개심에 불타올라 드디어 침략의 시기를 정하기로 한다. 일본은 한국에 '개혁'을 요구하면서 중국의 동참을 요구했고, 예상했던 대로 중국이 이를 거부하자 전쟁을 개시했다.

일본은 중국을 무참하게 무찔렀다. 중국 육군을 평양 근처에서 패퇴시켰고, 황해에서 중국 해군을 추격해 그들이 피신하고 있던 산둥 항구에서 격침시켜버렸다. 전쟁이 시작된 지 채 몇 달이 지나지 않아 중국은 화평을 요구해왔다.

이 전쟁은 여러 효과를 불러왔다. 우선 2000년 넘게 지속되어온 중국 황제 체제의 종말을 알리는 신호였다. 오랫동안 덜 문명화된 해적 정도로 여겨왔던 일본에게 청나라가 패하면서, 청나라는 마지막 남은 위신마저 잃고 말았다. 일본의 승리는 또한 중국에서 유럽 열강들의 마지막 '조차지' 쟁탈전을 촉발[29]했고, 그에 대한 반발로 1898년 의화단 운동이 일어난다. 의화단 운동의 폭력적인 진압과, 소위 8개 제국 연합(일본도 포함)에 의한 베이징 함락은 청나라의 멸망과 1911년 중화민국 설립의 전조가 되었다.

한편, 1895년 청일전쟁 배상금으로 중국이 일본에 지불한 막대한 양의 금은, 막부 말기부터 일본을 괴롭히던 금 부족 문제를 마침내 해결해주었다. 일본은 스스로의 식민지도 얻었다: 타이완과 타이완 서쪽 해안의 펑후澎湖 열도, 전략적 입지 도시였던 아서항(지금의 다롄大連)을 포함한 한국 서북쪽의 랴오둥 반도가 그것이다. 타이완 사람들은 독립 포모

---

29 미국 고등학교 역사 교과서에는, 중국이라는 요리를 열강들이 잘라서 나눠 가질 것이 아니라 큰 접시째 놓고 다 같이 포식할 수 있는 '오픈 도어' 정책이라는 절충안을 미국이 냈던 것에 대한 언급이 있다.

사 공화국의 설립을 선언하며 다섯 달 넘게 항쟁했지만 1895년 10월 일본에 무릎을 꿇고 만다. 중국에 대한 나름의 야욕이 있던 러시아는 프랑스와 독일을 포섭해 일본에게 랴오둥 반도를 포기하도록 만든다. '삼국 간섭The Triple Intervention'이라 불린 이 사건으로 일본은 대신 금전적 보상을 추가로 받았지만, 일본의 분은 삭지 않았다. 러시아는 랴오둥 반도의 25년 '임차권'을 얻어서, 일본이 오랫동안 염려했던 대로 중국을 대신하여 한반도에서 점차 영향력을 늘려가게 된다.

1904~1905년의 러일전쟁

삼국 간섭의 상황은 마치 젊고 순진한 표범이 잡은 사냥감에 몰려드는 사자의 무리를 연상시킨다. 하지만 표범은 빠르게 세상을 배워나갔다. 일본은 1902년 영일동맹을 맺어 당시 초강대국이던 영국에 굳건히 의존하면서, 일본도 국제 외교 무대에서 정치 플레이를 할 수 있음을 보여주었고, 이제 가장 큰 위협으로 등장한 러시아와의 전쟁을 준비할 수 있는 여유를 얻었다. 막부 말기에 협박에 의해 맺은 불평등 조약들은 재협상되어, 일본은 관세 주권을 완전히 되찾고 치외법권을 폐지했다. 경제·군사·산업·문화 면에서 떠오르던 위상 덕에 일본은 1904~1905년의 러일전쟁에 필요한 자금도 해외로부터 조달할 수 있었다. 미국의 유대계 투자은행 쿤 러브의 제이컵 시프가 주도한 이 자금 조달활동으로 월가는 국제 금융의 중심지로 등장한다. 시프는 러시아 경찰에 의한 유대교도의 탄압에 격분한 것도 있었지만, 일본의 상환능력을 신뢰하고 있었다.

러일전쟁에서 일본의 승리는 10년 전 청일전쟁의 승리보다 훨씬 더 충격적이었다. 콘스탄티노플 멸망 이후 처음으로 비기독, 비서구 국가가 기독교 국가에 승리를 거둔 사건이었다. 일본의 해군은 한국의 남해안에서 러시아 배들을 대부분 격침시켰고, 육군은 최종적으로 아서항을 포위함으로써 육지에서도 우위를 점해 육군과 해군 모두 눈부신 전과를 올렸다. 청일전쟁과 러일전쟁이 가져온 결과는 어떤 부분에서는 비슷했다. 청나라처럼 차르 정권도 영원히 과거의 영예를 회복하지 못하게 되어 1917년 볼셰비키 혁명으로 이어지게 된다. 또 일본이 청일전쟁에서의 전리품으로 타이완을 챙겼듯이, 1905년의 전후 협상으로 일본은 드디어 한국을 손아귀에 넣었다. 일본은 한국을 합법적인 식민지로 만들기 위해 고약한 수단을 동원해 고종 황제를 강제 퇴위시켰지만, 미국이 1893년에 릴리우오칼라니 여왕을 몰아내고 하와이를 미 제국에 병합시켰을 때 사용한 수단 또한 그에 못지않게 고약했다. 일본은 시대의 관행에 따라 행동할 뿐이었다. 중요한 것은, 일본이 40년이 채 되지 않는 세월 만에 병약하고 위태로운 정치체제에서 아시아의 탁월한 민족국가로 탈바꿈하여, 수 세기 만에 처음으로 열강이 자신들의 반열로 인정하지 않을 수 없는 비서구 국가가 되었다는 사실이다. 하지만 그 탈바꿈의 대가는 앞으로 치러야 할 것이었다. 그리고 그 대가가 그렇게 비쌀 것이라고는 당시 누구도 생각하지 못했다.

메이지 시절에 뿌리내린 근대 일본의 비극

어디서부터 무엇이 잘못되었는가에 대한 이야기는 병영화된 국가자본주의 제도가 농촌에 뿌리내리던 것에서 시작해야 한다. 다이묘와 막부가 에도 시대에 농민들을 잔혹하게 쥐어짜기는 했지만, 되돌아보면 이들의 최종 관심사는 결국 안정과 세금이었다. 세금이 걷히고 질서가 유지되는 한, 이들은 마을과 농촌 지역에 자치 권한을 허용하고 내버려두었다.

하지만 메이지 시대가 되면서 농민층은 강제로 프롤레타리아화되어, 메이지 과두정치가들이 일본의 독립 유지를 위해 반드시 필요했다고 믿었던 군사 산업 체제에 편입되었다. 앞서 언급한 것처럼 농촌 지역은 산업 기반을 건설하기 위해 필요한 자본을 짜내던 주요 원천이었다. 농민 계층은 또한 거대한 노동력의 공급원이기도 했다. 수만의 농촌 출신 젊은 여성이 19세기 말 일본 외화벌이의 가장 큰 공신이던 잠사 공장에서 일했다(수만 명의 또 다른 여성은 주요 도시의 유곽으로 팔려갔는데, 유곽은 별다른 변화 없이 계속 허용된 몇 안 되는 에도 시대 관행 중 하나다. 하지만 에도의 풍류세계가 문화적으로 빛나던 것을 곤혹스러워한 메이지 일본에 와서 그 빛은 현격히 바랬다). 그리고 다이묘가 에도와 고향을 번갈아 오가던 예전의 행렬 대신, 농민들이 농한기인 겨울 동안 공장지대로 몰려들면서 1년에 두 번씩 농촌과 도시를 왔다 갔다 하는 행렬이 생겨났다.

메이지 지도자들은 과거 번이나 신분 계급에 따라 나뉘어 있던 농민들을 의도적으로 단일 국가 공동체의 일원으로 편입시키려고 했다. 하지만 에도 시대 농촌생활과 긴밀하게 엮여 있던 각 지방의 제도와 문화적 관습을 대체하는 새로운 정치적·사상적 프레임워크를 성공적으로 정착시키기 위해서는 체계적인 노력이 필요했다. 그렇지 않으면 앞서 언급한 자유민권운동처럼 격렬하고 때로는 폭력적인 저항에 부딪힐 것이 뻔했다. 이런 프레임워크를 지탱하는 핵심적인 이데올로기는 일본이 원래 조화로운 사회이고, 합의에 의해 움직이며, 정치경제적 결정은 신의 뜻, 곧 천황의 신성한 승인을 받아 이루어진다는 개념이었다. 여기에 따르면 정치경제적 결정에 대한 노골적인 반발은 '반일본적'일 뿐 아니라 곧 신성한 질서의 존재를 부정하는 것이었다.

위계질서에 대한 숭배를 중시하던 신유학(주자학)이 정치적 사상의 근간을 이루던 도쿠가와 시절의 토대가 있었다고는 해도, 이런 프레임워크를 주입하는 것은 쉬운 일이 아니었다. 하지만 메이지 지도자들에게는 예전 사람들에게 없던 수단이 있었으니, 공공 의무교육과 남성의 전원 징병제가 바로 그것이다. 산업화에 필요한 자본을 농촌으로부터 짜내기 위해 전국의 농민들에게 부과하던 토지세 제도를 제외하면, 1873년 도입된 징병제만큼 기피 대상이 되었던 제도는 없을 것이다. 농민 가족들은 도쿠가와 시절에도 정기적으로 강제노역에 징발되기는 했으나, 아들들이 군대로 끌려가는 것을 보는 일은 그와 비교할 수 없는 극심한 비통함을 자아냈다.

그렇게 기피 대상이기는 했어도, 징병제는 공공 의무교육과 함께 농민들(그리고 공장 지대와 도시에 나가 있는 그들의 자녀)에게 근대 국가에 필수적인 정신 자세를 주입한다는 이데올로기적 목적을 성공적으로 달성했다. 물론 이런 정신 자세는 검소함과 끝없는 노동, 공동체적 문제 해결을 중시하는 농촌의 전통적인 가치에 기반하고 있기도 했다(이 중 공동체적 문제 해결 방식은 쌀의 경작과, 때맞춰 논에 물을 대고 빼는 관개수로 및 하수 시스템의 유지 보수에 필수적이었다). 메이지 지도자들은 이런 농촌의 가치에, 자신들의 전통이자 농민들에게는 생소하던 사무라이의 가치를 끼워 넣었다. 전 세계의 다른 농민들과 마찬가지로 일본의 농민들도 전통적으로 군국주의와 전쟁을 혐오했다. 군주가 당한 모욕을 젊은이가 복수하고는 기꺼이 스스로의 배를 가른다는 생각은 대부분의 농민에게 기괴하고 불효스럽게 느껴졌다. 젊은이는 모름지기 쓰러질 때까지 열심히 일하고 아들을 낳아 대를 이어 아버지에게 효도해야 하는 것이었다. 사무라이 정신 자체도 에도 시대에 이미 풍자의 대상이 될 정도로 화석화되었다. 사무라이들은 그런 정신이 실질적으로 무의미해진 사회에 대해 시위라도 하듯 좀더 과장된 자기희생과 지독한 금욕주의로 빠져들었다. 그러나 일본이 갑자기 외부로부터의 군사 위협과 국내의 격화된 자유민권운동에 직면하자, 사무라이 가치는 에도 시대 박물관으로부터 꺼내져서 단지 근대화된 군대만이 아닌 군국주의 사회 전체에 필요한 가치로 재포장되었다.

삶의 모든 부분이 군사적 색채를 띠기 시작했다. 남자아이들은 프로이센 사관생도 제복처럼 생긴 교복을 입고 학교에 다녔다. 역사상 처음으로 많은 수의 여자아이가 남자아이들과 함께 학교에 다니게 되었으나, 이들은 '현모양처'가 여성의 지고한 목표가 되어야 한다고 배웠다. 전쟁에 나가 싸울 수 있고 필요하면 천황을 위해 죽을 수 있는 병사를 낳는 일이 여자의 지상 목표가 되어야 한다는 의미였다. 천황 자신도 군사적 존재로서 재포장되었다. 헤이안과 그 전 시대부터 천황은 전사 계급과 동떨어져 있고 그들보다 명목상 우월한 문화적·종교적 인물이었으나, 더 이상은 아니었다. 천황은 이제 정기적으로 군 제복을 입고 등장해서 군대 최고의 가치인 무조건적 충성의 궁극적 대상이 되었다.

이것은 의도된 정치적 계산이었다. 비스마르크는 민족적 감정을 투사할 대상이 필요하다고 1871~1873년 이와쿠라 사절단에게 조언한 바 있다. 애국심을 의도적으로 주입해서 예전 가족·마을·종교·지방·군주에 집중되어 있던 충성심을 국가 전체로 옮겨올 필요가 있다고 말이다.

이것이 19세기 독일에서 진행되던 대형 국가 프로젝트였고, 메이지 일본에서도 마찬가지였다. 일본의 지배층은 항상 스스로가 일본인이고 일본은 세계의 수많은 나라 중 한 '나라'라는 자각을 해왔다. 1장에서 살펴본 바와 같이, 이것이 일본이 베스트팔렌 체제의 영토국가 개념을 그토록 쉽게 받아들였던 주요한 이유다. 일본의 지배층은 중국이나 터키의 지배층과는 달리, 국가 단위의 정부가 정치권력과 정치적 정통성을 갖는다는 새로운 세계 질서에 동참하기 위해 발상의 전환을 할 필요가 없었던 것이다.

하지만 이런 '일본'에 대한 의식은 상류층에만 존재했다. 상류층에서조차 '일본'보다는 대부분 번과 다이묘와 쇼군에 대한 충성이 우선했다. 농민들은 말할 것도 없었다. 메이지 정부의 중대한 임무는 그런 작은 의미의 충성을 깨뜨리고 대신 민족주의와 천황에 대한 숭배를 주입하는 것이었다.

그 방법 중 하나는 앞서 이미 언급한, 번藩 체제를 폐지하고 일본 지도를 근대적 현縣 체제로 다시 그리는 작업이었다. 그리고 그 작업의 결과물은 중앙과 지방에 권력이 분산되어 있는 연방 체제가 아니었다. 센다이, 히로시마, 고치, 가고시마 같은 옛 번들의 성읍이 현의 수도로 거듭나기는 했어도, 이들은 그동안 누리던 거의 모든 자치권을 도쿄에서 형성되고 있던 거대 관료 조직에 넘겨야 했다. 그러는 동안 메이지 정부는 다음 목표로 전통적 종교 조직을 직접 겨냥했다. 16세기 말 오다 노부나가가 불교 승려들의 세력을 무자비하게 정리했음에도 불구하고, 불교 자체는 도쿠가와 시대 내내 일본 문화와 삶 안에 깊이 자리 잡고 있었다. 막부 관리들이 기독교도를 찾아내고 박멸하는 데 전국의 불교사원 네트워크를 이용했을 정도다. 또 모든 일본인은 지역의 불교사원에 등록해야 했기 때문에 그것이 일종의 호적처럼 사용되었다(단카檀家 제도). 모든 사무라이와 상류 상인 계층은 아들들을 불교사원으로 보내 교육시켰고 고시鄕士(칼을 차는 것이 허용된 최상위 농민층)와 부유한 농민들도 마찬가지였다.

메이지 시대에 들어와 교육의 병영화와 의무화를 시행하면서, 국가는 불교사원이 가지고 있던 교육 통제권을 빼앗아와야 했다. 외국에서 온 것 대신 '일본스러움'을 규정하려는 갑작스러운 집착이 불교에도 그림자를 드리우던 시기였다. 일본에도 신토와 같은 토착 종교가 있었다. 하지만 불교와 신토는 수없이 많은 분파가 있기는 했어도 1000년이 넘는 세월 동안 사실상 하나의 종교로 기능해왔기 때문에 신학적으로 이 둘을 구분하는 것은 불가능한 일이었다. 그렇지만 애국적 혹은 민족적 구분이라면 이야기가 달랐다. 불교사원들은 원래 공존하던 신토 사원과 분리되어 재산을 거의 박탈당했고, 일본인의 삶을 지배하던 중심적 종교로서의 지위를 잃어버렸다. 메이지 정부는 그 대신 황실을 숭배하는 '국가 신토'로 불교의 자리를 대체했다. 사실상 신흥 종교였던 국가 신토의 건축물들은 중국과 한국의 영향이 최대한 배제된 일본 전통 건축의 순수하고 미니멀리즘적 재창조인 것처럼 보였지만(대표적으로 도쿄의 메이지 신궁을 들 수 있다), 거기서 행해진 의식은 통일된 전체주의 국가에 꼭 필요한 애국심 같은 가치를 국민에게 고취시키는 근대적인 역할을 했다. 메이지 신궁이나 야스쿠니 신사와 같은 곳들의 사회적·정치적 역할은, 신도들의 영적 수요를 충족시키는 전통적 교회나 절이라기보다는, 나치의 '싱플라츠 극장Nazi Thingplaz'이나 마르크스주의의 '무신론의 궁Palaces of Atheism'의 그것에 가까웠다. 국가 신토는 국가에 대한 충성이 다른 무엇보다 우선하며, 국가가 영원한 진리의 체현이라는 사상을 주입하는 지극히 의도적인 정치적 산물이었다.

그럼 기독교는 어떻게 되었을까. 메이지 지도자들은 일본이 서구 열강들에게 동등한 상대로 인정받으려면 기독교에 대한 금지를 풀어야 한다는 것을 일찍이 깨닫고 있었다. 또한 이들은 일본이 경제적·군사적으로 모델로 삼으려는 국가들은 종파가 조금씩 다를지라도 모두 기독교를 신봉하고 있다는 사실 또한 간과할 수 없었다. 많은 메이지 지식인이 기독교를 연구했고 일부는 독실한 신자가 되었다. 기독교 선교사들에게는 일본에서 250년간의 금지 끝에 마침내 선교활동이 허락되었다. 이번에는 이베리아반도가 아닌 프랑스에서 가톨릭이 전파되었고 러시아정교 및 미국의 개신교들도 합류했다. 19세기 말 20세기 초 이런 선교사들의 활동 결과 학교와 대학과 병원들이 넘쳐났고, 이들 중 상당수는 오늘날까지도 일본의 최고급 학교 및 병원으로 남아 있다.[30] 그러나 3세기 전과는 달리 (또는 비슷한 시기 한국과는 달리), 기독교는 개화된 소수 엘리트를 위한 것으로 인식되어 일반 대중에게는 거의 영향을 미치지 못했다.

메이지 시절 종교가 겪었던 운명은 이후 일본이 걸었던 길을 여러 면에서 그대로 보여준다. '일본적이지 않다'고 낙인찍어 기존 질서를 파괴했고, 사실상의 신흥 종교를 '순수하고' 자생적인 전통으로 포장하여 만들어냈으며, 한편으로는 서양 문물에 열광한 소수의 엘리트들이 그 제도적 유산을 오래도록 일본에 남기게 된다. 또 '일본적인 것'의 의미를 명확히 하는 데 집착했던 메이지 일본은, 일본의 참모습을 이해하는 데

---

30 예를 들어 미치코美智子 상황후는 일본에서 가장 명망 높은 가톨릭 여자학교(성심여자대학) 졸업생이다. 일본에서는 이게 이상한 일이 아니다. 기독교가 근대 일본에서 사회적으로 얼마나 깊이 들어와 있었는지 이해하려면, 영국의 필립공이나 케이트 미들턴이 불교나 힌두교나 무슬림 학교 졸업생인 상황을 상상해보면 된다.

필수라고 할 수 있는 중국 대륙의 영향을 애써 지우고자 했다. 그러면서 동시에 많은 서양 문화를 허겁지겁 받아들여 미숙하게 소화시켰다. 그 결과 아시아의 다른 나라들과 서양에 대한 일종의 정신분열 상태에 빠졌고, 이러한 모순은 이후 비참한 정치적 결말을 가져온다.

순수한 일본적인 문화를 규정하려는 시도는 메이지 시대 이전에도 있었다. 에도 북쪽 미토水戸번에 있던, 토착문화 연구로 유명한 서원의 이름에서 유래한 '미토학파'가 대표적이다. 미토학파의 영향력은 일본의 쇄국을 더 지속할 수 없다는 도쿠가와 말기의 커져가는 자각과도 맞물려 있었다. 그리고 미토학파의 학문적 집착은 메이지 유신 직후 새로운 조명을 받게 된다.

일본은 항상 스스로를 중국 문명과 관련시켜 규정해왔다. 1장에서 얘기했듯이 무엇이 '일본적'이고, 무엇이 밖에서 들어왔으며, 무엇이 원래의 중국 모델로부터 응용되었는가 하는 것은 일본 언어에 그대로 반영되어 있다. 자생적인 것과 외래의 것의 차이에 대한 의문이 생기면 항상 본능적으로 중국을 외래의 기준으로 삼았다.

그러나 메이지 이후의 일본에는 서구 열강이라는 또 하나의 새로운 기준이 생겼다. 서구 열강은 중국과는 달리 일본의 주권에 대해 실존적 위협을 가하고 있었다. 한편 일본어 문자에까지 끈질기게 남아 있는 과거 중국이라는 기준은 상황을 더 복잡하게 만들었다. 이러한 현실에 대한 일본의 집단적 반응은 자신의 뿌리를 어떻게든 감추고 싶어하는 이민자나 벼락부자를 떠오르게 한다. 메이지 시대가 지속되고 국가 지도자들의 야망이 점점 결실을 보면서, 나머지 아시아 국가들에 대한 멸시는 더 심해져 1895년 청일전쟁의 승리 이후 병적인 수준에 달한다.

일본의 승리에 대한 후쿠자와 유키치福澤諭吉의 반응이 대표적이다.

1만 엔권 지폐에 초상화로 남아 있는 이 감탄스러운 인물은 메이지 일본의 가장 중요한 지식인이라고 할 수 있다. 그는 일본의 일류 사립대학(게이오대학)을 설립한 선각자이자, 과학과 교육과 대의정치와 자유언론에 이르기까지 '계몽된' 서양의 사상을 지치지 않고 일본에 소개한 사람이었다. 후쿠자와는 일본이 서양에 합류해야 한다는 의미로 '아시아를 떠날 것'을 촉구하는 유명한 발언을 했다(탈아론脫亞論). 그는 청일전쟁을 '문명을 발전시키려는 나라와 문명의 발전을 방해하는 나라' 사이의 전쟁으로 규정하고는, 승전 소식을 듣고 '기쁨에 겨워 벌떡 일어나지 않을 수 없다'라고 했다.

아시아에 대한 이런 멸시의 이면에는 서양을 어처구니없을 정도로 모방하는 태도가 있었다. 일본어를 폐지하고 로마자로 된 문자를 도입하자는 주장이라든지, 도쿄 한복판에 상류층이 유럽식 무도회를 벌이던 화려한 회관(로쿠메이칸鹿鳴館)을 지은 일들을 예로 들 수 있다. 남녀 혼탕은 금지되었고 남성 간의 동성애와 크로스 드레싱 및 축첩 제도를 금지하는 법이 (거의 효력은 없었지만) 통과되었다. 가부키에서는 남성 매춘을 연상시키는 오랜 요소들이 사라져 어떤 가부키 배우들은 연미복에 나비넥타이를 한 채 무대에 오르기도 했다. 고기를 먹는 행위는 세련됨의 상징이 되었다.[31] 한편 메이지 정부가 국가 신토와 천황 숭배를 외국의 때가 묻지 않은 순수한 일본의 예식으로 홍보하면서, 여자들이 커다란 남근의 상징을 들고 돌아다니면 벌거벗은 젊은 남자들이 그 뒤를 쫓아

---

31 에도 시기에는 네발 달린 짐승의 살육이 금지되었다. 일본의 유명한 요리인 스키야키すきやき는 소고기에 익숙하지 않은 사람들에게 소고기를 맛있게 먹을 수 있도록 메이지 시대에 만들어낸 요리다. 일본에는 서양 요리는 아니지만 메이지 시대에 유럽 요리를 개조한 요쇼쿠洋食(양식)라는 음식 장르가 있다. 잘 알려진 양식의 예로는 돈가스(튀긴 돼지고기. 가스는 커틀릿cutlet의 일본식 발음), 오무라이스(밥을 오믈렛으로 감싼 요리), 카레라이스(밥과 함께 나오는 카레. 영국식 인도 요리의 일본 버전) 등이 있다.

뛰어다니던 농촌 신사의 전통 축제는 숨겨야 할 가문의 비밀 같은 취급을 받았다. 서양 문물에 대한 이런 설익은 모방은 아시아 대륙과의 문화적 연관성이나 음란한 토착 전통을 연상시키는 것들을 애써 숨겨가며 '문명개화(분메이카이카)'라는 구호 아래 진행되었다. '부국강병(후코쿠쿄헤이)'만큼이나 메이지 시대를 연상시키는 슬로건이다.

20세기 중반 유명 소설가인 미시마 유키오三島由紀夫는 이런 메이지 일본을 "손님 받을 준비를 하며 안절부절못하는 주부"[32]에 비교했다. 손님에게 '깔끔하고 완벽한 생활'을 보여주고 싶어, 그렇지 못한 것은 모두 숨기기에 분주한 주부를 생각하면 된다. 『봄눈春の雪』이라는 소설에서 그는 당구대와 브랜디 잔, 런던 새빌로 거리의 유행을 그대로 모방한 양복 따위의 디테일을 사실적으로 묘사하며 메이지 말기 상류층의 세계를 자세히 보여준다(서양식 정장을 일컫는 당시 일본어 단어 '세비로背廣'는 새빌로에서 유래한 말이다).

미시마가 말년에 쓴 『봄눈』은 20세기 일본의 운명을 다룬 4부작 소설 중 1편이다. 2편 『분마奔馬』는 일부 엘리트들의 서양에 대한 요란한 환호 때문에 나타난 필연적인 반작용에 대한 이야기다. 그 반작용이란 민족적 정수, 국체, 천황의 개인 우상화를 중심으로 한 극단적인 광기의 등장이다. 이런 극단주의는 원래 지도층이 농민들의 충성심을 확보하기 위해 만들어낸 것이었지만, 결국 정치적 통제의 범위를 벗어나 오히려 지도층이 구축한 세계를 파괴하게 된다.

아이러니한 것은 일본적인 것과 국체의 본질, 세계의 위계질서에서 '일본 민족'의 위상과 같은 것에 대한 과도한 집착이, 미토학파나 그보다

---

32 Ian Buruma, *Inventing Japan: 1853~1964*(Modern Library, 2003), p.50에서 인용.

오래된 일본 전통의 사상에만 바탕을 두고 있는 것이 아니라는 사실이다. 서양의 인종 이론이나, 고비노 백작 또는 허버트 스펜서와 같은 설익은 사회진화론자들의 사상으로부터도 적지 않은 영향을 받았다. 예를 들면 독일의 작곡가 리하르트 바그너는 1850년 그의 추악하고도 매우 영향력 있던 「음악 속의 유대주의Judaism in Music」라는 소논문에서, 위대한 예술은 단일한 문화에서 자생적으로 성장한 사람들만 창조할 수 있는 것이라고 주장했다. 어떠한 정치적 조치로 인해 자신들 문화의 깊은 원천으로부터 단절된 사람들이 창조하는 예술은 진실되지 못한 아류일 수밖에 없다고도 했다. 예술적 관점에서 보자면 바그너는 단지 '블루스는 흑인만이 느낄 수 있다'는 생각의 초기 버전을 설파하려고 했을 뿐인지도 모른다. 하지만 그가 주장하여 널리 퍼진 이런 정서의 정치적 파급효과는 심각하고도 끔찍했다.[33]

메이지 일본으로서는 솔깃한 얘기였다. 물론 돌이켜보면 왜 이런 인종과 문화에 대한 차별적 이론들이 독일에서 탄생했는지는 자명하다. 나폴레옹과 신성로마제국의 분열이 남긴 폐허에서 근대 민족국가를 건설하는 것은 독일에 있어 저절로 주어지는 선물이 아닌 애써 달성해야 하는 프로젝트였기 때문이다. 이런 이론들이 왜 그리도 일본에 해로운 영향을 끼쳤는지도 자명하다. 일본은 겉으로는 전쟁에서 승리하고 열강의 대열에 합류한 것에 대해 득의양양하기는 했어도 속으로는 스스로가 정말 그럴 자격이 있는지 극심한 불안에 시달렸다. 게다가 일본 전통문화의 그토록 많은 부분을 '부정'한 것을 드러내놓고 인정하거나 슬퍼할 수

---

33 현대 이스라엘도 여기 포함해야 할지 모른다. 시오니즘 운동의 창시자인 테오도르 헤르츨은 바그너의 핵심 주장을 받아들였다. 그의 일기가 진짜라면, 그는 유대인들이 바그너의 오페라 「탄호이저」를 들으며 눈치 볼 필요 없이 자랑스럽게 유대인임을 만끽하는 유대인만의 독립국가를 염원했다. 바그너의 미학은 일본과는 정반대라고 할 수 있지만, 일본의 클래식 애호가들이 바그너에 열광하는 것도 우연이 아니다.

없었던 것도 이유의 하나다.

나쓰메 소세키의 『마음』과 메이지의 유산

과거를 그토록 지워 없애면서도 왜 그래야 하는지 이야기할 수 없었던 메이지 시대에 대한 가장 깊은 고찰은, 20세기 초 가장 위대한 소설가인 나쓰메 소세키夏目漱石의 1914년 걸작 『마음心』에서 찾아볼 수 있다. 주인공이자 '선생'이라고만 나오는 노년의 남성은 어두운 과거를 끌어안고 산다. 수십 년 전 자살한 친한 벗의 죽음을 자기 탓이라고 생각하는 것이다. 하지만 그는 소설의 세 번째 부분을 이루는 장문의 편지를 통해서야 그 사건과 자신의 죄책감에 대해 비로소 얘기한다.

평론가들은 소세키가 방금 막 내린 메이지 시대를 선생으로 표현하고, 친한 벗과 그의 자살은 각각 전통적 일본과 일본의 생존을 위해 사라져야 했던 것들을 상징한다고 입 모아 얘기한다(선생이 편지를 보내는 대상인 젊은이는 당시 갓 시작된 다이쇼大正 시대를 상징한다. 다이쇼 천황은 1912년에 메이지 천황의 뒤를 이었고, 나중에 서양에 히로히토裕仁 천황이라고 알려진 인물의 아버지다). 소설에는 러일전쟁의 영웅이자 히로히토 황태자의 스승이었던 노기 마레스케乃木希典 장군의 자살 이야기가 여러 번 언급되며 전체적인 분위기에 영향을 끼친다. 노기는 메이지 천황이 죽자 전통적인 사무라이의 방식으로 할복했다. 그는 그가 지휘했던 아서항의 포위전에서 자신의 둘째 아들을 포함해 목숨을 잃은 수만 명의 사람 때문에 괴로워했던 것인지도 모른다. 이 전투는 제1차 세계대전에서 펼쳐질 끔찍하고 지루한 참호전의 섬뜩한 예고편 같은 것이었다. 노기가 어떤 원혼에 시달렸든 간에, 그의 자살과 그가 자살한 방식은 일본을 충격에 빠뜨렸고 향후 수십 년간 퍼져나갈 살인적 광기의 촉매제가 되었다.

지난 한 세기를 돌아보거나 혹은 석간신문만 잠깐 봐도 알 수 있듯이, 증오와 히스테리, 추하고 비열한 민족주의 또는 근대라는 이름을 빌려 등장한 온갖 괴물이 세계대전 이전 일본의 전유물은 아니다. 괴물들은 근대화 과정을 겪었던 모든 사회에서 정도의 차이는 있어도 다 나타났다. 하지만 그것이 일본에서 유난히 정치적 통제가 불가능한 상태에까지 이른 것은, 일본에서는 정치적 현실과 그 현실을 설명하고 이해시키던 '허구' 사이에 커다란 간극이 존재했기 때문이다.

이런 간극은 물론 중학교 도덕 교과서를 빼고는 어디든 존재한다. 그러나 일본이 유독 독특했던 것은 나라의 지배 구조에 대해 하나도 아닌 두 가지 다른 허구가 병존했기 때문이다. 하나는 과거로부터 이어져온 것이었고, 다른 하나는 서양에서 들어온 것이었다. 과거로부터 이어받은 허구는 천황제이고 서양으로부터 들어온 허구는 입헌정치와 법치주의다. 이 중 후자는 부분적으로 자유민권운동이나 이타가키와 같은 사람의 대의정치 요구에 대한 응답이기도 했지만, 더 큰 동력은 일본에 대한 서양의 기대로부터 나왔다. 일본이 근대 국가로 인정받으려면 마땅히 의회와 법원이 있어야 했던 것이다. 근대 국가의 국민이라면 고기를 먹고 남녀 혼탕을 삼가야 하는 것과 마찬가지였다.

일본이 의회와 정당과 법원을 가져야 한다고 서양에서 생각한다면 일본은 의회와 정당과 법원을 가져야 했다. 하지만 앞서 보았다시피 1868년에 권력을 잡은 사람들은 천황에게 직접적인 통치권을 '되돌려 준다'는 구호 아래 집권한 사람들이었다. 이들은 불평등 조약을 강요했던 나라들이 일본이 완전한 근대 국가가 되었다고 믿게 하기 위해서라면 어떤 가면이라도 쓸 것이었지만, 천황의 의사결정권에까지 헌법적 제약을 가할 생각은 전혀 없었다.

일본은 법원과 의회 같은 기구를 설치하면서도 영국과 같은 입헌군주제를 만들려던 의도는 없었다. 영국 정부가 스스로를 '여왕 폐하의 정부'라 부르고 여왕의 이름으로 조약을 맺거나 법안을 통과시키기는 하지만, 영국 왕실이 의회나 법원의 결정을 번복시킬 실질적 권한이 없다는 것은 널리 알려진 사실이다. 그랬다가는 군주제를 폐지시킬 수도 있는 헌법적 사태를 야기할 것이다.

일본에서는 그런 사태를 걱정할 필요가 없었다. 의회나 법원 같은 제도가 존재했으므로 이론적 가능성은 있었지만, 메이지 지도자들은 이러한 제도들이 '황실의' 의사결정을, 번복은 고사하고 간섭도 할 수 없도록 주도면밀하게 조치해두었다.

야마가타 아리토모와 정치적 통제를 벗어난 관료주의

이런 조치를 취했던 핵심 인물은 근대 일본군의 아버지라 불리는 야마가타 아리토모山縣有朋다. 캐나다의 역사가인 허버트 노먼은 야마가타를 '전형적인 군대 관료'라고 평하며, "그는 무엇보다 모든 종류의 정당을 혐오했다. (…) 불특정 다수의 이익을 대변하기 위해 조직된 모든 운동에 대해 비록 그것이 어설프고 파급 효과가 제한된 것이라 할지라도 극도의 적의를 품었다"고 했다. '군사 독재의 지배 구조를 확립하고 유지하기' 위한 야마가타 정책의 핵심은, 주요 관료의 임명에 대한 의회의 감시감독권을 철저히 없애는 것이었다. 야마가타는 이를 위해 특별히 '천황의 칙서'를 내리도록 조치했다. 관료의 인사권에 관한 주요 사항들을, 겉으로는 천황의 뜻에 따라 움직이게 되어 있는 자문기관(추밀원樞密院)의 업무 영역으로 지정하는 내용이었다.

하지만 물론 천황은 실제로 누구를 임명하거나 주요 사항을 결정하지 않았다. 1912년부터 1926년까지 재위했던 다이쇼 천황은 아마도 정신박약이었던 것 같다. 그리고 오늘날 일본에서는 쇼와昭和 천황으로, 서양에서는 히로히토 천황으로 알려진 그의 장남은 정신박약은 아니었지만, 천황이 정책을 만들지는 않는다는 것을 이해하며 성장했다. 이런 이해는 '정치를 초월'하는 상징적 인물이라는 천황의 역사적 역할과, 유럽에서 유입된 입헌군주제의 개념으로부터 비롯된 것이다(히로히토는 정책 결정에 딱 세 번 마음먹고 개입했던 것으로 알려져 있다. 1936년 우익 장교들의 반란을 진압할 때, 1941년 도조 히데키東條英機 내각의 수립을 명했을 때, 1945년 패전 선언을 할 때).

비록 공식적인 형태는 아니었으나 실제 의사결정이 막부를 전복시킨 사쓰마와 조슈의 과거 사무라이들로 구성된 '삿초' 파벌薩長閥에 의해 이루어지는 한, 일본 지배 구조의 중심적인 결함은 숨길 수 있었다. 하지만 이들이 나이 들어 죽기 시작하면서 상황은 심각해진다.

카럴 판볼페런은 일본에서 정치적 책임을 지는 주체가 없다는 문제의 원인으로 바로 이 결함을 지목했다. 책임의 주체는 민주적으로 선출된 정당일 수도 있고, 위원회나 독재자나 심지어 세습 군주일 수도 있다. 핵심은 어떤 개인 혹은 기관들이 정치적 주체로서 국가의 목표를 설정하고 그 목표를 달성하기 위한 방법을 결정할 경우, 그런 행위에 대해 설명해야 할 책임이 수반된다는 사실이다. 유권자가 아니라면 공평무사한 사법부, 그도 아니라면 독립적인 언론, 그것도 아니라면 최소한 스스로에게라도 설명할 책임이 있는 것이다.

소위 원로라 불리며 20세기까지 살아남은 메이지 지도자들은 적극적인 정책활동에서 물러나면서 추밀원 같은 자문기관으로 소속을 옮겼다. 그리고 그곳에서 거부권을 행사하되 결과에는 책임을 지지 않아도 되는 역할을 맡으면서, 거대한 정치적 무책임의 무대가 마련되었다. 이런 무책임의 정치는 승리할 전망이 없는 아시아에서의 지상전에 뛰어든다든가, 일본보다 열 배는 더 큰 산업 기반을 가진 열강을 향해 침공을 감행한데서 그 절정을 보여준다. 그 결과 일본은 메이지 지도자들이 처음부터 미연에 방지하고자 했던 바로 그 상황, 즉 독립국가로서의 지위를 상실하는 상황에 처하게 된다.

전쟁의 재앙

일본이 이웃 국가들과 종국에는 스스로에게 가한 파괴 및 비극과 죽음을 생각하면, 역사의 가정을 해보지 않을 수 없다. 만약 메이지 정부가 러일전쟁 말기의 실제 상황을 일본 국민에게 숨기지 않았다면, 미국에 대한 일본 내의 차가운 반대 여론이 과연 형성되었을까?[34] 만약 우드로 윌슨 미 대통령이 베르사유 조약에서 인종 차별 종식을 촉구하는 조항을 삭제할 것을 요구하지 않았거나, 미 의회가 노골적인 인종차별법

---

34 러일전쟁에서 일본이 군사적으로 성공을 거둔 것에는 이론의 여지가 없지만, 시어도어 루스벨트가 중재한 평화 협상에 일본이 동의하면서, 일본은 전승국이 아닌 상황이 되어버렸다. 메이지 지도자들은 30년 뒤의 후계자들과는 달리 상황을 정확하게 판단하고 있었다. 전쟁에서의 완벽한 승리는 불가능하다는 것을 깨닫고 있었던 것이다. 전쟁 자금을 댄 국내 은행가들도 일본이 러시아와 화해하기를 바란다는 눈치를 주었다. 하지만 일본 정부는 10년 전 청일전쟁 때와는 달리 이번에는 왜 일본이 전쟁 배상금을 받지 않았는지 그 진짜 이유를 설명하지 않았다. 따라서 국민은 러일전쟁의 종전 조약인 포츠머스 조약이 또 하나의 삼국간섭이라는 인상을 갖게 되었다. 즉, 서양 국가들이 (이번에는 미국) 또다시 개입해서 일본 병사들이 전쟁에서 희생해가며 얻은 것을 빼앗았다고 생각했다.

인 '1924년 이민법'을 통과시키지 않았다면, 서구 민주국가들은 절대 일본을 대등한 주체로 여기지 않을 것이라던 일본인들의 생각이 바뀌었을까? 만약 일본 외부의 경제적·안보적 환경이 그토록 적대적이지 않았다면, 1920년대에 꽃피기 시작했던 정당 정치와 의회제도(다이쇼 민주주의)가 무르익어서, 군국주의자들의 권력 장악에 제동을 걸 수 있었을까? 1923년 간토 대지진이 도쿄를 쑥대밭으로 만들어 그로부터 4년 뒤 농촌 지역과 도시 노동자층을 파탄으로 몰아넣은 금융 위기를 불러오지 않았더라면, 일본의 일반 국민이 군국주의 광신도들의 허황된 계획에 그렇게 쉽게 넘어가는 일은 없지 않았을까? 이런 질문들의 기저에 있는 가장 큰 질문은 이것이다: 만약 열강들이 1914년 이전의 글로벌 통화 국제 금융질서를 재건하려고 헛된 시도를 하려다 경제를 망가뜨리지 않았다면(1920년대에 영국을 비롯한 열강들이 금본위제로 돌아가기 위해 통화량을 회수하는 등 긴축경제를 실시했던 일을 가리킴—옮긴이), 그래서 일본을 나락으로 빠뜨린 세계 공황을 일으키지 않았다면, 일본은 광기에 빠져들지 않았을까?

이런 질문들에 대한 정답은 없지만, 일본의 지배 구조에 존재하는 결정적인 결함은 제2차 세계대전 이후에도 여전히 해결되지 않았다. 우리는 다음 장에서 이 문제를 자세히 살펴볼 것이다. 여기서는 일단 1945년 이후 일본의 역사를 보면, 정치적 책임 소재의 부재라는 현상이, 전쟁 전보다 훨씬 더 너그러워진 정치 질서와 충돌하지 않고 지속되었다는 점을 지적하는 것만으로 충분하다. 정치적 책임 소재가 부재한 정치 상황에서 이런 너그러움은, 국가가 외교와 국방 그리고 경제 권력의 분배와 같은 가장 파급력이 큰 문제들에 신경 쓰지 않아도 될 때만 나올 수 있다. 종전 직후 수십 년간의 특수한 상황으로 인해 일본은 이러한 문제들을 실제로 회피할 수 있었다. 여기에 대해서는 다음 장에서 자세히 살펴볼 것이다. 하지만 메이지 지도자들의 정치 장악력이 마침내 서서히 사라져가던 수십 년간 일본은 이런 문제들을 회피할 수도, 해결할 수도 없었다. 대신 일본의 상황은 가장 잔인하고 광적이며 폭력적인 쪽이 승리하는, 심판도 없는 결투장의 모습을 점점 더 닮아갔다. 그것이 해외에서의 전쟁 도발이건 혹은 국내에서의 정적 암살이건 간에 말이다.

다시 말하지만 그 수십 년간 무뢰배들이 권력을 잡고, 국가적 집착의 수준에서 증오와 잔혹함이 횡행하던 것은 일본만의 상황이 아니었다. 인류 역사상 가장 큰 규모이자, 회피할 수 있었던 재앙인 제1차 세계대전이 불러일으킨 세계사의 격랑을 일본이 피해갈 만한 방법은 없었다. 명목상으로는 연합군 편에 가담했던 일본은 교전국들의 수요를 충족시키기 위해 공장을 풀가동하고, 전후에 독일의 식민지들을 나눠 받는 등 전쟁에서는 잘 처신했다. 1923년 간토 대지진의 피해도 프랑스나 독일이나 러시아가 전쟁으로 인해 입은 타격에 비할 바는 아니었다. 일본도 세계 다른 나라들과 마찬가지로 금본위제에 집착하며 1914년 이전의 균형을 회복하기 위해 무모한 시도를 하기는 했지만(일본은 1929년 11월 금본위제로 돌아가며 엔을 전쟁 전 환율인 2엔당 1달러로 강제 평가절상해서, 곧장 디플레이션 공황을 맞았다), 남들보다 빨리 정신을 차리고 1931년에 금본위제를 벗어났다. 당시 재무장관이던 다카하시 고레키요高橋是清는 일본 경제를 회복시키기 위한 일련의 노력을 인정받아 '일본의 케인스'라는 별명을 얻었다.

일본이 천황의 이름으로 끔찍한 일을 무수히 저질렀다고 해도, 나치와 소비에트 정권이 저지른 일들에 비할 바는 아니다. 일본은 종교나 계급 때문에 수백만의 자국민을 죽이지는 않았다. 일본이 중국과 동남아에서 벌인 잔혹함이나 전쟁 포로에 대한 끔찍한 처우에도 불구하고, 레닌그라드 침공 때나 바르샤바 항거를 진압할 때 보인 독일의 행위와는 규모 면에서 비교가 되지 않는다. 가장 근접한 것은 아마도 1939년의 중국 충칭重慶의 무차별 폭격이나 그보다 2년 전 일본군 병사들이 당시 중화민국의 수도인 난징을 점령했을 때, 몇 주 동안 광란의 행위를 벌이며 수만 명을 잔인하게 살해한 난징 대학살이다.[35] 하지만 난징 대학살은 일본 정부의 공식 명령이 아니었다. 그것은 오히려 공식 명령이 부재하는 상황에서 어떤 일이 벌어질 수 있는가를 보여주는 사건이었다.

난징 대학살은 야만주의와 도덕적 파탄이 횡행하던 당시 세계의 흐름에 일본이 동참하던 과정에서 일본의 특수한 지배 구조가 작동했던 방식을 여실히 드러낸다. 나치의 강제 수용소나 스탈린의 굴라크에서 행해진 행위와는 달리(혹은 1945년 3월 미군의 도쿄 융단 폭격이나 5개월 뒤 히로시마·나가사키의 원폭 투하 혹은 1943년의 인도의 벵골 대기근과도 달리), 일본이 저지른 만행은 중앙의 집권 세력이 내린 정책적 결정의 결과가 아니었다. 여기서 일본의 행위를 정당화하려는 것은 아니다. 일본의 신성한 임무에 끊임없는 찬가를 부르던 당시의 인종차별적 지식인들의 타락을 변명하려는 것도 아니며, 일제 황군이 자국 병사나 외국인을 대함에 있어 표준으로 삼아버린 비인간적 잔인함에 관용을 베풀려는 것도 아니다. 하지만 그 수십 년의 세월 동안 무슨 일이 일어났고 오늘날까지 이어지는 그 역사적 파급 효과가 무엇인지를 파악하는 것은 대단히 중요한 일이기 때문에, 우리는 비극의 원인이 무엇이었는지 정확히 들여다

---

35 악명 높은 731부대가 수천 명의 중국인과 러시아인에게 행한 잔인한 생체실험 또한 잔혹사에서 빼놓을 수 없는 사례다.

볼 필요가 있다.

일본의 경우 사악한 광기에 사로잡힌 미치광이 독재자가 그 원인은 아니었다. 많은 분석가가 일본에서 히틀러나 무솔리니에 해당되는 인물을 찾으려 했고, 한동안 도조 히데키東條英機를 지목했다. 도조는 악명 높은 관동군의 헌병사령관이었고 나중에는 총리가 되어 진주만 폭격을 지휘한 인물이다(실제로는 도조가 천황에게 폭격을 권유하고 천황이 마지못해 승인했다고 한다). 도조가 아시시의 성 프란시스코와 같은 성자는 아니지만(도조는 인종차별주의자이자 군국주의자였다) 나치 전범인 헤르만 괴링 같은 악인도 아니었다. 도조는 광적인 신념에 사로잡혀 일본의 국가기관을 탈취한 것도 아니었다. 그는 스스로의 의무라고 생각한 일을 성실히 수행한 군인이었고 관료주의 사회의 경쟁에서 동료들보다 뛰어난 능력을 발휘해 총리의 자리까지 올랐을 뿐이다. 도조가 사람들이 생각하는 악마적 이미지에 들어맞는 부류가 아니었다면, 일본이 일으킨 혼란은 천황의 이름으로 행해졌으므로 그럼 히로히토가 결국 원흉이었던 것일까. 하지만 이것은 더 말이 되지 않는다. 그 시절의 히로히토가 전후 체제에서 보여준 수줍고 평화를 사랑하는 은둔자의 모습은 아니었을지라도, 말년에 세계 정복에 몰두하던 칭기즈칸의 모습은 더더욱 아니었다.

일본을 재앙으로 몰아넣은 범인(들)을 찾는 부질없는 작업을 하기보다는, 전쟁에 이르기까지 수십 년간 일본 지배 체제의 연속성이 단 한 번도 끊어지지 않았다는 점에 주목할 필요가 있다. 일본에서는 독일의 국회의사당 방화 사건Reichstag Fire Decrees이나 이탈리아의 무솔리니 로마 진군 또는 러시아의 볼셰비키 겨울 궁전 점령이나 중국의 1911년과 1949년의 혁명과 같은 사건은 일어나지 않았다. 그나마 비슷한 사건은 1936년 2월 26일, 급진적인 젊은 육군 장교들이 쿠데타를 일으켜 몇 명의 기업 간부와 장관들을 암살한 일이다(암살당한 사람 중에는 앞서 언급한 재무장관 다카하시도 포함되어 있었다. 그의 '죄'는 군비 지출의 억제를 옹호한 것이었다). 쿠데타는 진압되었고 천황이 직접 개입하여 당시 장군이었던 도조의 적극적인 협조로 주모자들은 처형되었다.

이 사건은 '위협과 암살의 정치'라고 부를 수 있는 것이 갈 데까지 간 모습을 보여주었다. 육군을 포함 여러 조직에 존재하던 국가주의 급진론자들에게는 국가 정책에 대한 의견을 개진할 수 있는 제도적인 창구가 없었다. 이들은 농촌에는 빈곤이 끊이지 않는 반면 상부층은 부패했던 현실에 대해 분노하고 있었다. 국가주의와 천황 숭배와 인종 차별주의가 뒤섞인 위험한 사상의 세례를 받고 자란 이 젊은이들은 그런 상황에서 동아시아 특유의 정치적 수법을 동원했다. 집권 정부를 당혹시켜 확실한 입장을 취하도록 압박하기 위해 국가주의와 인종 혐오를 극적으로 드러내 보였던 것이다. 이런 현상은 오늘날 일본보다는 중국과 한국에서 두드러지지만, 전쟁 전 일본에서는 정책에 반대 의견을 표할 수 있는 유일한 방법이었다. 그리고 이 젊은 장교들은 '더러운' 돈벌이나 정치 세계의 타협에 물들지 않고 '순수'했기 때문에 대중의 커다란 지지를 받았다.

중국과 한국뿐 아니라 오늘날 무슬림 세계의 과격한 이슬람 근본주의자 사이에서도 이와 비슷한 현상을 찾을 수 있다. 테러와 협박 같은 전술을 쓴다는 것 말고도 대중으로부터 지지를 얻고 있다는 점에서도 그렇다. 이들의 종교적인 열정과 '순수함'은 현실에 타협하는 세속적인 집권 상류층과 커다란 대비를 이룬다. 다만 1세대 이슬람 근본주의자들과는 달리(또는 오늘날 중국이나 한국의 반일 시위자들과는 달리), 1930년대 일본의 젊은 장교들은 물리적 강압을 행사할 합법적 수단을 갖고 있었다. 이들은 아웃사이더가 아니라 기존 권력 구조의 일부였다. 그러나 메이지 지도자들이 죽고 나서 그 권력 구조에는 분쟁을 해결할 수 있는 형식적인 절차는 있었으나 실질적인 방법은 사라지고 없었다. 그 결과 등장한 것은 끝도 없이 계속되는 소모적이고 때로는 살인적인 권력 투쟁이었다. 정부는 마비될 대로 마비되어 해군과 육군이 각각 정부의 정책에 대해서는 물론이고, 심지어 정부 내각 구성에 대해서도 거부권을 행사하는가 하면, 서로 끊임없이 다른 의견으로 대립했다. 도쿄의 고위 관료들은 현장의 불같은 군인들을 통제할 수 없었다. 이들은 마음대로 군사적 결정을 내리는가 하면 '천황의 뜻'에 대해 충분한 열의와 존경을 표하지 않는다고 여겨지면 상관이라도 암살할 수 있음을 행동으로 보여 주었다.

이런 공포와 위협이 가득한 분위기 속에서 광신적인 젊은 장교들의 무모한 제안에 조금이라도 반대했다가는 목숨을 잃을 수도 있었다. 일본은 중국에서 끝도 없는 지상전을 펼치며 점점 더 깊은 늪으로 빠져들어갔다. 아무리 많은 전투를 '이기고' 아무리 많은 땅을 잠시 점령해도 적은 항복하지 않았다. 결국 합리적인 정책 판단을 내릴 수 있는 능력을 잃어버린 일본은 미국을 직접 공습할 것을 승인하고 만다. 공습 작전의 기획자들도 그것이 종국에는 자살 행위나 마찬가지임을 알면서도 말이다.

이 당시 벌어졌던 일의 원인을 찾다보면 궁극적으로 다음의 세 가지가 눈에 들어온다: 중국 대륙에서의 모험주의와 제국주의적 야심, 소련에 대한 두려움, 나치에 대한 동경이 그것이다. 미국은 태평양에서 일본과의 전쟁을 그 시절의 중심 사건으로 보는 경향이 있다. 일본에 대한 미국의 승리가 종합적으로 '제2차 세계대전'이라 불리는 일련의 전쟁에 종지부를 찍은 것은 사실이다. 하지만 일본인들에게 '태평양전쟁'(일본인들은 미국과의 전쟁을 이렇게 부르곤 한다)은 그보다 더 중요한 전쟁이었던 중국과의 '대동아 전쟁'의 파멸적인 속편에 가까웠다.[36]

일본은 과거 쇠약해져가는 청나라로부터 조차지를 차지하기 위한 서구 열강들과의 경쟁에 뛰어들었다. 제1차 세계대전으로 인해 열강들의 관심이 중국으로부터 멀어져 있는 동안, 일본의 모험주의는 자제력을 완전히 잃었다. 1915년 일본은 악명 높은 '21개조 요구'를 발표하면서 중국에서의 패권을 사실상 장악하고 중국을 일본의 보호국으로 만든다. 미국과 영국의 압력에 부분적인 영향을 받아 일부 요구를 철회하기는 했지만, '21개조 요구'는 일본이 가진 야심의 크기를 보여주었다. 이는 또한 근대 중국 민족주의의 탄생을 촉발하는 계기가 되기도 했다.

21개조 요구와 그 부분적인 철회 과정에서 중국에서는 민족주의적 감정이 폭발했지만, 당시 중화민국 정부는 통일 정부 구성에 실패했고 일본이 중국 대륙에서 온갖 악행을 저지를 기회를 마련해주고 말았다. 중국은 여러 군벌에 의해 관리되는 (혹은 관리되지 않는) 여러 개의 전시 영토로 분열되었다. 군벌들 중 상당수는 일본과의 거래도 서슴지 않는 폭력배 무리에 지나지 않았다.

중국에서의 갈등을 격화시킨 핵심 세력은 관동군이었다. 1906년 만주 지역 일본인의 생명과 재산을 보호하기 위해 설립된 관동군은 1920년대에 이르면 사실상 그 자체로 하나의 독립 세력이 되었다. 야마가타의 정치 술수 덕분에 관동군은 어떠한 책임도 지지 않고 어떠한 감시도 받지 않을 수 있었다. 관동군은 천황의 직속 조직으로 천황에게 직

---

36 중국 또한 당연하게도 일본과의 전쟁을 제2차 세계대전의 중심 사건으로 본다. 종국에는 미국이 일본을 패배시키기는 했지만, 중국이 겪은 고통과 피해는 미국이 겪은 것에 비할 수 없을 만큼 컸다.

접 보고하도록 되어 있었으나 이는 실제로는 아무에게도 보고하지 않았다는 뜻이었다.

1931년 9월, 관동군의 급진적 장교들이 만주 묵덴(지금의 선양瀋陽)에서 철로를 폭파했다. 미리 각본을 짜놓았던 관동군은 이를 빌미로 만주를 접수했다. 겉으로는 청나라 마지막 황제 푸이溥儀가 지배하는 만주국이라는 괴뢰 정부를 세웠지만 실질적으로 일본의 식민지를 만든 것이다. 국제연맹은 일본에게 만주를 떠날 것을 요구했고 일본은 연맹을 탈퇴하는 쪽을 택했다.

만주는 일본의 식민지 중 가장 중요한 곳이었고, 전후 일본 본토에서 완성될 여러 경제 정책을 시험해보는 실험실 같은 역할을 했다. 당시 경제적 곤경을 겪던 많은 일본인은 추가적인 영토를 확보해 그곳을 독점 시장과 물자의 공급원으로 삼지 않는 이상 일본의 미래는 없다고 생각했다(다른 많은 나라에서도 비슷한 생각을 했다. 나치의 '국민 생활권Lebensraum'이 대표적이다). 자유 자본주의 경제학은 자유무역과 비교우위를 부富를 발생시키는 원천으로 본다. 하지만 자유 자본주의는 대공황을 거치며 신뢰를 잃었다. 일본도 다른 국가 못지않게 대공황의 영향을 받았고, 일본에서는 1927년의 경제 위기와 함께 대공황이 다른 곳보다 2년 먼저 시작되었다.

만주에서 전면적으로 실시되었던 파시스트적 통제 경제의 이데올로기적 경쟁 상대는, 일본 지도층에서 이미 수명이 다한 것으로 보던 자유 자본주의가 아니라 스탈린의 소련에 구현된 마르크스 사회주의였다.

당시 만주에서 일어났던 일을 분석하려면 일본이 공산주의 전반과 특히 스탈린에 대해 가지고 있던 증오 및 공포를 이해해야 한다. 일본은 '만주국'을 중국에 대한 소련의 야심을 막아내는 중요한 방어벽이라 여겠다. 일본의 전쟁 행위를 옹호하는 세력[37]은 당시 중국의 무정부 상태가 소련의 개입을 불러왔다고 주장할 것이다. 중국에 있어 제2차 세계대전이 가져다준 가장 중요한 결과는 중국 공산당의 집권일지 모른다. 하지만 1937년 이후 일본과 공개적으로 전쟁을 벌였던 국민당도 원래 레닌주의의 영향을 받아 조직되었고, 1930년대 내내 소련의 조언과 도움을 받았다.

루거우차오 사건과 노몬한 전투

이 두 사건은 전쟁의 이후 향배를 결정했다. 1937년 7월 베이징 외곽의 루거우차오盧溝橋에서 중국 국민당군과 일부 일본군 사이에 충돌이 일어났다(이전에 맺은 조약에 의해 일본 및 열강들은 베이징에 있는 자국의 공사관을 보호하는 목적으로 소규모 군대를 주둔시킬 수 있었다). 이 사건은 만주 묵덴의 경우처럼 의도적으로 기획된 것이 아니라 우발적으로 벌어졌던 듯하다. 하지만 이로 인해 장제스蔣介石의 국민당군과 일본 사이에 전쟁이 벌어진다.

루거우차오 사건보다는 덜 알려져 있으나 2년 뒤에 발생했던 어떤 사건이 아니었다면 상황은 다르게 전개되었을지도 모른다. 일본 최고사령부의 많은 이는 진짜 적은 스탈린이라 여기고 '북벌'에 나서고 싶어했다. 1939년, 만주와 몽골 국경 지대의 도시 노몬한(당시 몽골은 소련의 위성국

---

37 전쟁 옹호론자들은 오늘날 일본에도 존재한다. 최근 퇴임한 총리대신인 아베 신조安倍晋三도 그중 한 명인데, 그의 외조부 기시 노부스케岸信介는 만주국의 첫 번째 경제 책임자였고, 전시 내각에서는 군수 대신이었으며, 전후 일본에서는 정치질서의 핵심 설계자로 활동했다.

이었다)에서 소련의 붉은 군대와 일본군은 무력충돌을 하게 되고 소련 군은 본격적인 전쟁에서 일본군에게 첫 패배를 안긴다. 소련군의 승리는 일본에 동요를 일으켰다. 당시 일본군의 사상자는 2만5000명이 넘었다. 그해 8월에 나치-소련 간에 불가침 조약을 맺자, 일본과 소련 사이에도 불가침 조약을 맺었다. 물론 히틀러는 잘 알려진 대로 나중에 이 조약을 일방적으로 파기하고 소련을 침공한다. 하지만 일본과 소련은 1945년 8월 연합군과 일본 사이의 전쟁을 공식적으로 끝낸 포츠담 선언을 일본이 받아들일 때까지는 불가침 조약을 지켰다. 포츠담 선언 직후, 전리품을 받지 못할까봐 염려했던 스탈린은 홋카이도 근처의 두 개의 큰 섬과 일군의 작은 섬들을 점령해버린다.

하지만 우리는 이야기를 앞서나가고 있다. 다시 하던 이야기로 돌아가면, 노몬한 전투의 결과 일본은 북벌론을 접고, 군사적 우선순위를 다시 중국으로 돌렸다. 이때부터 수행된 전쟁은 매몰 비용에 대한 집착과, 개별 전투에서 이뤄낸 전술의 성공에 가려진 장기적인 전략의 무모함, 그 어떤 시나리오에서도 일본의 목표는 달성 가능성이 없다는 현실을 인정하지 않으려는 아집일 뿐이었다(특히 히틀러가 그만의 무모한 전략으로 소련 침공을 단행한 이후로 일본은 더욱 중국에 집착했다). 일본의 전략가들은 전쟁을 포기하기는커녕 작은 실수조차 인정할 수 없었다. 철수 이야기만 꺼내도 암살당하던 시절이었다. 너무나 중요한 식민지인 만주국을 확보하기 위해서는 중국 본토를 침략해야 했다. 중국 본토 침략에 필요한 자원을 확보하기 위해서는 동남아에 있는 영국과 프랑스 식민지들을 손에 넣어야 했다. 일본이 중국과 동남아에서의 욕심을 버리지 않을 경우 경제 제재를 가하겠다고 위협하던 미국도 잠재적 적군으로서 한 방 먹여야만 했다.

일본 제국 육군은 중국 대륙에서 연이어 전술적인 승리를 거두었다. 하지만 일본은 애초의 의도와 달리 장기화되어가는 지상전으로 끌려들어가고 있었다. 일본은 중국의 전쟁 의지를 박살낼 큰 한 방을 계속 노렸지만, 매번 '승리'하고 나면 '패배한' 중국 병사들은 흩어져 도시와 농촌으로 흘러 들어갈 뿐이었다. 이것이 일본군의 잔혹함의 정도가 점점 심해졌던 이유 중 하나다. 일본 병사들에게는 마주치는 중국인 모두가 적군으로 변해갔던 것이다.[38]

일본 제국 육군은 마침내 중국에서 '승리'를 거두었다. 그 당시 매우 격렬했던 것으로 알려진 유럽 서부전선의 '벌지 전투'를 초라하게 만드는 규모의 공세를 퍼부었던 1944년의 '이치고 작전1號作戰'을 통해(전투의 결과가 불러온 파장 또한 벌지 전투보다 훨씬 컸다), 일본 제국 육군은 드디어 국민당의 후방을 뚫는 데 성공했다. 그러나 그로 인해 생긴 권력의 공백을 차지한 것은 일본이 아니라 마오쩌둥毛澤東의 중국 공산당 게릴라들이었다.

진주만, 항복, 전쟁의 유산

대규모 확전을 피할 수 있었던 마지막 기회는 1941년 가을이었다. 당시 총리였던 고노에 후미마로近衛文麿 공작은 1장에서 살펴본 후지와라 가문의 직계 후손으로서, 다가오는 미국과의 충돌을 막으려 애쓰고 있었다. 1940년 독일·이탈리아·일본이 삼국 동맹을 체결하자 미국은 유

---

38 베트남 전쟁 시기에 성인이 된 미국인들에게 이 이야기가 낯설게 들리지 않는 것은 우연이 아니다.

라시아가 이들 삼국 동맹 추축군의 손아귀에 떨어질까봐 두려워했다. 일본의 지도층은 나치의 성공에 고무되어 있었다. 히틀러가 독일 경제를 부흥시키는 것을 보고 감탄한 많은 일본인은, 동남아의 영국·네덜란드·프랑스 식민지들이 일본 수중에 떨어지면 중국에 주둔해 있는 일본군의 물자 보급에 대한 걱정을 덜 수 있을 것이라 기대했다. 일본은 나치의 영국 본토 상륙작전이 성공할 것이라고 확신할 수 없다는 유럽 내 자국 외교관들의 경고를 무시했다.

한편 루스벨트가 이끄는 백악관은 미얀마와 프랑스령 인도차이나와 네덜란드령 인도네시아가 일본의 수중으로 떨어질까 염려하고 있었다. 미국은 일본이 유럽 식민지에 대한 야심을 버리고, 남만주에 원래 갖고 있던 식민지를 제외한 중국의 점령지에서도 철수할 것을 은근히 요구하기 시작했다. 그리고 미국은 이런 요구를 뒷받침할 실질적인 위협 수단도 갖고 있었다. 그것은 바로 일본에게 너무나 중요한 자원이었던 석유의 금수 조치였다.

천황 본인을 포함해 전직 관동군 헌병사령관이자 당시에는 군수대신이었던 도조 히데키와 일본의 많은 사람은 일본이 대륙에 대한 욕심을 버리거나, 아니면 미국과 일전을 치르는 양자택일의 기로에 놓였다고 믿었다. 미국의 요구는 전쟁으로 이어질 것이라는 사실을 미국에 납득시키는 데 실패한 고노에는 사임을 표명했다. 천황은 도조에게 내각을 구성할 것을 지시했고 이때부터 결과는 불 보듯 뻔했다.

뒤에 일어난 일에 대해서는 방대한 문헌이 존재한다. 진주만 공격으로 시작해서, 싱가포르와 난징과 마닐라의 함락, 미드웨이 해전과 산호해 해전, 이오섬과 오키나와 점령, 일본 본토 도시들의 융단폭격, 마지막에는 히로시마와 나가사키의 원폭으로 전쟁은 끔찍한 절정을 맞는다.

누구라도 제2차 세계대전의 역사에 관심 있는 사람이라면 이런 사건들에 대해 잘 알고 있을 것이다. 이는 잔혹과 공포와 영웅주의에 관한 기나긴 이야기다. 역사상 야만성과 비극성에서 이에 버금갈 만한 것을 찾자면 아마도 동시대 유럽에서 일어났던 사건들밖에 없을 것이다.

제2차 세계대전에서 일본의 경험은 권력이 정치적 감시에 의해 통제되지 않을 때 어떤 일이 일어날 수 있는가에 대한 일반적인 교훈 외에도 세 가지의 시사점이 있다. 이 세 가지 시사점은 1945년 이후 일본에서 벌어진 일들을 이해하는 데 중요한 역할을 하게 되는데, 이에 대해서는 책 뒷부분에서 자세히 살펴볼 것이다.

첫 번째는 일본의 눈부신 전투 전술과, 일본의 능력을 일관되게 반복적으로 과소평가한 서구 열강들의 오만함이다. 이들은 일본이 진주만을 폭격할 능력이 있다는 것을 믿으려 하지 않았고, 말레이반도를 번개처럼 내려가서 북쪽으로부터 싱가포르를 접수할 것이라고도 믿지 않았고, 일본이 자신들보다 우수한 전투기를 갖췄을 것이라고도 믿지 않았다.

일본 또한 적을 잘못 파악하고 있었다. 이들은 중국인이 열등하고 후진적이기 때문에 계속 싸우는 대신 항복할 것이라 믿었고, 미국은 퇴폐적인 나라라 한 방 세게 먹이면 무너져버릴 것이라고 믿었다. 외국인들이 일본을 절대로 이해하지 못할 것이라고 과신한 결과 미군이 일본군의 암호를 해독할 가능성은 고려조차 하지 않았다. 양쪽 모두 서로를 잘못 판단하고 있었지만 이 두 가지 오판에 드러난 차이는 흥미롭다. 일본은 일관되게 적의 동기와 의지를 잘못 판단하고 있었던 반면 서양은 일관되게 일본의 능력을 잘못 판단했던 것이다.

두 번째는 전쟁이 그토록 커진 이유는 일본이 대담한 도박을 벌였기 때문이 아니라는 점이다. 일본의 지도자들은 일본이 전쟁 속으로 끌려들어간다고 느꼈다. 일본의 저명한 정치철학자 마루야마 마사오는 전쟁이 끝나고 도쿄 전범재판이 진행되는 와중에 쓴 유명한 글에서 이렇게 말한다. "전쟁 내내 연합군은 일본이 세계 최강의 두 나라와 대규모 전쟁을 의도적으로 시작한 것을 보면 일본이 합리적인 예측에 바탕한 조직과 계획을 갖고 있을 것이라고 생각했다. 진실을 알게 되면 될수록 연합군이 점점 더 경악했던 것도 무리가 아니다." 마루야마의 설명에 따르면 그 진실이란, 일본의 전시 지도자들이 자신들이 살아가던 그 전쟁의 시대를 '인간의 능력을 넘어서는 일종의 천재지변'으로 보았다는 것이다. 마루야마는 또, "일본에서 최고 권력을 갖고 있던 사람들은 사실 부하들에 의해 조종당하는 로봇에 불과했고, 부하들은 또 해외에서 복무하고 있는 장교들과, 군부와 얽혀 있는 극우 로닌(주인 없는 사무라이)들이나 무뢰배들에 의해 조종당하고 있었다. 명목상의 지도자들은 실은 법 바깥에 존재하는 익명의 세력이 미리 만들어놓은 시나리오를 숨을 헐떡이며 따라가기에 항상 급급했다"라고 평했다. 다르게 표현하자면, 이 전쟁의 궁극적인 원인은 (또는 적어도 전쟁에서 일본에 책임이 있는 부분에 관해서 말하자면) 권력을 탈취한 사람들의 손에 권력이 집중된 데 있었던 것이 아니라, 권력이 통제를 벗어나 여기저기 분산되었다는 데 있었다.

　마지막으로, 일본은 전쟁을 통해 표면적인 목표는 달성한 것처럼 보였지만, 전쟁을 일으킨 진짜 동기였던, 자국의 운명을 스스로 완전히 통제하고자 했던 이들의 희망은 산산조각 나버리고 말았다. 일본 정부가 공식적으로 내세웠던 개전의 이유는, 식민주의를 끝내고 서양의 제국주의 세력을 아시아로부터 몰아내는 것이었다. 단 하나의 예외를 빼고 일본은 이런 목표를 모두 달성했다. 처칠이 우려했듯이 일본에 의한 싱가포르의 함락은 대영 제국의 실질적인 종말의 시작이었다. 1945년 이후 프랑스는 인도차이나를 가까스로 되찾았지만 그로부터 10년이 채 되지 않아 영원히 쫓겨나고 말았다. 미국 또한 말년의 크누트 대왕(덴마크 왕족 출신으로 11세기 영국, 덴마크, 노르웨이를 다스리던 왕. 영국인과 덴마크인 사이의 갈등을 봉합하기 위해 많은 노력을 했다—옮긴이)처럼 역사의 조류를 거스르려는 시도를 하지 않았다면, 미국의 식민지 이야기도 거기서 끝이 났을 것이다. 네덜란드도 당시 동인도라 불리던 인도네시아 열도에서 쫓겨났다. 중국에서는 저우언라이周恩來가 이런 말을 남겼다. 일본이 없었더라면 "신중국도 없었을 것이다". 아시아에 있는 미국의 유일한 공식 식민지인 필리핀도 시대의 압력에 따라 법적인 독립을 얻게 된다.

일본과 그 식민지였던 타이완 및 한국만이(한국의 경우는 남쪽 절반) 여전히 미국의 방위선에 기약 없이 묶여 자국의 안전 보장을 미국에 의존하고, 외교 정책에 있어서도 미국의 동의가 없으면 아무것도 할 수 없게 되었다. 도쿠가와 때의 쇄국으로부터 1945년의 절박한 전쟁에 이르기까지, 외국으로부터 사상적·군사적·경제적 지배를 받지 않고 스스로의 운명을 통제하고자 했던 일본 역사의 궤적은 이렇게 실패로 돌아갔다. 1945년 이후 일본은 점령군 밑으로 들어가게 된다. 그리고 그 점령은 여러 측면에서 아직도 끝나지 않았다.

4장

경제 기적

전후 일본의 부흥에 '기적'이라는 별칭이 붙은 데에는 세 가지 이유가 있다. 가장 명백한 첫 번째 이유는 경제 성장률 자체다. 1955년에서 1971년 사이, 일본은 그때까지의 세계 역사상 가장 높은 실질 경제 성장률을 기록했다. 두 번째 이유는 전쟁으로 폐허가 된 나라가 불과 20여 년 만에 세계 2위의 산업 경제 대국으로 탈바꿈했다는 사실이다. 스탈린 정권하의 소련에서처럼 착취와 기근과 살인이 수반된 것이 아닌, 민주적이고 비강압적인 듯한 방법에 의해 이루어진 일본의 탈바꿈은 기적처럼 보였다. 일본은 빈곤을 퇴치하는 데 그치지 않고, 대부분의 일본인에게 경제적 안정과 국민건강보험과 의무교육을 제공하게 되었으며, 이 모든 것은 선거와 언론의 자유가 존재하는 평화로운 사회에서 이루어졌다.

마지막으로, 일본 국내외를 막론하고 당시에는 그 누구도 일본이 어떻게 이런 변화를 이루어냈는지 납득할 만한 이론적 설명을 할 수 없었다. 일본의 사례는 마르크스주의와 케인스 경제학과 당시 제3세계에서 유행하던 이른바 '종속이론'을 포함해, 당시의 주류 경제개발 이론 중 어느 것에도 들어맞지 않았다. 마르크스주의는 자본 축적을 가속화하려

1960년 강성 사회주의 지도자이던 아사누마 이네지로淺沼稻次郎의 암살 장면.

면 프롤레타리아를 위해 혁명 정부를 세워 경제 지배권을 탈취해야 한 다고 주장했으나 일본에서는 그 어떤 혁명도 일어나지 않았을뿐더러 정 부는 경제 운영을 민간 기업의 손에 거의 맡겼다. 케인스파는 적자재정 과 같은 정부의 적극적인 정책을 통해 수요를 창출해서 경제를 활성화 할 것을 제안했지만, 일본은 '기적'의 고도성장기 동안 대체로 균형재정 을 유지했고, GDP 대비 내수는 비슷한 수준의 발전 단계에 있던 나라 들보다 낮았다. 또한 일본은 인도의 자와할랄 네루나 아르헨티나의 후 안 페론, 탄자니아의 율리우스 나이어어의 선례를 따라갈 수도 없었다. 이들은 선진국에 덜 '종속'되기 위해 내수를 충족시킬 수 있는 자국 산업을 육성해 경제를 키우려고 했다. 그러나 1952년 미군정이 종료될 당시 일본은 이미 미국에 완전히 '종속'되어 있었다. 자본재의 수입처이자 상품의 수출 시장, 달러의 주된 공급처로서의 미국과 떼려야 뗄 수 없는 관계를 맺고 있었기 때문이다.

일본의 경제 성장은 그렇게 당시에 존재하던 그 어떤 경제 개발 이론으로도 설명되지 않았지만, 그렇다고 해서 자유무역 경제나 자유방임주의적 경제 정책을 표방한 것도 아니었다. 대공황으로 인해 자유방임주의는 잠시 설득력을 잃고 있던 상태였다. 안정통화, 균형재정, 정부가 아닌 시장에 의한 가격 형성, 국가 간 재화와 금융의 자유로운 이동과 같은 자유방임주의의 원칙들은 1989년의 '워싱턴 합의'에 이르러서야 부활한다. 3장에서도 보았지만 자유방임주의가 지식인들을 사로잡았던 19세기 말에도 자유방임 정책을 시행하지 않았던 일본이, 자유방임주의가 그 영광을 영원히 잃어버렸던 것처럼 보인 시대에 그것을 시행할 리 만무했다. 전후 일본 경제에서 금리, 임금, 환율, 기술 이전 가격, 생산설비 가격 같은 주요 가격들은 정부 기관의 법령에 의해 정해졌으면 정해졌지, 시장에 의해 정해지지는 않았다. 시장의 자유는 경제의 핵심적이지 않은 영역에서만 허용되었다. 기업의 경영권과 노동력과 자금 조달을 위한 시장은 면밀히 통제되거나 아예 폐지되었다. 일본 회사를 인수하거나 일본에 직접 회사를 설립하는 것과 같은 해외 자본의 직접 투자는 예외적으로만 허용되었다. 외국인이 일본 주식을 사거나 혹은 그 반대처럼 국경을 넘나드는 자산 운용과 무역은 꼼꼼히 감시 통제되었다. 대부분의 산업은 산업협회 등을 통해 카르텔화되었으며, 카르텔 회원들과 관료 당국에 의해 감독되었다.

일본의 정책 입안자와 재계 지도자들의 행위 및 그 결과를 설명할 어

떠한 이론도 없다는 점 때문에 일본에 일어난 일들은 마치 기적처럼 보인다. 그 결과에 외국인뿐 아니라 일본인들 스스로도 놀랐다. 1960년부터 1964년까지 총리를 역임했던 이케다 하야토池田勇人가 '소득을 두 배로 늘리는 정책所得倍增政策'을 선언한 것은 유명한 일이지만, 처음에는 그저 정치적 구호로 여겨졌을 뿐이다(실제로 일본은 이케다의 목표보다 2년 먼저 두 배 소득을 달성한다). 찰머스 존슨에 따르면 일본인들이 자국 경제의 '기적적인 성장'을 자각하게 된 것은 1962년 영국『이코노미스트』에 실렸던 사설 때문이라고 한다.[39] 이 장문의 사설은 이후『놀라운 일본驚くべき日本』이라는 제목으로 번역 출판되어 일본에서 베스트셀러가 되었다. 존슨의 1982년 저서『통상산업성과 일본의 기적MITI and the Japanese Miracle』은 이『이코노미스트』의 사설에 대한 일본의 반응을 거론하며 시작한다. 이 책이야말로 일본에 일어났던 일에 대해 처음으로 서양 학자가 체계적인 설명을 시도한 사례다. 존슨은 '기적'의 이유가 1950년대 후반 경제 발전의 기반이 되었던 일본의 '고도성장의 제도적 기틀'에 있다고 주장했다.

존슨은 '일본의 기적'에는 '제도institution'의 역할이 결정적이었다고 주장했던 것 때문에 당시 지식인들 사이에서 이단 비슷한 취급을 받았다. 1980년대 초반에는 합리적 선택이나 완전한 정보나 효율적 시장 가설과 같은 개념들이 설득력을 얻고 있었다. 이런 개념들은 고전적인 자유방임주의 경제학과 마찬가지로 자유 시장을 허용하는 것이 경제적 번영으로 가는 지름길이라 전제했다. 그리고 모든 정보를 반영하고 있는 가격 앞에서 사람들이 스스로의 행복(학술 용어로는 '효용')을 극대화하기

---

39 Chalmers Johnson, *MITI and the Japanese Miracle*(Stanford, 1982), p.3

위해 합리적 의사결정을 한다는 가정하에 모든 경제·정치적 문제에 접근해야 한다고 주장했다.

일본의 경험은 물론 이런 종류의 자유방임적 접근에 잘 들어맞지 않는 이례적인 것이었고, 쉽게 예상할 수 있듯이 그 사실에 불편을 느낀 많은 사람이 존슨이 지적한 제도의 중요성을 깎아내리려고 애썼다. 존슨의 책이 나오고 10년 뒤 일본 경제가 휘청거리자, '고도성장의 제도적 기틀' 이론을 무시했던 사람들은 자신들의 주장이 옳았다며 "거봐 내가 뭐랬어" 하고 이구동성으로 외쳐대기 시작했다. 그리고 느닷없이 이제는 그 제도라는 것이 일본의 '회복'을 가로막을 것이라는 주장을 펼쳤다.

'일본의 기적'에 대한 제도주의적 관점의 설명을 대놓고 옹호하는 것은 쉬운 일이 아니었다. 자국 문화 이데올로기에 경도된 일본인들이 이런 제도들이 연구 대상이 되지 않게 하려고 여러 방법으로 애썼기 때문이다. 이들은 이런 제도들이 정치적으로 의도된 결과물이 아니라 일본 문화의 독창적 산물이라고 주장했다. 경제 권력이 관련된 이슈에 있어서는 특히 그랬다. 예를 들어 종신고용제, 기업별 노동조합, '합의 경영' 같은 것은 설명할 수 없는 일본다움의 자생적 산물이라고 설명되곤 했다. 미국 학계에서 '제도주의적 접근'에 대한 관심이 식어가면서, 일본 경제의 성공에 대한 학술적 연구에는 이례적으로 이데올로기적 논란이 가득하게 되었다(정부의 개입을 중시하던 케인스학파와 자유 시장주의 경제를 옹호하던 시카고대학 중심의 신고전학파 사이의 논쟁. 둘 다 일본의 모델에는 들어맞지 않았다—옮긴이). 그 결과 한동안 일본의 성공은 일반적인 이해의 영역을 벗어나는 듯한 아우라를 뿜어냈다. 즉, '기적적'으로 보였던 것이다.

한국과 타이완을 시작으로 말레이시아와 중국으로 이어지는 이웃 나라들이 차례로 일본식 고도성장 제도들을 도입하던 때에 일본이 심각한 경제적 어려움에 처하면서, 신비의 아우라는 걷히기 시작했다. '일본의 경제 기적'은 서양에 의해 곧 '동아시아 성장 모델'이라는 또 다른 별명으로 불리기 시작했다. 동아시아 성장 모델이라는 말에는 수출 주도 경제를 통해 달러 보유고를 충분히 확보하는 것 외에도, 일본이 그랬던 것처럼 내부 모순이 터져나오기 전까지 일정 기간만 작동하는 경제 성장 모델이라는 의미가 포함되어 있었다.

일본이 1955년에서 1971년 사이 전례 없는 성공을 거둔 것은 사실이다. 일본의 사례가 지난 두 세기 동안 좌우를 막론하고 세상을 풍미한 모든 개발 이론을 뛰어넘었던 것 또한 사실이다. 일본의 성취를 보고 다른 나라들도 그걸 이해하고 따라하고 싶어했으니 말이다. 그러나 거기에 설명서 같은 것은 존재하지 않았다.

존슨 자신도 일본이 고도성장의 제도를 성공적으로 만들어낸 것은 오랜 역사적 시행착오를 거쳤기 때문이라고 강조했다. '일본의 기적'을 만든 상당 부분은 종전 직후 수년간 일본이 처했던 고유하고 어떤 의미에서는 독특했던 환경에서 기인한다. 이런 환경은 일회적인 역사의 우연일 수도 있지만, 거기에 일본이 반응했던 방식은 그 후 수십 년간 일본뿐 아니라 전 세계에 변화를 가져왔다. 특히, 미국의 패권을 중심으로 돌아가는 국제정치와 금융질서를 강화하고 영속화했다는 면에서 그렇다. 전후 수십 년간 일본의 경험은 그래서 중국을 포함한 다른 나라들이 근대화를 모색하는 과정에도 지대한 영향을 미쳤다. 이에 대해서는 뒤에서 자세히 다룰 것이다. 지금은 일단 종전 후 첫 10년간 일어난 일들의 근원을 살펴보자.

전후 10년간의 이례적인 상황

전쟁의 패배에서 회복하는 일이 특별할 것은 없다. 수많은 나라가 극복했고 더 강하게 거듭났다. 전후 10년 동안 일본의 가장 중요한 총리였던 요시다 시게루吉田茂도 이런 인식을 갖고 자국민을 안심시키려 했다. 서독의 라인강의 기적도 일본의 경제 기적과 같은 시기에 일어났다는 사실은, 일본의 '기적적' 회복이 제2차 세계대전 패전국 사이에서조차 특별한 일은 아니었다는 것을 뜻한다.

하지만 네 승전국이 독일을 분할 통치했던 것과 달리, 일본은 단 하나의 강대국에 점령당한 상태에서 전후 회복 작업을 진행해야 했다. 일본을 개조하고 싶었지만 그럴 여력도 지식도 없었던 강대국 미국은 개조 작업을 시작한 지 얼마 되지 않아 다른 시급한 사안들에 먼저 신경을 써야 했고, 그 일들을 해결하는 데 일본이라는 카드를 활용했다. 그 과정에서 일본에게는 선택권이 주어지지 않았다. 미군정이 계속되면서 미국에게는 일본이 스스로의 길을 가게 놔둘 의도가 없고, 일본이 명목상의 주권이라도 회복하려면 갖가지 대가를 치러야 하리라는 사실이 명확해졌다. 그 대가에는 일본이 미국의 방위 체제 안으로 들어갈 것, 미국의 지정학적, 이데올로기적 목표를 최소한 지지하는 모습이라도 보일 것, 국내 좌파 세력이 권력 근처에 얼씬도 못하게 할 것 등이 포함되어 있었다.

일본의 지배층 대부분에게 이것은 받아들일 만한 교환 조건이었다. 일본이 '자본주의' 진영에 몸담고 있는 한, 미국이 일본 내의 권력 구조를 그대로 유지시킬 의사도 있고 심지어 그렇게 하기를 원하기까지도 한다는 사실이 명확해졌기 때문이다. 현재까지도 미국은 보통의 독립국가라면 마땅히 스스로 해야 할 일을 일본을 위해 대신 해주고 있다. 국방을 책임지고 외교 관계를 수행하는 일이 그것이다. 미군정이 공식적으로 끝난 뒤에도 일본이 완전한 주권을 회복하지 못했다는 사실은 일본의 좌우를 막론하고 목에 걸린 가시와도 같았다. 좌파는 일본이 미국의 군사 계획에 말려 들어가 그 패권주의에 이용당하게 될까 두려워했다. 우파는 미국이 도입한 그 유명한 일본 헌법 9조의 평화주의에 의해 일본이 거세되었다고 생각했다. 양쪽의 주장에 모두 일리가 있었지만, 샌프란시스코 평화 조약을 직접 협상해 미군정을 끝냈던 요시다는 일본을 위해 얻어낼 수 있는 최선을 얻어냈다고 주장했다. 아마도 그의 말이 맞을 것이라 생각한다.

미군정이 종료될 때 합의된 조건의 장기적 영향이 무엇이었던 간에(오늘날까지도 영향이 남아 있다), 그것은 1930년대의 재앙을 불러왔던 일본 지도층 내부의 지겹고도 끔찍한 갈등을 종식시켰다. 패전과 군정으로 인해 일본은 이제 그런 갈등을 촉발하던 근본적인 정치 사안에서 손을 떼야 했다. 국방은 더 이상 일본 정부의 책임이 아니었다. 일본 역사 내내 가장 중요한 '외교 정책'이었던 중국 대륙과의 관계도 일본의 손을 떠났다. 속으로는 어떻게 생각했을지 몰라도, 일본의 관리들은 새로 건국된 중화인민공화국과 어떤 관계를 맺기도 거부하는 미국의 입장을 고분고분 따라야 했다(미국의 무지함을 개탄한 것은 비단 좌파만이 아니었다). 한반도가 반으로 나뉠 때 일본은 방관자에 불과했고, 일본에는 남한과 북한에 각각 동조하는 세력이 있었지만 현실적으로 할 수 있는 일이라고는 미군의 보급기지 역할뿐이었다.

논쟁이 허용된 유일한 이슈는 경제였다. 그리고 1940년대의 폐허에서 일본의 최우선 순위가 경제의 재건이라는 데는 이론의 여지가 없었다. 전쟁에 직접적 책임이 있는 군국주의자들은 신임을 잃었고, 그들이 접수했던 관료 조직, 특히나 황군과 사회 통제를 책임졌던 내무성은 붕괴되거나 완전히 해체되어 있었다. 미군정에 의해 전범으로 처형되었던 도조 히데키 등 몇 명을 제외하고는, 전쟁 기간에 권력의 중심부에 있던 대부분의 사람은 브로커나 해결사로서 일본 정치의 무대 뒤편으로 돌아오거나(지하 범죄세계와 한통속이 되어 있는 이들이 많았다), 아니면 전쟁 중 도조 내각의 군수 대신이었으나 1957년에서 1960년까지 총리를 역임한 기시 노부스케岸信介처럼 경제 성장과 미일 '동맹'의 옹호자로 거듭났다.

이런 사람들은 전쟁 기간에는 한켠으로 밀려나 있던(혹은 목숨을 잃을까봐 조용히 지내던) 요시다와 같은 온건 보수주의자들과 함께 군정 종식 이후 시대의 실력자로 등장했다. 저절로 이루어진 일은 아니었다. 미군정의 최고 사령관 맥아더는 정통 공화당파였지만, 초반에 미국에서 군정에 합류한 공무원들 중에는 뉴딜 정책을 추진했던 민주당 인사가 많았다. 이들은 일본을 미국 본국도 이뤄내지 못한 완벽하고 철저한 민주국가로 변신시키려고 했다. 이들이 처음으로 했던 일 중 하나는 좌파들을 포함해 수천 명의 정치범을 석방한 것이었다. 이렇게 일본 좌파가 재등장하자 지난 수십 년간 좌파 사상으로부터 공개적으로 전향했던 또 다른 수천 명의 기존 지식인, 교사, 노동운동가들은 당황했다. 죄책감에 대한 심리적 보상에서였을까, 많은 이가 다시 사회주의 사상의 열렬한 추종자가 되었다. 전쟁 기간에 사상 전향을 거부했던 일본 공산당원들은 감옥에서 석방되자 영웅 대접을 받았다. 비참했던 당시 시대상과, 커넥션 좋은 내부자들이 암시장에서 떼돈을 벌어 대중의 분노를 사던 상황을 생각하면, 일본이 혁명의 열기에 사로잡힌 것은 아마 불가피한 일이었을 것이다. 1946년 5월이 되면, 식량 배급 시스템에 대해 항의했던 유명한 시위를 포함 각종 시위가 나라를 휩쓸었다. 2년 뒤 일본은 사회주의 정부를 선출하기에 이른다.

냉전이 막 시작되던 시기에 이러한 상황의 전개는 미국을 당혹시켰다. 스탈린이 제2차 세계대전 막바지에 유럽 각지로 진출해 있던 소련군을 철수시키지 않겠다는 의도를 드러내기 시작하던 참이었다. 중국 소식에 밝은 국무부 사람들은 마오쩌둥의 게릴라 부대가 베이징을 점령하는 것은 시간문제일 뿐이라고 경고하고 있었다. 이들은 나중에 매카시나 닉슨 같은 사람들의 색깔론 공세에 밀려, 중국을 '잃은' 것에 대한 책임으로 커리어가 날아가기는 했지만, 1940년대 중반 미국이 거대하고 힘든 적과 마주하고 있다는 정서를 형성하는 데 기여했다. 그리고 당시에는 그 적이 역사의 옳은 편에 서 있는 것처럼 보였다. 대공황의 경제적 대참사가 아직 생생했고, 전쟁 특수가 끝나면서 많은 사람이 자본주의 경제는 다시 수렁으로 빠지고 공산주의가 점점 힘을 얻을 것이라고 우려했다.

이런 배경 속에서 일본의 보수 지도층은 국가 장악력을 유지하기 위해 현재까지도 무수히 반복해서 사용하고 있는 전략을 처음으로 선보였다. 이들의 최우선 과제는 미군정을 자기편으로 만들어서 좌파 세력이 일본을 장악하는 것을 막고 전쟁 전 일본 내 권력 구조를 최대한 그대로 유지하는 것이었다. 이 전략은 미국의 두려움과, 요시다가 사적으로 했던 표현을 빌리자면 '미국인의 아름다운 오해'를 이용해서 미국의 여론을 조작하는 작업을 포함하고 있었다.

최근의 뉴스들만 봐도 알 수 있듯이, 미국에 의존하고 있거나 미국으로부터 무언가를 바라는 나라들은 모두 미국의 권력자들에게 아첨해서

영향력을 행사하는 방법을 터득하고 있다. 주장컨대, 일본은 이런 게임을 하는 데 이스라엘 다음으로 숙달되어 있다. 연습을 많이 하기 때문이다. 더 힘센 존재를 달래고 조종하는 기술은, 유치원 교실에서 시작해서 정부나 기업의 꼭대기에 오르는 데까지, 일본에서 성공하는 데 있어 금과옥조로 여겨진다. 힘 있는 자리에서 일본 사람을 상대해본 외국인이라면 일본인들이 얼마나 상대방의 기분을 능숙하게 맞춰주는지 경험해봤을 것이다. 싸구려 룸살롱에서의 흥정이건, 고급 일식집에서의 식사건, 일본 회사가 참여한 수주 건이건 이런 능력은 기회 있을 때마다 어김없이 발휘된다. 일본 사회에서 자식의 성공을 바라는 어머니라면 누구라도 아이가 이러한 유혹의 기술을 습득할 수 있도록 아기 때부터 본능적으로 가르친다. 당연하게도 일본어에는 이와 관련된 표현이 많고 이중 상당수가 영어로는 정확하게 번역되지 않는다. 가령 '아마에甘え'(어리광 혹은 응석)라는 단어는 자신보다 힘 있는 사람에게 무리한 요구를 하는 척해서, 상대가 관대하게 굴 수 있도록 유도하는 행동을 의미한다. 이런 종류의 만연한 유혹은 '일본적 문화'라고 꼬리표가 붙여져 대충 넘어가는 현상 중 하나다. 틀린 표현은 아니지만 그걸로 제대로 설명이 되지는 않는다. 이러한 유혹의 행위는 아마도 사무라이가 평민을 아무 이유 없이 벨 수 있는 규정이 수백 년간 존재했던 도쿠가와 막부 시절의 권력 구조에서 비롯되었을 게 틀림없다.

유혹의 기술은 일본이 독립을 유지하기 위해 모든 수단을 동원해야 했던 메이지 초기에 엄연한 일본 외교 정책의 일부가 되었다. 1945년 이후 독립은 빼앗기고 수십만의 공산주의자와 그 동조자가 거리를 행진하자, 일본 지배층이 마주한 도전은 훨씬 커졌다. 하지만 운 좋게도 이들에게는 미국이 있었다. 미국인들은 일본에 있는 소수의 엘리트들, 영어를 잘하는 사람들, 미국에서 교육받고 미국인들이 경계심을 풀도록 하는 법을 아는 사람들하고만 교류했다. 맥아더의 허영심과 자만심도 한몫했다. 맥아더는 초기 도쿠가와 쇼군 이후로 그 누구도 가져보지 못한 커다란 권력을 손에 쥐고, 황궁 해자 건너편에 군정이 본부로 삼은 사무실에 파묻혀서는, 일본 최고위층 사람들 말고는 아무도 만나려 하지 않았고, 한 번도 실제로 무슨 일이 일어나고 있는지 직접 알아보려 하지도 않았다. 그는 일본인들이 잘하는 종류의 굽신거리는 아부에 특히 취약한 사람이었다. 거기 더해서 미 국무부의 중국 전문가들이 당시 미국 내 '일본통'들의 도쿄행을 성공적으로 차단하고, 제2차 세계대전 동안 미군에서 일본어 교육을 받았던 젊고 똑똑한 간부들을 미군정에서 몰아냈다. 미 국무부의 '중국파China crowd'라 불렸던 이 사람들은 일본이 중국에서 저지른 만행에 분노하고 있었고, 일본에 대해 너무 잘 아는 기존의 일본통들이 일본의 경제 군사 지도층에게 자칫 관대해지지 않을까 우려했다. 정치적으로 좌파 경향이 있던 '중국파'는 일본의 이 지도층들이 전쟁에 책임져야 할 사람들이라고 단정 짓고 있었다. 미국의 당시 '일본통'들과 전후에 재부상한 요시다 주변의 온건 보수 엘리트들 사이에, 전쟁 전부터 이어져온 유대가 있으리라던 '중국파'의 의심은 아마도 맞을 것이다. 하지만 미국 관료사회에서 중국파가 주도권을 잡았던 탓에 결과적으로 군정에서는 일본에서 실제 일어나고 있는 일을 독립적으로 파악할 수단이 없어지고 말았다. 존 다우어가 미군정의 역사를 다룬 명저 『패배를 껴안고Embracing Defeat』에서 썼듯이 "도쿄에 있던 [맥아더의] '초超정부'는 지역 전문가를 위에서부터 아래까지 기피하는 경향을 보였다. 일상적인 업무에서조차 일본에 대해 말할 조그만 자격이라도 갖춘 사람은 의도적으로 배제한 것처럼 보였다."[40] 다우어는 군정을 가리켜

'초超정부super-government'라는 표현을 사용하는데, 이는 군정이 일상의 정책을 수행하기 위해서 일본의 기존 권력 구조에 전적으로 의지할 수밖에 없는 환경을 스스로 만들어버렸기 때문에 나온 말이다.

객관적으로 보자면 일본의 보수주의자들에게는 공산주의자들을 경계할 만한 이유가 있었다. 일본 좌파가 실제로 소련으로부터 지령을 받는 것은 아니라고 해도, 소련은 그런 의심을 해명하기 위한 아무런 노력도 하지 않았다. 소련은 심지어 1940년대 말, 일본 공산당의 설립자인 노사카 산조野坂參三와 핵심 리더 중 한 명을 '점진주의자gradualist'라고 공개적으로 비난하기도 했다(소련 붕괴 이후 드러난 KGB 문서를 보면 노사카가 실제로 코민테른의 첩보활동에 가담했다는 사실이 드러나 있기는 하다). 스탈린의 군대는 도쿄와 맺었던 불가침 조약을 정면으로 위배하면서 일본에 선전포고를 했었고, 일본이 미국에 항복하지 않았더라면 틀림없이 홋카이도로 침공해 들어갔을 것이다. 소련의 선전포고는 일본의 급작스런 항복을 이끌어내는 데 원자폭탄만큼이나 중요한 역할을 했다. 만일 항복을 몇 주만 늦게 했더라도 일본은 아마 한국이나 독일처럼 공산 진영과 비공산 진영으로 분단되고 말았을 것이다(소련은 일본이 항복을 선언한 뒤 남쿠릴열도를 점령하는 것으로 만족해야 했다). 중국 북부와 한국 북부에 주둔해 있던 100만 이상의 일본군은 소련에 포로로 잡혀 5년 이상 끔찍한 환경에서 강제 노동에 시달려야 했다. 이 과정에서 수만 명이 죽어나갔다.

그렇게 일본의 소련에 대한 광범위한 증오와 공포에는 충분한 근거가 있었다. 그리고 그것은 1948년 소련이 기획한 체코슬로바키아 쿠데타와

---

40 John Dower, *Embracing Defeat*(W. W. Norton, 1999), pp.223-224. 이 장에서 다룬 논의의 대부분은 다우어의 생각을 빌려온 것이다.

동유럽에 드리운 철의 장막으로 인해 더욱 증폭되었다. 하지만 일본의 보수주의자들은 소련식 공산주의 체제도 두려워했지만, 미군정이 도입한 매우 순도 높은 민주 개혁에 대해서는 더욱 동요했다. 개혁의 요체인 헌법은 미국 헌법보다 훨씬 더 진보적이어서, 확실한 남녀평등과 노동자의 권익 보장은 물론 유명한 전쟁 금지 조항도 포함하고 있었다. GHQGeneral Headquarters(미군정을 가리키는 약칭)에서는 원래 일본 정부에 새로운 헌법의 초안을 마련할 것을 지시했었다. 일본 정부가 미국 정부의 기대에 조금이라도 부응하는 초안을 만들려는 의도가 전혀 없다는 것이 명확해지자, GHQ는 직접 개입해서 헌법의 대부분을 작성해버렸다.

당시 일본 정부의 문제 중 하나는 애초 메이지 헌법을 다시 쓰는 작업에 참여한 일본의 법학자들이 프로이센의 법률 전통에 깊이 경도되어 있다는 사실이었다. 프로이센에서는 법을 시민이 통치자에게 책임을 물을 수 있는 도구로서가 아니라, 국가 권력을 정당화하고 명확히 하는 수단으로 본다. 또 다른 문제는 일본의 보수주의자들이 진정한 민주주의를 신봉하지 않았다는 사실이다. 이들에게 민주주의는 일본의 본질로 여겨지던 위계질서를 부정하는 것이었다. 위계질서라는 것은 무정부주의와 야만주의에 대응할 수 있는 유일한 대안으로서 이들의 사상적 공간에서 신성한 아우라를 갖고 있었다.

새로 탄생한 헌법은 그 결과, 보기에는 훌륭했을지 몰라도 지금까지도 끈질기게 문제가 되는 결함을 안고 있었다. 즉 외부로부터 일본에 강요되었다고 하는 인상을 준다는 점이다. 강요한 사람들은 좋은 의도를 갖고 있었다 하더라도, 일본 헌법에서는 결국 외국 냄새가 풍긴다. 헌법 조항 자체도 여기저기 이상한 번역문처럼 읽힌다.[41] 그래서 헌법은 국가 통치의 궁극적인 법적 문서라기보다는, 일본의 유서 깊은 정치적 전통에 따라 어딘가 애매하고 불완전한 정통성의 상징처럼 되어버렸다. 권력을 놓고 다투는 세력들은 헌법을 마치 이동식 신사와도 같이 자신들의 필요에 따라 끌어다 적용한다. 이는 일본이 '전쟁을 일으킬 가능성'을 명백히 금지하는 그 유명한 헌법 제9조에서 가장 명확히 드러난다. 일본은 현재 세계 5위의 군사대국으로서 이 조항을 정면으로 위배하고 있다. 정부 관리들은 헌법을 무시하며 '자위대'라는 완곡한 표현으로 불리는 군대의 예산을 확보하면서도, 일본의 좀더 직접적인 군사 협력을 원하는 미국의 요구는 헌법의 같은 조항을 핑계 삼아 회피한다(미국은 일본에 헌법 제9조를 강요한 것을 새 헌법의 잉크가 마르기도 전에 후회했다. 미국의 군사행동에 일본이 좀더 적극적으로 참여할 것을 미국이 강하게 요구하기 시작한 지는 이미 60년이 훨씬 넘었다).

헌법의 다른 부분에 대해서도 비슷한 지적을 할 수 있는데, 가령 주권재민 규정이 그러하다. 헌법은 주권이 일본 국민으로부터 나온다는 것을 아주 명확히 하고 있지만, 적어도 노년층에는 주권의 최종 소재가 사실 여전히 천황이라는 의식이 강하게 남아 있다. 헌법은 또 입법권을 국회에 부여했지만, 전후 대부분의 기간에 실제로는 막강한 관료들이 자신들의 관할 영역에서 입법, 행정, 사법권을 모두 행사해왔다. 이들이 겉으로만 국회의 감시 대상이었던 것은 누가 봐도 명백했다. 관료 또는 다른 권력기구들 간의 권력투쟁이 있을 때 헌법을 인용할 수 있고 실제로 인용되곤 하나, 분쟁 판결의 최종 근거로 받아들여지는 일은 거의 없다.

---

41 최근 저널리스트 다치바나 다카시立花隆는 일본 헌법이 미국에 의해 일본에 전적으로 강요된 것이라는 기존 해석에 의문을 제기했다. 그는 2008년 지금은 폐간된 잡지 『월간 현대月刊現代』에 기고한 글에서, 헌법의 상당 부분이 사실은 다이쇼大正 시대(1912~1926) 일본의 자유주의 변호사와 저널리스트들에 의해 쓰인 초안에서 가져온 것이라고 주장했다. 하지만 이와 관련된 증거들은 헌법이 일본에 '강요'되었다는 보수파의 주장과 맞지 않았으므로 대부분 묵살되었다. 11장 내용 참고.

헌법의 운명은 미군정의 운명과도 대체로 비슷했다. 초기 GHQ 사람들은 비록 민주주의를 실현코자 하는 좋은 의도로 시작했지만, 노동운동가, 지식인, 여성 인권 운동가와 같은 손쉬운 협력자들과 접촉할 방법을 스스로 차단해버리고 말았다. 일본은 민주주의보다는 반공주의가 더 중요한 사람들에 의해 점점 장악되어갔다. GHQ는 애초에 그들이 도태시키려고 했던 구세력의 보수파들과 사실상 결탁했고, 결과적으로 양쪽 다 서로를 이용하게 된다.

사회주의 정권이 단명하고 난 뒤 보수파들은 1949년 선거에 승리하면서, GHQ의 독려하에 '빨갱이 소탕'을 시작했다. 이로 인해 1만3000명이 넘는 공산주의자와 그에 동조하는 세력으로 의심받는 사람들이 정계와 재계에서 쫓겨났다. 그 와중에 제2차 세계대전 때 일본을 지휘했던 전범들은 감옥에서 모두 풀려났고, 일본에 대한 원조가 미국 재정을 고갈시킬 것을 염려한 트루먼 정권은 디트로이트의 은행가 조지프 도지를 도쿄로 보내 재정 출혈을 막도록 지시했다. '도지 라인'으로 알려진 그의 정책은 긴축금융의 실시, 고정환율의 적용, 적자지출의 중지 등을 내세운 긴축경제 정책이었다. '빨갱이 소탕'과 '도지 라인'을 포함한 일련의 정책은 '역코스Reverse Course'라 불렸고, 일본의 좌파는 오늘날까지도 이를 미군정이 애초에 계획했던 민주주의 이상에 대한 배신이라고 여기고 있다.

그렇지만 GHQ가 초기에 내걸었던 목표를 달성하는 데 완전히 실패했던 것은 아니다. 새로 도입된 제도가 실제의 권력 구조를 은폐하기 위한 명목상의 껍데기에 불과하다고 해도, 일단 국가의 정치체제의 일부가 된 이상, 제도 본연의 목적은 소멸되지 않고 끈질기게 남아서 때로는 반체제적인 발상으로 이어지기도 한다. 메이지 시대에 들어온 의회 정치와 법치주의 같은 제도는, 애초 서구 열강과 서양 사상에 '전염된' 선동가들을 달래기 위한 목적으로 도입되었지만, 일본의 전통 엘리트들은 일찍이 그 제도가 내포하고 있는 반체제적인 위험성을 경계했다. 의회정치 사상에는 관료가 국회에 설명해야 할 의무가 있고 의회의 감시 대상이 된다는 암묵적 전제가 있다. 야마가타 아리토모는 앞 장에서 살펴본 것처럼 이러한 감시와 의무로부터 관료 기구를 떼어놓기 위해 기만적이고도 끈질긴 책략을 펼쳤다. 이제 보수파 앞에 등장한 것은 미군의 권력에 의해 탄생한, 새롭고도 훨씬 골치 아픈 제도였다. 요시다 자신도 미군정 개혁파가 부분적으로 성공을 거두었음을 인정한 바 있다. 그에 따르면, 일본 내 보수파는 원래 일본이 독립을 회복하면 그런 제도들을 모두 없애버릴 계획이었지만 정작 완전히 없애기란 불가능하다는 것을 깨달았다. 일본의 권력자들은 노동조합, 언론 자유, 보통선거권, 법률상의 남녀평등이 실현되는 것을 막고, 다시는 학생들을 전쟁터의 총알받이로 내보내지 않겠노라 굳게 결심한 진보적 교사들에게 훼방을 놓고, 정부에서 일하는 사람은 천황의 신하가 아닌 공무원이라는 개념이 자리 잡는 것을 방해하기 위해 다양한 방법을 동원했다. 하지만 이런 제도들에 내포된 사상은 매우 견고해서, 권력의 자의적 행사에 최소한 어느 정도 제동을 거는 역할을 계속했다. 안정적인 대기업들이 등장해서 핵심 직원들에 대한 경제적 안정을 보장한 이후에야 과격한 노동운동이 해체된 것은 그 덕분이었다. 일본 주요 언론의 기자들은 오늘날까지도 저널리스트라기보다는 보도자료를 그대로 받아쓰는 속기사에 가까운 역할밖에는 할 수 없지만, 기성 신문과 방송국 바깥에는 권위에 주눅 들지 않는 발칙한 언론도 수없이 존재하며, 정말로 취재가 금지된 사항들은 극소수에 불과한 것도 그 덕분이다.[42] 또 일본에서는 비록 선거가 정책을 바꿀 수는 없을지라도, 어떤 정권도 대중의 분노를 오랫동안 외면할 수는 없다. 법률상의 남녀평등이 아닌 실제적인 남녀평등의 실현은 아직도 요원하지만, 그러한 방향으로 꾸준히 나아가고 있다. 교사들이 과거사 왜곡과 군국주의 수업 내용에 맞서 수십 년간 집요한 저항을 계속했던 덕분에 일본의 학생들은 학교에서 민주주의와 의회정치의 기본에 대해 배우고 있다. 물론 여전히 많은 정책이 무책임하게 결정되고, 검찰은 자신들을 공복이라기보다 법 위에 군림한다고 생각하는 경향이 있다. 이들은 막대한 재량을 이용해 어떤 법은 엄격하게 집행하고, 어떤 위법 행위는 슬쩍 넘어가곤 한다. 하지만 일본의 경찰은 대체로 예의 바르고 전문적이며 사람들에게 도움을 준다. 일본의 시민들은 불온사상이나 불온서적 같은 문제로 경찰에 체포될 염려는 하지 않아도 된다.

그렇기는 하더라도, 미군정은 초기 멤버들이 이루려고 노력했던 일본 사회의 민주화라는 목표를 달성하는 데는 결국 실패했다. 존 다우어는 이에 대해 이렇게 평가했다. "군사정부가 직접 통치했던 전후 독일과는 달리 일본의 미군정은 기존 정부 조직을 통해 '간접' 통치를 했다. 이는 항복 이전의 일본 정치체제에서도 가장 비민주적이었던 두 가지 제도에 힘을 실어주는 결과를 낳았다. 다름 아닌 관료제와 천황제다."

GHQ는 천황제에 대한 처리에 완전히 실패한 나머지, 전후 일본에서 천황의 신분을 명확히 규정하지도 못하고, 영국이나 스칸디나비아식의 입헌군주제를 확립하지도 못했다. 전쟁이 끝나기 전부터 미국은 천황에게 재임 기간 중 일어난 일에 대해 어떤 책임도 물으면 안 될 것이라고 이미 결론 내린 바 있다. 당시 만연하던 오리엔탈리즘과 우월주의적 시

---

42 2013년 아베 총리가 특정비밀보호법特定秘密保護法을 국회에서 강행 통과시키면서 이러한 상황은 달라질지도 모른다.

각 탓에 미국은 천황을 퇴위시키면 일본 사회가 붕괴할 것이라고 믿고 있었다.

공정히 말해서 이러한 미국의 동기 중 일부는, 철저한 복수를 통해 평화를 이루는 옛 카르타고의 방식을 군정이 따라해서는 안 된다는 생각에 뿌리를 두고 있었다. 그리고 실제로 많은 일본인이 천황이 일본을 결속시키는 존재라고 진심으로 믿고 있기도 했다. 이런 개념을 미국이 무비판적으로 받아들였기 때문에, 미국에는 일본을 파괴하기보다는 '민주화'하고 '개혁'하고자 하는 전반적인 열망이 자리 잡았다. 하지만 미군정은 고대로부터 이어져온 정치적 정통성의 상징인 천황을 메이지 지도자들이 어떻게 근대 국가주의의 신화로 탈바꿈시켰는가 하는 미묘한 부분까지는 이해하고 있지 못했다. 그렇게 군정은 천황 히로히토가 실권과는 무관한 딴 세상 사람이라는 허구를 만들어내 천황을 존속시키기로 결정하고, 그 결정을 '민주화' 작업과 양립시키고 말았다. 천황을 나쁜 사람들에게 권력을 빼앗겨 그의 이름으로 사악한 짓이 저질러지는 동안 쩔쩔매던 무력한 인간으로 만들어버린 것이다. 그게 아니라면 미국이 생각할 수 있는 유일한 대안은 천황이 히틀러나 스탈린처럼 직접 나라를 이끌었다고 주장하는 것이었지만, 그것은 명백히 사실이 아니었다. 천황이 수동적인 바보도 아니었지만 그렇다고 실무를 장악하고 있던 사람도 아니었다는 사실, 천황의 성장 과정과 천황이 속해 있던 개념적 세상 및 현실의 세상이 그의 행동의 자유를 제약했다는 사실, 천황에게 책임이 없는 것은 아니지만 천황이 궁극적 악인은 아니었다는 사실, 이러한 미묘한 사실들을 당시 미국의 이분법적 사고로는 이해할 수 없었다.

GHQ가 천황 제도를 유지할 뿐만 아니라 천황에게 전쟁에 대한 어떠한 책임도 묻지 않으리라는 것이 명확해지기 전까지, 패전국 일본에서는 천황제가 아마 어떻게든 존속되더라도 히로히토는 아들 아키히토明 仁에게 자리를 물려주며 퇴위하게 될 것이라는 생각이 지배적이었다. 그리고 아직 소년이었던 아키히토가 성인이 될 때까지는, 히로히토의 형제 중 한 명이 섭정하게 될 것이라고들 생각했다. 1장에서 살펴보았다시피 천황이 재위 기간 중에 퇴위하는 전례는 과거에도 많았고, 일이 잘못되었을 때 명목상의 지도자가 '책임지고' 물러나는 것은 일본에서 일반적인 절차이기도 했다. 하지만 막대한 권력을 갖고 있던 GHQ는 히로히토를 천황 자리에 그대로 두도록 했을 뿐 아니라, 과거 수십 년간 벌어진 일에서 천황이 했던 역할에 대한 모든 논의를 검열하려고 했다.

이런 조치는 일본 대중에게 심각한 인지 부조화를 가져왔다. 사람들은 어린 시절부터 천황이 최고로 신성한 가치의 화신이고 천황을 위해서는 기꺼이 죽을 수도 있어야 한다고 철저히 교육받아왔다. 그런데 갑자기 자신들 주위에서 벌어진 비참한 현실과 천황 사이에 아무런 관계가 없다는 이야기를 들은 것이다. 즉 GHQ는 사람들에게 무엇이 잘못되었는지 파악하고 잘못의 재발을 막기 위해 과거의 비극을 다시 들여다보기보다는, 과거를 묻어두고 가라고 지시하는 것이나 다름없었다. 과거의 비참함을 잊고 다음 단계로 넘어가 새로운 현실을 살고자 하는 것은 인간이라면 이해할 수 있는 자연스런 반응이다. 그게 독일에 일어났던 일이고 베트남전 이후 미국에 일어났던 일이다. 하지만 독일은 젊은 세대가 성인이 되어 강하게 요구해 마침내 과거를 받아들였다. 일본에서는 그런 일이 전혀 일어나지 않았다. 일본인들이 과거에 무슨 일이 있었는지 토론하고 얘기하는 것 자체를 GHQ가 허용하지 않았던 것이 그 큰 이유다.

그런 조치의 영향이 처음 명백해진 것은 도쿄 전범재판에서였다. 도쿄 전범재판은 일본을 전쟁으로 몰고 간 사람들의 유죄 여부를 판단하기 위해 뉘른베르크 전범재판을 모델로 삼아 열린 것이었다. 다우어는 이렇게 적고 있다. "기소인 측은 노골적으로 증거를 조작하는 등 천황을 보호하기 위한 집요한 노력을 했다. 천황은 재판에 모습을 드러내지도 않았고, 재판 도중 천황에 대한 의미 있는 언급은 꼼꼼히 배제되었을 뿐 아니라, 천황의 증언조차 없었다는 것이 이 재판의 확연한 특징이었다. 이처럼 '승자의 증거'를 조작해서 패전국의 수장을 구제해주는 행태는 뉘른베르크에서는 찾아볼 수 없었고, 피고 측에서도 아무런 이의를 제기하지 않았다." 그 결과 재판 과정에서 때때로 코미디 같은 광경이 연출되기도 했다. 소위 'A급 전범'으로 기소된 사람들이 똘똘 뭉쳐 천황을 보호하려고 했다. 그러다 딱 한 번 실수가 있었는데, 도조 히데키가 천황의 의사에 반하는 행동을 하는 것은 생각할 수 없는 일이라고 증언한 것이다. 검사장이었던 조지프 키넌은 당시 궁내성宮內省(천황 보좌 전담 기관)을 통해 감옥에 있던 도조 히데키에게 전언을 넣어, 발언을 철회하라고 회유했다. 도조가 그 말에 따랐음은 물론이다.

도쿄 재판은 (일본인뿐 아니라) 수많은 사람으로부터 '승자의 정의'로 여겨져 폄하되었다. 무엇이 지난 수십 년의 끔찍한 공포를 일으켰는가를 실제로 해명하는 것과는 아무 관계도 없는 보여주기식 재판에 불과했다는 평가다. 재판에서 GHQ는 의도적으로 역사 왜곡을 묵인했을 뿐만 아니라 실제로 직접 왜곡을 지시하기까지 했다. 미국의 이중적인 잣대 또한 드러났다. 일본의 각 도시에 행해진 무차별적인 민간인 폭격을 구상하고 지시한 미 공군 장성 커티스 르메이는, 필리핀에서 저지른 잔혹 행위로 인해 처형당한 일본 사령관 야마시타 도모유키山下奉文나 혼마 마사하루本間雅晴와 다를 바 없는 똑같은 전범이었다. 미국은 히로시마와 나가사키 원폭에 대해 지금까지 한 번도 책임을 인정하지 않고 있다. 히로시마는 중요한 해군기지이고 오랫동안 일본 군사시설의 중심지였기 때문에 도덕적으로는 지탄받을 수 있을지라도, 전략적으로 어쩔 수 없이 폭격했다고 주장할 수 있다. 하지만 나가사키 폭격은 그저 불필요한 잔혹 행위일 뿐이었다.

따라서 대다수의 일본인이 스스로를 피해자라고 여기게 된 것도 무리는 아니다. 그들이 바라서 치렀던 전쟁은 아니었다. 물론 정도의 차이는 있을지언정 일본 국민 대다수는 전쟁을 열심히 지지했지만, 이들에게 선택의 여지가 있었던 것도 아니다. 전후 수십 년 동안 일본의 일반 국민이 전쟁을 얘기할 때 쓰던 가장 흔한 말은 '어리석은 짓'이었다. 중국이라는 진흙탕에서 의미 있는 승리를 거둘 수 있으리라 생각했던 것은 어리석은 짓이었다. 훨씬 강한 상대인 미국의 눈을 고의적으로 찌른 것도 어리석은 짓이었다. 하지만 일본의 일반 국민에게는 이런 어리석음의 원인을 되돌아보고 재발 방지를 위한 논의에 참여할 기회가 전혀 주어지지 않았다. 이들은 정복자인 미국, 일본의 우익 양쪽으로부터 과거의 일은 묻고 잊으라며 적극적으로 주문받았다. 우익은 전후의 '민주주의'를 맹렬히 공격하는 것으로 과거의 상처를 치유했고, 교사와 자유주의자와 사회주의자에 대한 폭력 및 협박에 점점 몰두했다.

이런 것을 너무나 잘 알고 있는 일본의 이웃국가들은 오늘날까지도 일본에 대한 의심의 눈을 거두지 않는다. 이들에게 일본은 자기 연민에 빠진 채 아시아 사람들 전체에게 커다란 고통을 일으킨 원인은 전혀 돌아보지 않는 나라다. 이들은 일본의 권력층이 우익의 과거사 왜곡을 끊임없이 묵인하고 있는 것을 지켜보고 있다. 역사교과서 논쟁, 전쟁을 미화하는 박물관, 황군 군가를 커다랗게 틀어놓고 도쿄 시내를 질주하는 트럭 같은 것들을 보라. 이러한 현상이 아시아의 다른 나라들에 어떻게 보이는지 알고 싶다면 유럽에서 같은 일이 벌어졌을 때의 반응을 상상해보면 된다. 만약 독일 검정역사교과서에서 홀로코스트에 대한 언급을 생략한다거나, 폴란드 침공을 '진출'로 표현한다든지 해서 몇 년에 한 번씩 논쟁이 일어난다면 유럽 사람들은 어떤 반응을 보일까? 혹은 독일의 가장 중요한 역사적 기념물 근처에 있는 박물관에서 '수정의 밤Kristall-nacht'(나치 돌격대와 독일 시민들이 유대인 시설을 대규모로 공격한 1938년의 사건—옮긴이)과 강제수용소에 관한 내용만 슬쩍 빼고 나치의 성공을 찬양하는 전시를 하고 있다면? 아니면 나치 친위대ss 제복을 입은 불량배들이 스피커 트럭에 나치의 구호와 노래들을 틀어놓고 베를린이나 프랑크푸르트 시내를 질주한다면? 그 소리가 귀청이 떨어지게 커서 주변의 건물이 흔들릴 지경인데도 경찰들은 못 본 체 서 있기만 한다면?

중국 공산당도 일본 제국 못지않게 손에 피를 많이 묻혔지만, 일본이 중국과 한국의 울분을 사는 이유는 일본 정부가 다음과 같은 분명한 입장 표명을 전혀 하지 않았기 때문이다: (1)과거에 이런 일이 일어났고 (2)그것은 대부분 일본의 잘못이다 (3)일본은 그런 일이 절대로 다시 발생하지 않도록 보장할 것이고 (4)그 보장을 위해 되돌릴 수 없는 제도적인 조치를 취했으니 우리를 믿어도 좋다.

독일은 바로 이런 입장 표명을 해서 이웃 국가들을 안심시켰으나, 일본은 아직까지도 그러지 않았다. 일본이 그렇게 하지 못하는 것은 그러기 위해서는 먼저 일본 체제의 근본적인 정통성에 의문을 제기해야 하기 때문이다. 앞 장에서 살펴보았듯이 메이지 시대에는 하나의 현실에 정통성을 부여하기 위해 두 개의 서로 모순되는 정치적 허구를 만들었다. 두 개의 허구란 의회 정치가 존재한다는 허구와 천황이 직접 다스린다는 허구이고, 하나의 현실이란 사쓰마-조슈 파벌이 나라를 통제한다는 것을 뜻한다. 전후 일본의 사정은 메이지 시대와는 사뭇 달라졌다. GHQ가 도입한 입헌민주주의는 단순한 허구가 아니었다. 그리고 일본인의 상당수는 입헌민주주의가 표방했던 것처럼 주권이 확고히 국민에게 있는 민주주의를 원했다. 하지만 일본의 권력자들은 입헌민주주의를 도입함으로써 세상의 눈에 일본 정부가 정통성을 가진 것처럼 보이게 만드는 데 만족했을 뿐(미군정의 강요와 군정 종료 때 합의한 조건 때문에 입헌민주주의의 도입은 선택의 여지가 없는 것이기도 했다) 정통성의 근거가 헌법과 민주주의에 있다는 사실을 온전히 받아들이지 않았다. 이들은 겉으로 드러내지는 않지만 일본은 천황이 정치적 권력의 정통성을 부여하는 고유하고 신성한 땅이라는 생각으로 계속해서 회귀한다. 정통성에 대한 이론적 바탕이 전쟁 전의 정치체제에서 변한 것이 없기 때문에 제2차 세계대전과 같은 재앙이 다시 생겨서는 안 된다는 분명한 입장 표명을 할 수가 없고, 하더라도 신빙성이 없을 수밖에 없다.

그렇게 해서 독일과는 대조적으로, 통치의 정통성이 어디로부터 오는가 하는 문제는 일본의 패배로도, 군정에 의해서도, 전후 헌법의 도입을 통해서도 해결되지 않았다. 국가 정치의 이 근본적인 문제가 해결되지 않으면 언제든 끔찍하고 파괴적인 무질서 상황은 재현될 수 있다. 전쟁 전의 일본에서 그랬고, 어떤 의미에서는 오늘날의 중동에서도 같은 상황이 벌어지고 있다(이 책은 재스민 혁명 당시에 쓰였다—옮긴이). 그럼에도 전후 일본에서 나라의 통치가 매끄럽게 돌아갈 수 있었던 것은, 다우어가 천황제와 더불어 지목한, 미군정의 정책에 의해 살아남은 또 하나의 비민주적 제도가 정책에 대한 실권을 장악했기 때문이다. 그것은 다름 아닌 관료제다.

관료에 의한 통치라는 말은 그 자체로 모순에 가깝다. 정치 질서가 작동하기 위해 관료들은 꼭 필요하지만 관료가 나라를 통치할 수는 없다. 관료는 정치가의 지도를 받아 정책을 실현하는 사람들이다. 관료 조직들이 1952년 이후 일본의 정책을 둘러싸고 서로 끝없이 고질적인 경쟁을 했음에도 불구하고 전후 일본에 치명적 영향을 끼치지 않은 데는 두 가지 이유가 있다. 물리적 실력을 행사할 수단을 보유하고 있던 관료 조직들이 군정 초기에 해체되거나 제거된 것이 첫 번째 이유다. 앞서 살펴본 것처럼, 미국은 일본의 방위를 책임졌고, 1945년부터는 외교 관계에서 거부권을 행사할 권리를 갖고 있다. 미군정이 일본 정부 부처를 재편한 후에도 살아남은 관료 조직들은 그래서 대부분의 역량을 경제 문제에 집중할 수 있었다. 그것이 두 번째 이유다. 이들은 경제 회복이 일본의 최우선 과제라는 데 거의 모든 사람이 뜻을 같이하던 시기에, 전쟁이나 사회 통제가 아닌 경제 회복의 업무를 담당했기 때문에, 정치권의 지도와 개입 없이도 임무를 잘 수행할 수 있었다. 그러다 1970년대가 되면 일본의 경제 모델을 수정해야 할 필요성이 등장하는데, 이번에는 그런 작업을 수행할 만한 정통성을 가진 정치적 리더십의 부재로 인해 이루어지지 못하고 만다. 여기에 대해서는 책 뒷부분에서 자세히 다룰 것이다.

미군정은 좌파 시기와 우파 시기라 부를 수 있는 세월을 차례로 거치면서, 일본 경제 관료들의 힘을 키워주는 공교로운 결과를 낳았다고 할 수 있다. 군정 초기 사명감에 불타던 좌파 개혁가들은 마르크스주의의 주장을 받아들여, 전쟁의 원인은 거대 자본이 물리적 강제력을 장악하고, 경제적 성과를 결정할 권력을 유지하기 위해 그것을 사용하기 때문이라고 생각했다. 미군정의 관리들은 이런 생각에 기반해서 일본 제국 육군과 해군을 해산하고, 경찰과 법원과 각 지방자치단체를 통괄하는 막강한 권력을 누리던 내무성을 해체했다. 이들은 또한 민간에 집중되어 있던 부를 사회화하는 작업에 착수했는데, 여기서 가장 중요한 정책이 전쟁 전에 만들어진 거대 자이바쓰財閥의 해체였다. 미쓰비시三菱, 미쓰이三井, 스미토모住友, 야스다安田를 시작으로 다수의 자이바쓰가 이때 모두 지분을 몰수당했다.

GHQ는 그렇게 자기들이 무슨 일을 하고 있는지 깨닫지 못한 채, 관료의 무제한 권력에 제동을 걸던 중요한 장치 중 하나를 없애버렸다. 자이바쓰 오너들은 전쟁을 기껏해야 마지못해 지지하고 있었을 뿐이다. 이들은 1930년대 파시스트들의 암살과 협박의 대상이었고, 전시 경제를 이끄는 관료들도 이들을 신뢰하지 않았다. 이들은 당시 일본의 정책이 재계 전반에 이롭지 않다는 것을, 아니 최소한 자신들의 사업에 이롭지 않다는 것을 잘 이해하고 있었다. 그리고 전쟁을 위해 일본의 경제를 통제하고 동원했던 소위 '혁신 관료(가쿠신 간료革新官僚)'들은 나치의 '국가사회주의' 및 이탈리아 파시스트들의 사상적 기초가 되었던 조합주의corporatism(국가가 정책 결정의 주도권을 행사하고 주요 이익집단들이 이 결정을 수용하고 협조하는 대가로 이익을 독점하는 것—옮긴이)의 영향을 받고 있었다. 조합주의의 기원은 마르크스 사회주의와 마찬가지로 헤겔의 사상으로까지 거슬러 올라간다. 조합주의는 경제활동의 우선적인 목표를 국가권력의 강화에 두었으며 이윤만을 추구하는 민간 자본가들의 '이기심'을 늘 의심의 눈으로 바라보았다.

혁신 관료들은 일본 본토에서는 막강한 자이바쓰들의 협력을 구하지 않을 수 없었지만, 식민지 만주국에서는 자이바쓰들을 배제하기 위해 최선을 다했다. 앞 장에서 이야기했듯이, 만주는 관료들이 이끄는 계획

경제의 일종의 실험장 같은 곳이었다. 잘 알려진 일본의 기업 중 그 유래가 과거의 자이바쓰가 아닌 기업의 상당수는(예컨대 히타치日立나 닛산日産) 만주에 설립되어 관료들의 후원 아래 급성장했다.

GHQ의 자이바쓰 해체 정책에 의해 자이바쓰는 경제 부처의 지시에 따라 움직이는 일종의 관료 기구처럼 변형되었다. 경제 부처(대표적으로 대장성大藏省과 군수성軍需省. 전쟁이 끝나고 재빨리 통상산업성通商産業省으로 이름을 바꾸었다) 내 혁신 관료들의 직계 후임들은 전쟁이 끝나고 1940년대 중반 폐허가 된 경제를 물려받았지만, 그들이 누리는 권력은 오히려 전쟁 때보다 더 커져 있었다. 자이바쓰, 군대, 내무성과 같은 강력한 경쟁 기관들은 해체되었고, 도지 라인은 긴축경제를 이끌어가기 위해 필요한 모든 수단을 관료들에게 넘겼다. 도지는 당시 일본에서는 어떤 정권이었다고 해도 정치적 이유로 인해 불가능했을 정책들을 강제로 실행해버렸다. 긴축재정과 균형예산과 신뢰 가능한 고정환율이 그것이다.

평상시라면 이러한 정책의 조합은 (2010년대 초반 남유럽에서 보았듯이) 대규모 빈곤과 심지어 혁명을 불러올 수도 있었다. 하지만 당시는 평상시가 아니었다. 1950년 한국전쟁이 발발했고, 미국은 군대에 보급하기 위해 무기를 제외한 모든 물자를 끝도 없이 발주하기 시작했다. 그리고 납품을 받으면 달러로 대금을 지급했다. 일본인들은 이 전쟁 특수를 '하늘의 도우심'이라고 불렀다. 도지 라인에 더해 수출의 급증은 일본이 폐허가 된 경제를 재건하는 데 최상의 경제적 환경을 만들어주었다. 일본으로 쏟아져 들어온 달러는 해외 직접투자에 의존하지 않고도 산업 재가동에 필요한 생산 설비를 수입할 수 있도록 해주었고, 따라서 일본은 국가 경제 운영의 최종 결정권을 스스로의 손안에 계속 유지할 수 있었다.

한국전쟁은 일본이 샌프란시스코 평화조약에 서명하면서 법적인 독립을 되찾고 얼마 지나지 않아 종료되었다. 이 조약에는 명시되지 않은 두 가지 조건이 있었으니, 하나는 일본이 미국의 정책에 따라 중화인민공화국과 어떠한 관계도 맺지 않을 것, 또 하나는 일본에서 좌익이 권력에 다가가지 못하도록 확실히 보장할 것이었다. 이것은 미국을 만족시켜 양보를 얻어내는 일본 특유의 교섭 방식이었다. 역사적으로 아시아 대륙에서 가장 큰 중국이라는 시장이 사실상 닫혀버린 대신, 일본은 미국 시장을 제한 없이 열어줄 것을 요청했다. 거꾸로 일본 시장을 미국에 열어주지는 않았다. 일본 외교 당국의 논리는 한국전쟁이 끝났으니 일본은 달러를 확보할 수 있는 또 다른 원천이 필요하지만, 미국 회사들과 경쟁하기에 일본의 자국 산업은 아직 너무 작고 약하다는 것이었다. 한편 일본의 보수 지도층은 CIA의 은밀한 도움을 받아 일본 내에 흩어져 있던 보수 세력을 모아 자유민주당(자민당)으로 통합했다. 자민당은 볼테르의 표현을 빌리자면, 자유주의도 민주주의도 대변하지 않고, 전통적 의미의 정당도 아닐뿐더러, 줄곧 치러진 선거에서 과반을 넘는 득표를 하지도 못했다(볼테르가 신성로마제국은 신성하지도 않고, 로마도 아닐뿐더러, 제국도 아니라고 했던 것을 응용한 말—옮긴이). 하지만 자민당은 관료가 경제를 통제하고, 일본이 계속 미국의 방어 체제의 일부로 편입되어간다는 두 가지 사실을 정치적으로 눈가림해주는 임무를 성공적으로 수행했다(자민당과 일본의 선거 정치에 대해서는 마지막 두 장에서 자세히 얘기할 것이다).

미국은 일본의 요구를 기꺼이 받아들였다. 일본 내 좌파 세력이 힘을 얻는 것을 염려해서만은 아니었다. 좌파의 물결은 1946~1948년 정점을 찍고 서서히 약해지기 시작했지만, 일본은 미국의 공포를 부추겨서

원하는 것을 얻어내는 법을 배웠다. 즉, 사회주의의 위험을 과장함으로써 미국이 통상 문제에 대해 양보하거나 공공연한 군사 협력 요구를 철회하도록 했던 것이다.[43] 미국은 또한 사상적인 이유로도 일본을 필요로 했다. 일본을 활기 넘치는 '자본주의' 민주국가의 모범 사례로 삼아 소련과 중국으로부터 나오는 선전 선동에 대항하려고 했다. 여기서 전후 일본의 경제 운용 방식이 '자본주의'의 정의를 무색하게 만들 정도로 변형되었다는 사실은 별로 중요하지 않았다.

1950년대 초반의 특수한 상황은 그 후 수십 년간 일본의 경제 기적뿐만 아니라 동아시아 국가 전반의 성장 모델의 토대가 되었다. 일본은 패전의 폐허를 극복하기 위해 사실상 미국 시장에 의존하는 수출 주도 경제를 키우는 것 외에는 선택의 여지가 없었다. 앞서 언급했듯이, 당시 독립한 많은 신생 개발도상국은 '수입 대체'를 주창하며 과거 식민지 시절 지배국에 의존하던 경제를 개혁하고, 국내 산업을 키우려고 했다. 하지만 미국의 품에서 벗어날 수 없었던 일본에게 이것은 선택지가 아니었다. 미국에 대한 의존도를 낮추려고 애쓰는 대신, 일본은 그 의존도를 유리하게 이용해서 막대한 달러를 벌어들일 수 있는 산업과 기업을 키우는 다양한 제도를 만들어 발전시켰다. 그렇게 벌어들인 달러는 적어도 고도성장기의 첫 10~20년간은 경제 관료 기구에 의해 관리되고 배분되어 일본의 발전을 더욱 가속화하는 데 쓰였다.

---

43 아이젠하워 정부의 국무장관인 존 포스터 덜레스가 도쿄를 방문해 일본에 국방비 지출을 확대할 것을 요구하자, 요시다 총리는 사회주의자들에게 긴밀히 메시지를 보내 미 '제국주의'에 대항해 대규모의 요란한 시위를 벌일 좋은 타이밍이라고 넌지시 부추긴 바 있다.

고도성장의 정치적·문화적 기반

전후 일본의 전체적인 경제 전략은 경험곡선 효과를 최대한 살리는 데 집중되어 있었다. 제2차 세계대전 동안 미국의 통계학자들은 생산량의 증가와 생산 원가의 감소 사이에 뚜렷한 상관관계가 있다는 것을 발견했다. 생산량이 증가할수록 생산 원가는 예측 가능한 형태로 줄어들었던 것이다. 이 경험곡선의 개념은 1960년대 보스턴 컨설팅 그룹의 창립자인 브루스 헨더슨에 의해 널리 알려졌다. 하지만 일본인들은 이미 그 전의 10년 동안 이 개념을 활용해 경제를 발전시켰다.

이 개념이 전시 경제의 역학에서 싹텄다는 것은 우연이 아니다. 전시 경제는 중앙에서 결정한 목표를 달성하기 위해 명목상의 민간 경제 주체에게 자원을 배분한다. 일본의 저명한 경제역사가 노구치 유키오野口悠紀雄는 전후 일본 경제의 제도적 기틀은 국가 경제를 전시 체제로 운영하기 위해 1940년에 취했던 여러 조치에 있다고 주장한다. 이 조치들은 물자 생산의 카르텔을 조직한다거나 전쟁 수행에 중요한 산업들이 우선적으로 자금을 조달받을 수 있도록 금융 시스템을 재편하는 것 등을 말한다. 미군정이 부지불식간에 경제 관료의 권한 영역을 넓혀놓은 탓에 이러한 조치들은 더욱 공고해지고 제도화되었다. 군정이 종료되면서, 경제 전략을 담당하던 관료들이 예전에 군사적 목적으로 사용하던 각종 수단을 재활용하여, 수출 시장에서 달러를 최대한 벌어들이는 목적으로 이용하는 것은 그리 어려운 일이 아니었다.

경험곡선 효과를 알고 있던 일본의 수출 기업들은 생산 원가보다 제품 판매가를 낮게 책정해 해외에서 시장 점유율을 늘려갔다. 기업들은 조달한 자금을 금세 상환할 필요가 없었기 때문에, 미래에 수출량이 계속 증가하면 언젠가 생산 원가를 판매가보다 낮출 수 있고, 그러면 결국 손실을 만회할 것이라는 가정하에 당장의 손실을 감수할 수 있었다. 하지만 수출량이 그만큼 증가할 것이라고 확신하려면 예측 가능성이 있어야 했다. 그리고 예측 가능성이 있으려면 저명한 경제 애널리스트 미쿠니 아키오三國陽夫가 '일본식 시스템에 있어서 리스크의 사회화'라고 부른 것이 전제되어야 했다. 이는 커넥션이 좋고 '전략적'이라고 인정받았던 기업들이 개별 기업의 리스크(정치, 사회, 경제, 금융, 시장의 리스크)를 줄이기 위한 목적으로 만들어진 공공 정책의 직접적인 혜택을 받았던 것을 말한다.

일본에는 이미 예로부터 예측 가능성을 중시하는 전통이 있어서 커다란 장점으로 작용했다. 일본인들은 직계 가족과 친한 친구를 제외한 모든 종류의 인간관계에서 정해진 행동 양식을 선호하고 예상외의 상황을 극도로 꺼리는 나머지 서양 사람들에게는 거의 병적으로 보일 정도다. 사람들은 언어뿐만 아니라 비언어적 신호를 통해서 자신의 사회적 위치와 그에 맞춰 어떻게 대접받기를 기대하는지 의도적으로 상대에게 전달한다. 가령 일본의 비즈니스 미팅에서 명함을 교환하는 습관은 서로의 상대적인 지위를 확인하기 위한 일종의 의례다. 일본 기업의 경영진이나 공무원 무리와 함께 있을 때는, 이들이 자동차나 식당이나 회의실에서 어디에 앉는지, 사무실에서의 자리 배치는 어떻게 되는지, 서로 어떤 경어 표현을 쓰는지를 보면 각자의 직위와 서열을 즉각 알 수 있다. 술집의 여종업원, 주부, 학생, 기업 간부, 대학교수, 건설직 노동자, 엔지니어, 예술가들은 저마다 특유의 복장을 하고 있어서 누가 보더라도 한눈에 판단할 수 있다. 그렇기 때문에 일본 사회의 인간관계는 예측 가능성에 기반해서 항상 의례를 따르는 듯한 양상을 띠게 된다.

일본 사회생활의 이러한 예측 가능성은, 틀린 말은 아니지만 흔히 '일본적 문화'의 한 측면이라고 뭉뚱그려져 더 깊은 이해를 가로막는 또 하나의 사례다. 예측 가능성 역시 허용된 틀을 벗어나 행동하면 죽을 수도 있었던 도쿠가와 시대의 권력 구조에서 비롯된 것이 거의 틀림없다. 최근 20년간 소위 경기침체가 지속되면서(이에 대해서는 뒤에 살펴볼 것이다) 이런 예측 가능성의 일부가 무너지고 있으나, 오랜 세월을 거쳐 뿌리내린 이러한 관습은 코미디언과 예술가들에게 풍부한 소재거리를 제공해왔다. 1950년대와 1960년대의 '기적의 성장기' 동안에는 이러한 사회적 예측 가능성 덕분에 개별 기업가나 기업이 모든 리스크를 떠안지 않아도 되었다. 리스크를 공유하고 분산하도록 설계된 각종 금융과 기업과 시장의 제도들이 작동할 수 있는 탄탄한 기반을 예측 가능성이 마련해주었던 것이다.

하지만 이러한 현상을 단순히 '문화적인 것'이라고만 할 수는 없다. 돌이켜 생각해보면, 일본이 고도성장의 기반을 다지는 데는 외부 환경의 영향과 예측 가능성 같은 전통적 관습뿐만 아니라 국내 정치 상황의 전개도 중요한 역할을 했다. 우리는 이미 일본의 다양한 보수 세력이 어떻게 CIA의 은밀한 도움을 얻어 1955년에 거대 여당인 자민당으로 통합되었는지 살펴보았다. 자민당은 그로부터 1993~1994년의 짧은 기간을 제외하고는 2009년까지 내각과 총리를 포함한 의회 정치를 공식적으로 장악하게 된다. 자민당은 유럽의 정당들처럼 선명한 이데올로기를 기반으로 선명한 지지층을 거느리는 형태로 작동하지 않았다. 자민당 내부는 지금까지 대부분의 기간에 여러 개의 뚜렷한 파벌로 나뉘어 있었다. 이 파벌들은 이데올로기나 정책의 차별성에 따라 구성된 것이 아니라, 막강한 권력을 가진 일련의 정치 보스라 불리는 사람들을 중심으로 후견관계를 맺고, 파벌이 제공하는 정치적 특혜를 통해 선거에서 이기기 위한 조직에 불과했다. 자민당은 여러 핵심적인 면에서 1972년 맥거번 개혁(민주당의 맥거번 상원의원이 주도한 대통령 후보 지명 방식의 개혁. 주와 지역 당 간부의 영향력을 배제하고 전당대회와 공개 예비선거의 역할을 확대했다—옮긴이) 이전의 미국 민주당과 닮아 있다. 시카고의 리처드 데일리, 캔자스시티의 톰 펜더개스트, 보스턴의 제임스 컬리처럼, 자민당의 파벌들도 중앙 정부와 각 지역 선거구 사이를 잇는 파워 브로커 역할을 했다. 이들은 후보들의 후견인이 되어주고 관료들로부터 선거구의 예산을 확보해주어 선거에서 표를 얻었다. 하지만 20세기 중반의 미국 민주당과 달리 자민당의 표밭은 도시의 중하위 노동자층이 아니라 농촌 지역이었다. 자민당은 당과 관계가 좋은 인사들에게 우체국장과 같은 지역의 중요한 자리를 나누어주며 농촌의 깊숙한 곳까지 촉수를 뻗고 있었다. 또한 자민당 정치인들은 자신의 정치적 공적을 과시하는 방식으로 농촌의 생활 수준을 보장했다. 지역의 공공사업 예산을 따온다거나, 농산물 시장을 카르텔화해서 가격 담합을 통해 저가의 수입 농산물로부터 지역을 보호하는 과정에서 자신들의 정치적 역할을 강조한 것이다.

이렇게 함으로써 이들은 전후 일본 정치에서 잠재적으로 가장 큰 저항의 원천을 무력화했다. 수출형 기업에 특혜를 주는 전후 일본의 경제 전략은 필연적으로 부와 권력을 농촌에서 도시로, 농장에서 공장으로 몰리게 했다. 주기적으로 체제를 뒤흔들어놓던 농촌의 소요는 에도 시대의 잇키 농민봉기까지 거슬러 올라간다. 1880년대의 자유민권운동은 메이지 시대 일본의 첫 산업화를 위해 농촌에서 자본을 수탈해가던 정책에 농촌이 저항한 데서 시작된 것이다. 일본의 농촌은 1920년대와 1930년대 거의 모든 반자본주의 우익 선동의 무대였다. 농민들은 일본을 금본위제로 돌려놓기 위한 디플레이션 정책의 가장 큰 타격을 받았고, 우익 선동가들이 그들의 궁핍한 상황을 이용했다. 하지만 전후의 정치적 구도는 농촌의 경제적 활력을 보장함으로써 이 모든 문제에 종지부를 찍을 것이었다. 물론, 농촌이 계속해서 자민당 후보를 찍어준다는 전제하에 말이다.

농촌 인구의 상당수가 도시로 이동하고 나서도 선거구 제도는 바뀌지 않았기 때문에, 농촌에서의 한 표는 도시의 세 배에서 다섯 배 정도의 효과를 지니게 되었다.[44] 이러한 교환을 통해 농촌 지역은 일본의 안정적인 정치적 지형을 보장하고, 그 대가로 정치사회학자 켄트 콜더가 말한 '보상'을 받았다.[45] 그것은 일본의 전반적인 전후 경제 전략에서 소규모 농민과 지방 기업들은 별로 설 자리가 없다는 현실을 보상하기 위해 농촌에 보호주의 정책과 공공사업 예산을 제공하는 것이었다. 이런 거래는 농촌 지역의 인구와 활력이 어쩔 수 없이 줄어드는 과정을 조금 늦추는 정도의 효과밖에는 없었지만, 그것만으로도 일본이 완전한 산업 선진국으로 탈바꿈하는 전후 수십 년 동안 충분한 정치적 안정성을 유지하는 역할을 했다.

이처럼 전후의 자민당 정치인들은 관료들이 정책을 결정하고 수행할 수 있는 안정적인 정치 환경을 만들어주는 대신 관료들로부터 편의를 얻어내는 중요한 파워 브로커로 등장했다. 그러나 거시적인 경제 전략으로 인해 발생한 비용을 농촌에 보상해주도록 하는 것만이 일본 정치가

---

44 이는 미국 상원이 인구가 적은 주의 유권자들에 의해 좌우되는 것과 비슷하다고 할 수 있다. 다만 상하 양원제로 되어서 각각의 의원이 별도로 선출되는 미국에서 그런 영향은 상원에 제한되어 있다. 일본의 경우는 농촌 선거구가 최근까지도 실질적으로 의회와 내각을 모두 장악하고 있다. 정책은 공무원인 관료들에 의해 대부분 정해지기 때문에 농촌의 장악력에서 벗어나 있다고 할 수 있다.

45 Kent Calder, *Crisis and Compensation: Public Policy and Political Stability in Japan*(Princeton, 1988)

들의 역할은 아니었다. 미국의 비위를 맞추기 위해 어떤 양보가 필요할 경우, 일본 권력 구조의 다른 구성원들을 설득하는 일 또한 자민당 중진의 역할이었다. 하지만 그들의 가장 중요한 역할은 부정적인 것이었으니, 그것은 관료 기구에 대해 형식적으로 이루어지던 정치권의 감독을 실질적인 것으로 만들려는 모든 움직임을 봉쇄하는 일이었다. 국회를 장악하고 있던 자민당은 고위 관료의 인사에 대한 정치권의 실질적인 개입을 차단했고, 관료들이 스스로의 업무를 정치권에 설명하고 변호해야 한다는 당연한 요구를 무력화했다. GHQ가 남기고 간 입헌 정부의 공식적인 장치에는 이러한 기능이 마련되어 있었으므로, 잘 훈련되고 유능한 정치가 집단이 의회를 장악하고 내각을 꾸려 관료에 대한 정치적 통제를 시도하는 것은 제도적으로 가능했다. 1950년대 초반의 좌파 정치인들은 이런 일을 실현할 만한 사람들이었으나, 애초 자민당은 그런 것을 사전에 방지하기 위한 목적으로 만들어진 정당이었다. 그 후 수십 년의 세월이 지나 좌파가 선거에서 승리할 가능성이 희미해지면서, 자민당은 점점 기존 정치체제를 수호하는 구시대의 장벽으로서의 역할만 하게 되었다. 일본이 20세기 말의 새로운 현실에 대처할 수 있도록 경제 모델을 개혁할 수 있는 정치적 구심점으로서의 기능을 명백히 상실하고 말았던 것이다. 나중에 마침내 유능하고 잘 훈련된 세력이 등장해서, 사쓰마-조슈 파벌이 죽고 난 이후 사라져버린 책임 있는 정치적 구심점을 재건하려고 시도하지만, 이들은 좌파가 아니라 새로운 정당을 창당하기 위해 자민당으로부터 탈당한 세력이었다.

하지만 그것은 우리가 하던 얘기로부터 40년이나 뒤의 일이다. 자민당이 창당되었을 때만 해도 그것이 일본 좌파의 종말을 의미하는 것은 결코 아니었다. 1955년 자민당이 각 세력을 규합해 창당되어 전후의 정치 구도가 형성된 것을 두고 '1955년 체제'라고 부르는데, 이 체제는 좌파가 선거를 통해 정권을 잡을 수 있는 길을 실질적으로 원천봉쇄했다. 좌파는 거리로 나섰다. 전국 연맹으로 조직되어 있던 노동조합들은 연달아 시위를 벌였다. 자민당이 헌법을 개정하려 하고, 반대 세력을 억압하기 위해 경찰의 권한을 대폭 강화하는 법안을 통과시키려 하자 노동조합원들은 일본의 다른 좌파 세력들과 연합해(여성운동가, 좌파 정당 그리고 1954년 일본 어부들이 미국의 수소폭탄 실험에서 나온 방사성 낙진에 노출되었던 사건으로 시작된 반핵 운동가들) 대대적인 시위를 조직해서 저항했다. 이 시위는 상당히 위력적이어서, 자민당은 의회에서 과반을 차지하고 있었음에도 법안을 통과시키지 못하고 헌법도 그대로 둘 수밖에 없었다.

1960년이 시위의 절정이었다. 기시 총리가 미일 안보조약의 개정을 국회에서 강행하려고 하자 100만이 넘는 사람들이 도쿄의 거리로 쏟아져 나와 이를 반대했다. 미군정 종식의 선행 조건으로서 1952년에 체결된 원래의 안보조약은 유효 기간이 8년이었다. 1960년의 개정 조약은 해지나 변경에 대한 쌍방의 동의가 없는 이상 자동으로 갱신되는 조항을 포함하고 있어, 실질적으로 일본이 미국의 영구적인 속국임을 문서화하는 것이었다. 미국은 일본 정부가 보조하는 비용으로 일본 땅에 다수의 미군 기지를 무제한 사용할 수 있었다. 또한 일본이 침략당할 경우 미국은 일본을 도우러 올 의무가 있었으나 반대의 경우 일본이 미국을 도와줄 의무는 없었다(미국은 일본에 미군 기지를 주둔시키도록 허용한 것이 그 대가라고 공식적으로 주장한다). 직설적으로 말해 안보조약의 조건대로라면, 미국은 일본이 식민지는 아니라고 명확히 한 것도 아니었고, 그렇다고 동맹국으로 인정한 것도 아니었다. 그보다는 미국의 보호를 받는 피보호국에 가까웠다. 내정은 스스로 관리하지만 국방과 외교 문제에 있어서는 미국의 뜻에 따라야 했고, 그러한 종속관계를 유지하는 비용도 일본이 부담해야 했다.

수십만의 시위대는 단순히 미국의 패권을 상징하는 안보조약으로 인해 일본이 반영구적인 '종속적 독립' 상태로 전락하는 것만을 반대하는 것이 아니었다. 이 조약이 전쟁에 책임 있는 사람들에 의해 명백히 비민주적인 방식으로 개정되었다는 사실 또한 시위대를 분노케 했다. 기시 노부스케는 전범 혐의로 투옥되었던 인물이지 않은가. 그는 '만주국'의 경제 운용 총책임이었으며, 도조 히데키의 전시 내각에서 군수대신을 맡았었다. 안보조약 개정 동의안을 통과시키기 위해 기시 노부스케는 한밤중에 본회의를 소집하고 투표를 강행하기 위해 국회에 경찰 병력을 불러들였다. 경찰은 고함치는 야당 의원들 무리를 뚫고 국회의장을 의장석까지 글자 그대로 들어 날랐다.

안보조약 개정을 둘러싼 사건들은 1930년대의 비극에 최소한 부분적 책임이 있는 세력의 귀환을 기정사실화했다. 이들은 미국에 나라를 팔아 권력을 되찾은 것이다. 적어도 당시 수백만의 일본인에게는 그렇게 보였다.[46] 최종 조율을 위해 도쿄를 방문했던 백악관 공보비서관의 차가 성난 군중에게 둘러싸여 거의 전복될 뻔한 사건이 있었고, 개정 조약의 서명을 위해 일본에 오려던 아이젠하워 대통령의 방문 계획은 취소되었다.

한편, 같은 해 규슈에 있는 미쓰이의 미이케三池 탄광에서 10개월간 파업이 계속되며 노사 간의 격렬한 대립이 절정에 달했다. 미쓰이는 그 기원이 에도 시대까지 거슬러 올라가는, 일본에서 아마도 이름이 가장

---

46 CIA가 1950년대 일본의 선거 정치에 중요한 역할을 했다는 증거가 수십 년 뒤에 나오자 이러한 의심은 사실로 밝혀졌다. 10장 내용 참고.

널리 알려진 기업이었다. 파업은 결국 작업장의 통제권을 차지하기 위한 것이었다. 미쓰이는 가장 열성인 노조 회원 2000여 명을 해고하고, 현지 광부에 의해 만들어진 지역 노조를 어용 노조로 대체하려고 했다.

지역 노조는 '전국의 기업가들에 대한 중대한 위협'으로 여겨졌고, 파업은 '노동과 자본의 전면전'이라 불렸다.[47] 이 탄광 파업에 난무하던 폭력 때문에 한때 전국 경찰 병력의 거의 10퍼센트가 파업 현장에 투입되었다. 수만 명이 파업 노동자를 지지하며 현장에서 집회를 열었고 회사는 폭력배들을 고용해 시위를 해산하려고 했다. 그 결과 파업 노동자 한 명이 죽고 1700여 명이 부상을 입었다.

좌파는 패배했다. 파업은 해산되고 안보조약은 개정되었다. 하지만 좌파가 모든 면에서 패배한 것은 아니었다. 미쓰이가 노조를 파괴하고 대신 고분고분한 사측 노조를 만드는 데 성공하자, 다른 기업들도 그걸 따라하기 시작한 것은 맞다. 하지만 그때부터 일본의 대기업들은 정규직 남성 직원들에게 평생의 경제적 안정을 보장할 의무를 받아들였다. 그리고 기업으로서 그렇게 할 수 있는 능력을 갖추는 것이 분기 이익이나 주가보다 훨씬 더 중요한 최우선 목표가 되었다. 직원이 어떤 문제를 일으키거나 회사가 재정적으로 힘들 때라도, 제대로 된 회사라면 직원을 해고하는 것은 실질적으로 금지되었다. 이렇게 경제적 안정의 보장이라는 좌파의 핵심적인 요구 사항이 충족되면서, 노동 투쟁은 점점 일종의 의례적인 절차로 변해갔다. 가끔 있는 반나절 파업은 중요한 생산에 차질이 없도록 사전에 조심스럽게 조율되었다. 매년 노동절이 되면 거리에는 노동자들이 질서정연하게 깃발을 들고 나와 퍼레이드 같은 분위기

---

47 Andrew Gordon, *A Modern History of Japan: From Tokugawa Times to the Present*(Oxford, 2003), p.277

를 연출했다. 주요 산업의 노조들이 임금 인상을 협상하는 전국적인 연례행사가 생겨나면서 이런 것들은 빠질 수 없는 부분이었다. 그렇게 결정된 임금 인상 폭은 전국의 기준치가 되었다. 인상 폭에는 언제나 전반적인 경제 사정이 반영되었기 때문에, 공장 노동자들은 일본 경제가 전체적으로 향상되면 그 일정 비율을 가져가도록 보장된 것이나 마찬가지였다.

한편, 일본의 미국과의 '동맹관계'도 어느새 확고해졌다. 하지만 아이젠하워의 방일이 취소되고 기시 노부스케는 사임했다. 기시의 후임으로 이케다 하야토池田勇人가 총리 자리에 올랐는데, 그는 한 개인의 자격으로 그 누구보다 '일본 경제 기적의 아버지'라는 말을 듣기에 충분한 사람이다. 이케다는 아마 20세기의 경제 정책 전문가 중 가장 저평가된 인물일 것이다. 영국의 리카도와 로버트 필 총리가 자유무역과 비교우위를 확립하고, 케인스와 프랭클린 루스벨트 대통령이 적극적인 수요 창출 정책을 확립했던 것처럼, 이케다가 수출주도형 고도성장 모델을 확립했다고 해도 과언이 아니다. 이케다는 전후 일본 정부에서 가장 엘리트 관료 기관이었던 대장성(재무성)의 관리에서 총리 자리까지 오른 인물이다. 그는 일본 경제가 전체적으로 어떻게 돌아가는가를 꿰뚫고 있었을 뿐만 아니라, 일본이 어떻게 전후 달러 중심의 글로벌 금융 질서에서 환율 정책과 통화 정책을 결합해 고도성장을 이룰 수 있는지에 대해 탁월한 식견을 갖고 있었다.

이케다는 총리가 되기 전에 이미 정책적 구상들을 마치고 실행에도 옮겨보았다. 전후 몇 차례의 내각에서 대장성 장관과 통상산업성 장관을 역임했던 것이다. 총리가 되자 그는 좌파의 사기가 꺾이고, 끝도 없어 보이던 정치적 소요 속에 온 나라가 지쳐 있던 정치적 틈새를 놓치지 않았다. 관료 기관이 집행할 수 있던 각종 정책에 자신감을 갖고 있던 그는, 10년 내에 소득을 두 배로 증가시키겠다는 유명한 정책을 발표한다. 일본이 정치 투쟁에서 경제 투쟁으로 관심을 옮길 것을 암암리에 호소한 것이다. 그리고 그 호소는 먹혔다. 대기업을 중심으로 샐러리맨 문화가 퍼져나갔고(다음 장에서 자세히 살펴볼 것이다), 일본은 이케다의 목표를 초과해서 달성했다. 패전의 굴욕과 미국에의 종속이 잊힌 것은 아니었으나, 일본의 눈부신 경제적 성취가 불러온 자부심에 묻혀갔다.

미국 또한 1960년대의 격렬했던 정치 투쟁이 남긴 상처를 달래는 데 협조했다. 새로 들어선 케네디 정부는 하버드대학 교수인 에드윈 라이샤워를 주일 미 대사로 임명했다. 라이샤워는 센세이션을 일으켰다. 훤칠한 외모에 온화한 성품이었던 라이샤워는, 메이지 말기에 일본으로 몰려왔던 고결한 개신교 교육자의 아들로 일본에서 자란 사람이었다. 일본어를 구사하고, 부인이 일본인이었던 그는 안보조약 개정을 둘러싸고 들끓어오른 일본의 반미 감정을 다른 방향으로 돌리기 위해 끊임없이 일했다(그는 또한 많은 공을 들여 미국이 일본에 대해 갖고 있던 시각을 상당 부분 바꾸기도 했다).

한편, 좌파는 현실 정치에서 멀어져 학계로 들어갔고, 일본 사회당은 점점 형식적인 존재로 변해갔다. 일본 사회당은 집권 가능성이 없는 '제1야당'으로서 대부분 유권자의 실제 관심사와는 아무 상관이 없는 융통성 없는 교조적 태도를 취했고, 그 결과 진정한 야당이 출현하는 것을 막으며 전후 시스템을 유지하는 실질적인 한 축을 담당했다. 1960년 10월, 교복을 입은 열일곱 살짜리 국수주의자 학생이 생방송 도중에 칼을 휘둘러 타협을 모르는 강경 좌파였던 사회당 지도자 아사누마 이네지로浅沼稲次郎를 살해해버렸다.

아사누마의 살인 사건은 사회당에 일부 동정심을 불러일으켰을지는 모르나, 또한 1930년대에 난무하던 폭력을 상기시켰다. 이 사건으로 지난 10년간 일본을 마비시킨 끝나지 않을 것만 같던 정치 갈등에 대한 사람들의 혐오가 폭발했다. 사회당의 온건파는 탈당해 중도주의 노선의 일본 사회민주당을 창당했다. 그리고 사회당은 선거에서 다시는 보수 패권을 위협할 수 있는 존재가 되지 못할 것이었다.

역설적으로 공산주의자들은 사회주의자들보다 마르크스주의에 덜 교조적이었고, 간혹 요란하게 주장을 제기하고 나서기는 했지만, 그 이상의 역할을 할 만큼 강한 세력이 되진 못했다. 공산주의는 주로 자영업자나 소상공인인 도시의 하위 중산계층으로부터 지지를 받았다. 하지만 이들 중 다수는 당시 최대 '신흥 종교'였던 창가학회創價學會에서 1964년 파생되어 나온 공명당公明黨을 더 지지했다. 이런 신흥 종교들은 1장에서 살펴본 니치렌 불교日蓮佛敎의 요소와 개신교의 적극적인 전도 방식을 결합하고 있었다. 이들의 주된 신도층은 당시 떠오르던 대기업 중심의 샐러리맨 문화에서 소외된 도시민들이었다. 신흥 종교는 이런 사람들에게 소속감을 주었고, 공명당은 이들이 최소한의 정치적 목소리를 낼 수 있는 통로였다. 공명당은 자민당이 농민들에게 해주었던 역할을 도시의 자영업자와 소상공인들에게 해주며(자민당이 훨씬 효율적이었지만), 사실상 모든 면에서 자민당의 동맹 정당으로 자리 잡았다.[48] 이들은 자영업자와 소상공인들의 점점 줄어드는 경제적·사회적 지위를 충분히 '보상'해서, 잠재적 사회 불안의 근원을 제거했던 것이다.

마르크스주의를 신봉하는 교수들은 계속 명문 대학들의 사회과학대에서 큰 영향력을 행사했다. 로마 제국 말기 교부들Church Fathers에게 문명의 허구성을 설파했던 비기독교 철학자들처럼, 이런 교수들은 훗날 관료사회와 은행과 기업에서 주요한 권력의 자리에 오르게 될 젊은이들을 가르쳤다. 이 젊은이들은 대학 시절의 몇 년을 겉보기에 급진적인 학생 '혁명가' 단체에서 활동하곤 했다. 1960년대가 무르익어가면서 이런 단체들이 주도한 시위는 점점 커지고, 요란해지며 결국은 폭력적으로 변해갔다. 아마도 해외의 비슷한 사례들과 베트남전의 커져만 가는 혼란의 영향이 반영되었을 것이다. 사이공의 거리는 일제 오토바이와 소형차로 가득했지만, 일본이 미군의 가장 중요한 외부 보급책이었다는 현실을 숨길 수는 없었다. 학생들은 이러한 모순에 진정 당혹스러워했고, 그들이 제국주의와 반동주의로 여기던 미국에 일본이 완전히 종속되어가는 것을 걱정했다. 하지만 이들의 시위는 일본의 권력 구조에 어떠한 실존적 위협도 되지 못했다. 학생 시위대 그룹들은 선후배 관계와 명문 대학의 서열에 맞춰 조직되어 있었고, 그들이 저항하던 사회와 똑같은 위계질서를 갖고 있었다. 시위는 점점 열기를 상실했다. 어떤 학생들은 그 뒤로도 체제에 편입되기를 거부하며, 도시의 독특한 동네에 재즈 카페를 연다거나 시골에서 유기농 농장을 운영한다거나 했다. 하지만 대부분은 지독한 대학 입시를 통과하던 순간 이미 그들에게 확실하게 보장되어 있던 일본 권력 구조 내부의 자리로 돌아갔다. 이들 중 가장 명문이었던 도쿄대학과 교토대학의 졸업생들은 신흥 초강대국 일본을 지탱하는 주요 조직과 관료 기관을 장악하게 된다.[49] 마르크스주의자 교수들에게 다년간 무엇을 배웠든 간에, 이들은 인간 역사를 움직이는 것은 경제 변화의 속도와 성격이라는 마르크스의 핵심적인 통찰 하나는 확실히 습득

---

48 공명당에 적대적인 일본 언론의 대부분은 공명당이 자민당을 지지하는 대가로 오랫동안 혜택을 받았다고 주장한다. 모든 '종교법인'에 대한 면세 특권을 유지하는 것과, 창가학회의 3대 회장인 이케다 다이사쿠池田大作의 금전 문제에 대해 조사하지 않는 것이 그것이다. 이케다는 창가학회를 일본에서 가장 유력한 단체의 하나로 키운 인물이다.

49 Herman Kahn, *The Emerging Japanese Superstate*(Prentice Hall, 1971)

했던 것 같다.

이렇게 일본에서는 '누가 누구로부터 무엇을 요구할 수 있는 권리를 갖는가who has the right to require what of whom'라고 하는 정치의 핵심 문제가 영원히는 아닐지라도 당분간 해결되었다. 잠재적으로 가장 분란의 여지가 많을 국방과 외교 문제는 일본의 손을 떠나 미국에 맡겨졌다. 안정적인 대외 국방과 금융 시스템이 확보되면서, 일본은 성큼 발을 내딛으며 인류 역사상 가장 놀라운 번영을 향해 전력 질주할 수 있었다. 일본의 눈부신 성공은 애초 그런 성공을 가능케 한 국제 정세가 나중에 불안정해지면서, 일본이 제대로 대처하기 힘든 종류의 각종 도전을 불러오게 된다. 하지만 그것은 미래의 일이다. 지금으로서는 경제 발전에 팔을 걷어붙일 때였다.

5장

고도성장의 제도적 기틀

앞 장에서, 고도성장을 추진할 수 있었던 토대가 1945년 이후 15년간 다양한 제도를 통해 형성되는 과정을 살펴보았다. 일본의 정치와 문화와 외부 요인들이 함께 어우러져 일본 경제는 당시로서는 전대미문의 성장률을 달성했다. 이러한 제도들은 1960년대 말부터 점점 변화의 압박을 받았고, 이 중 일부는 이제 거의 작동하지 않는다. 하지만 대부분은 어떠한 형태로든 여전히 남아 있다. 또한 일본의 이웃국가들도 '일본의 기적'을 스스로 재현하기 위해 이 제도들을 선택적으로 가져가 모방했다. 그런 의미에서 이러한 제도들은 연구해볼 가치가 있다.

이 제도들의 일부는 전쟁 기간에 생겨났고, 일부는 훨씬 과거로 거슬러 올라가며, 일부는 전후에 생겼다. 언제 생겨났든 간에 이들은 모두 국가의 목표를 달성하기 위한 목적으로 활용되었다. 첫째 목표는 전후의 폐허에서 회복하는 것이었다. 다음은 외환 보유고를 충분히 비축해서 국제 수지의 제약으로부터 일본을 자유롭게 하는 것이었다. 마지막으로는 예측 불가능한 외국에의 의존도를 최대한 낮출 수 있도록 스스로 완전한 근현대 산업경제 체제를 구축한다는 목표가 있었다. 앞 장에서 얘기했듯이, 예측 가능성은 전후 일본의 경제 모델을 지탱하는 기

일본 경제 기적의 아버지인 이케다 하야토池田勇人와 케네디의 정상회담 장면(1961).

반이었다. 하지만 국내의 에너지원이 매우 제한되어 있고, 식량을 수입하지 않고는 기껏해야 전체 인구의 3분의 1밖에 먹여 살릴 수 없는 나라에서 예측 가능성을 보장하기란 불가능했다. 더구나 1960년 일본의 지도층은 당분간 미국이 이끄는 세계 질서에서 일본은 사실상 피보호국의 위치로 남아 있어야 한다는 현실을 받아들이고 있었다. 그리고 미국은 대단히 예측 불가능한 행동을 할 수 있는 나라였다. 그러므로 1960년대 이후 일본의 경제 외교 정책의 방향은, 어쩔 수 없이 해외에 의존하는 데서 오는 예측 불가능성을 최대한 줄이고 제어하는 데 집중되어 있었다.

일본의 기업들

고도성장의 제도적 기틀을 이루는 요소를 하나하나 살펴보려면 기업으로부터 출발하는 것이 좋다. 기업이 일본 경제를 위해 실제로 재화와 서비스를 만들어내는 주체이기 때문이다. 중소기업들은 때로 개인사업자나 합자회사이기도 했지만, 더 큰 기업들은 법적인 형태로 거의 예외없이 유한회사(주식회사)를 택했다. 비상장기업도 일부 존재했으나(예컨대 2013년에야 상장한 주류회사 산토리), 대부분의 큰 기업들은 상장되어 있었다. 따라서 일본 기업의 법적인 형태는 구미 기업과 다를 바가 없었다. 즉, 법적 구속력 있는 청구권을 가진 주체들(고객, 직원, 납품사, 채권자, 세무 당국)에게 우선적으로 이익이 돌아간 후, 잉여 이익과 기업 자산의 잉여 소유권은 주주들에게 있는 법적인 조직이다.

하지만 이런 법적인 구조만으로는 일본 기업들이 실제로 어떻게 작동했는지 사실상 전혀 알 수 없다. 일본에서 사람들과 흔히 얘기할 때나 일본어로 된 경영에 관한 글을 보면, 흔히 기업을 법적인 계약의 산물이 아닌, 가족이나 부족 또는 종교 단체와 비슷한 유기적 조직으로 취급하고 있다. 이런 글들은 대부분 일본의 기업이란 에도 시대의 가정(이에家)에서 자연스럽게 파생된 것이라고 주장한다. 에도 시대의 경제 조직이 중국이나 전근대 유럽에서처럼 상당 부분 가족 경영이었던 것은 사실이다. 에도 시대의 농민이나 상인 가정이 유럽이나 중국과 달리 혈연이나 결혼관계로 맺어진 것이 아닌 사람들을 정기적으로 가족으로 받아들인 것도 사실이다. 이들은 다른 가족 구성원처럼 가정에서 상호 간의 권리와 의무를 가지며 '가족의 일부'가 되었고, 가정에서는 물론 사회로부터도 그렇게 인정받았다. 하지만 근대 일본의 '가족과 같은 회사'라는 개념은 에도 시대의 제도에서 나온 유기적인 산물이 아닐뿐더러 '일본 문화'의 산물도 아니었다. 이것은 앞 장에서 다룬 종전 직후의 과격한 노동운동에 대응해 나온 이데올로기적인 해법이었다.

하지만 이러한 유래의 진실도 일본 기업의 관리자들 머릿속에 자리 잡은 '가족과 같은 회사'라는 개념을 흔들지는 못했다. 직원을 해고하는 것이 법률과 관료 기구의 감시감독으로 인해 실질적으로 불가능하게 되었기 때문에 더욱 그랬다. 일본 기업의 관리자들은 회사를 하나의 시스템으로서 생존시키고 강화하는 것이 자신의 가장 중요한 책임이라고 생각했다. 단기 이익의 창출은 부차적인 것으로 우연의 산물이거나 심지어 대수롭지 않은 것으로 여겨졌고, 개별 관리자의 보수나 회사에서의 위치를 정하는 기준도 아니었다. 관리자를 평가하는 데 있어 중요한 것은, 회사가 핵심 직원들에 대한 현재와 미래의 경제적 안정을 보장하는 데 얼마나 공헌하고 있느냐 하는 점이었다. 회사의 그러한 능력은 또한 시장 점유율, 제품이나 서비스의 품질, 기술적 선도력, 원가 관리, 회사에 영향력을 미치는 주체들과의 좋은 관계를 유지하는 것에 달려 있기도 했다. 이런 주체들은 은행, 정치인과 관료들, 납품 업체, 고객사, 무역회사, 대학(능력 있는 대졸 사원을 꾸준히 공급받기 위해), 경우에 따라서는 범죄 조직을 포함하기도 한다. 특히 고도성장 초창기, 해외 시장에 진출해서 달러를 벌어들이던 회사들은 일본의 경제 위계질서에서 특별한 지위를 차지했다.

일본 기업들은 몇 가지 종류로 나뉜다. '미쓰비시' '스미토모' '미쓰이'

'야스다' 같은 이름을 포함한 기업들은 전쟁 전의 자이바쓰에서 갈라져 나와, 전후에 게이레쓰系列 회사로 재탄생했다. 일본에서는 흔히 '그룹회사'라고 알려져 있다(게이레쓰라는 단어는 보통 일본에서 하나의 대기업을 중심으로 하청관계에 있는 다수의 중소기업이 형성하고 있는 네크워크를 일컫는다.)

두 번째 종류는 앞 장에서 얘기했던 것처럼, 전쟁 직전의 수십 년간 혁신 관료가 설립했거나 설립을 독려했던 기업들이다(닛산과 히타치가 대표적이다). 이런 기업들은 자이바쓰와의 연결 고리가 거의 없었다. 전쟁이 끝나고 이들은 과거 자이바쓰 계열의 은행보다는 일본흥업은행日本興業銀行(미즈호은행みずほ銀行의 전신)에서 주로 자금을 조달했다.

다음으로, 기술력이 뛰어난 창업자에 의해 전쟁 전에 설립되었던 많은 회사(예컨대 도요타豊田나 지금은 파나소닉パナソニック이 된 마쓰시타松下)는 전후에도 일류 기업으로 성장했다. 이 부류에 속하는 기타 기업들은 도요타나 마쓰시타처럼 내구 소비재를 최종 소비자에게 직접 판매하는 대기업들의 하청 업체가 되어 게이레쓰에 편입되기도 했다. 또 다른 대기업들은 전후에야 창업된 회사들이다. 소니, 혼다, 교세라가 대표적인 사례다. 이들은 전통적인 기업들보다 훨씬 어려운 출발을 했다. 왜냐하면 융자를 받고, 특히 사업에 결정적으로 필요했던 외환을 배분받기 위해서 일본 기득권 시스템을 상대로 스스로의 능력을 증명해야 했기 때문이다. 기존의 대기업들은 별다른 증명 없이도 자동적으로 외환을 배분받고 있었다.

어떤 배경으로 생겨났든 간에, 일본의 기업들은 모두 인수합병의 위협이나 단기 이익을 최대화하라는 압력으로부터 체계적인 보호를 받았다. 또한 주주들은 기업 자산이 운영되는 방식에 대해 어떠한 목소리도 내지 못하도록 통제되었다. 주식은 배당금을 받기 위한 목적이거나 업무 제휴를 강화하기 위한 의례적 기능을 할 뿐이지, 실질적으로 기업에 대한 통제권을 부여하는 도구가 아니었다.

탄탄한 기업들에 있어 자금의 조달 비용과 인건비는 항상 예측 가능하고 충분히 저렴했다. 핵심 직원들을 마음대로 해고할 수는 없었지만, 그들이 더 높은 월급을 받고 다른 회사로 옮겨가지는 않을까 염려하지 않아도 되었다. 최소한 아무도 이들을 동종업계의 비슷한 자리로는 채용하지 않을 것이기 때문이었다.

산업협회들과 경쟁의 통제

기업 간의 모든 경쟁은 통제되었다. 신규 사업에서의 교두보를 마련하기 위한 경쟁은 치열했지만(대표적인 두 사례로는 혼다와 야마하의 오토바이 사업 경쟁, 소니와 마쓰시타의 비디오카세트 녹화기 사업 경쟁이 있었다), 일본인들이 '과도 경쟁'이라 부르는 것들은 산업협회에서 나오는 비공식적인 지침을 통해 통제되었다. 실제로 카르텔이나 다름없던 이런 산업협회들은 일본의 고도성장을 가능케 한 또 하나의 핵심 제도다. 산업협회들이 일본에서 특히 중요했던 이유는, 기업들이 손실을 내는 사업에서 철수하도록 강요하는 시장 메커니즘이 없었기 때문이다. 일본 기업들은 어느 사업에 진출하고 어느 사업에서 철수할지를 판단할 때 투자 수익률 ROI, return on investment이나 자기자본 수익률ROE, return on equity과 같은 평가 기준을 사용하지 않았다. 평가 기준이 부재했기 때문에 일본 기업들은 간혹 자신들에게는 물론 전체 경제에도 파괴적인 영향을 끼치는 경쟁에 매몰되곤 했다. 기업들은 '체면'과 시스템으로서의 생존 및 고용 안정성에 대한 집착 때문에, 이미 어느 정도 점유율을 확보한 사업으로부터의 철수는 물론이고 시장 점유율의 감소도 받아들일 수 없었다. 이럴 때 필요한 것이 산업협회였다. 이들은 경쟁에서 낙오된 회사들도 고용 안정성과 시장 점유율을 유지할 수 있도록 암묵적인 규칙을 만들었다(야마하는 국내 오토바이 시장의 혼다와의 경쟁에서 '지고도' 사업을 철수하거나 파산하지도 않았다). 산업협회는 가격과 공급망에 관한 비공식적인 합의를 조율하고 감시하는 데 있어 특히 중요한 역할을 했다. 이런 합의들은 미국의 반독점법하에서라면 불법 행위였지만, 그 덕에 일본은 경쟁력 약한 기업들도 남겨두어 고용 안정성을 지키고, 또한 경쟁 제품의 수입도 효율적으로 막을 수 있었다. 합의에 이론적으로 법적 강제성은 없었으나 이를 거부하는 기업은 감당할 수 없는 압력을 견뎌야 했기 때문에, 여기에 저항했던 사례는 찾아보기 힘들다.[50]

장기적으로 보면, 일본이 이렇게 자본주의 시장경제의 필수 요소인 '창조적 파괴'의 가능성을 억제했기 때문에 일부 산업은 직격탄을 맞는다. 예를 들어 소비자 가전제품 산업은 1990년 이후 애플이나 삼성과 같은 해외의 발 빠른 경쟁자들의 도전에 직면한다. 하지만 고도성장기에는 산업협회들이 일본의 가장 첨예한 경쟁력을 해외 시장으로 향하도록 유도했다. 그리고 일본 기업들은 고용 관행과 손쉬운 융자, 숙련 노동자들의 완벽한 조합을 통해 해외에서 확실하게 시장을 점유해나갈 수 있었다.

---

50 유명한 저항의 사례가 두 가지 있다. 하나는 1965년 스미토모 금속공업住友金属工業이 생산량을 감산하라는 소속 산업협회인 일본철강연맹日本鐵鋼連盟의 집단적 합의에 반발했던 일이다. 또 하나는 라이온석유ライオンズ石油가 1984년 정유 가솔린을 국내의 정유소가 아닌 싱가포르로부터 수입하려고 했던 일이다. 결국 양사 모두 압력을 받아 입장을 철회했다.

고용 관행

　고도성장의 바탕이 된 세 번째 제도는 일본의 고용 관행이다. 고용 관행은 일본 기업들의 행동 및 일본 경제생활에 불문율로 철저히 녹아들어 있다. 가장 중요한 부분인 소위 '종신고용'은 실제로는 평생 고용하는 것이 아니고, 핵심 남성 직원에 대해 회사가 경제적 안정을 보장하는 것을 뜻한다. 전후 일본에는 제대로 된 노동시장이라는 것이 존재하지 않았다. 1980년대 후반 야심만만한 창업가였던 에조에 히로마사江副浩正(리쿠르트의 창업자)가 이런 시장을 하나 만들려고 했다가, 전후 가장 큰 정치 스캔들을 일으켰다. 이 이야기는 10장에서 자세히 살펴볼 것이다. 이 스캔들을 보면 고용 관행에 손대는 것을 일본 정계나 재계의 지도층이 얼마나 불편하게 여겼는지 알 수 있다. 그간의 고용 관행은 일본 경제에 잘 맞았을 뿐 아니라 정치적으로도 중요한 역할을 했기 때문이다. 노동시장의 의도적인 억압은 가부장적인 고용 관행과 맞물려서는, 전후 초기에 등장했던 계급투쟁적인 노동운동으로의 회귀를 막았다. 일본의 지도층은 1940년대 말과 1950년대 직장의 주도권을 놓고 벌어졌던 투쟁을 잊지 않고 있었다.

　블루칼라 남성은 고등학교를 졸업하는 대로, 화이트칼라 남성은 대학을 졸업하는 대로 바로 취직했다. 유능한 남자 신입사원들을 데려가기 위한 기업들의 경쟁은 치열했지만, 급여나 복지 같은 것은 동종업계의 동급 직책이라면 기본적으로 동일했기 때문에 차별 요소가 아니었다. 한 가지 예외는 주택 보조수당이었다. 오직 탄탄한 대기업들만이 극히 중요한 이 복지를 제공할 수 있었고, 따라서 신생 기업이나 중소기업에 비해 선망의 대상이 되었다. 회사에서 고속 승진을 꿈꾸는 젊은 남자들에게 열려 있는 고용의 기회는 단 한 차례, 대학을 졸업할 때뿐이었다(일부 기술 전문가들은 예외였는데, 가령 취업을 위해 금속공학과 같은 분야에서 석사학위가 필요한 경우였다). 이 기회를 놓치면 다음 기회는 없었다. 미국의 젊은이들이 대학 졸업 후 본격적인 일을 시작하기 전까지 '자아를 찾아' 몰두하는 시기 같은 것은 일본에 존재하지 않았다.

일류 기업을 포함해 회사들은 남자 직원뿐 아니라 여자도 뽑았다. 하지만 여자들은 거의 예외 없이 전형적인 '핑크 칼라' 직종으로 배정되었다. 이들은 일본에서 '오피스 레이디' 또는 'OL'로 불렸는데, 회사에서는 유니폼을 입고 근무하며, 입사 후 몇 년 지나 결혼한 뒤 임신을 하면 회사를 그만두는 것이 일반적이었다.

고속 승진 트랙으로 입사한 젊은 남자 직원들은 첫 10년가량을 영업, 운영, 재무, 인사 등 회사 대부분의 부서를 옮겨다니며 순환 근무했다. 새로운 인사이동은 보통 회계연도가 끝나는 3월 직전에 발표가 되었기 때문에, 3월 말일이 가까워지면 거리는 새로운 근무지로 전근 가는 직원과 그 가족을 태운 이삿짐 트럭으로 가득했다. 특출한 자질을 나타낸 일부 남자 직원들은 사내 유학제도를 통해서 1~2년간 해외의 일류 대학원에 경영학 등 전문 분야를 공부하러 가기도 했다. 동기들 사이에 급여나 직위의 차이는 10년이 지나서야 나타나기 때문에, 유학을 간다는 것은 회사에서 승승장구하고 있다는 확실한 신호였다. 승진은 30대 후반이나 40대 초반이 되어야 시작되었다. 그때부터는 승진의 사다리가 좁아지면서, 승진하지 못한 남자들은 관계사나 납품 업체로 발령이 난다. 그러한 경우에도 본사의 인사부는 이들이 은퇴할 때까지, 심지어 은퇴한 다음까지도 계속 챙겨주었다.[51]

이러한 고용 관행은 공공 부문에서도 마찬가지였다. 관료들은 은퇴하

면서 자신들이 현직 시절 관리하던 민간 기업에 자리를 만들어 들어가
곤 했는데, 이를 '하늘에서 내려왔다'는 의미로 아마쿠다리天下り(낙하산)
라고 불렀다.

교육 제도

일본의 교육 시스템은 기업과 관료 기관 내부에서 막강한 권한을 갖
고 있는 인사부서가 원하는 인재를 양산해냈다. 일본 학교의 교육에는
네 가지 목적이 있었다. 첫째, 졸업생들이 발달된 산업 경제가 요구하는
수준의 언어 수리 능력을 갖추도록 할 것. 둘째, 고도로 관료화된 경제
조직에서 적절한 태도와 행동을 취할 수 있도록 아이들을 키울 것. 셋
째, 일본 정계와 재계의 엘리트가 될 가능성이 있는 남자아이들을 미리
선별할 수 있도록 평가하는 역할을 할 것(그리고 그보다는 덜 중요하지만,
그들의 부인이 될 자격이 있는 여자아이들을 고르는 역할도). 마지막으로, 이
들이 나중에 높은 자리에 올라가서 서로의 조직들을 긴밀히 협력하게
할 수 있도록 사회적 인맥의 기반을 만들어줄 것.

미군정 시기의 개혁과 급진적이었던 당시 일본 교직원 조합의 노력에
도 불구하고, 전쟁 전부터 내려오던 교육 시스템은 오직 그 껍데기만 바
뀌었을 뿐이다. GHQ는 당시 미국에서 유행하기 시작하던 6-3-3 학제
를 도입했다(초등학교 6년, 중·고등학교 각각 3년. 미국은 이미 5-3-4 학제로

---

51 오랜 세월 실무 경험을 통해서만 얻어지는 고도의 전문성을 요하는 일부 산업에서는, 회사 내부의 담
당 부서가 그런 사람들을 채용해서 퇴직할 때까지 고용하기도 했다. 예를 들어 대형 상사의 석탄 담당 부
서는 '석탄 종신 담당자'들로만 구성되어 있기도 했다.

바뀌었지만 일본은 오늘날에도 여전히 6-3-3이다). 하지만 교육의 내용은 '애국' 교육의 일환이었던 노골적인 외국인 혐오의 요소를 뺀 것을 제외하면 전쟁 전과 거의 동일했다. 전쟁 전 일본의 고등학교는 독일의 고등학교인 김나지움을 모델로 삼았다. 독일 학생들은 김나지움에서 일반교양을 배우고, 대학에 가서는 법학이나 의학 같은 전문 분야를 집중적으로 공부했다. 미군정의 개혁에도 전후의 일본 고등학교는 학생들이 기본적으로 일반교양을 배우는 곳으로서의 역할만 계속했고, 게다가 고등학교 기간은 1945년 전보다 줄어들었기 때문에 무리하게 주입식으로 가르치게 되었다(독일의 김나지움은 9년이다).

일본의 중고등학교 학생들은 전국적으로 모두 동일한 교과과정에 기초한 교육을 받는다. 인문계 학교라면 일본어와 수학에 중점을 두면서 역사, 기초과학, 지리학, 영어도 폭넓게 배운다(실업계 학교는 당연히 좀 더 '실용적인' 과목에 중점을 둔다). 학생들은 한 학년 내내 같은 교실에서 공부한다. 학생들이 아니라 선생님들이 수업 시간에 따라 교실을 옮겨다니는 방식이다.

학교는 스파르타식의 엄격한 곳이다. 대부분의 공립 초등학교들은 남녀공학이지만, 중·고등학교는 남학교나 여학교가 많다. 교직원이 아니라 학생들 스스로가 교실의 청소와 정리정돈을 책임진다. 저학년 남학생들은 보통 한겨울에도 짧은 남색 반바지를 입고, 고학년들은 세계대전 이전의 독일 사관생도 제복을 개조한 빳빳한 셀룰로이드 깃이 달린 교복을 입는다. 여학생들의 교복은(교복을 입는 초등학교도 많고, 중고등학교는 거의 다 입는다) 보통 세일러복이다.

절도 있고 획일화된 외관에 대한 강조와 불편을 받아들이는 훈련은, 좀 더 광범위한 교육학적 목표의 일부로서, 적어도 언어 수리 능력만큼이나 중요하게 여겨졌다. 불평 없이 참고 견디며 요구받은 일을 수행해내는 능력인 '가만我慢'과 조직을 위해 개인의 개성을 억압하는 것 말이다. 극도로 어려운 일본어 글쓰기를 배우기 위해서는 이러한 규율을 내면화할 필요가 있었다.[52] 일본 학교에서 가르쳤던 규율의 내면화는 일본 사회의 조직에서 한 사람의 성인으로서 무리 없이 활동하기 위해서라면 누구에게나 필요한 것이기도 했다. 그리고 우선은 고등학교 입시와 대학 입시를 통과하기 위해서라도 반드시 필요했다.

하루 종일 치르는 일본의 지독한 대학 입시는 그럴듯한 사회적 지위와 특권을 바라는 남자아이라면 반드시 거쳐야 하는 피할 수 없는 관문이다(대학 입시를 피할 수 있는 유일한 방법은 특정 대학의 부속 초등학교나 중학교에 들어가는 것이다. 따라서 비싼 학비에도 불구하고 일본 일류 사립대학들의 부속 초등학교나 중학교에 입학하려면 치열한 경쟁을 뚫어야 한다). 주요 정부 부처에서 정책을 만드는 보직, 주류 언론의 편집 간부, 대형 은행, 상사, 제조업체의 임원과 같은 일본 사회의 정점에 있는 위치에 올라가려면 일류 대학 학부의 졸업장이 필수 조건이었다. 그리고 그중에서도 으뜸은 단연 도쿄대학이었다(도쿄대학을 일본에서는 도다이東大라고 줄여 부른다. 도다이에는 부속 중고등학교가 없기 때문에 대학 입시를 치르지 않고는 입학할 수 없다). 2군에 속하는 기업들도 좋은 곳에서는 대학 졸업장 없는 사람을 관리직 후보로 거의 뽑지 않았다. 이것은 단순히 대학 졸업장이 있는 사람이라면 언어 수리 능력을 갖췄고, 입시를 통과하기 위해 다년간의 고생과 노력을 견뎌냈다는 것을 증명하기 때문만이 아니었

---

52 일본어의 읽고 쓰기를 배우는 것은 영어, 스페인어, 독일어의 읽고 쓰기를 배우는 것에 비해 여섯 배에서 아홉 배에 달하는 시간과 노력이 든다. 일본어에 사용되는 한자들은 맥락에 따라 발음이 달라지기 때문에, 일본어의 읽고 쓰기를 마스터하려면 중국어를 배우는 것보다 더 지속적인 노력이 필요하다.

다. 대학 시절에 형성된 학연이 중간급 이상의 관리직으로 올라갔을 때 매우 중요한 역할을 하기 때문이기도 했다. 일본의 조직에서는 어느 정도 이상의 위치에 올라가면, 회사(또는 정부 부처)의 대외 관계를 관리하고 강화하는 것이 업무의 대부분이 되어버린다. 아무리 유능한 사람이라도 좋은 대학을 졸업하지 않았다면, 일본에서 너무나 중요한 인맥(진먀쿠人脈)을 만드는 데 크게 불리할 수밖에 없다.

그렇기 때문에 학부 시절에 무엇을 공부했는가는 별로 상관이 없거나 중요하지 않다. 물론 의학, 과학, 법학과 같은 분야에서 경력을 쌓기를 원하거나 학자가 되기를 원하는 학생들은 공부를 해야 한다. 하지만 나머지 학생에게는 학점이 별로 중요하지 않았고, 교수들도 학생이 수업에 참석하지 않을지라도 낙제시키는 일은 거의 없었다. 그러나 흔히 말하는 것처럼 일본의 학부 시절을 '휴가'라고 부르는 것은 오산이다. 지금도 마찬가지지만, 고도성장기의 학부 시절은 야심 있는 젊은 남학생들이 나중에 필요한 인맥을 만들기 위해 힘써야 할 시기였다. 인맥은 주로 학부의 '클럽(동아리)' 활동을 통해서, 3, 4학년이 되면 세미나(제미ゼミ)와 같은 연구실 활동을 통해서 형성되었다(제미는 지도교수가 이끄는 연구실에서 졸업 논문을 발표하며 다듬는 학습 모임. 독일어의 제미나seminar에서 유래했다—옮긴이). 일본 대학교수들의 중요한 업무 중 하나는 자신의 제미에 소속된 학생들이 기업이나 정부에 취업할 수 있도록 적절히 소개하는 것이다.[53]

일류 기업의 이상적인 취업 후보생은 잘생기고 언변이 좋으며, 일류 대학에서 야구나 축구나 럭비 같은 팀 스포츠 '클럽'에서 주장이나 매

---

[53] 취업할 때 제미의 중요성은 인터넷의 등장으로 인해 어느 정도 줄어들었다.

니저로 활동했던 남학생이었다. 일류 대학을 졸업했다는 것은 대학 입시를 통과할 만한 똑똑함과 참을성을 갖추고 있음을 의미했다. 스포츠 팀에서 활동했다는 것은 단지 건강하고 체력이 좋다는 증명이 아니라, 일본 대학의 팀 스포츠에 보편적으로 존재하는 엄격한 위계질서를 내면화했다는 뜻이기도 했다. 그런 스포츠 팀의 주장이었다면(주장은 동료 선수들이 뽑는다) 동료로부터 존경과 호감을 받는 사람이라는 증거다. 일본 기업들은 신입사원이 대학에서 역사학이나 경제학 혹은 물리학 같은 것을 얼마나 잘 공부했는지에 대해서는 관심이 없었다. 업무에 필요한 지식은 입사 후 회사에서 책임지고 가르칠 것이었다.

금융 시스템

일본 기업들은 고용 관행과 교육 제도 덕분에 해외 시장을 공략하는 데 필요한 장기적인 계획을 세울 수 있었는데, 여기에는 금융 시스템도 똑같이 중요한 역할을 했다. 전후 일본의 금융은 3장에서 다뤘던 메이지 시대의 제도 개혁에 뿌리를 두고 있다. 메이지 시대에는 은행이 자이바쓰 기업들에게 투자 자본을 제공하는 주 역할을 맡았다. 반면 전후 일본의 금융 시스템은 1927년과 1940년에 일어났던 사건을 거치며 형성되었다. 1927년 일본은 여러 면에서 1929년부터 1931년에 걸쳐 발생했던 세계 경제 위기의 전조와도 같았던 국내의 경제 위기를 겪었다. 채권시장이 붕괴되면서 그때부터는 채권이 기업 금융의 주요 수단으로서 실질적인 기능을 하지 못하게 되었다. 그리고 수십 개의 부실 은행이 파산하는 과정에서 재무성이 구제를 위해 개입하면서, 은행 시스템을 사실상 직접 통제하게 되었다.

1940년 재무성은 그러한 통제력을 통해 금융 시스템을 전시 경제를 위해 이용하게 된다. 전시 경제에서 정책 입안자들은 두 가지 커다란 난제를 해결해야 한다. 하나는 시장 경제의 이치와 무관하게 군수물자의 생산을 위해 군수업체들에게 신용 대출을 해줘야 하는 것이고, 다른 하나는 그 결과 국민 저축이 파탄나지 않도록 관리하면서 동시에 인플레이션이 날뛰지 않도록 억제하는 일이었다(무기는 직접적이건 간접적이건 일반 소비자에게 판매되는 것이 아니었기 때문에, 군수업체들에 현금 흐름을 제공하지 못했고, 현금 흐름 없이는 생산을 위해 일으킨 대출을 갚을 수 없었다). 재무성은 은행 시스템을 통제하고 있었기 때문에 대출을 군수업체들에 몰아주는 것까지는 간단한 일이었다. 하지만 심각한 인플레이션을 피하는 데는 좀더 어려움이 따랐다. 이 문제를 해결하기 위해 재무성은 우선, 군수업체들에 대출해줄 돈을 마련하기 위한 채권을 발행하고, 한편으로는 일반 가계의 저축을 강력하게 장려해서 은행과 같은 금융기관으로 돈이 모이도록 했다. 그리고 은행들이 그 채권을 사도록 요구했다.

전시에 군수업체와 같은 '전략적' 산업에 몰아주던 은행 대출을, 전후의 수출 주도형 기업과 같은 '전략적' 산업으로 돌리는 것은 상대적으로 간단한 일이었다. 많은 경우에 이들은 같은 회사였는데, 무기를 만들던 생산 라인을 변경해 내구성 소비재를 만들어내기 시작했던 것이다. 하지만 애초에 저축이 바닥난 극도로 가난한 나라에서 대출이 가능한 충분한 여신을 창출하는 것 자체가 어려운 문제였다.

일본과 마찬가지로 충분한 국내 저축 없이 어떻게 산업 발전에 필요한 자금을 조달한 것인가 하는 문제에 봉착했던 대부분의 나라는 해외로부터 차관을 받아들였다. 그것이 1978년 덩샤오핑이 정권을 장악하고 나서 중국이 한 일이었다. 미국 역시 19세기에 철도망 건설을 위해 런던으로부터의 차관에 의존했다.

하지만 일본은 결코 자국 경제의 중요한 부분을 외국의 통제 아래에 두지 않겠다고 결심했다. GHQ의 좌파 성향의 관리들도 애초에 일본 정부의 결심을 지지했고, 일본은 미군정이 끝난 뒤에도 해외 차관을 배제하는 정책을 지속하거나 심지어 강화했다. 하지만 가난한 나라가 해외 투자를 받지 않고 성장하려면, 국내 저축의 마지막 한 푼까지 아껴서 활용해야 한다.

바로 여기서 이케다 하야토와 같은 사람들의 천재성이 빛난다. 이들은 일본 금융만의 독특한 구조적 특성을 활용해 여신을 지속적으로 창출할 수 있도록 하는 통화 및 금융 정책을 고안했다. 이 여신이 수출 주도 대기업들에게 해외 시장을 꾸준히 공략할 수 있는 자금을 계속 조달해줄 것이었다. 이런 정책의 많은 부분은 전시의 자금 조달 방식을 고쳐 쓴 것이다. 즉, 가계의 저축을 금융기관에 맡기도록 강력하게 몰아가고, 금융기관에는 정부가 발행한 금융 상품(채권)을 사도록 요구하는 것을 말한다.

가계의 저축을 장려하기 위해서 모든 수단이 동원되었다. 가정이 내 집 마련의 꿈을 이룰 수 있는(자녀의 학비를 마련하고 노후 자금을 준비해두는 것은 물론이고) 현실적인 유일한 방법은 가계의 지출을 꼼꼼히 관리해서 정기적인 저축을 하는 것이었다. 회사 급여의 약 3분의 1은 1년에 두 번 보너스 형태로 지급되었기 때문에, 주부들은 가계 지출을 나머지 3분의 2의 수입으로 꾸려가는 법을 터득해야 했다. 보너스 시기가 되면 은행과 우체국(우체국은 재무성의 자산을 관리하는 대형 은행이나 다름 없었다)은 온갖 홍보를 통해 사람들에게 보너스를 예금하도록 권유했다. 당시 예금에 대한 이자소득은 비과세였고, 반면 주택 마련 대출에 대한

이자 비용은 세금 공제 대상이 아니었다.[54]

그러나 고도성장의 초기에는 가계저축을 다 합쳐도 일본 산업이 해외 시장을 공략하는 데 필요한 설비 투자를 할 만큼의 금액이 되지 않았다. 부족한 자금은 은행에 대한 관리감독과 통화 정책을 결합시켜 채워졌다.

일본의 은행들은 세 그룹으로 나뉘어 있었다. 첫 번째 그룹은 소위 도시은행(도시긴코都市銀行)이라 불리는, 전쟁 전 자이바쓰 은행의 후신인 13개의 은행이었다. 이들의 본점은 세 군데의 대도시 거점(도쿄-요코하마, 오사카-교토-고베, 나고야)에 위치했으며, 이들이 스미토모나 미쓰비시 같은 이름의 그룹 회사에 설비 투자 자본을 조달해주는 주요 기관이었다. 이들은 또한 많은 대기업에 일상적인 생산과 무역에 필요한 운전 자본을 조달해주기도 했다. 두 번째 그룹은 세 곳의 소위 장기 신용은행으로, 이 중 가장 큰 곳은 일본흥업은행이었다. 이들 은행은 일본제강이나 닛산과 같이 특정 그룹사와 관련 없는 대기업들에 설비투자 자금을 조달해주었다. 마지막으로는, 전국의 60곳이 조금 넘는 지방은행(지호긴코地方銀行)이 있었다. 이들은 일본 각 현청 소재지의 대표 금융기관으로서 지방의 기업들에 자금을 조달하는 역할을 했다.

잘 발달한 선진 은행 시스템을 가진 나라에서도 은행에는 때로 대출할 수 있는 기회보다 예금 총액이 더 많기도 하고 때로는 그 반대 상황에 처하기도 한다. 하지만 고도성장기 일본의 도시은행은 항상 예금액이 모자랐다.[55]

---

54 미군정이 끝나기도 전에, 재무성은 가계가 아직 주식시장에서 갖고 있던 주식을 팔지 않으면 큰 손해를 보도록 하는 조치들을 도입했다. 일본에서는 1980년대까지도 주식시장은 위험한 카지노처럼 여겨졌다. 사람들은 돈을 은행에 맡겼지 주식시장에 투자하지 않았다.

왜 도시은행들은 만성적으로 예금이 모자랐을까? 은행들은 구조적인 자금 부족이 생기지 않도록 자산과 부채의 비율을 조심스럽게 관리해야 한다. 그러나 일본의 도시은행이 기업에 꾸준히 제공하던 여신의 대부분은 거의 상환할 필요 없이 계속해서 자동으로 갱신되던 단기 대출로 이루어져 있었다. 일본에서는 이것을 '오버론overloan(대출초과)'이라 부른다. 은행들은 예금액과 대출액 사이에 발생하는 차액을 중앙은행인 일본은행Bank of Japan으로부터 직접 여신을 받아 메웠다.

이렇게 중앙은행이 시중의 은행에 직접 새로운 여신을 공급해주는 것은 보통 긴급 상황에서만 쓰이는 정책이다. 그런 정책은 그리고 2008년 금융 위기 때 미 연방준비위원회의 '양적 완화'를 둘러싼 소동에서 봤던 것처럼 갖은 논란의 대상이 된다. 특히나 당시 일본처럼 자국의 통화가 아직 국제 결제 수단이나 준비통화reserve currency도 아니고, 충분한 외환 보유고로 그 신용이 담보되어 있지도 않아 아직 '안전하지 않은hard' 나라에서는 분명히 위험한 정책이었다. 최소한 고도성장 초기의 일본의 금융은 그런 상황이었다. 개발도상국의 중앙은행이 과도하게 신용을 창출해내면 일반적으로 인플레이션을 유발해서 자국 통화의 가치가 붕괴되는 현상이 발생한다. 자국 중앙은행의 정책적 움직임을 잘 파악하고 있는 엘리트 고위층들이 재빨리 국내의 금융상품을 팔아 해외의 안전통화로 바꾸기 때문이다.

그러나 일본에서는 이러한 정책이 먹혔다. 자본 규제 때문에 자산을 해외로 이전하는 것이 불법이었을 뿐만 아니라, 고위층들이 감히 그런

---

55 장기신용은행은 세 곳이 있었고 이들은 예금을 받지 않았다. 대신 5년에서 7년짜리 무담보 금융채권을 발행하여 자금을 모았는데, 그 사채의 시장(이걸 시장이라고 부를 수 있다면)은 재무성에 의해 형성되고 통제되었다.

생각을 할 수 없을 만큼 사회적 결속이 단단했기 때문이다. 그렇다고는 해도, 여신이 유동자산에 의해 창출된 현금으로부터 나온 것이 아니었으므로 리스크는 존재했다. 여신은 무에서 창출되어 아직 존재하지도 않는 자산을 위해 제공되었다. 그 여신을 정당화하기 위해서는 자산이 궁극적으로 충분한 미래의 수익을 만들어내야만 했다. 이것만으로도 일본에서 왜 예측 가능성과 경쟁의 통제가 그토록 중요했는지 설명된다. 일본의 지도층은 무에서 긁어모은 여신이 충분한 달러를 벌어들일 자산으로 집중될 수 있도록 해야만 했다. 수출을 통해 벌어들인 달러가 일본의 수출 주도 경제라는 엔진을 계속 돌아가게 할 것이었다. 일본인들 스스로는 이것을 넘어지지 않기 위해 계속 달려야 하는 자전거에 비유한다. 자전거가 계속 똑바로 서서 빠르게 달릴 수 있다는 일본 엘리트 관료들의 믿음이 바로, 이케다가 10년 안에 일본의 소득을 두 배로 늘리겠다고 했던 약속의 밑받침이었다.

관료 제도

이제 드디어 고도성장 제도들 가운데서 조정 기관 역할을 했던 관료 제도를 살펴보자. 일본의 고도성장 경제를 규정짓는 핵심 요소로 관료제를 강조하는 것은 언제나 논란을 불러온다. 신자유주의 사상에서는, 논리적으로 관료제가 시장보다 더 빠른 예측을 하는 것이 불가능하다고 여긴다. 관료제는 기껏해야 전체주의 정치에서 스탈린식의 조악한 산업화를 주도할 수 있을 뿐이다. 일본 관료주의의 관제탑 역할을 과소평가하거나 부정하려는 사람들은 그래서, 관료제가 절대로 시장을 이길 수 없다는 생각을 강화하기 위해 항상 똑같은 사례들을 반복해서 거론한다. 가령 소니가 트랜지스터 프로토타입의 수입을 위해 필요한 외화를 배정받으려고 오랫동안 기다려야 했던 일과, 통상산업성이 일본의 자동차 산업을 통폐합하려던 것을 혼다가 반대했던 일 말이다.

하지만 이것은 핵심을 놓치는 것이다. 경제 기적에서 일본의 관료제가 담당했던 중심적 역할이 줄곧 과소평가되는 것은 상당 부분 위와 같은 사상적 선입견 때문이기는 하다. 하지만 일본의 관료제와 그 작동원리에 대한 오해 또한 한몫한다. 일본의 관료제는 정부 부처에 국한되지 않는다. 그리고 경제 부처들도 '이렇게 하고 저렇게 하라'고 직접 지령을 내리는 지휘 통제 모드로 움직이지 않는다. 경제 부처들은 주요 기업들은 물론이고, 정부 조직 바깥에 있는 경단련(게이단렌經團連)이나 경제 동우회(게이자이도유카이經濟同友會)와 같은 단체들과의 협력을 통해 일을 한다(경단련은 '일본 경제 단체 연합회'의 준말로 앞서 살펴본 산업협회를 전국 규모로 묶어놓은 것이다. 경제동우회는 영어로 '경제 발전을 위한 협회Organization for Economic Development'라고 하며, 지금은 '일본 기업 경영인 협회Japan Association of Corporate Executives'라고 불린다). 그리고 서로 지분을 교차 소유하는 그룹 회사(스미토모나 미쓰이)와 같은 기업의 연합체는 이윤을 추구하는 기업이라기보다는 관료 기구에 가깝게 운영되었다. 이들은 '탐욕과 두려움'(또는 이윤 창출의 기회와 파산의 위협)에 의해 움직이지 않았다. 무엇보다, 일본의 일류 대기업들은 사실상 구조적으로 파산할 수 없었고, '과도한' 이윤 추구 행위는 사회적으로 눈총을 받았다. 이들은 그 대신 다른 나라의 관료 기구들처럼 이들이 속해 있는 사회정치 시스템의 기대에 따라 행동했다.

일본의 관료 엘리트 집단은 마치 곤충의 무리와 같은 집단지성의 힘을 발휘했다. 이들은 특정 산업을 목표로 삼은 뒤 거기서 가장 뛰어난 기업을 골라내 해외 시장을 공략할 수 있도록 자원을 몰아주었다. 물론 앞서 언급한 소니와 혼다처럼 시스템 밖에서 출현한 성공 사례도 있었고, 간혹 어떤 산업이 목표로 적절한지에 대한 분쟁도 있었지만(가장 논쟁이 많았던 것은 아마 자동차 산업이었을 것이다), 불협화음은 대체로 나오지 않았다. 어떤 산업을 목표로 해야 할지는 명확해 보였다. 보통 그런 산업은 일본이 '반드시 갖춰야 할' 후방upstream 산업(철강이나 기계 공구 산업)이거나, 초기 설비 투자가 많이 들어 진입 장벽이 높은 산업(토목용 장비나 복합 소비자 가전)이거나 혹은 그 두 조건을 다 갖춘 산업이었다(반도체). 초기 설비 투자가 많은 산업에는 일본식 자금 조달과 고용 관행이 장기적으로 유리하게 작용했다. 일본 기업들은 글로벌 시장의 선두 위치를 점할 때까지 걸리는 오랜 시간 손실을 참고 견딜 수 있기 때문이었다. 해외의 경쟁업체는 수익의 안정적인 성장을 달성해야 한다는 자본시장의 압력을 견디지 못하고, 손실을 계속 감수하는 대신 시장에서 철수하고는 했다. 그리고 일본 업체가 확실히 자리를 잡은 뒤에는 높은 진입 장벽 때문에 해외의 신규업체가 들어오기 힘들었다.

'일본 주식회사Japan, Inc.'라고 불리던 이 일본 경제의 거대한 집합체는 일본이 자본주의보다는 사회주의 경제 체제에 가깝다는 것을 의미했다. 실제로 일본은 역사상 가장 성공적인 사회주의 경제라고 불린다. 그렇게 부르는 것은 언뜻 그럴듯하다. 기업들이 시장의 힘에 의해 통제받지 않았고 명목상의 '오너'는 경영상의 결정에 대해 거의 발언권이 없었으며, 그리고 앞서 살펴본 것처럼 주요 가격들, 특히 금리나 노동력 같은 주요 재화의 가격이 시장에 의해 정해지지 않았기 때문이다. 하지만 일본 경제를 사회주의라고 부르는 것은 실제로 일본 경제가 어떻게 돌아가는지를 이해하는 데 있어 일본이 전통적인 시장 자본주의 경제라고 생각하는 것보다 더 도움이 되지 않는다. 어쨌거나 일본 경제는 성공적이었기 때문이다. 일본의 기업 경제 엘리트들은 레닌식 계획경제의 지도자들과는 달리 시장의 움직임에 지극히 민감했다. 기업들은 잘 정비된 안테나처럼 새로운 기회들을 찾아냈고 혹은 앞서 나온 곤충의 비유로 얘기하자면, 벌떼나 개미떼처럼 무리를 지어 먹을 것을 찾아냈다. 특히 고도성장 초기에 자금이 어떻게 조달되었는지를 생각하면, 일본은 많은 시행착오를 거칠 여유가 없었다. 새로운 시장의 공략은 그 시장과 관련 기술에 대한 가능한 모든 정보가 쌓이고, 보호받는 국내 시장에서의 시범 경쟁을 거쳐 한두 개의 경쟁력 있는 기업이 나오고 나서야 비로소 시작되었다. 그리고 그 업종이 일본이 진출해야 할 업종인지에 대한 집단적 합의가 사전에 이루어져야 함은 물론이었다.

일본이 다른 선진국들과 동등한 위치에 오른 뒤 이 시스템은 삐걱거리기 시작했다. 어떤 산업에 진출해야 할지가 더 이상 명확하게 보이지 않았다('일본 주식회사'가 마지막으로 목표로 삼았던 해외 산업은 메인프레임 컴퓨터 산업이었다. 일본 기업들은 1980년대 초반, 컴퓨터 산업 전체의 기반이 이동하고 있다는 것을 깨닫지 못하고 IBM을 따라잡으려 했다). 그리고 다른 나라들이 일본식 모델을 따라하게 된다. 일본의 경제 성장 방식을 가장 비슷하게 따라한 나라는 아마도 한국일 것이다. 한국의 거대 전자업체 삼성의 매출은 이제 일본의 10대 전자회사의 매출을 모두 합친 것보다 더 많다.[56]

하지만 그것은 미래의 일이다. 고도성장 시기에 일본의 관료제는 집

---

56 삼성은 조선이나 철강 부문처럼 서로 비관련 사업 분야에 진출해 국내 시장에서 독점적 지위를 누리고 있다. 삼성의 수익 상당 부분은 정확히 말해서 이런 독점적 지위로부터 나온다.

단지성의 힘을 발휘해 산업에 산업을 차례로 거치며 성공을 거듭해 나갔다. 섬유, 조선, 철강, 라디오, 컬러 TV, 토목 장비, 영화, 기계 공구, 카메라, 시계, 팩스 기계, 프린터, 복사기 등에서 말이다. 오토바이와 자동차 산업도 빼놓을 수 없다. 그 결과 일본은 세계 산업 열강의 맨 앞자리로 도약했다. 이케다가 내세웠던 목표보다 2년 빨랐던 1968년, 일본은 1960년의 1인당 소득의 두 배를 달성하고 세계 2위의 경제대국이 되었다.

'현실의 관리'

이외에 경제 성장에 공헌한 다른 제도들도 있었다. 예를 들어, 경찰은 도시에서 폭력 범죄를 몰아냈다(경찰은 이를 위해 종종 일본의 조직 폭력단인 야쿠자의 암묵적인 협조를 얻기도 했다. 야쿠자는 선도가 불가능한 청년들을 흡수해서 거리에 나오지 못하도록 하고, 대신 매춘이나 도박과 같이 불법이지만 근절하기는 어려운 서비스들을 제공했다). 그 외에도 소위 '신흥 종교'들은 당시 퍼져나가던 대기업의 샐러리맨 문화에서 배제된 도시 중하층민들에게 소속감을 제공했다. 하지만 이런 다른 제도들 중 가장 중요한 역할을 한 것은 카럴 판볼페런이 '현실의 관리management of reality'라고 이름 붙인 현상이었다.

현실의 관리란 여러 제도와 관행이 합쳐져 사회 구성원들이 모두 예측 가능한 범위 안에서 행동하도록 하는 것을 말한다. 이는 일본인들이 모순을 알아차리지 않기로 의도적이고 집단적으로 결정한 듯 보이는 데서 종종 드러난다. 근무 시간이 그 좋은 예다. 사람들은 겉으로는 하루에 8시간 일한다. 그리고 야근이 필요할 때는 회사가 직원에게 초과근무 수당을 지급하도록 되어 있다. 오후 6시가 되면 어김없이 사무실의 냉난방은 꺼지고 사무실과 공장의 정문은 닫힌다. 청소 직원들은 저녁 청소를 시작하고 야간 경비조가 근무에 들어간다. 전철과 버스와 기차도 축소된 시간표에 맞춰 운행한다. 하지만 아무도 퇴근하지 않았다(혹은 남자 직원들은 아무도 퇴근하지 않았다). 회사의 불은 그대로 켜져 있고 평소라면 모두 저녁 9시까지, 바쁜 때라면 자정이나 그 넘어까지 일한다. 밤 10시가 넘으면 빌딩의 작은 옆문으로 사람들의 물결이 빠져 나간다. 늦은 저녁의 전철은 이튿날 아침의 통근 시간보다 더 붐빌 때도 있다. 물론 지금은 일본 경제가 풀가동으로 질주하던 그 시절만큼 이런 장면이 자주 보이지는 않는다. 그 시절의 사람들은 평소의 하루 근무 시간이 12시간쯤 되고, 연말 결산처럼 바쁜 때에는 훨씬 길어질 수도 있다는 것을 '알고' 있었다. 근태보고 서류에는 8시간으로 처리되었음에도 불구하고 말이다.

물론 일본에서만 사람들이 야근을 많이 했던 것은 아니다. 월가나 실리콘 밸리에서 성공을 바라면서 오후 5시에 퇴근하는 사람은 없다. 하지만 그런 곳에서는 야근이 공개적으로 인정되고 투명하게 보상된다. 반면 일본에서는 대부분의 직원이 일주일에 48시간만 근무한다는 정교한 픽션이 존재했다. 이런 픽션은 기업의 근태 기록과, 노동성과 기업 사이를 오가는 공식 보고서에 의해 뒷받침되었다. 야근 시간을 의논해야 할 때는 '서비스 야근サービス殘業(수당 없는 무료 야근)'과 같은 완곡한 표현이 대신 사용되었다.

이런 현상은 일본 도처에 널려 있다. 일본의 조직에서는 누군가 눈에 띄게 무능해도 해고되지 않는다. 대신에 모두들 누가 알려주지 않아도 그 사람이 주의 대상인 것을 '안다'. 그 사람이 하던 모든 중요한 일은 반자동적으로 더블 체크되거나 다른 사람이 대신 한다. 하지만 그가 업무에 부적격하다는 공식적인 평가는 어디에도 없다. 일본의 통상 교섭 담당자들은 줄곧 일본의 낮은 관세율을 가리키며 일본 시장이 활짝 열려 있음을 강조하지만, 회사들은 수입을 하면 안 된다는 것을 '안다'. 그리고 만약 그 사실을 '잊어버렸으면' 관련 산업의 협회들이 상기시켜주곤 한다. 얼핏 보면 일본의 의회에서는 입법 토론을 거쳐 공적인 정책이 나오는 것처럼 보인다. 하지만 토론에서 한쪽의 정치인들이 하는 질문도, 다른 한쪽이 읽는 대답도 모두 관료들에 의해 미리 작성된 것이다. 그렇다고 해서 장관이 의회의 심의회에 빠져도 된다는 뜻은 아니다. 회사 경영진도 이사회에 빠질 수 없다. 의회 심의회건 회사 이사회건 그 자리에서 토론되는 안건은 모두 사전에 이미 결정된 것이라는 사실을 다들 알고 있더라도 말이다.

심지어 일본에서의 성공은 모순을 모순이라고 생각하지 않는 능력에 달려 있다고까지 말할 수 있다. 혹은 달리 표현하자면, 어떤 상황에서건 말로 설명하지 않아도 알아서 행동하는 법을 파악하는 능력이 있어야 한다. 물론 이 또한 권력의 공식적인 겉모습이 현실의 모습과 극적으로 달랐던 에도 시대의 몇 세기에 걸친 정치 구조에서 비롯된 '일본 문화'의 또 다른 특징이다. 그래서 다시 한번, 일본어에는 이런 것들을 처리하기 위한 수많은 단어가 존재한다. 우리는 다테마에建て前(모두가 립서비스로 말하는 꾸며진 현실)와 혼네本音(실제의 현실)의 차이에 대해 살펴본 바 있다. 말로 표현되지 않은 현실을 파악하지 못하는 사람을 가리켜 '공기(구키空氣)를 읽지 못한다(요메나이讀めない)'고 말한다(분위기 파악 못하는 사람을 구키 요메나이의 알파벳 첫 글자를 따서 KY라고 부른다). 이런 사람들을

'리쿠쓰포이理屈っぽい'(이론적으로만 따지는 사람)라고 흉보기도 하는데, 리쿠쓰포이는 일본에서 칭찬이 아니다.

일본의 권력자들은 이러한 문화적 관습 덕택에 명시적으로 얘기하지 않고도 사람들을 원하는 방향으로 동원할 수 있었지만, 암묵적인 현실을 사람들에게 주지시킬 수 있는 수단이 여전히 필요했다. 이러한 수단 중 가장 중요한 것들은 대형 신문사와 TV 방송국과 광고업계였다.

정보와 그 해석을 통제하기 위해서 일본은 경제를 통제하던 것과 비슷한 방식을 필요로 했다. 쿠바나 소련의 상황과는 달리 일본에서는 새로운 비즈니스를 시작하는 데 아무런 규제가 없었다. 새로운 기술을 고안해낸 신규 창업자는 자신의 발명을 제품화해 시장에 판매하는 과정에서 아무런 제재도 받지 않는다. 하지만 현실의 시스템은 그에게 기존의 대기업이나 상사에 사업을 의탁하라고 압력을 가한다. 만약 압력에 굴하지 않고 독립 회사로 남아 있으려고 한다면, 자금 조달도 할 수 없을뿐더러 잠재적 고객과 미팅조차 잡지 못하게 되어버릴 수 있다. 암묵적인 현실을 받아들이고 대기업 계열사의 납품 업체가 되기로 결정하는 순간, 시장과 자본의 문이 열린다. 물론 그 대가로 독립성은 포기해야 한다.

소니와 교세라 같은 이단아들의 사례는 이런 규칙에서 벗어나는 예외일 뿐이었다. 이들은 해외 시장에서 스스로의 가치를 증명하고서야 일본의 경제 기득권에 받아들여졌다. 그리고 세월이 지날수록, 이러한 예외의 숫자는 현저히 줄어들어갔다. 애플, 시스코, 마이크로소프트, 인텔, 구글, 페이스북처럼 IT 혁명의 조류를 타고 세계적으로 성장하는 일본 기업은 나오지 않을 것이었다(8장에서 이런 일본 기업의 사례로 소프트뱅크와 라쿠텐의 등장을 다룬다).

사상과 정보의 영역에서도 비슷한 힘이 작용했다. 세상이 모두 암묵적으로 동의한 현실을 부정하는 내용을 쓰거나 말한다고 해서 잡혀가는 일은 없었다.[57] 하지만 그랬다가는 결국은 소외되기 마련이었다. 뉴스의 배포는 기자 클럽記者クラブ을 통해 통제되었다. 기자 클럽은 정치인, 정부 부처, 경찰과 같은 주요 정보원을 취재하는 기자들로 구성된 카르텔이다. 대형 보도 기관의 기자들만이 이 클럽에 가입할 수 있었다. 만약 특정 뉴스를 어떤 식으로 보도할 것인지에 대한 기자 클럽의 암묵적인 동의에 반하는 기사를 썼다가는, 그 기자와 신문사는 앞으로의 특종에서 배제되고 만다. 주요 일간지에 실리는 중대한 경제·정치 사건에 대한 기사들이 복사기로 복사한 것처럼 다 똑같은 것은 그 때문이다. 미디어가 특정 정치인이나 기업인에 대해 갑자기 하이에나 떼로 돌변해서 달려드는 것도 같은 이유다. 이들은 해당 인물을 모두의 먹잇감으로 삼아도 된다는 신호가 올 때까지 참고 기다린다. 검찰청에 출입하는 기자 클럽에 검찰이 정보를 흘리는 것이 보통 그 신호다.

대형 신문사와 공영 방송국인 NHK는 그렇게 무엇을 뉴스거리로 삼고 그 뉴스를 어떤 식으로 국민에게 전달할지 실질적으로 결정한다. 또한 TV 연속극과 대중 영화는 중산층의 국민에게 집과 회사와 학교에서 지켜야 할 암묵적인 행동 기준을 알려주는 역할을 했다. 이런 콘텐츠에서는 가정의 파탄과 학교에서의 이지메(왕따), 회사 내 각종 권모술수와 성적인 일탈 행각들을 오락적인 관점에서 다루거나 심지어 선정적으로 묘사한다. 하지만 그런 일들의 원인은 항상 예외 없이 남편과 자식을 소

---

57 2013년 12월 일본 국회가 새로운 법안을 전격 통과시키면서 이런 상황은 바뀔지도 모른다. 이 '특정비밀보호법'은 안보와 관련된 비밀을 보호하기 위한 목적으로 보이지만, 실제로는 정부가 공개를 원치 않는 정보를 공개하는 사람은 저널리스트를 포함해 누구라도 체포하고 투옥할 수 있는 무제한의 권력을 정부에 부여한다.

홀히 하는 주부나, 업무를 소홀히 하는 남자, 공부를 게을리하는 학생처럼, 가정과 직장과 학교에서 요구되는 행동 기준을 거스르려고 하는 사람들이다. 물론 다른 나라의 영화나 드라마에도 그런 비슷한 내용은 많다. 1950년대 미국의 TV 프로그램에서 진정한 의미의 체제 저항적인 내용을 찾아보기란 쉽지 않다. 하지만 1960년대에 미국을 휩쓸었던 '비트 세대'처럼 기성세대의 가치관을 거부하는 대안적 문화 비슷한 것을 같은 시기의 일본에서는 찾아볼 수 없다. 비트 세대의 영향은 1960년대에 밥 딜런 같은 가수의 노래나, 「졸업」과 같은 영화나, 「로완 앤 마틴스 래프인Rowan and Martin's Laugh-In」과 같은 TV 드라마로 터져나와서, 미국 사회의 주요한 정치 제도를 앞장서서 비판했다. 물론 일본 사회에도 반체제 인사나 현존 질서에 깊은 불만을 가진 사람들이 생겨났다. 하지만 일본은 일련의 프로세스를 통해 이런 사람들을 형식화되고 무해한 저항만 할 수 있도록 배제시켰다. 미국, 영국, 독일 같은 나라들과 비교하면 훨씬 더 효과적인 프로세스였다.

일본의 대중문화에서, 기성의 제도(회사나 학교 또는 경찰과 같은 관공서)는 본질적으로 자비로운 존재로 묘사되었다. 제도가 우를 범하는 것은 제도에 간혹 섞여 있는 '나쁜 개인들' 때문이었다. '자니스 사무소ジャニーズ事務所'로 대표되는 대형 연예기획사는 예쁘장한 팝스타(아이돌)들을 공장에서 제품을 찍어내는 것처럼 계속 만들어냈다. 이 소년 소녀들은 TV 스크린에서 댄스 음악에 맞춰 립싱크를 하고 뛰어다니며 오만하면서도 무해한 섹슈얼리티를 뽐냈다. 그리고 그렇게 몇 년 활동하다가는 '고별 콘서트'를 열고 평범한 삶으로 되돌아가곤 했다.[58]

---

58 가끔 정말 재능 있는 아이돌은 성인이 되어 연예계로 돌아오기도 하는데, 보통 가수는 아니고 연기자로 돌아온다.

주류 미디어도 독과점 형태의 광고업계에 의해 통제되었다. 이 중 가장 덩치가 컸던 덴쓰電通는 세계에서 가장 큰 광고회사이자, 일본 경제의 고도성장기에 국내 광고 시장을 무려 20~30퍼센트가량 차지하며 압도적인 영향력을 행사했다. 전후 초기 덴쓰를 창업해 키워낸 요시다 히데오吉田秀雄는 식민 만주국에서 활동하던 사람들을 얼마나 많이 받아들여 채용했던지, 덴쓰의 본사는 남만주철도주식회사南滿洲鐵道株式會社 본사에서 이름을 따 '제2만철 빌딩第二滿鐵ビル'이라는 별명으로 불렸다(일본 정부 주도로 설립된 남만주철도회사의 홍보과와 만주홍보협회는 일본 정부의 각종 정책을 선전, 선동했던 곳이다—옮긴이). 요시다가 채용한 사람들의 상당수는 군대의 사상경찰을 지휘했던 이를 포함해, 전시에 선전공작을 담당하는 관료 기구의 주요 인물들이었다. 일본 정부는 요시다에게 감사의 뜻으로 정치적 보호와 편파적 혜택을 제공했고, 덴쓰는 일본 미디어 업계를 지배하는 위치에 오를 수 있었다.

'현실의 관리'는 그렇게 가장 아둔한 혹은 '일본적이지 않은' 이들을 뺀 대부분의 사람에게, 무엇이 허용되고 무엇이 허용되지 않는지를 상세히 알려주었다. 물론 다른 나라에도 이런 일은 존재한다. 조지 오웰은 『동물농장』에서 이렇게 서술한 바 있다. "언제 어디라도 '정설orthodoxy'이라는 것이 존재해서, 제대로 된 사고를 하는 사람들이라면 그걸 의심의 여지 없이 받아들일 거라 여겨진다. 정설과 다른 것들을 말하는 행위가 꼭 금지되어 있는 것은 아니지만, 사람들은 그런 행위를 하지 않는다. (…) 정설에 도전하는 사람들이 등장하면 놀랄 만큼 효과적인 힘이 작동해 그들을 침묵시킨다." 하지만 외국의 그 어떤 권력층도 일본의 권력층만큼 조지 오웰이 말한 정설을 사람들에게 효과적으로 전달하지 못했고, 강압적인 방법을 쓰지 않으면서도 반대 의견을 잠재우는 법을 터득하지 못했다. 더 놀라운 것은 그 정설이라는 것의 대부분이 명확히 설명되지도 않는다는 점이다. 그것은 그저 '공기空氣' 중에 떠돌고 있을 뿐이었다.

6장

성장으로 얻은 것과 잃은 것

1980년대 중반이 되면, 고도성장의 제도들은 그 누가 꿈꿨던 것보다 훨씬 더 큰 성공을 이룬 것처럼 보였다. 1966년에는 경상수지 적자가 해소되어 일본은 국제수지의 제약에서 해방되었다. 1968년에는 독일을 앞질러 세계 2위의 '자본주의' 경제대국으로 도약했다. OPEC 석유 파동과 1973~1975년의 세계 경제 불황 동안 일본도 급격한 후퇴를 하기는 했지만, 그 어떤 선진국보다 더 빨리 회복해서 세계를 놀라게 했다. 1976년 일본은 인플레이션과 실업률을 얼마나 효과적으로 낮추었던지, 미국, 영국, 프랑스 같은 나라들은 어떻게 그런 일이 가능했는지 이해도 못한 채 그저 부러워할 뿐이었다. 일본은 1979년 이란 혁명으로 촉발된 에너지 가격의 급등에도 잘 대처해냈다. 1980년대가 되면 일본은 거의 모든 산업에서 다른 선진국들보다 우월하거나 동등한 위치를 자랑하게 된다. 남아 있는 중요한 산업은 컴퓨터 산업 정도였다. 도쿠가와 막부의 붕괴 이후로 일본의 권력자들이 열망했던 것은 일본이 정치·경제적 목표를 세울 때 외세의 요소를 고려하지 않아도 될 정도로 외국에의 의존도를 줄이고자 했던 것이었고, 그 꿈이 드디어 손에 잡히는 듯했다. 일본이 해외 수입에 의존했던 것이라곤 생필품과, 일본이 정치적인 이유로

높게 솟아오른 교토 타워.

만들지 않았던 민간 항공기와 같은 몇몇 완제품뿐이었다. 일본이 여전히 미국의 군사력에 의존하고 있었던 것은 사실이다. 미국이 일본의 주요 바닷길을 보호해주고 있었고, 눈에 띄게 쇠약해지고 있긴 했지만 여전히 위협적이던 소련을 억지하고 있던 것도 미국이었다. 하지만 일본은 이제 미국의 대외무역 적자와 적자 재정을 메꾸어주는 해외 최대의 물주가 되었다. 소위 레이건 혁명이라 불리는 미국의 정책은 세수를 늘리지 않으면서 군사력을 빠르게 증강시키고 있었고, 그에 필요한 비용은 대부분 일본이 부담했다. 이러한 군사력의 증강을 지켜보던 소련은 마침내 미국과의 군비 경쟁을 포기하기에 이른다. 한편 일본은 미국의 비용을 부담함으로써, 국내 관료 조직 내 한두 개 기관이 물리적 강제력을 독점하는 리스크를 회피하면서도 안보와 국방 문제를 해결하게 된다.

이 모든 것은 고도성장의 제도들이 예상대로 작동했기 때문에 가능했다. 일본의 관료적 집단지성은 목표로 삼을 새로운 산업을 파악해내고 공략하는 데 거의 실수가 없었다. 기업에 필요한 자금은 상환의 염려 없이 꾸준히 조달되었고, 집단의 성공을 위해서는 무엇이라도 하도록 훈련되어 있는 고학력 노동자층이 존재했다. 일본 기업들은 성공에 성공을 거듭했다. 노동 강도에 대한 요구는 끝이 없어 보였지만 노동자에 대한 경제적 안정이 보장되어 있었다. 아무도 굶지 않아도 되었고, 규칙에 따라 행동하기만 하면 그럴듯한 중산층의 삶을 누릴 수 있었다. 갑갑할 정도로 비좁은 집에 살면서, 길고도 붐비는 통근길에 시달려야 했고, 휴가는 거의 낼 수 없었지만 말이다. 반면, 국민의료보험 덕에 모두 부담 없는 가격에 의료 혜택을 받을 수 있었고, 일본은 세계에서 가장 복잡한 문자를 가진 나라였지만 공교육 덕택에 문맹률 걱정은 하지 않아도 되었다. 또한 폭력 범죄의 위협도 거의 전무했다.

성장의 대가

하지만 거기에는 여러 대가가 따랐다. 그중 일부(예를 들면 무지막지한 수준의 산업 공해)는 대처할 수 있는 성격의 것이었고 대처 조치도 취해졌다. 1950년대 말 도쿄와 오사카의 대기오염은 세계 최악의 수준이었으나, 20년에 걸쳐 깨끗이 청소되었다. 하지만 다른 대가들은 대처하기 곤란한 것이었다.

가장 심각한 것 중 하나는 일본 문화의 질이 하락하고 저속화된다는 점이었다. 예술과 문학이라는 사전적 의미에서도 그랬고, 더 넓은 의미에서도 그랬다. 이런 것은 산업 공해에 비하면 알아차리기도 어렵고 되돌리기는 더더욱 어려운 문제였다. 하지만 눈에 매우 잘 띄고, 수식어를 일부러 고르자면 '구체적인concrete' 사례가 하나 있었으니, 그것은 바로 훼손되어가는 교토의 경관이었다. 교토는 15세기 말 오닌의 난 때 잿더미가 되었으나, 히데요시로부터 도쿠가와 쇼군들까지 아낌없는 관심을 기울인 덕에 예전의 영광을 뛰어넘는 수준으로 복구되어 있었다. 여기에는 자신들의 통치의 정당성을 과시하고자 하는 정치적인 의도가 숨어 있었지만, 그 결과 인류 문명의 금자탑이 탄생했다. 교토는 전쟁 전 일본을 휩쓸었던 산업화 광풍에서도 열외되었고, 그 건축학적·문화적 유산으로서의 가치가 너무나 귀중했기 때문에 미국의 루스벨트 대통령도 제2차 세계대전 당시 일본 본토를 폭격할 때 교토를 제외했다.

하지만 고도성장의 제도는 이렇게 미 공군도 훼손하지 못한 것을 훼손시키고야 만다. 그 프로세스는 1964년 눈살을 찌푸리게 하는 기괴한 타워가 들어서면서 시작되었다. 교토 타워는 완만한 기와지붕의 바다에 우아한 탑이나 사찰 대문으로 여기저기 방점을 찍어 신비로운 대칭을 이루던 교토의 스카이라인을 망쳐버리고 말았다. 이때부터 이루어진 유산의 파괴는 끝이 없었다. 마치야町屋라 불리던 전통 가옥과 가게들이 블록 단위로 재개발되었다. 그 자리에는 아름다운 현대 건축물이 들어선 것이 아니라, 따분한 건물들과 현대 일본의 모든 도시 풍경을 뒤덮고 있는 전신주와 전선들이 들어섰다. 예술 애호가며 과거의 문화를 아끼는 사람들, 유명 사찰의 주지승들이 거센 저항의 목소리를 냈지만 아무 소용이 없었다. 가차 없는 상속세 때문에 사람들은 오래된 집을 팔 수밖에 없었다. 세무 당국은 가격만 따질 뿐 가치는 아랑곳하지 않았다. 그들의 기준으로는 정원이며 아름다운 옛 건축물들이 평범한 사무실 건물과 칙칙한 아파트 단지로 바뀌는 편이 나았던 것이다. 물론 유명한 사찰들은 재개발에서 제외되었고, 시내의 여러 곳이 유네스코 세계문화유산으로 지정되면서 그곳들을 둘러싼 소규모 부지들은 특별 보존구역으로 지정되었다. 이런 곳들을 통해 여전히 1960년대 이전의 교토가 어떠했는지 짐작해볼 수 있다. 하지만 교토의 전체적인 인상은 돌이킬 수 없이 훼손되고 말았다. 오늘날의 교토는 한때 아름다웠으나 얼굴에 염산을 끼얹고 만 여인을 닮았다. 여전히 전성기의 아름다움을 어렴풋이 엿볼 수 있지만 그 완전한 모습을 상상하는 일은 우울한 감상을 동반한다.

교토는 고도성장기에 일본 전역의 자연환경과 역사적·문화적 유산에 저질러진 일들을 역력히 대변한다. 믿을 수 없을 만큼 아름다웠던 국토의 상당 부분이 이 시기에 복구 불가능할 정도로 훼손되었다. 삼림들은 통째로 베어져나가고 단조로운 스기杉(일본 삼나무)의 숲으로 모두 대체되었다. 해안선의 절반 이상은 거대한 콘크리트 방파제의 벽이 점령해버렸다. 크고 작은 모든 강은 여러 겹의 무수한 댐으로 막히고 강둑은 콘크리트로 메워져버렸다. 이 시기에 자연에 대한 파괴가 어찌나 철저했던지 공상과학물에 나오는 괴수의 소행으로 보일 지경이었다.[59] 실제로 일본 애니메이션에 많이 나오는 끔찍하고 충격적인 배경 작화들은 현대 일본의 국토를 뒤덮고 있는 흉물스러운 무질서를 그대로 그린 것이다.

가부키, 노, 수묵화, 꽃꽂이, 다도, 정원과 같은 일본의 전통 예술들은

---

59 Alex Kerr, *Dogs and Demons: Tales from the Dark Side of Japan*(Farrar, Strauss and Giroux, 2001)

모두 살아남았다. 동네와 마을의 축제(마쓰리祭), 민요民謠, 일상생활에 사용하는 공구를 만들던 장인들의 민예民藝와 같은 전통 대중문화도 모두 살아남았다. 하지만 고도성장이 가속화되고 사람들이 텔레비전이나 팝송이나 야구 같은 것에 빠져들면서, 전통 민속 예술은 한때 한 세기 전 서양인들을 그토록 매혹시켰던 그 즉흥성을 상당 부분 잃어버렸다.

그리고 전후 일본이 세계 문화를 선도하는 데 공헌했던 작품들은 대부분 고도성장기가 시작되기 전에 나온 것이었다. 종전 후 20년간 일본의 영화감독들은 영화사에 길이 남을 걸작들을 만들어냈다. 오즈 야스지로小津安二郎의 「도쿄 이야기東京物語」와 「이른 봄早春」, 미조구치 겐지溝口健二의 「오하루의 일생西鶴一代女」이나 「산쇼다유山椒大夫」, 구로사와 아키라黑澤明의 「7인의 사무라이七人の侍」나 「천국과 지옥天國と地獄」 같은 작품이 대표적이다. 미시마 유키오의 『가면의 고백仮面の告白』(1949), 다자이 오사무太宰治의 『인간 실격人間失格』(1948), 가와바타 야스나리川端康成의 『설국雪國』(1948), 다니자키 준이치로谷崎潤一郎의 『열쇠鍵』(1956) 같은 소설에는 종전 직후 혼란했던 사회로부터 고립되어 자기 파멸적인 성적 집착에 빠져드는 주인공들이 등장한다. 이런 소설들은 우울하고 때로 끔찍하기까지 했지만, 높은 예술적 경지에 도달했음에는 의심의 여지가 없었다. 가와바타는 『설국』의 강렬함에 힘입어 1968년 노벨문학상을 수상한다.

하지만 대기업 샐러리맨들의 문화가 사회 전반으로 퍼져나가면서, 인간의 조건에 질문을 던지던 이런 예술적 탐구들은 점점 뒤로 밀려난다. 그 대신, 회사 일과 사회적 스트레스를 잊도록 응원해주고 아무 생각 없이 마음을 편하게 해주는 오락들이 사람들을 잠식해갔다.

야구와 샐러리맨 문화의 등장

회사 업무 중심의 생활은 샐러리맨들의 시간과 정서적 에너지의 대부분을 잡아먹었다. 샐러리맨들은 일본의 기업 문화가 허용하는 몇 가지 복장만 입을 수 있었다. 겨울에는 짙은 감색 또는 회색 양복 상하의와 하얀 와이셔츠와 넥타이, 무더운 여름에는 반팔 셔츠와 넥타이와 정장 바지. 그런 복장을 한 채 긴 시간 만원 통근 열차를 타고 출근하면, 업종이나 회사에 관계없이 똑같은 구조로 칸막이 없이 탁 트인 사무실이 기다리고 있었다. 이런 사무실의 구조는 회사의 조직도를 그대로 옮겨놓은 것과 같았다. 여섯 개에서 여덟 개의 책상이 서로 마주 본 채 길게 열을 지어 늘어서 있고, 열마다 문에서 먼 끝쪽 자리에 관리자가 앉는다. 이런 자리 배치는 그 자체로 군대 계급장과도 같이 분명하게 서열을 보여주었다.

샐러리맨들은 자정 전에 집에 돌아가는 일이 거의 없었다. 야근이 없는 저녁에는 보통 직장 동료들과의 술자리가 있었다. 남자들은 정서적인 지원을 해주는 인간적 유대를 주로 같은 부서의 남성 동료들로부터 구했다. 실제로는 동료들 사이에 그런 유대가 없더라도 있는 것처럼 행동했다. 대부분의 샐러리맨은 어느 시점이 되면 결혼했다. 중간 관리자 이상으로 승진하려면 결혼해서 가정을 갖는 것이 암묵적인 필수 조건이었다. 하지만 부인을 만나는 것은 늦은 밤이나 주말뿐이다. 주말에도 회사 야유회나, 좀더 승진을 하면 고객사나 납품 업체 사람들과의 골프 약속이 없는 때라야 가능했다. 신랑과 신부가 결혼식 날까지 서로 거의 모르는 전통적인 중매결혼도 여전히 많았지만, 고도성장기에는 '연애결혼(렌아이겟콘)'이 점점 보편적인 현상이 되었다. 하지만 샐러리맨이 깨어 있는

대부분의 시간과 감정적인 에너지를 회사 일이 차지하면서, 애초에 열정으로 시작했던 부부관계조차 시들해져갔다. 샐러리맨들은 성적인 만족조차 부인과 함께하기보다는 회사 동료들과 함께 있으면서 찾았다. 고도성장기의 평일 저녁이면, 도쿄 신주쿠나 오사카 난바難波에 있는 홍등가는 술 취해 휘청거리는 샐러리맨 무리로 가득 찼다. 이들은 도루코(터키탕トルコ風呂이라 불리다 나중에 터키 대사관의 항의로 이름을 소프란도soaplands라고 바꿨다)라든지 테이블 밑에서 여종업원들이 오럴 섹스를 해주는 음침한 카바레 같은 곳으로 몰려가는 무리였다. 일본 첫 여성 국회의원들의 강력한 주장에 힘입어 매춘을 금지하는 법안이 1956년 통과되었다. 법안이 통과되고 에도 시대 대표적인 유곽이었던 요시와라吉原가 본보기로 폐쇄되었다. 하지만 요시와라를 제외하면, 이 매춘금지법의 효력이나 강제성은 18세기 미국에서 통과되어 아직도 일부 주에 남아 있는, 정상위를 제외한 모든 섹스 체위를 금지시켰던 법안의 그것과 비슷했다.

샐러리맨 문화의 정점이었던 1960년대와 1970년대에도, 완전한 샐러리맨이라 할 수 있는 사람들은 전체 일본 남성의 3분의 1 정도에 지나지 않았다. 대기업에서 화이트칼라로 일하며 월급을 받고, '종신' 고용이 보장된 남성들 말이다. 하지만 샐러리맨 세계의 문화는 일본 사회 전반으로 퍼져나갔고, 블루칼라 노동자층과 중소기업의 화이트칼라 노동자층에도 커다란 영향을 미쳤다. 대기업의 블루칼라 남성들에게는 화이트칼라 사원들과 비슷한 고용 및 급여가 적용되었다. 반면 중소기업이 그럴듯하게 보일 수 있는 유일한 방법은, 화이트칼라 직원들에게 대기업의 화이트칼라 사원들과 같은 복장을 입고 같은 행동을 하도록 하는 것뿐이었다.

일본 사회에 샐러리맨 문화를 퍼뜨리는 데 큰 역할을 했던 것은 미국에서 수입해온 스포츠인 야구였다. 야구는 메이지 시대에 일본에 처음 소개되어, 나중에 도쿄대학으로 통합된 명문 학교에서 채택하면서 인기를 끌기 시작했다. 스모나 유도, 검도와 같은 전통 스포츠가 일대일 개인 시합이었던 반면, 야구는 일본에서 행해진 최초의 팀 스포츠였으며, 지금도 여전히 가장 인기 있는 팀 스포츠다. 야구는 신기하게도 일본에 잘 맞았다. 농구나 축구처럼 흐름이 끊기지 않는 단순한 전략의(전술은 복잡할지라도) 팀 스포츠와 달리, 야구의 플레이는 멈췄다 이어졌다를 반복하고 매 순간 복합적인 의사결정을 요한다. 한 가지 합의에 이르기가 쉽지 않기 때문에 시합이 펼쳐지고 있는 필드 안에서도, 그리고 필드 밖에서도 열띤 논의가 벌어질 여지를 제공한다. 야구 시합의 리듬은 일본 조직 생활의 리듬을 반영해서 체현하고 있다. 고도성장기에 인기를 끌던 일본 야구는 샐러리맨 문화를 가장 극적으로 상징하고 있었다.

텔레비전이나 스포츠 신문 같은 대중 언론, 만화(망가漫畫에는 상당히 선정적인 내용이 많아 어린이보다는 어른 독자를 대상으로 하곤 했다)와 같은 미디어도 샐러리맨 문화를 주입하고 퍼뜨리는 데 야구만큼이나 중요한 역할을 했는지 모른다. 하지만 어디까지가 야구의 역할이고 어디서부터 미디어의 역할인지는 구분하기 어렵다. 왜냐하면 샐러리맨과 샐러리맨 지망생들에게 세상을 해석해 보여주던 야구와 미디어에 대한 통제권의 상당 부분을 거대 관료 조직과도 같은 하나의 대기업이 갖고 있었기 때문이다.

그 관료 조직과도 같은 것이 바로 일본 최대의 미디어 제국인 요미우리讀賣 그룹이다. 앞 장에서 고도성장기에 일본이 일치된 방향으로 잘 나아가고 있다는 '현실의 관리'에 있어 광고회사 덴쓰가 했던 중요한 역할에 대해 살펴보았다. 요미우리 그룹의 역할은 덴쓰보다 더 중요했다고 할 수 있다. 요미우리는 일본 최대의 발행 부수(전 세계 최대였을 수도 있다)를 자랑하는 신문이자, 대형 방송국과 스포츠 신문에서 교양 학술지에 이르는 다양한 잡지, 부동산 회사와 교향악단, 대형 놀이공원, 그 외에 무수한 작은 사업체를 보유한 회사였다. 하지만 그중에서도 핵심은 고도성장기에 일본 야구계를 지배하던 야구팀 요미우리 자이언츠였다. 미국 야구에서의 뉴욕 양키스나 영국 축구에서의 맨체스터 유나이티드조차, 자이언츠가 일본 야구에서 누렸던 패권을 가져본 적은 없다. 시즌이 되면 텔레비전엔 자이언츠의 야구 시합만 계속되는 것처럼 보였다. 물론 실제로 그렇진 않았지만, 스포츠 신문 지면은 자이언츠의 일거수일투족으로 끊임없이 채워졌다.

일본 야구의 규칙은 미국 야구의 규칙과 거의 다를 바 없다. 미국 야구의 팬이라면 일본 야구를 관람하면서 전혀 어려움을 느끼지 않는다(가장 큰 차이라면 일본 야구에서는 무승부를 인정한다는 점이다). 하지만 일본의 기업이나 정치와 마찬가지로, 야구 또한 형식이 아니라 그 알맹이를 들여다봐야 한다.

베이브 루스, 윌리 메이스, 샌디 코팩스, 조 디마지오와 같은 미 메이저리그의 개성 넘치는 야구 스타들과는 달리, 나가시마 시게오長嶋茂雄나오 사다하루王貞治(우리나라에는 왕정치라는 이름으로 알려져 있다—옮긴이) 같은 고도성장기 일본의 야구 스타들은 전형적인 팀 플레이어들이었다. 이들은 모두 단 하나의 팀, 요미우리 자이언츠 소속이었으며, 주어진 연봉을 받아들일 뿐 단 한 번도 협상하지 않았다. 일본 야구의 연습은 선수 개개인의 실력을 발전시키는 것보다는 전반적인 노력이나 인내를 강조했다. 그런 경향이 어쩌나 심했던지, 코치들이 재능 있는 선수들을 필

요 이상으로 밀어붙여 망가뜨린다는 비난을 들을 정도였다. 이는 끊임없는 노력과 단결된 팀워크로 어려움을 극복할 수 있다는 일본 기업 인사부서의 핵심 원칙을 그대로 반영한다. 일본 기업의 경쟁력은 비상한 팀워크와 사원들의 자기를 돌보지 않는 직업 윤리, 일본인들이 좋아하는 표현으로 바꾸자면 곤조根性 또는 '갓쓰ガッツ'에 있었다.

일본 기업과 정부의 높은 자리로 가는 입장권을 얻기 위해 다년간 고행에 가까운 공부 끝에 대학 입시로 정점을 찍듯이, 프로야구팀에 가기 위해서는 초·중·고 야구팀을 거쳐 고베 근처의 고시엔甲子園 스타디움에서 매년 열리는 전국 고교야구대회를 거쳐야 했다. 오늘날에도 고시엔(전국 고교야구대회를 이렇게 부른다)에는 신성함에 가까운 아우라가 있다. 전 세계 그 어떤 '아마추어' 스포츠도 일본의 고시엔만큼 국가적 관심과 열병을 불러일으키지는 못한다. 미국으로 치면 로즈볼Rose Bowl이나 슈가볼Sugar Bowl 같은 대학 미식축구 게임이 그나마 비슷할 것이다. 하지만 우승팀과 그 팀의 에이스들이 각광을 받는 미국과 달리, 일본에서는 진 팀이 더 큰 관심을 불러일으킨다. 매년 수백만의 사람이 혼신의 힘을 다해 싸운 뒤 울고 있는 소년들의 모습을 보느라 텔레비전 앞에 고정되어 있다.

일본 프로야구의 유명한 선수들은 대부분 고시엔 출신이고, 그중에서도 뛰어난 선수들은 요미우리 자이언츠로 간다. 물론 자이언츠에게도 경쟁 팀이 필요하다. 다른 팀들이 전부 형편없어서야 승리가 빛을 발하지 않는다. 이상적인 야구는 자이언츠가 어렵게 승리를 이끌어내거나 어렵게 시즌 우승을 하는 것이었다. 자이언츠에 쏟아진 애정이 얼마나 대단했는가 하면, 아침 도쿄의 출근길에 무수한 통근열차로 쏟아져 들어가는 샐러리맨들의 얼굴만 봐도 전날 자이언츠가 시합에 이겼는지 아닌지 알 수 있다고 했다. 도쿄에 본사를 두고 있는 회사나 정부 부처에서 일하고 있으면서 자이언츠의 광팬이 아니라면 조직에 부적응한다거나 혹은 그 이상의 의심을 살 정도였다.

오사카를 중심으로 하는 지역은 달랐다. 오사카의 홈팀 한신 타이거즈는 도쿄의 자이언츠를 능가하는 열광적인 팬들을 만들어냈다. 하지만 그 열광은 영원한 패자에 대한 열광이었다. 짐작할 수 있겠지만 타이거즈는 흔히 보스턴 레드삭스에 비교된다. 타이거즈와 자이언츠의 경쟁 구도는 뉴욕 양키스와 보스턴 레드삭스의 경쟁과 비슷하다. 존경할 만한 패자로서의 타이거즈의 위상은 물론 일본 문화의 오래된 원형에 들어맞는다. 하지만 좀더 눈여겨봐야 할 지점은, 이 한쪽으로 기울어진 경쟁 관계가 아마도 오사카, 교토, 고베, 나라의 간사이關西 지역에 대한, 도쿄를 중심으로 하는 간토關東 지역의 궁극적인 우월성을 상징하고 있다는 사실이다. 가마쿠라 막부가 설립된 이후 일본의 중심은 거침없이 동쪽으로 이동해왔다. 하지만 고도성장기 이전까지만 해도 간사이는 건재했다. 에도 시대를 거쳐 20세기에 이르기까지 오사카는 타의 추종을 불허하는 상업 도시였고, 교토는 일본 전통문화와 가치의 보고였다. 하지만 관료화된 도쿄가 일본을 마침내 지배하면서 교토와 오사카는 기껏해야 지방의 잘나가는 도시 정도로 격하되고 말았다.[60] 앞서 얘기한 전통 유산의 파괴로 인해 교토는 평범한 부청 소재지에 지나지 않게 되었다. 그리고 오사카에서 출발한 일본의 일류 기업들(스미토모, 노무라, 샤프, 토레이 등)은 도쿄에 '제2본사'를 열기에 이르렀고, 시간이 지나면서 과연 어느 도시의 본사에 실권이 있는지도 명확해졌다.

---

60 물론 현대의 교토에서도 가장 혁신적인 기업들이 배출되었다. 닌텐도, 교세라, 오므론, 와코루 같은 곳이다. 오사카에 뿌리를 두었던 기업들과는 달리 이들은 보통 교토에 계속 머물렀다.

그렇게 야구에서뿐 아니라 샐러리맨의 정신적 삶(샐러리맨의 꿈과 고뇌와 승자로서의 일체감)을 장악하던 자이언츠는, 고도성장기에 일본인의 경제적·사회적 삶을 장악했던 도쿄 관료 조직의 권력을 상징적으로 보여주었다.

요즘에는 다들 알다시피 자이언츠의 압도적인 존재감으로 상징되던 일본 야구계의 전반적인 구조와, 샐러리맨 문화에서 일본 야구가 차지하는 위상 자체가 산산조각이 났거나 최소한 크게 위협받고 있다. 1995년 투수 노모 히데오野茂英雄가 LA 다저스로 이적한 것을 필두로 일본의 일류급 스타 선수들이 줄줄이 미국의 메이저리그로 넘어가면서 시작된 그 과정은, 1990년대 초반 소위 버블 경제 붕괴 이후 일본의 다른 조직들이 겪어야 했던 운명과 닮아 있다. 일본의 남자아이들은 이제 양키스나 레드삭스에서 뛰는 것을 꿈꾸고, 자이언츠의 게임보다는 스즈키 이치로鈴木一郞나 구로다 히로키黑田博樹가 나오는 메이저리그 게임들의 시청률이 훨씬 높다. 일본 비즈니스에서 노모, 이치로, 구로다의 사례와 같이 인재들이 해외 기업으로 이적하는 일이 있었던 것은 아니다. 하지만 젊은 스포츠 광팬들의 눈이 미국으로 쏠리는 것처럼, 요즘의 IT 오타쿠들은 소니의 최신 제품보다 아이패드나 아이폰에 열광한다. 한편 고도성장 시절 일본의 경제를 이끌었던 재무성이나 통상산업성의 경제 관료들이 보편적으로 갖고 있던 사명감은 점점 사라지고 있다. 그 사명감의 자리를 대체해가는 것은, 경쟁력을 잃어버린 듯한 경제 탓에 점차 줄어드는 혜택을 고령화되는 인구에 배분해야 하는 끊임없는 행정적 격무다.

이런 일이 벌어진 근본적 원인의 일부는 고도성장의 제도들이 만들어질 때는 아무런 발언권이 없었던 어느 커다란 집단의 삶이 그 제도들로 인해 변화된 데 있다. 그 집단이란 다름 아닌 일본의 여성들이다. 블루칼라 노동자, 샐러리맨, 농부, 자영업자, 음지에서 활동하던 극우 해결사들, 야심만만한 정치인들, 일본 정재계의 상부층을 차지하던 도쿄대학 출신의 엘리트 계층들은 모두 고도성장의 제도들이 마침내 형태를 갖추던 1950년대에 자신들의 의견을 반영할 수 있었지만 여성들은 아니었다. 여성의 그러한 배제는 여성 자신에게도, 그들의 남편과 자식들에게도 지대한 영향을 미치게 된다.

고도성장기 일본의 여성

서양의 여성들과는 달리 일본의 여성들은 한 번도 누가 떠받들어주는 대접을 받지 못했다. 여성이 방에 들어온다고 일어서는 일본 남성은 없다. 누군가 일본 여성을 위해 의자를 빼주거나 문을 잡아준다면, 그것은 그녀가 여성이기 때문이라서가 아니라 다른 이유에서였다. 특별한 사정이 없는 한, 여성은 남성의 의견을 따르는 것이 당연시되었다. 제대로 교육받은 아내라면 항상 한발 뒤에서 남편을 따라간다. 여성이 하는 모든 행동과 모든 말은 같은 나이, 같은 출신, 같은 계급의 남성들보다 스스로가 낮은 위치에 있고 거기에 복종하고 있음을 드러낸다(일본어에는 여성만이 사용하는 동사 어미와 대명사들이 있어서 자연스럽게 그렇게 되어버린다). 그렇게 억눌려 있어야 하긴 했지만 그 결과 일본 여성이 서양 여성에 비해 누리는 것이 한 가지 있었으니, 그것은 여성이 비싼 장신구에 지나지 않는다는 생각과 싸워야 할 필요는 없었다는 점이다.

여성에게는 여성의 역할이 있었고, 그 역할 안에서는 어느 정도의 권한을 갖고 있었다. 여성들은 집안 살림을 담당했다. 물론 겉으로는 남편에게 존경을 표해야 했다. 어릴 때는 아비를 공경하고, 어른이 되어서는 남편을 공경하고, 말년에는 장남을 공경해야 한다는 식의 일본 속담도 있다. 하지만 많은 가정에서 실제로 권력을 갖고 있는 것은 아내라는 것이 다들 하는 농담이었다. 아내는 가계의 재정과 자녀 교육, 시부모를 돌보는 일을 책임졌다.

일본의 남편들은 월급을 아내에게 맡긴다. 남편들은 아내로부터 받는 용돈에서 점심값과 옷값과 너무나 중요한 직장 동료와의 술값도 해결한다. 에도 시대로부터 지금에 이르기까지 일본 소설에는 경제적으로 곤란에 처한 와중에도 가정의 품위를 유지해나가는 아내가 단골로 등장한다. 아내가 이것저것 융통성을 발휘하는 덕에 남편은 실제로 집안 사정이 얼마나 안 좋은지 알아차리지 못한다. 1950년대 미국의 텔레비전에는 남편이 집에서 세금 공제와 고지서들과 씨름하는 동안 아무 생각 없이 흥청망청 쇼핑을 다니는 주부들이 등장한다. 일본에서 미국 주부들에 상응하는 존재는 오쿠상奥さん(부인)이 아니라, 월급과 아내가 주는 용돈 외에는 집안 살림에 대해 아무것도 모르던 남편들이었다.

전통적으로 일본 여성들은 넓은 범위의 친족사회와 동네의 여성 네트워크 안에서 스스로에게 주어진 사회적 역할을 수행해왔다. 하지만 고도성장과 샐러리맨 문화의 시대가 열리면서, 여성에 대한 기대는 거의 그대로였던 반면 외부 환경이 급격히 변했다. 일본 여성 다수는 고도성장의 영향을 받았지만 이들에게는 이 새로운 환경의 의미에 대해 설명해줄 베티 프리단(미국의 페미니스트 작가이자 사회운동가. 1921~2006)과 같은 존재가 없었다. 일본 여성들이 받아온 교육은 고도성장의 시대를 준비하기에 적절한 것이 아니었다. 여성들은 여전히 결혼한 뒤에 가계의 재정적인 살림과 자녀 교육, 많은 경우 시부모 돌보는 일을 책임져야 했

다. 하지만 시골 마을이나 예전부터 공동체가 발달했던 도시 지역에 사는 여성의 수는 차츰 줄어갔다. 남편이 샐러리맨이라면 신혼의 몇 년을 종전 후 대도시 근교에 우후죽순처럼 생겨나던 좁은 싸구려 공동주택(단지|團地)에서 보내는 경우가 많았다. 대부분 샐러리맨 부부의 꿈은 단지를 벗어나 자기 집을 마련해 들어가는 것이었다. 이들 중 많은 사람이 마침내 내 집 마련의 자금을 모으는 데 성공했다. 특히 남편이 대기업에서 일한다면 가능성이 더 높았다. 가계 재정의 관리가 그토록 중요했던 것은 이 때문이다. 당시에는 주택 대출의 기회가 많지 않고 이자율은 높았다. 일본 경제의 기적을 이루는 자금으로 쓰였던 가계 저축을 끌어모으는 데는 주부들이 결정적인 역할을 했다. 자기 집을 마련하려면 저축하는 것 외에는 선택의 여지가 없었던 것이다. 대안이라면 조직 범죄단과 폭넓게 연관되어 있던 사채업자인 사라킨サラ金(글자 그대로 샐러리 파이낸스)에 손을 벌려 터무니없이 높은 이자율의 사채를 쓰는 것이었다. 선정적인 잡지들에는 매력적인 주부들이 사채 빚을 갚기 위해 매춘을 강요당하는 이야기가 넘쳐났다. 물론 이런 이야기들에는 문학적 상상력이 작용했겠지만 그 바탕에는 독자들이 수긍할 만한 가계의 경제적인 현실이 있었다. 샐러리맨의 가족이 드디어 내 집을 마련했다고 해도, 그런 집들은 싸구려 재료로 만들어졌을뿐더러 이웃집들과 불과 몇 인치 간격으로 떨어져 있는 조그만 건물이었다.

그렇기 때문에 여성에게 진정한 프라이버시라는 것은 존재하지 않았고, 현재와 과거의 나쁜 점들만 모아놓은 최악의 상황이라고 할 수 있었다. 손이 많이 가는 아이들과 좁은 집에 갇혀 사는데 아이 아빠나 경험 있는 친척들의 도움이라고는 전혀 받을 수 없다. 게다가 늙어가는 시어머니를 모셔야 하는 부담을 지기도 했다.

그래서 전후의 젊은 일본 여성들이 마음을 기댈 수 있었던 단 하나의 대상은 보통 자신과 같은 처지의 다른 여성들뿐이었다. 남편은 집에 잠만 자러 오는 사람이었고, 간혹 일요일에 집에 있을 때조차 아내를 돕거나 조언해줄 수 있을 만큼 아는 것이 있거나 그런 관심이 있지도 않았다. 친정어머니나 이모들이라면 공감해줄지 몰라도, 그들은 보통 다른 지방에 살았다. 그리고 전혀 다른 시절에 자란 사람들이었기 때문에 딸이나 조카가 겪고 있는 문제에 대해 실질적인 조언을 해주는 데 한계가 있었다. 그렇게 해서 동네 여성들 사이에 자연스럽게 유대관계가 생겨나기는 했지만, 미디어들은 판매 부수를 위해서인지 부인들 사이의 험담이나 구설수나 경쟁 같은 것을 집중해서 다루곤 했다. 그러한 경쟁은 보통 두 가지를 놓고 이루어졌다. 하나는 남편의 지위(남편의 직책과 회사의 위상을 모두 포함)였고, 또 하나는 아이들이 학교생활을 얼마나 잘하는지, 특히 입시에서 성적이 얼마나 좋은지 하는 것이었다.

샐러리맨의 아내들이 거쳐야 하는 '고엔 데뷔公園デビュー'와 같은 통과의례에 대한 갖가지 전설도 생겨나기 시작했다. 고엔 데뷔는 엄마가 걸음마를 시작한 아이를 데리고 처음으로 동네 공원에 나가는 것을 말한다. 보통 어느 공원에 가도 아이들이 뛰어노는 것을 지켜보는 엄마들의 그룹이 이미 형성되어 있게 마련이다. 새로 온 엄마는 이 그룹과 잘 어울릴 수 있을 것인가? 엄마들이 새로 온 엄마를 그룹의 일원으로 받아줄 것인가? 아니면 그룹의 우두머리격 엄마에게 뭔가 말실수를 한다거나, 아이가 옷을 튀게 입었다든지 다른 아이들에게 못되게 굴었다든지해서 따돌림을 당할 것인가?

아이들의 벤토弁当(밥과 여러 반찬이 들어 있는 도시락)를 준비하는 것도 커다란 스트레스 요인이었다. 일본의 많은 학교에서는 아이들이 벤토를 싸와서 자기 책상에 앉아 먹는다. 그래서 아주 어린 아이들조차 자기 벤토의 모양새와 품질에 민감하다. 벤토가 얼마나 아름답게 꾸며져 있고, 맛있으며, 영양소를 골고루 갖췄는가 하는 문제로 아이들 사이에 심각한 경쟁이 생기기도 하고, 교사들도 벤토를 평가하는 데 목소리를 보탠다.

일본 학교의 교사와 엄마들 사이의 관계에는 항상 긴장이 팽팽했다. 교사는 상대적으로 보수도 괜찮고 사회적으로도 존경받는 직업일지 모르나 근무 시간이 가혹하게 길고 끝없는 요구 사항에 시달린다. 교사로서 지식을 전달해야 할 뿐 아니라, 학생들의 훈육도 담당해야 하고, 상담자 역할도 해야 하며, 부모를 대신해서 학생을 관리할 책임이 있는 것으로 여겨지기 때문이다. 교사들은 학생의 어머니가 부모로서의 역할을 소홀히 하고 있다고 여기면 망설이지 않고 개입했다. 그리고 어머니들을 판단하는 기준에는 벤토의 품질이라든지, 학생의 옷차림이라든지, 교실 안팎에서 학생이 쓰는 언어와 행동 같은 것이 모두 포함되어 있었다.

교사와 학부모를 연결하는 제도적인 장치로는 사친회Parent Teacher Associations(PTA)가 있었다. PTA도 야구와 마찬가지로, 미국에서 수입해와서는 사회적 통제를 위한 수단으로 변용되어 미국의 원형은 알아볼 수 없게 되어버린 제도 중 하나였다. 일본의 PTA는 학교 단위로 조직되었다. 가입은 사실상 강제나 마찬가지였고, 아이를 생각하는 엄마라면 활동에 참여하지 않을 수 없었다. PTA에는 일본의 다른 모든 조직에 나타나는 특징이 다 드러나 있다. 겉으로 끝없이 강조하는 화합과 협력 뒤에 숨어 있는 고질적인 파벌주의와 '수동적 공격 성향passive-aggressive'이라는 단어의 정의를 새로 해야 할 만큼 고도로 계산된 비방 전술 같은 것 말이다. 일본 남성들이 직장의 숨막히는 긴장에서 가끔 벗어날 수 있었던 반면에(그게 싸구려 위스키를 마셔가며 무슨 얘기라도 다 들어주는 술집 호스티스의 귀에 대고 속삭이는 것일지라도), 일본 아내들은 아이들과 시어머니와 PTA로부터 오는 스트레스를 항상 안고 살아야 했다. 알코올이 해방구가 되어주지도 못했던 것은, 주부들이 술 마시는 것을 사회적으로 용인하는 분위기가 아니었기 때문이다. 여성들은 PTA의 다른 엄마들과 같은 단지나 동네에 살면서 같은 가게에서 장을 보았다. 속으로는 PTA가 시간과 감정을 갉아먹는 것에 대해 어떻게 생각했건, 이들은 자식에 대한 사랑 때문에 PTA에 붙들려 있을 수밖에 없었다.

세월이 흐르면서, 점점 더 많은 수의 젊은 여성이 자기 엄마와 언니들이 어떻게 살고 있으며, 각종 미디어에서 그 삶을 어떻게 다루는지 보게 되었다. 그리고 자기는 그렇게 살지 않겠노라 결심했다. 고도성장 제도들이 작동하던 방식은 부지불식간에 수백만에 이르는 샐러리맨의 아내들을 올가미 속으로 몰아넣고 있었다. 그리고 역설적으로 그 제도들의 성공적인 운용으로 인해 여성들에게는 그 올가미에서 벗어날 수단이 생겼다. 그 결과로 나타난 것이 일본 출산율의 붕괴였다.

고도성장의 초기, 젊은 여성들이 결혼 대신 택할 수 있는 대안이라고는 '물장사水商賣(미즈쇼바이)'라고 완곡하게 표현되던 직종에 들어가거나, 아니면 인기 없고 사람들에게 괄시받는 노처녀가 되는 것뿐이었다. 샐러리맨을 양산해내던 사회계층에서 자란 일본 여성에게 바람직한 커리어는, 우선 2년제 전문대학에 진학해서 낮은 직급의 핑크칼라 직종에 필요한 각종 기능을 겉핥기식으로 배우는 것이었다. 좋은 직장에서는 혼자 사는 여성을 채용하는 것을 꺼렸기 때문에, 졸업을 해도 부모님 댁에서 같이 살았다. 회사에 들어가면 유니폼을 입고 OL이라 불리던 오피스 레이디가 되었다. 사무실에서는 차를 내오거나, 서류를 준비하는 등

'사무실의 꽃'이라 불리던 이름에 걸맞게 각종 허드렛일을 했다. 여성 직원들은 동료 남성들과는 달리 근무가 정식으로 끝나는 시간에 퇴근할 수 있었다. 저녁 시간이나 주말에는 다도라든지 꽃꽂이, 기모노를 올바로 입는 법을 배우러 학원에 등록해 다니곤 했을 것이다.

사회 초년의 이 몇 년간을 관통하는 주제는 (혹은 여성들이 마땅히 관심을 가져야 할 주제는) 적당한 남편감을 찾는 것이었다. 이상적인 남편감은 같은 회사의 다른 부서에서 일하는 젊은 남성이었다. 회사도 이런 사내 결혼을 장려했다. 왜냐하면 아내들이 이미 회사 분위기에 적응해 있기 때문에, 앞으로 회사가 남편의 시간과 에너지를 점점 더 요구할 것을 잘 알고 협조해줄 것이기 때문이었다. 만약 같은 회사 안에 적당한 남편감이 없다면 중매결혼의 전통에 따라 중매쟁이로부터 소개를 받기도 했다. 혹은 상대가 대기업의 정사원이나 정부 관료 기관의 공무원이라면, 학교 친구를 통해 소개받는 것도 나쁘지 않았다. 결혼 시장에서 남자 쪽 조건을 볼 때 압도적으로 중요한 것은 경제적 안정성이었다. 반면 여자 쪽을 볼 때 따지는 중요한 조건들에는 외모와 집안 배경(가까운 친척 중에 스캔들 같은 게 없을 것), 품행 및 가정교육(제대로 된 학교를 나와서, 다도처럼 '주부다운' 취미를 터득하고 있을 것), 깨끗한 평판이 있었다.

여성들에게 결혼 적령기는 전문대학을 졸업하는 19세나 20세로부터 시작해 6년 정도였다. 고도성장기에 유행하던 말 중에는, 젊은 여성들을 크리스마스에 먹는 특별 케이크에 비유하는 것이 있었다.[61] 25세까지 결

---

61 크리스마스는 일본에서 종교적 휴일이 아닐뿐더러 법정 공휴일도 아니다. 그보다는 서양에서 들여온 크리스마스 관련 세속적 관행들이 일본의 연예계와 유통업계에 의해 적극적으로 변형되고 과장된 뒤죽박죽 형태의 명절이다. 일본에서 모두가 먹는 '크리스마스 케이크'는 프랑스의 크리스마스 디저트인 부슈 드 노엘Bouche de Noel이나 영국의 플럼 푸딩plum pudding에서 유래된 것으로 보이나, 서양에는 정확히 이에 해당되는 관습이 없다.

혼하지 못한 젊은 여성에게도, 25일까지 팔리지 않은 크리스마스 케이크에도 26이라는 숫자는 반갑지 않은 것이었다. 회사들은 남편감을 찾지 못한 여성들을 실제로 해고하지는 않았다. 하지만 이들은 보통 '노처녀'들이 가는 자리라고 낙인찍힌 시덥잖은 사무직으로 배치되어 보내졌다.

젊은 여성들이 택할 수 있는 또 다른 길로는 물장사가 있었다. 현대식으로 새로 태어난 에도 시대의 풍류세계를 완곡하게 부르는 말이다. 옛날 방식의 게이샤도 여전히 활동하고 있었지만 이들은 박물관에서나 나올 법한 존재로 여겨졌다. 게이샤의 손님들은 아름답고 세련된 젊은 여성들과 야한 농담을 주고받는 것보다는, 음악과 춤 같은 일본 전통 예술에 관심 있는 부유한 신사들이었다. 에도 시대 우타마로의 판화에 나오는 빼어난 기생들의 진짜 후계자들은 도쿄의 긴자나 아카사카의 회원제 나이트클럽들에서 호스티스로 일하며 일본의 정재계 엘리트들을 접대하고 있었다. 이 여성들이 일본 사회에서 그토록 중요한 인맥人脈(진먀쿠) 만들기에 윤활유 같은 역할을 했다. 호스티스들과의 섹스를 기대하는 분위기는 항상 있었지만 노골적으로 표현되지는 않았다.

하지만 물장사에서도 가장 뛰어난 여성들만이 그런 고위층을 상대하는 자리까지 올라갈 수 있었다. 전쟁 전이나 에도 시대에 그랬던 것처럼 가족들이 어린 딸을 물장사에 내다 팔거나 하지는 않았다. 하지만 집안이 가난하거나, 한 부모 가정에서 자랐거나, 학교에서 성적이 좋지 않거나 젊은 남자아이들과 문제를 일으키던 여자아이에게 물장사는 꽤 솔깃한 유혹이었다. 더 예쁘고 더 지적이고 더 냉혹할수록, 일본 엘리트들을 손님으로 상대하는 최고급 클럽에서 일할 기회에 다가갈 수 있었다. 그런 클럽에서는 기업의 고위 간부나 정치인들이 한 팀 와서 두 시간 정도 술을 마시며 호스티스와 이야기를 좀 나누면 술값이 수천 달러에 달

하곤 했다. 보통의 샐러리맨들을 상대하던 훨씬 더 흔하고 평범한 클럽에서는 하루 저녁 술자리가 수천 달러까지는 아니고 수백 달러 정도였는데, 이런 것은 모두 회사 비용으로 처리되었다(같은 회사의 같은 직급 남성 사원들 사이에는 급여 차이가 존재하지 않았다. 하지만 인사고과가 좋은 사람들은 비용 처리 한도가 훨씬 컸다). 이런 클럽들에서 몇 년 일하고 나서 윗자리에 올라가지 못한 여성들은(즉, '마마상'이 되지 못하면) 그만두고 스스로 조그만 바를 열곤 했다.[62] 거기 필요한 자본은 예전에 일하던 클럽에서 만난 단골손님이 대주는 경우가 많았다. 업계에 막 들어온 아가씨들을 한두 명 고용해서 자신만의 가게를 여는 것이다. 이런 '스나쿠スナック'들은 출퇴근 기차역 근처에 우르르 몰려 있다. 이런 곳에서의 술값은 회사 비용으로 처리되지 않고 손님이 자비로 내야 했기 때문에 가격이 도심의 클럽에 비해 훨씬 저렴했다.

클럽에 취직할 만한 외모나 머리나 인맥을 갖추지 못한 여성들은 물장사 업계에서도 가장 바닥으로 흘러 들어갔다. 테이블 밑에서 애무나 오럴 섹스가 허용되던 '핑크 카바레'나, 앞서 말한 도루코(소프란도) 같은 곳들이다. 이런 곳은 보통 야쿠자들이 관리하고 있었기 때문에 여기서 일하는 젊은 여종업원들의 삶은 짐작되다시피 비참했다.

OL로서 6년을 보내고, 그 뒤 수십 년을 남편도 거의 없는 단지나 조그만 집에 갇혀서 아이들에게 시달리는 삶이 매력적이지는 않았지만, 술취한 샐러리맨에게 테이블 밑에서 성적인 서비스를 해주는 것보다는 나았다. 하지만 수십 년의 세월이 지나면서 여성들에게 또 다른 선택지

---

62 이런 바들을 영어의 스낵바에서 이름을 따와 스나쿠라 부른다. 1950년대에 통과된 법으로 인해 바들은 문을 일찍 닫아야 했다. 이 법에는 음식과 술을 함께 파는 곳은 해당되지 않는다는 맹점이 있었다. 그래서 바들은 이름을 스나쿠로 바꾸고 실제로는 잘 팔지도 않는 음식을 메뉴에 올려 예전과 같이 영업을 계속했다.

가 등장하기 시작했다.

대학 입시는 보통 성별과 무관하게 성적만 봤기 때문에 여성도 4년제 대학에 들어갈 수 있었고, 점점 많은 여성이 4년제 대학생이 되었다. 사실 여성이 일본 기업에 취직하려면 4년제 대학 졸업장을 갖고 있는 것은 아무것도 없느니만 못했다. 많은 회사가 4년제 대학을 졸업한 여성을 노골적으로 차별했다. 앞서 살펴보았듯이 회사로서는 어차피 학위가 중요하지 학교에서 무엇을 배웠느냐는 중요한 게 아니었다. 하지만 그래도 야심 있는 젊은 여성들은 4년제 대학에 진학해 공부했다. 국제사회의 눈치 때문이었는지, 몇몇 회사가 젊은 여성 신입사원을 간부 후보가 될 수 있는 정사원의 자리에 받아들이기 시작했다. 그리고 일본에 진출해 있던 외국계 기업들이 고학력 일본 여성들이 노동 자원으로 충분히 활용되지 않고 있다는 사실을 파악하고는 대규모로 이들을 채용하기 시작했다. 일본 남성들은 외국계 기업을 기피하는 경향이 있었다. 외국계 기업은 직업 안정성도 떨어지고 일본에서의 사회적인 위상도 낮게 여겨졌다.[63] 하지만 여성들에게 있어 외국계 기업은 일본 기업에서는 얻을 수 없던 기회를 제공했다. 외국계 기업의 인사팀장들이 다른 조건이 동일하다면 일본에서는 남성을 채용하는 것보다 여성을 채용하는 것이 낫다고 하던 것은 잘 알려진 이야기다.

하지만 이러한 '커리어 우먼'이라는 선택지의 등장은 일본의 출산율에는 아무런 도움이 되지 못했다. 일부 일본 기업과 많은 외국계 기업이 예전에는 남성들에게만 열려 있던 일자리를 여성들에게 열어주기는 했지만, 여성에게 특별대우를 해주려던 것은 아니었다. 1950년대 노동투

---

63 이 중 예외는 IBM 재팬이었다. IBM 재팬은 일본 대기업으로서의 위상을 누리고 있었다.

쟁의 결과 타협안으로 등장한 종신고용은 핵심 남성 직원들에게 경제적인 안정을 보장해주는 대신, 회사 일에 무제한의 시간을 바쳐 헌신할 것을 요구하는 일종의 물물교환이었다. 아이를 키우고 부모를 모시고 집안 살림을 꾸리면서 그러한 헌신을 병행할 수는 없는 노릇이었다. 결혼제도와 가정은 바로 남성들을 그런 가사노동으로부터 해방시킬 수 있다는 기대에서 진화해왔다. 가정에서 남성의 역할은 돈을 벌어다주는 것으로 축소되었다. 아빠가 1년에 사흘 정도 가족들을 데리고 휴가를 다녀오거나, 간혹 일요일 오후에 아들을 데리고 캐치볼을 할 수 있으면 좋은 것이었으나, 꼭 그래야 할 필요는 없었다. 이런 유의 아빠의 행동을 일본에서 '패밀리 서비스ファミリーサービス'라고 부른다는 사실은 그 뒤에 있는 생각의 근간을 드러낸다. 일본에서 영어 단어 '서비스service'는 대가를 바라지 않고 공짜로 주는 무언가를 의미한다.[64]

점점 많은 수의 여성이 커리어 우먼의 길을 선택했지만, 그보다 많은 수의 여성은 여전히 계속해서 OL이 되어갔다. 하지만 이들도 정해진 길을 따라 결혼하는 것을 거부했다. 이들은 월급을 많이 받지는 않았지만(월급이 남성의 60퍼센트 정도에 불과했다), 집에서 부모님과 함께 살았기 때문에 생활비도 적게 들었다. 고도성장의 초기라면 이런 상황은 탐탁지 않았을 것이다. 어른이 된 자식과 함께 살 수 있을 만큼 부모가 사는 집이 크지도 않았고, 나이가 차도록 결혼하지 못한 여성들은 창부나 매력 없는 노처녀로 여겨졌다.

하지만 이 모든 것이 바뀌기 시작했다. 일본이 점점 부유해지면서 일

---

64 식당의 웨이트리스가 손님이 주문하지 않은 작은 음식을 손님에게 무료로 제공할 때 '사비스데스'(서비스입니다)라고 말한다. 그 음식에 대해서는 돈을 내지 않아도 된다는 뜻이다. 또한 앞 장에서 언급했듯이 서비스는 정식으로 인정하지도 않고 수당도 받지 못하는 야근을 가리킬 때도 쓰는 말이다.

단 집들이 조금씩 커졌다. 예전에는 상상할 수 없었던 라이프 스타일이 비혼 여성에게 가능해지기 시작했다. 싱글로 남아 있는 한 여성들에게는 좋은 옷을 사 입고, 해외여행을 가고, 친구들과 근사한 레스토랑에서 식사를 즐길 수 있을 만큼의 가처분 소득이 있었다. 젊은 싱글 여성들이 (그리고 점점 더 그리 젊지 않은 여성들이) 일본의 패션과 예술과 식문화에서 유행을 선도하는 가장 중요한 그룹이 되었다. 뉴욕이나 런던에서는 여피들이나 세련된 게이 남성들 또는 메트로섹슈얼(이성애자이면서도 자신 안에 내재된 여성성을 즐기는 현대의 남성—옮긴이)들이 그런 역할을 하고 있었다.

이것은 여성의 해방이라든지 페미니즘의 대두와는 달랐다. 일본의 정재계, 미디어, 학계, 대중예술과 고급예술을 통틀어 상위층은 여전히 압도적으로 남성의 무대였다. 하지만 일본 여성에게는 이제 풍류세계, 물장사 업계의 창녀, 기생, 호스티스이거나 착한 딸(오조상お孃さん), 충실한 아내와 엄마라는 길 말고도 제3의 길이 있었다. 이게 어떤 의미인지 알고 싶다면 도쿄에 존재하는 수만 개의 식당 중 몇 군데만 골라 금요일 저녁에 가보면 된다. 한 종류의 식당은 손님들이 카운터에 앉아 일본 전통의 안주를 먹어치우며 맥주나 사케나 소주를 마셔대는 흔한 이자카야居酒屋다. 여기 손님들은 거의 다 남자다. 이들은 넥타이를 삐딱하게 메고 취해 있거나 취한 척하면서 담배를 연신 피워댄다. 남자들의 우정이 넘쳐나는 대학 동호회 하우스frat-house 같은 분위기에 스피커에서는 엔카演歌(일종의 블루스 내지는 일본의 컨트리 뮤직)를 시끄럽게 틀어댄다. 만약 여성이 그 자리에 동석해 있다면 그것은 아마도 남자 손님들의 짓궂은 농담을 야하게 받아치는 나이 든 웨이트리스일 것이다. 반면 길 건너에 있는 또 한 종류의 식당은 새로 오픈한 세련된 이탈리아, 프랑스 레

스토랑이다. 이곳의 손님들은 최신 유행으로 차려입은 여성들의 그룹이다. 이들은 바로크 현악 협주곡이나 현대 재즈가 조용히 흐르는 가운데 차가운 화이트 와인을 홀짝이며 섬세하게 차려진 요리를 하나씩 집어 먹는다. 남자라고는 그윽한 눈에 깔끔한 헤어스타일을 하고, 우아하면서도 정중하게 메뉴를 설명하는 웨이터들뿐이다.

　이러한 변화에 놀라던 일본의 보수 세력은 특히 일본의 급락하는 출산율이 의미하는 바를 깨달으면서 경악했다. 새로운 여성들에게는 곧 '파라사이트 싱글Parasite singles(결혼도 하지 않고 부모 집에 기생해 산다는 의미—옮긴이)'이라는 별명이 붙었다. 미디어에서는 호스티스 클럽을 거꾸로 따라해, 잘생긴 젊은 남자들이 여성 손님들을 접대하는 호스트 클럽을 자세히 다뤘다. 용돈도 벌고 덤으로 육체관계도 원하는 건장한 흑인 미군을 헌팅하러 여성들이 출입한다는 디스코텍에 관한 외설적인 이야기들도 돌기 시작했다. 밝히는 일본 남성들이 한국이나 필리핀으로 단체 섹스 관광을 가는 이야기는 별 관심을 끌지 못했지만, 일본 여성들이 뒤끝 없는 섹스를 위해 단체로 타이나 발리로 여행을 가기 시작하자 미디어는 발작에 가까운 염려를 보였다. 하지만 많은 젊은 여성이 미디어의 불같은 반응을 보고 깨달은 것은 그런 행동이 나쁘다는 점이 아니라, 여성들도 결혼이 아닌 관계에서 성적인 욕구를 충족시키는 것이 가능해졌다는 사실이었다. 그것도 여성들이 평판을 신경 쓰는 단 하나의 그룹으로부터 비난받을 염려를 하지 않으면서 말이다. 그 그룹이란 다름 아닌 그들과 같은 젊은 여성들이었다.

마쓰다 세이코

이런 젊은 여성들 사이에서 최고의 우상은 팝스타 마쓰다 세이코松田聖子였다. 그녀는 틀에 박힌 인생에 따르지 않겠다는 여성들의 수동적 저항이 전국적으로 시작되던 1980년대 초, 일본 연예계에 일약 돌풍을 몰고 왔다. '세이코짱聖子ちゃん'이라 불렸던 그녀는 일본이 낳은 여성 스타 중 미국의 주디 갈런드나, 바브라 스트라이샌드 또는 마돈나와 같은 대형 스타에 가장 근접한 사례였을 것이다. 그러나 이런 미국 연예인들은 팬의 상당수가 당시 대두되던 게이 서브컬처에서 나왔던 반면, 마쓰다 세이코의 열성 팬들은 거의 예외 없이 낮에는 사무실에서 일하고, 부모님 집에 살면서, 여가 시간을 여성 친구들과 보내는 일본의 싱글 여성들이었다. 과거의 조신한 스타들과는 달리[65] 세이코짱은 보란 듯이 세 번 결혼하고 시시껄렁한 남자친구들을 계속해서 갈아치웠다. 그녀는 교복처럼 생긴 옷을 입고 나와 일본의 아이돌들이 주로 부르던 스타일의 오글거리는 노래들을 연달아 발표했다. 하지만 워낙 눈에 띄게 과장된 연기를 했기 때문에 사람들은 모두 그게 연기(기성사회에 대한 일종의 조롱)라는 것을 알 수 있었다. 이렇게 귀여운 척 연기하는 여성들을 가리키는 '부릿코ぶりっ子'라는 유행어도 생겨났는데, 세이코짱이야말로 부릿코의 여왕이었다. 아버지가 되었건, 사귈까 고민하던 남자가 되었건, '일본인론(국수주의적인 지식인들이 사랑하던, 일본인은 이렇다고 규정하던 이론)'을 주창하는 꼰대들이 되었건, 일본의 아둔한 남성들은 부릿코들의 연기된

---

65 마쓰다 세이코와 1970년대 최고의 팝 아이돌이었던 야마구치 모모에山口百惠를 비교해보면 성 역할에 대한 사람들의 인식이 어떻게 바뀌었는지 잘 알 수 있다. 예쁘고 조신하고 매우 진지했던 모모에는 조연으로 유명했던 영화배우 미우라 도모카즈三浦友和와 결혼하고는 몇 년 뒤 '은퇴'해서 다시는 미디어에 등장하지 않았다. 모모에의 팬들은 대부분 샐러리맨 지망생이었다.

귀여움에 속았다. 하지만 그게 연기라는 것은 모두에게 뻔히 보였다. 아니, 적어도 대부분의 여성에게는 뻔히 보였다.

여성들이 점점 사회적인 기대에 맞게 행동하기를 거부한다고 해서 부들부들 떨던 사람들은, 애초에 고도성장의 제도들이 얼마나 많은 여성을 올가미 속에 가두었는지, 경제가 발전하면서 여성들에게 그 올가미의 존재가 얼마나 더 분명해졌는지를 깨닫지 못하고 있었다. 물론 젊은 여성 다수가 여전히 결혼하고, 가정을 이루고, 아이를 갖고 싶어했다. 하지만 점점 더 많은 수가 올가미에서 빠져나갈 길을 미리 확보한 뒤에야 결혼했다. 둘째 아들과 결혼하면 늙은 시부모를 모실 필요가 없었고, 좋은 집을 살 돈도 빨리 마련할 수 있었던 것이다. 그러나 일본의 회사들과 관료 기구는 급여 체계와 고용 관행을 시대에 맞게 바꾸는 데 실패했다. 1955년에 형성된 급여 체계와 고용 관행은 당시 일본의 인구와 경제 상황에는 잘 맞았는지 몰라도, 1975년에는 적용에 무리가 있었고, 1995년이 되면 완전히 시대에 뒤떨어졌다. 집권층은 1950년대에 만들어졌던 사회적 합의를 시대적 변화에 대응하기 위해 전반적으로 재검토한 것이 아니라, 지엽적인 문제들만 건드렸다. '종신고용' 대상자를 적게 채용한다든지, 예전 같으면 신입사원들이 담당하던 일을 훨씬 낮은 보수를 주고 계약직에게 맡긴다든지 하는 식이었다. 이런 계약직의 상당수는 젊은 싱글 여성이거나 직업세계로 복귀하는 나이 든 기혼 여성들이었다. 따라서 결혼해서 함께 가정을 이룰 수 있는 젊은 남성 중에 올가미를 벗어나게 해줄 조건을 갖춘 남성의 수는 점차 줄어들어갔다. 사람들은 결혼을 해도 점점 아이를 갖지 않기 시작했다. 딩크족double income no kids(아이 없는 맞벌이 부부)은 미국에서 만들어진 단어였지만, 이는 일본의 여성뿐 아니라 남성에게도 아파트 단지 안에 갇혀 사는 주부나 샐러리맨이라는 올가미에서 벗어날 수 있는 또 하나의 선택지를 정확히 묘사하고 있었다.

1975년이 되면 일본의 출산율은 1940년대의 여성 한 명당 네 명에서, 총 인구수를 유지하는 데 필요한 숫자인 두 명 아래로 떨어졌다. 2005년에는 기록적으로 낮은 1.26명을 기록했다. 출산율의 붕괴는 일본이 급격하게 변하는 경제 환경에 제도적으로 대응하는 데 실패했기 때문에 나타난 가장 치명적인 결과 중 하나다. 부분적으로 이런 경제 환경의 변화는 고도성장의 제도가 작동하는 것을 가능케 했던 글로벌 경제 프레임워크에 균열이 생기면서 시작되었다. 하지만 그 균열은 먼저 해외에서 비롯됐기 때문에, 국내에서는 누구도 기존의 일본식 시스템이 위험에 처할 것이라고 예측하지 못했다. 그리고 그 리스크가 명백해졌을 때, 일본의 지도층은 애초 고도성장의 제도들이 성공적으로 돌아가던 환경을 복구하기 위해 최선을 다하는 것 외에 달리 할 수 있는 일이 없었다.

고도성장의 제도와 글로벌 경제 프레임워크

일본의 경제 모델은 부가가치 사다리의 특정 단계에 있는 산업들을 목표로 삼아 체계적으로 공략하는 것을 골자로 한다. 그렇게 1950년대 초반의 섬유산업을 시작으로 해서 점점 더 자본과 기술력을 필요로 하는 산업으로 넘어왔다. 미시경제적으로 보면 일본의 성공은 직접 경쟁 관계에 있는 해외의 산업에서 실업자가 늘어나는 것을 의미했고, 많은 경우 외국에 있는 경쟁 산업이 통째로 사라지기도 했다. 이런 일에는 대개 정치적인 후폭풍이 따르기 마련이다. 경쟁자가 네덜란드와 같은 작은 유럽 국가의 소비자 가전제품 업체라면 큰 틀에서 봤을 때 별일이 아닐 수도 있다. 하지만 일본과의 경쟁에서 쓰러지는 산업이 미국에 있다면 이야기가 달랐다. 전후 일본 정치 질서의 근간이 미국과의 관계에 의존하고 있었을 뿐 아니라, 제2차 세계대전 이후 발전해온 글로벌 경제 시스템 전체가 미국 시장의 개방성을 중심으로 돌아가고 있었다. 일본과의 경쟁에서 각종 산업이 차례로 무릎을 꿇은 뒤 미국이 자유 무역을 포기라도 한다면 그것은 글로벌 경제 질서가 붕괴되는 것을 의미했다. 그러면 종전 이후 형성된 일본의 시스템도 무너지게 된다.

물론, 수완 좋은 정치인들이 보호주의의 압력을 버텨내면서 당분간 기존 방식이 지속되도록 할 수는 있었다. 1970년대에는 일련의 눈 가리고 아웅 식의 무역 협상과 '시장 개방' 조치들이 있었다. 정말 근본적인 것은 하나도 바뀌지 않았지만, 정치가들이 이러한 조치들을 통해 이런저런 무역 마찰 문제를 해결한다고 텔레비전에 나와 떠들어대곤 했다. 하지만 일본의 대미 무역 흑자가 커지면서 양국 간 국제수지 불균형이 점차 확대되자 경직된 브레턴우즈 체제에 대번 심각한 위협이 찾아왔다. 정치적인 제스처나 무의미한 무역 협상 정도로는 해결할 수 없는 수준의 위협이었다.

일본의 경상수지 흑자를 금융 면에서 보자면 일본의 은행들에 외환이 쏟아져 들어온다는 것을 의미했다. 이렇게 늘어난 외환 보유고는 대부분 달러로 이루어져 있었다. 하지만 일본은 이 달러를 금으로 태환하지 않았다. 브레턴우즈 체제하에서 그렇게 할 권리가 있었음에도 일본은 외환을 그냥 쌓아두고 여러 기법을 사용해 달러 보유고를 그대로 유지했다. 그렇게 해서 경제학 교과서대로라면 발생했을 인플레이션이나 수출 가격 폭등을 방지할 수 있었다. 이것을 학계에서는 '불태화 정책sterilization'이라고 부른다(불태화不胎化는 외자 유출입이 국내 통화량 및 물가에 미치는 영향을 상쇄하기 위해 취하는 정책—옮긴이). 엉뚱하게도 인플레이션은 미국에서 일어났다. 린든 존슨 대통령의 위대한 사회Great Society 정책(가난과 인종차별을 없애기 위해 취한 일련의 사회복지 및 기간산업 정책. 베트남전으로 인하여 충분한 자원을 지원받지 못해 큰 효과는 없었다—옮긴이)과 베트남전으로 인해 '총과 버터guns and butter'(정해진 자원을 외교국방과 국내 생활용품 생산 중 어디에 사용하느냐의 문제—옮긴이) 양쪽에서 심각한 위기를 맞았고, 거대한 예산 지출로 인해 미국 경제의 공급이 수요를 따라잡을 수 없게 되었다. 대학교 1학년 경제원론만 제대로 공부해도 알 수 있듯이 이렇게 되면 인플레이션과 무역수지 적자를 불러온다.

브레턴우즈 체제하에서는 엔과 달러의 환율을 1달러당 360엔으로, 달러와 금을 금 1온스당 35달러로 고정시켜놓았고, 무역 불균형이 생겼을 때는 두 가지 중 하나의 방법으로 해결할 수 있도록 되어 있었다. 하나는 일본중앙은행이 그동안 쌓아놓은 달러를 미국에 주고 금으로 바꿔오는 금 태환권을 행사하는 것이다. 그러면 미국은 금 보유고가 점점 줄어드는 것을 막기 위해 일본으로부터의 수입을 줄일 수밖에 없다. 또하나는 일본과 미국이 새로운 엔/달러 환율에 합의해서 양국 간의 무역수지 불균형을 해소할 수 있는 수준으로 재조정하는 것이다.

하지만 이 두 가지 중 어느 것도 시행되지 않았다. 달러 보유고를 늘려가던 나라는 일본뿐만이 아니었다. 이 중 일부 국가, 대표적으로 프랑스는 미국의 필사적인 만류에도 불구하고 금 태환권을 행사해 달러를 금으로 바꿨다. 일본은 그런 조치를 취하지 않았고 따라서 커져만 가던 미국의 무역수지 적자를 자동으로 지탱해주는 역할을 했다. 미국은 또한 일본·독일과 같은 대미 무역 흑자국들에 달러와의 환율을 재평가하도록 설득했다. 독일은 결국 마지못해 요구에 따랐지만(대신 독일에 주둔하던 나토군에 대한 통제권 일부를 독일이 가져가도록 하는 양보를 얻어냈다), 일본은 이를 거부했다.

일본은 왜 거부했을까. 왜 일본은 스스로가 다른 나라 못지않게 가장 큰 혜택을 보았던 글로벌 경제 프레임워크를 회복시키기 위해 명백하게 필요했던 조치를 취하지 않았을까. 거기에는 세 가지 이유가 있다. 첫째로, 일본의 관점에서 일본은 미군정이 끝날 무렵 미일 안보 '동맹'을 공고히 하는 목적으로 협의한 안보조약의 의무를 성실히 수행했다. 일본은 어떤 좌파 세력도 실제 권력 근처에 얼씬도 못하게 배제했다. 일본은 꾸준히 타이완의 장제스 정권이 전체 중국을 대표하는 합법적인 정부라고 인정하는 척했다. 또한 수만 명의 일본 대학생이 거리에서 베트남전에 반대하는 시위를 벌일 때도 미국의 대 베트남 정책에 대한 의구심을 애써 겉으로 드러내지 않았다. 일본 열도는 동아시아에 주둔하는 미군의 중심 기지 역할을 계속했다. 그리고 미국도 일본이 번영하기를 원했던 것 아닌가? 중국과 소련과의 이념 경쟁에서 일본은 신흥 개발도상국들의 지도층에게 보여줄 수 있는 좋은 사례 아니었던가? 종전 이후의 협약에 따라 충실하게 의무를 수행해온 일본이 왜 지금껏 잘 작동해온 시스템에 손을 대도록 요구받아야만 하는가?

둘째로, 일본으로서는 미국이 정말로 경제적인 어려움에 처해 있다고 믿기 힘들었다. 일본의 지도층은 일본의 도시들을 폐허로 만들었던 미국에 대한 생생한 기억을 갖고 있었고, 조국 일본을 여전히 쇠약하고 망가진 나라로 여겼다. 그런 일본으로서는, 자신들이 하던 일이 미국의 삶과 정치에 실제로 영향을 끼치고 있다는 사실을 잘 이해할 수 없었던 것이다.

마지막으로, 일본의 전후 정치체제에서는 이제 변화가 필요한 시점이 되었다고 믿는 사람들이 일부 있었을지라도 기존 방식을 강제로 뒤집어 엎을 만한 권한을 가진 존재는 없었다. 심지어 재무성은 엔화의 평가절상이 가져다줄 이점에 대해 경제지에서 다루지 못하도록 굳이 압력을 가했다.

사태가 정점에 이르렀을 무렵, 리처드 닉슨이 미국 대통령이 되었다. 그가 선거에서 가까스로 승리했던 데에는 일본에 의존하던 섬유 수입에서 벗어나겠다고 했던 공약이 한몫했다. 그는 경합주였던 노스캐롤라이나와 사우스캐롤라이나에 섬유 산업을 건설해 수천 명의 고용을 창출하겠다는 공약을 내건 터였다.[66] 닉슨은 당시 총리였던 사토 에이사쿠佐藤榮作와의 협상을 통해, 일본에 오키나와에 대한 명목상의 주권을 돌려주는 대신 일본의 대미 섬유 수출을 줄이도록 하는 약속을 이끌어냈다.[67] 그러고는 자신의 공약을 지켰다고 생각했다. 그러나 오키나와에 대한 주권은 반환되었어도(오키나와에 있었던 일에 대해서는 마지막 장에서 자세히 살펴볼 것이다) 일본 섬유는 계속해서 수입되었다. 닉슨은 사토 총리로부터 약속을 받아냈다고 여겼을 것이다. 하지만 그의 전임 대통령과 후임 대통령들이 그랬듯, 그 또한 일본의 총리들이 그런 유의 약속을 이행할 만한 힘이 없다는 것을 곧 깨닫게 된다.

닉슨은 브레턴우즈 체제에서 탈퇴하겠다는 협박으로 응수했다. 타국가의 중앙은행들이 보유한 달러를 '의무적으로' 금으로 태환해주던 창

---

66 올드 사우스Old South로 불리는 미국의 남부 주들은 1968년만 해도 확실한 민주당 지지 세력도, 확실한 공화당 지지 세력도 아니었다.

67 자세한 설명은 I. M. Destler, Haruhiro Fukui, and Hideo Sato, *The Textile Wrangle: Conflict in Japanese-American Relations, 1969~1971*(Cornell, 1979)을 참조.

구를 일방적으로 닫아버리고 만 것이다. 자국의 이익에 반하는 조치를 강제로 취하도록 하는 메커니즘이 결여된 국제 협약으로는 강대국들을 통제할 수 없다는 한계를 다시금 보여준 셈이다. 닉슨은 미국이 여기기에 공정한 수준으로 환율이 재조정될 때까지 창구를 다시 열지 않겠다고 했다. 그러고는 일본을 정조준해서, 일본 수입품에 10퍼센트의 수입 관세를 부과하는 조치를 취했다. 그것만으로는 부족했던지 백악관과 중국 정부 사이에 협상이 오가고 있다는 소식이 흘러나오기 시작했다. 이 협상의 결과로 미국은 나중에 타이완과의 정식 외교관계를 폐기하고 중화인민공화국을 전체 중국을 대표하는 정부로 인정하게 된다. 일본은 이 일에 대해 사전에 전혀 통보를 받지 못했다.

일본 정계 지도자들이 이때 받은 충격은 미드웨이 해전에 패하면서 일본이 전쟁에서 결국 지고 말 것이라는 현실을 처음 깨달았던 때 이후로 가장 큰 것이라고 한다. 일본의 미디어들은 경제와 외교 정책에 관한 닉슨의 파격적인 선언들과 미·중 물밑 외교 협상이 드러났던 일을 묶어서 '닉슨 쇼크'라고 불렀다. 이 쇼크의 여파로 일본에는 협상에 능한 새로운 유형의 정치인들이 권력의 무대로 등장하게 된다. 미국의 요구에 맞춰주기 위해서는 일본 국내의 까다로운 이익 집단들의 목소리를 잠재울 필요가 있었는데, 이들을 다루기 위해 필요한 양보를 관료들로부터 얻어낼 능력을 가진 정치인들이었다.

하지만 관료도 정치인들도 수출 주도와 달러 무역 흑자에 기반한 일본의 경제 구조를 근본적으로 개혁해야 할 것이라고까지는 생각하지 못했다. 1971년 12월, 일본도 참가했던 스미스소니언 협정에서 국가 간 환율이 새로 정해지고, 금 1온스당 달러 가격이 38달러로 재조정되어, 미국이 금을 교환해줄 수 있는 실질적인 상한선이 되었다. 일본은 노련하게 협상에 임해, 미국이 원했던 만큼은 아니지만, 일본이 받아들이려 하던 것보다는 엔이 평가절상된 수준의 엔/달러 환율을 이끌어냈다.[68]

이렇게 재조정된 브레턴우즈 체제는 1973년 OPEC의 제1차 석유 파동과 미 워터게이트 사건의 영향으로 채 2년을 가지 못했다. 닉슨에게는 고정환율 시스템을 감시하고 유지할 만한 어떠한 정치적인 자산도 남아 있지 않았다. 세계 경제는 어느새 기축통화가 금으로 담보되어 있지도 않고, 변동환율이 적용되는 새로운 체제로 어물쩍 넘어갔다. 아무도 의도하지 않았고 받아들일 준비도 되어 있지 않던 체제였다.

세계는 일본에 희망이 없다고 생각했다. 일본은 수입 에너지에 거의 전적으로 의존하고 있던 나라였다. 하지만 일본은 1930년대 이후 최악의 글로벌 경제 공황이라 불리던 당시의 상황에도 불구하고 수출을 통해 그 어느 나라보다 빨리 번영을 되찾았다. 1976년이 되면 일본은 완전히 회복해 있었다.

고정환율 아래에서는 무역 불균형을 해소하기 위해 정치적인 협상에 의존해야 했지만 이제는 그렇지 않았다. 밀턴 프리드먼 같은 경제학자는 변동환율을 실시하면 심각한 무역 불균형이 사라질 것이라고 예측했었다. 무역과 투자의 수요 공급에 따라 환율이 자연히 오르내릴 것이기 때문이다. 하지만 일본의 대미 무역 불균형은 변동환율의 출현에도 불구하고 사라지지 않은 채 오히려 커져만 갔다. 새로 집권한 지미 카터 대통령은 일본의 중앙은행이 몰래 개입해 환율을 변동하지 못하도록 한다며 이를 '관리 변동환율제dirty floating'(정부가 개입해 자국 통화가

---

68 협상의 자세한 경위에 대해서는 Paul Volcker and Toyo Gyoten, *Changing Fortunes: The World's Money and the Threat to American Leadership*(Times Books, 1992), pp.88–106을 참조했다. 이 책은 브레턴우즈 체제의 붕괴와 현재의 변동환율제도로 이행하는 배경이 되는 일련의 사건들에 대해 기술하고 있는 탁월한 입문서다.

치 안정화를 위해 환율을 인위적으로 조정하는 것)라고 비난했다. 결국 일본은 국제사회의 압력에 굴복해 관리 변동환율제를 포기하고 엔의 가치는 다시 전후 최고 수준으로 올랐다. 1971년 1달러에 360엔 하던 것이 1978년에는 177엔이 되었다.

엔의 가치가 올랐다는 것은 곧 달러의 가치가 떨어졌다는 뜻이다. 기축 통화로서 미국 달러에 대한 믿음이 무너지는 것처럼 보이고 있었다. 10년이 채 안 되는 기간에 미 달러는 구매력의 3분의 2를 잃어버렸다. 카터는 연방준비위원회 의장으로 강경 재정 정책가인 폴 볼커를 임명하지 않을 수 없었다. 카터에게 아무런 정치적 빚이 없었던 볼커는 미 달러의 가치를 방어하기 위해 필요하다고 생각했던 조치들을 단행했다. 미국 국내 수요가 붕괴되어 경기가 후퇴할 수준으로 금리를 극도로 인상해서 투자자들이 다시 달러 자산을 보유하도록 만들었다.

이런 투자자들의 상당수는 일본계였다. 일본은 1978년 여름, 달러를 방어하기 위해 비밀리에 공동 정책을 실시했던 4개국의 일원이기도 했다.[69] 1979년 이란에서 혁명이 일어나고, 일본 최대 수출 대상국 미국이 볼커의 정책 탓에 경기 후퇴로 접어드는 이중의 타격으로 인해 일본 경제도 둔화되었다. 그해 일본은 2분기 연속 무역수지 적자를 기록하는데, 그다음 무역수지 적자는 30년 뒤인 2009년에야 발생한다.

하지만 볼커의 고금리 정책에 일본의 기관 투자자들이 호응해준 데 크게 힘입어 달러에 대한 믿음은 회복되었다. 1980년 일본 대장성이 외환 통제법을 자유화한 것도 한몫했다(개정된 법 아래서는 일본의 금융기관이 해외 투자를 할 때 사전에 승인을 받을 필요가 없어졌다). 그즈음 로널드

---

69 나머지 셋은 서독, 스위스, 사우디아라비아.

레이건이 감세 정책을 공약으로 내세우며 미국 대통령에 당선되었다. 레이건은 세금을 깎아주면 세수가 오히려 늘어날 것처럼 얘기하고 다녔고, 실제로 그렇게 믿었는지도 모르겠다. 하지만 소위 레이건 혁명의 결과는 미국 역사상 전쟁 시기를 제외하고 가장 큰 재정 적자를 낳고 말았다. 그 과정에서 레이건과 그의 보좌관들은 전혀 의도치 않게 케인스의 주장이 맞았다는 것을 증명하고 말았다. 예산을 확보할 수만 있다면 죽어가는 경제를 살리는 가장 빠르고 확실한 방법은 대규모 재정 적자 정책을 펼치는 것이라는 주장이었다.

1978년에는 미국에게 대규모 재정 적자를 감수할 만한 여력이 남아 있는지 불투명했다. 하지만 폴 볼커가 금리를 큰 폭으로 올리고 일본이 달러 자산을 기꺼이 보유해줌으로써 그 문제는 해결되었다. 레이건의 재정 적자 정책은 케인스가 예측했을 법한 효과를 그대로 보여주었고, 1982년이 되면 미국 경제는 화려하게 부활하고 있었다.

그렇게 일본 수출 산업의 마지막 황금시대가 열렸다. 미 재무부가 두 자릿수의 금리를 제공하면서 전 세계의 미국채 수요가 급등했다. 달러의 가치는 엔에 대해서만이 아니라 대부분의 주요 국가 통화 대비 크게 올랐다. 미국 경제가 부활하고 소비가 되살아나면서 미국인들은 일본 제품을 샀다. 소니 워크맨, 파나소닉 비디오 플레이어, 샤프 텔레비전, 도요타 자동차, 후지 필름, 니콘 카메라, 일본제철 철강, 혼다 오토바이, 야마하 피아노, 고마쓰 굴착기, 리코 복사기, 세이코 시계, 카시오 전자계산기, 후지쓰 컴퓨터, 히타치 반도체 등 나열하자면 끝도 없었다. 지금 생각해보면 이 시기 일본 제품의 유행이 당시 많은 이가 우려했던 것처럼 미국 산업에 치명적인 재앙이었던 것은 아니다. 비싼 달러와 높은 금리를 견디지 못한 미국의 기업들이 무자비하게 쓰러져가면서, 'IT 오타쿠들' 말고는 아무도 들어보지 못한 신생 회사들로 자본이 흘러들어 가기 시작한 것이다. 바로 마이크로소프트, 애플 컴퓨터, 시스코, 인텔, 선 마이크로시스템스 같은 회사들이다.

그러나 당시에 미국 기업들이 30년 뒤 전 세계 모두가 사용하는 컴퓨터 운영 시스템과 프로토콜로 IT 산업을 지배할 거라고 예측하는 것은 미친 상상이었다. 일본에서는 점점 더 미국 회사들을 월급만 많이 받는 게으른 사람들이 조잡한 제품을 만들어내는 존재로 생각하고 있었다. 당시에는 아무도 캘리포니아의 쿠퍼티노 같은 곳에 본사를 둔 회사(애플)가 세계에서 가장 사랑받는 소비재 전자기기를 만드는 회사가 될 것이라고 꿈에서도, 심지어 악몽에서조차 상상하지 못했다. 반면에, 일본에 밀려 미국 산업이 파괴되고 있는 듯 보이던 당시의 상황에 뭔가 조치를 취해야 한다는 정치적인 압력은 어마어마하게 커졌다. 그 압력의 대부분은 여당인 공화당 내부로부터 나왔다.

레이건 첫 임기 4년의 정권은 정부가 시장에 개입해서 긍정적인 결과를 이끌어낼 수 있다는 개념 자체를 거부하는 시장 자유주의 이론가들이 장악하고 있었다. 이들 중 한 명은 "달러의 적절한 가격은 시장이 정하는 가격"[70]이라고 발언하기도 했다. 하지만 두 번째 임기에는 사상적으로 좀더 유연한 사람들이 경제 정책을 담당하는 자리에 영입되었다. 이들은 애국주의적인 이유로든 정치적인 이유로든 뭔가 강한 조치를 취해야 한다고 생각했다. 미국의 산업 기반이 무너지는 것도 걱정하고 있었고, 보후무역주의를 주창하던 민주당에 정치적인 꼬투리를 잡히고 싶지 않기도 했던 것이다. 이들은 환율의 불균형이 무역수지의 불균형을

---

70 재무부 차관 베릴 스프링클의 말이다. 나의 다른 책 *The Weight of the Yen*(W. W. Norton, 1996)에서 인용했다.

불러온다고 믿었기 때문에, 초강세이던 달러의 가치를 대폭 낮추는 일련의 환율 개입 정책에 참여하도록 일본을 을러대기 시작했다.

　이번에는 1971년 스미스소니언 협정 때와 달리 일본에서 반응이 있었다. 당시 총리였던 나카소네 야스히로中曾根康弘는 전후의 일본 총리들 중 가장 만만치 않은 인물이었다. 그는 계속되던 무역 불균형이 미일 관계를 해치는 것을 염려했다. 그리고 14년 전 재무성이 엔화 평가절상에 대한 논의를 적극적으로 억눌렀던 것과 달리, 관료 조직의 핵심 세력들도 이제는 일본이 경제 모델을 근본적으로 바꿔야 한다는 데 나카소네와 의견을 같이하고 있었다. 일본이 보란 듯이 이뤄낸 성공이 이제 가장 중요한 우방과의 관계를 위협하고 있었던 것이다. 일본은 거의 모든 주요 산업을 이미 제패했거나 거의 제패하면서, 세계 산업들의 본사가 일본에 모여 있는 '본사 경제headquarters economy'로서의 위상을 구축하고 있었다. 무언가 바뀌어야 할 시점이었다. 일본은 미국에 협력해 양국 환율의 재조정 작업에 들어가게 된다. 그리고 그보다 더 중요한 것은, 일본 경제에서 수출 이외의 성장 동력을 찾아야 하는 일이었다. 하지만 그 일은 결국 불가능한 것으로 드러난다.

2부 　오늘의 일본을 구성하고 있는 아젠다로 본론

7장

경제와 금융

1980년대 말 일본의 '버블 경제'는 여러 면에서 역사상 가장 큰 금융 버블이었다. 2008년 미국에서 발생했던 주택 대출과 파생상품을 둘러싼 버블과 비교해도 그렇다. 1980년대 말 도쿄의 땅값에 부여된 가치는 터무니없이 높아서, 도심 황궁 터의 '시가총액'이 캐나다 전체의 부동산 가치보다 높다고 하는 유명한 비교가 나올 정도였다. 회사의 주가와 주당 순이익 사이에도 아무런 연관성을 찾아볼 수 없었다. 버블이 커지면서, 잘나가는 대기업들은 '공짜보다 더 싼' 비용에 회사채를 발행하라는 제안을 받곤 했다. 은행에서는 이런 기업들에게, 돈을 '빌려가면' 절대 상환할 필요가 없으며 '상환' 만기가 도래할 때까지 마이너스 금리를 '부과'할 것이라고 약속하기도 했다. 대출해간 돈을 갚지 않아도 되고, 대출 기간에 오히려 계속 꾸준히 이자를 받는다는 것은, 서브프라임 모기지 사태 때 수상적은 주택 대출에 속아서 신청했던 미국인들마저 부러워할 만한 일이었다. 물론, 너무 완벽해서 수상했던 주택 대출에 결국 문제가 있다는 것을 알게 되었던 미국인들처럼, 이 표면상의 '공짜' 대출에 손을 댔던 일본 기업의 자금 담당자들도 나중에 이게 사실은 공짜가 아니었음을 깨닫게 된다. 하지만 자금 담당자들도, 그들에게 대출을 권유

버블이 시작되던 첫해인 1986년 가부키정의 환락가와 신주쿠의 고층 빌딩들(『朝日新聞』)

했던 은행도, 당시에는 그런 사실을 알 수 없었다. 둘 다 일본의 주식 시장은 계속 오르기만 할 것이라고 믿었기 때문이다. 주식 시장이 떨어지지 않고 오르기만 하고 있었기 때문에 그런 돈들을 '공짜'로 조달할 수 있었던 것이다. 집값이 떨어지지 않는다고 믿는 한, 내 집을 마련하려는 미국인들에게 서브프라임 주택 대출이 아주 괜찮은 조건처럼 보였던 것과 마찬가지다.

그것이 바로 버블의 정의다. 자산의 가치와 그 자산이 만들어내는 현금 흐름 사이에 연결이 끊어지는 현상. 여기서 현금 흐름은 집의 임대료나 기업의 수익을 말한다. '어떤 이유로 인해 자산의 가치가 끊임없이 오를 것이라고 대부분의 사람이 믿는 한 버블은 계속 커진다. 버블이 커지는 한, 자산을 구매하기 위해 일으킨 대출을 갚기 위해서는 자산을

'더 어리석은 사람'에게 더 비싼 가격에 파는 방법밖에는 없다는 사실이 이상하게 여겨지지 않는다. 자산이 만들어내는 현금 흐름이 대출을 갚기에도 모자라는 것 정도야 무슨 대수인가? 금융 버블의 진행 과정과 그 영향에 관한 모델을 만든 것으로 유명한 미국의 경제학자 하이먼 민스키(금융 불안정성 가설)는 이런 '폰지 금융Ponzi financing' 같은 일이 일어나고 있다는 사실이 바로 버블이 커지고 있다는 확실한 징후라고 주장했다.

일본의 버블은 민스키의 설명에 확실히 부합한다. 그리고 투자 광기에서 시작해 패닉, 붕괴, 그에 뒤따르는 오랜 불경기와 불황이라는 고전적인 포물선형 주기에도 여러 면에서 들어맞는다. 일본의 경우 광기의 첫 단추는, 민스키가 모든 버블의 시작이 항상 그렇다고 주장하듯 여신의 과도한 창출이었다. 광기가 심해질수록 사람들은 이웃이 힘 안 들이고 부자가 되는 것을 보면서 자기도 한몫 벌어보고자 결심하게 되고, 광기는 그런 사람들을 다시 빨아들인다. 정보가 풍부한 내부자들은 "이번에는 다르다"[1]고 외부 투자자들뿐 아니라, 이게 정말 중요한데, 스스로도 믿게 만드는 이야기를 퍼뜨린다. 사기와 총체적 부패가 점차 정치와 경제활동을 잠식하면서, 어디까지가 합법이고 어디까지가 불법인지 그 경계가 흐려진다. 이런 점에 있어서 일본의 버블은 과거에 발생했던 투자 광기들과 완벽하게 궤를 같이한다.

"광기, 패닉, 붕괴"[2]라는 버블의 주기에 대해 이해하고 있다면, 버블 붕

---

1 이 말은 금융 버블에 관한 유명한 책 제목이다. Carmen M. Reinhart and Kenneth S. Rogoff, *This Time is Different: Eight Centuries of Financial Folly*, Princeton, 2009(카르멘 라인하트·케네스 로고프, 『이번엔 다르다』, 다른세상, 2010)

2 Charles P. Kindleberger and Robert Z. Aliber, Manias, *Panics and Crashes: A History of Financial Crises*, 6th edition, Palgrave Macmillan, 2011(찰스 킨들버거·로버트 알리버, 『광기, 패닉, 붕괴 금융 위기의 역사』, 굿모닝북스, 2006)

괴 이전의 상승과 마찬가지로 버블 붕괴 이후 일본의 하락 또한 그 주기에 들어맞았던 것을 쉽게 알 수 있다. 광기가 정점을 찍고 나서, 모두가 쳐다보는 가운데 지표들이 급락하기 시작하는 순간인 '민스키 모멘트'(자산 가치가 폭락하고 금융 위기가 시작되는 시기)가 분명히 있었다. 그 순간은 보통 자산의 가치를 계속 상승하게 만들던 신규 대출이 더 이상 가능하지 않다는 갑작스런 깨달음에서 온다(일본의 경우 민스키 모멘트는 1989년의 크리스마스였다. 크리스마스는 일본에서 공휴일이 아니다. 이날 일본 중앙은행이 금리를 급격히 인상했다). 금리 인상의 효과는 당시 많은 이가 기대했던 것처럼 범죄 조직과 연관된 수상쩍은 금융기관들의 자산 가치를 폭락시키는 것에 그치지 않았다. 궁극적으로, 그리고 불가피하게도 금융 시스템의 핵심 기관들 또한 이 '가치가 재평가되는' 행렬에 휩쓸려 나갔다. 정책 담당자들은 애초에 광기를 조성하고 장려했던 금융기관들을 구제해줄 것인지, 아니면 금융 시스템이 붕괴하면서 경제 전체가 망가지도록 놔둘 것인지 선택해야 하는 극명한 기로에 놓였다. 수백만의 사람이 평생 모아둔 저축을 잃었고, 정치 지형의 심각한 개편이 시작되었으며, 지도층과 일반 국민 모두 오랫동안 상식처럼 여겨온 생각들을 근본부터 의심해야 했다. 일본의 경우 내다버려야 할 가장 핵심적인 두 가지 상식은 (1)일본의 토지 가격은 절대 하락하지 않는다는 것과 (2)재무성이 부동산과 주가를 부양할 수 있고, 재무성 감독하의 모든 금융기관을 보호해줄 의지와 능력을 갖고 있다는 것이었다.

일본 버블의 시작은 앞 장의 끝부분에서 다뤘던 1985년 엔/달러 환율의 재조정이었다. 그 뒤에 발생했던 일련의 전개 과정(투자 광기가 휘몰아치고, 버블이 붕괴하며 그 뒤 오랫동안 지속되었던 디플레이션)은 학자와 애널리스트들이 버블의 일반적인 진행 과정과 파급 효과를 설명하는 이론적인 틀을 공고히 하는 데 도움을 주었다. 이 이론은 상당 부분 경제학자 리처드 쿠(노무라 증권의 수석 경제연구원)에 의해 확립되었다. 1990년대 일본 경제를 면밀히 연구했던 그는, 거기서 얻은 교훈을 역사상 발생했던 다른 버블들에 대입해보았다. 그러고는 버블 붕괴가 경제에 미치는 영향을 설명하는 '대차대조표 불황balance sheet recession'이라는 용어를 만들었다(과도한 부채를 안고 있는 기업과 부실 채권을 떠안은 금융기관이 투자를 통한 성장을 추구하지 않고 부채 상환이나 부실 채권 정리에 집중해 정상적인 경제활동을 할 수 없게 되면서 결국 경기 침체를 불러오는 현상—옮긴이).

대차대조표 불황

리처드 쿠의 주장에 따르면 대차대조표 불황은 보통 과도한 투자 광기가 사그라들고 시장이 붕괴한 이후에 발생한다.[3] 많은 회사가 투자 열풍 동안 신규 자산의 구입을 위해 대출을 일으켰다가 그 자산들의 가치가 폭락하면서 장부상으로 파산하거나 파산에 가까운 상태에 이른다. 회사의 총부채가 총자산보다 커지는 이런 상황을 회계사들은 파산이라고 부른다. 하지만 이 중 많은 회사가 여전히 사업을 영위하며 핵심 영업활동으로부터 충분한 현금 흐름을 창출해내고 있다. 채권자들은 아직 회사 문을 닫고 자산을 압류하기를 원치 않는다. 자산을 다 팔더라도 그 자산을 구입하느라 일으켰던 대출을 갚기에도 모자란 가격이기

---

3 Richard Koo, *Balance Sheet Recession: Japan's Struggle with Uncharted Economics and its Global Implications*(John Wiley & Sons, 2003)

때문이다(주택 대출을 받아 집을 샀는데 집값이 대출 가격보다 떨어진 경우를 상상해보면 된다). 이런 상황에 처한 회사들은 영업활동으로 벌어들인 이익을 새로운 사업에 투자하기보다는 부채를 갚는 데 사용할 것이다. 채권자인 은행도 그것만이 대출 금액을 회수할 수 있는 유일한 길이기 때문에, 회사들을 강제 청산하기보다는 그렇게 하도록 놔둔다.

하지만 너무 많은 회사가 이런 상황에 처하면 시장의 수요가 바닥난다. 아무도 공장에 들여놓을 새 설비를 주문하지 않고, 아무도 새 직원을 채용하지 않는다. 다들 부채를 갚기에만 급급하다. 혹은 달리 표현하자면 대차대조표를 바로잡기에만 급급하다. 대차대조표 불황은 전형적인 '구성의 오류fallacy of composition'다. 개별 회사들은 합리적인 의사결정을 하고 있지만, 전체적으로는 그것 때문에 전반적인 경제 회복의 가능성이 파탄에 빠진다. 보통의 경기 침체에서 주로 사용하는 양적 완화 정책은 대차대조표 불황에는 먹히지 않는다. 중앙은행이 금리를 아무리 낮추고 통화 공급량을 늘린다고 해도, 성장이 침체된 상황에서는 기존 대출을 더 낮은 이자의 신규 대출로 갈아타는 것 빼고는 회사들이 더 이상 대출을 통한 투자에 관심이 없기 때문이다. 방대한 유동성은 그렇게 정체되어 시중에 돌지 않고 쌓여만 간다.

리처드 쿠는 1990년대 일본의 경험을 앞서 발생했던 1930년대의 대공황과 뒤에 발생한 2008년 미국발 금융 위기에 대입해서, 투자의 광기가 사그라진 뒤 경제에 어떤 일이 일어나는지에 대한 이론적인 설명을 만들어냈다(2009년에는 미국의 수백만 세대가 예전 일본의 기업들과 같은 처지에 놓였다. 자산[미국의 경우는 주택]의 가격이 그 자산의 구매를 위해 일으켰던 대출 가격보다 훨씬 아래로 떨어져서, 자산을 팔지도 못하고 묶여 있는 상태가 된 것이다). 리처드 쿠의 이론은 다음과 같은 여러 상황이 왜 발생했는지 이론적으로 설명해준다. 대공황은 왜 그렇게 오래 지속되었고 다스리기 어려웠는가, 오바마 정권 초기 몇 달 동안 시행했던 재정 활성화 정책은 어째서 충분치 못한 것이었는가, 이 글을 쓰고 있는 시점에(2012년경) 미국의 실업률이 왜 정치적 안정(물론 집권 세력의 정치적 안정)을 위협할 정도로 높아졌는가, 방대한 양적 완화에도 왜 지금 미국에 인플레이션이 거의 발생하고 있지 않은가 하는 상황들 말이다. 리처드 쿠의 이론이 맞는다면 일본의 경험은 '광기, 패닉, 붕괴'라는 역사적 일반 모델에 기막히게 잘 들어맞을 뿐 아니라, 다른 비슷한 현상들에도 하나의 전형적인 사례로서의 역할한다.

일본의 차이

하지만 나라마다의 광기-패닉-붕괴와 그에 뒤따르는 대차대조표 불황의 포물선이 비슷한 형태를 보이고 서로 참고할 만한 사항이 있다고는 해도, 완전히 똑같지는 않다는 데에는 이견의 여지가 없을 것이다. 일본의 버블과 그 붕괴의 여파가 일반적인 모델에 대체로 들어맞고, 다른 시대에 있었던 버블에 시사하는 바가 있다 해도, 일본의 '버블 경제'에는 결정적인 차이가 존재하기 때문이다. 일본의 버블과 매우 비슷해 보이는 사례들과 비교해도 그 차이는 드러난다.

이것은 단지 일본의 버블이 1670년대 네덜란드나 1990년의 타이나 2000년대의 미국이 아니라 1980년대 일본에서 일어났다는 것과 같은 뻔한 차이가 아니다. 일본의 버블이 다른 버블과 구분되는 가장 중요한 차이점은 그 버블을 일으킨 사람들의 동기에서 찾을 수 있다.

민스키는 금융 버블의 원인은 '외적 충격exogenous shock'에 있다고 주장한다. 외적 충격은 투자자들이 특정 종류의 자산이 가져다줄 수익의 가능성에 대해 완전히 재평가하게 만드는 사건을 뜻한다. 예를 들면 경제 전반의 모습을 바꿔놓을 획기적인 기술 혁신 같은 것이 외적 충격이다. 유명한 사례로는 19세기 중반 철도의 등장을 들 수 있다. 너무나 많은 자본이 철도 건설을 위한 무모한 프로젝트에 몰려들면서 1873년 경제 붕괴를 일으켰었다.[4] 또 다른 사례로는 자동차와 라디오에 대한 과도한 투기가 대공황의 전조가 되었던 일이라든지, 1990년대 말 인터넷의 '킬러앱'을 찾던 열풍이 불러온 닷컴 버블을 들 수 있다.

외적 충격이 기술 혁신에 국한된 것은 아니다. 전쟁의 발발이나 새로운 여신의 원천이 등장하는 것도 외적 충격이다(16세기에 금과 은이 신세계로부터 스페인으로 흘러들어간 일이라든지, 북미 자유무역협정NAFTA이 체결되면서 투자자들이 멕시코로 몰려갔던 일). 이 모든 사례를 아우르는 핵심은 '외적'이라는 단어다. 기존의 경제 프로세스와 정책이라는 울타리 바깥에서 벌어진 일이 원인이 된다는 뜻이다.

그러나 일본의 경우에는 충격이 외적인 것이 아니라 내부에서 의도적으로 만들어진 것이었다. 일본의 핵심 권력층은 일본이 전쟁의 폐허로부터 '기적적으로' 회복할 수 있었던 주원인이 일본이 제조 기술을 사업화하는 데 탁월했기 때문이라는 것을 이해하고 있었다. 일본의 '충격'은 바로 이러한 이해에서 시작되었다. 이들은 일본이 전쟁에 졌던 이유가 기술력이 부족해서였다고 생각했다. 미군정이 끝나고부터 일본은 거대 산업국가를 건설하고 완벽히 만드는 데 온 힘을 쏟았다. 일본은 전쟁 전

---

4 영국의 소설가 앤서니 트롤로프는 1875년의 명작 『지금 우리가 사는 법The Way We Live Now』에서 철도 버블을 소재로 하여, 버블과 그 여파가 사람들의 가치관과 사회적 결속에 어떤 영향을 미치는지 묘사했다.

과 달리 거의 모든 주요 산업 기술을 통틀어 절대 우위를 차지하고 싶어했다.

1985년 일본의 상황은 선견지명을 가진 일본 사람들이 보기에 그런 산업국가로서의 지위가 위협받고 있었다. 정치적으로도 경제적으로도 위협이 존재했다. 정치적인 위협은 미국 내의 반일 정서가 커지면서 일본 정부가 보기에 미일 관계를 위태롭게 만들고 있다는 사실이었다. 1980년대 중반이 되면 대부분의 일본인은 공개적으로 얘기하지는 않더라도(많은 사람이 공개적으로도 얘기했다), 미국이 국가 채무가 증가해 타국에의 의존도가 올라가서 국력이 쇠퇴하는 악순환의 늪에 빠졌다고 믿었다. 하지만 미국은 여전히 일본의 정치와 경제 질서를 유지하는 데 있어 없어서는 안 될 존재였다. 일본은 미국의 안보 우산 아래로 들어간 덕에 종전 후 1945년부터 줄곧 회피해온 실존적 문제를 여전히 정면으로 마주하지 않아도 되었다. 국방을 책임질 만큼 강한 군대를 키워 험난한 세계질서에서 스스로를 지킬 수 있는가 하는 문제 말이다. 미국은 일본의 안보만 책임져준 것이 아니었다. 진정한 글로벌 경제가 작동할 수 있도록 정치적 환경도 제공해주었고, 일본은 그 안에서 산업국가를 건설해 키울 수 있었다. 그 환경의 중요한 요소에는 결제 수단 및 준비통화로서 기능했던 달러와, 자유 무역 시스템이 포함되어 있다. 당시 일본의 권력층이 보기에 이러한 안보 우산으로서의 역할이나 글로벌 경제를 가동하는 정치적 환경을 제공하던 미국은 대체 불가능한 존재였다.

한편, 산업국가 일본에 대한 경제적인 위협은 해외 수입국들의 구매력이 떨어지고 있다는 사실이었다. 메이지 시대 말기부터 일본 경제의 주 동력은 수출이었다. GDP 대비 수출 금액 비율이라는 의미에서는 아니다(네덜란드나 싱가포르와 같은 작은 나라에서 수출이 전체 국가 경제에서 차지하는 비율은 일본에 비해 높을 수밖에 없다). 그보다는 해외 시장에서의 경쟁이 일본의 기술 혁신에 박차를 가하게 하고 규모의 경제를 이루게 하는 주요한 동력이 되었다는 의미다. 수출 시장에서의 성공은 기업의 수익성과 자본 조달의 용이함에 크게 좌우되었다. 1985년의 일본은 거의 모든 제조 기술에서 절대적 우위를 차지하고 있는 것처럼 보였다. 그런 상황에서 어떻게 다른 나라들이 일본 제품을 계속 살 구매력을 유지할 수 있겠는가? 실질적으로 상품 가치가 있는 모든 물건은 다 일본이 생산하는 것 같던 당시 상황에서는, 산업국가 일본이 계속 돌아가도록 하는 데 필요한 해외로부터의 수요가 부족해지는 날이 금방이라도 닥칠 것처럼 보였다.

그 운명의 날은 엔화의 가치를 낮게 유지시킴으로써 계속 유예되고 있었다. 종전 후 수십 년간 브레턴우즈 체제하에서는 엔화가 고정환율로 싸게 묶여 있어 일본의 수출 산업을 매우 유리하게 만들어주었다. 낮은 가치의 엔화는 1970년대 중반 '관리 변동환율제dirty floating'를 통해 인위적으로 이어지다가, 레이건 혁명이라는 특수한 상황에서 달러의 가치가 일시적으로 급등하면서 계속 유지되고 있었다.

일본의 많은 사람은 낮은 엔을 유지하기 위해 필요한 조치를 일본 정부가 계속 취해나가겠지 하고 막연히 기대하고 있었다. 하지만 상황을 잘 아는 사람들은 조치를 취한다 해도 한시적인 효과가 있을 뿐이며, 어쨌든 미국과의 정치적 관계 때문에 환율의 유지는 점점 불가능해져간다는 것을 이해하고 있었다. 미국이 '불공정한' 엔/달러 환율과 일본의 환율 개입 때문에 일본과의 무역 경쟁에서 패해 자국의 산업 기반이 사라진다며 물고 늘어지고 있었던 것이다.

이에 대해 일본의 정치가와 관료들이 생각해낸 해결책은 세 가지였다. 첫째, 일본이 미국과의 공조를 통해(독일, 영국, 프랑스가 참여해 지원사격을 하기로 동의했다) 달러의 가치를 낮추고 엔의 가치를 높이도록 한다. 둘째, 미국과의 정치적 긴장을 완화시키기 위한 조치들을 취한다. 미국과 각종 무역 협정을 맺어 눈에 띄는 갈등 요소를 제거하고, 일본 기업들의 생산 시설을 미국으로 옮기도록 장려한다. 그렇게 하면 일본의 대미 무역흑자 때문에 미국 내에서 사라지던 일자리의 숫자를 줄일 수 있을 것이었다.

마지막으로, 일본의 금융 당국은 일본 경제의 주 동력을 수출 이외의 분야로 옮기기 위한 준비 작업을 시작했다. 새 동력의 가장 그럴듯한 후보로 떠오른 것은 투자였다. 일본 기업이 해외의 최신 공장들에 지속적으로 투자하면 세계 각지에 거점을 가진 다국적 기업이 되고, 이 기업들의 본사의 집결지로서 일본의 위상을 공고히 해줄뿐더러, 수출을 대신해 공장과 설비 투자를 경제의 새로운 동력으로 만들 수 있을 것이었다.

투자 붐을 일으키는 손쉬운 방법은 저금리로 여신을 제공하는 것이다. 1985년 9월 미국과 엔화를 평가절상하기로 하는 합의가 이루어지자, 일본의 금융 당국은 저금리 정책을 펼칠 의지와 여건을 모두 갖추게 되었다(이 합의는 뉴욕의 플라자 호텔에서 이루어져 플라자 합의라고 불린다). 저금리 정책은 정치적으로도 유용했던 것이, 일본 재계가 플라자 합의의 결과에 분노하는 바람에 1960년 이후 일본에 정치적 안정성을 가져다주었던 재계-관료-자민당의 연합에 균열이 생기던 상황이었기 때문이다. 플라자 합의의 협상을 주도했던 재무장관 다케시타 노보루竹下登는 엔고대신円高大臣(Minister High Yen)이라는 마뜩잖은 별명을 얻었다. 그는 너무나 인기가 없던 나머지, 당에서 그를 한동안 선거운동에 모습을 드러내지 못하게 하기도 했다. 저금리는 수출 시장에서 엔의 갑작스런 평가절상이라는 위협에 맞닥뜨린 기업들의 불만을 어느 정도 가라앉히는 역할을 했다.

하지만 저금리 대출만으로는 공장과 설비 투자의 붐을 일으키기에 충분치 않았다. 그것만으로는 인플레이션을 일으킨다든지 갑작스런 몇 번의 소비 진작 정도에 그치고 말 수도 있었다. 그러나 일본의 정책 당국은 저금리 대출을 필요한 곳으로 보낼 수단을 갖고 있다고 믿고 있었다. 우선 그동안 정책 당국이 목표치를 정해 부동산 가격을 관리해왔던 각종 수단이 있었다.[5] 다음으로는 5장에서 다뤘던 일본의 독특한 기업 금융 구조와 관련된 수단들이 있다. 일본의 기업들은 보통 공장이나 설비 투자에 필요한 자금을 주식이나 채권시장에서 조달하지 않고 은행으로부터 단기 대출을 받아 무한히 갱신하는 방법을 사용했다.

땅값을 상승시키고 은행 대출의 양적 제한을 없애버림으로써 추가로 신용 대출이 일어났고(기업이 소유한 땅을 담보로 대출을 받도록 유도했다는 의미—옮긴이), 정책 당국은 그 돈이 곧바로 공장과 설비 투자로 이어지기를 바랐다. 하지만 투자 붐과 함께 원치 않던 부작용들이 나타나기 시작했는데도, 정책 당국은 함부로 개입해서 제동을 걸려고 하지 않았다. 특히 일본으로부터 촉발되어 결국 일본이 수습했던 1987년 뉴욕 증시 폭락(블랙 먼데이) 이후에는 더욱 그랬다. 1987년 8월에 발표된 무역 통계를 보면 2년 전 플라자 합의 이후 엔화의 가치가 달러 대비 거의 두 배 올랐음에도 불구하고 미국의 대일 무역 적자 규모는 거의 변하지 않았다. 미국은 그제야 일본의 구조적인 대미 무역 흑자가 환율만의 탓이 아닌 훨씬 더 복잡한 문제였다는 것을 깨닫기 시작했다. 무엇보다, 수익

---

5 이런 수단들 중 가장 중요한 역할을 했던 것은 도시의 부동산 시장을 억제하기 위해 토지를 농업용지로 지정한다든지, 납세 및 기타 대국민 보고 목적의 공시지가를 자의적으로 지정하는 것이었다.

률이 떨어진다는 이유만으로는 일본 기업들에게 최근에 점유한 시장을 포기하도록 강제할 방법이 없었다(앞서 얘기했듯이 일본 기업에게 수익이 차지하는 중요성은 그리 크지 않았다. 그보다는 선도적인 기술력과 시장점유율이 더 중요했다). 하지만 무역 통계를 본 일본의 기관 투자자들은 달러 가치하락의 가능성을 우려하지 않을 수 없었다. 이들이 미국의 국채를 팔아치우면서 국채 가격이 떨어졌다. 채권은 가격이 떨어지면 수익률이 올라간다. 이 무렵 국채 수익률은 무려 두 자릿수까지 올랐다. 미국 국채를 사면 연 10퍼센트 이상의 수익을 올릴 수 있다는 것을 깨달은 미국의 투자자들이, 갖고 있던 주식을 팔아 국채를 사면서 주식 시장이 폭락했다. 폭락은 전 세계로 번질 수도 있었으나, 일본의 정책 당국이 국내 증권회사들에 몇 가지 정확한 처방을 비공식적으로 지시했던 덕분에 제지되었고 전 세계적인 폭락 추세도 되돌릴 수 있었다. 이들은 곧이어 일본의 기관 투자자들이 달러 채권 시장으로 돌아오도록 강요해서, 달러 자산으로부터의 탈출 러시를 막았다. 그리고 이런 조치들을 위한 지원책으로 여신의 문을 더 활짝 열었다. 기존의 투자 붐을 위해 창출되었던 여신에 더해, 막대한 추가 여신이 투자자에게 흘러들어갔다. 그 결과, 예전부터 달러를 안정시키기 위해 이미 상당량의 달러 자산을 구매했던 일본은 달러 자산 보유량을 한 단계 더 늘리게 되었다.

그러나 추가 여신의 효과는 거기에 그치지 않고 필연적인 부작용도 불러왔다. 그중 하나는 이 장의 처음에서 언급했던, 일본 기업들이 갚을 필요 없는 공짜 돈이라고 여겼던 은행 대출에 관한 것이다. 그것은 일본 기업의 자금 담당자에게 상환할 필요 없는 돈을 공짜로 주면서 새로운 설비를 지으라고 하는 것이나 다름없었다('공짜' 돈이라는 개념은 주가가 끝없이 오른다는 전제하에 성립되었다[6]). 이런 '공짜' 돈이 넘쳐나면서, 기업들은 화려한 사옥과 최첨단 공장들을 지었다. 그러는 사이에 땅을 조금이라도 소유하고 있던 수백만의 사람은 땅값이 오르자 갑자기 부자가 되었고, 벼락부자들이 늘 그러하듯 돈을 물 쓰듯 쓰고 다녔다. 이런 변화를 지켜보던 수백만의 다른 사람도 가격이 치솟고 있는 자산들을 빚을 내 사기 시작했다. 은행들이 중소기업들에 형편없이 낮은 이자에 돈을 빌려가라고 사실상 애원하다시피 하고, 자산 가격이 몇 달 사이에 두 배씩 뛰는 상황에서는 그렇게 하는 것이 확실한 투자처럼 보였다.

이런 것은 모두 투자 광기가 점점 정점을 향해 갈 때 나타나는 현상이다. 하지만 일본의 경우 결정적인 차이점은 광기의 분위기를 실제로 주도했던 사람들의 상당수가 스스로가 부자가 되려는 목적에서 그렇게 행동한 것이 아니라는 점이다. 이들은 국가적 목표를 위해 필요한 일이라고 생각해서 그렇게 했다. 2000년대 주택 대출 파생상품 버블의 정점에서 월가의 자본가들이 보여준 총체적 부패와 1980년대 말 버블의 정

---

6 이 거래는 회사가 달러로 표시된 신주인수권부 채권을 발행하는 형식으로 이루어졌다. 채권을 구입한 쪽에서는 채권을 발행한 회사의 주식을 현재 시가보다 약간 높게 미리 정해진 가격에 살 수 있는 신주인수권warrants을 부여받는다. 이 권리는 채권에서 분리되어 일본 내 투자자들에게 판매되었다. 신주인수권을 제외하고 남은 채권은 따로 유럽 시장에 판매되었는데, 채권 자체의 쿠폰 이자율이 매우 낮았기 때문에(신주 인수권이 이미 국내 투자자에게 판매되었기 때문이다―옮긴이) 채권의 실질금리를 시세 수준으로 올리기 위해 큰 폭으로 할인 발행되었다. 신주인수권을 산 대부분의 일본 투자자는 사전에 정해진 가격에 주식을 사는 권리를 행사해서 주금을 납입하여 주주가 되는 것이 당연시되었고(주가가 지속적으로 상승하는 환경에서는 신주인수권을 행사할 시점에서의 주가가 행사가보다 높았으므로 단순 시세 차익을 얻기 위해서라도 행사하지 않을 이유가 없었다―옮긴이), 채권 발행사가 그 증자 대금으로 유럽의 채권 투자자들에게 상환하는 구조였다. (주류 기업금융론에서는 추가 지분의 발행이 기존의 주주 가치를 희석시키기 때문에 큰 비용이 따르는 것으로 본다. 하지만 주주가 각자의 지분율에 따라 기업의 이익 및 잔존 자산 가치에 대한 소유권을 갖는다는 주주의 권리에 대한 전통적 개념은 일본에서는 거의 이론으로서만 존재한다.[즉, 신주의 발행은 기존 주주의 권리를 희석시키므로 신중히 접근하는 것이 맞으나, 주주 권리에 대한 개념이 약했던 당시 일본 기업계의 통념에서 보았을 때는 그렇지 않았다는 이야기―옮긴이]). 채권의 액면 이자율(쿠폰 이자율)이 매우 낮았기 때문에, 채권 발행사는 통화 스와프를 통해 액면 이자(쿠폰 이자)를 달러로 지급하고 그 과정에서 약간의 엔화 차익을 얻는다. 여기서 원금은 '공짜'이고 이자율은 마이너스라는 개념이 나온 것이다. 그러나 버블이 무너지고 도쿄 주식시장이 폭락하면서, 신주인수권은 휴지 조각이 되었다. 채권 발행사는 예상했던 증자 대금이 들어오지 않기 때문에 새로운 차입을 통해 채권자들에게 돈을 지불할 수밖에 없었다.

점에서 일본의 은행가들이 보여준 대조적인 행동은 시사하는 바가 크다. 물론, 일본의 대형 은행들은 지하 범죄 조직과 결탁되어 있었다. 하지만 은행가들이 개인적으로 부당한 이익을 취하는 경우는 드물었다. 이들은 주가 상승을 조작한다든지 범죄 조직과 거래를 한다든지 하는 일에 관여하긴 했지만, 그렇게 함으로써 자신의 조직과 국가에 도움이 된다고 생각했다.

물론 이들의 생각은 잘못된 것이었다. 하지만 이 사람들의 동기가 무엇이었는지 아는 것은 버블이 어떻게 터졌고 그 후 어떤 일들이 닥쳤는가를 이해하는 데 있어 매우 중요하다. 일본의 정책 당국은 버블의 부작용에 대해 너무나 잘 알고 있었고 당연히 그것을 원치도 않았다. 정책 당국이 투자 붐을 일으킨 것은 제멋대로인 졸부(나리킨成金)들을 양산하기 위한 목적이 아니었다. 졸부들은 비싼 동네에서 화려한 독일제 자동차를 몰고 다니며, 웨이터가 푸아그라에 금박 가루를 뿌려주는 식당에 출입했다. 회사 임원들은 수천만 엔에 달하는 골프클럽 회원권을 사고팔곤 했다. 하지만 정책 당국은 1987년의 일련의 사건 전개를 지켜보며, 필요하면 붕괴를 피하면서도 투자 광기를 잠재울 수 있다고 자신하고 있었다. 이들은 적절한 시기를 기다렸다. 달러 가치가 안정화되고, 미국 경제가 1987년 주식 시장 폭락으로부터 회복되며, 미일 관계가 다시 공고해지고 일본 제조업의 절대 우위가 확실해지기를 기다린 것이다.

그리고 1989년 가을에는 이 모든 것이 이루어진 것처럼 보였다. 1988년 미국의 대통령 선거는 많은 일본인을 긴장시켰다. 민주당에서 반일 보호무역주의 노선의 리처드 게파트를 후보로 지명할 것처럼 보였기 때문이다. 하지만 결국 선거에서는 조지 부시가 승리했다. 부시는 공화당의 중도 보수파로서, 일본의 정치 지도자들이 오랜 기간 편안한 관계를 유지해온 전형적인 정치가였다. 마침내 미국 내부에서는 글로벌 경제의 중대한 결정들을 미국과 일본이라는 두 경제대국이 함께 내리는 구조의 등장을 정치적으로 심각하게 반대하는 목소리가 없어진 듯했다. 이러한 구조를 학자나 애널리스트들은 글로벌 경제의 소위 '니치베日美' 또는 'G2'라고 불렀다. 이 구조에서 미국은 계속해서 일본에 안보와 기축통화로서의 달러를 제공한다. 그리고 밀, 옥수수, 콩과 같은 농산품을 비롯해 영화와 대중음악 같은 문화적 경제 상품을 일본에 공급했다. 소니와 마쓰시타 같은 일본 대기업들은 글로벌 대중문화의 본산지인 할리우드 기업들을 인수해서 텔레비전과 비디오, 워크맨과 같은 자사 제품에 들어갈 콘텐츠를 확보했다. 기타 산업의 일본 기업들에는 필요하면 미국의 신생 기술기업들을 인수할 수 있는 길이 열려 있었다. 미국에는 여전히 그런 기술기업들이 탄생하는 토양이 있었고 일본의 핵심 역량은 기술을 사업화하는 데 있었다. 또한 충분한 수의 일본 기업 공장들이 미국으로 이전해서, 미국의 고용률을 정치적으로 안전한 수준으로 유지할 것이었다. 그리고 일본은 방위산업과 밀접한 관련이 있는 민간 항공기와 같은 몇 가지 주요한 제조 분야에는 진출하지 않기로 되어 있었다. 물론 이런 분야에서도 일본 회사들이 대부분의 고부가가치 부품들을 공급했다. 일본과 미국은 협력하여 글로벌 통화와 교역 체제를 관리하고, 미국은 일본으로부터 대규모 재정 지원을 받아 국제 경찰로서의 역할을 계속할 것이었다.

버블 경제의 정치적·경제적 목표가 어느 정도 달성된 것처럼 보이던 1989년 여름, 버블의 부작용 또한 그 어느 때보다 더 걱정스러운 수준으로 커져 있었다. 일본에 돈이 넘쳐나면서 범죄 세력과 아웃사이더들의 도전이 기성 권력의 등골을 서늘하게 했다. 이 중에 아마도 가장 심각했던 사건은 5장에서 언급했던 한 야심 많은 기업가의 스캔들이다. 리쿠르트의 창업자 에조에 히로마사江副浩正는 진정한 구인구직 시장의 인프라를 만들어서 일본의 전통적인 고용 관행을 대체하려고 했다. 그는 버블을 통해 벌어들인 현금을 사용해 주요 정치인들을 모조리 매수하려고 했다.

이제는 이런 과잉의 시대를 끝낼 때였다. 그리고 정책 당국은 매우 체계적인 방식으로 그 작업에 착수했다. 다시 한번 강조하지만 이것이 일본과 다른 나라의 투자 광기 사이의 차이점이다. 광기가 마침내 정점을 찍고 붕괴한 것은 일본도 마찬가지였지만, 차이는 일본의 경우 광기를 의도적으로 멈췄다는 점이다.

일본 관료들이 저지른 실수의 원인은 그들의 자신감에 있었다. 버블을 키울 때도 당국이 상황을 통제하고 있다고 믿었기 때문에, 버블을 꺼뜨릴 때도 폭락이 아닌 '연착륙'시킬 수 있다고 믿었던 것이다. 허황된 믿음은 아니었다. 일본 당국은 경제를 공황에 빠뜨리지 않게 할 만큼 강력한 제어 수단들을 갖고 있었다. 뿐만 아니라, 버블이 터지고 나서 일본이 겪었던 수준의 자산 가치 폭락이 발생하면 거의 항상 뒤따르게 마련인 은행업계의 전반적인 위기도 막을 능력이 있었다. 일본에서도 결국 폭락은 발생했지만 슬로모션으로 발생해서, 금융 시스템의 완전한 붕괴와 수백만 명이 빈곤의 나락으로 떨어지는 상황은 막을 수 있었다.

그러나 슬로모션이라고는 해도 폭락은 폭락이었다. 광기가 정점을 찍고 나서 20년의 세월 동안 일본 경제는 성장하지 못했고, 했다손 치더라도 미세한 성장이었을 뿐이다. 붕괴로 인해 망가진 은행들은 글로벌 시장에서 철수했고, 대형 금융기관들은 이리저리 인수합병되었다. 미국과 같은 식량 배급 줄이나 걸인들은 생겨나지 않았으나, 경제적 미래가

쪼그라든 것만 같았다. 일류 대학을 나온 젊은 남성들이라고 해도 더이상 취직이 자동으로 보장되지 않았다. 사람들은 이들을 '잃어버린 세대失われた世代'라 부르기 시작했다. 금융 시스템을 구제하고 나라가 전반적인 공황에 빠지는 것을 막기 위해 들어가는 비용은 예상했던 것보다 훨씬 더 컸다. 그 비용에는 선진국 최대 규모의 누적 재정 적자도 포함되어 있었다. 그러나 일본 정부를 아마도 가장 당황케 했던 것은 선진 기술과 제조업에서 거의 달성한 듯 보였던 일본의 절대 우위, 자부해 마지않던 그 절대 우위가 알고 보니 크게 과장되어 있었거나 환상에 지나지 않았다는 깨달음이었다.

공황의 회피: 일본 금융기관의 구제

투자 광기와 그 붕괴의 규모를 고려했을 때 일본의 경제 공황은 불가피한 것처럼 보였다. 일본 정부는 이를 회피하기 위해 두 가지 정책을 취했다. 이 정책들의 바탕이 된 이론의 아버지라고 할 수 있는 경제학자 월터 배젓(19세기 영국의 비즈니스맨이자 저술가)과 존 메이너드 케인스라면 틀림없이 일본 정부가 하려던 일을 정확히 이해했을 것이다. 그리고 만약 비판을 했더라도 그 정책들을 왜 좀더 엄격하게 집행하지 않느냐는 비판이었을 것이다.

배젓은 금융 위기의 시기에 금융 당국의 가장 중요한 책임은, 시중에 여신의 공급이 끊기지 않도록 하는 최후의 보루가 되는 것이라는 유명한 조언을 남겼다. 은행 위기가 가장 위험해질 때는 겁먹은 예금주 혹은 다른 자금원이 현금을 한꺼번에 인출하는 바람에 아무리 건전한 금융

기관이라도 문을 닫아야 하는 상황이다. 그런 상황이 오면 은행은 현금을 돌려주기 위해 기업 대출을 회수해서라도 자산을 유동화해야 한다. 기업들은 이제 더 이상 대출을 받을 수 없다. 그러면 기업에 들어오던 주문이 취소되고 직원들이 해고당하며 경제는 악순환에 빠진다. 이런 일련의 사태를 방지하기 위해 중앙은행이 개입해서 대출이 계속 가능하도록 만들 필요가 있다.

배젓의 저서 『롬바드가Lombard Street』는 1873년에 출판됐지만, 사람들은 2008년에도 그가 남긴 교훈을 전부 이해하지 못했음이 분명했다. 미국의 부시 정권이 투자은행 리먼브라더스의 도산을 방관했던 것은, 대공황을 불러왔던 허버트 후버 대통령 시절 이후 가장 크고 또한 피할 수 있었던 정책 오판으로 불린다. 물론 19세기의 배젓이 리먼브라더스와 같이 예금을 받지도 않고 대출을 해주지도 않는 형태의 은행을 염두에 두고 『롬바드가』를 저술했을 리는 없다. 하지만 리먼은 미국에서 두 번째로 큰 기업어음commercial paper 발행 기관이었고, 은행들이 서로 단기어음을 사고파는 시장('리포repo' 마켓이라 불린다. 환매 조건부 채권)의 중심에 서 있었다. 기업어음은 미국의 기업들이 운전 자금을 조달하는 가장 중요한 수단이었고, 리포는 은행 시스템과 월가에 유동성을 제공해주는 중대한 역할을 하고 있었다. 리먼의 붕괴 이후 이런 시장이 얼어붙으면서 미국 경제의 몰락은 시간문제였다.

일본의 금융 당국은 결코 이 같은 실수를 저지르지 않았다. 일본은 금융기관이 가진 문제의 심각성을 뒤늦게야 깨닫고, 실패한 금융기관들을 너무 오랫동안 산소호흡기로 연명시킨 것에 대해 끊임없이 비판을 받기는 한다. 하지만 이들은 가장 중요한 한 가지 일에 성공했으니, 그것은 바로 금융기관에서 돈을 빠져나가게 만드는 대규모 패닉을 방지해서, 경제에 여신을 공급하는 메커니즘을 지속시킨 것이다. 금융기관이 사실상 파산 상태였기 때문에 이렇게 하는 것은 절대로 쉬운 일이 아니었다. 은행이 보유하고 있는 자산의 가치를 모두 합쳐도 은행을 지탱하는 예탁금, 즉 고객에게 돌려줘야 할 부채에 한참 못 미치는 상황이었던 것이다.

이런 상황에서 개별 예금주라면 은행이 강제로 폐쇄되어 본인의 예금이 동결되기 전에 돈을 빨리 인출하는 것이 전적으로 합리적인 선택이다. 통계 기록을 보면 일부이긴 하지만 실제로 상당한 금액이 이런 식으로 인출되어 나갔다. 많은 사람이 엔화 현금을 인출해서 금이라든지 외화로 된 주식을 사거나, 심지어는 금고에 쌓아놓기도 했다.

하지만 이런 예금 인출 사태가 결코 대규모 뱅크런(예금주들이 한꺼번에 돈을 찾아가는 사태)으로까지 번지지는 않았다. 여러 기준에서 역사상 가장 큰 규모였던 금융 붕괴의 와중에(슬로모션으로 일어나기는 했지만), 일본 금융기관에 예금을 맡긴 단 한 명의 예금주도 돈을 잃지 않았던 것이다. 그 결과 사람들은 은행에 계속 돈을 맡겨두었다. 아니, 정확하게는 사람들이 돈을 충분히 맡긴 채로 놔둔 덕택에 은행 시스템이 유지될 수 있었다. 1997년 가을 대규모 은행과 증권사들이 몇 주 간격으로 차례로 도산하면서 상황은 실제로 붕괴 직전까지 갔다. 이때 재무성이 개입해서 이들 금융기관의 예금주들이 예탁금 전액을 보전받도록 조치를 취했다(법적으로 재무성은 1000만 엔까지의 예탁금만 보증할 수 있었다). 재무성은 그리고 은행을 구제하기 위한 법안 두 개를 국회에서 강행 통과시켰다. 이 중 1998년 10월 국회를 통과한 72조 엔짜리 두 번째 법안은 전 세계 정부를 통틀어 역사상 가장 큰 규모의 평시 재정 지출이었다. 이것은 정확히 10년 뒤, 미국 의회가 미국 금융 시스템을 구제하기 위해 제정한 TARP 법안(부실자산 구제 프로그램Troubled Asset Relief Program)과 거의 같은 금액이었다. 하지만 일본 경제는 미국의 3분의 2 규모에 불과하다. TARP가 미국에서 환영받지 못했던 것처럼 일본의 은행 구제법안도 일본에서 환영받지 못했다. 당시 일본의 총리였던 하시모토 류타로橋本龍太郎는 법안 통과를 위해 일본의 유구한 전통에 따라 '가이아쓰(외압外壓)'를 정치적인 구실로 삼았다. 여기서 외압이란 미국 대통령 빌 클린턴과의 전화 통화였는데, 이 통화 내용은 언론을 통해 크게 보도되었다. 재무장관 로버트 루빈에 의해 마련된 이 통화에서, 클린턴은 필요한 모든 조치를 취하라고 하시모토를 강하게 설득한 것으로 알려져 있다. 일본의 은행 시스템이 붕괴될지도 모른다는 사실, 그것이 글로벌 금융에 미칠 영향에 깜짝 놀란 루빈이 벌인 일종의 정치적 쇼였다.

일본의 금융 시스템은 그렇게 벼랑 끝에서 살아났다. 일본과 함께 전세계를 곤경에 빠뜨릴 수도 있었던 금융 전반의 붕괴를 모면해낸 것이다. 하지만 그렇다고 해서 일본의 문제가 해결된 것은 아니었고, 일본 경제를 1980년대 초의 상태로 되돌릴 수 있었던 것도 아니었다.

잘못된 전제, 그리고 활짝 열린 재정 적자의 문

과거 일본의 은행들은 세 가지 커다란 믿음을 대전제 삼아 일했다. 그러나 버블이 붕괴하고 나서 이 세 가지 믿음은 모두 잘못된 것으로 드러났거나, 더 이상 작동하지 않게 되었다. 첫째는 커넥션이 좋은 일본 대기업은 망하지 않는다는 것이었다. 둘째는, 땅값이 항상 유지되거나 상승하던 시절이었으므로, 땅을 담보로 삼을 수 있다면 커넥션이 썩 좋지 않은 기업이라도 대출해주는 게 안전하다는 믿음이었다. 셋째는 재무성의 보호를 받고 있는 금융기관은 절대 망하도록 방치되지 않는다는 것이었다.

그러나 버블이 붕괴되고 나서는 재무성이 관할하에 있는 기관을 모두 보호할 순 없게 되었을 뿐 아니라, 거의 모든 대형 금융기관이 사라지거나 합병되었다. 이 중 장기신용은행長期信用銀行은 심지어 외국자본의 손에 들어가 구조조정을 거쳐 신세이 은행新生銀行이라는 이름으로 바뀌었다. 예금주들은 아무도 돈을 잃지 않았고 대형 은행의 정직원들은 '종신고용'을 계속 유지할 수 있었으나(대중의 커다란 분노를 사긴 했다) 많은 사람의 경력이 망가졌다.

그러다가 2000년 7월, 소고 백화점이 파산했다. 더 정확하게는 재정지원으로 연명되고 있던 백화점의 산소마스크를 뗀 것이다. 일본 언론은 이것을 중대한 사건으로 다뤘다. 점잖은 대형 신문조차 이 사건을 대문짝만 한 검은 글씨의 헤드라인으로 처리했다. 그럴 만도 했던 것이, 소고의 몰락은 이제 어느 누구도 안전하지 않고, 일본의 시스템이 와해될 위기에 처했다는 신호였기 때문이다. 소고는 주거래 은행인 일본흥업은행의 은행장이 인정했던 것처럼, 1994년에 이미 부채 총액이 자산 총액을 초과했을 뿐 아니라(이것이 파산의 정의다), 운영활동으로부터 나오는 현금 흐름이 마이너스로 바뀌었다는 것이 잘 알려져 있었다. 그런 상태에서도 소고는 관계와 재계 양쪽으로부터 보호를 받아오고 있었던 것이다. 소고의 파산으로 일본흥업은행은 경영의 독립성을 잃었고, 그와 함께 전후 일본의 금융 체제도 파탄을 맞았다. 일본흥업은행은 보통의 은행이 아니라, 경제 기적의 선봉에 서 있는 기업들에 장기 투자금을 조달하기 위한 목적으로 설립된 특별한 곳이었다. 이곳이 사라진다면 앞으로 어떤 일이 일어나도 이상하지 않을 것이었다.

일본의 은행들이 그동안 믿어 왔던 모든 대전제가 공허한 것으로 드러났다. 은행들은 이제 더 이상 어떻게 행동해야 하는지, 무엇을 해야 하는지도 알 수 없었다. 일본의 은행들은 대출 심사를 할 때, 열악한 상황에서도 대출금이 꾸준히 상환될 수 있을지 여러 시나리오를 돌려 검증하는 서양식 신용 분석을 하지 않았다. 대출의 일부를 부실채권으로 손실 처리하더라도 그것을 메꿀 수 있도록 하는 자본 구조도 만들어놓지 않았다. 대출받은 기업이 파산할 리가 없고, 설혹 파산하더라도 토지를 위주로 잡아놓은 담보가 있는데 그런 자본을 준비해놓을 필요가 왜 있었겠는가. 은행들은 상환할 필요 없이 계속 갱신되는 대출을 통해 일본의 산업에 끊임없는 자금을 조달해주었다. 대출해줄 때는 경영 계획의 타당성에 대한 은행 담당자의 평가보다는, 회사에 부동산 담보가 있는지 여부와 회사의 과거 실적, 일본의 권력 구조에서 그 회사가 어떤 위상을 차지하고 있는지로 판단했다.

그런 방식은 이제 더 이상 통하지 않았다. 은행들은 사실상 가장 커넥션이 좋고 실적이 좋은 회사들(바꿔 말하면 대출이 필요 없는 회사)을 제외하고는 대출을 아예 해주지 않게 되었다. 그리고 이미 대출을 받은 회사들에게는 조기 상환을 요구해서 대차대조표 불황을 더 악화시켰다. 1990년대 말 회사를 운영하던 내 지인은 좌절한 나머지 "내가 필요한 것은 은행이지 금고가 아니다"라며 불만을 토로했었다. 그의 회사는 정부로부터 수주를 따내 계약도 맺고 있었지만, 그것만으로는 겁에 질린 은행가들에게 충분하지 않았다. 은행이 해준 것이라고는 회사가 납품 업체에 비용을 지불할 수 있도록 계좌이체를 처리해주고, 고객들로부터 돈을 받을 계좌를 제공해주고, 현금을 맡아 보관해주는 것뿐이었다. 대출은 단 1엔도 해주려 하지 않았다.

은행들은 예금주들이 맡긴 돈(그리고 정부로부터 구제금융 목적으로 받은 돈)으로 기업에 대출을 해주는 대신에, 일본의 국채 및 기타 일본 정부의 금융상품(예를 들면 일본중앙은행이 발행하는 채권)을 샀다. 예금에 부과되는 이자는 일본 국채의 수익률보다 낮아서, 은행들은 약간의 마진을 남길 수 있었다.

이렇게 일본은 금융 시스템의 총체적인 붕괴는 막았는지 모르지만, 금융기관들이 경제를 돌아가게 하는 데 필요한 역할을 하지 못하는 상태가 되고 말았다. 그리고 회사들도 어차피 사업 확장보다는 대출 상환에 급급할 뿐이었다. 이런 상황에서 경제가 공황의 늪으로 빠져들지 않게 하려면 다른 곳에서 수요를 창출할 필요가 있었다. 그 수요는 해외 시장으로부터도 나와야 했고, 마침내는 일본 정부로부터 나와야 했다.

케인스는 모든 수단이 소용없을 때에는 정부가 나서서 적자 재정을 통해 경제에 활기를 불어넣어야 한다고 주장한 바 있다. 정상적으로 작동하는 비즈니스 사이클에서의 불황이라면 통화 정책(기업들이 대출을 받아 신규 설비 투자를 해서 수익을 발생시킬 수 있다고 믿을만한 수준으로 이자율을 낮추는 것)만으로도 경제의 활력을 회복시킬 수 있다. 하지만 기업이 대출 받기를 거부하거나 은행이 대출해주기를 거부하는 상황에서는(혹은 둘 다의 상황) 정부가 직접 개입해야 한다. 그렇지 않으면 저축 시스템 자체가 망가진다.

요즘 미국이나 유럽에서 돌아가는 상황을 볼 때 이것은 직관적으로 와닿지 않을지도 모른다(특히 미국은 2010년대에 재정 적자를 계속 확대해도 효과를 보지 못하고 있었다—옮긴이). 하지만 가계와 기업이 모두 빚을 갚는 데만 몰두해 있어서 지출의 총합보다 저축의 총합이 커지면, 그 차

액은 예금이나 기타 상환금의 형태로 모두 금융 시스템에 흘러들어가게 된다. 금융기관은 이 돈으로 뭔가 하지 않으면 안 된다. 이때 두 가지 선택지가 있다. 돈을 해외로 보내거나(해외 금융기관에 대출), 정부가 발행하는 각종 채권을 사는 데 쓰는 것이다. 가계와 기업이 빚 갚는 것 외에 다른 지출에 신경 쓸 여유가 없는 시기에 저축 시스템을 지키려면 이 두 가지 외에 다른 대안은 없다.

아시아 금융 위기의 단초

당시 일본의 은행들은 국내에서는 대출 업무를 하려는 의지도 능력도 없었는지 모르지만, 해외의 금융기관에는 여전히 여신 업무를 제공하고 있었다. 특히 1995~1996년의 소위 데킬라 위기Tequila crisis(멕시코가 1994년 말 페소화를 급격히 평가절하해서 촉발된 금융 위기) 이후로는 더 그랬다. 데킬라 위기는 원래 일본과는 아무 상관이 없었다. 북미 자유무역협정 체결 이후 막대한 자금이 멕시코로 흘러들어가면서 버블이 형성되었고, 그 버블이 붕괴하면서 멕시코의 국가 경제도 엉망이 되었다. 이런 상황에서는 보통 IMF가 개입한다. IMF는 원래 이런 금융 위기에 대응하라고 설립된 기관이기도 하다. 하지만 1995년 초에는 IMF에 자금 여유가 너무 없었다. 멕시코 문제는 곧 미국의 문제인 것처럼 여겨졌기 때문에 IMF 자금의 부족분을 미국이 채워야 하는 상황이었다. 그러나 당시 미국에서는 공화당이 40년 만에 하원을 막 장악한 참이었다. 클린턴 정권을 난처하게 만들 기회라고 여긴 공화당은 IMF를 신뢰하지 않던 좌파 민주당원들과 연합해서 멕시코로 자금을 투입하는 것을 막아버렸다.

그 결과 달러의 가치가 곤두박질치면서 글로벌 통화 위기가 찾아왔다. 미국이 자신의 뒷마당이나 다름없는 멕시코를 금융 위기에서 구제하지 않는다는 것은 글로벌 금융에서 미국의 패권이 종식됨을 의미했다. 재무장관 로버트 루빈은 의회의 동의를 거치지 않고도 500억 달러의 자금을 IMF에 수혈할 수 있는 우회로를 찾아냈고, 금융 위기는 수습되었다. 달러 가치의 하락도 멈췄다.

단, 엔화 대비 달러의 가치만은 계속 하락했다. 엔화의 가치는 전후 최고 수준을 갱신하며 점점 더 높아져서 한때 달러당 80엔 선이 무너지기도 했다. 이 정도 수준이면 일본의 많은 기업은 수출에 들어가는 변동비조차 커버할 수 없었다. 즉, 해외에 물건을 하나 팔 때마다 손해를 봤던 것이다. 일본 정부가 나서서 뭔가 해야 한다는 압력이 어마어마하게 커졌다.

재무성은 서열대로 승진하는 관료 조직의 관례를 과감히 깨고, 소신파인 사카키바라 에이스케榊原英資를 요직인 국제금융국장 자리에 앉혔다. 나중에 언론에 의해 '미스터 엔'이라 불렸던 사카키바라는, 당시 미국의 재무부 차관이었던 래리 서머스와 친분관계가 있다는 사실 때문에 그 자리에 임명되었다(사카키바라가 하버드대학 경제학과의 객원교수이던 시절 서머스도 하버드대학 교수로 재직하고 있었다). 사카키바라는 1996년 6월 워싱턴으로 날아가 루빈과 서머스에게, 엔을 평가절하하지 않으면 일본의 기관 투자자들이 미국 국채를 팔 수밖에 없는 상황에 몰려 채권 시장의 폭락을 가져올지 모른다고 설득했다. 대통령 선거가 6개월밖에 남지 않은 상황에서 클린턴 정권은 그런 일이 벌어지게 놔둘 수 없었다. 미국은 사카키바라의 제안에 동의했다. 그해 8월 미국과 일본이 공동으로 시장에 개입해서 엔/달러의 환율을 원했던 수준으로 낮추고 채권시장도 안정시키는 데 성공했다.

의도한 것은 아니었겠지만 이 사건은 시장에 또 다른 메시지를 전달하는 결과를 낳았다. 미국과 일본이 엔/달러 환율을 인위적으로 조정할 의지와 능력을 모두 갖고 있고, 적어도 달러당 엔의 환율이 100엔 이하로는 내려가지 않도록 사수할 것이라는 메시지 말이다. 이런 실수는 예전에도 있었다. 1978년 여름의 통화 위기가 끝나고 일본의 기관 투자자들은 일본과 미국 정부가 엔/달러 환율을 절대로 달러당 180엔 아래로 떨어지지 않도록 할 것으로 확신하고는, 미국의 국채를 우르르 사들여서 레이건 혁명의 자금을 대는 결과를 낳았다. 그러나 플라자 합의 이후 환율이 달러당 140엔 이하로 급락하면서 엔화 기준으로 막대한 손실을 보았다.

하지만 금융시장은 과거의 교훈을 오래 기억하지 못하는 것으로 악명이 높다. 이번에 똑같은 실수를 저지른 것은 해외 은행가와 헤지펀드 운영사들이었다. 이들은 1996년 8월 미국과 일본의 시장 개입이 매우 성공적이었던 것을 보고, 양국이 달러당 100엔 선의 환율이 다시는 깨지지 않도록 할 의지와 능력을 모두 갖고 있다고 믿었다. 그러고는 외국 투자자들이 웬만해서는 하지 않는 일을 하고 말았다. 아무런 헤지hedge 없이 막대한 금액의 엔을 빌린 것이다.

이러한 행위는 나중에 '엔 캐리 트레이드yen carry trade'라고 불리게 된다. 이게 뭐냐면 초저금리 국가인 일본에서 엔을 빌린 다음, 미 달러나 타이의 바트와 같은 고금리 통화의 국가에서 그것을 빌려주고 두 금리 사이의 차액을 취하는 것이다. 이것은 '엔의 가치가 올라가지 않는 한' 절대 돈을 잃을 리 없는 거래다. 당연히 언젠가는 엔의 가치가 올라가는 날이 올 것이었다. 하지만 그날이 오기 전까지 엔 캐리 트레이드는 방콕의 부동산 시장 같은 곳에 버블을 형성시켜놓았다. 그리고 마침내 1999년 여름, 러시아의 채무불이행 여파로 엔의 가치가 급등하자 투자 가들이 일시에 모든 대출을 청산하면서 제2차 세계대전 이후 2008년 리먼 쇼크가 있기 전까지 가장 심각한 규모의 금융 위기가 발생했다. 이 금융 위기의 정점은 미 연방준비은행이 유명 헤지펀드인 롱텀 캐피털을 구제한 것이었다. 너무나 많은 은행이 이 헤지펀드에 돈을 빌려주고 있 었기 때문에, 총체적인 금융 공황을 막기 위해서는 구제하지 않을 도리 가 없었다.

해외에서 발생하던 이 모든 피해에도 불구하고, 엔 캐리 트레이드를 촉발시킨 일본 은행들의 해외 대출은 일본 경제에 직접적으로나 간접적 으로나 도움이 되었다. 우선 은행들에게는 예탁금을 활용할 수 있는 길 이 생긴 것이었다. 대출되어 해외로 나간 돈은 중국이나 타이완 같은 나 라에서 투자 붐을 일으켰다. 이런 투자 붐으로 그 나라들의 일본 자본 재의 수입이 늘어나면서 버블 이후 당면했던 일본 경제의 고민에 대한 장기적인 해결책을 마련해주었다.

하지만 그것만으로는 일본 경제가 공황으로 빠져들어가는 것을 막기 에 당분간 역부족이었다. 그에 더해 경기 부양을 위한 정부의 재정 지출 이 필요했다. 일본 정부는 과감한 지출을 감행했다.

일본 정부의 재정 지출

리처드 쿠의 주장에 따르면, 일본 정부는 1990년에서 2005년 사이에 46조 엔의 적자 재정을 집행해 200조 엔 규모(환율에 따라 대략 2조 ~2.5조 달러)의 GDP 성장 효과를 보았다. 바꿔 말하면, 1엔을 써서 4~5엔의 GDP를 산 것이다. 리처드 쿠는 이것이 크게 남는 장사였고, 적자 재정을 집행하지 않았더라면 일본은 공황의 심연으로 빠져버렸을 것이라고 주장한다.

문제는 유권자와 심지어 정책 담당자들도 '만약 적자 재정이 없었더라면 어떻게 되었을까'라는 가정에 대한 결과를 알 수 없다는 점이다. 리처드 쿠는 케인스가 그랬던 것처럼, 경제가 완전히 회복될 때까지 정부가 지출을 멈춰서는 안 된다고 조언한다. 그게 쉽지 않은 것은, 정책 담당자와 유권자들에게 보이는 것이라고는 오직 늘어만 가는 국가 부채의 규모일 뿐이고, 정부 지출이 없으면 어떻게 될지는 알 길이 없기 때문이다.[7] 리처드 쿠는 그 근거로 대공황 이후 1937년의 미국과, 현재의 미국 및 유럽, 그리고 물론 버블 이후 일본의 상황을 지목한다. 늘어만 가는 적자 문제와 씨름하는 정책 담당자들은(그리고 유권자들은), 경제 회복의 기미가 보이는 대로 일단 세금을 올리거나 정부 지출을 줄여서 (혹은 둘다 해서) 국가 부채의 문제부터 해결하고 싶어하기 때문이다. 이들이 놓치는 것은 이렇게 하면 고용을 증가시키지 못해 오히려 국가 부채 문제를 악화시킨다는 사실이다. 정부의 세수는 줄고 회사들은 현금을 쌓아놓고 있게만 된다. 당시 일본의 정책 담당자들은 분명 이런 문제를 잘

---

[7] 사람들이 가장 이해하기 어려워하는 부분은, 1990년대 일본이나 1930년대 대공황 또는 2008년 금융 위기 이후의 미국과 같은 상황에서, 정부가 적자 재정을 통해 경기 부양책을 적극적으로 펼치지 않았더라면 국가 부채가 더 커졌을 것이라는 점이다. 그 이유는 부양책이 없으면 세수가 줄어들고, 선진국들에 있는 공공 안전망(예를 들면 실업 보험)이 작동하기 때문이다. 적자 재정으로 GDP를 사면 정부로서는 세수를 사는 효과도 있고, 실업수당을 받기보다 일하면서 세금을 내는 사람이 늘어나면서 정부의 총지출도 줄어든다. 1엔을 써서 4~5엔의 GDP를 살 수 있다면, 그 거래는 좁은 재정적 의미만으로도 가치가 있다. 부양책이 없을 경우 사람들이 비극적인 고통을 더 겪어야 하고 잠재적인 성장의 기회도 사라진다는 점을 생각하면 더 그렇다.

이해하지 못하고 있었다. 경제가 산발적으로 활력의 신호를 보이자마자 재무성은 1996년 국회를 밀어붙여 소비세 인상안을 통과시켰다. 소비세 인상은 그러나 경제를 곧장 다시 하락시켜서, 1997년의 은행 위기와 그에 따른 막대한 규모의 구제금융으로 정점을 찍었다. 경제공황까지는 가지 않았지만, 대가는 필요 이상으로 컸다.

상황을 더 악화시켰던 것은, 경제 회복을 위해 수혈한 정부의 돈이 일본의 정치 구도 탓에 가장 효과적인 곳에 쓰일 수 없었다는 사실이다. 도시 중산층의 생활수준을 직접적으로 개선하는 지출이야말로 당시 상황에 가장 효과적일 것이었다. 도시 주택을 전반적으로 재개발하는 사업 같은 것을 벌였더라면, 직접적으로는 수십만 개의 일자리를 만들어내고, 간접적으로는 내구성 소비재가 필요한 거주공간을 공급함으로써 수요를 자극하는 효과가 있었을 것이다. 하지만 도농 불균형이 심했던 일본 정치권력의 구조상, 예산은 결국 쇠락하는 농어촌 지역의 요란한 인프라 건설 사업으로 갈 수밖에 없었다. 이런 사업들의 상당수는 서로 근처에 위치한 공항들이라든지 사람도 없는 마을에 지어진 오락시설처럼, 누가 보더라도 지방 정부에 운영 적자만 안겨주는 '하얀 코끼리'(돈만 많이 들고 실효성이 없는 투자)였다. 리처드 쿠가 얘기한 것처럼 재정 지출이 일본을 공황으로 빠지는 상황을 막아주기는 했지만 그게 다였다. 그리고 그 결과 일본 정부의 재정 상황은 급격히 악화되었다(다시 한번 강조하는데, 정부 지출이 없었더라면 일본의 재정 상황은 더 악화되었을 수도 있다. 하지만 돈을 여기저기 함부로 뿌리지 않고 똑똑하게 썼더라면 오늘날의 상황은 훨씬 더 나아졌을 것이라는 뜻이다. 정부 예산을 공공의 이익이 아닌 특정 이익집단을 위해 선심성으로 여기저기 뿌리는 것을 일본에서는 바라마키ばら撒き라고 부른다).

재무성으로서는 일본 경제가 공황에 빠지는 것을 막았던 재정 지출의 결과, 국가 부채가 악화일로로 치닫던 상황을 걱정하는 것이 당연하긴 했다. 일본의 국가 부채는 GDP 대비 비율로 봤을 때 선진국 최고 수준이었다. 더 걱정스러웠던 것은, 부채의 크기가 총 가계 자산의 93퍼센트에 달했다는 점이다(미국의 경우 41퍼센트).[8] 이는 달리 말하면, 부채를 한 번에 탕감하려면 일본의 모든 가정이 지금까지 모아온 누적 자산의 대부분이 필요하다는 뜻이었다. 더욱이 일본에 닥쳐오던 인구 절벽은 노동 가능한 인구 대비 그들이 부양할 수 있는 은퇴한 세대의 인구 비율을 곧 한계 수준인 3대 1 아래로 떨어뜨릴 것이었다. 재무성은 그런 사태가 벌어지기 전에 일본의 조세 시스템을 서둘러 개혁하고자 했다.

다행히 경제를 파탄시키지 않으면서도 세수를 증가시킬 방법은 많이 있었다. 소비세가 도입되기 전에는, 일본 세수의 대부분이 수익성 좋은 대기업에서 징수하는 법인세와 샐러리맨들의 급여소득세에서 나왔다. 급여소득세는 세율이 높기는 했지만 월급을 받을 때 미리 원천징수되기 때문에 정치적인 쟁점이 되는 일은 거의 없다. 따라서 일본 샐러리맨의 가정들은 미국 사람들처럼 매년 세금신고서를 작성하는 고통을 겪지 않아도 된다. 직장에서 받는 급여 이외의 소득이 특별히 많을 때만 세금신고서를 따로 작성할 필요가 있는데, 샐러리맨들이 그런 경우는 거의 없었다.

이런 조세 시스템은 이제 정치적으로나 경제적으로나 유지될 수 없다는 것이 지난 20년의 세월 동안 명확해졌다. 1950년대 말 노동 쟁의의 결과로 등장했던 급여체계는 인구 구조의 변화로 인해 결국 붕괴될 수

---

8 이러한 통계를 포착해낸 제스퍼 콜에게 감사한다.

밖에 없었다. 구인구직 시장은 아직 본격적으로 등장하지 않았으나 점차 현실화되고 있었다. 이에 대해서는 다음 장에서 자세히 살펴볼 텐데, 이것이 국가 재정에 의미하는 바는 명확했다: 일본의 세수는 더 이상 샐러리맨의 급여소득세에만 의존할 수 없었다. 정치적으로도 공정하고 경제적으로도 효과를 거두려면, 조세 시스템은 샐러리맨뿐만 아니라 모든 국민이 자기 몫의 세금을 내는 방식으로 보편화되어야 했다.

일본에서 과세되지 않는 소득의 가장 큰 부분은 농민, 개업의와 같은 자영업자, 종교단체, 주로 건설회사와 같은 중소기업들이 차지하고 있었다. 이들은 그동안 과세 소득을 최대한 줄여서 신고하는 방식으로 장부를 꾸려오고 있었던 것이다. 하지만 이런 집단들은 또한 재무성이 자유롭게 정책을 결정할 수 있는 힘의 원천이던 정치 구조의 기반 세력이기도 했다. 재무성은 이들을 과세하기 시작하면 그 기반이 사라질까봐 오랜 세월 두려워했다.

그래서 재무성은 소득세를 보편화하는 대신 소비세를 택했다. 소비세 자체에 원칙적으로 잘못된 점은 없다. 소비세는 어쩌면 세수를 확보하는 가장 공정하고 효율적인 방법일지도 모른다. 하지만 일본 국민의 광범위한 계층에서 소비세의 도입을 격렬히 반대했다. 여기에는 그럴 만한 이유가 있었는데, 이에 대해서는 일본 정치를 다루는 10장에서 살펴보기로 한다.

또한 소비세를 올리면 즉각적인 디플레이션 효과가 따라온다. 따라서 소비세율의 인상은 반드시 탄탄한 수요를 기반으로 경제가 빠르게 성장하고 있을 때에만 적절히 시행해야 한다. 일본 경제가 그런 성장을 해본 지는 이미 20년이 넘은 상태였다.

재무성은 경기 사이클이 되돌아와서 경제가 회복되는 적당한 시기

를 기다리는 대신, 일단 소비세 제도를 도입한 뒤 정치적으로 가능할 때마다 세율을 조금씩 인상하기로 했다. 1996년에도 한 번 그런 정치적인 기회를 포착하고 소비세를 인상했으나, 앞서 서술했듯이 그 결과는 참담했다. 그런 정치적인 기회가 다시 오기까지는 그로부터 16년의 세월이 더 흘러야 했다. 재무성은 이번에는 더 신중하게 접근했다. 2012년 말 소비세 인상안을 국회에서 통과시키기는 했지만, 일정한 조건들이 만족되어야만 발효되도록 만든 것이다(정부는 2014년 4월 1일, 그 조건들이 만족되었다고 판단하고 소비세 인상을 발효했다). 재무성은 세율 인상과 함께 미국의 사회보장 번호Social Security number와 비슷한 개인 식별 번호 같은 것을 도입하는 데도 성공했다(2015년 5월 도입된 마이넘버マイナンバー 제도. 사생활 침해를 이유로 커다란 반발에 부딪히기도 했다—옮긴이). 이로 인해 자영업자나 중소기업 운영자들의 많은 수는 예전에 하던 식으로 매출을 숨기기가 쉽지 않아질 것이다. 계획대로라면 앞으로 이 번호가 없이는 은행 계좌도 개설할 수 없게 된다.

다시 말하지만 재무성의 이런 움직임은 관료 기구의 세 불리기와는 거리가 있다. 재무성에는 현실적이고도 정당한 근심이 있었으니, 대표적으로는 재정 적자가 수습되기 전에 일본 국채의 금리가 오르면 어쩌나 하는 것이었다. 지출 감소나 세수 증대 또는 그 두 가지 모두가 없는 상황에서, 국채 금리가 2퍼센트대로만 올라가더라도 일본의 재정 적자는 감당할 수 없는 수준으로 커질 것이었다.

일본은 이제 벌써 15년 이상 디플레이션을 겪고 있다. 이런 장기적인 디플레이션은 일반적으로 좋지 않은 일로 여겨진다. 전통적인 의미에서의 경제 성장에는 분명히 좋지 않다. 하지만 장기 디플레이션으로 인해 일본 정부는 채권 시장을 붕괴시키지 않으면서도 대규모 적자 재정을 운영할 수 있었다. 왜냐하면 기업들이 국내에서 사업 확장을 위한 투자를 하지 않았기 때문에(어차피 은행들이 너무 겁을 먹어서 대출을 해주지도 않았지만), 기업과 가계 저축의 대부분이 국채 및 정부에서 발행한 기타 금융상품을 사는 데 쓰였기 때문이다.

그러나 디플레이션은 어쩌면 끝날지도 몰랐다. 2012년에 출범한 아베 신조 정권은 디플레이션을 정조준해서 정책을 펴오고 있다. 그런 정책들이 성공할지 여부는 이 글을 쓰는 시점에 판단하기는 아직 이르지만, 인구 구조의 변화는 정책에 유리한 방향으로 움직이고 있다(이 글을 쓴 것은 2013년경이며, 저자는 이후 다른 글들을 통해 아베 정권의 디플레이션 억제 정책이 별다른 효과를 얻지 못했다고 비판했다—옮긴이). 일본의 급여 체계에서는 50대 초반이 임금을 가장 많이 받는 피크 연령대다. 인구가 가장 많은 베이비붐 세대는 이제 그 연령대를 지나서 저축을 헐어 쓰고 있으며, 그 결과 가계 총저축은 줄어들고 있다. 그러는 사이에 대부분의 회사가 부채를 줄이는 작업을 마치고 대차대조표의 건전성을 회복한 지 오래되었다. 인구가 적은 젊은 세대가 피크 연령대로 접어들면서, 이들은 임금 인상을 협상해낼 수 있을지도 모른다. 그러면 소비가 늘어난다. 특히 주택 구매가 늘어날 것이다.

그렇게 일본의 내수는 마침내 되살아날지도 모른다. 국내 시장에서 다시 한번 사업 기회를 포착한 기업들은 대차대조표 불황에서 회복하며 쌓아온 잉여금을 꺼내 쓰려고 할 것이다. 기업들은 어쩌면 융자를 필요로 하게 될지도 모르고, 그러면 은행들은 이제 대출을 해줄까 고민할지도 모른다.

국내의 투자 수요는 살아나면서 저축은 줄어드는 상태가 계속되면, 일본의 경상수지(경상수지는 '한 국가의 무역 시장에서의 성적을 알려주는 가장 광범위한 지표'로 불리기도 한다)가 구조적인 적자의 영역으로 들어가는 날이 반드시 찾아온다. 이것을 이해하려면 국가 간 무역과 투자의 흐름을 규정하는 회계 법칙을 잠깐 살펴봐야 한다. 투자를 받쳐줄 만큼 충분한 저축을 보유하고 있지 않은 나라에서는(일본이 조만간 처하게 될 가능성이 큰 상황이다), 투자 집행에 모자란 금액을 해외에서 들여온다. '회계 등식accounting identity'이라고 부르는 회계 법칙에 따르면 해외 자본의 순유입량 총합은 '무역 및 기타 유동 자본 흐름(주로 배당과 이자)'에서 발생하는 적자의 총합과 같다(무역수지 적자 및 유동 자본 흐름 적자가 발생한다는 것은 해외로부터의 수입이 수출을 초과했다는 의미고, 초과 수입을 지불하기 위한 자본은 해외에서 들여와야 한다). 일본에서 무역수지는 재화와 용역에만 한정하는 좁은 개념인데, 그 무역수지는 이미 적자 상태다. 그리고 글로벌 에너지 가격이 오르는 시기였던 2011년 3월, 대지진과 쓰나미의 여파로 일본의 원전이 폐쇄되면서 적자는 더 악화되었다. 앞서 말했듯 경상수지 개념에는 재화와 용역의 무역 거래뿐 아니라 배당과 이자가 오가는 것도 포함된다. 일본은 지난 수십 년간 해외에 수많은 투자를 해놓은 덕분에 해외에서 들어오는 배당과 이자 수익이 여전히 무역적자 총액보다 많았다. 무역적자를 메꾸기 위해 해외로부터 자본을 들여와야 할 필요가 아직은 없었다는 뜻이다. 하지만 국내 투자가 늘어나고 저축은 줄어들면서, 해외에서 들어오는 이런 배당과 이자도 줄어든다. 특히 해외로부터 들어오는 이자의 큰 부분을 차지하던 미국 국채가 사상 최저 수준의 금리를 지급하는 현재는 더욱 그렇다.

일본의 구조적 경상수지 흑자가 막을 내린다는 것은, 일본뿐 아니라 전 세계에 정치적으로나 경제적으로나 파급 효과가 크다(무엇보다, 1970년대 말부터 2000년대 초반까지 일본의 누적 경상수지 흑자는 미 달러를 지탱해주고 있었다). 하지만 우리는 일단 재정에 미치는 효과를 살펴보기로 하자.

구조적 경상수지 적자가 시작된다는 것은 일본이 국내 자본만으로도 재정 적자를 메꿀 수 있었던 시대가 끝나는 것을 의미한다. 이제부터는 위에서 살펴본 것처럼 해외에서 자본을 조달해야 한다. 그러기 위해 일본 정부는 국채의 일부를 해외 투자자들에게 팔아야 할 것이다. 그리고 해외 투자자들은 시중의 채권보다 높은 수익률을 요구할 것이 거의 확실하다.

이게 꼭 일본에 불행한 일은 아니다. 다른 조건들이 같다면 좋은 일일 수도 있다. 하지만 이것이 좋은 일이 되기 위해서는 국가의 거시적 흐름이 올바른 방향으로 가고 있어야 한다. 세수의 증대와 함께 정부 지출의 감소, 아니면 적어도 지출 증대의 감소 추세가 함께 따라줘야 하는 것이다. 경기가 회복 중일 때는 이러한 조건이 자동적으로 충족되기도 한다. 하지만 적절한 방법으로 경기를 회복시키는 것은(갑작스런 재정 부족이 발생하지 않도록 세수를 충분히 증대하여, 경기 회복에 방해가 되지 않도록 하는 것) 섬세한 조율을 필요로 한다. 이 일을 제대로 해내려면, 일본 재계의 개혁과 더불어, 일본 특유의 결속력을 해치지 않으면서도 '야성적 충동animal spirits'(케인스가 지적했던, 불확실한 상황에서도 위험을 기꺼이 감수하는 인간의 비경제적 본성—옮긴이)을 장려하는 사회적 변화가 병행되어야 한다. 또한 정부가 다가올 장애를 헤쳐나갈 수 있는 정치적 메커니즘을 구축하고, 다른 강대국들과 건강한 관계를 만들어가야만 한다. 이 모든 것을 달성하는 일은 결코 만만한 작업이 아니다.

8장

비즈니스

2011년 3월, 전 세계 여기저기의 공장 생산 라인이 혼란에 빠졌다. 자동차부터 전자제품에 이르는 다양한 제조업체가 몇 가지 핵심 부품이 없어서 갑자기 생산을 중단해야 하는 사태가 벌어졌다.

원인은 분명했다. 일본의 본섬인 혼슈의 동북쪽을 강타한 지진과 쓰나미였다. 하지만 이 천재지변이 막대한 파괴를 일으킨 것은 맞다 해도, 왜 전 세계 생산 라인이 그렇게까지 타격을 입었는지는 언뜻 명확하지 않았다. 피해 지역에서 가장 가까운 대도시인 센다이仙臺는 거의 피해를 입지 않았다. 전 세계 사람들을 텔레비전과 인터넷에 고정시켰던 것은 작은 어촌 마을들이 휩쓸려나가는 끔찍한 모습이었지 일본 경제가 망가지는 장면은 아니었다. 일본 산업 기반의 핵심 시설들은 피해 지역으로부터 수백 킬로미터나 떨어져 있었다. 일본에서 '3·11'이라 불리게 된 이 가공할 재난으로 인해 실제로 파괴된 공장들은 몇 곳에 불과했다. 하지만 이 몇 곳의 공장은 다른 데서는 구할 수 없는 핵심 부품들을 만드는 곳이었다.

그해 일본의 제조업체가 관련된 공급망의 혼란 사태는 그뿐만이 아니었다. 일본의 지진으로부터 약 4개월 뒤 타이가 한 세기 만의 커다란 홍

KEYENCE

수를 겪었다. 이번에도 세계 곳곳의 공장들이 핵심 부품의 부족으로 생산 라인을 멈춰야 했다. 이 부품들은 일본 회사의 타이 현지 공장이나 일본인이 소유한 공장에서 생산하고 있었는데, 홍수로 인해 타격을 입은 것이다.

연달아 발생한 이 두 재난으로 인해 기업의 구매 담당자와 애널리스트들이 비로소 깨달은 것이 있다. 다들 일본의 '잃어버린 10년'에 대해 떠들고 있는 동안에도, 산업의 전방에 공급되는 다수의 부품과 소재는 일본 기업들이 완벽히 장악하고 있었다는 사실이다. 이것은 일본의 비즈니스에 대해 사람들에게 널리 알려진 이야기와 맞지 않는 것처럼 보였다.

사람들에게 널리 알려져 있는 이야기는 이런 것이다. 일본 기업들은 한때 세계 시장을 지배했으나, 일련의 사건들로 인해 그 지배는 끝났다. 버블 경제가 무너지면서 일본의 수출형 대기업들은 약화되었다. 한국과 중국 같은 국가들이 일본과 같은 방식을 도입해 일본 기업들을 앞서기 시작했다. 미국에서는 1980년대 초의 높은 달러 가치와 높은 이자율로 인해 업계가 구조조정되면서, 떠오르는 IT 분야에서 '일본 주식회사 Japan, Inc.'를 훨씬 앞서가는 신세대 스타 기업들이 쏟아져나왔다. 인터넷이 등장하면서 전 세계적으로 생산, 유통, 서비스의 구분이 무너지고 있었다. 애플이나 아마존 같은 신생 기업들은 전통적인 구분법을 뛰어넘는 복잡한 제품과 서비스를 묶어 출시하면서 거대 기업이 되어갔다.

그러는 동안 일본 기업들은 새로운 세상에 적응하는 데 어려움을 겪고 있었다. 새로운 세상의 회사들은 고객들이 미리 알고 있지도 못하고 심지어 원치도 않았던 무언가를 만들어 팔았다. 그 '무엇'은 텔레비전이나 자동차와 같은 단일 제품이 아니었다. 일본 회사들은 과거 그런 단일 제품을 연구하고 분해해서, 해외의 경쟁 업체들보다 더 높은 품질로 만들어 더 낮은 가격에 제공했다. 하지만 새 회사들은 아이팟이나 킨들처럼 제품과 서비스를 융합한 하이브리드를 만들어내고 있었다. 세가, 닌텐도, 소니와 같은 일본 기업들이 먼저 소프트웨어와 하드웨어를 결합해서 전 세계 히트 상품을 만든 유일한 분야였던 비디오 게임에서조차, 해외 업체들이 훨씬 더 큰 하드웨어·소프트웨어·미디어 패키지의 한 요소로 게임을 제공하기 시작하면서 일본은 경쟁에서 뒤처져갔다.

조직에 대한 충성과 종신고용, 합의 중시 경영과 네마와시根回し(글자 그대로는 '뿌리를 묶는다'는 뜻이고, 공식 결정을 내리기 전에 미리 모두의 의견을 일치시키는 물밑 교섭을 말한다), 끊임없이 갱신되어 단기 이익 창출에 대한 부담을 없애주던 대출제도 등 한때 일본에 강점으로 작용했던 시스템의 요소들이 이제는 걸림돌이 되고 있는 것만 같았다.

그러나 2011년의 지진과 쓰나미는 일본의 비즈니스에 대해 전혀 다른 이야기를 들려주고 있었다. 그 이야기는 경영 개혁으로부터 시작해서 수익성을 중시하는 새로운 경영 방식을 통해 전개된다. 일본 기업들은 더 이상 가격 경쟁력을 키우고 일련의 산업들에서 독점적 지위를 차지하는 데만 몰두하는 것이 아니라 중국, 타이, 베트남, 말레이시아, 미국 등지에 해외 생산기지를 만들었다. 이런 생산기지들은 도쿄, 오사카, 나고야 같은 곳에 있는 일본 본사의 통제를 받는다.

자세히 들여다보면 이 두 가지 이야기는 다 사실이다. 한때 세상을 매료시켰던 소니와 같은 회사들은 이제 명확한 전략이나 포커스를 잃은 채 절뚝거리고 있다. 휴대용 뮤직 플레이어를 탄생시켰던 소니는 이제 그 분야에서 이름조차 제대로 거론되지 않는 존재가 되었다. 히타치日立, 후지쓰富士通, 니혼덴키NEC 같은 전자기기 거인들은 이제 한국의 대기업 삼성에 밀려 골동품이 되어간다. 여전히 세계에서 가장 뛰어난 자동차 회사인 도요타豊田조차, 불과 몇 년 전만 해도 상상하지 못했을 정도로 휘청거리곤 한다. 이런 곳이 '일본 기업'이라고 하면 사람들의 머리에 보통 떠오르는 회사다.

하지만 현재 일본에서 최고의 수익을 올리고 있는 제조업체들은 이런 회사들이 아니다.[9] 영업이익 기준으로 보았을 때 가장 많은 수익을 올리고 있는 곳은 완전히 다른 일군의 회사들이다. 이런 회사들은 자신들의 산업 분야 바깥에는 거의 알려져 있지도 않다. 상당수는 소비자들의 눈에 잘 보이지 않는 부품이나 소재를 취급하는 기업들이다. 이들은 기술적인 우위를 바탕으로 각자의 분야에서 상대적으로 큰 전 세계 시장점유율을 누리고 있다. 가격 경쟁력도 있다.[10]

21세기 첫 10년 동안 일본에서 가장 높은 수익을 올린 회사는 키엔스Keyence다. 키엔스는 센서, 바코드 해독기, 디지털 현미경, 각종 정밀 측정 기기를 생산하는 회사다. 제약 분야를 제외하고 일본에서 두 번째로 수익이 높은 회사는 자동화 기기를 전문으로 하는 산업용 로봇 생산

---

9 일본 제조기업의 수익성 논의에서 제약회사는 제외했다. 이들은 국민건강보험 제도로 인해 시장에서 독점적 지위를 누리는 면이 있기 때문이다.
10 울리케 샤에데의 다음 논문을 많이 참고했다. "Show Me the Money: Japan's Most Profitable Companies in the 2000s," *School of International Relations and Pacific Studies*, University of California, San Diego, Working Paper, February 2011, http://irps.ucsd.edu/assets/001/500973.pdf

업체 화낙FANUC이다. 세 번째는 프린터, 복사기에서 평면 디스플레이까지 모든 기기에 들어가는 각종 커넥터를 생산하는 히로세 전기 주식회사ヒロセ電氣株式會社다. 네 번째는 일본 최대의 니켈철ferro-nickel 생산업체인 태평양 금속 주식회사太平洋金屬株式會社(Pacific Metals), 다섯 번째는 드릴과 드릴 관련 기기, 고성능 리드나사 제조용 정밀 압연 기기를 만드는 유니온 툴ユニオンツール(Union Tool)이다.

대부분의 사람은 이름도 들어보지 못했을 이 회사들이 여러 산업 분야에서 일본의 절대 우위를 이끌고 있다. 예를 들어 전자제품에 들어가는 정밀화학 분야에서 일본 기업들의 전 세계 점유율을 합하면 70퍼센트가 넘고, 탄소섬유는 65퍼센트가 넘는다.[11] 애플의 아이폰을 뜯어보면 일본 기업의 이름이 들어간 부품은 많지 않다. 조그맣고 화려한 기계인 아이폰은 미국에서 디자인해 설계되고, 중국에서 생산되어, 한국과 타이완의 부품으로 채워진다. 하지만 이 중의 30퍼센트가 넘는 부가가치는 일본 기업으로부터 창출된다. 어떻게 그런 일이 가능한가? 그것은 이런 부품들을 이루는 핵심 소재를 일본 기업이 만들고, 이런 부품들을 생산하는 공장의 설비를 일본 기업이 공급하기 때문이다. 보잉787 드림라이너에서도 일본 기업들이 창출하는 부가가치의 비중은 비슷하다. 보잉사와 에어버스사 사이의 경쟁은 유럽 기업과 미국 기업의 경쟁처럼 보이지만, 그 생산과정과 부가가치의 구조를 뜯어보면 프랑스-독일 연합과 미국-일본 연합 간의 기술구조technostructure가 정면 승부를 벌이고 있다고 보는 것이 맞을지도 모른다.

---

11 ibid., p.6

일본의 이런 '숨은 알짜 기업'[12]들 중 제조업체가 압도적으로 많은 것은 우연이 아니다. 버블 경제가 무너지면서 줄도산을 막기 불가능한 상황이 되자 일본 재무성은 금융 시스템을 구조조정할 수밖에 없었다. 하지만 소고 백화점과 같은 서비스 산업 대기업에 대한 금융 지원책이 끊어지는 와중에도 제조업체들은 보호받았다. 누군가가 말했듯 "엘리트 고위층과 커넥션이 있는 제조업체들을 파산으로 몰고 가는 것은 절대 불가능한 일이었다."[13] 전 세계 최고 수준인 GDP 대비 3퍼센트의 연구 개발비 집행도 지속되었다.

정통파 경제학자들은 제조업이 경제 발전의 근간이라는 개념을 비웃곤 한다. 이들은 그런 개념을 100년 전 '포드식' 마인드의 유물로 본다. 거대한 대량생산 공장이 경제 발전의 핵심이며, 고도로 훈련된 인재가 수행하는 복잡한 서비스보다 더 가치 있다는 마인드 말이다. 그런데 이 정통파 경제학자들은 각각의 나라가 스스로에게 최적화된 산업 구조를 만든다는 비교우위 이론을 옹호하는 사람들이기도 하다. 비교우위 이론은 다른 나라가 무엇을 하는지에 관계없이 자신의 나라가 가장 잘하는 것에 집중해야 한다고 말한다. 그리고 일본 기업들이 월등한 역량을 보여주고 있는 정밀 제조업이야말로 일본이 비교우위를 갖고 있는 산업이다. 비교우위라는 것이 단지 정량적인 요소들뿐만이 아닌 디테일에

---

12 '숨은 알짜 기업hidden champions'이라는 용어는 1990년 시어도어 레빗과 허먼 사이먼이 만들었다. 연간 매출액이 40억 달러 이하이고, 해당 영역에서 국내 및 해외 시장에서 상당한 점유율을 보유하고 있으며, 일반 대중이나 투자자 커뮤니티에는 잘 알려져 있지 않은 기업을 가리킨다. 일본에는 이런 기준을 충족시키는 회사가 무려 200~250곳이나 있다. 하지만 역시 많은 '숨은 알짜 기업'을 보유하고 있는 독일이나 스위스 또는 미국과 달리, 일본의 숨은 알짜 기업들은 95퍼센트가 제조업체다. 이 숫자들은 일본의 '숨은 알짜 기업'을 연구하고 그 결과를 발표한 스테펀 리퍼트의 보고서를 참조했다. 아래 웹사이트에서 자세한 내용을 볼 수 있다. http://www.ohmae.ac.jp/gmba/faculty/faculty/lippert.html

13 Akio Mikuni and R. Taggart Murphy, *Japan's Policy Trap: Dollars, Deflation, and the Crisis of Japanese Finance*(Brookings, 2002), p.67

대한 놀랄 만한 집착, 외형 및 우아한 디자인에 대한 강조, 사회적 단결, 팀워크와 같은 무형의 가치로부터도 도출된다는 것을 받아들인다면 말이다. 이런 가치들은 일본의 문화적, 역사적, 사회적 유산으로부터 형성되었다.

물론 '메이드 인 재팬'도 한때 싸고 조잡한 물건을 만들어 팔았다. 하지만 일본의 전후 산업 정책 담당자들은 미군정이 끝나기 전부터 변화의 필요성을 깨닫고 있었다. 이들은 1947년 GHQ의 인구조사 작업을 도우러 일본에 왔던 미국의 뛰어난 통계학자 에드워드 데밍의 연구에 눈을 돌렸다. 에드워드 데밍은 생산 공정의 단계마다 통계적 공정관리 기법을 통해 품질을 관리할 것을 강조했다. 이것은 값싼 소모품을 찍어내라는 군정 관료들의 요구에 시달리던 일본 기업의 관리자와 엔지니어들에게 가뭄에 단비와도 같은 소리였다. 이들이 데밍의 방식을 어찌나 열심히 받아들였던지, 일본 기업계에서는 품질 개선에 수여하는 최고상을 데밍상Deming Prize이라고 이름 붙였다.[14] 일본의 이러한 품질 혁신은 철저하고도 완벽해서, 곧 '메이드 인 재팬'은 최고 기준을 의미하게 되었다. 이것은 일본의 경제계가 의식적인 결정과 실행을 통해서 이루어낸 결과이기는 하다. 그러나 품질 혁신은 또한 일본이 가진 최대의 사회문화적 장점을 경제 정책 목표의 달성을 위해 동원했기에 가능한 일이었다.

오늘날 거시적인 경제 환경과 그 외 요인들로 인해 일부 세계적인 일본 기업들의 앞날은 어두울지도 모른다. 하지만 광범위한 부품과 소재

---

14 고향에서 환영받지 못하는 예언자처럼, 에드워드 데밍은 수십 년간 미국에서는 영예를 누리지 못했다. 미국의 제조업체들은 일본 기업들이 시장을 점령하는 것에 크게 당황하고 나서야 그의 말을 듣기 시작했다. 그는 특히 1980년대 포드사의 경영을 개선하는 데 공헌한 것으로 인정받고 있다.

산업에서 일본 기업이 지속적으로 누리고 있는 절대 우위는 과거 품질 혁신의 영향이 훨씬 더 먼 곳까지 미치고 있음을 보여준다. 일본의 이웃 국가들에서도 산업화가 일어나면서(대표적으로 중국), 그런 국가들의 저렴한 노동력을 잘 이용하는 가운데 일본의 기술력과 자본력을 더 전문화된 분야에 집중하는 것이 경제적으로 합리적인 선택이 되었다. 수십 년에 걸친 '기적의 성장기' 동안 일본이 제조업에서 갈고닦은 탁월한 역량 덕분에 이러한 변화는 수월하게 진행될 수 있었다. 일반 소비재를 생산 판매하는 기존의 일본 유명 기업들이 겪는 어려움에 가려 그 변화가 빛이 바래기는 했지만 말이다.

서비스 분야

제조업은 일본의 경제 정책에 있어 줄곧 특권을 누려온 효자 분야였다. 그래서 오늘날 일본의 생산성 향상이 더딘 것은 종종 비효율적인 서비스 분야의 탓으로 여겨지곤 한다. 여기서 서비스 분야라고 하면 대형 제조업체의 공장을 제외한 사무부서와, 유통이나 소매 같은 서비스 산업 모두를 가리킨다. 하지만 이런 분야에서조차 변화는 일어나고 있다.

『포브스』지의 일본 부자 순위를 보면 그 변화에 대한 힌트를 얻을 수 있다. 1위는 야나이 다다시柳井正다. 그의 회사 패스트 리테일링Fast Retailing은 유니클로ユニクロ라는 브랜드로 일본의 소비자들[15]에게 스타일리시하고 품질 좋은 옷을 합리적인 가격에 제공한다. 3위는 일본의 기존

---

15 그리고 점점 더 외국 소비자들도 대상으로 하고 있다. 2012년에는 뉴욕 5번가에 커다란 유니클로 매장이 문을 열었다.

통신사들과 정면으로 경쟁해 일본의 인터넷 시대를 본격적으로 연 소프트뱅크의 창업자 손정의 회장이다. 4위인 미키타니 히로시三木谷浩史는 일본에서 온라인 쇼핑몰을 사실상 처음 시작한 라쿠텐樂天의 사장으로, 미국 아마존의 제프 베조스와 마찬가지의 존재다. 7위인 다나카 요시카즈田中良和는 일본의 마크 저커버그라 할 수 있는데, 일본 최대의 소셜 네트워크인 그리Gree를 만들었다. 12위인 이토 마사토시伊藤雅俊의 회사는 대형 슈퍼마켓 체인으로, 전 세계의 세븐일레븐 점포를 직영 또는 프랜차이즈로 운영하고 있다. 그의 회사는 전국 구석구석에 편의점을 설치해서 일본인의 쇼핑 습관을 혁명적으로 바꿔버렸다. 『포브스』 순위에는 올라 있지 않지만 야마다 노보루山田昇도 일본의 대표적인 부자 중 한 명으로 꼽히는 사람이다. 그의 회사 야마다 덴키ヤマダ電機는 일본에서 가장 큰 전자제품 할인매장 체인이다.

이들은 모두 효율성 떨어지기로 악명 높은 일본의 서비스 분야에서도 성공해서 큰돈을 벌 수 있음을 보여주고 있다. 그리고 다들 일본의 서비스 분야가 비효율적이라고 떠들기는 해도, 일본의 서비스 수준은 대부분의 나라보다 훨씬 더 높다는 것을 잊지 말자. 이 말이 의심스럽다면 일본과 미국에서 각각 가전제품을 배달시켜 설치하는 경험을 비교해보라. 일본의 가장 평범한 식당이나 점포에서 보여주는 친절함, 정확성, '고객 제일' 마인드는 서양 대부분의 국가라면 최고급 레스토랑에서나 경험할 수 있는 수준이다. 게다가 팁을 줄 필요도 전혀 없다.

일본 어디서나 볼 수 있는 최고 수준의 서비스는, 일본 기업들이 그것을 적극 활용하고 있지 못할지라도 일본에 어마어마한 경쟁우위를 가져다준다. 앞서 언급한 '숨은 알짜 기업'들이 증명하고 있는 일본 제조업의 뛰어난 역량과 더불어, 전통적으로 배어 있는 고객 서비스의 수준을 고려하면, 일본 비즈니스의 미래는 흔히 걱정하는 것보다 훨씬 더 긍정적이다. 그렇다고 해도 일본의 쇠퇴는 이미 무시할 수 없는 사실이다. 손정의나 미키타니 히로시와 같은 경영자들에게 쏟아지는 찬사를 생각하면, 기존의 고리타분한 경영자들이 이들처럼만 해줄 경우 일본의 문제는 해결될 것처럼 생각할 수 있다. 하지만 일본의 경영자들이 비효율적인 관습을 개선할 필요성을 알지 못해서 안 하는 것은 아니다. 이들은 알면서도 그렇게 하려 하지 않는다.

일본의 비즈니스가 봉착한 문제에 대한 그간의 분석들을 보면, 일본에는 잘되고 있지 않는 분야에서 잘되고 있는 분야로 인력과 자본을 효과적으로 재배치할 수 있는 메커니즘이 결여되어 있다고 진단하고 있다. 이런 분석은 틀리지 않았다. 일본에도 세계적인 트렌드를 따라 인수합병 시장이며 주주 행동주의, 투자 수익을 추구하는 투자자들이 존재하긴 하지만, 이런 것을 통해 기업의 행위가 궁극적으로 제어되는 경우는 드물다. 그렇게 효율성을 포기할 때는 그만큼 치러야 하는 대가가 있다. 하지만 효율성을 포기했기 때문에 지금까지 일본 대부분 국민의 사회적 안정과 경제적 보장이 확보되었다는 점을 고려하면, 그 대가는 지금껏 치를 만한 가치가 있는 것이라고 여겨져왔다. 일본 경제계가 답해야 할 중요한 질문은 이제 그 대가가 너무 커진 게 아니냐는 것이다. 대가를 치르고 얻는 것보다 대가가 더 커지는 지점에 이미 도달한 것은 아닌지, 그렇다면 어떻게 해야 하는지 말이다.

이 질문에 답하려면 투자수익률이나 생산량과 같은 측정 기준만으로는 파악할 수 없는 일본 비즈니스의 측면들을 검토해볼 필요가 있다. 일본이 마주한 도전의 핵심인 고용 관행과 전형적인 일본 기업에서 권력의 중추인 인사부서(진지부人事部)를 살펴보는 데서 시작해보자.

바뀌어가는 고용 관행

종전 이후 수십 년에 걸쳐 형성된 일본의 고용 관행은 변함없이 일본 대기업 사이에서 표준으로 작동하고 있다. 표준과 현실 사이의 괴리가 점점 커지고 있음에도 그렇다. 여전히 유명한 대기업의 정사원(세이샤인 正社員)이 되는 것이 '최고의 직업'으로 여겨진다.[16] '일류' 대학을 졸업하고 대기업 정사원이 되면, 우선 20여 년에 걸쳐 다양한 부서를 순환근무하며 인맥을 쌓고 회사 업무의 모든 내용을 골고루 습득한다. 그리고 나서는 승진의 사다리를 타고 꾸준히 올라가며 급여와 사회적 지위도 정기적으로 따라서 올라간다. 갈 수 있는 가장 높은 자리까지 올라가고 나면(부초部長, 지교부초事業部長, 히라토리平取[이사], 조무常務, 센무專務, 사초社長 중 어디쯤), 자회사나 계열사에서 업무 부담이 적은 명예직들을 돌다가 경제적으로 안정된 은퇴생활로 우아하게 접어든다.

많은 회사에 있어 이제 이런 연공서열식의 종신고용제는 재정적으로 감당하기 힘든 존재가 되어버렸다. 그리고 젊고 똑똑한 사람들의 다수는 더 이상 그런 인생을 원치 않는다. 단순히 가족과 개인 생활을 희생해서 회사에 헌신하는 것을 바라지 않는다는 수준의 얘기가 아니다. 일과 삶의 균형 문제는 다른 나라의 의욕 있는 젊은이들도 다 겪는다. 일본의 젊은이들이 점점 꺼리는 것은 자신의 커리어 개발에 관한 모든 결정을 대기업의 인사부서에 맡겨야 한다는 점이다. 젊은이들은 인생의 황금기를 자신이 좋아하고 잘 맞는 일을 찾아 거기 몰두해서 마스터하

---

16 정확히는 두 종류의 정사원이 존재한다. '종합직' 사원은 주로 남성 대졸 신입사원을 대상으로 하는 임원 승진 코스다. 종합직은 암묵적으로 평생의 경제적 안정을 보장받는 대신, 근무의 장소와 내용은 전적으로 회사 경영진의 결정에 달려 있다. '일반직' 사원은 보통 여성들이 담당하며 승진 가능성이 별로 없는 사무행정 업무가 주어진다. 요즘은 여성들도 일부 종합직 사원이 된다.

며 보내기를 원한다. 하지만 인사부서의 결정에 고분고분 따르다보면 그 시간을 각종 일반 관리 지식을 겉핥기식으로 습득하는 데 쓰게 된다.

일본의 젊은이들은 소프트뱅크나 라쿠텐 같은 회사가 일본 대기업의 전통적인 연공서열제도의 가치를 공공연하게 부정하고, 종신고용을 보장하지 않는다는 사실을 잘 알고 있다. 한 세대 전만 하더라도 이런 회사들 또는 외국계 기업의 이름이 적힌 명함(메이시名刺)을 들고 다니면 '낙오자'나 '루저' 취급을 받았다. 매력적이고 사회적으로도 성공한 여성과 결혼하고 싶다든지, 자녀들을 유명한 유치원에 입학시켜야 한다든지 하는 때라면 특히 문제가 되었다. 요즘에는 애플이나 구글은 물론 그리 같은 회사의 임원들도 존경의 대상이다. 이런 회사들은 윗사람 눈치를 살피고 좋은 게 좋은 것인 일본 대기업의 마인드와는 달리 전문성과 추진력을 중시한다는 사실을 다들 알고 있다. 또한 설령 일본의 많은 젊은이가 '숨은 알짜 기업'이나 외국계 기업에서 모험을 하는 것보다 전통 기업이나 관료 기구에서 '종신고용'을 통해 경제적 안정성을 추구하는 것을 여전히 선호한다고 해도, 대부분에게 그런 선택지는 이제 더 이상 없다. 별다른 전문성이 없어도 할 수 있고, 번듯하고 안정적이며 연봉이 꼬박꼬박 오르는 일자리는 일본에서도 점점 보기 드문 존재가 되고 있다.

물론 저녁 뉴스만 잠깐 봐도 알 수 있듯이, 번듯한 일자리가 사라지는 것은 선진국 전반에 걸쳐서 일어나고 있는 현상이다. 정부와 민간 투자 기관들이 산업시설에 너무 많은 투자를 해놓았고, 거기서 지금까지 일본, 유럽, 미국 사람들이 해오던 일들을 이제는 중국, 인도, 브라질의 의욕 넘치는 수백만의 젊은이가 훨씬 더 낮은 임금을 받고 하고 있다. 약탈 행위에 가까운 금융 행위가 허용되고 조장되면서, 그들이 벌이는 게임에 수조 달러에 달하는 자산이 날아갔다. 이 모든 것의 결과 우리는 아테네와 마드리드와 로마의 거리에서 수만 명의 젊은 실업자가 시위 행진을 하고, 미국의 대선 후보들이 일자리에 관해 서로 공허한 슬로건만을 외쳐대는 광경을 보고 있다. 이쯤 되면 자본주의는 수익이 하락하면 그 모순이 적나라하게 드러날 것이라던 마르크스의 해묵은 경고를 되새겨볼 만하다.

여기서 염려스러운 것은, 선진국이라면 정도의 차이는 있어도 모두 겪고 있는 이런 상황에 대처하는 일본 기업들만의 방식이다. '빵이 없으면 케이크를 먹으면 되지'라는 말로 대변되는 태도로 대량 해고를 거침없이 진행하는 미국식 정서는 아직까지 일본에서 생각조차 하지 못할 일이다. 그렇다고 일본이 유럽의 복지국가들처럼 사회 안전망이 잘 갖춰져 있는 것도 아니다. 일본에서 사회복지란 공식적으로나 비공식적으로나 기업의 책임인 것처럼 여겨져왔다. 일본에서 여전히 누군가를 해고하기란 매우 어려운 일이다. 법원과 행정 당국이 허용하지 않아서이기도 하지만, 일본에서 누군가를 해고한다는 것은 회사가 재정적인 어려움에 처했다는 것을 공개적으로 인정하는 것과 마찬가지기 때문이다. 대부분의 일본 회사는 생존이 걸려 있는 긴박한 순간이 되어서야 해고할 수 있거나, 하려고 할 것이다.[17]

일본 회사들은 직원을 해고하기보다는, 보통 '희망퇴직' 제도를 가동해서 40세 이상의 직원들이 목돈의 퇴직금을 받고 회사를 그만두도록 권고한다. 그리고 하급 사원들은 주로 파견 업체를 통해 비정규직을 고용하는 방식에 점점 더 의존하게 되었다. 이런 비정규직은 1984년만 해도 일본 전체 고용의 15퍼센트가량이었으나, 이제는 3분의 1 정도를 차

---

[17] 소프트뱅크나 라쿠텐 같은 회사들은 예외다. 이들은 회사의 기대 수준에 미치지 못하는 직원은 떠나야 한다는 것을 명확히 하고 있다.

지한다.[18] 이는 법적·사회적 제약 때문에 정규직을 해고하기가 극히 어려운 프랑스 같은 나라와 비슷한 수준이다.

'희망퇴직'과 비정규직은 여러 문제를 불러일으킨다. 희망퇴직의 선택권은 특정 그룹의 일부가 아닌 모두에게 주어진다. 그러다보면 종종 회사에 가장 필요한 사람들이 희망퇴직을 택해서 나가는 일이 발생한다(특히 엔지니어들은 타이완, 한국, 중국의 회사들로 이직해 갔다). 남아 있는 사람들은 회사를 떠나면 다시 취업하지 못할까봐 두려워한다. 이런 두려움은 당연한 것이다. 일본에서는 중견 사원들의 이직을 위한 진정한 구인구직 시장을 구축하려는 노력이 지난 수십 년간 억압되었기 때문이다. 그 결과 탄생한 것이 소위 '마도기와족窓際族'이다. 이 단어는 가장 할 일이 없는 직원들의 책상을 사무실 가운데의 관제탑으로부터 가장 먼 곳에 배치하는 일본의 전형적인 사무실 구조에서 나온 말이다. 나이 들고 업무 의욕도 없는 직원들이 사무실 구석의 창문 아래에 자리를 차지하고 앉아 서류를 이리저리 뒤적이거나 신문을 보며 하루하루를 보낸다. 회사는 이들을 해고할 수 없고 이들도 재취업할 자신이 없기 때문에 그냥 월급을 받고 회사를 다닌다.

비정규직에 대한 의존도가 높아지는 상황 또한 지금까지 일본 경제의 성공에 중추적인 역할을 해온 암묵적인 전제를 흔들며, 일본 사회의 안정에 잠재적으로 커다란 위협이 되고 있다. 우리는 5장에서 '종신고용'이라 불리는 일련의 인사 관행이 일본 경제가 고속 성장할 수 있었던 제도의 핵심 축이었음을 살펴본 바 있다. 종신고용 제도하에서는 경영의 최

---

18 Jonathan Adams, "Temp Nation, the Decline of Life Time Employment in Japan"(Global Post) http://www.globalpost.com/dispatch/commerce/100510/japan-economy-temporary-workers

우선 목표가 수십 년 뒤에도 회사의 일자리를 그대로 유지할 수 있도록 하는 것이었기 때문에, 경영진들이 장기적인 전략적 사고를 할 수 있었다. 이제 경영의 목표는 변함없이 그대로지만, 유지되는 것은 더 이상 '모두의' 일자리가 아니다. 여전히 종신고용 제도의 보호를 받고 있는 나이 많은 직원들과, 정사원 제안을 받고 입사하는 소수의 젊은 직원만 그 대상이며 그 비율은 점점 줄어들고 있다.

일본의 사업 시스템은 원래부터 착취적인 면을 갖고 있었다. 그리고 그 착취는 주로 하청업체와, 하청업체의 하청업체 사이에서 발생해, 거대한 일본 산업 시스템의 충격을 흡수하는 역할을 해왔다. 하청업체들은 항상 비용 절감의 압박에 시달리기 때문에, 디킨스 소설에나 나올 법한 열악한 근무 환경에서 일하면서 그나마 경제적 안정성도 제대로 보장받지 못한다. 직원들은 원청업체의 무한에 가까운 요구 탓에 야근에 시달리기는 하지만, 한 분기 한 분기 간신히 연명하는 작은 하청업체들도 정말 아무런 대안이 없는 경우가 아니고서는 웬만해서 사람을 내보내지 않는다. 앞서 살펴본 것처럼 보통 그런 상황까지는 가지 않도록 원청업체들이 신경을 써주기 때문이다. 특히 하청업체가 계열사나 그룹사의 일원이라면 더욱 그랬는데, 그것은 한 회사라는 감정적인 배려가 아니라 지극히 현실적인 이유에서였다. '가족' 회사조차 망하게 놔두는 회사라면 재정적으로 곤란한 상황에 처했을 거라고 고객이나 은행으로부터 의심받을 수 있기 때문이었다. 이유가 무엇이든 간에, 하청업체들은 그 덕에 어느 정도 경제적 안정성을 보장받을 수 있었다.

이런 것이 모두 무너지고 있다. 21세기 초반의 몇 년 동안, 특히 소비자 가전제품 업계를 중심으로 한 일본의 많은 회사는 이중으로 경쟁의 덫에 빠진 상태나 마찬가지였다. 대량생산 시장에서는 주변 국가들이치고 올라왔고, 모바일폰, 휴대용 뮤직 플레이어, 고성능 노트북과 같은 최신 전자기기 시장에서는 실리콘 밸리가 저만치 앞서 나가고 있었다. 비용 절감은 이들에게 죽느냐 사느냐의 문제가 되었다. 대기업들은 오랫동안 제휴해왔던 국내의 하청업체들을 버리고 중국이나 타이 같은 해외의 새로운 생산기지를 택했다. 하지만 자사의 고용 관행에 있어서는 대부분의 회사가 정사원들을 해고할 수도 없었고 해고하려고도 하지 않았다. '희망퇴직'에 의존할 뿐이었다. 기존의 정사원들은 자신들의 밥그릇을 지키기 위해 단합해, 새로 정사원을 채용하는 것을 중단하고 대신에 비정규직을 뽑기 시작했다. 비정규직들은 정규직과 사실상 똑같은 업무를 하면서 월급은 그들의 반밖에 받지 못했다(일본 회사들이 정사원에게 먼 미래까지 지급해야 하는 금액을 현재 가치로 환산해 더하면 절반도 되지 않을 것이다). 이들이 곧 일본 산업 시스템의 충격을 흡수하며 착취당하는 대상이다. 과거에는 명목상으로만 독립법인인 중소 하청업체가 하던 그 역할을, 이제는 과로에 시달리는 저임금 비정규직이 하고 있을 뿐이다.

이보다 더한 관행도 존재한다. '블랙기업ブラック企業'이라고 불리는 회사들은 정사원 자리를 주는 것처럼 가장해서 청년들을 뽑는다. 그러고는 이들에게 감당할 수 없을 만큼 힘들고 어려운 일을 계속 시켜서 결국 퇴사하도록 만든 뒤, 다시 새로운 직원들을 신입사원 연봉만 주고 뽑아 그 자리에 채워넣는다.

급증하는 비정규직과, '종신고용'의 안정을 추구하는 젊은이들을 점점 노골적으로 착취하는 이런 현상은 거시경제적으로나 사회적으로나 스스로의 무덤을 파는 것이다. 1960년대 말 일본의 수출주도형 산업들이, 필요로 했던 것보다 훨씬 더 많은 달러를 벌어들이기 시작하면서 일본 경제는 내수 부족에 줄곧 시달려왔다. 우리는 경제 성장의 주 동력을 수출에서 투자로 대체하려던 일본의 시도가 어떻게 버블 경제와 그 후폭풍을 가져왔는지 앞 장에서 살펴보았다. 튼튼한 내수가 뒷받침되지 않고서는 장기적으로 건강한 경제를 회복하기 위한 어떠한 정책도 소용 없다. 일본의 일부 경제 정책 담당자들은 이 점을 잘 이해하고 있다. 예를 들어 2012년 11월 집권한 아베 신조 내각은 대기업들에 법인세를 낮춰주고 수출에 유리하도록 엔화 가치를 낮춰줄 테니 대신 임금을 인상하라는 압력을 가했다. 이에 대해서는 마지막 장에서 더 자세히 이야기할 것이다. 하지만 일본 대기업들이 이런 요청에 수긍해서 정사원들의 임금을 올려준다 하더라도, 저임금 비정규직에 대한 의존도가 계속 올라가고 있는 한 사회 전반의 구매력 증가로까지는 이어지지 못한다.[19]

이러한 구조는 전후 일본에 그토록 중요했던 사회적 단결을 잠식하고 있다. 안정된 고소득 직업을 장악한 소수의 귀족 노동자들이 절대다수의 저임금 노동자를 착취하는 양극화된 사회에서도 일본의 사회적 단결이 유지될 수 있을지는 미지수다.

일본에서는 여전히 '프리타フリ─タ─'라고 알려진 비정규직들을(자유를 뜻하는 영어의 프리free와 노동자를 뜻하는 독일어 아르바이터arbeiter를 합쳐 만든 말로, 일본에서는 보통 학생들의 시간제 아르바이트를 뜻한다) 기차가 떠났는데도 플랫폼에 남아 있거나 남겨진 사람처럼 보는 시각이 지배적이다. 기차를 타지 못한 것이 본인 잘못이 아니라고 하더라도 말이다. 이런 사람들은 사회인社會人(샤카이진)이 아닌 것처럼 여겨진다. 일본에서 사회인이라고 하면 사회의 어엿한 일원으로서 직장과 가정에 맡은 바 책임을 다하는 성인을 의미한다. 그리고 이것은 일본의 많은 회사가 봉착한

---

19 이 글을 쓰는 시점(2013년 말~2014년 초)에서, 에너지나 식료품의 물가는 올라가기 시작하고 있음에도 실질 평균 급여는 점점 낮아지고 있다.

또 하나의 문제, 바로 세계화 문제와 연관되어 있다.

세계화의 어려움

뉴욕이나 런던이나 방콕과 같은 국제도시에는 두 종류의 서로 다른 일본인 커뮤니티가 있다. 하나는 일본 대기업에서 보통 4년 임기의 주재원으로 발령받아 부인과 아이들과 함께 나온 남자들로 이루어진 커뮤니티다. 이들은 인사부서의 명령에 따라 어쩔 수 없이 해외에 나오기는 했지만 발령을 반기지 않는 경우가 많고, 본사에서 너무 오래 떨어져 있다가 관심 밖으로 밀려나지 않을까 걱정한다. 이들이 사는 부임지의 집은 일본의 집보다 넓을지 모른다. 신바시新橋의 게이힌 도호쿠京浜東北 만원 전철에서는 서서 가야 했지만 뉴욕의 그랜드 센트럴로 가는 메트로 노스 전철에서는 앉아서 갈 수도 있다. 하지만 해외에 나와 있어도 이들의 일상은 처음 입사했을 때부터 해오던 것에서 본질적으로 바뀌지 않는다. 사무실은 일본 본사에서와 똑같은 구조로 배치되어 있고, 하급 업무를 담당하는 현지인들을 상당수 고용하고 있더라도 모든 중요한 결정은 일본인 관리자가 내린다. 이들은 도쿄나 오사카에서 그랬던 것처럼, 일본인 고객들만 상대하는 식당에서 야키토리燒鳥나 스시를 먹으며 다른 일본인들과 어울린다. 혹은 오사카의 난바나 도쿄의 신주쿠에 있을 법한 작은 호스티스 바에서 쇼추燒酎나 위스키를 들이키기도 한다. 이런 바들이 일본과 차이가 있다면 값이 좀더 싸고, 일본인이 아닌 외국 여성들이 접대를 하는 경우가 대부분이라는 점뿐이다. 이런 여성들 중 경력이 좀 있는 사람들은 손님들과 간단한 일본어로 농을 주고받기도 한다. 이들은 일본인 가족들이 대규모로 모여 사는 교외에 주거한다. 뉴욕 근처의 라이Rye, 런던 근처의 핀칠리Finchley, 방콕 근처의 통로Thong Lor가 그런 곳들이다. 이들의 부인끼리는 서로 친구가 되고, 아이들은 일본인 학교에 다니거나, 일본인 학교를 세울 만큼 일본인이 많지 않은 도시라면 주말 일본어 학교에 다닌다. 이들은 아이들이 외국에 나와 살았다는 이유로 나중에 일본의 일류 대학에 진학할 기회를 놓치지 않기를 바란다. 한편 미국 학교나 영국 학교에 너무 오래 다니다 귀국한 아이들은 '일본인스럽지 않은' 행동을 하고 수업도 잘 따라가지 못하곤 한다(이런 아이들을 '귀국자녀歸國子女'라 부른다—옮긴이). 이런 가족들은 저녁이면 일본 텔레비전을 보고 주말이면 일본 식재료를 전문으로 취급하는 식료품점에서 쇼핑을 한다.

이런 식료품점이 아마도 이들이 또 다른 일본인 커뮤니티 사람들을 마주치는 유일한 장소일 것이다. 이 두 번째 커뮤니티의 사람들은 더 젊고, 보통 싱글이며, 여성도 상당수 있다. 이들은 시내 중심가의 좁은 아파트에서 살고, 현지인 남자친구나 여자친구와 종종 동거를 하며, 현지 사정에도 훨씬 더 밝기 때문에 비즈니스에도 도움이 될 수 있다. 하지만 일본의 대기업들은 이런 인력을 어떻게 활용해야 하는지 모른다. 그리고 이는 그 뒤에 더 큰 문제가 존재하고 있음을 여실히 드러낸다.

뒤에 있는 더 큰 문제는 사실 도처에서 드러난다. 일본의 '숨은 알짜 기업'들을 독일이나 스위스와 같은 곳의 비슷한 기업들과 비교해보면, 일본 기업은 정교한 공학적 품질이나 직원들의 헌신도에서 결코 뒤지지 않는다. 일본의 큰 약점은 바로 해외 사업을 운영하는 능력의 부족함에 있다. 이것은 단순히 마케팅 같은 경영 전략의 문제가 아니라, 해당 산업의 흐름을 좌우하는 글로벌 네트워크에 동참할 역량이 있는가의 문제다. 모바일폰이 그 좋은 사례다. 일본 제조업체들은 탁월한 기술력으로 일본 국내 소비자들의 까다로운 요구에 대응해나가면서, 모바일폰 산업 초기에 선두주자의 위치를 차지했다. 하지만 일본 기업들은 모바일 기기를 인터넷과 통합하는 것과 같은 중요한 부분에서 커다란 흐름을 놓치고 있었다. 처음에는 애플이, 다음에는 삼성이 이 흐름을 주도하며 세계 모바일폰 시장에서 선두를 장악했다. 일본 기업들의 제품은 기술적으로는 정교하지만 오직 일본 국내 수요만 만족시키고 있을 뿐이다. 일본의 비즈니스 미디어는 이것을 '갈라파고스 현상'이라고 이름 붙였다. 특정 제품 분야가 세계 표준의 트렌드와 무관하게 일본 안에서만 진화하는 것을 가리키는 말이다. 세계 시장에서 궁극적인 성공을 거두려면 규모의 경제를 달성하는 것이 필수인데, 내수 시장만 보고 있어서는 불가능한 일이다. 갈라파고스라는 말은 이에 대한 서늘한 암시이기도 하다.

좀더 자세한 설명을 위해 전 세계 IT 산업의 성지인 실리콘 밸리를 들여다보자. 일본의 비즈니스맨들은 실리콘 밸리의 '최신 동향'에서 항상 뒤처져 있다고 느낀다. 왜 그런가? 그 답은 뻔하기도 하고 얼핏 명확하게 드러나지 않기도 한다.[20] 일례로 일본 주재원들은 현지 학교에서 하는 토요일 축구 연습에 아이들을 데려가지 않는다. 당연히 거기에 오는 인도, 중국, 한국, 미국의 학부모들과 수다를 떨 기회도 없다. 일본 아이들은 일본인 학교에 다니기 때문에, 일본 부모들은 다른 일본 부모들하고만 대화를 나눌 뿐이다. 이들은 아마도 자사의 일류 제품을 판매하는 성실하고 지칠 줄 모르는 영업사원일 것이다. 하지만 실리콘 밸리와 같은 산업 집중지에서, 일본 주재원들은 집단지성의 혜택을 받을 수 있는

---

20 에드워드 W. 데즈먼드의 의견에 감사를 표한다. 데즈먼드는 미국 『타임』지의 도쿄 특파원이었고, 이후 『포춘』지에서 실리콘 밸리를 담당했다.

중요한 통신망으로부터 소외되어 있다.

글로벌 브랜드와 해외 직접 투자

그렇다고 일본 기업들이 '세계화'에 실패했느냐 하면, 그렇지는 않다. 단순히 일본 제품이 해외에 얼마나 진출해 있느냐만을 놓고 보면 그렇다는 얘기다. 개발도상국의 도심을 걸어보면 거리에는 일제 자동차와 오토바이가 가득하고 상점에는 일본 상표가 들어간 제품으로 넘쳐난다. 그것만 봐도 '일본 주식회사'가 세계 시장을 내주고 있다는 말은 사실이 아님을 알 수 있다. 방콕이나 싱가포르 같은 도시에서 가장 화려한 쇼핑가를 차지하고 있는 것은 일본의 백화점들이다. 상하이의 일본 상공회의소 규모는 미국이나 유럽의 상공회의소를 초라하게 만든다. 방콕의 새로운 수바르나부미 공항(이 공항 또한 대부분 일본의 특별 차관으로 지어진 것이다)에서 남쪽으로 두 시간 정도 차를 몰고 유명 비치 리조트인 파타야 쪽으로 가다보면 일본 기업 소유의 공장을 수십여 곳 지나게 된다. 쿠알라룸푸르 외곽의 공업지대나 홍콩 북쪽의 선전深圳 혹은 캘리포니아의 토런스나 오레곤의 포틀랜드에서도 비슷한 광경을 볼 수 있다.

해외 직접 투자FDI는 지난 30년간 일본 비즈니스의 주요한 한 축이었다. 이 또한 일본이 '기적의 성장' 기간에 이룩한 제조업의 탁월함과, 공급망을 처음부터 끝까지 최대한 장악하려는 일본 기업들의 의지가 없었다면 불가능한 일이었다. 1970년대 동남아에 만들었던 저임금 조립 라인을 제외한다면, FDI의 첫 물결은 1980년대에 시작되었다. 대부분 미국, 유럽과의 무역 마찰을 피하기 위한 목적이었다. 하지만 1985년 플라자 합의로 엔화 가치가 상승하자, 이번에는 무역 마찰이 아니라 저렴한 비용이 FDI의 주요한 동기가 되었다. 일본의 FDI는 1990년대 중반을 지나며 가속화되었고, '차이나 붐'에 이르러 절정을 맞았다. 2000년대 초반 일본의 기업들이 중국으로 몰려가 공장을 짓던 시기를 이렇게 부른다. 여기에는 매년 두 자리 수로 성장하던 중국의 경제와, 사업을 영위하기에 상대적으로 낮은 비용, 중국 정부로부터의 압력이 모두 작용했다.

그 결과 21세기 첫 몇 년간 전체 일본 공장 및 설비 투자의 25퍼센트 이상이 해외에서 이루어졌다. 2004년에는 일본 기업 총생산의 6분의 1가량이 해외에서 일어나고 있었다.[21] 예상할 수 있겠지만 이는 일본 국내의 산업 기반이 공동화空洞化될지도 모른다는 우려를 불러일으켰다. 자세히 들여다보면 이런 우려는 일부 과도했던 것으로 보인다. 특히 주요 후방 산업과 관련된 기술은 여전히 일본 기업들이 장악하고 있었다. 일본의 기술적 노하우가 한국이나 타이완, 중국의 라이벌 기업으로 유출된 것은 FDI의 영향이라기보다는, 수백 명의 일본 엔지니어들이 '희망 퇴직'에 의해 반강제로 그쪽 기업으로 전직했던 탓이 크다. 하지만 가장 부가가치가 높고 가장 기술적으로 고도화된 생산 공정은 여전히 일본 국내에서 이루어졌다.

공동화에 대한 온갖 우려에도 앞서 본 것처럼 현실적으로 일본의 기업들은 FDI를 집행하는 것 외에는 다른 선택의 여지가 없었다. 비즈니스의 일부 기능을 해외로 이전해야 한다는 압력은 사실 일본 산업의 일부 분야를 튼튼하게 만들어주었는지도 모른다. 특히 자동차나 전자제품과 같은 후방 산업에 필수로 들어가는 소재 및 정밀 부품을 만드는 제

---

21 Ulrike Schaede, *Choose and Focus: Japanese Business Strategies for the 21st Century*(Cornell, 2008), pp.142–143

조업체들이 그 덕을 봤다. 그런 기업들은 지난 25년간 어떻게 해외 시장을 개척하고 수출하느냐뿐만 아니라 그 외의 각종 도전에 대응하는 방법을 배워야만 했다. 처음 비즈니스를 키우고 초기의 성공을 거두었던 국가들과는 문화적 환경이나 비즈니스 환경도 전혀 다르다 보니, 법률, 재무, 정치, 기술, 관리에 관한 온갖 문제에 부딪혔던 것이다. 많은 회사가 이런 도전을 훌륭하게 극복해냈다. 재계의 한 지도자는 그 결과에 대해 이렇게 얘기했다. 만약 일본 경제를 국민소득이나 고용 통계와 같은 일반적인 기준이 아닌, 일본 기업들이 소유한 실질 자산(국내 자산의 총합 더하기 FDI)의 총생산성으로 평가한다면, '일본 주식회사'는 훨씬 더 좋은 성적을 내고 있다고 말이다.[22]

하지만 이 모든 성공에도 일본의 비즈니스는 세계화의 한 가지 중대한 측면에서 뒤처져 있으니, 그것은 바로 주요한 의사결정을 내리는 지위에 외국인을 앉힐 수 있는 포용력이다. 일본 회사에서 외국인의 부재는 중간 관리자 단계에서도 임원 단계에서도 확연히 드러난다. 일본인이 아닌 사람이 일본 회사에 입사해서 회사의 전략이나 의사결정에 직접 영향을 미치는 자리까지 올라가기 불가능하다는 것은 거의 예외 없는 사실이다. 일본 회사들이 노력을 하지 않는 것은 아니다. 그들도 현지 전문가들이 필요하다는 점은 잘 알고 있다. 하지만 외국인을 조직 내부로 포용하는 것은 일본 관리자들에게 여간 번거로운 일이 아니다. 언어가 잘 통하지 않는 것도 커다란 장벽이지만, 단순히 언어 만의 문제는 아니다.[23] 문제는 사회생활을 조금이라도 해본 일본의 성인이라면 모두 본능적으로 알고 있는 일본식 협업 방식과 일처리 방식을 외국인들이 잘 모

---

22 알파나 테크놀로지Alphana Technologies, K.K.의 회장이고, 일본무역진흥기구Japan External Trade Organization의 이사회 이사를 역임한 리처드 딕의 말.

른다는 점이다. 일본에서 아주 오래 산 게 아니라면 외국인들에게는 모든 것을 일일이 설명해줘야 한다. 세계화에 매우 적극적인 일본인이나 일본의 조직도 가이진外人과 가까이 붙어서 일상적으로 일하는 것은 힘들어한다. 일본인 동료들과 원래 하던 방식대로 빨리 일을 처리해버리는 것이 훨씬 더 편하다.

자국민과 일하기를 선호하는 것은 물론 일본만의 특징은 아니다. 오늘날에는 '다양성'이 정치적으로 올바른 것으로 여겨져 그에 대한 찬양이 넘쳐나지만, 완전한 신뢰와 암묵적인 이해를 이미 공유하고 있는 긴밀한 공동체가 실제 비즈니스에서 매우 유리하다는 것은 비즈니스의 역사를 잠깐만 들여다봐도 알 수 있다. 예를 들면 19세기 유명했던 독일계 유대인들의 은행가 가문이라든지, 오늘날 동남아의 비즈니스를 장악하고 있는 엘리트 화교들을 보라. 하지만 요즘은 현지 시장에서 일어나고 있는 일들을 파악하는 살아 있는 감각의 유무가 결정적인 트렌드를 따라잡느냐 놓치느냐를 가름한다. 현지의 최신 동향을 해석하는 데 뒤처졌던 실리콘 밸리의 일본 기업들 사례에서 보았듯이, 일본인과 외국인을 차단하는 장벽은 일본의 비즈니스에 치명적인 약점이 될 수 있다. 외국인을 일본의 조직에 받아들이다보면 어떤 때는 이런 장벽을 허무는 일이 도저히 불가능해 보이기도 한다. 일본의 조직에서는 의사결정 과정이나 권력의 소재에 대한 촉 또는 누가 누구 편인지 파벌을 감지하는 암

---

23 진정으로 유창한 일본어를 익혀 구사하는 외국인들은 극히 일부에 지나지 않는다. 일본에 오래 살지 않고서는 불가능한 일이다. 일본에서 자라 일본 학교를 다니지 않는 이상, 별도로 다년간의 집중적인 노력을 요하는데 그러려면 동시에 회사에서 중요한 직책을 맡을 수는 없다. 일본어를 완벽하게 습득한 외국인보다는 영어를 완벽하게 습득한 일본인의 수가 훨씬 더 많지만, 세계에서 일본의 위상을 생각하면 그 숫자도 비교적 적은 편이다. 스페인어, 아랍어, 러시아어와 같은 제2외국어를 습득한 일본인은 극소수다. 비록 간체자이기는 해도 한자를 쓰기 때문에 일본인들이 배우기에 유리한 중국어나 혹은 문법과 구문이 비슷한 한국어 정도가 예외다.

묵적인 공감대가 너무 미묘한 나머지, 그 사이에 있는 외국인은 마치 아마데우스 현악 사중주단이 연주를 하는 와중에 합주하려고 애쓰는 래퍼처럼 보이기도 한다.

이런 상황에서 일본 대기업의 최고 경영자 자리까지 올라간 외국인은 거의 한 손에 꼽힐 정도다. 이 중 두 명은 닛산의 카를로스 곤과 신세이은행의 티에리 포르테인데, 둘 다 회사가 도산의 어려움에 처해 마지막 도박으로 외국 기업(각각 르노와 리플우드 홀딩스)에 매각된 뒤 최고 경영자로 영입된 경우다. 나머지 셋은 소니의 하워드 스트링어, 일본 판유리日本板硝子의 크레이그 네일러, 올림푸스의 마이클 우드퍼드다.

이 셋 모두 유쾌하지 못한 경험을 했다. 하워드 스트링어는 원래 CBS 방송국의 임원이었다가 소니의 미국 사업을 맡고 있었다. 소문에 따르면 그가 2005년에 CEO 자리를 제안받은 것은, 어떤 일본인 CEO도 소니에 만연했던 파벌주의를 깨뜨리지 못할 것이라는 사내의 절망적인 분위기 때문이었다고 한다. 소니를 창업하고 키워왔던 세 명의 전설적인 CEO인 모리타 아키오盛田昭夫, 이부카 마사루井深大, 오가 노리오大賀典雄가 타계한 후, 소니 내부에는 파벌주의가 걷잡을 수 없이 커져갔다. 소니 안팎에서는 모두 소니가 소비자 가전 산업에서 선구자적 지위를 잃어버린 것은 바로 이 파벌주의의 탓이라고 이야기한다. 파벌주의를 해결하는 것이 정말 하워드 스트링어에게 주어진 임무였는지는 모르겠으나, 소니는 그의 임기 동안에도 계속 자리를 잡지 못하고 휘청거렸다. 그는 회장직을 유지했으나 2012년 2월 CEO 자리에서 내려왔다.[24]

원래 듀폰의 임원으로 일본에서도 몇 년 근무 경력이 있는 크레이그 네일러는 은퇴한 뒤에 일본판유리 CEO로 영입되었다. 그는 채 2년을 근무하지 못했고, 퇴임 당시 회사의 보도자료에 따르면 "회사 전략에 대한 근본적인 의견 불일치"[25]로 인해 떠난다고 했다.

이 중 가장 세상을 떠들썩하게 했던 것은 올림푸스에 있던 마이클 우드퍼드의 이야기다. (닛산의 카를로스 곤도 2018년 11월 특수배임 혐의로 구속되었다가 2019년 말 일본을 몰래 탈출하며 이에 못지않게 세상을 떠들썩하게 했다.—옮긴이) 올림푸스는 일본 비즈니스의 모든 것을 축약해놓은 모델이라고 해도 좋을 회사다. 훌륭한 브랜드를 갖고 있지만, 실적 부진에 허덕이는 갖은 종류의 사업부가 회사의 발목을 잡고 있고, 이런 사업부들은 대부분 회사의 핵심 역량인 정밀 영상장비 사업과는 아무 관계가 없다(올림푸스는 전 세계 내시경의 70퍼센트 정도를 생산한다). 올림푸스는 또한 해외에서 계속 미심쩍은 인수합병들을 진행해왔는데, 이 중 상당 부분이 전략적인 목적이 아니라 1980년대 말 버블 경제 시기에 투자했다가 잘못된 프로젝트를 은폐하기 위한 목적의 인수합병이었다.

올림푸스의 경영진들이 잘못된 투자들을 숨길 수 있었던 것은 일본의 시스템이 그런 식으로 작동했기 때문이다. 이사회는 내부자들로 구성되어 있고, 은행가들은 이해관계로 결탁되어 있으며, 언론은 대기업의 부정행위를 알고 있을지라도 검찰에서 신호를 주지 않으면 보도하지 않는다. 하지만 투자의 폐해로 인한 손해액이 점점 커지면서 더 이상은 숨기기 어려운 상황이 되어가고 있었다. 우드퍼드가 사장으로 깜짝 임명된 가장 직접적인 이유는 닛산과 소니가 외국인을 사장에 임명했던 때와 비슷한 기대가 있었기 때문이다. 올림푸스의 비즈니스를 재조직해서 다시 핵심 사업에 집중하도록 하는 일, 일본인 사장은 할 수 없는 그

---

24 일본 언론은 소니와 닛산이 적자에 시달리며 배당금도 제대로 지급하지 못하던 시기에, 하워드 스트링어나 카를로스 곤이 도요타의 회장보다 열 배나 되는 연봉을 받던 것을 요란하게 보도했다(이 둘이 2010년 일본에서 최고 연봉을 받던 경영자들이었다).

25 *Wall Street Journal*, April 18, 2012.

일을 외국인이라면 자유롭게 할 수 있으리라는 기대 말이다. 하지만 우드퍼드는 어쩌면 희생양 역할로 그 자리에 일부러 앉혀진 것인지도 모른다. 왜냐하면 원래의 잘못된 투자 또는 그것을 덮으려는 시도(혹은 둘 다)에 범죄 조직들이 관련되어 있음이 곧 드러났기 때문이다. 올림푸스는 범죄 조직과 너무 깊숙이 얽혀버린 나머지 간단히 곤경에서 빠져나올 수 있는 상황이 아니었다.

이런 일이 일본에서 처음이었던 것은 아니다. 제대로 돌아가는 자본주의 경제라면 기업의 직접적인 부정행위는 물론이고 잘못된 경영 판단도 숨길 수 없도록 하는 일련의 제도가 작동하고 있어야 한다. 예를 들면, 이해관계에 좌우되지 않는 독립적인 회계 감사, '감시견' 역할을 하는 비즈니스 미디어, 외부인이 기업에 대해 소를 제기하면 공정하게 들어주고 판단하는 사법제도, 성과가 좋지 못한 경영진을 몰아낼 수 있는 수단으로서의 인수합병 시장, 단순하게 조정 역할만 하는 것이 아니라 실제 규제 업무를 하는 사람들로 이루어진 감독 기관, '기업 지배 구조corporate governance'라는 이름으로 행해지는 수많은 시책(이 중 가장 중요한 것은 주주 행동주의와 독립된 이사회)이 그것이다. 일본에도 이런 제도의 대부분이 존재하긴 하지만, 그 실질적인 효력은 의문의 대상이다. 물론 연결 재무제표를 위해 2000년에 도입된 요구 사항들이나, 주주의 권한을 형식적으로나마 강화하기 위해 개정된 2006년의 회사법에서 볼 수 있듯이, 이런 제도들을 실질화하기 위한 시도는 근래에도 있었다. 그러나 과거부터 계속 이어져온 제도의 취약점은 일본의 범죄 세력들이 협박을 통해 악용할 여지를 남겼다.

공갈 협박의 전문가들이 가장 효과적으로 휘둘렀던 무기는 비밀을 폭로하겠다는 위협이었다. 올림푸스의 경우에 결정적인 증거는 아직 나오지 않았지만, 올림푸스가 실패한 투자를 은폐하기 위해 지난 수십 년간 지불해오던 미심쩍은 비용의 일부가 소카이야總會屋로 흘러들어간 정황상의 증거는 넘쳐난다. 소카이야는 돈을 주지 않으면 회사의 치부가 되는 정보를 폭로해서, 주주총회를 난장판으로 만들어버리겠다고 협박하는 일을 전문으로 하는 범죄 집단이다.

마이클 우드퍼드의 실수는(그런 것을 실수라고 할 수 있다면) 그 비용들의 존재를 발견해낸 것이 아니라 그것을 이슈화한 것이었다. 그는 지급된 비용의 목적에 대해 올림푸스의 회장과 감사인들을 다그쳤고, 올림푸스 회장은 마이클 우드퍼드가 제기한 혐의를 해명하는 대신 그를 해고해버렸다. 우드퍼드는 즉시 『파이낸셜타임스』 도쿄 지부의 기자를 불러서 모든 스토리를 폭로했다. 그는 아마 그 때문에 목숨을 건질 수 있었을 것이다. 『파이낸셜타임스』는 이 사건을 바로 이튿날 1면 기사로 실었다. 기사는 세계 경제 언론에 일대 파란을 불러일으켰을 뿐 아니라(『월스트리트저널』과 『뉴욕타임스』는 즉시 기자단을 파견해서 동일 사건을 취재하도록 했다), 일본 지하세계의 금융 범죄를 오랫동안 주목하고 있었던 FBI가 수사에 착수토록 하는 결과를 낳았다. 일본의 시스템은 원래 협박에 맞서려는 사람들을 침묵시키는 데 매우 효과적이라, 경우에 따라서는 살인까지 불사할 정도다.[26] 하지만 마이클 우드퍼드가 해임되자마자 전 세계적으로 소란이 일어났기 때문에, 그런 통상적인 방법을 사용

---

26 영화감독 이타미 주조伊丹十三와 변호사 사카모토 쓰쓰미坂本堤가 관련된 두 사건이 가장 잘 알려져 있다. 영화 「단포포タンポポ」로 잘 알려진 이타미 감독은, 또 다른 작품인 「민보노온나ミンボ一の女(폭력배의 여인)」에서 야쿠자들을 묘사한 방식에 화가 난 야쿠자들에게 폭행을 당했다. 그는 특정 야쿠자 그룹과 가장 크고 강력한 '신흥 종교'인 창가학회(소카가카이創價學會)와의 관계를 그린 작품을 작업하던 중에 자살한 것으로 알려져 있다. 사실은 자살이 아니라 살인일 것이라는 의혹이 많다. 사카모토는 문선명 목사의 통일교나 옴진리교オウム眞理教와 같은 사이비 종교에 집단 소송을 제기한 변호사다. 그와 아내, 자녀는 1989년에 살해되었으나, 용의자는 6년 뒤 옴진리교가 도쿄의 전철에서 테러를 저지르고 나서야 처벌을 받았다. TBS 방송국이 사카모토와의 인터뷰 녹화 내용을 옴진리교 정보원에게 몰래 보여준 일이 있었다.

해 골칫거리를 제거할 수는 없었을 것이다.

문화적 차이 때문이라는 판에 박힌 설명을 반복하고 싶지는 않지만, 수 세기 동안 일본의 지배 계급이었던 사무라이들은 군주에 대한 절대적이고 무조건적인 충성만이 궁극의 미덕이라는 사상에 경도된 사람이었다는 사실을 다시 한번 강조할 필요가 있다. 일본 경제의 최상층에 자리한 대부분의 기업은 3장에서 살펴보았듯이, 메이지 정부 초기에 설립되어 전직 사무라이들에게 주어졌던 회사들을 어떤 형태로든 직접 물려받은 조직이다. 올림푸스의 사례에서도 볼 수 있듯이 당시의 체제에 녹아 있던 문화적 특징이 오늘날까지 이어져 내려와 작동하고 있다. 일본 기업의 충실한 병사는 절대로 자신이 속한 회사나 상사를 곤란하게 만드는 일을 하지 않으며, 일본의 엘리트 지배층은 자신이 속한 집단을 보호하기 위해 똘똘 뭉친다.

이러한 불문의 행동 규범을 외국인이 이해할 것이라고 아무도 기대하지 않는다. 혹은 어떻게 이해했다고 해도 그것을 내면화할 것이라고는 생각하지 않는다. 특히 일본과는 매우 다른 문화적 가치, 즉 보편적이고 초월적인 원칙을 강조하는 문화적 가치를 교육받고 자란 외국인이라면 더욱 그렇다. 이러한 일본의 행동 규범에는 일반적으로 사람들이 잘 모르는 경제적인 측면도 포함되어 있다.

매몰 비용의 포기

일본 기업들이 외국인에게 진정한 의사결정 권한을 주는 데 어려움을 겪고 있다는 사실은 여전히 일본 재계에 충성의 행동 규범(점잖게 표현하자면) 또는 유착(비판적으로 보자면)이 만연하다는 확연한 증거다. 하지만 이 행동 규범에 뒤따르는 경제적인 비용은 우수한 외국인 경영진을 채용하기 힘들다는 데 국한되지 않는다. 그보다 아마 더 심각하면서 충성·유착의 행동 규범과 직결되어 있는 훨씬 더 큰 문제가 있으니, 그것은 바로 일본이 실패를 인정하고 거기에 대처해나가는 능력을 갖추지 못하고 있다는 점이다. 일본의 시스템은 실패 혹은 '창조적 파괴'에 대처하는 제도적인 수단을 갖고 있지 않다. 저명한 경제학자인 조지프 슘페터(기업가 정신을 강조한 미국의 경제학자, 1883~1950)는 '창조적 파괴'를 자본주의의 필수 불가결한 요소라고 지목한 바 있다.

바로 이 '창조적 파괴'가 더 이상 제대로 기능하지 않기 때문에 자본주의가 지금 전 세계적으로 위기를 맞고 있다고 주장하는 사람도 많다. 2008년의 금융 위기가 발생했을 때 무분별하게 실시되었던 구제금융에서 볼 수 있듯이, 오늘날 회사가 살아남는 데 점점 더 중요해지는 것은 우수한 품질의 제품이나 노련한 마케팅이나 비용의 효과적인 통제가 아니라 회사의 규모와 정치적인 커넥션인지 모른다. 그것이 사실이건 아니건(만약 사실이라면 다시 한번 이는 일본이 세계화되기보다는 세계가 '일본화'되어간다는 의미인지도 모른다), 일본은 역사적으로 실패를 인정하고, 책임지고, 청산하는 데 특히나 어려움을 겪어왔다. 왜냐하면 충성의 행동 규범은 상사나 조직을 보호하기 위해 필요하면 당신이 자결할 각오가 되어 있는가의 문제만이 아니기 때문이다. 이 규범은 반대 방향으로도 작용한다. CEO가 회사 문제에 대해 '책임지고' 사임한다든지, 더 좋은 조건을 제시하는 납품 업체가 있는데도 회사가 기존 업체로부터 계속 납품을 받는다든지 하는 것이 그 사례들이다. 그러나 충성·유착을 쌍방향으로 작용하는 행동 규범이라고 하는 것만으로는 너무나 부족하다. 개인과 조직들 사이에 존재하는 모든 관계의 결 위에서 작동하고 있다고 보는 것이 옳다. E. M. 포스터(영국의 소설가, 1879~1970)의 말을 각색하자면, 좋은 일본인은 선택의 기로에 놓였을 때, 상호 의존관계나 의무 또는 우정으로 연결되어 있는 사람(또는 조직)을 배신하기보다는 '주주 가치'나 '공공의 선' 같은 추상적인 원칙을 위반하는 쪽을 택한다(포스터는 에세이에서 조국과 친구 중 어느 하나를 배신해야 한다면 조국을 배신할 용기가 있었으면 좋겠다는 말을 남겼다—옮긴이).

성과를 내지는 못하지만 열심히 노력하고 있는 사람이나 조직을 선뜻 쳐내지 못하는 데는 감정적인 측면과 현실적인 측면이 모두 있다. 사람과 조직이 상호 의존과 의무라고 하는 유기적인 그물망을 통해 서로 엮여 있는 사회에서는, 특정인이나 특정 그룹이 공개적이고 수치스럽게 실패하면, 그들을 책임지고 있다고 여겨지는 윗사람들의 평판도 손상될 수밖에 없다. 책임자로서 실패를 막을 수 있는 힘이 있었으나 그렇게 하지 않았다고 생각되기 때문이다. 현실적인 측면에서는, 자신들도 어려움에 처했다는 의심을 불러일으킬 수 있다. 회사가 잉여 인력을 해고하거나, 은행이 재정난에 처해 있는 오랜 거래처의 파산을 무릅쓰고 대출 회수를 강행할 때는, 곧 자신들 또한 곤경에 빠져 있다는 것을 인정하는 셈이다. 자신들이 긴박한 상황에 처해 있지 않고서야 어떻게 그런 결정을 내릴 수 있겠는가? 그런 게 아니라면(여기서 감정적인 측면이 등장한다) 그러한 행위는 비인간적이거나 최소한 일본적이지 않은 것이다.

'승진하지 못하면 퇴사'해야 하는 것을 기조로 하는 능력주의 인사 관행이 가장 능력 있고 가장 의욕 있고 가장 성실한 직원들로부터 최대한의 노력을 뽑아낸다는 것은 이론적으로 사실이다. 끊임없이 이익을 추구하는 냉혹한 은행가나 투자자들이 있기 때문에, 경제 자산으로부터 높은 수익을 끌어낼 수 있는 가장 뛰어난 능력을 가진 회사와 경영자들에게 자본이 흘러갈 수 있는 것인지도 모른다. 또 인수합병 시장은 성과가 좋지 않은 회사를 정리해서 자본을 더 생산적인 분야로 재배치하는 효율적인 수단이다. 물론 이런 신자유주의적 관행들은 사적 이익을 취하기 위해 공익 전반을 약탈하는 행위를 용이하게 만들어주기도 하고, 미국이나 영국에서 드러나듯 사회적 위험 요소로서 점점 심각해지는 소득 격차 문제와 불가분하게 엮여 있기도 하다. 일본에서 신자유주의 개혁을 반대하는 사람들은 이런 부분을 지적한다. 하지만 그보다 훨씬 더 근본적인 문제는, 일본에서 기업 인수합병 시장이나 주주 가치를 통해 경제적·정치적 결과가 좌우되도록 하는 것이 사회적·정치적·문화적 혁명에 가까운 일이라는 점이다. 일본 비즈니스 세계의 근본적인 개혁을 옹호하는 사람은 그렇게 자기도 모르게 혁명의 필요성을 외치고 있는 것과 같다.

이러한 혁명의 필요성을 주장하는 사람들은 일본 국외뿐 아니라 국내에도 많이 있다. 일본의 경영자들은 세계화의 어려움, 실패(매몰 비용을 포기하는 것)에 대처하는 적절한 경제적·정치적 메커니즘의 부재가 일본의 비즈니스와 경제에 미치고 있는 영향에 대해 아마 누구보다 더 잘 알고 있을 것이다. 이들은 지금 해외에서 수많은 유명 일본 기업이 시장지배력과 명성을 잃어가고 있음을 잘 알고 있다. 샤프와 같은 유명 하이테크 기업조차 해외 기업에 인수되는 것밖에는 살길이 없다고 공개적으로 인정하는 시대다. 불과 한 세대 전만 해도 상상할 수 없었던 실책으로 인해 도요타의 회장이 텔레비전에서 우는 모습을 보이기도 한다. 점점 빠르게 돌아가고 있는 세상에서 일본은 꽉 막힌 관료주의와 기업 내의 허례허식으로 인해 의사결정 속도가 여전히 거북이걸음이다. 이

대로 가다가는 더 이상 안 된다는 것을 일본의 경영자들은 알고 있다. 그러나 이들은 무엇을 해야 하는지는 모른다. 이론적으로는 네마와시根回し(가령, 회의 준비를 위한 회의를 하기 위한 회의)나 품의稟議(10명 혹은 그 이상의 사람에게 결재를 받아 의사결정에 대한 기록을 남기는 것. 이 중 누구라도 의사결정을 지연하거나 멈출 수 있다) 절차를 대폭 간소화해야 한다는 것에 동의할지 모르지만, 실제로 뭔가 행동을 취해야 할 때에는 그들 자신이 자라온 그 시스템 안에 갇혀버리고 만다.

1990년대 초반 개혁을 주장했던 사람들은 일본을 미국식 신자유주의의 모조품으로 만들 작정이냐는 비판을 받곤 했다. 고삐 풀린 금융 산업이 몇몇 탐욕스러운 사람의 배를 불리기 위해 멀쩡한 회사들을 망치는 미국식 신자유주의 말이다. 그러나 이제 그런 비판은 더 이상 통하지 않는다. 일본의 재계는 이제 근본적인 개혁이 단지 미국식 자본주의(일본에서는 주로 '앵글로색슨 자본주의'라고 부른다)의 모방을 의미하는 것이 아님을 잘 알고 있다. 미국의 비즈니스가 몰락할 것이라는 얘기는 애플, 구글, 페이스북의 시대가 열리면서 일본에서 대부분 사라졌다. 일본의 경영자들은 여전히 미국의 화전농업식 경영법에 쯧쯧 혀를 차면서, 그런 방식이 사회적 응집력이 강한 일본에서는 절대 통하지 않을 것이라고 얘기한다(정확한 분석이다). 하지만 이들은 이제 더 이상 태평양 건너의 미국을, 무엇을 해야 하고 하지 말아야 할지 참고하는 모델로 삼지 않는다. 이들은 바다 건너 서쪽의 나라로 두려움과 경탄의 눈길을 돌리고 있다. 바로 일본이 오랫동안 가난한 친척처럼 여기며 멸시해왔던 나라, 한국이다.

한국으로부터의 도전

아무도 한국을 미국과 비슷하다고 생각하지는 않는다. 한국의 정치·
경제 체제는 미국보다는 일본을 훨씬 더 닮아 있다(재벌이라는 시스템이
일본에서 온 것처럼, 한국의 많은 부분은 일본의 것을 그대로 모방한 것이다. 한
국인들은 자신들 체제의 많은 부분이 일본에 뿌리를 두고 있다는 것을 인정하기
싫어하지만, 어쨌든 한국이 35년이라는 결정적인 세월 동안 일본의 식민지였다
는 것은 엄연한 사실이다). 지구상의 어떤 나라도 한국만큼 일본과 문화적
으로 비슷한 나라는 없다. 혹은 더 정확히 표현하자면, 한국이 상대적으
로 일본과 덜 다르다. 그런 한국의 기업들이 소비자 가전제품에서 대중
문화에 이르기까지 다양한 영역에서 일본을 압도하고 있다.

일본의 경영자들은 종종 엔 강세/원 약세에서 그 이유를 찾기도 한
다. 물론 수출형 기업에 있어 자국 통화의 강세는 불리하게 작용한다.
하지만 환율에 대한 불평은 더 근본적인 문제에 대처하지 못하고 있는
현실에 대한 변명인 경우가 많다. 일본의 대표적 수출 기업들이 요즘 한
국 기업에 대해 터뜨리고 있는 불만은, 1985년 플라자 합의가 체결되
기 전까지 미국의 기업가들이 일본의 경쟁 기업에 대해 얘기하던 불만
을 그대로 떠올리게 한다.[27] 플라자 합의의 결과로 엔화 대비 달러의 가
치는 거의 절반이 되었지만 미국의 자동차 산업이나 소비자 가전산업이
당시 직면했던 문제는 거의 해결되지 않았다. 마찬가지로 최근 엔/원의
환율 하락이 과연 한국의 경쟁력 약화를 가져올 것인지는 확실치 않다.

---

27 일본 기업들은 한국의 수출형 대기업들이 국내 시장에서 독점을 통해 벌어들인 수익으로 수출의 동
력을 마련한다고 불평하곤 한다. 이것 역시 미국 기업들이 일본의 경쟁 기업들에 대해 이야기하던 모습
을 떠올리게 한다.

무엇보다 자국의 대중문화를 해외에서 상업화하는 한국의 탁월한 능력은 자국 통화의 약세와는 아무런 관련이 없다.

한국의 기업들이 일본의 비즈니스를 크게 위협하는 세력으로 떠오른 것에 대한 종합적인 설명은 환율 문제를 훌쩍 뛰어넘는 것이고, 그것만으로도 책 한 권 분량이 필요하다. 하지만 세 가지 요소가 중요한 역할을 하고 있음은 확실하다.

1. 한국에는 국제화된 엘리트가 더 많다. 해외에서의 거주 경험과 영어 구사능력은 '한국적이지 않다'는 비난의 대상이 되기는커녕 한국의 엘리트 계급에 들어가기 위한 필수 조건에 가깝다. 한국 재계와 학계의 지도자들은 대부분 서구의 일류 대학에서 석·박사 학위를 취득했다. 일본 사회에서 지배층 엘리트가 되는 데 있어 도쿄대학 졸업장이 하는 역할을, 한국에서는 아이비리그(그리고 MIT와 스탠퍼드)가 하고 있다고 해도 심한 과장은 아니다.

2. 한국의 경제·정치 기관들은 훨씬 더 명확한 권력 구조와 뚜렷한 책임 소재를 갖고 있어서, 빠르고 과감한 의사결정을 내릴 수 있다. 아이폰에 대한 반응으로 삼성이 애플을 단숨에 제치고 세계 제일의 스마트폰 판매사가 되는 동안 일본의 IT 업계 대부분이 우물쭈물하고 있던 것이나, 일본 자동차 회사들의 가장 큰 수출 시장인 미국에서 현대자동차가 끈질기게 따라잡고 있는 것을 보라. 한국의 재벌들은 국내에서는 소수에 의한 독재 성향으로 인해 비판받고 있지만, 누가 중요한 의사결정을 내리고 있는지가 한눈에 명확하고, 그래서 일본 기업 대부분에 만연한 집단사고보다 저만치 앞서가는 태세를 갖추고 있다.

3. 마지막 요소는 말할 것도 없이, 한국은 실수가 허용되지 않는 위기 상황에 놓여 있는 나라라는 점이다. 한국의 수도 서울은 불과 50킬로미

터도 떨어져 있지 않은 곳에 북한이라는 실존적 위협을 마주하고 있다. 극도로 호전적인 북한은 항상 한국을 파괴할 틈을 노리고 있다. 게다가 1990년대 말 아시아 금융 위기 이후 한국은 경제가 거의 붕괴될 뻔했기 때문에, 일본처럼 어떻게든 하다보면 사태가 해결되겠지 할 여지가 없었다. 한국은 시간을 낭비하거나, 추상적인 고민을 하거나, 우유부단할 여유가 없었던 것이다.

일본도 한때 그런 시절이 있었다. 하지만 이미 40년도 더 전의 일이고, 그것은 일본에서 재계의 책임 범위를 훨씬 뛰어넘는 일이다. 한국에서 일어난 일들을 보면 한 나라가 근본적인 개혁을 수행하기 위해서 자국의 문화를 파괴할 필요는 없다는 것을 알 수 있다. 한국인은 일본의 열렬한 국수주의자들보다는 덜 자각하고 있는지 몰라도, 그들만큼이나 자국 문화의 고유함에 대해 민감한 사람들이다. 삼성이나 현대 같은 기업들이 세계적인 성공을 거둔 것이나, 한국 기업의 최고 경영자들이 아이비리그 대학들의 학위를 갖고 있다는 사실, 그리고 글로벌 메가 히트곡 「강남 스타일」 등의 폭발적인 흥행도, 한국인들 사이에서 한국적인 본질을 잃고 있다는 근심을 불러일으키기보다는 국가적인 자부심을 고취시켰다.

일본 비즈니스의 미래와 자본주의의 세계적 위기

이미 지난 100년이 넘는 세월 동안 일본 대부분의 회사가 채택하고 있는 유한책임회사라는 법인 형태는 메이지 정부가 서양으로부터 수입한 제도다. 하지만 이 제도는 아무것도 없는 경제적 황무지에 심어진 것이 아니었다. 같은 시기에 비슷한 이유로 도입되었던 의회정치 제도와 마찬가지로, 유한책임회사 제도는 3장에서 살펴봤듯이 뿌리 깊고 복잡한 일본의 기존 관행 위에 그 외형만 접붙이된 것이었다. 따라서 일본의 유한책임회사 제도가, 원래 이 제도가 형성되었던 네덜란드나 영국이나 미국에서와 같이 작동한 적이 없었다는 것은 그리 놀라운 일이 아니다.

특히 유한책임회사 제도의 근간이 되는 개념들은 일본에서 전혀 내면화되지 않았다. 일본의 문화나 사상에는 존 로크(17세기 영국의 계몽주의 사상가)가 주장한 계약, 권리, 계몽화된 자기 이익enlightened self-interest, 인간은 사적 이익 추구에 기반한 의사결정을 하는 자율적인 존재라는 개념이 존재하지 않는다. 그렇기 때문에 일본에서는 주주 가치의 우위성이나, 경제활동의 성과가 객관적인 시장에서 보이지 않는 손에 의해 결정되어야 한다는 생각이 겉으로조차 존중된 적이 없었다.

그럼에도 유한책임회사 제도는 열강으로부터 일본의 독립을 보장한다는 원래의 목적을 달성하는 데에는 큰 역할을 했다. 그 점에 있어서는 의회정치 제도나 대학, 남성의 개병제에 기반한 군대 등 비슷한 시기에 수입된 다른 제도보다 유한책임회사 제도가 훨씬 더 효과적이었던 것 같다. 기업들 덕분에 일본이 세계를 지배하던 열강들을 상대로 전쟁을 벌일 생각을 할 수 있을 만큼의 물적 수단을 갖추게 되었기 때문이다. 그렇게 일본 사회 전반이 누렸던 부는 일본의 통치 시스템이 제대로 작동하지 않게 되면서 모두 날아간 듯 보였으나, 일본 기업들은 전쟁의 폐허 위에서 새로운 활력을 가지고 일어섰다. 국민을 먹이고 입히는 기본 과제는 물론이고, 전후 세계질서에서 일본의 위대함을 복구하는 도전이 기업들의 어깨 위에 과도한 부담으로 올려져 있었다.

지금의 일본 기업들은 확연한 위기에 처해 있다. 하지만 일본의 전반적인 비즈니스, 그리고 특히 유한책임회사 제도의 미래를 분석하고 예측하기 위해서는, 그 제도가 일본이라는 특수한 정치·경제적 환경에 구현된 방식으로부터 초래된 위기와, 원래의 제도 자체에 내포되어 있던 문제에서 초래된 위기를 구분해서 살펴볼 필요가 있다.

우리가 살고 있는 시대는 마르크스가 예언했던 자본주의의 최종 위기는 아닐지 몰라도, 유한책임회사의 세계적 위기인 것은 확실해 보인다. 유한책임회사 제도는 본래 상인들이 사업에 실패하더라도 파산하지 않을 수 있는 선택지를 만들어줌으로써 자본의 형성을 가속화할 목적으로 만들어진 것이다. 문제는 이 제도가 합법적으로 구성된 정치권력에 의해 만들어지긴 했으나, 점점 정치적 통제를 벗어나고 있다는 점이다. 신봉건주의적 기업들이 확장 일변도의 정책을 추구하면서, 제도로서의 유한책임회사가 애초에 가졌던 목적이 너무나 많은 곳에서 퇴색했다. 그리고 그 과정에서 부의 축적과 리스크 사이의 상관관계가 무의미해진 나머지, 유한책임회사는 이제 부와 권력을 가진 사람들이 사회에 대한 책임을 회피하기 위한 주요 수단으로 작용하게 되었다. 기업의 행위를 문화적·사회적·정치적으로 제어하던 장치들이 그 기능을 잃어가면서 정부가 제 역할을 못하게 되었을 뿐 아니라, 마치 암세포가 증식하면서 몸의 면역체계가 무너지듯 인류 삶의 기반이 되는 자연환경의 파괴까지 불러오고 있다.

그러나 유한책임회사의 위기는 나라마다 다른 형태로 나타난다. 월가 금융회사들의 형태가 무한책임의 파트너십에서 유한책임회사로 바뀌면서 은행가들이 미국 정부 기관들을 장악했던 양상은 일본에서 전혀 찾아볼 수 없다. 우선, 기업은 사적 이익을 추구하는 단체라는 법률상의 허구적 설정에도 불구하고, 일본 기업들은 스스로를 그런 존재로 여기지도, 그렇게 행동하지도 않았다. 일본 기업들이 줄곧 자본을 낭비하는 것처럼 보이는 것은 그런 이유에서인지도 모른다. 하지만 일본 기업들을 '개혁'해서 더 진지하게 이윤을 추구하는 (또는 자본을 존중하는) 존재로 만들려는 시도는, 기업이란 단순히 돈을 긁어모으는 행위를 초월하는 어떤 사회적 역할을 수행한다는 믿음과 불가피하게 충돌한다. 이런 믿음은 그 정확한 내용은 모호하더라도 일본 사회에 엄연히 실존한다.

기업에게는 공적인 책임이 부여되어 있다는 이러한 사고는 일본에서 보편적으로 받아들여지고 있고, 일본 기업의 경영자들에게도 어김없이 내면화되어왔다. 눈에 보이는 이익이 없는 상황에서도 일본 기업들이 그토록 가진 것 이상의 노력을 쏟아붓는 것은 그 때문이다. 2011년 3월의 동일본 대지진 이후 리코リコー나 르네사스ルネサス 전자 같은 기업들이 보여준 행동이 그 좋은 사례다. 이들은 재해로 차질을 빚은 생산량을 만회하기 위해 막대한 비용을 들여가며 그야말로 영웅적인 노력을 기울였다. 다른 회사와 산업들이 그들이 생산하는 부품에 의존하고 있었기 때문이다. 하지만 당시 이런 영웅적 행동과는 대조적으로, 도쿄전력TEPCO이 건설과 운영을 맡아온 후쿠시마 원전이 얼마나 어이없게 관리되어왔는가도 드러났다. 도쿄전력은 공공의 이익을 위해 운영되는 회사라고 여겨졌기 때문에, 이들이 어떤 일을 하더라도 그것은 당연히 공공의 이익을 위해서일 것이라고 생각했다. 이들이 했던 일에는 치명적이고도 무시무시한 폐해의 가능성을 안고 있는 에너지원을, 전 세계에서 지진활동이 가장 활발한 나라에 도입하도록 하는 홍보활동에 기업 자금을 가져다 쓰는 것이며, 원자력 에너지의 위험성을 강조하는 연구조사를 의도적으로 억압하는 것도 포함되어 있었다. 도쿄전력은 공공재 회사이고, 공공재 사업은 어느 나라에서든 공익을 위해 일한다는 이유로 국가의

보호를 받으며 준독점에 가까운 지위를 누린다. 하지만 도쿄전력은 공익을 위해 일한다는 가면 아래, 가장 낭비가 심하고, 이기적이고, 궁극적으로는 위험한 방식으로 조직이 경영될 수도 있다는 사실을 여실히 보여준다.

도쿄전력은 일본 기업들의 전반적인 모습을 들여다볼 수 있는 축소판과도 같다. 후쿠시마 재난 현장의 수많은 도쿄전력 직원은 사고 직후 긴박했던 며칠 동안 영웅적이고, 글자 그대로 자기희생적인 행동을 보여주었다. 반면 도쿄전력의 경영진은 명백한 직무 유기를 해오고 있었고 결국 파멸적인 결과를 불러왔다. 이와 마찬가지로, 일본 기업들의 서비스 수준과 품질에 대한 집착은 여전히 다른 나라에서는 오직 꿈에서나 바랄 수 있는 경지에 도달해 있다. 하지만 요즘 등장한 '블랙 기업'이라든지 비정규직을 거리낌 없이 착취하는 관행을 보면, 일본 재계의 기득권층이 비록 개인적인 축재를 위해서는 아닐지라도 자신들 계층의 지위와 특권을 지키기 위해 단합하고 있음을 알 수 있다.

일본 비즈니스의 정신이 앞으로 어떤 상황을 맞아 어떻게 발현되건, 일본 기업들이 과거에 가지고 있던 활력을 이런저런 개혁을 통해 되찾을 수 있으리라는 기대는 크게 하지 않는 편이 좋다. 일본의 유한책임회사들이 진정 기적에 가까운 일들을 성취해냈던 그 특별했던 수십 년은 또다시 찾아오지 않는다. 왜냐하면 일본 기업들의 문제는, 문화적으로나 정치적으로나 표류하고 있는 일본이라는 국가가 마주하고 있는 더 광범위한 과제와 떼어놓고 생각할 수 없기 때문이다. 일본 비즈니스의 미래를 가늠하기 위해서는, 세계의 지정학적·경제적 요소뿐 아니라, 일본 비즈니스가 몸담고 있는 문화와 정치의 미래도 가늠해보아야 한다.

9장

사회문화적 변화

일본은 처음에 벚꽃과 후지산과 목판화와 게이샤의 나라로 바깥세상에 알려졌다가, 제2차 세계대전 때는 전 세계에 그 광적인 면과 잔인함을 드러냈다. 그 뒤 한때 일본이라고 하면 일중독과 품질 좋은 상품의 대명사인 시절이 있었고, 이제 일본은 일본 요리, 헬로키티, 오타쿠, 헨타이 아니메變態アニメ(극도의 성적 집착을 그린 포르노 애니메이션)의 본고장으로서 세계의 유행을 선도하는 나라로 알려져 있다.

여기서 이런 질문을 던져보지 않을 수 없다. 다음의 모든 문화 현상을 아우르는 것은 무엇인가. 야마모토 요지山本耀司와 가와쿠보 레이川久保玲의 패션, 무라카미 하루키村上春樹의 소설, 시로 마사무네士郎正宗의 만화, 젤다 게임 시리즈, 「모노노케히메もののけ姫」와 같은 애니메이션, 「링」과 같은 공포영화, 포켓몬, 게임보이, 서양의 젊은이들을 한 세대가 넘도록 사로잡아온 수많은 애니메이션과 망가, 이런 모든 것 사이에 도대체 어떤 관련성이 있는가. 어떻게 이 모든 것이 다 일본 문화일 수 있는가. 귀여운 것에 대해 질릴 정도로 집착하는 듯한 문화가 어떻게 동시에 세계에서 가장 성적 도착을 과도하게 묘사하는 작품들을 만들어내기도 하는가. 그리고 이런 모든 현상이 어떻게 무로마치 시대의 위대한 수묵

일본 대중문화의 새로운 여성상
가루ギャル.

화와, 교토의 가쓰라 리큐桂離宮(정원으로 유명한 천황가의 별장), 오즈 야스
지로小津安二郎와 구로사와 아키라黑澤明의 영화들과 동일한 문화적 뿌리
에서 탄생할 수 있었는가.

세계로 뻗어나간 일본 문화

일본의 창의성에 대해 얘기하자면 끝이 없다. 어떤 잣대로 들여다보
더라도 일본인들이 창의적이고 예술적인 사람인 것은 틀림없으나, 그 창

의성의 유래에 대해 설명하려들면 뻔한 단어들만 반복하는 일이 되기 쉽다. 하지만 일본의 창의성이 왜 전 세계에서 반향을 일으키고 있고, 어떻게 일본 사회가 변화의 와중에도 '일본다움'을 유지해왔는지 이해한 다면, 일본의 창의성을 설명하는 데 약간의 도움이 될 수도 있겠다.

일본의 예술은 19세기 말 서구 세계를 매혹시키면서, 그림에서 건축까지 모든 면에서 혁명적이라고 할 만한 영감을 불러일으켰다. 하지만 모네나 고흐를 사로잡았던 것은 일본의 전통적인 귀족 문화가 아니라, 풍류세계에서 소모품처럼 쏟아져 나오던 우키요에浮世繪(유곽의 풍경을 묘사한 목판화)였다. 2장에서 보았듯이 우키요에는 그 장르적 기원이 적어도 부분적으로는 포르노였고, 일본의 엘리트들로부터는 쓰레기나 다름없는 취급을 당했었다. 이런 작품들은 당시 가장 유명한 유곽이었던 에도의 요시와라와 교토의 시마바라에서 일본인들이 스스로 즐기기 위해 만들던 것이었는데, 나중에 일본의 화려한 문화가 되어 전 세계를 매료시켰다.

이와 마찬가지로 오늘날 전 세계로 퍼져나가 있는 일본 문화도 일본 주류 문화의 산물이 아니라, 주류 문화의 '변두리'에서 일하는 사람들의 작품이다. 그리고 이들은 전혀 외국인에게 호소할 목적으로 작품을 만들지 않는다. 지금은 일본 요리가 화려하고 건강하며 세련된 미식 문화로 글로벌한 지위를 누리는 시대다. 전 세계 어디건 스스로 미식가라고 여기는 사람이라면, 소바蕎麥 국수를 만드는 데 필요한 메밀과 밀가루의 이상적인 배합 비율이라든지, 참치 스시에 있어 주토로中トロ와 오토로大トロ의 차이에 대해 주저없이 얘기할 수 있다. 하지만 여전히 외국인은 날 생선을 먹지 못할 것이라거나, 젓가락을 사용하지 못할 것이라고 쉽게 생각해버리는 일본인들을 흔히 볼 수 있다. 전통적인 일본 문화의 옹호

자들은, 외국인들이 일상생활로부터 분리된 공간인 박물관이나 공식적으로 인정된 문화 교류의 장을 통해서만 일본 문화를 체험하기를 원하는 듯하다. 이들은 서양의 어린아이들이 닌자나 포켓몬에 푹 빠져 피규어를 사들이거나, 인터넷에 돌아다니는 강도 높은 포르노 그림 중 최고로 인정받는 작품들은 죄다 일본 아티스트들의 것이라는 현상에 어떻게 반응해야 할지 모른다. 일본의 재계와 관료사회는 현대 일본 문화에 대한 세계의 치솟는 관심을 어떻게 상업화해야 할지 여전히 잘 모른다. 이 말은 곧 현대 일본 문화가 이들의 손에 의해 관리되고 있지 않다는 증거이기도 하다.

일본만의 독특한 창의성의 기원을 흔히 모순과 모호함을 참고 견디는 능력에서 찾는다. 아리스토텔레스는 서양 사람들에게 모순을 참지 말라고 말했다. 일본의 철학 사상에는 그런 명제가 전혀 존재하지 않는다. 5장에서 '현실의 관리'에 대해 얘기하면서 지적한 것처럼, 일본에서 사회적·경제적으로 성공한다는 것은, 서양 사람들이라면 도저히 견디지 못할 수준의 모순을 관리하면서 공생하는 능력의 결과인 경우가 많다. 물론 일본인도 우리가 앞서 살펴본 것과 같은 '서로 다르고 또 상호 모순적인 현실'을 받아들여야 하는 것에 불편함을 느낄 수 있다. 하지만 이들은 어릴 적부터 현실을 관리하도록 훈련받은 덕분에 심리적인 충격에 대응할 수 있다.

예술 또한 같은 역할을 한다. 일본 사회에 넘쳐나는 모순은 장르를 불문하고 오랫동안 일본 예술가들에게 마르지 않는 소재를 제공해왔다. 그에 대한 보답이라고 해야 할까, 예술은 (술과 더불어) 모순과 함께 살아야 하는 삶에 따라다니는 긴장을 풀어주는 데 대단히 중요한 역할을 한다.

그것은 전후 일본 문화의 상징이었던 샐러리맨을 예술에서 어떻게 묘

사하는가를 보면 잘 드러난다. 야구나 TV 프로그램 같은 일본의 공식적인 문화가 샐러리맨의 출세에 필요한 덕목들을 찬양하고 있었던 반면, 방대한 망가(만화)를 포함해 좀더 불온한 문화 장르에서는 샐러리맨을 나약하고, 무책임하며, (절대 이룰 수 없는) 섹스와 돈에만 관심 있는 존재로 묘사했다.[28] 샐러리맨들은 회사와 일을 위해 자기희생을 불사할 정도의 열정을 보여야 했을 뿐 아니라, 이것이 핵심인데, 거기에 설득력을 부여하기 위해 그 열정을 스스로 믿어야 할 필요가 있었다. 이러한 심리 상태를 표현하는 일본 단어가 마코토誠다. 마코토는 보통 '진정한sincere'이라고 번역되지만, 서양에서 이 단어를 쓸 때처럼 정말로 믿고 있지는 않으면서 그렇게 행동하는 것에 대한 일종의 죄책감과 같은 어감은 들어 있지 않다. 그 대신 일본어의 마코토에는 개인의 내적인 감정을 사회의 외부적 기대와 일치시키기 위해 강제로 끼워 맞춘다는 느낌이 있다. 샐러리맨은 스스로가 자기 목숨을 바쳐도 좋을 대의(회사)를 위해 싸우는 군인이라고 믿어야만 했다. 하지만 동시에, 결국 자신은 얼굴 없는 거대한 산업 기계 안에서 혹사당하는, 교체 가능한 톱니바퀴의 하나에 불과하다는 자각도 함께 안고 살아야 했다. 그런 자각과 함께 사는 삶을 도와주었던 것이 망가였고, 또한 1970년대 중반 메가 히트곡인 「오요게! 다이야키쿤泳げ! 鯛焼君」 같은 노래였다. 원래 어린이를 대상으로 만들어졌던 이 곡은 대중적 간식인 붕어빵의 슬픔을 노래하고 있다(다이야키鯛焼는 붕어빵이라는 뜻이고, 군君은 상さん보다 좀더 친근하게 소년과 젊은 남자들을 부를 때 쓰는 호칭이다). 붕어빵의 반죽이 물고기 모양처럼 생긴 똑같은 여러 개의 틀에 부어지고 이 붕어빵 중 하나가 물에 나가 자유롭게 헤

---

28 Ian Buruma, *A Japanese Mirror*, p.203

엄치는 부질없는 꿈을 꾼다(오요게泳げ는 '헤엄쳐'라는 뜻이다). 귀에 착 붙으면서도 슬픈 분위기의 이 노래는 서양 팝 차트에서 유일하게 1위를 차지했던 일본 팝송 「우에오 무이테 아루코上を向いて歩こう(위를 보며 걷자)」와 비슷한 면이 있다. 어떤 연유에서인지 서양에 스키야키 송Sukiyaki Song이라고 알려진 이 곡은 사실 스키야키와는 아무 상관이 없고, 실연당한 남자가 눈물이 땅에 떨어지지 않도록 애써 별을 바라보며 걸어가는 모습을 노래한다. 일본 문화의 전형이라고 해도 좋을 정도로 자주 등장하는, 속으로는 울면서 겉으로는 의연한 척하는 정서다. 이와 마찬가지로 「오요게! 다이야키쿤」의 주인공도 붕어빵 틀을 탈출해 진짜 물고기와 같이 바다에서 자유롭게 헤엄칠 수 있는 일말의 가능성도 없다는 것을 알면서, 여전히 그것을 꿈꾼다.

예수는 생각과 행동이 도덕적으로 같은 가치를 갖는다고 설교했다. 일본 문화에서는 받아들여지기 힘든 말이다. 서양 사람들은 일본 남성들이 공공장소에서 포르노 잡지를 뒤적이며 나체 여성들의 사진을 흘끔거리고, 엽기적이며 폭력적이기까지 한 변태적 성욕을 그린 망가를 읽는 모습을 보고 분노하기 쉽다. 하지만 범죄 통계를 보면 일본의 실제 성범죄 수치는 다른 나라보다 전혀 높지 않다. 서양 사람들은 자신의 양심적 가치에 위배되는 성적인 상상에 흥분하는 스스로의 모습에 죄책감을 느낀다. 서양의 포르노가 은밀하고 더러운 느낌을 주는 것은 그 때문이다. 하지만 일본인들에게 야한 상상은 그저 악의 없는 판타지일 뿐이다. 일본의 성애물들이 서양의 작품들보다 훨씬 더 활기 넘치는 것은 아마도 그래서일 것이다. 게다가 솔직히 말해서 예술적 관점에서 봐도 일본 작품들의 퀄리티가 훨씬 더 높다.[29]

이런 현상은 성애물에만 국한되어 있지 않다. 수많은 일본 문화에서 드러나는 적나라한 감정의 표현은 서양 사람이 보기에 불편하다. 요즘의 서양인들은 그런 감정을 있는 그대로가 아닌, 연기를 통해 표현하거나 혹은 반어법으로 포장되어 있을 때만 받아들일 수 있다. 하지만 일본인들은 그 감정을 있는 그대로 즐긴다. 귀여운 아이들이나 사랑스러운 반려동물, 감상적인 러브스토리, 진지한 젊은이들이 온갖 역경을 뚫고 꿈을 성취하는 이야기 같은 것에 요란하게 열광한다. 서양 사람들은 이런 것이 현실세계에서는 사뭇 다르다는 것을 알고 있다. 현실세계의 아이들은 버릇이 없고, 반려동물은 키우기 지저분하며, 사람들은 서로를 이용해먹는다. 일본인들도 그걸 모를 리 없지만, 이들은 거기에 크게 개의치 않는다. 혹은 감동적인 이야기에 한바탕 눈물을 흘리는 데 적어도 현실이 끼어들 틈을 주지 않는다.

일식당의 화려한 상차림이나 정원과 사찰의 아름다운 사진을 통해서만 일본의 미의식을 접했던 서양 사람들이 처음 도쿄에 오면, 복잡하고 추한 일본 도시의 풍경을 보고 충격을 받곤 한다. 일본인들처럼 미의식이 발달한 사람들이 어떻게 이런 풍경을 견디고 살 수 있는가. 그러나 일본에는 추함을 알아차리고도 모른 척할 줄 알아야 한다는 일종의 암묵적인 공감대가 있다. 정원이라든지 전통 식당으로 들어가는 입구의 통로 같은 장소나 사물은 모두에게 '아름답다'고 인정된다. 그 아름다움은 정말 숨 막힐 정도로 섬세하다. 정원에 인접해 있는 추하고 시시한 건물이나, 식당 바깥의 전신주와 정신 사나운 간판으로 가득 찬 지저분한 길거리에 주의를 빼앗겨서는 안 된다. 하지만 사람들이 그런 추한 것

---

29 에로영화를 제작하는 것은 일본에서 영화감독을 지망하는 사람이 전형적으로 거쳐야 하는 관문이었다. 에로영화에서 실력을 증명하고 나면 좀더 '진지한' 주제의 영화를 만들 자격이 주어졌다. 그러나 인터넷의 등장으로 상업적 포르노 영화산업은 대부분 붕괴되었다.

들을 알아차리지 않을 도리는 없기 때문에, 예술가는 그것에 대한 주의를 오히려 강렬하게 환기시켜 의도적이고도 흥미로운 부조화의 순간을 만들어낸다. 이는 일본 예술의 오래된 전통과도 맥을 같이하는 것이다. 바로 이런 부조화의 존재가 일본의 영화, 애니메이션, 패션, 비디오게임에 눈이 번쩍 뜨일 만큼 충격적이고도 훌륭한 퀄리티를 부여해 계속해서 세계를 놀라게 한다.

이것으로 일본 문화가 세계에 일으키고 있는 반향 전반을 설명할 수 있다. 제정신을 얼마쯤 유지하기 위해서는 모순과 공생하는 법을 배우는 것이 점점 더 필수 덕목이 되어가는 나라는 더 이상 일본뿐만이 아니다. 하지만 적나라한 감정을 표출하는 것과 더불어 일본 문화가 완벽하게 구현한 악몽과도 같은 시각적 묘사는 전 세계 모든 사람, 특히 젊은이들에게 선명한 공감을 불러일으킨다. 우리는 이를 통해 또한 일본이 얼마나 변화해오고 있는지도 알 수 있다.

일본 사람들은 종전 직후의 혼란이 끝나고부터 일본에 불어닥친 크고 작은 변화를 스스로 너무나 잘 의식하고 있다. 그 증거로 엄청난 인기를 끌었던 3부작 영화 「올웨이즈: 산초메노유히ALWAYS: 三丁目の夕日(3번가의 석양)」를 예로 들 수 있다. 3부작 중 1부는 2005년에 일본 아카데미상을 휩쓸었다. 영화는 고도성장기 초기를 살아가는 보통 사람들의 삶이 서로 얽혀가는 모습을 그렸다. 영화에서 경제 기적은 처음에는 1957~1958년의 도쿄타워 건설로, 3부에서는 1964년 도쿄 올림픽으로 상징된다. 그 시절의 복장과 말투를 철저히 고증했고, 전후 번영의 상징으로 냉장고, 텔레비전, 전기기타 같은 물건들이 처음 등장한다. 하지만 이 영화의 주제는 당시의 생활 수준이 어떻게 향상되었는가가 아니라 그로 인해 생겨난 사회적 변화였다.

물론 미국의 「매드맨Mad Men」(1960~1970년대 미국 사회를 다룬 2007년 미국 드라마)이나 수많은 영국의 시대극을 보면 알 수 있듯이, 일본만이 가까운 과거 이야기의 향수에 빠져 있는 것은 아니다. 「산초메노유히」와 같은 영화가 미국이나 영국의 시대극과 다른 점은, 철저한 시대 고증이라기보다는(「매드맨」의 제작자들도 「산초메노유히」의 감독인 야마자키 다카시山崎貴만큼이나 고증에 꼼꼼한 신경을 썼다) 그 시절에 대한 더 커다란 향수, 풍자적 시선의 부재, 현대화의 파도 속에서 뭔가 중요한 것을 영원히 잃고 말았다는 상실감이다.

어느 작가가 지적했듯이 「매드맨」은 시청자들에게 드라마에서 묘사하는 성차별을 함께 즐기도록 하면서 죄책감은 느끼지 않도록 해준다.[30] 그러한 성차별은 지금 시대에는 더 이상 존재하지 않기 때문에 시대극 안에서라면 안심하고 보아 넘길 수 있기 때문이다. 「산초메노유히」는 그런 식의 시도를 하지 않는다. 이 드라마를 보노라면 일본 특유의 적나라한 감정 표현을 통해 등장인물들이 서로에게 쏟는 애정과 사랑이, 지금의 현실에서는 심각하게 사라져가고 있다는 사실을 떠올리지 않을 수 없다.

일본인들은 지난 수십 년간 일어난 뚜렷한 변화들에 맞춰 수없이 많은 새 단어를 만들어냈다. 어떤 변화들이 일어났는지 살펴보기 위해, 가장 잘 알려진 몇 가지 신조어를 살펴보는 데서 시작해보자.

---

30 새디 도일의 다음 기사를 참조했다. http://www.theatlantic.com/entertainment/archive/2010/08/mad-mens-very-modern-sexism-problem/60788/

갸루 ギャル

영어단어의 갈gal을 일본식으로 세련되게 부르는 말인 갸루는 지난 20년에 걸쳐 출현한 다양한 여성 페르소나를 망라하는 단어다. 오야지 갸루オヤジギャル, 고갸루コギャル, 강구로갸루顔黒ギャル, 히메갸루姫ギャル, 오갸루汚ギャル, 오네갸루お姉ギャル 등 갸루는 스타일에 따라 다양하게 나뉜다. 오야지갸루(아저씨 갸루)는 맥주를 들이켜고 큰소리로 남자 말투를 쓰며 마초 흉내를 낸다. 고갸루(고교생 갸루)는 교복 치마를 속옷이 보일 만큼 치켜올려서 통통한 허벅지를 드러내며 길고 헐렁한 흰 양말을 무릎 아래로 내려 치렁치렁하게 신고 다닌다. 강구로갸루(검은 얼굴 갸루)는 기괴할 만큼 인공적으로 검게 태닝한 얼굴에, 머리는 허옇게 탈색해버리고, 호미로 바른 것 같은 두꺼운 메이크업을 하고 다닌다. 하지만 이 모든 갸루가 공통으로 갖고 있는 특징은 전통적으로 일본 여성들에게 요구되던 행동 방식을 노골적으로 거부한다는 점이다.

전통적인 관념에 따르면, 일본 여성들은 머리를 길게 땋고, 무릎길이의 흰 양말을 신고, 활기에 넘쳐 재잘대는 귀여운 여자아이로 인생을 시작한다. 조금 더 자라면 점점 드러나는 여성성을 천편일률적인 세일러복 교복 안에 감춘다. 긴 치마에 발목까지 말아 내린 양말, 풍성한 블라우스로 된 교복은 마치 이슬람의 히잡이나 수녀복처럼, 여학생을 성적인 대상으로 보일 법하게 하는 모든 것을 감추고 억압하기 위해 디자인된 것처럼 보인다. 상급생 여학생에 대한 순수한 짝사랑을 제외하고는 어떠한 사랑의 감정도 가져서는 안 되며, 남성에 대한 관심이 생기면 당황스럽고 부끄러워 어쩔 줄 몰라한다. 결혼 적령기가 되면 기모노나 프랑스식의 점잖고 우아한 드레스를 입고, 상냥하며 여성스러운 말투를 사용

해 호감을 불러일으켜야 한다. 섬세하면서도 절제된 치장을 하고, 우아하면서도 예의 바르게 상대를 존경하는 분위기를 풍겨야 한다. 아내가 되고 어머니가 되면 일본 여성은 무한한 친절과 포용력을 발휘해서, 자신보다는 남편과 시어머니와 아이들의 이해 및 안위가 우선이라는 것을 말과 행동 하나하나에서 보여주어야 한다. 마침내 스스로 시어머니가 되고 할머니가 되면, 며느리를 대할 때 비로소 약간의 만용을 부리는 것이 허용된다. 하지만 그조차 결국은 아들과 손주의 안위를 염두에 두고 있기 때문에 허용되는 것이다. 손주들에게는 자애로운 오바짱お婆ちゃん(할머니)이 되고, 남편에게는 유난스럽게 비위를 맞춰주는 역할을 한다. 이제 나이 든 남편은 사회적으로 어느 누구에게도 쓸모없는 존재가 되었고 점점 사리 분별도 흐려진다. 하지만 아내는 물론이고, 그 누구도 남편에게 그런 현실을 알려주지 않는다. 아내야말로 남편이 이제 사회적으로 쓸모없어졌다는 명백한 사실을 숨기기 위한 모의에서 가장 중요한 역할을 하는 사람이다.

다양한 갸루 페르소나 및 그와 관련된 현상들은 이런 관념들을 조목조목 격파한다. 어린 소녀의 순진한 귀여움은 '롤리타 패션(젊은 여성들이 여성성이 아직 드러나지 않은 어린 여자아이처럼 옷을 입는 것)'이 되고, 더 이상 줄일 수 없을 만큼 짧게 줄인 교복 치마는 촌스러운 전통 교복을 조롱한다. 일본에서조차 많은 사람이 이런 패션을 성적인 도발로 착각한다. 초미니 교복 치마가 처음 등장했을 때 언론은 원조교제援助交際(엔조코사이, 글자 그대로 돈 받고 하는 데이트)에 대해 거품을 물고 보도해댔다. 물론 일부 여학생은 돈을 받고 나이 많은 남성들과 시간을 보내기도 했다. 보통 여기에 섹스가 포함되어 있진 않았고, 남성들이 농을 부리며 몸을 만지는 것을 허용하는 정도였다. 하지만 원조교제에 대한 사회의 인식은 실제보다 훨씬 더 과장되어 있었다. 사회의 이런 과민 반응은 언제나 그렇듯 새로운 테크놀로지에 대한 부모들의 두려움(대부분의 원조교제는 휴대전화의 문자 메시지를 통해 성사되었다)과 젊은이들의 은어를 잘못 해석한 결과였을 뿐, 젊은 여성들 사이의 프리랜스 매춘이 실제로 급격히 늘었던 것은 아니다. 그러고 보면 이런 패션을 하고 다니는 주목적은 바로 오해를 일으키기 위함이었다. 롤리타 패션이나 어처구니없이 짧은 치마를 입은 십대 여자아이들은 변태들에게 성적인 유혹을 하려는 것이 아니다. 이들은, 나이에 어울리는 전통적인 옷차림으로 '미성년' 여성의 섹슈얼리티를 의도적으로 억압하려는 시도 뒤에는, 그들이 가진 성적인 힘에 대한 두려움이 도사리고 있다는 사실을 뻔히 다 간파하고 있다고 외치고 싶은 것이다.

한편, 이들보다 나이가 좀 위인 오갸루(더러운 갸루)나 강구로갸루의 페르소나는 야한 화장을 하고 의도적으로 헤픈 분위기를 연출해서, '결혼 적령기'의 여성이라면 어떻게 행동해야 한다는 사회적 통념에 엿이나 먹으라며 가운뎃손가락을 날렸다. 6장에서 얘기했던 1980년대의 부릿코ぶりっ子가, 여성들이 어떤 행동을 하기를 남성들이 기대하는지 뻔히 알면서 비웃는 것이었다면, 갸루는 그대로 이단옆차기를 날렸다. 오늘날에도 도쿄나 오사카의 거리와 전철, 술집과 카페에는 젊은 여성들이 요란하게 차려입고 조시카이女子會(글자 그대로 '여자들끼리의 모임'이고, 그렇기 때문에 남성의 기대로부터 완전히 해방되어 있다는 뜻이다)라는 이름으로 모여서, 일부러 저속한 말로 큰소리로 떠드는 모습을 쉽게 볼 수 있다. 이들은 전통적인 일본의 여성성이 추구하는 바와 모든 면에서 정반대 모습을 보여주는데, 조시카이는 애초에 그러려는 목적으로 생겨난 것이다.

물론 갸루 페르소나는 일종의 연출이며 과장이다. 대부분의 갸루는

결국 세월이 흐르면 평범한 일상에 정착한다. 하지만 이들이 '현실'에 전적으로 순응하지는 않는다는 것을 나타내는 신조어들도 있다. 오네갸루お姉ギャル(언니 갸루)는 왕년과 비교하면 좀 단정한 옷을 입고 다니고, 결혼해서 엄마가 되어 있을 수도 있지만 갸루 시절의 분위기를 간직하고 있는 여성을 가리키는 말이다. 이제 엄마가 되었으니 얀마마ヤンママ(원래 '양키' 또는 '날라리 엄마'라는 뜻이었으나 지금은 그냥 젊은 엄마young mama라는 뜻) 스타일의 패션을 하고 다닐지도 모른다. 한편 일반적으로 OL(오피스 레이디)이 결혼해서 회사를 떠나는 나이인 20대 중반이 훌쩍 넘도록 결혼하지 않고 회사에 남아 있는 여성들은 오쓰보네お局라고 불린다. 이 단어는 일본 역사에 등장하는 말로, 원래는 도쿠가와 쇼군의 후궁 사이에서 지위가 높은 여성들을 가리켰다. 겉으로 보기에 막부에서 가장 큰 권력을 가진 쇼군의 측근들보다, 오쓰보네가 막부 내부의 음모와 파벌에 대해 자세히 꿰뚫고 있는 경우가 많았다. 에도 시대의 오쓰보네들처럼 현대의 오쓰보네들도 회사의 온갖 비밀이 어디에 감춰져 있는지 잘 알고 있고, 그렇게 해서 본인의 회사 내 지위를 유지한다.

오바타리안, 소다이고미, 황혼 이혼

신조어 중에 재미있는 것 하나는 중년 후반의 아줌마 부대를 가리키는 오바타리안オバタリアン(아줌마를 뜻하는 일본어 오바상おばさん과 부대를 뜻하는 영어 버탤리언battalion의 합성어)인데, 이 말은 미국의 1985년 패러디 좀비 영화 「리빙데드Return of the Living Dead」에서 나왔다. 이 영화는 일본에서 바타리안バタリアン이라는 이름으로 개봉했고 미국보다 일본에서 더

크게 흥행에 성공했다. 오바타리안은 시끄럽고 뻔뻔하고 품위 없게 때로 몰려다니며 명품점에서 세일하는 제품들을 낚아채고, 남자 한 명 없이 자기네끼리만 팀을 짜서 해외로 단체여행을 가서는 공항 면세점의 물건을 싹쓸이한다. 이들은 거리낌 없이 남편들을 쥐고 흔들며, 자신의 딸들이 택한 다양한 갸루 페르소나가 그랬던 것처럼 사회적으로 받아들여지던 일본의 여성상(이 경우는 상냥하고 친절한 오바쨩)을 완전히 뒤집는다.

오바타리안의 반대에는 소다이고미粗大ゴミ가 있다. 대형 쓰레기라는 뜻의 이 단어는 오래된 텔레비전이나 모니터처럼, 버려야 하지만 크기가 너무 커서 일반적인 쓰레기 수거로는 처리할 수 없는 물건을 가리킨다. 은퇴하고 집에 들어앉아서 아내에게 귀찮은 존재가 되어버린 나이 든 남성을 뜻하는 표현이다. 수명이 다한 세탁기를 처리하려면 미리 특별한 준비 조치가 필요하듯이, 은퇴한 소다이고미는 어떻게 쉽게 처리할 수 없는 존재다. 그 결과 종종 등장하는 것이 영어에서 실버 이혼silver divorce이라 부르는 '주쿠넨 리콘熟年離婚(황혼 이혼)'이다.

대부분의 황혼 이혼은 여성이 요구한다. 원래 일본에서는 이혼이 보기 드문 일이었다. 남편과 아내가 도저히 상대의 존재를 견디지 못할 지경이 되어도 보통은 참고 같이 살았다. 이혼하게 되면 남자의 출셋길은 망가지고 여자는 무일푼 신세가 될 것을 각오해야 했기 때문이다. 하지만 요즘에는 남편이 정사원으로 정년퇴직해 상당한 퇴직금을 받을 때까지만 참으면, 아내 입장에서도 경제적 안정을 확보할 수 있다. 아내가 다시 일자리를 구하긴 어렵겠지만 일본의 법원은 보통 이혼한 부부의 총재산을 절반으로 분할한다.

이혼율이 급증하고(1990년 이후로 두 배 늘었다), 특히 노년의 부부 사이의 이혼이 극적으로 많아지면서 이 현상을 문학작품이나 각종 문헌을 통해 설명하려는 시도도 일본에 많아졌다. 이런 글들에는 흔히 남편이 더 이상 돈을 가져다주지 못하는 존재가 되는 순간 바로 치워버리는(소다이고미라는 단어에서 이런 행위가 떠오른다) 탐욕스러운 아내부터, 30년이 넘도록 아내를 줄곧 무시하다가 이제 퇴직해서 온갖 시중을 받을 기대에 차 있는 눈치 없는 남편들이 등장한다. 많은 이가 좀더 광범위한 사회적·경제적 요인에 황혼 이혼에 대한 책임이 있다고 지적한다. 전통적인 일본 기업 인사팀의 관행은 남성들에게 남편으로서의 역할을 할 시간도, 아빠로서의 역할을 할 시간도 허용하지 않았다. 그리고 6장에서 다루었던 것처럼, 일본 여성은 샐러리맨을 뒷바라지하는 것 외에는 전통적으로 해오던 역할이 아무것도 남지 않게 되었다. 또한 일본 가정이 핵가족화되면서(요즘의 이상적인 일본 가족은 흔히 아빠, 엄마, 아들, 딸 이렇게 네 명으로 구성된 것으로 그려진다), 전통적인 주부는 아이들이 커서 학교에 가고 나면 할 일이 거의 없어지고 말았으며, 그런 상태가 수십 년간이나 계속되어왔던 것이다.

초식남

'소쇼쿠케이단시草食系男子(초식남)' 현상은 서양 언론에서도 많은 조명을 받았다. 이 단어가 전 세계적으로 전통적인 남성 역할에 일어나고 있는 변화에 대한 근심과 그 맥을 같이하고 있었기 때문이다. 미국에서도 작가 해나 로진이 『남자의 종말과 여자의 부상』이라는 책에서 이와 비숫한 주제를 다룬 적이 있다.[31] 미국에서와 마찬가지로, 일본의 많은 남성도 불과 한 세대 전만 해도 상상할 수 없는 방식의 행동을 하고 있다. 일본의 젊은 아버지들은 공공장소에서 무릎을 다친 어린 딸을 안고 호호 불어주는 것이 부끄럽다고 생각하지 않는다. 이들의 할아버지 세대라면 절대로 그렇게 하지 않았을 것이다. 제2차 세계대전 전만 해도 남자들은 우선, 결혼식이나 장례식 같은 예식을 제외하고는 사람들 앞에서 어린 자녀들과 함께 모습을 보이는 일조차 없었다. 그리고 그런 때에도 자녀들을 챙기는 것은 전적으로 어머니 몫이었다. 그러나 요즘 일본의 젊은 남성들은 거의 서양의 젊은 남성들만큼이나 여자친구, 아내, 아이들에게 공개적으로 애정을 표현한다. 십대 남자아이들은 여자아이들과 함께 있는 것을 더는 별로 불편하게 여기지 않는다. 과거에는 그럴 때 불편해하는 것이 마땅히 남성적인 행동으로 여겨졌다. 일본의 젊은이들은 미국의 대학생들이 기숙사에서 흔히 그러는 정도로 이성에게 스스럼없이 대하진 않지만, 젊은 남성과 여성이 함께 어울려 일하고 노는 것은 일본에서도 더 이상 특별한 일이 아니다. 십대 남자아이들은 이제 서로 성이 아닌 이름을 부르는데, 이것 또한 윗세대에서는 상상할 수 없었던 일이다. 회사 사무실에서조차 이제 젊은 일본 남성들은 여성들과 함께 일하는 것을 불편해하지 않는다. 이들의 아버지 세대가 여성 직원들을 동료라기보다는, 차를 내오고 서류를 복사하는 '사무실의 꽃' 정도로 여겼던 것과 대조적이다.

그러나 초식남이라는 이름은 성역할에 대한 관습이 확연히 변화되었다는 것 이상의 그 무엇이 있음을 시사한다. 신조어들에서 그 실마리를

---

31 Hanna Rosin, *The End of Men and the Rise of Women*(Riverhead, 2012)

찾아볼 수 있다. 정년퇴직한 남성들에게 붙였던 별명인 소다이고미처럼, 젊은 남성들에게 붙은 초식남이라는 경박한 단어도 노골적인 멸시에 가깝다. 요즘 젊은 일본 여성들은 남자친구를 깃푸쿤キップ君이라고 많이 부른다. 깃푸는 영어의 킵keep이고, 군은 앞서 언급했듯이 존칭인 상さん 대신에 소년에게 붙이는 호칭이다.[32] 이 단어는 여자가 남자친구를 곁에 두는keep 이유는 그에게 깊은 애정이 있어서가 아니라, 뭔가 물질적으로 도움이 되기 때문이라는 의미다. 예를 들어 아시쿤足君(다리군)은 차가 있어서 교통수단이 되어주는 남자친구, 메시쿤飯君(식사군)은 좋은 레스토랑에 데려다주는 남자친구, 미쓰구쿤貢君(뭔가를 바치는 군)은 값비싼 선물을 안겨주는 남자친구다.

예전에 남성이 여성을 물건으로 비하해 부르던 언어를 이제는 거꾸로 여성이 남성에 대해 사용하고 있는 이런 현상은 다른 선진국에서도 물론 나타난다. 하지만 여기서도 일본이 흥미로운 지점은, 현상의 기저에 깔려 있는 생각의 차이다. 일본인들은 남성에게 무슨 일이 있었기에 이런 현상이 나타난다고 생각하는 것일까. 오늘날 미국의 대중문화에 만연한 반사적인 남성 혐오는 남성을(최소한 이성애자 남성을) 눈치 없는 루저, 즉 무신경하고 저질스런 존재로 취급한다. 이와 대조적으로 일본의 남성들은 니쿠쇼쿠肉食(육식) 여성에게 쩔쩔매는 연약하고 수동적인 초식동물로 묘사되는 경우가 많다.

1979~1980년에 인기를 끌었던 텔레비전 드라마 「오레와 아바레 핫차쿠俺はあばれはっちゃく」를 보면 그때부터 일본에서 남성상에 대한 기대가 어떻게 변해왔는지 엿볼 수 있다. 이 드라마의 제목은 영어로는 거의 번역

---

32 남성들도 부하 직원이나 어린 시절 친구인 다른 남성에게 얘기하거나, 그 남성에 대해 얘기하는 경우 나이에 상관없이 군君이라는 호칭을 사용한다.

이 불가능한데, 대략 에너지와 활력이 넘쳐서 통제가 안 되는 아이 정도의 의미다('나는야 천방지축' 정도의 느낌—옮긴이). 내용은 열한 살 남자아이 주인공과 그의 누나, 부모, 선생님, 단짝 친구, 라이벌 그리고 그가 좋아하는 게 틀림없는 동급생 여자아이와의 관계에서 생기는 에피소드들을 다룬다. 미국의 「비버는 해결사Leave it to Beaver」(1983년에 리메이크된 1957년의 시트콤)나 「개구쟁이 데니스Dennis the Menace」(1951년부터 수십 년간 연재된 만화)만큼이나 일본 대중의 정서에 영향을 미쳤던 이 국민 드라마는, 아이의 아빠 역할을 했던 배우가 2011년에 세상을 떠나면서 커다란 향수를 불러왔다.

주인공 조타로長太郎는 일본 전통 남성성의 싹을 전형적으로 보여주는 캐릭터다. 이 어린 마초는 아무리 추운 날씨에도 짧은 반바지만 입고 다닌다. 조타로가 할 줄 아는 유일한 감정 표현은 치고받고 싸움을 벌여서 여기저기 상처를 입히는 것뿐이다. 학교 공부는 신통치 않으나 그의 진지한 태도에 선생님은 이 아이를 좋아하지 않을 수 없다. 조신한 숙녀 행세를 하는 누나는 동생을 지긋지긋한 말썽꾸러기라고 생각하지만, 자상한 엄마는 아이를 이해하고 참을성 있게 대한다. 목수가 되고 싶었던 아빠는 여전히 목수가 천직인 사람이지만, 번듯한 생계를 위해 교외의 백화점에서 DIY 목공 세트 판매 일을 한다. 그리고 일본에서 남자로서의 의무를 말할 때 항상 등장하는 얘기처럼, 안하무인인 상사와 손님들에게 머리를 조아려가며 하루하루를 보낸다. 아빠가 스트레스를 푸는 사회적으로 용인된 유일한 방법은 말썽 부린 아들에게 화를 내는 것이다. 하지만 아버지와 아들은 언제나 화해한다. 왜냐하면 이 둘은 한 명은 어른이고 한 명은 아이일 뿐, 근본적으로 똑같은 존재이기 때문이다. 그래서 소년 조타로의 에너지와 열정이 그가 자라서 어른이 되면 사회적·경제적 현실 앞에 무너져 길들여지고 말 것이라는 것도 아빠의 모습을 통해 어렵지 않게 알 수 있다.

하지만 아직 소년인 조타로에게 유일한 고민은 동급생 히토미짱에 대한 순수한 짝사랑의 마음이다.[33] 조타로는 자기 마음을 어떻게 말로 표현해야 할지 모른다. 그런 그를 마뜩잖게 여기는 히토미는 조타로의 라이벌이자 조타로 아버지 직장 상사의 아들인, 상냥하고 매너 좋은 마사히로에게 더 끌린다. 하지만 정말 위험한 상황이나 도덕적인 난제에 부딪혔을 때 더 의연하게 잘 대처해내는 것은 대개 조타로다. 조타로의 직설적이고 투박한 면을 싫어하는 히토미도 어렴풋이 그것을 깨닫고 있다.

일본에서 전통적으로 중시되던 모든 가치의 측면에서 조타로는 교과서적인 소년상이라고 할 만하다. 드라마의 제목에 드러나듯 그는 사내다운 에너지로 넘쳐난다. 잘생기기는 했지만 그것은 남자다운 잘생김으로, 라이벌 마사히로의 곱상한 외모와 대조된다. 말주변이 좋거나 학교 성적이 좋진 않지만 마음만은 진실하다. 친구들에게 진심으로 우직하게 대하고, 가끔 어찌해야 좋을지 모르긴 해도 주변 사람들의 감정을 헤아릴 줄 아는 능력이 있다.

조타로가 상징하는 이런 캐릭터는 일본에서 여전히 사라지지 않았지만, 미디어에 등장할 때면 복고적 향수를 불러일으키는 설정일 경우가 많다(드라마 「산초메노유히」의 주인공과 그 아들이 좋은 사례다). 드라마에서 조타로는 라이벌 마사히로에게 이겼을지 모른다. 하지만 현실세계에서는 마사히로와 같은 사람들이 경쟁에서 이기고, 히토미의 마음을 얻는다.

---

33 어린 여성에게 혹은 어린 여성에 대해 얘기할 때는 '상さん' 대신에 '짱ちゃん'이라는 호칭을 사용한다. '짱'은 간혹 성별에 상관없이 가족 간에 편하게 부르는 호칭이기도 하다. 예를 들면 오토짱お父ちゃん(아빠). 또한 여성들이 어린 시절의 친한 동성 친구에게 얘기하거나, 그에 대해 얘기할 때도 '짱'이라 부른다.

중성적이고 곱상한 외모와, 상냥하고 사려 깊은 매너가 소년과 젊은 남자들이 지향해야 할 보편적인 가치가 되었다. 여성들에게 매력 있게 보이기 위해서는 특히 더 그렇다.

그렇다면 이제 일본에서 남성의 행동과 외모를 결정하는 것은 여성이라고 결론 내려도 좋을까. 그런 결론은 지나치게 단순하다. 근본적으로 수컷이 구애하고 암컷이 선택하는 것은 인간의 모든 문화권뿐 아니라, 동물의 왕국 전체에서 일어나는 일이다. 일본 역사에서 중성적인 멋쟁이라는 캐릭터의 기원은 헤이안 시대의 귀족사회까지 거슬러 올라간다. 그때는 남성적인 무예의 수양보다, 붓 솜씨와 시적인 감성이 훨씬 더 중요했다. 책 앞부분에서도 이야기했지만 에도 시대에는 온나가타女形(여자 역할을 전문으로 하는 남자 가부키 배우)가 패션과 예술의 유행을 선도하는 트렌드세터였고, 춘화春畵에서 비쇼넨美少年(미소년)은 성기를 노출하기 전에는 남자인지 여자인지 분간이 안 될 정도로 여성스런 존재로 그려졌다. 미소년이라는 성적 페르소나는 근현대까지 그 존재가 지속되었다. 메이지 시대 이후의 미소년은 성별이 확실해졌더라도, 호리호리한 몸매에 섬세한 성격을 지녔다는 점은 여전하다. 전통적으로 일본 문화에 소년과의 동성애 코드는 오랜 세월 존재해왔으나, 오늘날의 미소년은 주로 여성들을 흥분시키기 위한 목적으로 만들어진 캐릭터다. 현대에 등장한 야오이やおい 또는 보이즈 러브Boy's Love(BL)와 같은 장르의 인기에서 그 증거를 찾을 수 있다. 비현실적으로 아름다운 젊은 남자들 사이의 동성애적 관계를 다룬 이 에로물들은 여성에 의해 만들어지고, 여성에 의해 소비된다. 또는 스타디움을 가득 메운 소녀들이 자니스 사무소 소속 남자 그룹들에 열광하며 소리를 질러대는 모습에서도 드러난다. 연예기획사인 자니스 사무소는 벌써 두 세대가 넘도록 예쁘장한 소년 그룹들을

줄기차게 배출해오고 있다. 이들이 무대 위를 뛰어다니는 모습을 보며 사춘기 소녀들은 성적 에너지를 대리 발산한다.

이렇듯 역사적 기록이나 예술적 전통을 살펴보면, 일본 여성들이 교양 있고 섬세한 예술가를 오랜 세월 이상적인 남성상으로 여겼던 것은 더할 나위 없이 명백하다(즉, 이런 현상은 지난 20년간 급조된 것이 아니다). 하지만 과거에는 어쩔 수 없이 경제적·사회적 현실의 영향을 받았다. 여성이 결혼 대상을 스스로 선택할 수 있게 된 것은 불과 최근 수십 년의 일이다. 과거에는 선택한다 하더라도, 신랑감이 경제적으로 안정된 사회적 지위를 얻을 수 있는가 하는 것이 가장 중요한 선택 기준이었다. 왜냐하면 그것만이 여자가 안정된 삶을 꿈꿀 수 있는 유일한 방법이었기 때문이다. 종전 이후 대부분의 세월 동안 그 선택 기준은 남자가 대기업이나 정부 기관 같은 힘 있는 경제 조직에 들어갈 수 있느냐를 의미했다. 그러려면 남자가 학벌과 야심을 갖춰야 했고, 일본의 조직생활에서 약점이 될 수 있는 스캔들이나 성격상의 결함이 없어야 했다. 신랑감이 인물도 좋고 모던 재즈나 브루크너의 교향곡을 좋아한다면 그것도 나쁘지 않겠지만, 조직에 들어가고 나서는 어차피 그런 취미를 계속할 여유 따위는 없을 것이었다.

오늘날 일본의 많은 여성은 더 이상 경제적 독립을 얻거나, 사회적 지위를 쟁취하기 위해 남자에게 기댈 필요가 없다. 참고로 많은 여성에게 있어 유일하게 중요한 사회적 지위는 그들과 같은 입장에 있는 다른 여성들 사이에서의 평가일 뿐이다. 이제 이들은 짝을 고를 때 경제적인 면만 보는 것이 아니라, 성과 로맨스의 측면도 볼 자유를 누린다. 다른 모든 선진국에서도 이런 현상은 거의 마찬가지다. 여성들의 요구 수준이 훨씬 더 높아졌고, 이제 남성이 돈만 잘 벌어오면 그만이던 시대는 지났다.

그러나 시청자들이 「오레와 아바레 핫차쿠」에 빠져들었던 때 이후로 지난 한 세대 동안, 일본 특유의 것이라고 할 만한 그 무언가에도 변화가 있었다. 거기에는 일본 남성들이 정서적인 만족과 자존감을 얻던 전통적인 수단이 붕괴되었다는 것도 있다. 그리고 새로이 자유를 획득한 일본 여성들이 서양 여성들 이상으로, 미래의 남편이나 남자친구들로부터 많은 것을 요구하게 되었다는 점도 특기할 만하다.

일본의 남성성

일본의 문화와 사회는 오랜 세월 동성 간의 집단, 그중에서도 특히 남성으로 이루어진 집단들을 중심으로 작동해왔다. 수 세기 동안 일본 남성들은 혈연관계가 없는 다른 남성들과의 유대관계를 통해 정서적인 지지와 경제·정치적인 연대를 얻을 수 있었다. 물론 혈연으로 이루어진 친족과 이성 커플의 유대도 항상 존재해왔다. 어떠한 사회도 그것 없이 유지될 수는 없다. 하지만 일본을 관찰하는 사람들이 놀라는 점은, 일본에서는 상대적으로 남성 간의 유대가 훨씬 더 중심적인 역할을 해왔다는 사실이다. 혈연으로 이루어진 친족이 모든 것에 우선했던 전통 중국 사회와 비교해도 그렇고, 적어도 기독교가 도입된 뒤로는 사랑을 바탕으로 한 이성 간의 유대가 가장 지고한 인간관계로 여겨지던 서양 사회와 비교해도 그렇다. 근대 이전의 일본에서는 영주에 대한 충성과 자신이 소속된 남성 집단에 대한 충성이 애정관계는 물론이고, 심지어 가족관계보다 예외 없이 우선시되었다. 종전 이후 수십 년간 미국과 일본의 남성들이 집과 학교(또는 일터)를 대하던 태도는 정반대였다고 해도 과언이 아니다. '회색 양복을 입은 남자'로 표현되던 미국의 직장인들에게 있어 회사는 돈 벌기 위해 가는 곳이었고, 회사에서의 인간관계는 대체로 개인적 감정을 배제하고 필요에 의해 맺는 것이었다. 미국인들에게는 집이야말로 긴장을 풀고 스스로에게 충실할 수 있는 공간이었다. 반면 일본의 샐러리맨 다수에게 집은 재충전을 위해 들르는 곳 이상의 의미는 없었고, 진정한 인간관계는 회사 동료들이나 학교의 동창들(나카마仲間) 사이에 존재하곤 했다.

일본 남성 집단 내부의 관계를 동성애적 측면에서 바라보는 것은 잘못된 접근이다. 물론 불과 한 세기 전만 해도, 이성에 대해 일찍 관심을 갖는 것이 건전하지 않고 심신에 악영향을 끼친다고 여겨졌기 때문에, 매우 남성적인 젊은이들 사이에도 동성애적 감정을 흔히 볼 수 있었다.[34] 하지만 에도 시기 중반으로 접어들면 사무라이 사이에서 명예로운 동성애 관계를 뜻하는 '슈도衆道'가 이미 사라지는 중이었고, 메이지 시대에 들어와 서양 풍습을 받아들이며 동성애 금지법을 시행하면서 남색의 관행은 완전히 사라졌다.

일본 남성들이 남성 집단을 찾는 것은 성적인 만족을 얻기 위해서가 아니라, 정서적 친밀함을 구하기 위해서다. 일본 남성이 아무런 가식 없이 긴장을 풀고 편안하게 기댈 수 있는 관계는 어린 시절 어머니와의 관계 외에는 없을 것이다.[35] 아버지나 선생님이나 다른 권위적 존재는 소

---

34 동성 간의 에로티시즘은 일본보다 덜 노골적이긴 했어도, 미국에서도 대체로 마찬가지였다. 제2차 세계대전 이전의 미국 대중문화에 대한 연구인 제프리 데니스의 저서 『소년들끼리 함께: 소녀에게 빠지기 전까지 십대 소년들의 사랑We Boys Together: Teenagers in Love before Girl-Craziness』에 보면 소년들은 성적으로는 아니더라도 감정적으로 서로에게 이끌리기 마련이었다. 소녀에 대한 조숙한 관심은 남성성의 발달에 위협을 주는 것으로 여겨졌다.
35 일본에서 어머니와 아들 사이의 전통적인 친밀함은, 지중해 지역은 어떨지 몰라도 적어도 북유럽이나 미국에서는 정상적이지 않은 관계로 보일 법하다. 여섯 살이나 된 일본 남자아이들이 아직 엄마젖을 먹고, 어린 시절 내내 엄마와 한 이불에서 잠을 자는 것도 흔한 일이었다.

원하고 부담스러우며, 어머니(또는 간혹 누나)가 아닌 다른 여성과의 관계는 불안함을 동반한다. 구혼과 결혼이 사회적인 기대를 충족시키기 위해 치러야 하는 통과의례에 불과했던 시절, '좋은 여자'를 만나는 것은 불가능한 일이었다(구혼이라는 것은 어차피 부모와 다른 어른들이 알아서 준비해주는 절차이기도 했다). 물론 매춘을 통해 성적인 해소를 할 순 있었지만, 돈을 주고 하는 섹스에서 자연스러운 정서적 친밀함을 얻기란 어려웠다. 일본 남성들도 사람이기 때문에 때로 열정적인 사랑에 빠져드는 일이 있었으나, 역사적으로 성애의 열정을 분출하는 일은 2장에서 봤듯이 파탄을 불러오는 비극으로 취급되곤 했다.

물론 서양의 기준에서 봐도 성공했다고 할 만큼 일본 남성이 결혼을 통해 평생의 정서적 친밀함과 동지애를 얻는 경우도 있긴 했다. 하지만 수백만의 일반적인 일본 남성에게 있어 가장 소중한 정서적 관계는 동성의 동지들, 즉 나카마와의 관계였다. 일본에서 소년이 성인 남성이 되는 관문을 만들어주고, 그 성인 남성이 과연 어떤 조건을 갖춰야 하는가의 기준을 정하며, 누가 그 기준에 합격인지 불합격인지를 판단하는 것은 어김없이 다 주변의 다른 남성들이었다.

이런 것 역시 일본만의 전유물은 아니다. 인류의 거의 모든 전통사회에 있어서, 소년들은 특정한 나이가 되면 모계 중심의 사회였던 집을 떠나 (혹은 집으로부터 강제로 분리되어) 다년간의 세월을 학교에 가거나, 도제식 수련을 받거나, 수렵·전사의 무리에 참여하거나, 사제 수업을 받는 등 남성들만이 있는 환경에서 보냈다. 이들이 다시 모계사회로 돌아와 남편이나 아버지가 되려면 우선 다른 남성들로부터 성인 남성으로 인정받아야 했다. 이러한 남성의 인생행로는 현대를 제외한 거의 모든 인류 사회에서 공통적이었을 뿐 아니라, 심지어 다른 영장류나 또는 코끼리처럼 고도로 진화된 군집형 포유류의 수컷들에게서도 발견할 수 있다.

이 책에서 다루었던 수많은 주제와 마찬가지로, 다른 나라와 비교해 여기서 일본이 다른 점은 그 근본적인 내용의 차이보다 정도의 차이에서 일부 찾을 수 있다. 대부분의 사회에서 남성 집단이 중요한 사회적·정치적 역할을 하고 있으나, 일본에서는 그 역할의 중요성이 유난히 두드러진다. 요즘 남성 집단을 흔드는 변화들(여성의 정치적·사회적 진출, 경쟁과 위계와 힘으로 대표되는 남성적 가치보다 공감능력과 감성지능과 같은 여성적 가치를 더 중시하는 새로운 경제 질서)은 결코 일본에서만 일어나는 일이 아니다. 하지만 그 파급력은 일본 남성들에게 있어 훨씬 더 충격적이고, 서양과는 다른 방식으로 사회에 영향을 미칠 수밖에 없다.

변화하는 일본 남성 집단

제2차 세계대전의 시기에 일본 남성들의 고삐 풀린 집단역학은 그 전술적인 탁월함에도 불구하고 전략적으로는 나라를 파멸로 몰고 간 커다란 원인이었다.[36] 전쟁이 끝나고 수십 년간 이들의 집단역학은 경제 성장을 위해 다시 동원되었다. 일본의 기업들은 한 세대의 세월 동안 일본의 젊은 남성에게, 그들의 아버지 세대가 전선에서 '전우들'과 함께 누렸던 친밀함 및 영웅주의와 비슷한 정서를 누릴 수 있도록 해주었다. 많은 사람이 '경제 기적'의 시기에 일본 기업에는 군대식 분위기가 뚜렷했

---

36 Hitoshi Kawano, "Japanese Combat Morale: A Case Study of the Thirty Seventh Division," in *The Battle for China*, pp.328–353. 최근 발표된 이 논문에 따르면, 제2차 세계대전 동안 일본군이 보여준 전술적 탁월함이 당시 서양의 선전 자료들이 주장하듯 '광신주의'에서 비롯되었다기보다, '1차 집단을 이루던 병사 간의 연대감을 통해 향상된 부대의 단결력'에 의거한 면이 크다고 한다.

다고 지적한다. 한눈에 드러나는 위계질서, 자기희생을 강요하고, 인내심 및 끈기(가만我慢)를 강조하는 문화 같은 것 말이다. 일본 기업의 인사 부서들은 직원들에게 소속감을 고양시키고 일과 희생에 대한 극도의 흥분 상태를 불러일으키기 위해 남성의 집단역학을 상당히 의도적으로 이용했다. 젊은 신입사원들은 회사생활 첫 몇 년을 남자 직원 숙소에서 보내곤 했다. 거기서 그들은 업무를 함께 할 뿐 아니라, 일과 후에도 함께 놀고 함께 생활했다. 도쿄의 신주쿠나 오사카의 난바 홍등가에 있는 소프랜드에 몰려다니는 젊은 샐러리맨들을 보면 알 수 있듯이 이들은 심지어 섹스도 '함께' 했다.

달리 말하면 이들은 전쟁터의 병사들처럼 살고, 행동하고, 사고했다. 젊은 남성들로부터 서로를 위해 기꺼이 싸우고 죽게 만드는 정신 상태를 끌어내기 위해서 의도적으로 그렇게 한 것이다. 다만 일본의 샐러리맨들이 목숨을 내놓도록 요구받은 것은 고향을 지키거나, 나라와 전우를 위해서이거나, 어머니와 누이들을 보호하기 위해서가 아니었을 뿐이다. 물건을 더 많이 만들어 팔기 위해서였다.

종전 직후의 수십 년 동안은 그것만으로도 충분히 중요한 목표가 되었다. 그것만으로도 젊은이들이 병사와 같은 마음가짐으로 지고의 희생을 하도록 요구하는 문화가 형성되었고, 젊은이들은 심리적으로 그것을 기꺼이 받아들였다. 4장에서 다루었듯이 종전 협약에 의해 정치능력과 군사능력을 제거당한 일본으로서는, 물건을 만들어 파는 것만이 국가로서의 영광을 되찾을 수 있는 유일한 길이었다. 또한 개인 차원에서 일본의 젊은 남성이 훌륭한 산업 전사가 되는 것은 사회적인 존중과 자존감을 얻고, 동료로부터 존경받는 길이었다. 즉, 통과의례에 합격하여, 군대를 대신해 우수한 남성들이 모이는 집단이 되어버린 기업에 들어갈 자격을 얻는다는 의미다. 이 집단에 소속되면 안정된 수입과 사회적 지위를 보장받을 수 있을 뿐 아니라 정서적 친밀함도 얻고, 성적 욕망을 사회적으로 용인된 방식으로 해소할 수도 있었다. 처음에는 '물장사(회사 비용으로 '교제비'를 사용할 수 있었다)' 업소에 출입하는 것으로, 나중에는 결혼을 통해서 말이다.

오늘날의 문화가 샐러리맨을 다루는 방식은 이미 노골적인 경멸에 가깝다. 세련된 젊은 여성들은 샐러리맨을 오야지オヤジ(나이 든 아저씨)라고 부른다. 요즘 세상에서 동경의 대상이 되는 남성은 샐러리맨이 아니고 창업가, 디자이너, 혹은 자니스 사무소가 배출해내는 아이돌, 아니면 야구의 스즈키 이치로鈴木一郎, 축구의 나카타 히데토시中田英壽, 골프의 젊은 신성 이시카와 료石川遼와 같이 자기 힘으로 성공한 스포츠 스타들이다.

그러나 일본 문화가 높이 사는 남성상과 실제 그런 남성이 될 기회 사이에는 본질적인 괴리가 존재한다. 미국에서 젊은 흑인 남성들에게 프로 스포츠 선수가 된다는 꿈과, 현실적으로 주어진 선택 사이의 괴리를 떠올리면 비슷할 것이다. 근본적으로는 여전히 창업하는 사람들을 신뢰하지 않는 일본의 비즈니스 세계에서 창업가로 성공하는 일본 남성의 수는 손에 꼽을 정도다. 디자이너나 그래픽 아티스트 직종에서 성공하기를 원하는 사람에게 열려 있는 좋은 일자리는 아주 작은 일부에 불과하다. 이치로와 같은 스포츠 선수의 재능이나 자니스 사무소가 찍어내는 아이돌 팝스타와 같은 섹시한 외모가, 완곡하게 말해서 일본의 남성 모두에게 공평하게 주어져 있는 것도 아니다.

6장에 등장했던 요미우리신문사와 그 야구팀 같은 '현실의 관리자'들에 의해 신격화된 샐러리맨의 미덕은, 적어도 일본의 소년과 젊은 남성들을 실현 가능해 보이는 목표를 향해 도전하도록 이끄는 힘이 있었다.

하지만 이어지는 7장과 8장에서 다뤘던 것처럼, 지난 20년간의 경제적인 트라우마로 인해 젊은 일본 남성들이 기업과 정부에서 안정적인 자리를 차지하는 것은 훨씬 더 어려운 일이 되었다. 일본에서는 여전히 그런 자리들이 사회적 지위와 경제적 안정성을 확실히 보장받을 수 있는 유일한 길임에도 불구하고 말이다.

그 결과로 나타난 현상 중 하나는 수백만의 젊은 일본 남성이 성적으로나 사회적으로나 불안감을 느끼게 되어, 동성과도 이성과도 적극적인 관계를 맺지 않게 되었다는 것이다. 이 현상을 다시 한번 신조어를 통해 살펴보자. 가장 잘 알려진 것은 오타쿠ぉ宅로, 이 단어는 스시壽司나 사요나라さよなら처럼 전 세계적으로 알려져 있다. 하지만 해외에서 이 말이 애니메이션이나 망가와 같은 일본 팝 컬처에 열광적인 관심을 가진 사람을 뜻하는 반면, 일본에서 오타쿠라고 하면 무언가에 너무 열중한 나머지 현실세계에서 사람과의 접촉을 모두 끊어버린 이들(보통 젊은 남자)을 의미한다. 이들이 열중하는 대상은 주로 테크놀로지나 팝 컬처이지만 거기에만 국한되지는 않는다. 오타쿠라는 단어의 핵심은 열중하는 대상이 무엇인가가 아니라, 그것 때문에 삶의 다른 모든 부분을 등한시한다는 데 있다.

좀더 암울한 의미의 신조어들도 있다. 새싹이라는 뜻의 단어에서 나온 모에萌는 실제 여성과 아무런 관계도 맺지 않으려 하고, 그 대신 주로 아주 어린 소녀를 판타지화한 가공의 캐릭터를 숭배하는 남성을 가리킨다. 히키코모리引き籠り('물러서서 숨어들어갔다'는 뜻)는 자신의 방 밖으로 일체 나가지 않는 젊은 남성들을 부르는 말이다. 오타쿠와도 겹치는 의미처럼 들리지만(오타쿠이면서 동시에 히키코모리일 수도 있다), 히키코모리는 꼭 무언가에 열중하는 사람은 아니다. 히키코모리는 사회적 의무

와 기대로 가득 찬 세상을 혐오하고 두려워한 나머지 세상을 등지고 숨어들어갔을 뿐이다. 히키코모리가 되려면 물론 음식을 방으로 넣어주는 엄마가 있어야 하고, 자신만의 방이 있는 집에 살고 있어야 한다.

히키코모리라는 단어의 기저에 깔린 문제는 성장을 원치 않고 어른이 되기를 거부하는 것이다. 어른으로서의 책임과 의무를 받아들이려 하지 않는 피터팬들에 대한 불만은 문명의 시작부터 항상 있어왔다. 그러나 영국의 에벌린 워나 미국의 스콧 피츠제럴드의 소설에 등장하는 영원한 소년들이 누리는 의무와 책임이 없는 삶은, 이들이 상류층 남성이기에 가능했다. 다른 계층이 그렇게 했더라면 극빈 상태에 빠지고 말았을 것이다. 하지만 오늘날의 일본, 미국, 영국에서는 아무도 배고픔에 시달리지 않는다.

미국과 영국의 경우 밑바닥 직업을 전전하는 젊은 남성들이나, 싱글맘의 대열에 가담하는 그들의 누이들은 주로 하위 중산층이나 노동자 계층 출신이다. 하지만 일본의 오타쿠와 히키코모리는 대부분 상위 중산층에서 나타난다.

오타쿠와 히키코모리라는 단어에서 전해지는 수동성과 포기의 느낌은, 앞서 살펴봤던 각종 반항적인 신여성 페르소나와는 정반대에 위치하고 있는 것처럼 들릴 수 있다. 그러나 '초식동물' 남성을 '육식동물' 여성과 단순히 대조시키기만 해서는 계급이라는 중요한 요소를 간과하게 된다. 보통 히키코모리는 경제적으로 여유 있는 가정에서 자라나는 경우가 많다. 그는 어린 시절 아버지의 모습을 거의 보지 못했을 가능성이 크다. 아버지는 일본 대기업이나 정부 관료 기구의 사다리를 열심히 올라가느라 집에 거의 있지 않았을 것이다. 그리고 어머니는 아이를 좋은 학교에 보내고 매일매일 사소한 것까지 챙겨주는 데에 모든 에너지를 쏟는다. 반면, 강구로갸루(요란한 태닝과 메이크업을 하는 갸루)의 어머니는 가게의 점원 같은 비정규직 일을 하며 하루 종일 밖에 있는 경우가 많았을 것이다. 아버지는 택시를 몰거나, 일본 산업사회의 맨 밑바닥 하청 일을 도맡아 하는 가족 소유의 각종 영세 기업들을 전전하며 육체노동을 한다.

달리 말하면 강구로갸루는 실제로나, 상징적인 의미로나 히키코모리의 누이가 아니다. 이 두 부류를 탄생시킨 사회경제적 요인은 영국의 축구 폐인이나, 남자들은 '도움이 안 된다'고 생각하는 미국의 싱글맘을 탄생시킨 요인들과 비슷할지 몰라도, 이들이 각각 자신의 사회에서 차지하고 있는 상대적인 위치는 전혀 다르다.

계급의 부활

한 세대 전만 해도, 대다수의 일본인은 스스로를 중산층이라 여겼다. 즉, 일본은 사실상 계급이 존재하지 않는 사회였던 것이다. 위계질서의 영향이 일상의 언어에까지 침투해 있는 일본과 같은 사회에서 이것은 대단한 일이다. 물론, 실생활을 들여다보면 이는 결코 사실이 아니었다. 1950년대에도 재무성이나 일본흥업은행의 고위 간부와, 시타마치下町(노동자들이 사는 도쿄의 서민 동네)에서 일하는 농부나 노동자 간의 차이는 누가 봐도 분명했다.

하지만 일본이 쌓아놓은 부는 제2차 세계대전을 거치며 모조리 날아가버렸다. 미군정이 실시한 개혁은 황실을 제외한 모든 세습된 작위를 폐지해버렸고, 지방 유지들의 재산을 몰수했으며, 일본 유수의 대기업들의 소유권을 재벌 가문들로부터 박탈해버렸다. 순전히 경제적인 관점에서만 보자면, 종전 직후의 일본은 진정으로 대다수의 국민이 단일 계급인 사회가 되었던 것이 맞다. 국민 대부분이 빈민 계층이 되었다는 뜻이다. 그 뒤 수십 년간 이어진 고도의 경제 성장은 모두를 부유하게 만들어주었다. 그리고 일본 대기업들의 급여체계는 미국과 달라서, 터무니없이 부자인 은행가나 CEO들이 경제 구조의 꼭대기에 앉아 사회를 호령하는 사태도 발생하지 않았다. '경제 기적'의 세월 동안 졸부가 된 사람들은 부동산 중개인이나 건설 회사의 소유주들이었다. 이들은 지역의 유지들이었고 상당수가 자민당과의 커넥션을 갖고 있었다. 하지만 관료 기구나 대형 은행이나 대기업의 상부를 장악하고 있는 도쿄대학 출신들과 비교하면, 이들은 진정한 의미의 사회적 지위는 갖지 못한 기회주의적 속물로 여겨졌다. 일본에서 가장 영향력 있는 사람들은(CEO, 은행가, 고위 공무원, 대학교수나 주류 일간지의 편집장) 대부분 평범한 수준의 월급을 받았다. 그러나 일본 국민의 대다수가 중산층이라는 착시 현상이 나타난 데에는, 상대적으로 평등하게 이루어져 있던 부의 배분보다는 다른 곳에 그 원인이 있었다. 샐러리맨 문화의 확산과 텔레비전의 보급이 있었고, 요미우리와 덴쓰 같은 미디어 제국들이 뉴미디어를 통해 대다수의 일본인에게 샐러리맨의 규범을 내재화하도록 하는 데 성공했기 때문이다.

미키 카우스나 마이클 린드와 같은 미국의 논객들도 미국에서 발생한 비슷한 현상에 대해 지적한 바 있다.[37] 미국은 제2차 세계대전이 끝나고 유례없이 부유한 나라가 되었지만, 1950년대의 미국인들은 (적어

37 Mickey Kaus, *The End of Equality*(Basic Books, 1995); Michael Lind, *Next American Nation: The New Nationalism and the Fourth American Revolution*(Free Press, 1996)

도 백인들은) 똑같은 텔레비전 프로그램을 보고, 똑같은 음식을 먹고, 무엇이 옳고 그른가에 대해 비슷한 견해를 갖고 있었다. 하지만 오늘날의 미국은 계급 차이가 매우 크고도 뚜렷하다. 수제 맥주를 시키는지 버드라이트를 시키는지, 폭스뉴스를 보는지 PBS를 보는지만으로도 그 사람의 계급이 확연히 드러난다.

물론 오늘날 미국에 존재하는 계급 간 분열과 증오는 일본보다 훨씬 더 선명하고 심각하다. 일본에는 고학력층의 학식과 매너와 라이프 스타일에 대해 독설을 뱉어내는 미국의 러시 림보나 글렌 벡 같은 방송인들이 없다. 하층 계급 남성들의 행동에 대한 경멸을 숨기지 못하고 드러내는 엘리트들의 매체 같은 것도 없다. 하지만 일본과 미국 모두 불과 한 세대 전만 해도 마치 계급이 존재하지 않았던 것 같던 사회에 대한 기억이 있고, 그런 시절이 갑자기 사라진 데 대해 당황스러움을 느끼며 고민하고 있다. 그 시절에는 모두가 합심했고, 모두 비슷한 취향과 꿈을 갖고 있었다. 여기서 다시 한번 신조어들을 통해 이런 정서를 들여다보자. 가장 널리 쓰이는 것 중에는 가치구미勝ち組(이기는 집단 또는 위너)와 마케구미負け組(지는 집단 또는 루저)가 있다. 한 세대 전만 해도 이런 단어들은 터무니없게 여겨졌거나 별로 의미를 갖지 못했을 것이다. 하지만 오늘날의 격차사회格差社會에서 이 단어들의 무게는 모두를 짓누른다. 미국과 일본이 서로 완전히 다른 경제 수준에서 출발했음에도 계급 문제에 관한 관념은 비슷하게 변화해왔다는 사실은, 이게 단순히 경제력만의 문제가 아니라 훨씬 더 많은 요소가 얽혀 있다는 주장을 뒷받침해준다.

시대와 장소를 초월하여 하층민들을 길들이는 것은 극도의 빈곤에 대한 두려움이다. 애덤 스미스는 "가난한 노동자는 일주일만 방탕한 생활을 해도 영원히 헤어나올 수 없다"는 유명한 말을 남긴 바 있다. 하지만 이제 미국과 일본 같은 부유한 사회에서 방탕한 생활은 모든 계급의 사람들에게 가능해졌다.

그 결과 적어도 미국에서는, 대부분의 사회에서 두 종류의 다른 도덕 시스템이 존재한다는 애덤 스미스의 주장이 가볍게 뒤집히고 말았다. 애덤 스미스는 "유행을 좇는 상류계급 사람들이 채택한 느슨한 시스템에서는 어느 정도의 무절제한 쾌락의 추구가 허용되고" "서민들이 존중하며 따르는 금욕적인 시스템에서는 과도한 낭비를 혐오하고 죄악시한다"고 주장한 바 있다. 그러나 오늘날의 미국에서 근면하게 일하고 건실한 가정을 꾸리며 절제된 삶을 사는 것은 상위 중산층 사람들이다. 난잡한 생활로 인생을 낭비하는 것은 부유한 부모를 둔 남성들이 아니라 이제는 하위계층 남성들이다. 요즘은 남성의 체력과 경쟁심보다는 여성의 공감능력과 근면성을 요하는 직업이 더 많아지고, 학교는 남학생들의 거친 행동에 눈살을 찌푸리는 여성 교육자들의 손에 관리되는 경우가 많아졌다. 이런 상황에서 미국과 영국의 하위계층 남성들은 학교를 일찍 그만두고 직장이나 가정에 대한 의무도 등한시하는 경우가 많으며, 사회 전반 및 이들이 환심을 사고자 하는 대상인 여성들이 경멸해 마지않는 일들에 몰두하는 데서 그나마 위안을 얻는다. 그러는 동안 여성들은 경제적 이유와 생물학적 이유로 인해 일자리를 점점 더 많이 갖게 되었다. 이들은 자녀에 대한 염려 때문에 직장에서 남성에 비해 상대적으로 더 순종적이고 근면하다. 그리고 제몫을 다하지 못하면서 요란하게 밥만 축내는 남자와는 점점 더 엮이지 않으려고 한다.

오늘날 미국과 영국의 양극화된 사회에서 위험에 처한 것은 하위계층의 남성 노동자와 가난한 싱글 여성들인 반면(그리고 엘리트들은 이들이

처한 곤경에 점점 무지해져간다), 일본의 경우는 다르다. 일본에서는 오늘날 미국과 영국에서 일상사가 되어버린 하위계층 남성의 불쾌한 행동을 거의 볼 수 없다. 물론 일본에도 친피라チンピラ(불량배라는 뜻)라고 알려진 젊은이들이 학교를 그만두고 보는 사람을 불쾌하게 만드는 옷을 입고 폭주족이 되어 돌아다니곤 한다. 이들은 세파에 단련된 권위적인 어른 남성에게 교화되지 않는 한(일본 텔레비전 드라마에는 이런 얘기가 많이 나온다), 야쿠자가 되거나 전과자가 되거나 혹은 둘 다가 되기 일쑤다. 하지만 이들의 숫자는 매우 적다. 평범한 환경에서 자란 대다수의 젊은 일본 남성은 근면하고 예의 바르며, 스스로에 대해서도, 가족과 친구와 소속 집단과 나아가서는 사회 전반에 대해서도 강한 책임감을 갖고 있다. 일본이 여행하기에도 살기에도 쾌적하고, 수 세대에 걸쳐 외국인들을 경탄해 마지못하도록 하는 것은 그래서일 것이다. 평범한 일본인들이 진지하게 자신의 책임을 다하기 때문이다. 이들은 비굴해지지 않으면서도 상대를 존중하는 법을 터득하고 있다. 또한 스스로의 자존감을 유지하면서도 타인의 처지에 공감을 표하고 기꺼이 도움을 주는 법을 알고 있다.

이런 특징은 역사적으로 일본 여성도 남성보다 더 두드러졌으면 두드러졌지 결코 덜하지 않았다. 그리고 일본의 상류층 남성 중에는 간혹 자기중심적이고 깐깐한 사람들이 있는 반면, 여성들은 모든 계층에 있어 비슷하다. 일본 여성들은 전통적으로 타인에 대해 절묘한 존중과 배려를 베풀도록 사회화된다. 가장 밑바닥의 청소부와 접대부로부터 가장 귀한 신분의 여성까지 다 마찬가지다. 한 세기 반 동안 서양 남성들은 바로 그 점에 매료되고 감탄해왔다. 그러나 이제 젊은 하위층 여성들은 예전이라면 '태도가 좋지 않다'고 지적받을 만한 성향을 내보이고 있으며, 상위층 여성들은 예전과 같은 충실한 아내와 헌신적인 어머니의 역할을 거부하고 있다. 실제로 일본 문화의 뭔가 근본적인 부분이 변화하고 있는 것이다.

많은 이가 '이제 그럴 때도 되지 않았나'라고 말한다. 6장에서 살펴본 것처럼 종전 이후의 새로운 사회계약은 여성들이 기존에 누리던 지지 네트워크를 앗아가버렸다. 그리고 그 빈자리를 실질적으로 메꿀 수 있는 경제적 자립의 기회도, 서양과 같은 친밀하고 동등한 개인 간의 결혼이라는 기회도 주어지지 않았다. 설령 남편들이 그런 관계를 원했다고 할지라도 만연한 샐러리맨 문화 때문에 신혼 초기부터 어려움에 빠졌을 것이다. 이런 배경을 생각하면 일본 여성들이 집단적으로 들고일어나, 이런 식의 삶은 이제 그만이라고 외치는 것을 결코 비난할 수 없다.

하지만 이는 곤란한 문제를 일으킨다. 일본의 가장 뛰어난 강점 중 하나는 사회적 결속력이다. 단합과 상호 신뢰와 책임감에 있어 거의 전 국민적으로 통일된 의식을 갖고 있다. 그런데 일본의 보통 남성들이 이제 더 이상 자상하고 따뜻한 어머니의 품에서 자랄 수 없고, 결혼하고 가정을 꾸리는 것을 당연시하지 않는다면 과연 이런 가치들이 유지될 수 있을 것인가. 남성들만으로 이루어진 집단은 계속해서 존재할 것이다. 결혼과 가정이라는 개념이 무너지면, 남성 집단은 다시금 지배적인 사회 조직으로 부활한다. 하지만 미래의 남성 집단은 상당수의 서구 사회에서 그랬듯 야만스럽고 무례한 형태로 변할 수 있다.[38] 다양한 갸루 페르소나와 일본 사회의 점차 노골적이 되어가는 남성 혐오가 지금까지는 제스처나 패션이나 신조어 같은 가벼운 방식으로 표출되었다. 그러나 언제까지나 그런 보여주기식 유행에 머무르지만은 않을 것이다.

---

[38] 야만스럽고 무례한 남성 집단이 하위 계층 남성들에게서만 존재한다는 생각은 월가에 있는 아무 증권사의 트레이딩 부서를 방문해보면 금세 바뀔 것이다.

좋은 집안에서 태어나 똑똑하게 잘 자란 현대의 일본 여성들은 고등교육을 받고 서양의 여성들과 같은 기대 수준을 갖는다. 이들은 다음 세대에 엘리트가 될 아들의 뒷바라지를 하는 헌신적인 어머니 역할이 아니라, 일본 지도층의 일원으로 합당한 역할을 하길 원한다. 하지만 여성이 일본 주요 사회 조직들의 핵심 권력층에 아직 진정으로 편입된 것은 아니다. 서양에서는 점차 그렇게 되어가고 있는 것과 대조적이다. 물론 요즘에는 일본에서도 대기업이나 대학, 관료 기관, 언론사와 같은 곳에서 실제로 큰 직책을 맡고 있는 여성들이 눈에 띄긴 한다. 그러나 그 숫자는 여전히 턱없이 부족하다.

이러한 현상의 결과 일본은 두 마리 토끼를 다 놓치고 있는 모양새다. 한쪽에서는 역사상 가장 헌신적인 현모양처들이 제공해주던 가치를 잃었고, 또 한쪽에서는 고등교육을 받은 능력 있는 여성들이 사회의 가장 중요한 기관의 리더가 될 기회를 살리지 못하고 있다. 이러다가 어쩌면 일본에서는, 남성을 사회 전반에서 배제하다가는 암울한 결과가 나타날 것이라던 페미니즘 반대론자들의 경고가 현실화될 수도 있다. 그것은 바로 상위계층에는 연약하고 무기력한 남성만 있고, 하위계층에는 야만스럽고 무례한 남성만 있는 풍경이다. 여성에게 동등한 기회를 부여하면 사회적으로도 혜택이 돌아가리라던 페미니즘 옹호자들의 기대에서 일본은 확연히 어긋나고 있다. 이들은 여성의 참여로 인해 일본의 주요 기관들이 단순한 생존과 경쟁을 뛰어넘는 소명의식을 갖고, 포용과 공감으로 움직이는 조직으로 변모할 것이라 기대했었다.

일본에서 남성들의 야만스러운 무례함은 아직까지는 대부분 판타지 세계나 도쿄 가부키정과 같이 경비가 삼엄한 남자들의 유흥가에 국한되어 있다. 하지만 일본의 지도층은 단지 연약하고 무기력하기만 한 것이 아니라, 포용이나 공감이나 소명의식 같은 것이라고는 전혀 받아들일 준비가 되어 있지 않은 것으로 보인다. 책의 마지막 장에서 길게 다룰 텐데, 이들의 편협하고도 피해의식에 사로잡힌 민족주의는 다른 국가들과 건강하고 지속 가능한 관계를 맺으려는 일본의 노력에 갈수록 더 찬물을 끼얹고 있다.

일본 지도층의 쇠퇴

일본 지도층이 실패하고 있는 이유는 남녀 역할의 변화 때문이라는 지적의 옳고 그름을 떠나, 일본 지도층은 눈에 띄게 쇠퇴하고 있다. 이제는 제2차 세계대전 이전 '현모양처'의 시대로 되돌아갈 수 없음에도, 정책적 대안 없이 남녀 역할의 변화에 대한 불평만을 늘어놓는 것 자체가 리더십의 실패를 반증한다. 종전 직후 일본을 폐허로부터 재건해냈던 요시다 시게루, 이시바시 단잔石橋湛山, 이케다 하야토 같은 인물들과 오늘날 일본 정치 지도자들은 비교 대상조차 되지 않는다. 앞서 여러 번 등장했던 기시 노부스케조차 도덕적으로는 논란의 여지가 많았으나(도조 내각의 군수대신이었고, 전후 총리가 되어 일본을 미국에 사실상 종속시키는 형태의 법안을 의회에서 강행 통과시켰다), 탁월한 지적 능력과 경쟁력 및 현실감각을 뿜어내는 위인이었다. 그의 손자이자 전임 총리인 아베 신조에게는 그런 면이 전혀 없다. 프랑스에도 샤를 드골 이후 니콜라 사르코지가 나왔고, 아이젠하워 이후 조지 W. 부시가 나오지 않았냐는 식으로 비교한다고 해서 일본의 문제가 덜 심각해지는 것은 아니다. 게다가 이런 리더십 쇠퇴의 문제는 정치에만 국한되어 있지 않다. 앞 장에서 보았듯이 지금의 일본에도 과거의 혼다 소이치로本田宗一郎(혼다), 모리타 아키오盛田昭夫(소니), 오가 노리오大賀典雄(소니), 마쓰시타 고노스케松下幸之助(파나소닉), 이나야마 요시히로稲山嘉寛(니혼제철), 이나모리 가즈오稲盛和夫(교세라) 같은 배포와 비전을 가진 창업가 및 경영자들이 있긴 하다. 하지만 이들이 일본 산업의 중추가 되는 대기업들을 이끌고 있지는 않다. 그리고 종전 이후 폐허가 된 일본 경제를 수십 년에 걸쳐 맨손으로 재건해야 했던 통상산업성 및 재무성의 고위 관료들과, 지금의 소심하고 소극적인 관료들이 보여주는 수준의 차이도 현격하다.

2011년 3월 11일 후쿠시마 제1원전의 파괴와 더불어 전개된 사건들은 일본의 지도층이 얼마나 망가져 있는지를 전 세계에 가감 없이 보여주었다. 대재난이 닥치면 그간 부패해온 정치체제에 잠깐일지라도 가차 없는 조명을 비추어 그 민낯이 드러난다. 체르노빌 원전 사건이나 허리케인 카트리나, 2008년의 금융 위기와 같은 재난 상황으로 인해 지도층의 담합과 부정행위와 무능함이 대중에게 그대로 드러나면, 그동안 공익에 들어가는 세금으로 자신의 살을 찌우던 무리가 놀라 달아나기 마련이다. 더러운 아파트에 갑자기 불이 켜지면 바퀴벌레 무리가 숨을 곳을 찾아 달아나는 것과 같다.

후쿠시마 원전 사태에서도 그랬다. 다들 알고 있다시피 사태의 시작은 무시무시한 지진과 그로 인해 발생한 쓰나미였다. 쓰나미가 휩쓸고 간 곳은 원전을 포함해 모든 것이 파괴되었는데, 문제는 거대한 쓰나미가 과거에도 있었다는 점이다. 1000년 전에도 일본의 같은 해안을 더 큰 규모의 쓰나미가 덮쳤었다. 도쿄전력은 이곳에 원전을 짓고 운영한다면 마땅히 했어야 할, 1000년에 한 번 닥칠 수 있는 위험 요소에 대한 대비를 하지 않았다. 원전 붕괴가 초래할 끔찍한 결과를 생각하면 당연히 고려했어야 하는 일이다. 그뿐 아니라 여기서 가장 먼저 붕괴했던 송전탑은 쓰나미가 아닌 지진에 의한 것으로 밝혀졌다. 쓰나미의 위험은 해안으로부터 멀리 떨어지면 피할 수 있지만, 일본에 지진으로부터 안전한 곳은 없다.

사건이 나고 몇 주일이 지나자 애초 일본은 원전에 대한 국가의존도를 과도하게 높이기 위해 사고 위험성을 무시하고 '악마와의 거래'를 했던 것임이 자명해졌다. 도쿄전력의 경영진은 사실상 붕괴되었다. 일본 정부의 기관지나 다름없던 기성 언론을 통해 쏟아져 나온 왜곡과 회피와 뻔한 거짓말에도 불구하고, 수도 도쿄조차 매우 위험한 상황이었음이 드러났다. 체르노빌 때와 같은 유독한 방사능 가스가 날아들면 도쿄의 3000만 인구가 대피해야 할 수도 있었는데, 이는 곧 현대 국가로서의 일본의 종말을 뜻했다.

실제로 무슨 일이 있었는가에 대해서는 두 가지 버전의 이야기가 있다. 첫 번째 버전에서는 도쿄전력이 후쿠시마 원전을 아예 포기할 것이라는 이야기를 듣고, 당시 총리이던 간 나오토菅直人가 헬기를 타고 후쿠시마까지 날아가서 도쿄전력 인력의 희생이 생기더라도 사태를 수습할 것을 요구했다고 한다. 또 다른 버전은 수습이 되어가던 상황이 오히려 간 나오토 총리의 개입으로 인해 악화되었다는 것이다. 어떤 것이 맞는 이야기인지는 알 수 없지만, 첫 번째 버전이 더 신빙성 있다. 간 나오토 총리에게는 도쿄전력과 같은 공기업과, 관료사회 안에서 이들을 보호하고 편의를 봐주는 사람들을 불신할 만한 충분한 이유가 있었다. 그는 16년 전 연립 정권에서 후생노동성 장관으로 입각하며 처음 전국적으로 알려졌다. 당시 그는 미국 FDA로부터 에이즈 바이러스에 감염되어 있다고 이미 통보받은 혈액제제血液製劑를 후생노동성 관료들이 일부 제약회사들에 판매하도록 허용한 사실을 발견했다. 그로 인해 일본의 수많은 혈우병 환자가 에이즈에 감염되고 말았다. 간 나오토는 이 사건이 국민에게 알려지지 않도록 하라는 압력을 받았다. 일본 관료사회에서는 담당 부처의 명예와 해당 산업을 지탱하는 기업들의 안위가 일반 국민의 생명보다 더 중요하곤 하다. 하지만 간 나오토는 굴하지 않고 사건을 공개했다.

3·11 사태가 가져온 재난의 규모는 이때와 비교할 수 없이 컸으나, 배후에는 비슷한 역학이 작동하고 있었다. 원래 원전을 설계했던 미국의 제너럴일렉트릭은 원전에 심각한 하자가 있으니 수리 작업을 해야 한다고 도쿄전력 측에 경고했으나 무시당했다. 그런 경고를 수용한다는 것은 곧 원전에 위험성이 존재함을 인정하는 것과도 같았다. 그렇게 되면 그동안 도쿄전력의 '원자력촌原子力村(원전 마피아)'과 학계·정계·관계에서 그들을 옹호하는 세력들이 줄곧 선전해온, 원자력은 깨끗하고 안전한 기술이라는 메시지와 앞뒤가 맞지 않게 된다. 잘 작동 중이던 원전이 수리 작업에 들어간다거나, 원전의 보호를 위해 세운 방조제보다 더 높은 곳으로 비상 전원 설비를 옮겨서 쓰나미가 닿지 않도록 하는 조치를 취한다든가 하면, 애초에 위험 요소가 완전히 제거된 것이 아니었다고 인정하는 꼴이 된다. 이런 것을 보면 대출이 상환되지 못할 위험에 대비한 충당금을 쌓아놓지 않았던 일본 은행들이 떠오른다. 대출의 일정 비율이 회수되지 않을 것이라고 미리 가정하는 일은 곧 대출 심사에 허점이 있다고 인정하는 것과 마찬가지라는 논리다.

유감스럽지만 지도층이 자기 잇속만 챙기면서 스스로의 선전 책동에 사로잡힌 나머지 국가를 위험에 빠뜨리고 마는 것이 일본에서만 볼 수 있는 일은 아니다. 제1차 세계대전 때 거듭해서 자국의 장정들을 독일군 기관총 포화 속으로 내몰았던 영국의 사령부나, 소련 브레즈네프 정권의 노멘클라투라nomenklatura(공산주의 국가의 특권층)를 보라. 혹은 MBA 학위로 무장한 미국 엘리트들의 약탈적 금융 행위가 세계 경제를 뒤흔드는 것도 마찬가지다.

뒤 장에 또 나올 텐데 이 장에서 마지막으로 다시 한번 강조하자면, 여기서 우리 관심사는 일본만의 독특한 지점은 어디인가 하는 것이다. 이 경우에는 일본의 지도자 계층이 어떤 연유로 이토록 무능하고도 위험한 존재가 되고 말았는가를 얘기하고 싶다. 바로 앞 장에서 일본 기업들이 매몰 비용을 상각하는 데 어려움을 겪는다는 점을 살펴봤는데, 일본에서 이는 기업이나 돈 문제에만 국한되지 않는다. 일본의 조직들은 전략적 실수를 인정하고 발생한 문제를 직시하는 데 유난히 서툴다. '개인'은 비난받을 수 있고 심지어 희생되기도 한다. 조직에서 명목상의 리더인 사람들이 이런저런 이유로 스캔들에 휘말린 뒤 형식적인 사죄를 하고 사퇴하는 풍경은 매우 익숙하다. 이는 상당수가 쇼에 불과할 뿐이지만(그런 리더들은 뒤에서 따로 보상을 받고 잠잠해지면 되돌아온다), 실제로 수많은 일본의 개인은 실수나 혹은 더 큰 문제에 대해서도 기꺼이 책임지려는 훌륭한 태도를 보여준다. 문제를 일으키고도 나서서 잘못을 인정하지 않고, 변호사 뒤에 숨어 책임 회피에만 급급한 미국인 다수의 경멸스러운 행태는 일본에서 찾아볼 수 없다. 하지만 '조직'으로 넘어오면 이야기가 달라진다. 일본에서 실수를 인정할 줄 모르고 강제적인 상황에 몰리기 전까지는 급격한 변화 조치를 취하지 않는 것은, 앞 장에서 다뤘던 비즈니스의 사례들에만 국한된 생리가 아니다. 제2차 세계대전 때 일본 황군이 보여준 행위에서 시작해, 어떠한 공공사업 프로젝트라도 한번 공식적으로 인가되면 철회가 거의 불가능해지는 현대 일본의 경향까지 모든 곳에서 드러난다. 공공사업 프로젝트 비용이 감당할 수 없을 정도로 늘어나고, 끔찍한 피해가 뒤따를 것이라는 확실한 증거가 드러나도 어쩔 수 없다. 이런 프로젝트들은 좀비나 흡혈귀처럼 계속 부활하는데, 왜냐하면 인가를 내준 주체가 막강한 권력을 가진 정부 부처이거나, 그 부처와 협력관계에 있는 이들이기 때문이다. 프로젝트를 철회한다는 것은 곧 해당 부처가 실수했다는 것을 인정하는 꼴이 된다.

이처럼 조직에서 실수를 인정하는 능력이 결여되어 있는 것은, 일본에서 제도적 협약이라는 것을 둘러싼 신성함에 가까운 아우라에 그 뿌리가 있는 것이 아닌가 싶다. 2장에서 도쿠가와 막부가 일본의 제도적 질서를, 이의 제기가 불가능한 절대적인 것으로 만들기 위해 기울인 의도적인 노력에 대해 얘기했다. 이들은 신성한 존재가 신성을 대신해 제도적 질서를 만든 것이 아니라(왕권신수설), 제도적 질서가 신성 그 자체의 발현인 것처럼 여기도록 만들었다. 이러한 제도의 신성성은 막부가 붕괴된 이후에도 살아남았을 뿐만 아니라 메이지 정부에 들어서는 오히려 더 강화되었다. 민족주의 국가를 건설해 전 국민을 동원하는 데 필수라고 여겼기 때문이다. 메이지 정부는 그렇게 해서 홉스주의적 약육강식이 난무하던 19세기 말의 세계질서에서 독립국가로 살아남으려고 했다.

1945년 패전과 더불어 천황은 본인이 신적인 존재가 아닌 인간임을 공식적으로 인정했고, 전후에 만들어진 헌법은 일본에 법치주의 및 주권재민과 같은 개념들을 주입했다. 이로 인해 그 전까지 일본 권력의 핵심 제도들이 뿜어내던 신성한 아우라는 훼손되었지만, 그 아우라가 완전히 사라진 것은 아니었다. 약 40년 전 원자력 발전 프로그램을 추진하기로 했던 정책적 결정이 그 좋은 사례다. 원자력 발전소는 중앙집권화된 대규모 조직이 아니면 운영할 수 없고, 그 조직은 필연적으로 기술적·재정적·정치적 권력을 축적하게 된다. 원자력 발전소의 이런 특징은 권력의 축적을 조직의 생리로 하는 일본 관료들에게 매력적일 수밖에 없었다.[39] 게다가 원자력 발전은 지도층이 막부 말기부터 오랫동안 원했던 꿈, 즉 변덕스러운 외국에 대한 의존도를 낮추는 꿈을 실현할 가능성을 보여주었다. 일본 최대의 공공재 회사인 도쿄전력은 그렇게 통상산업성 및 건설성의 엘리트 관료들과, 나카소네 야스히로 전 총리와 같은 강력한 정치가들과, 선거구에 짭짤한 건설 계약을 끊임없이 유치해올 수 있다는 데 홀린 지역 자민당 지도자들의 지지와 보호를 등에 업고, 지구상에서 가장 지진의 위험에 취약한 나라에 수십 곳의 원전을 짓기로 하는 치명적인 결정을 내리기에 이른다. 연구 기관들과 학계의 '저명한 전문가'들이 이론적 뒷받침을 만들어주었고, 일본의 기성 언론은 숙련되고 성실한 엔지니어들 손에서 원자력은 일본에 이루 말할 수 없는 이익을 안겨줄 100퍼센트 안전한 테크놀로지가 될 것이라는 메시지를 연일 떠들어댔다(요미우리 언론 제국에서 특히 이런 메시지를 열심히 쏟아냈다). 일단 그렇게 결정되고 나자 다시는 이를 철회할 방법이 없었다. 그때까지 들어간 막대한 매몰 비용 때문이기도 했고, 더 정확하게는 그러한 규모의 결정을 되돌릴 만한 제도적 수단이 없었기 때문이다. 그렇게 하려면 절대로 실수할 리가 없는 조직이 근본적인 실수를 저지르고 말았음을 인정하는 꼴이 되기 때문이다.

하지만 요미우리신문이 '원자력촌'의 입김 때문에 무엇을 보도하고 혹은 보도하지 않느냐에 따라, 방사능 노출로 인해 발생하는 피해가 늘거

---

39 일본보다 원자력 발전에 더 의존적인 또 하나의 선진국이 바로 국가주도형 중앙집권을 표방하는 프랑스라는 것은 그리 놀라운 사실이 아니다.

나 줄어드는 것은 아니다. 다만 피폭의 영향이 얼마나 광범위하게 퍼져 나갈지는 언론을 통해 은폐할 수 있다. 3월 11일 사태 발생 이후 며칠 동안 공중파는 국민에게 침착할 것을 호소하며 방사능 노출의 위험성을 축소하는 정부 대변인과 '원자력촌', 이해관계에 있는 원전 옹호자들의 모습을 내보내기 바빴다. 더 비판적인 의견들은 그 와중에 의도적으로 배제되었다. 이런 은폐 공작을 통해서 방사능 피폭과 같은 현상은 당분간 숨길 수 있다. 방사능 피폭은 쓰나미를 막지 못한 방파제처럼 당장 눈에 보이는 것도 아니고, 몇 년의 세월이 지나야 그 피해가 드러나기 때문이다. 그러나 은폐 공작은 결국 먹히지 않았다. 해외 몇몇 나라가 일본에 있는 자국민에게 사고가 난 원전 지역에서뿐만 아니라 아예 도쿄 지역을 떠날 것을 권유하기 시작하면서, 이런 일들에 별로 신경 쓰지 않던 일반 국민조차 그동안 속아왔음을 깨달은 것이다.

사람들은 제2차 세계대전 말기의 상황과 비교하기 시작했다. 미국 폭격기가 밤하늘을 가득 채우고 죽고 다치는 젊은 남성 숫자가 어마어마하게 늘어나던 와중에도 당시 신문 지면은 일본의 영광스러운 승리를 찬양하는 내용으로 계속 채워졌다. 그로부터 68년이 지나고, 파괴된 원전에서 가장 가까운 도시인 미나미소마南相馬의 시장은 도시가 고립되었다며 전 세계 자원봉사자에게 도움을 청하는 동영상을 유튜브에 올렸다. 일본의 기성 언론들이 기자를 모두 철수시키는 바람에 미나미소마시의 소식을 밖으로 전할 방법이 없다고 호소했다. 정부가 원전 반경 30킬로미터에 있는 사람들에게 밖으로 나오지 말고 실내에 있을 것을 명령했기 때문에, 상점과 주유소에도 물건의 공급이 이루어지지 않았다. 지진과 쓰나미로 심각한 피해를 입은 도시(인구 7만5000명의 도시에서 수백 명의 사망자가 나왔다)의 주민들은 도시를 떠날 수도(차에 주유할 수 없어서), 머물러 있을 수도(상점에 음식이 별로 없어서) 없었다.

그런 나날이 몇 주 계속되자, 일본을 아무리 사랑하는 사람이라도 일본의 일반 시민이 보여주는 성숙함과, 이들을 애초에 이런 끔찍한 상황으로 몰아넣고 방치해버린 사람들의 대조적인 행위 사이의 간극에 분개하지 않을 수 없었다. 피해 지역에서는 수만 명의 선량하고 모범적인 사람들이 가족 모두를 잃은 경우까지 포함해서 그야말로 삶의 전부를 잃었다. 게다가 상황을 더 악화시켰던 것은 불안정한 상황이 언제까지 계속될지 도무지 알 수 없다는 점이었다. 집을 잃은 수많은 사람은 단지 집이 파괴되었을 뿐 아니라 그 일대가 방사능에 피폭되었기 때문에 집을 언제 다시 짓기 시작해야 할지조차 알 수 없었다. 하지만 사람들은 불평하지도 유난을 떨지도 않고 묵묵히 할 일을 했다. 세상은 이들이 보여준 자발적인 질서와 상호 연민을 흥분의 눈으로 바라보았다. 이들이야말로 나를 포함한 무수한 사람이 애초에 왜 일본을 이토록 사랑하게 되었는지 다시금 깨닫게 하는 생생하고도 눈물 나는 증거였다.

해야 할 일을 한다는 이런 사명감은 현장에 있던 도쿄전력의 평사원과 하급 관리자들 사이에서도 충만했다. 가령 후쿠시마 원자력 발전 소장이던 요시다 마사오吉田昌郎는 도쿄전력 본사로부터 내려온 명령을 무시하고 원자로에 해수 주입을 계속해 사태의 확산을 막는 데 결정적이고도 중심적인 역할을 했다. 요시다가 이끌던 50명의 직원은 나중에 '후쿠시마 피프티Fukushima Fifty'라 불리게 되었는데, 당시 일본의 상황이 상상도 하기 힘든 재앙까지 가지 않은 것은 이들이 끔찍한 개인적인 희생을 감수했기 때문이다. 끈이론string theory의 창시자인 핵물리학자 미치오 카쿠 박사는 요시다가 막대한 양의 해수를 주입할 것을 명령하지 않았더라면 틀림없이 원자로의 노심이 폭발하고 말았을 것이라고 주장한다.

그 뒤 요시다는 도쿄전력으로부터 명령불복종으로 공식 처벌을 받았고 2013년 7월 식도암으로 사망했다.

일본의 모든 지도자를, 원자력을 무리하게 들여놓은 사람들과 같은 선상에 놓고 무능하고 무신경하다며 비난하는 것은 공평치 못한 일이다. 3·11 지진 당시에는 민주당이 집권 여당이었다. 총리였던 간 나오토를 비롯한 민주당의 많은 지도자는 1995년 고베 대지진 때 집권당이 사태에 대응하던 방식에 분노해 민주당을 창당했다. 당시 집권당이던 자민당은 지진이 고베의 대부분을 쑥대밭으로 만든 뒤, 고베 시민을 위해 마땅히 수행해야 할 의무를 방기했다. 앞에서 간 나오토 총리의 개입 덕분에 원전 사태의 악화를 막을 수 있었다고 훗날 역사가 평가를 달리할지도 모른다는 점을 이야기했다(무엇보다 발전소장 요시다는 간 나오토의 신임을 얻고 있었다). 적어도 사태 초기에 당시 관방장관이었던 에다노 유키오枝野幸男가 일일 브리핑에서 보여준 솔직하고 단도직입적인 태도는, 변명과 얼버무림으로 일관했던 1995년 고베 대지진 당시 지도자들의 태도와 좋은 대조가 되었다. 하지만 에다노가 사실은 '원자력촌'이 제공한 '정보'를 앵무새처럼 되풀이하고 있을 뿐이라는 증거가 서서히 드러나면서, 기성 언론들은 구조 작업을 하는 데 있어 부서 간 협조가 제대로 이루어지지 않는다며 정부에 공세를 펴기 시작했다. 부서 간 협조가 엉망이었던 것은 사실이지만, 그 대부분은 민주당이 과거 정권으로부터 물려받은 문제였다. 원래 민주당이 정권을 잡은 것도 부서 간 협조를 구조적으로 개선할 것이라는 기대 때문이었으나, 언론은 이런 사실을 편리하게도 무시했다.

간 나오토 총리는 3·11 사태에 제대로 대처하지 못한 책임을 일부 지고 희생양이 되어 그로부터 반년쯤 뒤 실각한다. 후쿠시마 사태가, 생존을 심각하게 위협하는 비상시국에서 더 이상(적어도 당분간은) 일본의 생존 자체를 위협하지는 않는 씁쓸하게 곪은 상처가 되어가면서, 3·11 이전에 일본을 끈질기게 괴롭히던 문제들이 다시 수면으로 드러나기 시작했다. 디플레이션, 제자리걸음만 하는 경제, 미 해군기지가 철수하지 않는 데 대한 오키나와의 격화되는 저항, 생각할 수 있는 그 어떤 시나리오 하에서도 다시는 수지균형을 회복할 수 없을 것 같은 정부의 재정 문제, 한때 일본 기업들이 호령하던 산업에서 외국 기업들의 시장점유율이 점점 높아지면서 다시 고개를 들던 숨 막히는 답답함 같은 것들이다. 그러는 사이 일본은 중국과 1945년 이후 최악의 대치 상황으로 치달았다. 거의 70년 만에 처음으로 진짜 전쟁이 벌어질지도 모른다는 이야기가 나왔다.

이 모든 것의 결과는 알려진 바와 같다. 일본에 원전을 들여오는 치명적인 결정을 내렸고, 지난 20년 동안 제자리걸음을 하던 경제를 지휘했고, 중국과의 관계를 엉망으로 만들었으며, 미국이 주도한 그 모든 이기적이고 불완전한 정책에 비위를 맞추기 급급했던 세력이 2012년 말 다시 정권을 잡고 말았다. 그냥 정권을 다시 잡은 게 아니라, 해외 언론의 표현에 따르면 "화려하게 복귀했다". 압도적인 격차로 선거에서 이기고 정권을 되찾은 것처럼 보였기 때문이다. 이것은 비유하자면 마치 러시아인들이 불과 몇 년간의 글라스노스트glasnost(1985년 고르바초프가 주도한 개방 정책)를 거친 뒤 공산당에게 브레즈네프 시대의 소련으로 되돌아가자고 부탁한 셈이다. 혹은 미국인들이 딕 체니, 도널드 럼즈펠드, 더글러스 페이스, 폴 월포비츠 같은 인물들(미국의 대표적인 네오콘들)에게 다시 미국의 안보와 외교 기구를 맡아달라고 빌고, 2005년 허리케인 카트리나가 닥쳤을 때의 늑장 대응으로 악명 높은 마이클 브라운(당시 연방 재난관리청장)에게 내무부 장관이 되어달라고 애원하는 것이나 마찬가지였다.

모든 국민은 자기 수준에 걸맞은 지도자를 갖는다는 오래되고도 사라지지 않는 거짓말이 있다. 일본 국민의 온갖 미덕과 높은 양식에도 불구하고, 일본에서 이 말은 과연 사실인 것일까? 그렇지 않다. 하지만 이 대답을 이해하기 위해서는 우선 일본 정치를 자세히 들여다볼 필요가 있다.

10장

정치

외부인에게 일본 정치는 절망적일 정도로 제 기능을 못하고 있는 것처럼 보일 수 있다. 정부의 중추 기능들은 엉망으로 행해지거나 전혀 행해지지 않는다. 타이완을 제외한 이웃 국가들과의 관계는 최악이다. 그게 모두 일본의 잘못은 아닐지라도, 이웃국가라는 것은 원래 선택할 수 있는 존재가 아니다. 이웃에 까다롭고 위협적인 국가가 있을수록 기민한 외교 수완과 장기적이고 신뢰할 수 있는 안보 정책이 필요하다. 일본은 이 둘 중 하나도 갖고 있지 않다. 그러는 동안 국내에서는 경제 모델을 완전히 바꾸지 않으면 안 된다는 사실이 벌써 한 세대가 넘도록 명확하게 드러나 있다. 엔저를 무기로 한 수출주도형 기업들이 무한한 자본과 인력을 가져다 쓰던 경제 모델은 이제 더 이상 유효하지 않다. 하지만 기저에 깔린 만성적 경제 문제가 겉으로 드러날 때마다(그런 일이 과거 반복해서 발생했고 2012년 말에 또 한 번 찾아왔다) 정치 지도자들은 매번 똑같은 낡은 수법에만 의존하려고 했다. 엔화를 크게 평가절하하고, 인구가 줄어만 가는 지방에 건설 프로젝트를 다시 돌려대고, 세계가 일본 제품을 더 사주기를 바라는 수법이 그것이다. 가장 절망적인 부분은, 앞 장에서 보았듯이 국가 시스템의 능력이 자연재해의 도전이라는 궁극적인

다나카 가쿠에이(田中角榮. 전후 일본에서 가장 강력했던 정치인.
1974년 총리 취임 무렵의 모습.

시험대에 올랐을 때 일본 정치가 참담하게 실패했다는 점이다. 일본 국
민이 전 세계의 존경을 받으며 재난을 견뎌낸 것과는 별개의 문제다. 나
라를 파국으로 몰아갈 수도 있는 에너지 산업 구조에 일본을 옭아넣었
던 것은 일본 국민이 아니라 정치인들이다. 그러나 3·11로 인해 그런 사
실이 명확해진 후에도 정치인들이 1년이나 망설이다 내놓은 해답은 원
전 규모를 오히려 두 배로 늘리는 것이었다. 물론 탈원전은 고통스러운
작업이다. 탈원전 과정에서 무역 적자는 크게 늘고, 전력 공급이 부족해
질 수 있으며, 원전을 짓느라 들어간 수조 엔에 달하는 매몰 비용도 생
각해야 한다. 하지만 모름지기 비전을 가진 정부라면 나라가 어렵고 힘
든 변화과정을 견뎌내도록 이끌어야 하는 것 아니겠는가. 일본은 '녹색
특허'를 세계에서 가장 많이 보유하고 있는 나라고, 앞으로 세계가 필연
적으로 지속 가능한 에너지로 이전하는 과정에서 선구적 역할을 할 수
있는 훌륭한 문화적(검약의 오랜 전통), 지리적(풍부한 태양력과 수력 자원)
조건을 갖추고 있다.[40] 초기 메이지 시대의 지도자들과 같은 기량과 비

---

40 Andrew DeWit, "Distributed Power and Incentives in Post-Fukushima Japan," *The Asia-Pacific Journal*, Vol. 10, Issue 49(2), December 3, 2012. 앤드루 디윗은 일본의 에너지 문제에 대해 많은
글을 쓰고 있는 논객으로 알려져 있다.

전을 가진 이들이라면 일본이 에너지 정책의 전환을 실현하도록 국가적 역량을 동원할 수 있었을 것이다. 그 과정에서 나라에 다시금 활력을 불어넣고 국민의 마음에는 사명감의 불씨를 다시 지필 수 있었을 테다. 하지만 지금의 현실에서는, 원전을 재가동시켜야 이익을 얻는 기득권 세력이 검증이나 책임을 회피하기 위해 만든 법안을 국회에서 강행 통과시키고, 에너지 정책에 있어 위험하기 짝이 없는 악마와의 도박을 다시 벌이기 시작했다.

이 모든 것은 정치가 어마어마하게 실패한 결과다. 지난 25년간 총리가 19명이나 있었던 나라에서 무엇을 더 바라겠냐고 반문할 수 있다. 혹은 허술한 정치 구조를 개혁하려는 모든 대안적인 시도가 기성 언론과 검찰, 미국 정부에 의해 가로막혀버리는 나라에서 무엇을 더 바라겠냐고 물을 수도 있다. 근시안적인 미국 정부는 일본이 건강하고 안정적인 정치체제를 갖춘 진정한 우방이 아닌, 미국에 의존하는 고분고분한 국가로 남아 있기를 바란다.

하지만 그렇다고 일본이 실패한 국가라고 단정 짓는 것은(앞의 수사학적 반문에는 그렇다는 가정이 깔려 있다) 성급한 생각이다. 일본에서는 누구라도 크게 아플 때 지역 소방서에 전화 한 통만 하면 몇 분 안에 구급차가 도착한다. 병원으로 실려가 받는 치료도 수준이 높고, 그로 인해 본인 또는 가족의 경제를 위협할 만큼 터무니없는 금액의 진료비 청구서가 날아오지도 않는다. 거리는 안전하고 깨끗하며, 대중교통의 효율성은 경이로울 정도다. 세계에서 가장 복잡한 글자를 가진 이 나라에서, 학교는 산술능력과 읽고 쓰는 능력을 착실히 갖춘 시민을 꾸준히 배출한다. 일본 경제와 그 정치 시스템에 대한 신뢰만으로 담보된 일본 엔화는 미 달러와 유로의 뒤를 이어 전 세계에서 세 번째로 국제결제통화 및 국제준비통화로 사용된다. 일본 경제활동의 종합적인 힘은 세계 최대의 금융시장인 미국의 달러와 미 국채 시장마저 좌지우지할 수 있고, 타국가들이 경제적 운명의 갈림길에 서 있을 때마다 좋은 쪽이든 나쁜 쪽이든 결정적인 역할을 해왔다. 예를 들면 타이에는 해외 직접투자를 통해 경제 성장의 발판을 마련해주었고, 중국이 산업화를 이뤄내는 데 꼭 필요로 한 자본재를 제공하기도 했으며, 일본 제품의 끊임없는 대미 수출은 결국 미국 경제를 구조조정하도록 만들기도 했다.

그렇다고 해서 일본의 사례가 정치가 부재해도 사회가 정상 기능하는 것이 가능함을 보여준다고 생각하면 오산이다. 일본은 정치와 권력이 사라진 시장 중심의 사회라는 신자유주의적 환상과는 거리가 먼 국가다. 오히려 일본에서 정치는 모든 곳에 존재한다. 시장을 간섭하고 통제하며 삶의 모든 영역에 스며들어 있다. 그러나 일본에서 정치의 존재는 눈에 잘 띄지 않는다.

부분적으로 이는 정치라는 개념에 대한 인식 차이의 문제다. 서양인들, 그중에서도 특히 미국인들에게 제대로 된 정치 질서하의 권력 행사라는 것은, 명확한 규제를 만들어 그것을 집행하고, 치안을 유지하는 행위에만 국한되어 있는 개념이다. 이들은 이런 개념에 너무 익숙해져 있는 나머지 다른 방식으로 운용되는 사회가 있다는 사실을 잘 이해하지 못한다. 물론 미국인들도 20세기의 전체주의 국가들이 어떻게 국민 삶의 모든 부분을 정치화하고, 공적 영역과 사적 영역의 구분을 없애고, 국가와 무관한 모든 권위의 상징과 원천을 없애려고 했는지 잘 알고 있다. 하지만 이런 국가들이 끔찍한 악몽처럼 보였던 것은 바로 그 전체주의적 성격 때문인데, 일본은 확실히 그런 성격의 국가가 아니다. 일본에는 국가 중앙권력과 직접적인 상관이 전혀 없는 다양한 상징과 권위의 원천이 자유롭게 존재한다. 그뿐 아니라 일본은 국민과 국가 사이의 관계를 매개하는 민주 자본주의 사회의 친숙한 시스템들을 골고루 갖추고 있다. 법원, 유한책임회사, 주식시장, 사립학교와 공립학교, 넘쳐나는 종교단체, 헌법, 겉보기에 독립적인 언론, 자유 공개 선거에서 유권자들의 표를 놓고 경쟁하는 정당과 같은 시스템이 그것이다. 선진 자본주의 국가들 사이에서 일본이 겉보기에 유일하게 다른 점은 중앙 정부의 힘이 일반적인 수준에 비해 약해 보인다는 것이다. 외부인들이 일본을 이해하려는 과정에서 종종 일본을 이탈리아와 비교하는 것은 그 때문이다.

그러나 위에 열거한 시스템들은 일본 내부에서 유기적으로 생겨난 것이 아니다. 일본이 열강의 대열에 합류하기 위해 서양식 근대 국가의 외양을 갖출 필요가 있었기 때문에 기존 정치 질서 위에 덧입혀진 것이다. 따라서 많은 경우 기존의 정치 질서가 그대로 남아 예전 방식대로 작동하면서 사회경제적 질서를 이루고 있었다. 3장에서 메이지 지도자들이 집권을 정당화하기 위해 어떻게 하나의 제도가 아닌, 입헌 정부와 천황의 직접 통치라는 두 가지 제도를 도입했는지 살펴본 바 있다. 또한 4장에서 일본이 미군정 이후 명목상의 주권을 회복하기 위한 조건으로 어떻게 세 번째 정치 제도들을 강제로 받아들여야만 했는지도 살펴보았다. 미국이 일본에 강요한 이 제도들에는 새로운 헌법과, 주권재민의 개념, 민주적 교육제도, 남녀평등과 같은 것이 포함되어 있었다. 이런 제도들은 일본의 보수파 집권 엘리트들이 시대를 역행하지 못하도록 하는 실질적인 효과는 있었지만(그러나 이들은 여전히 그러한 역행을 시도하고 있고, 현재는 1945년 이후 그 어떤 때보다 성공에 더 근접해 있는 것으로 보인다), 정치적 정당성의 원천으로 인정받은 적은 단 한 번도 없었다.

그 결과, 일본 정치사에서 줄곧 그래왔던 것처럼 정치권력의 실질적인 원천이 무엇인지 모호하게 되어버리고 말았다. 이러한 사실은 오늘날까지도 일본에서 진정한 의미의 혁명을 원천적으로 차단하고 있을뿐더러, 근본적인 제도 개혁을 가로막고 있다. 집권 계층이 누구인지 알 수 없는데 어떻게 그들을 전복시킬 수 있겠는가. 쇼군은 천황의 뜻에 따라 권력을 행사하는 것처럼 행동했다. 하지만 책의 앞쪽에서 봤던 것처럼 세 막부를 거치고 나서 권력은 재빨리 쇼군의 손을 벗어나 집권층의 다른 강력한 세력들에게 넘어갔다. 메이지 유신을 일으킨 소위 삿초 동맹(사쓰마-조슈 동맹)은 진정한 권력을 행사했다. 비록 천황의 의지를 대리 수행한다는 명목하에 의회의 임명을 얻는 형식을 거쳤지만, 국민 모두가 그들이 진짜 집권 세력임을 인식하고 있었다. 하지만 이들 세력은 죽으면서 권력의 커다란 공백을 남겼고, 사실상 자신들이 이룬 모든 것이 파괴되도록 스스로 허용한 셈이 되었다.

지난 한 세기의 여러 시기 동안 일본의 정치권력에 대해 가장 날카로운 시각을 제시한 분석가들은 모두 일본에서의 권력의 원천에 대해 비슷한 결론에 이르렀다.[41] 일본의 현실을 논할 때는 종종 '봉건적'이라는 단어를 마주치게 된다. 이것은 '구시대적'이라는 의미를 그럴듯하게 표현한 것이 아니라, 봉건제도에서는 권력이 각기 독립적인 여러 세력에게 분산되기 때문에 쓰인 말이다. 이런 세력들의 상당수는 중앙 정부의 권력에 명목상이거나 형식적으로만 복종할 뿐이다. 이는 제2차 세계대전 중에 일본 제국의 육군과 해군 사이에 협조가 잘 이루어지지 않았던 것이나, 일선의 하위 장교들이 줄곧 중앙의 정책을 제멋대로 해석·적용했던 것을 보면 명확히 드러난다. 이런 권력의 누수 현상은 오늘날에도 계

---

41 E. H. Norman, Masao Maruyama, Karel van Wolferen.

속된다. 막강한 정부 부처들은 여전히 정책을 결정하는 핵심 지위에 앉을 사람의 대부분을, 실질적인(의례적이 아닌) 입법기관의 감독이나 사법기관의 검토 없이 자의적으로 임명한다.

메이지 지도자들이 무대에서 사라진 이후로, 일본 정치에는 의심의 여지 없는 명확한 통치권을 갖는 권력 집단이 존재하지 않았다. 경쟁관계에 있는 권력 집단들 사이의 분쟁에 대해 온전히 합법적인 판단을 내려줄 제도적인 절차 또한 존재하지 않았다. 일본이 전혀 승산 없는 전쟁을 일으켰던 것 또한 공개적인 정치 절차가 없었던 데 그 직접적인 원인이 있다.

일본에서 만들어지는 정책의 대부분은 그 입안의 구심점이 누구인지 알 수 없다. 설사 정책을 끌고 가는 일관된 동력이 있다고 해도 이는 정부의 공식 기관이 주도해가는 것이 아니다. 해외로부터의 압력과, 무시할 수 없는 규모로 성장한 국내 각종 이익집단의 요구에 좌우된다. 4장에서 다루었던 것처럼 이런 상황은 제2차 세계대전이 끝난 후에도 개선되지 않았다. 브레이크도 나침반도 없는 나라가 힘을 갖게 되면 자국뿐 아니라 이웃 국가들에도 재앙을 몰고 올 수 있다는 사실이 1930년대에 일어난 사건들로 증명되었음에도 아무 소용이 없었다. 전쟁이 끝나고 일본에는 너그러운 형태의 정치 질서가 등장했다. 이것은 앞에서도 이야기했지만, 미국이 일본 대신 국가의 가장 핵심적인 역할이자 가장 정치적 논쟁의 대상이 되기 쉬운 두 가지 역할인 국방과 외교를 대신해주었기 때문이다. 그리고 세 번째로 중요한 국가의 역할인 경제 정책의 수립(조세 및 금융 정책을 포함)은 정치적 논의를 필요로 하지 않았던 것이, 당시에는 국민 모두가 경제의 재건을 지상 목표로 여기고 있었기 때문이다. 경제 정책의 입안 담당자들은 종전 직후 10년간의 특수한 상황 덕에, 성공적인 정책을 찾을 때까지 여러 정책을 계속해서 시험해볼 수 있는 유례없는 자유를 누렸다. 그리고 당시 일본에는 필수적인 정치 인프라가 부재했기 때문에, 한번 자리를 잡은 정책은 외부 조건이 급변해도 좀처럼 바꿀 수 없었다.

하지만 전후에 등장한 너그러운 형태의 질서 또한 일종의 정치 시스템을 필요로 했다. 외부 상황이 급변할 때 일본에 새로운 방향을 제시하고 이끌어갈 수 있는 종류의 정치를 말하는 것이 아니다. 일본이 필요로 했던 정치 시스템은 권력에 도전하는 잠재 세력들을 필요에 따라 흡수하거나 무력화할 수 있는 정치였다. 막강한 정부 부처들 사이에서 또는 그 부처들과 다른 세력들 사이에서 중재 역할을 해야 하는 정치였다. 그리고 해외 국가들에게, 일본이 그들에게 친숙한 정당과 선거와 총리와 법원과 같은 제도를 통해 운영되는 나라라고 안심시켜줄 수 있는 정치였다.

이러한 정치 시스템을 '1955년 체제'라고 부른다.

1955년 체제

4장에서 CIA가 일본의 중진 '보수' 정당 둘을 합당해서 자민당을 만들도록 비밀 자금을 제공했던 사실을 다루며 1955년 체제라는 단어가 처음 나왔다.[42] 도조 히데키의 오른팔로 전범이 되었다가 출소해 종전

---

42 1950년대와 1960년대에 자민당으로 은밀하게 흘러들어갔던 CIA의 원조에 대해 오랜 의혹이 있었다. 이것이 마침내 드러난 것은 1994년 10월 9일자 『뉴욕타임스』 기사를 통해서였다. 'CIA, 일본 우익을 지원하기 위해 1950~60년대에 수백만 달러 사용(CIA Spent Millions to Support the Japanese Right in '50's and '60's).'

직후 일본의 실력자로 등장했던 기시 노부스케가 이 합당의 산파 역할을 했다. 기시 노부스케는 좌파가 일본의 의회를 장악할 수도 있다는 현실적인 위협에 대응한 것이었다. 일본의 좌파는 1951년의 샌프란시스코 강화조약에 관한 의견 차이로 분열되어 있던 상황이었다. 하지만 역시 4장에서 언급했던 것처럼 노동운동이 강경화되어가고 점점 더 많은 지역구에서 좌파의 의석수가 늘어나면서, 좌파가 내부 분열을 잠시 접어두고 연대한다면 총선에서 압승을 거둘 수 있으리라는 전망이 고개를 들었다. 그리고 1955년 10월, 일본 사회당의 두 주류 계파가 선거를 위해 연대했다. 이로 인해 깜짝 놀란 미국 정부 및 일본 재계와 우익의 핵심 지도자들은, 우익도 그에 필적할 만한 대통합을 이루지 않는다면 일본에 사회주의 정권이 들어서고 말 것이라는 데 생각이 미쳤다. 그로부터 한 달 뒤 자민당이 출범했고 중의원의 대다수 현역 의원이 여기 가입함으로써, 일본 사회당이 낙승할 것으로 예상되던 선거에 제동이 걸렸다.

겉으로 보기에 그해에 일어난 일들은 오른쪽에 자민당이 있고 왼쪽에 사회당이 있는 양당 제도[43]가 산고를 겪고 탄생하는 과정처럼 여겨졌는지도 모른다. 양당이 각자의 세력을 규합해서 일본 최대 규모의 정당으로 거듭났던 것은 맞다. 그리고 이들은 그로부터 한 세대에 걸쳐 그 지위를 유지한다. 하지만 이때 탄생한 것은 양당 제도가 아니다. 양당 제도라는 말이 집권 능력이 있는 좌익과 우익의 정당이, 선거 때마다 차별화된 정책 비전으로 경쟁하면서 번갈아 정권을 장악하는 것을 뜻한다면 말이다. 자민당의 애초 설립 목적은 사회당과 경쟁하기 위한 것이 아

---

43 Richard J. Samuels, "Kishi and Corruption: An Anatomy of the 1955 System," Japan Policy Research Institute Working Paper 83, December 2001, http://www.jpri.org/publications/workingpapers/wp83.html

니라, 일본 좌익 세력이 그 어떤 주요한 권력도 장악하지 못하도록 원천 봉쇄하는 것이었다. 그랬기 때문에 자민당은 국내 정치 자금이 떨어질 때마다 CIA의 비자금에 기댈 수 있었다. 당시 일본 유권자의 대다수는 좌익 세력이 주창했던 정책 목표가 실현되기를 선호하고 있었다. 전 국민을 대상으로 한 경제적 안전 보장, 생산 수단에 대한 공동 소유, 미일 간 군사관계의 종식이 그것이다. 이런 목표를 추구하는 믿을 만한 좌파 연합 정당이 영국식으로 치러지는 총선에서 경쟁했다면, 아마도 1970년 대 중반까지도 정권을 장악할 수 있었을 것이다. 하지만 일본의 의회제도가 얼핏 보기에는 영국의 의회제도와 비슷했는지 몰라도, 실제 선거는 일본 사회당이 절대 이길 수 없는 방식으로 치러졌다.

이는 단지 자민당이 사회당과 달리 CIA 및 일본 재계의 정치 자금에 기댈 수 있었다는 차원의 문제가 아니다. 일본에는 자민당의 압도적인 자금력의 우위가 일본 의회의 장악까지 이어질 수 있도록 하는 두 가지 요소가 존재했다. 자민당은 실제로 총선에서 50퍼센트의 득표를 한 경우가 매우 드물었지만 그 후 50년 동안 일본 의회를 절대적으로 장악했다. 그 첫 번째 요소는 입법 절차가 시작되는 중의원에서 농촌 선거구의 의석수가 농촌의 인구 비중에 비해 훨씬 더 많았다는 점이다. 이런 도농 간 의석수의 불균형은 사람들이 점점 농촌을 떠나 도시로 이동함에 따라 더 심화되었다. 두 번째 요소는 당시의 중선거구제에서는 각 선거구에서 복수의 중의원 의원들을 선출했다는 점이다. 각 선거구에서 한 명의 의원만 선출하는 일반적인 선거구 제도와 달리, 일본에서는 한 명의 유권자가 한 표만 행사함에도 불구하고 한 선거구에서 득표순으로 많으면 다섯 명까지 중의원을 당선시킬 수 있었다(미국의 주들도 두 명의 상원의원을 뽑지만, 한 선거에서 두 명을 동시에 뽑지는 않는다). 따라서 당선을 유지하기 위해 경쟁 후보보다 반드시 더 많은 표를 얻을 필요는 없었다. 오직 당선권에 머무르기만 하면 되었다. 선거에서 '승리'하기 위해서 내가 상대보다 더 뛰어난 후보임을 보여줄 필요도, 우리 당이 상대당보다 일본의 미래에 대해 더 뛰어난 비전을 제시할 필요도 별로 없었다. 단지 선거 당일에 필요한 숫자만큼의 지지자들이 투표장에 나오기만 하면 되었다. 그리고 그렇게 하는 가장 확실한 방법은 이런저런 방식으로 그 지지자들에게 경제적 보상을 하는 것이었다.

자민당은 충분한 숫자의 농촌 선거구에서 자신들의 후보가 계속 당선될 수 있도록 자금력을 집중했다. 이런 작업에는 또한 주요 정부 부처들의 참여도 필요했다. 자민당이 뿌려대는 현금만으로는 선거에서의 승리를 보장하기가 부족했기 때문이다. 각 부처는 예산을 농촌 지역으로 몰아주었고, 지역에 있는 자민당 의원들은 해당 부처들이 필요로 하는 예산의 배분을 국회에서 승인해주었다.

이러한 결탁으로부터 일본 정당 정치의 대표적인 세 가지 특징이 탄생했다. 첫째는 대다수의 의원이 각각 특정한 부처들과 깊은 관계를 맺는 '족族의원'이라는 그룹을 형성했다는 점이다. 가장 강력한 족의원 그룹은 건설성建設省을 둘러싼 족의원들이었다. 건설성이 국가의 각종 인프라 사업을 관장하는 주무부처였기 때문이다. 또 다른 주요한 족의원 그룹들은 농림성農林省, 운수성運輸省, 우정성郵政省에 몰려 있었다.

둘째는 1955년 체제로부터 생겨나기 시작한 자민당의 악명 높은 파벌주의다. 이 파벌들은 특정 사안에 대한 정치적 견해라든지 이데올로기의 차이와는 아무 관계가 없었다. 서양에서 볼 수 있는 '자유주의' '온건주의' '보수주의' 노선 간의 차이에서 생겨난 파벌이 아니었다는 뜻이다. 물론 자민당 대다수의 정치인은 본능적으로 반공주의자였다. 하지만 이들은 고전적 자유주의에 심취해 있었기 때문에 반공주의를 택한 것이 아니다. 이들이 반공이었던 이유는 소련을 적대시했고 일본에서 자생한 좌파들을 적대시했기 때문이다. 자민당과 일본의 우파가 좌파들에 분노했던 이유는 다름 아닌 좌파들이 갖고 있던 이데올로기적 열정 때문이었다. 그런 이데올로기적 열정이 '일본적이지 않아' 보였기 때문이다. 자민당 정치인들에게 정치적 이데올로기라는 것이 있었다고 한다면, 그것은 1930년대의 '혁신 관료'의 통치 철학이었던, 강력한 국가가 이끄는 조합주의corporatism에 가까웠다.

일본에서 조직되어 있던 대부분의 우파 세력은 결국 자민당이라는 정치적 우산 아래로 모여들었다. 그 우산은 다른 나라에서라면 중도주의자로 불렸을 법한 세력도 모두 수용했다. 하지만 이 우파들은 자유주의자들 또는 자유시장을 옹호하는 사람들로 이루어진 세력이 아니었다. 그런 사상을 가진 일본인은 1955년 이전에는 존재하지 않았고, 한 세대가 더 지나서야 의미 있는 규모의 집단을 이루기 시작했으며, 그때조차 학계나 재계의 일부에 한정된 수준이었다. 일본의 우파에는 다양한 배경의 사람들이 모여 있었다. 궁내청에서 천황 주변에 모여 있는 관리들, 과거 귀족들의 후손 및 전쟁 전 관계와 재계 엘리트들의 후손, 일본의 '정수'를 규명하는 데 집착하던 지식인과 작가들,[44] 건설업 및 '연예계'에서 자수성가한 사업가들, 평소에는 사채업이나 공갈협박을 일삼다가 틈나면 스피커 트럭을 몰고 도쿄 도심을 질주하며 황군 군가를 귀청이 떨어져라 틀어대는 폭력배 무리도 있다(사실 일본에서는 정치적·문화적 우파

---

44 이런 유형의 대표적인 인물로는 이시하라 신타로石原慎太郎가 있다. 그는 거침없는 도발로 유명했던 미국 작가 노먼 메일러의 일본 버전이라고 할 수 있다. 처음에는 기성 사회를 강하게 비판하는 작가로 시작해 나중에는 정치에 입문, 도쿄 도지사를 역임했다. 2014년인 지금은 한국인과 중국인에 대해 일부러 모욕적 언사를 일삼는 인종 차별주의적 우익 정당의 대표를 맡고 있다.

와 야쿠자들이 명확히 구분되지 않는다. 자민당의 여러 파벌은 오랜 세월 야쿠자의 힘을 이용해서 정적을 위협해왔다).

배경이나 계급이 무엇이든 간에 일본의 우파들을 집결시켰던 것은 이상주의적인 좌파들과 미군정의 개혁에 대한 증오였다. 미군정의 개혁이 학교 시스템을 민주화해서 일본 어린이들의 애국심을 파괴했다는 것이 그들의 견해였다. 일본 교직원조합(일본의 전교조)이 전후 시대를 통틀어 줄곧 우파가 분노를 표출하는 가장 큰 대상이었던 것은 그러한 이유에서다. 일본 우파의 세계관은, 사람들이 신을 더 이상 믿지 않으면 아무것도 믿지 않게 되는 것이 아니라 뭐든지 믿게 되는 것이라고 했던 G. K. 체스터턴(19세기 말 20세기 초 영국의 작가이자 철학자)의 말을 간접적으로 증명해준다. 메이지 정부는 전통적인 불교 위주의 대중 종교를 없애고 그 자리에 영적으로 빈약한 초국가주의와 '국체'에 대한 숭배를 대체해넣는 데 성공했으나, 그로 인해 일본에는 영적인 위기가 만연하게 된다. 이는 3장에서 이야기했던 '신흥 종교'의 부상에서도 뚜렷이 관찰된다. 하지만 일본이 악을 행할 수 있다는 개념 자체를 받아들이지 못했던 일본 우파들의 태도 또한 이 영적인 위기에 기반한다. 이들에게 난징대학살이나 충칭의 테러 폭격 또는 731부대의 잔악한 행위를 인정하는 것은 글자 그대로 견딜 수 없는 일이다. 왜냐하면 그렇게 하는 것은 그들에게 존재론적으로 허용된 유일한 신성함인 '일본스러움'을 더럽히는 일이기 때문이다. 신성한 땅에서 살고 있는 신성한 민족인 그들의 지위를 위협하는 일이기도 하다.

따라서 우파 정치인들은 자연스럽게 자민당으로 몰렸다. 좌파의 군소 정당들은 1940년대 말부터 줄곧 존재해왔지만, 우파에서는 1990년대에 자민당의 패권이 일시적으로 흔들릴 때까지 군소 정당들이 등장하지 않았다. 그리고 이것이 향후 반세기 동안 일본의 정치를 이해하는 데 있어 중요한 부분인데, 자민당의 파벌들은 천황이나 욱일승천기에 대한 충성의 정도에 따라 형성된 것이 아니었다. 이들은 돈과 후원관계를 통해 조직되었다.

잠시만 생각해보면 복수의 당선자를 허용하는 일본의 선거구제가 어떻게 파벌주의를 필연적으로 불러오게 되었는지 알 수 있다. 의회에서의 장악력을 유지하기 위해 자민당은 각 선거구에서 여러 명의 후보를 내야만 했다. 이 후보의 대부분(또는 모두)은 결국 당선되기 마련이었지만 어쩔 수 없이 표를 놓고 서로 경쟁해야 했다. 이들이 당 지도부에 후보로서의 자신의 적합성을 호소하기 위해서는 두 가지를 증명해 보여야 했다. 하나는 자금 조달 능력과 선거구에 예산을 배정해올 수 있는 능력의 증명이었고, 또 하나는 현지 유권자들과 상호 이해를 바탕으로 협력관계를 형성해 당선에 필요한 최소한의 표를 확보하고 있다는 증명이었다. 예를 들어 후보 A는 건설업계에서 알려진 인물이고 건설성에 탄탄한 인맥을 갖고 있을 수 있다(자신이 예전에 건설성의 관료였을 수도 있다). 그의 후원회(고엔카이後援會) 네트워크는 현지 건설회사의 회장들이 이끌고 있다. 이들은 회사 직원들을 동원해 표를 몰아주는 대신, 지역구에 배정된 인프라 예산에 따른 건설 계약을 수주할 것을 기대한다. 후보 자신은 도쿄의 비중 있는 정치가이기도 한 당내의 파벌 지도자에게 의존하는 관계다. 일단 당선되면 그의 힘을 통해 국회 내의 원하던 위원회에 배정되어, 자신의 선거구가 충분한 건설 예산을 배정받도록 할 수 있다. 한편, 후보 B는 운수성에 커넥션이 있고, 후원회장은 일본 국유철도의 현지 역장이다. 후보 C는 전국 농업협동조합의 연합체인 농협의 현지 지점에 세력 기반을 두고 있고, 농림수산성 인맥을 자랑한다. 후원회는 미국 정치사에 등장하는 도시별 '정치머신'(선거에 유권자를 동원할 목적으로 만들어진 지역 유지를 중심으로 한 지지자와 사업체들의 조직—옮긴이)과 비교해도 손색없을 만큼 잘 조직되어 있고 매끄럽게 운영된다. 하지만 데일리 머신(시카고 시장이던 리처드 데일리가 민주당을 위해 이끌던 정치머신—옮긴이)이나 펜더가스트 머신(톰 펜더가스트가 캔자스에서 민주당을 위해 이끌던 정치머신—옮긴이)이 각각 시카고와 캔자스시티에서 심각한 경쟁 세력 없이 운영되었던 것과 달리, 일본의 각 선거구에는 불가피하게 지지 세력이 겹치는 여러 후원회가 동시에 활동했다. 그리고 국회에는 각각의 후원회가 국회로 당선시켜 보낸 후보들과, 다른 선거구의 비슷한 후원회에서 당선시켜 보낸 의원들이 함께 몰려 있었다.

1955년 체제는 애초의 목적대로 자민당의 의회에 대한 장악력을 공고히 했지만, 이로 인해 형성된 일본 정당 정치의 세 번째 특징은 아이러니하게도 군소 정당들에게 운신의 공간을 허용해주었다. 자민당은 농촌 선거구들에서 독점에 가까운 의석을 차지했으나, 복수 당선자 시스템 덕택에 군소 정당들도 도시의 자영업자나 가족경영형 중소기업에 근무하는 직원들로부터 표를 받아 약간의 의석을 얻을 수 있었다. 이 표들은 원래 모두 사회당이나 공산당으로 갔을 것이었다. 이런 군소 정당 중에 가장 덩치가 컸던 것은, '신흥 종교' 가운데 가장 크고 성공적이었던 창가학회의 정치 조직인 공명당公明黨이었다. 신흥 종교의 대부분은 그 조직과 사상의 기원을 전근대 도시를 중심으로 한 불교 종파들에서 찾을 수 있다(니치렌 불교가 가장 대표적이다). 신흥 종교들은 메이지 정부가 일본의 전통 종교들을 파괴하고 난 뒤에 만들어진 영적인 진공 상태에서 생겨난 것이다. 따라서 이들은 일본 우파의 '신성한 일본'이라는 종교적 신념과 태생적으로 어느 정도 갈등이 있을 수밖에 없었고(실제로 신흥 종교들은 1930년대에 탄압을 받았다), 자민당의 계파가 되기보다는 별도 정당의 형태로 줄곧 자민당과 거리를 유지했다. 그러나 이들의 정치 조직, 그중에서도 특히 공명당은 1955년 체제에서 유용한 역할을 맡았다. 공명당은 좌파 지지자들 사이의 표를 분산시켰을 뿐 아니라, 공명당이 없었다면 목소리를 대변할 채널이 없었던 유권자들의 목소리를 대변해주는 역할을 했다. 비록 작은 목소리였지만, 이런 역할은 좌파를 철저히 배제하던 일본의 정치체제가 포용력을 가지고 있는 듯한 인상을 심는 데 아주 중요했다.[45]

일본의 선거운동은 유권자들이 투표장에 나오도록 독려하는 운동이 되고 말았다. 스피커 트럭들이 선거구의 거리를 누비며 자기 후보들의 이름을 시끄럽게 외치고 다녔다. 정책에 대한 설명이나 미국식 네거티브 공세는 선거에 별로 도움이 안 되었다. 중요한 것은 사람들에게 투표장에서 누구에게 기표해야 하는지 상기시키는 일이다. 재계는 자민당 전반에 정치 자금을 제공해서(1950년대와 1960년대에는 CIA의 도움을 받아 그렇게 했다), 자민당의 확실한 의회 장악을 위해 모든 선거구에서 충분한 숫자의 자민당 후보가 출마할 수 있도록 했다. 당과 정부의 중요한 자리들은(총리, 당 간부, 내각의 장관들) 각 파벌의 리더가 협상을 통해 돌아가면서 가져갔다. 그런 협상은 보통 근무가 끝난 저녁 시간 아카사카의 값비싼 레스토랑과 클럽들에서 이루어졌다. 아카사카는 대부분의 정부 관공서가 몰려 있는 지역(가스미가세키霞ヶ關)과 맞닿아 있는 고급

---

45 공명당은 창가학회와의 공식적인 관계를 부인하려고 끊임없이 애써왔다. 하지만 공명당의 존재 이유가 종교 집단의 비과세 특권을 유지시키고, 창가학회 및 그 창시자 이케다 다이사쿠에 대한 세무 조사를 막는 데 있음은 잘 알려진 사실이다. 이케다는 추종자들 사이에서 반인반신으로 추앙되고 있다. 공명당과 그 후신인 신공명당은 이러한 목적으로, 지금의 정권을 포함해 지난 60여 년간 여러 차례 자민당의 연립정부에 참여했다.

유흥지대다.

일본은 어찌 보면 일당 독재 국가라고 불러도 될 만한 나라였으나, 자민당은 일당 독재를 할 수 있는 정당이 아니었다. 자민당의 역할은 일본이라는 국가의 지배 구조 전반에서 다양한 권력을 갖고 있는 모든 층위의 사람들에게 정치적 보호막을 제공하는 것이었다. 그 지배 구조에는 자민당 외에도 정부 관료와, 일본인들이 자이카이財界(재계)라고 부르는 분야의 사람들도 포함되어 있었다. 재계에서는 기업과 금융계의 실력자들이 게이단렌經團連(한국의 전경련과 같은 존재)과 같은 단체를 조직하고 있었다. 자민당은 정책을 결정하지 않았다. 누군가 정책을 결정한다면, 그것은 일본 관료가 오를 수 있는 커리어의 정점인 각 부처 사무차관들의 일이었다. 자민당의 주요 임무는 방해가 될 만한 힘을 가진 모든 주요 이해관계자가 정책을 지지하도록 매수하는 것(자민당은 야쿠자는 물론이고 PTA, 물가 인상에 반대하는 주부들의 연합까지 사회의 모든 주요 그룹과 어떤 식으로든 연계를 맺고 있었다), 그리고 지배 엘리트층의 서로 다른 구성원들 사이에서 완충 작용과 중재 역할을 하는 것이었다.

이 지배 구조에서 가장 정치적 중심에 가까운 역할을 하던 존재는 국회도 아니었고, 파벌로 점철된 자민당도 아니었다. 그것은 일본의 힘 있는 정부 부처들 중에서도 가장 힘 있는 부서였던 재무성의 예산국(정식 명칭은 주계국主計局)이었다. 하지만 예산국이 잘못된 행위를 하는 부처를 훈계한다거나, 비협조적인 부처의 예산을 삭감할 능력을 이론적으로는 갖고 있었지만, 실제로 그런 권력을 휘두르는 일은 매우 드물었다. 어느 평론가는 이렇게 말했다. "재무성의 막강한 권력의 비결은, 관료사회를 정치적 간섭으로부터 지켜주는 궁극적 보루의 역할을 한다는 데 있다. 예산 배분을 둘러싼 정치적 논쟁의 압박이 민주정치에는 으레 있기 마련이지만, 일본에서는 그런 일이 발생하지 않는다. 왜냐하면 재무성이 다양한 부처 간의 재정적인 힘의 균형을 조율하기 때문이다." 이렇듯 일본이라는 국가의 시스템을 돌아가게 하는 궁극적인 책임을 지고 있던 기관은 재무성이었는지도 모른다. 하지만 재무성은 필요할 때 국가의 정책 방향을 선회하도록 할 정치적 힘도, 정책을 입안하는 기능도 가지고 있지 않았다. 재무성에조차 이런 힘이 없다면 다른 어떤 조직에도 있을 리 만무했다. 자민당 또한 마찬가지였다. 자민당이 그렇게 하려면 관료와 재계가 자민당에 어떤 형태로든 중앙집권적 통제력을 발휘하거나 새로운 정책 방향을 제시하도록 허용해주었어야 하는데, 자민당이 갖고 있는 제도적 자원은 이들의 영향력 아래 놓여 있었다. 일본의 국회에는 보좌진이 많지 않은 것은 물론, 자민당이 독립적인 정책 조언을 구할 수 있는 미국의 브루킹스 연구소(1927년에 설립된 진보 성향의 연구소)나 헤리티지 재단(1973년에 설립된 보수 성향의 싱크탱크)과 같은 단체가 존재하지 않았다. 자민당은 정책을 만드는 데 필요한 데이터 수집부터 법안의 초안 작성까지 전적으로 관료사회에 의존하고 있었다.

처음에는 이게 문제가 되지 않았다. 1955년 체제는 애초 당시의 역사적 환경 때문에 등장했다. 미군정이 남기고 간 문제와 메이지 지도자들이 정당한 집권 절차를 만들어놓지 못했다는 문제에 대응하기 위해 생겨난 것이다. 1955년 체제를 만든 핵심 인사들은 이 체제가 매끄럽게 돌아가게 하는 데 성공했다. 이들은 4장과 5장에서 다루었던 제도와 방법들을 통해 전후의 경제 회복을 일구어냈고, 좌파들을 실질적인 권력과 의사결정을 내릴 수 있는 위치에 얼씬도 못하게 함으로써, 일본이 미국으로부터 지속적인 보호를 받도록 할 수 있었다.

좌파가 선거에서 이기지 못하게 미연에 방지하는 것은 단순히 자민당이 표를 더 많이 얻도록 하는 작업만이 아니었다. 거기에는 대중에 대한 좌파의 호소력을 없애는 작업도 포함되어 있었다. 위에서도 언급했던 것처럼, 1955년 체제의 최소한 첫 20년 동안 일본 유권자의 대다수는 전 국민을 대상으로 한 경제적 안전 보장, 생산 수단에 대한 공동 소유, 미일 간 군사관계의 종식을 선호했다. 그리고 1955년 체제는 사실상전 국민의 경제 안전 보장에 근접한 것을 제공하게 된다. 좌파들의 꿈이었던 생산 수단의 공동 소유는 강경 사회주의 노선에서 주장하는 방식처럼 실현되지는 않았다. 그러나 일본 경제의 상층부를 차지하는 사람들이, 자신들의 부만 추구한다거나 민간 투자자들에게 고수익을 안겨주는 것을 지상 목표로 삼는 부류였던 것도 아니다. '공공'과 '민간' 영역에서 일본 경제를 운영하던 대부분은 스스로를 일본의 산업 역량과 국가번영을 회복하기 위한 집단적 노력에 동참하는 애국자들이라고 여겼다.

좌파의 요구 사항 중 유일하게 완전히 묵살당한 것은 미국과의 군사관계 종식이었다. 하지만 여기서조차 일본의 기성 리더들은 미국의 각종 군사행동에 끌려다닐 의사가 전혀 없다는 것이 머지않아 명확해졌다. 이들은 기꺼이 베트남 전쟁에 군수물자를 조달해 이익을 챙기고 미국의 핵우산 아래 들어갔지만, 곧 미국으로부터 오는 일본 재무장에 대한 압력의 방향을 살짝 비트는 방법을 터득했다. 비록 그로 인해 일본열도 여기저기에 미군 기지가 들어서는 것을 감내해야 했을지라도 말이다. 심지어 일본이 미국의 힘에 의존하는 시스템을 유지시키는 데 일본좌파가 본의 아니게 중요한 역할을 했다는 주장이 성립될 수도 있다. 미국이 일본의 재무장을 지나치게 요구할 때나 혹은 나중에 미일 간 무역갈등이 생겼을 때, 일본 사회당이 미국이 두려워할 만한 견제 역할을 하려면 우선 그에 합당한 국민적인 지지를 누리고 있어야 했으나 그렇지 못했던 것이다. 실제로 미국의 외교 정책에 대한 분노는 1960년대에 일본 대학가를 휩쓴 학생운동 물결의 기폭제가 되기도 했다. 하지만 4장에서 보았듯이 학생들의 이런 시위는 시스템 자체를 뒤흔들 만한 수준에는 결코 도달하지 못했다.

그렇지만 1955년 체제는 두 가지 심각한 결점을 갖고 있었다. 하나는 정책 방향의 중대한 전환을 가능케 할 수 있는 메커니즘이 없었다는 점이다. 또 하나는 체제 외부의 야심만만한 사람이 체제 내부의 복잡한 인맥과 힘의 균형에 정통하게 되면 그에게 손쉽게 체제를 내줄 수 있다는 점이다. 이런 외부 인사가 역사적인 분기점에 때맞춰 등장한 것은 결코 우연이 아니다. 미군정 이후 처음으로 외부 환경으로 인해 일본이 중대한 '경로 수정'을 할 것을 강요받던 시기였다.

다나카 가쿠에이

다나카 가쿠에이田中角榮는 전후 일본에서 가장 뛰어났고, 가장 영향력이 컸던 정치인이다. 일본에 다른 특출한 정치인이 없었던 것은 아니다. 5장에 등장했던 이케다 하야토는 아마 전 세계를 통틀어 20세기에 가장 저평가된 인물이라고 할 수 있다. 이케다 하야토나 요시다 시게루, 기시 노부스케 같은 인물들이 모두 총리를 역임하긴 했지만 이들은 처음부터 정치인이었던 것은 아니다. 이들 모두는 일본의 엘리트 시스템에서 성장해 올라온 관료였다. 이케다 하야토는 엘리트 관료의 정점의 위치라고 할 수 있는 재무성의 사무차관이었다. 샌프란시스코 강화조약을 협상했던 요시다 시게루는 전쟁 전 일본에서 가장 걸출한 경력을 가진 외교관 중 한 명이었다.[46] 기시 노부스케는 통상산업성의 전신이던 상공성 출신이다.

이케다 하야토의 뒤를 이어 총리 자리에 오른 사토 에이사쿠佐藤榮作 또한 비슷한 출신 배경을 갖고 있었다. 사실은 기시 노부스케의 친동생[47]이기도 했던 그는, 도쿄제국대학(도쿄대학의 전신)에서 교육을 받고 철도성(종전 후에 운수성으로 통합)의 관료로 성공적인 커리어를 쌓다가, 안정적인 자리를 보장받고 정치에 입문했다. 정계에서 그는 관방장관, 건설성 장관, 재무성 장관, 통상산업성 장관과 같은 주요 직위를 차례로 돌고 1964년 총리에 취임했다. 사토 에이사쿠의 커리어 행보는 전형적인 엘리트의 패턴이라고 할 만했다: 명문 집안에서 어린 시절을 보내고, 엘리트 대학을 졸업한 뒤(기왕이면 일본에서 도다이라고 부르는 도쿄대학), 20여 년 주요 부처에서 경력을 쌓는다. 그 뒤에 본인의 능력이 충분하다면 국회의원이 되어서 주요 정치적 직위를 섭렵하다가 마지막으로 총리 자리에 오르는 것이다. 이 과정에서 호소력을 발휘해 유권자들의 지지를 얻을 능력이 있느냐는 큰 상관이 없었다. 요시다, 기시, 이케다, 사토 넷 모두 똑똑하고 노련한 사람들이었지만, 이들 중 누구도 민주정치에서 성공하기 위해 보통 필요하다고 여겨지는 카리스마 같은 것은 갖고 있지 않았다(요시다는 그에게 원맨one man이라는 별명을 안겨준 고집스러운 스타일을 갖고 있어서 처칠에 억지스럽게 비유되기도 했지만, 나머지 셋은 거의 아무런 특징이 없어 보이는 사람들이었다. 프랑스의 드골 대통령이 이케다를 '트랜지스터 영업사원' 같다고 무시한 일화는 유명하다).

---

46 Jacob M. Schlesinger, *Shadow Shoguns: The Rise and Fall of Japan's Postwar Political Machine*(Simon and Schuster, 1997), p.57
47 일본 명문가에서 흔히 그랬듯 기시 노부스케는 대를 잇기 위해 기시 가문에 양자로 들어갔다. 동생인 사토 에이사쿠와 성이 다른 것은 그래서다.

그러나 다나카 가쿠에이는 타고난 정치인이었다. 그 어떤 정치인보다 더 화려하고 카리스마 넘쳤으며, 철저히 정치적 능력을 통해 꼭대기 위치까지 올라갔다. 정치적 능력이란 다름 아닌 선거와 의회 활동을 위해 연대를 조직하는 능력, 돈과 사람들의 야심이 권력의 원천임을 꿰뚫어 보는 천재성, 그런 야심을 어떻게 자극하고 호소해야 하는지에 대한 완벽한 이해, 언제 타협을 하고 언제 위협을 해야 하는지를 아는 본능 같은 것이다. 그는 그런 능력을 발휘해서, 1955년 체제의 설계자들이 '고작 정치'가 국가 대업에 방해가 되서는 안 된다는 일본의 오래된 정치적 전통에 따라 구축해놓은 방어막을 뚫고 들어갔다. 그 과정에서 그가 사람들에게 불러일으킨 격렬하고 본능적인 거부 반응은 아직까지도 그 영향이 그대로 남아 있고, 1955년 체제는 크게 흔들려 오늘날 일본 정치의 모습으로 재편되었다.

다나카 가쿠에이와 가장 닮은 미국의 인물은 린든 존슨 대통령이다. 둘의 비슷함은 어떤 때는 놀라울 정도다. 우선 둘 다 지독하게 가난하고 낙후된 지역 출신이었다. 린든 존슨은 텍사스의 산골마을, 다나카 가쿠에이는 혼슈의 서쪽 해안을 경멸을 담아 부르는 명칭인 '우라니혼裏日本'에서 자랐다. 그의 고향인 혼슈의 니가타현쪽 해안은 그 지역만의 독특한 기후로 인해(시베리아의 찬바람이 동해에서 습기를 잔뜩 머금고 불어와 여기에 내려놓는다) 지구상의 그 어떤 저지대보다 더 많은 눈이 내린다(가와바타 야스나리의 『설국』의 무대가 이 우울한 겨울의 땅이다). 두 사람의 아버지 모두 몽상가였으며, 가진 것을 다 잃고 빚만 잔뜩 진 채 육체노동으로 연명했다. 사회적 체면을 중시했던 어머니들은 자신의 한과 희망을 모두 총애하는 아들에게 쏟아부었다. 둘 다 굴욕적인 유소년기를 보냈고, 십대에는 잡부로 일하며 근검절약해야 했다. 젊은 시절 몸은 약했지만 일할 때는 주변 사람들이 놀랄 정도의 체력과 에너지를 과시했던 것도 똑같았다. 학교 교육은 둘 다 별로 받지 못했다. 다나카는 열네 살에 학교를 자퇴했고, 존슨은 대학에 진학하긴 했지만 잘 포장된 고등학교 정도에 지나지 않는 곳이었다. 하지만 둘 다 이름, 날짜, 인간관계, 누가 누구에게 어떤 신세를 지고 있는지와 같은 디테일을 기억하고 소환하는 데는 놀랄 만큼 뛰어나서, 천재라고 부르지 않을 수 없는 정도였다. 사투리가 섞인 말투는 척 들어도 명문대학 출신과 확연히 구분되었다. 린든 존슨이 '하버드 놈들Harvards'이라고 부르던 존 F. 케네디 주변 사람들이나, '도다이' 출신의 도쿄의 고위 관료들 말이다(하야토는 가쿠에이를 '인력거꾼 계급의 사내'라고 부르곤 했다). 하지만 둘은 젊어서부터 영향력 있는 사람들의 관심을 끄는 재주가 있었고, 그런 사람들은 둘에게 파격적인 특혜를 베풀고, 권력과 부를 누리는 이들에게 소개해주곤 했다. 그렇게 둘은 주요 인사들의 후원을 받는 혜택을 누렸다. 존슨의 경우는 프랭클린 루스벨트나 샘 레이번(미국 43대 연방 하원의장), 다나카의 경우는 요시다 시게루와 오코치 마사토시大河內正敏 자작이 그들이다. 전쟁 전 일본의 귀족이었던 오코치 마사토시 자작은 일본 최대의 군수업체를 운영했고, 십대 소년 다나카의 에너지와 총명함을 처음 알아본 사람이다. 하지만 존슨과 다나카 모두 평판이 훨씬 못한 다른 이들과 훨씬 더 깊은 관계를 유지했다. 막대한 재산을 보유하고 있던 이 베일 속의 인물들은 브라운 앤 루트사(지금은 KBR 주식회사로 이름을 바꾸었고 커다란 논란의 대상이 되고 있는 군수업체다)를 만든 허먼 브라운과, 1986년 사망 당시 일본 최대 부자의 한 명이었던 부동산 재벌 오사노 겐지小佐野賢治(와이키키 부동산의 상당 부분을 소유하고 있었다)인데, 이들은 각각 정치인 존슨과 다나카의 후견인으로서 상당한 자금 지원을 해주었다. 둘 다 자신

들보다 훨씬 명문가의 여성들을 택해 결혼한 것도 같았다. 레이디 버드 테일러와 사카모토 하나坂本はな는 남편들의 잦은 불륜을 묵묵히 견뎌내면서 정서적·재정적으로 결정적인 지원을 해주었을뿐더러, 남편들을 대신해 수많은 업무를 처리했다.

이들의 아마도 가장 중요한 공통점은, 둘 다 그 전까지 미국이나 일본에서는 듣도 보도 못한 규모로 돈을 살포해서 정치권력을 장악해나갔다는 사실이다. 그 돈의 상당 부분은 국고에서 나온 것인데, 두 사람이 국회에서 예산을 끌어오는 완벽한 수완을 지녔기에 가능한 일이었다. 하지만 돈의 일부는 대단히 깨끗하지 못한 출처로부터 나온 것이라, 다나카는 나중에 구속되기까지 했고, 존슨 또한 케네디 대통령의 암살 사건이 일어나지 않았더라면 아마 구속되고 말았을 것이다.

이런 금전적인 면에서의 부패에도 불구하고 둘은 각자의 나라에서 소외받는 계층이 사회의 엘리트층으로부터 받는 시선과 대접에 진정으로 분노했다. 그리고 자연스럽게 스스로를 그런 계층의 대변자라고 생각했다. 존슨은 텍사스 시골에 전기를 비롯해 다른 공공재들을 들여왔고, 중요한 시민권 법안을 통과시키기 위한 길을 닦은 것으로 널리 알려졌다. 또한 빈곤과의 전쟁 캠페인을 시작했으며, 메디케어Medicare를 도입해 미국 노인들이 과도한 의료비로 인해 빈곤의 나락으로 떨어지는 것을 막으려 했다. 다나카는 막대한 공공 예산을 농촌의 사업으로 끌어와서(자신의 고향이자 지역구인 니가타新潟현에는 특히 더 많이 끌어왔다), 가난한 농촌 지역을 쥐어짜 도시 엘리트들을 배불리던 1000년에 가까운 관습에 종지부를 찍었다.

다나카의 천재적인 점은 1955년 체제를 전복시킨 것이 아니라 그것을 그대로 장악했다는 사실이다. 그는 니가타에 일본에서 가장 강력한 지역 후원회를 만들었을 뿐 아니라, 전국 각지에 그에게 충성하는 국회의원 네트워크를 구축했다. 이들은 다나카 군단이라 불렸다. 이 역시 린든 존슨이 현대 미국에서 가장 강력한 상원의원이 되었던 과정과 섬뜩할 정도로 비슷하다.

'닉슨 쇼크'와 다나카의 총리 시절

다나카의 수완이 빛을 발할 수 있었던 것은 1960년대 말 세계정세의 덕을 보았기 때문이다. 다나카는 '닉슨 쇼크(금태환의 중지, 일본으로부터의 수입품에 대한 추가 관세, 일본에 알리지 않고 미중 간에 진행했던 국교 회복)'로 인해 미일 관계에 닥친 일시적인 위기를 타개할 수 있는 해결책을 만들어 제시했다. 당시 통상산업성 장관이던 다나카는 뛰어난 협상력과 정치력으로 미국의 압력으로부터 일본 산업을 지키는 수호자이자, 동시에 막후에서 미국의 통상 외교관과 일본 섬유 기업들 사이의 중재자로 스스로를 자리매김했다. 그의 중재를 통해 일본은 대미 수출이 너무 늘어나지 않도록 '자발적으로' 규제를 하고, 그 대신 미국은 관세를 내려주는 식으로 서로 체면을 세워주며 한 발씩 양보했다. 운이 나빴던 사토 에이사쿠는 미국과의 관계를 위험에 빠뜨렸다는 비난을 받으며 다나카와 비교 대상이 되었고, 그로 인해 총리직을 사임하기까지에 이른다. 자민당 내부에서 지지 세력을 그러모은 다나카는, 사토가 지정한 후임자이자 재무성 관료 출신인 후쿠다 다케오福田赳夫를 근소한 차이로 이기고 자민당 총재가 되었다. 그리고 그 뒤에는 자동적으로 총리 자리에까지 오른다.

그러는 한편 다나카는 베스트셀러 서적을 한 권 집필했는데(혹은 누군가를 시켜서 대리 집필했는데), 그 책에는 그가 구축한 선거 정치 시스템을 운영하는 방법과, 브레턴우즈 체제와 고정환율제도가 붕괴한 뒤 일본 경제 모델이 어떻게 살아남아야 할 것인가에 대한 중요한 고찰이 담겨 있었다. 『일본열도 개조론日本列島改造論』이라는 제목의 이 책에서 주장했던 대규모 공공사업 지출은 일본이 무역 흑자를 늘려가기 시작했기 때문에 비로소 가능했다. 그리고 그 특수한 지출 방식 자체가 다음 한 세기 동안 다나카의 선거 정치를 재정적으로 지원해주었을 뿐 아니라(공공사업 지출을 이용해 지역구의 의석을 확보하고 나아가서는 의회에서 자민당의 제1당으로서의 위치를 확보하는 것), 1960년대 말에 이미 논쟁의 대상이 되었던 경제 모델, 즉 외환(그중에서도 달러)을 모으는 것을 목표로 하는 경제 모델을 지속할 수 있도록 해주었다.

일본은 이미 세계 제2위의 경제대국이었고 더 이상 생필품의 수입을 위해 달러를 모을 필요는 없었다. 그러나 엔화의 가치가 급격히 오르면(새로 도입된 변동환율제의 세상에서는 그렇게 될 수밖에 없어 보였다) 자칫 정치적으로 받아들이기 힘든 결과를 초래할 수도 있었다. 전통 수출주도형 기업들이 어려움에 빠지고, 관료들의 지휘가 아닌 시장의 힘에 의해 경제 성과가 결정될 수 있었던 것이다. 이런 사태를 방지하려면 엔의 가치가 오르는 것을 막아야 했다. 혹은 적어도 너무 빨리 오르지 않도록 조치를 취해야 했다.

어떻게 그렇게 할 수 있었는지를 제대로 설명하는 것은 꽤 복잡한 일[48]이지만, 그 핵심은 쓸데없는 공공사업에 의도적으로 돈을 낭비하는 것이었다. 낭비라고 한 것은 실제 공공사업 프로젝트에 필요한 것보다 훨씬 더 큰 예산을 지출했다는 의미이기도 하고, 프로젝트 자체가 경제적 효율성을 증가시키는 효과를 별로 가져오지 못했다는 의미이기도 하다(실제로 당시의 많은 건설 프로젝트가 투자금을 회수하는 것은 고사하고, 수입이 운영 비용을 밑돌아 적자를 보았다). 이러한 지출에는 수출을 통해 쏟아져 들어온 수익으로 인해 창출된 초과 수요를 진정시키는 효과가 있었다. 이러한 수익이 농촌의 '하얀 코끼리' 사업이 아니라 도시의 생활수준을 개선하는 데 사용되었더라면, 가계 수입이 늘어나 해외 수입품을 구매하기 시작하면서 엔화의 가치가 올라가는 리스크에 직면했을 것이다. 이것이 일본처럼 고품질 제품 덕에 상당한 무역 흑자를 누리던 서독이나 스웨덴 같은 나라에서 실제로 일어났던 현상이기도 했다. 하지만 일본은 수출로부터 얻은 수익을 다나카의 지역구에 있는 작은 기차역에 커다란 보여주기식 역사 건물을 짓는 식으로 '낭비'함으로써, 늘어나는 무역 흑자가 엔화의 평가절상으로 이어지는 연결 고리를 끊었다.

관료사회가 다나카의 방식에 결코 진심으로 반대하지 않았던 것은 바로 그 때문이다. 다나카는 재무성으로부터 예산을 쥐어짜내는 데 탁월한 능력을 과시하긴 했지만, 동시에 재무성이 지난 30여 년간 해오던 일을 크게 조정하지 않고 계속할 수 있도록 해주었다. 제대로 조정하려면 정치가 관료사회를 지휘할 수 있도록 하는 변화가 필요했으나 다나카는 그런 시도를 하지 않은 것이다. 그는 관료사회를 자금과 정치적 후원관계의 원천으로서 자금이 흐르도록 하는 수도꼭지 역할로 생각했을 뿐, 정책을 실현케 하는 도구로는 여기지 않았다. 고정환율의 시대가 끝나고 나서 일본 시스템의 파이프가 터지지 않도록 하기 위해서는 그 수도꼭지가 계속 열려 있어야만 했으므로, 다나카의 선거 정치 조직과 관

---

48 이 내용에 더 관심이 있는 독자들은 미쿠니와 머피의 공저 『일본 정책의 덫Japan's Policy Trap』(Brookings, 2002) 3장을 참조하기 바란다.

료사회는 어쩔 수 없이 암묵적 동지관계가 되었다.

어찌 되었건 다나카가 내놓았던 제안들은 당시로서는 시기상조였다. 그는 일본 국민뿐 아니라 리처드 닉슨, 헨리 키신저, 저우언라이와 같이 서로 이질적인 인물들에게도 모두 깊은 인상을 심으며 화려하게 총리직을 시작했다. 다나카는 저우언라이를 상대로 중일 국교 수립을 협상했는데, 자민당은 타이완에 대해 우호적인 분위기가 강했기 때문에 이는 쉬운 일이 아니었다. 그러나 오일쇼크와 함께 유가가 네 배로 뛰고 인플레이션율이 25퍼센트에 달하자, 공공지출을 늘려서 일본 경제에 다시 활력을 불어넣자던 다나카의 주장은 전혀 현실성 없는 이야기가 되고 말았다. 한편 동남아 순방의 와중에 다나카가 자카르타와 방콕의 길거리에서 야유 세례를 받는 외교 참사가 벌어지면서, 외교에 있어서는 믿을 수 있는 사람이라는 이미지에 커다란 타격을 받았다. 때마침 바다 건너 미국에서 터졌던 워터게이트 사건의 영향도 있었고, 다나카에게 적대적이던 관료들의 제보가 있었던 듯, 여러 팀의 탐사보도 기자들이 달려들어 다나카의 금전관계 이력을 파헤치기 시작했다.

다나카가 다른 정치인들과 비교해서 특별히 다른 방식으로 정치를 했던 것은 아니다. 단지 그들에 비해 훨씬 더 나았을 뿐이고, 그래서 기성 언론들도 크게 문제 삼지 않았다. 하지만 그의 돈 문제를 둘러싼 잡음은 점점 더 커져서 주요 매체들이 좌시할 수 없는 수준에 이르렀다. 다나카의 금전 문제에 대한 폭로 기사가 비주류 매체들뿐만 아니라『문예춘추文藝春秋』와 같은 일류 교양 잡지에까지 등장했다.[49] 다나카가 일본 외신기자클럽에서 오찬 연설을 하기 직전(일본 총리의 대부분은 임기 중 외신기자클럽에서 한 번은 연설을 한다),『뉴스위크』에서 그 기사들을 가져다 실었다. 참석했던 외신 기자들이 '제대로 걸렸구나'라고 감지하고 다나카에게 적대적인 질문들을 마구 던져대면서 오찬은 아수라장이 되고 말았다. 다나카는 평소의 그답지 않게 크게 당황했고, 주요 일간지들은 이렇듯 전례 없이 현직 총리가 공격받는 상황에 반응하지 않을 수 없었다. 일본의 모든 매체가 동시에 스위치라도 켜진 듯 다나카와 그의 정치 수단에 대해 거품을 물고 보도하기 시작했다. 다나카에게 밀려서 총리가 되지 못했던 후쿠다 다케오를 필두로, 그의 정적들이 국회에서 다나카의 금전 문제에 대한 청문회 일정을 잡았다. 다나카는 결국 1974년 11월 26일 총리직에서 사임하고 말았다.

다나카에게 닥친 시련은 이게 전부가 아니었다. 그는 다시는 총리 자리로 되돌아가지 못했을뿐더러, 기소되어 형사재판에서 실형을 선고받았다. 하지만 그가 권력의 정점에 오르는 길은 이제부터 시작이었다.

록히드 스캔들

각종 스캔들로 얼룩진 일본 정치사에서, 일본인들이 '록히드Lockheed'라고 이름 붙인 스캔들이야말로 아마도 전후 모든 스캔들을 통틀어서 가장 큰 반향을 일으켰을 것이다. 스캔들은 일본 정치 시스템에서 중요한 역할을 한다. 균형을 이루고 있는 권력 구조에서 누군가가 다른 이들에 비해 지나치게 큰 권력의 우위를 차지해 시스템 자체를 위협하는 일이 생기면, 그 사람을 징계하여 권력의 균형을 되찾는 역할이다. 다나카

---

49 이 또한 다나카와 존슨 사이의 닮은 점이다. 『문예춘추』가 그랬듯이 『라이프』 지도 유능한 기자들로 구성된 팀을 꾸려 린든 존슨의 정치 자금 문제를 파헤쳤다. 충분한 취재가 끝나자 『라이프』 지는 이를 커버스토리로 다루기로 결정했다. 커버스토리의 편집자 미팅은 1963년 11월 22일 아침에 열렸다(케네디 대통령이 암살된 날이다. 커버스토리는 결국 실리지 못했고 린든 존슨은 대통령이 되었다―옮긴이).

는 성공적인 정치 수단을 동원해 바로 그런 우위를 차지했다. 그의 정치 수단이 전후 일본의 시스템이 운영되던 방식을 위협하는 것이 아니라 궁극적으로 오히려 강화했다는 사실은 중요하지 않았다. 따라서 다나카 주변에서 어떤 식으로든 스캔들 비슷한 일이 발생하는 것은 불가피했고, 결국 그게 터지고 말았다.

하지만 록히드 스캔들은 사건의 발단이 해외였다는 점에서 기존 스캔들과 달랐다. 그리고 애초 노렸던 목표물인 다나카를 속박하기는커녕, 결국에는 그를 둘러싼 멍에를 풀어주는 쪽으로 결말이 났던 사건이다.

1970년대에 일본 정치는 미디어가 다나카 가쿠에이와 후쿠다 다케오의 이름 첫 글자를 따서 '가쿠후쿠 전쟁角福戰爭'이라 불렀던 권력투쟁이 지배하고 있었다(다나카는 일본에서 너무 흔한 성이라서, 이 성을 가진 사람들은 종종 성이 아닌 이름으로 불러 구별한다). 다나카는 총리직에서 강제로 물러나야 하긴 했지만, 명목상의 직위와 실제 권력이 일치하는 경우가 드문 일본에서, 다나카가 총리직을 물려받으려던 후쿠다의 시도를 무력화하는 것은 어려운 일이 아니었다. 그리고 자민당의 작은 파벌을 이끌며 깨끗한 정치인으로 알려져 있던(사실이건 아니건) 미키 다케오三木武夫가 총리 자리에 올랐다.

모든 일이 『문예춘추』의 폭로와 다나카의 사임 이후 짜였던 시나리오대로 진행되고 있었다. 일본의 주요 인사들이 이런저런 소동에 휘말려 공공의 직위에서 내려오고 난 뒤에 흔히 그러듯, 다나카는 막후에서 여전히 영향력을 발휘하고 있었고, 공식 무대로 복귀하기 위한 준비 작업도 진행되고 있었다.

그러나 1976년 2월, 미국 상원 소위원회의 공청회에서 록히드사의 부회장인 칼 코치언이 전일본공수ANA로부터 계약을 따내기 위해 일본의

'고위' 관리에게 뇌물을 주었다고 시인했다. 그 관리가 바로 다나카였다. 뇌물의 액수는 5억 엔 정도(당시 환율로 160만 달러가량)로 그리 큰 것은 아니었다. 다나카는 나중에 구체적인 것은 기억나지 않는다고 했고, 그렇다 해도 전혀 이상하지 않은 일이었다. 다나카가 정말 돈을 받았다고 한다면, 이는 그가 돈이 필요해서가 아닌 록히드의 일본 에이전트인 마루베니丸紅 상사를 위해서였다. 마루베니 상사의 회장이 계약 수주를 도와달라고 다나카에게 개인적으로 청탁을 한 터였다. 이것이 바로 다나카가 정치를 하는 방식이었다. 사람들에게 편의를 봐주고, 그렇게 진 신세를 미래에 그가 필요로 할 때 갚도록 하는 것이다. 대부분의 일본 정치인도 그런 식으로 행동했다. 사실 린든 존슨이나 리처드 데일리나 대부분의 미국 국회의원이 정치를 하는 방식도 그랬다. 여기서 다나카나 데일리나 존슨 같은 거물 정치인들과 아마추어들의 차이는, 힘 있는 사람들에게만 국한하지 않고 누구라도 가리지 않고 편의를 봐주었다는 점이다. 이들은 지금의 별 볼일 없는 시의원이 나중에 중요한 주지사가 될 수도 있고, 까다로운 행정 절차로 애먹는 가난한 과부에게 연금을 받을 수 있도록 힘써주면 친척들이 그 사실을 잊지 않고 기억해준다는 것을 이해하고 있었다.

이것이 다나카의 권력의 비밀이었고, 그런 수완을 발휘하는 데 있어 그에 필적할 만한 인물은 일본 역사를 통틀어 그야말로 전무후무했다.[50] 그런 그에게 있어, 사업가 한 명에게 편의를 봐주었다고(ANA의 회장에게 전화를 걸어 계약을 성사시킨 것) 곤란한 지경에 빠진다는 것은 도무지 이해할 수 없는 일이었다. 그로서는 남들이 다 하던 일을 했을 뿐이고, 그

---

50 Akio Mikuni and R. Taggart Murphy, *Japan's Policy Trap*, p.52.

저 그 일을 훨씬 더 철저하게 잘했을 뿐이지 않은가.

하지만 그를 곤경에 처하게 만들 만한 두 가지 이유가 있었다. 첫째는 그가 라이벌 정치인들보다 훨씬 더 수완이 좋다는 바로 그 사실, 둘째는 록히드 사건은 일본인이 일본인을 도와주다 생긴 일이 아니었다는 점이다. 뇌물에 사용된 돈이 해외로부터 왔기 때문에, 일본인 사이에 일어난 스캔들이 보통 그렇듯 적당히 눈감아주고 넘어가는 일이 불가능했다(실제로 일본에서는 코치언으로 대표되는 외국인들에 대해 사적인 자리에서 비난하는 분위기가 강했다. 제대로 된 일본인이 코치언의 입장에 처했다면 고객사와 에이전트를 끝까지 보호했을 것이다. 코치언이 법정에서 선서하고 증언하는 상황이었다는 것은 일본인들에게 큰 의미가 없었다. 그들이 보기에 코치언은 감옥에 갈망정 타인을 밀고하지는 말았어야 했다).

미국과 일본에서 이루어진 조사를 통해 쏟아져 나오는 사실들을 접하는 것은 일본의 기성 권력층에게는 고통스러운 일이었다. 그것은 마치 빅토리아 시대의 기품 있는 귀부인이 남편의 방탕한 성생활에 대해 어쩔 수 없이 적나라하게 논해야 하는 상황과도 같았다. 남편에게 정부情婦가 있고 유곽에도 출입한다는 것은 이미 알고 있었을지 모르지만, 누군가 자꾸만 억지로 들먹이지만 않으면 그런 사실은 손쉽게 모른 척할 수 있는 것이다. 록히드 사건으로 인해 일본 정치가 실제로 어떻게 돌아가는지 누구도 외면하지 못할 정도로 만천하에 공개되었을 뿐 아니라, CIA가 자민당에 비밀 정치 자금을 대주던 일과 자민당 창당에 관여했던 과거 또한 모조리 드러날 위기에 처했다(미국의 포드 정권은 실제로 스캔들이 새어나올 때부터 미일 간 안보관계가 타격을 입지 않을까 긴장하고 있었다).

조사로 인해 주목받게 된 인물들 중에는 고다마 요시오兒玉譽士夫가 있었다. 그는 전후, 미군정에 체포된 뒤 기시 노부스케와 교도소의 같은 방에 갇혀 있었던 사람으로, 지하세계에서 극우 세력의 '해결사'로 활동했다. 고다마는 석방된 뒤 미 정보기관을 위해 일하며 CIA가 자민당에 정치 자금을 전달하기 위해 고용한 주요 행동책 중 한 명이 되었다.

당시에는 이 사실이 명백하게 드러나지는 않았다. 고다마와 야쿠자, 기시 노부스케, CIA, 일본 극우 세력 간의 관계에 대한 전모는 1990년대에 들어와서야 널리 알려진다. 록히드 스캔들로 인해 고다마의 이름뿐 아니라(록히드는 고다마를 통해 일본의 누구에게 얼마의 뇌물을 제공해야 할지 파악했다), 그가 어디까지 연관되어 있었는지에 대해서도 불가피하게 드러날 상황이었다. 점잖아 보이는 일본 정부의 상당 부분이 사실은 폭력배의 손아귀에 놀아나고 있었다는 것, 그리고 일본이 마치 미국에 의존해 연명하는 중앙아메리카의 가난한 나라나 중동의 변변찮은 독재 국가라도 되는 듯 미국이 그 폭력배를 이용해 정치 자금을 뿌려 일본 정치를 조종하려 했다는 것이 엄연한 사실로 드러났지만, 일본 정부의 엘리트들은(지식인과 저널리스트들은 물론이고) 그 사실을 도저히 받아들일 수 없었다. 그래서 그들은 그 민낯의 사실을 직시하지 않으면 안 되게 원인을 제공한 사람, 다나카 가쿠에이에게 원초적 분노를 쏟아냈다.

매체들은 다나카를 언급할 때 모든 존칭을 빼버림으로써, 그들이 할 수 있는 가장 심한 방법으로 그를 모욕했다(일본어에는 경어나 존칭을 빼거나 일부러 잘못된 경어를 사용하는 것만으로도 경멸의 의미를 담을 수 있는데, 영어에는 이런 표현법이 없다). 체포되어 거액의 보석금을 내고 석방되기 전까지 3주간 구속되어 있는 동안 다나카는 일반 범죄자와 똑같은 취급을 받았다. 석방되고 나서도 그는 7년 동안 매주 법정의 공개 재판에 출석해서 수많은 검사에게 모욕적인 추궁을 받아야 했다. 다나카는

1983년 1월 유죄판결을 받는다.

그가 다시 감옥으로 돌아가지는 않았다. 상소 절차가 모두 끝나기 전에 뇌경색으로 몸이 크게 쇠약해져 결국 사망하고 말았기 때문이다. 하지만 첫 번째 형사 기소를 당하고부터 줄곧 유죄판결의 가능성에 시달리면서, 그가 총리직을 되찾을 가능성은 이미 사라져버렸다. 총리뿐 아니라 지역구의 평의원 자리를 제외하고는 그 어떤 공직으로도 돌아갈 수 없었다. 그럼에도 그는 일본에서 가장 높은 권력자의 위치에서 군림했다. 그 권력이 어찌나 절대적이었던지 사람들은 그를 '야미쇼군闇將軍(어둠의 쇼군)'이라고 불렀다.

야미쇼군 다나카

다나카는 아마도 너무나 많은 비난을 받았던 탓인지, 권력과 그 권력을 휘두르는 사람에 대해 일본에서 일반적으로 포장하는 스토리들을 필요로 하지 않았다. 일본의 권력자들은 자기 손에 권력이 전혀 없는 것처럼 행동하거나 혹은 권력이 있더라도 극도로 조심해서 사용하는 것처럼 행동했다. 이들은 또한 국민, 천황, 국가, 회사와 또는 다른 그 무언가를 위해 본인의 행복을 포기한 것처럼 행동하기도 했다. 다나카는 이런 쓸데없는 가식에 코웃음을 치며 일본의 총리들은 자신의 뜻에 따라 움직이는 존재라고 자부했다. 마치 가능성은 있으나 경험이 부족한 학생들에 대해 논하는 선생님과도 같이 총리들을 평가했다. 그리고 자신과 일본 정부 사이의 관계를, 과반의 주식을 소유한 대주주와 회사 경영진 사이의 관계에 비교했다. 일본의 권력 구조에서 그의 정확한 위치가 무엇인지 감을 잘 잡지 못하는 애널리스트들에게는 당대 중국의 최고 권력자 덩샤오핑의 사례를 참고하라고 권유하기도 했다. 실제로 덩샤오핑이 1978년 여름 사절단을 이끌고 도쿄를 방문했을 때(이것이 역사상 중국의 실질적인 통치자가 일본을 방문한 유일한 사건이었다), 그는 다나카 사저로의 '비공식' 방문을 잊지 않고 일정에 포함시켰다. 중국 정부는 일본의 진짜 실력자가 누구인지 정확히 꿰뚫어보고 있었던 것이다.

다나카는 고향인 니가타에서 계속 흔들리지 않는 지지를 얻고 있던 덕에 국회 안에서 자리를 유지할 수 있었다. 그리고 다나카 군단의 규모가 점점 더 커지면서, 이제 그 누구도 이들의 도움 없이는 총리 자리에 오를 수 없었고, 어떤 총리도 대놓고 다나카에게 반대할 수 없게 되었다. 다나카는 또한 특유의 정치 수완을 발휘해 야당과도 관계를 구축해(심지어 사회당의 핵심 세력들과도), 그에게 존재론적 위협이 되는 그 어떤 안건에 대해서도 국회에서 과반 이상의 영향력을 발휘할 수 있었다.

다나카 군단 출신으로 처음 총리직에 오르게 되는 오히라 마사요시大平正芳는, 다나카의 숙적 후쿠다와 손을 잡고 자민당으로 하여금 당시 총리이던 미키 다케오를 총리 자리에서 물러나도록 했다. 이들은 후쿠다가 먼저 한 임기 동안 총리를 하고, 그 뒤를 오히라가 잇도록 하는 합의를 맺고 있었다. 후쿠다는 2001년 고이즈미 준이치로가 총리에 취임하기 전까지, 다나카 군단 혹은 1990년대 초 다나카 군단의 분열 이후 거기서 갈라져 나온 분파의 확실한 지지 없이 마지막으로 총리직에 오른 사람이 되었다.

오히라가 1979년 총리 재임 중에 사망하자, 다나카는 스즈키 젠코鈴木善幸를 총리 자리에 앉혔다. 스즈키를 선택한 것은 그에게 정적이 거의 없어 보인다는 이유에서였다. 하지만 그가 총리로서 최소한의 임무조차 제대로 완수하지 못한다는 사실이 명백해지자 총리를 교체하지 않을 수 없는 상황에 처했다. 다나카는 기시 노부스케를 찾아갔다. 노부스케는 당시 80대의 나이였음에도 여전히 막강한 힘을 과시하며 다나카 군단이 실권을 얻어내야 할 자민당 내 파벌들을 뒤에서 조종하고 있었다. 두 사람은 미국의 레이건, 영국의 대처, 프랑스의 미테랑 같은 인물들이 가볍게 볼 수 없도록 존재감이 강한 사람이 일본의 총리가 되어야 한다는 데 의견을 모았다. 그리고 자민당 소수파의 리더이자 공공연히 우파적 견해를 피력하던 나카소네 야스히로를 낙점했다.

나카소네는 약하고 실권이 없는 꼭두각시라는 일본 총리의 전통적인 이미지를 바꾸는 데 많은 역할을 했다. 그가 총리가 되자마자 실제로 처음 한 일은 본인 주도로 한국을 방문해서 한일 관계를 개선하려 한 것이었다. 그 과정에서 외무성 관료들에게 동의를 구하기는커녕 자문조차 받지 않았던 탓에 관료들은 허를 찔리고 말았다. 그러고는 곧 미국의 레이건 대통령과 그럴듯한 우정관계를 쌓음으로써, 일본이 필요로 하는 강하고 자신감 넘치는 리더십이 총리실을 중심으로 발휘되고 있음을 전 세계에 보여주었다.

하지만 나카소네는 다나카에게 정치적으로 큰 빚을 지고 있었고, 다나카의 뜻에 따라 움직인다는 것이 너무나 명확했기 때문에, 언론은 나카소네 내각에 '다나카소네 정권'이라는 별명을 붙였다. 1983년 10월 다나카의 유죄판결이 나오자 언론과 야당에서 분노의 포화를 쏘아댔고, 다나카 군단에 대한 지지가 조금이라도 철회되면 총리직을 사임할 수밖에 없는 와중에도, 나카소네는 뛰어난 정치력을 발휘해 총리로서 살아남았다. 그러나 나카소네가 계속해서 다나카의 뜻을 받들어 총리직을 수행한다는 사실은 누가 보더라도 명확했다.

다나카를 마침내 파멸시켰던 것은 정적들이 아니라, 그의 가장 가까운 두 측근과 그가 '내 잃어버린 아들'이라고 부르던 인물이었다. 1983년의 유죄판결로 다나카에게는 공식적인 정치 무대 복귀에 대한 모든 희망이 사라지고 말았다. 하지만 그는 은퇴하거나 뒤로 빠져 있을 생각이 전혀 없었다. 그렇게 하면 정적들의 주장을 인정하는 것이나 다름없었기 때문이다. 다나카의 생각에 그는 남들도 다 하는 일을 남들보다 더 잘했고 공개적으로 했을 뿐, 정적들의 주장처럼 특별히 부패했던 것은 아니었다. 그러나 다나카가 권력의 정점을 계속 차지하고 있었기 때문에 형성된 교착 상태는 일본의 가장 가차 없는 정치인들이 권력을 잡는 길에 방해가 되었다. 이들은 비밀리에 다나카에 대항할 계획을 꾸미기 시작했다. 그리고 충분한 수의 세력을 모으자 그 숫자를 무기로 다나카에게 들이댔다. 다나카 군단의 일부를 분리하여 새로운 '학습회勉強會'를 조직한 것이다. 이것은 마리오 푸조(영화 「대부」의 원작자)나 셰익스피어가 각본으로 쓸 만한 사건으로, 사실상 존속살인이나 마찬가지였다. 다나카는 뇌경색으로 쓰러졌고 그 뒤로도 사망하기까지 10여 년 더 살기는 했지만 결코 예전 상태를 회복하지 못했다. 그가 만든 정치 시스템은 그의 측근인 두 사람에 의해 1990년대 초반까지도 그대로 유지된다. 그러나 그들 또한 다나카의 아들격인 인물의 도전을 받는다. 그 '아들'은 다나카의 정치 시스템에 종지부를 찍고, 메이지 유신의 리더들이 사망한 이후 일본에서 사라져버렸던 것을 다시 만들기 위해 향후 20년 동안 여러 번의 시도를 한다. 그가 만들고자 했던 것은 선거에 이기기 위해 자금을 동원하는 단순한 정치 시스템이 아닌, 진정한 일국의 정부였다.

측근들: 다케시타 노보루와 가네마루 신

다케시타 노보루竹下登는 앞에서도 등장한 바 있다. 그는 나카소네 시절 재무성 대신으로서 1985년의 플라자 합의의 협상을 이끌어서 초超엔저 시대에 종지부를 찍은 사람이다. 그가 나카소네의 뒤를 이어 1987년 총리가 된다. 그의 멘토였으며 그가 배신했던 다나카처럼, 다케시타도 스캔들로 인해 자리에서 내려왔지만 사임한 뒤에도 다년간 계속해서 일본 정치를 컨트롤했다.

하지만 그가 일본 정치를 혼자 컨트롤했던 것은 아니다. 다나카와는 달리 다케시타에게는 동등한 권력을 누리는 정치 거물 가네마루 신金丸信이라는 존재가 있었다. 가네마루는 총리 자리까지는 오르지 못했지만, 일본 역사에서 고전적으로 등장하는 이야기들처럼 아마도 둘 중 더 큰 권력을 누린 것은 다케시타가 아닌 그였을 것이다. 가네마루는 애초 다케시타를 총리 자리에 앉혔고, 다케시타가 사임한 뒤에는 다케시타의 도움을 받아 그다음 세 명의 총리를 임명했다. 그 또한 종국에는 스캔들로 끌어내려져, 구속되고 유죄판결을 받는다. 하지만 그렇게 되기 전까지 그는 그 누구보다 다나카의 적자에 더 가까운 정치인으로서 야미쇼군의 역할을 해나간다.

가네마루와 다나카의 차이는 가네마루가 일을 벌이는 스케일과 그 직설적인 면에 있었다. 이것은 일정 부분 가네마루의 거칠고 충동적인 성정에 기인한다. 다나카가 보여주던 어릿광대 같은 모습은 계산된 행동이었고, 그 뒤에는 기민한 정치적 두뇌가 숨어 있었다. 예를 들어 다나카는 저우언라이와 중일 국교 정상화 협상에 임해, 논의에 방해가 될 만한 논쟁적인 이슈들은 잠시 접어두기로 동의를 이끌어낼 수 있었다.

복잡한 역사와 민족주의적 감정으로 점철된 지뢰밭과도 같은 양국 관계를 헤쳐나갈 능력이 있었던 것이다. 하지만 가네마루는 그냥 광대와 같은 사람이었다. 예를 들어 북한과 가능성도 없는 담판을 짓기 위해 평양으로 제멋대로 날아가서는, 한미 정부와 일본의 외교 당국을 기겁하게 만드는 식이었다.

그럼에도 가네마루의 거친 방식이 한동안 받아들여졌고 때로 효과적이기까지 했던 이유는, 7장에서 다루었던 버블 경제의 결과 일본으로 쏟아져 들어왔던 돈 때문이었다. 플라자 합의 이후 일본 재무성과 일본은행이 취했던 조치들 덕택에 정계에는 선심성으로 뿌릴 수 있는 예산이 흘러넘쳤다. 다나카가 권력의 정점에 있었을 때조차 상상하기 힘들 정도로 많은 액수였다.

일본이라는 시스템에서, 돈이 흘러넘친다는 것은 스캔들로 가는 확실한 전조다. 그리고 버블 경제의 정점에서 마침내 출현했던 스캔들은 그 중심에 있던 회사의 이름을 따 '리쿠르트 스캔들'로 불렸다. 리쿠르트사의 창업자이자 사장이었던 에조에 히로마사가 저질렀던 실수는, 시스템으로 흘러들어온 돈을 전부 그 시스템의 근본적인 권력 구조를 바꾸기 위해 사용했다는 점이다. 부동산과 금융 재테크를 통해 사람들이 돈을 쉽게 벌고, 신흥 부자들을 위한 비즈니스들이 우후죽순처럼 생겨나면서 기존의 전통적인 샐러리맨 커리어가 점점 매력을 잃기 시작하던 시대였다. 우리는 그것이 문화 및 인구 구조의 변화에 끼친 영향에 대해 앞서 살펴본 바 있다. 하지만 거기에는 중요한 정치적 층위의 영향도 있었으니, 샐러리맨 문화가 사람들이 정치에 대해 갖고 있는 불만 심리를 희석시키고 억누르는 데 있어 중심적인 역할을 해왔기 때문이다.

타고난 사업가였던 에조에는 진정한 구인구직 시장 서비스에 대한 수요를 감지해냈다. 그러나 그가 구인 공고 및 젊은이들을 대상으로 한 유료 커리어 상담 등을 골자로 하는 잡지들을 발행해 실제로 그런 서비스를 만들기 시작하자, 일본의 고용 관행을 줄곧 감독해오던 사람들의 심기를 크게 건드리고 말았다. 이들은 공식적으로 허용된 채널이 아닌 곳에서 채용에 관한 정보를 배포하는 행위를 불법화하는 법안의 준비에 착수했다.

일본에서 사업을 하다가 이런 식의 위협에 맞닥뜨리면, 보통 규제 당국의 담당 관료들에게 고급 접대를 하고 노골적인 뇌물은 아니지만 돈을 벌 수단을 제공함으로써 비위를 맞춘다(에조에가 동원한 방법 중에는 관료들에게 터무니없이 비싼 원고료를 지급하고 그의 잡지에 글을 기고하게 한다든가, 그가 조직한 콘퍼런스에 값비싼 강연료를 받고 강연을 하게 하는 것들이 있었다). 그리고 관료들의 움직임에 제동을 걸 수 있는 정치인을 섭외하기도 한다. 이 모든 것은 돈이 드는 일이었으나, 1980년대 말 일본에서 돈을 구하는 것은 별문제가 아니었다. 에조에는 도쿄 주식시장이라는 존재를 이용해, 회사들을 분사시켜 별도 상장시키면서 주식을 일반 주주들에게 공개하기 전에 정치인들에게 미리 살 수 있도록 기회를 제공했다. 그렇게 사들인 주식은 급등하는 주식시장에서 큰 이익을 남기고 되팔 수 있었다. 만약 정치인들이 주식을 살 초기 투자 자금을 필요로 하면 리쿠르트의 자회사 어딘가에서 대출을 해주었다.

이처럼 에조에가 벌이던 일의 성격과 그 어마어마한 규모는 결국 필연적으로 반작용을 불러와 다케시타 정권을 무너뜨리고 말았다. 다케시타의 뒤를 이어 우노 소스케宇野宗佑가 총리가 되었으나, 그는 불과 3개월 만에 자리에서 내려오고 말았다(일본 역사상 처음이자 유일하게 총리가 섹스 스캔들로 실각한 사례였다. 우노의 내연녀에 따르면 그는 모욕적일 정도로 적은 액수의 돈을 주고 애정관계를 사려고 했다고 한다).[51] 그다음에 총리가 된 가이후 도시키海部俊樹는 일본 정치인 중 드물게 리쿠르트 스캔들에 연루되지 않은 사람이었다. 예상외로 국민에게 인기를 얻었던 그는 2년 동안이나 총리로 재직할 수 있었다. 그의 뒤를 이어 다나카 군단 출신으로 마지막 총리가 되었던 미야자와 기이치宮澤喜一는 지적인 스타일의 정통 재무성 출신 관료였다. 미야자와는 일본을 국빈 방문했던 조지 H. W. 부시 대통령이 만찬 도중 그에게 구토하면서 쓰러지는 바람에 미국에서 유명세를 타기도 했다. 미야자와는 지성과 학식과 수십 년간의 풍부한 실무 경험을 갖추었음에도 불구하고, 총리로 승인받고 그 자리를 유지하기 위해 굴욕을 무릅쓰며 주기적으로 가네마루 앞에 고개를 숙여야 했다. 가네마루는 그런 미야자와 앞에서 일부러 더 제멋대로인 건달처럼 행동했다. 다나카식의 정치가 전통의 엘리트 관료층을 완벽히 지배하게 되었음을 명징하게 보여주는 장면이었다.

그리고 1992년 더 큰 스캔들이 일어났다. 사가와 규빈佐川急便 스캔들이었다. 사가와 규빈은 페덱스나 DHL과 비슷한 일을 하는 일본 최대 규모의 택배회사다. 리쿠르트가 일본 사회의 전통적 고용 관행을 관리 감독하는 사람들의 심기를 건드렸다면, 사가와 규빈은 일본의 우체국과

---

51 일본 총리들의 성적 일탈에 대한 소문은 여러 가지다. 수많은 내연녀를 거느리고 있는 경우도 있었고, 속옷을 입지 않은 웨이트리스들이 서빙하는 파티 이야기도 있었고, 샌프란시스코의 아파트에 소년들을 두고 애정 행각을 벌인다는 사람도 있었다. 그 어떤 이야기도 뚜렷한 근거는 없지만, 최소한 한 명은 게이인 것이 거의 확실했고, 두 명은 아마도 양성애자였다. 일부일처제에 충실한 총리가 있었다면 놀랄 만한 일이라고 할 정도다. 열정적이고 카리스마 넘치는 지도자는 으레 성욕 또한 왕성하게 넘쳐나는 것으로 여겨졌다. 우노 소스케에게 내연녀가 있었다는 사실 또한 그 자체는 전혀 뉴스거리가 아니었다. 이게 뉴스가 되었던 것은 그가 내연녀를 대하는 방식이 너무나 쩨쩨했기 때문이다. 일본 정치권에서는 모니카 르윈스키 스캔들을 둘러싼 미국에서의 소란을 잘 이해할 수 없었다. 만약 같은 일이 일본에서 벌어졌다면, 클린턴이 맹렬히 비난받은 것은 불륜관계 자체가 아니라 집무실에서의 오럴 섹스였을 것이다. 일본에서 정치인이 리비도가 넘치는 것은 관대하게 받아들여진다. 단, 성적인 일탈은 철저히 근무 장소와 시간 외에서만 할 수 있는 자제력 또한 요구된다.

그 주무부처인 우정성郵政省에 위협이 되었다. 사업을 가능케 하기 위해 온갖 종류의 허가가 필요했고, 사가와 규빈은 그 허가를 받고자 마땅히 필요한 일을 했다. 사업을 방해하는 정치인들에게 뇌물을 준 것이다.

하지만 리쿠르트 스캔들 이후 지난 3년간 상황은 달라져 있었다. 버블 경제가 그사이에 끝났고, 더 이상 예전처럼 머니게임을 통해 돈을 손쉽게 조달할 수 없게 되었다. 단지 자금 조달의 원천이 고갈되어버린 차원의 문제가 아니었다. 1990년 버블이 끝나고 디플레이션이 시작되면서 일본 금융계의 썩은 속살이 속속 드러났다. 정계와 금융계의 부적절한 유착관계가 노출되었음은 물론, 특히 정계와 금융계의 최상위 단계에까지 범죄 조직의 영향이 광범위하게 미치고 있었다는 사실이 밝혀졌다. 스캔들과 더불어 지하 범죄세계의 역할이 드러나자, 1955년 체제를 간신히 유지하던 정통성의 마지막 꺼풀이 벗겨지면서 마침내 정치적 위기가 찾아왔다.

역설적으로 들리겠지만, 오직 탁월한 정치인만이 정치인에 대한 분노와 혐오의 에너지를 동력 삼아 낡은 질서를 깨뜨리고 새로운 질서를 만드는 힘으로 전환시킬 수 있다. 그리고 당시 일본에서 그런 일을 할 수 있던 가장 탁월한 정치인은 다나카 가쿠에이가 한때 '아들'이라 불렀던 사람, 오자와 이치로小澤一郎였다.

오자와 이치로

오자와도 다나카처럼 비교적 가난하고 낙후된 지역 출신이었다. 오자와의 고향인 이와테巖手현은 2011년 대지진 때 쓰나미가 해안선을 대부분 쓸어버리면서 그 이름이 세계적으로 알려진 곳이다. 오자와는 1968년 얼마 전 세상을 떠난 아버지의 뒤를 이어 지역구에 처음 출마해 선거운동을 하던 중 다나카의 눈에 띄었다. 다나카는 '군단'의 멤버들이 조직에 충성심을 유지하도록 감시 역할을 하는 젊은 의원들 그룹의 리더로 오자와를 임명했다. 이 그룹은 유명 어린이 만화이자 TV 프로그램 시리즈의 이름을 따서 '소년 탐정단'이라 불렸다.[52] 오자와는 다나카가 가장 신뢰하는 측근이 되었으나, 앞서 얘기했다시피 다케시타 및 가네마루와 공모하여 다나카를 밀어내고 그가 구축한 정치 시스템을 접수했다(오자와는 이 쿠데타를 결행하기 전날 울면서 밤을 지샜다고 전해진다). 다케시타와 가네마루의 연합 통치 체제하에서 오자와는 점점 권력을 키워나가, 미야자와 총리 시기에는 자민당 간사장을 맡았다.

사가와 규빈 스캔들은 1993년 3월 가네마루의 구속으로 사건의 정점을 맞았고, 언론에서는 물 만난 고기마냥 이를 시시콜콜하게 자세한 부분까지 다뤘다. 검찰이 도쿄의 가네마루 저택에서 찾아낸 물건 중에는 금괴들과 5000만 달러 상당의 양도성 유가증권도 있었다. 가네마루가 그렇게 권력의 무대에서 사라지면서(가네마루도 다나카처럼 뇌경색을 일으켜 1996년 사망한다), 다나카 군단의 통제권을 놓고 갈등이 시작된다. 전 총리였던 다케시타가 오자와 대신 자신의 후계자인 하시모토 류타로橋本龍太郎를 앞에 내세우려 했던 것이다. 다케시타는 그 작업에 성공하지만, 그만한 대가를 치러야 했다. 오자와가 42명의 지지자를 데리고 군단에서 탈퇴해 새로운 파벌을 만들었기 때문이다.

---

52 이 시리즈는 1929년 독일의 어린이 소설 『에밀과 탐정들』을 각색한 것이다. 『에밀과 탐정들』은 일본에서 큰 인기를 얻어 수많은 아류작을 양산해냈다. 원작에서는 강도를 당한 소년이 다른 소년들과 무리를 지어 강도를 추적해 붙잡는다. 일본 버전에서는 초등학교 소년들 한 무리가(소녀들도 형상상 한두 명 끼어 있다) 악당들을 찾아내 아무것도 모르는 경찰들이 사건을 해결하도록 돕는다.

오자와는 일본 정치에 근본적인 개혁이 필요한 시기가 왔으며, 본인이 그 개혁을 수행해낼 적임자라고 확신했다. 오자와가 다나카의 행동대장으로 정치 인생을 시작했던 것은 사실이다. 그는 다나카의 정치 방식을 착실히 보고 배웠을 뿐 아니라, 아마도 당대 정치인 중에 그것을 가장 능숙하게 실천하는 사람이었다. 하지만 오자와는 총기 넘치는 정치인이었던 다나카조차 갖고 있지 못한 일면을 드러내기 시작했다. 그것은 바로 단순히 본인과 동지들의 권력을 유지하고 추종 세력에게 선심성 예산을 안겨주는 것을 넘어서는 새로운 정치가 필요하다는 시대적 인식이었다. 무엇보다 오자와는 일본 정치체제에 존재하는 근본적이고 구조적인 결함에 대해 점점 깊은 이해를 보여주었고, 그것을 바로잡아나가기 위한 밑그림 또한 제시하고 있었다.

오자와는 1990년대 초반의 두 사건을 통해, 앞서 다룬 스캔들로 인해 엉망진창이 되어 있던 정치 시스템을 장악하는 것보다 훨씬 더 중요한 문제가 있음을 깨닫는다. 첫 번째 사건은 걸프전이었다. 조지 H. W. 부시 대통령은 쿠웨이트를 침략했던 사담 후세인의 이라크군을 격퇴시키기 위해 전 세계 다국적군을 동원했다. 하지만 미국이 보기에 일본은 악명 높은 헌법 9조를 핑계로 자국 군대를 위험 지역에 파견하지 않았음은 물론, 전쟁에 필요한 비용의 상당 부분을 부담하는 것조차 망설이고 있었다. 중동의 석유에 크게 의존하고 있는 일본이, 전 세계 각지에서 돈을 펑펑 써대며 세계 경제대국으로 등극했음을 자랑해 마지않던 그 일본이(당시만 해도 일본의 버블 경제가 막 끝났을 때라, 사람들은 일시적인 경제 문제가 닥쳤다고만 여기고 있었다. 그것이 일본이 아직까지도 헤어 나오지 못하고 있는 만성적 경제 침체의 시작이 되리라고 예측하는 사람은 거의 없었다), 다들 참가하는 전쟁에 돈조차 내지 않으려 하는 것은 서양 국가들이 보기에 최악의 무임승차 행위처럼 보였다. 일본 정치인들이 사태의 심각성을 파악하지 못하고 있는 것에 경악한 오자와는, 강력한 수완을 동원해서 필요한 전쟁 자금을 마련해냈다. 오자와 덕택에 일본은 세계 그 어느 나라보다 걸프전 비용을 많이 낸 나라가 되었다. 하지만 비용을 내는 과정이 지연된 데다 달갑지 않은 태도를 보였던 탓에, 너무 늦게 너무 조금 낸 모양새가 되고 말았다.[53] 오자와는 이 일로 인해, 일본이 외국으로부터 제대로 대접받으려면 기존과 같은 전적으로 수동적인 외교 정책이 아닌 새로운 외교 정책을 수립할 필요가 있다고 느끼게 된다. 그리고 일본이 능동적인 외교 정책을 수립하지 못했던 것은 일본 정치의 문제와 직결되어 있다고 믿게 되었다.

박해에 앞장서다 다마스쿠스에서 예수의 음성을 듣고 개종한 사도 바울처럼, 오자와를 숙련된 정치꾼에서 비전을 가진 지도자로 환골탈태시킨 두 번째 사건은 카럴 판볼페런의 책 『일본 권력의 수수께끼The Enigma of Japanese Power』의 1990년 일본어 번역판 출간이었다. 판볼페런의 책은 1980년대 말 '수정주의revisionism'라고 이름 붙여진 일군의 저작물 중 하나였다.[54] 이런 책과 기사들은 일본을 일반적인 자유 시장경제 민주주의 체제라고 여기던 서양의 인식에 '수정'이 이뤄져야 한다고 주장했다. 하지만 다른 '수정주의' 저자들이 일본의 거대해진 경제체제가

---

53 걸프전 지휘관이었던 노먼 슈워츠코프 장군이 회고록에서도 언급했듯이 일본의 재정 지원은 사실 걸프전에 중요한 역할을 했다. 사우디아라비아 리야드의 일본 대사관은 다국적군에게 수백만 달러의 군자금을 은밀히 전달함으로써, 미국 내의 관료주의 절차를 피해갈 수 있었다. *It Doesn't Take a Hero: The Autobiography of General H. Norman Schwarzkopf*(Bantam, 1993)

54 수정주의 저작의 또 다른 대표적인 예로는, 미국의 전 통상협상가 클라이드 프레스토위츠의 책과, 저널리스트이자 미 대통령 연설비서관이기도 했던 제임스 팔로우스가 『애틀랜틱』에 기고했던 기사가 있다. 나도 『하버드 비즈니스 리뷰』에 글을 실어 '수정주의'에 기여한 바 있으나 수정주의자 명단에는 들어가지 않았다. 수정주의라는 단어를 만든 『비즈니스위크』의 저널리스트 로버트 네프가 수정주의 현상에 대해 커버스토리를 실었을 당시는 아직 인터넷이 등장하기 전이었는데, 내가 회사를 그만두고 휴가 중이라 연락이 닿지 않았기 때문이다.

글로벌 무역과 금융 질서에 끼치는 위협을 강조해 다루었던 반면, 판볼페런은 일본 정치 구조에 내재한 중대한 결함에 주목했다. 그는 그것을 '정치적 책임의 중추center of political accountability'가 부재하다고 표현했다.

『일본 권력의 수수께끼』는 일본 정부의 발작에 가까운 분노를 불러일으켜 정부 대변인이 저자를 폄하하는 논평을 내기도 했다. 하지만 책은 디테일과 깊이를 모두 갖추고 있어서 구체적인 사안으로 들어가면 반박할 수가 없었다(판볼페런은 당시 네덜란드의 주요 신문인 『NRC 한델스블라트 NRC Handelsblad』의 도쿄 특파원으로 20년간 일본 정치를 취재해왔다).

『일본 권력의 수수께끼』는 일본인들의 정곡을 찔렀을 뿐 아니라 사회 내에서 적잖은 반향을 불러일으켰다. 일본 정부의 주류 세력이 판볼페런을 '반일본적'이라고 규정하려 시도했던 반면, 일본 권력 구조에서 높은 자리에 있는 여러 사람이 그에게 개인적으로 편지를 보내기도 했다. 이들은 자신의 이름을 공개하지 말아줄 것을 부탁하며 판볼페런에게 그의 생각을 계속해서 기록해줄 것을 당부했다.[55] 식자층에서는 란가쿠蘭學(난학)의 시대가 재림했다는 농담이 나오기도 했다. 란가쿠는 글자 그대로 '네덜란드의 학문'이라는 뜻으로, 에도 시대 나가사키長崎에 개설된 네덜란드 공식 무역항을 통해 일본으로 흘러들어온 네덜란드어 서적에 전적으로 의존했던 일본의 서양학을 가리킨다. 판볼페런은 일본에서 궁극의 영예를 얻었으니, 그것은 책임을 뜻하는 '아카운타비리티アカウンタビリティ'(accountability)라는 말이 그의 책 때문에 일본에서 널리 쓰이는 신조어로 자리 잡은 일이다.

오자와는 걸프전으로부터 얻은 교훈과, 『일본 권력의 수수께끼』가 일

---

55 판볼페런이 일본 시장에 대해 쓴 후속작은 일본어로 번역된 외국 서적 중 성경을 제외하고 일본에서 가장 많이 팔린 책이 되었다.

으켰던 반향을 반영하여[56] 자신의 생각을 정리한 『일본개조계획日本改造計劃』이라는 책을 썼다. 책에서 오자와는 일본이 '보통 국가'가 되어야 한다고 주장했다. 보통이라고 한 것은 일본이 '보통' 정치, '보통' 외교 정책, 정치의 명확한 통제하에 있는 '보통' 군대를 가져야 한다는 의미였다. 많은 이가 오자와가 그런 책을 쓸 수 있으리라고 믿지 않았고, 애초에 직접 쓸 시간적 여유가 있었을 것이라고도 생각하지 않았다. 하지만 책의 일부를 누군가 대신 써주었는지 여부를 떠나서, 오자와가 일본의 무엇이 잘못되었는지에 대해 오랫동안 깊은 사고를 해왔던 것만큼은 의심의 여지가 없었다.

잘못된 일을 바로잡기 위해 오자와는 두 가지 근본적인 개혁이 필요하다고 주장했다. (1)돈을 뿌리는 능력이 아닌 명확한 정책 비전을 제시하는 능력으로 경쟁하는 진정한 양당제도 시스템과 (2)정치에 의한 관료사회의 통제가 그것이다. 다나카는 강력한 정치인이라면 관료를 본인의 뜻에 따라 움직이게 할 수 있음을 보여주었다. 하지만 오자와는 다나카의 정치 수단을 단지 예산의 선심성 배분을 통해 정치적 기득권을 유지하는 데 사용하는 것이 아니라, 국가 정치의 우선순위를 정하는 데 사용하고자 했다.

성당의 대문에 자신의 95개조 논제를 써 붙였던 마르틴 루터처럼, 오자와는 자민당 지도부를 향해 일련의 요구 사항을 발표했다. 정당 간의 진정한 정치적 경쟁 체제를 만들기 위해 선거 정치의 규칙을 개혁하자는 내용이었다. 예상했던 바였으나 오자와가 제시한 데드라인인 1993년 6월이 되도록 자민당이 답을 내놓지 않자, 그는 자신의 파벌을 데리고

---

56 훗날 판볼페런이 『누가 오자와 이치로를 죽이는가The Character Assassination of Ozawa Ichiro』라는 책을 쓰면서, 오자와와 판볼페런은 개인적으로도 친분을 갖게 되었다.

자민당을 탈당해 신생당新生黨을 결성했다. 다나카는 일찍이 그에게 야당의 주요 인사들, 특히 일본 사회당의 지도층과 튼튼한 연대관계를 만들어놓으라고 가르쳤다. 오자와는 그 연대를 이용해 의회에서 내각 불신임 결의를 통과시켰다. 그로 인해 미야자와 내각은 사퇴하고 총선이 다시 치러졌다. 총선 결과 오자와는 연립정부를 구성할 수 있었다. 오자와는 총리 자리에 전 구마모토熊本현 지사이자 TV 화면이 잘 받는 정치인이었던 호소카와 모리히로細川護熙를 앉혔다. 호소카와가 만들었던 신생 정당인 일본신당日本新黨이 총선에서 놀랄 만큼 좋은 성적을 거두었던 터였다. 그렇게 해서 지난 48년간 일본의 선거 정치를 지배하고 있던 자민당의 독주가 마침내 깨졌다.

새 정권의 출발은 매우 순조로웠다. 일본 대중은 호소카와에게 매료되었고, 빌 클린턴 미 대통령은 일본의 새 총리를 솔 메이트처럼 여겼다. 클린턴이 변화를 바라는 사회적 열망의 힘으로 백악관에 전격 입성할 수 있었듯이, 호소카와 역시 같은 종류의 열망에 의해 집권하게 되었다고 생각한 것이다.

하지만 변화를 위한 열망이 두 사람을 미국과 일본의 정부를 대표하는 명목상의 자리에 오를 수 있게 해주었는지 몰라도, 그것과 잘생긴 외모 정도를 빼면 두 사람 사이에 더 이상의 공통점은 없었다. 호소카와가 1955년 이래 처음으로 비非자민당 출신으로서 총리가 된 것은 틀림없었지만, 그를 그 자리에 앉힌 것이 '야미쇼군'임을 모르는 사람은 없었다. 호소카와는 개인적으로 인기가 많은 정치인이었던 반면, 야미쇼군 오자와는 그만큼 인기 있는 정치인이 아니었다. 물론 오자와에게도 지지 세력이 있었으나, 그는 일본 정치에서 가장 논란의 대상이 되는 인물 중 한 명이어서 그를 싫어하거나 심지어 증오하는 사람들도 폭넓게 존재했다.

오자와가 자민당의 독주를 무너뜨린 일은 자민당 정치인들에게 있어 심각한 사태였다. 이들은 하루아침에 지역구에 선심성 예산을 공급해 줄 수단을 잃었고, 그로 인해 스스로의 생계 수단마저 잃고 말았다. 당연히 오자와를 증오할 수밖에 없었다. 그러나 오자와를 증오하던 것은 자민당 정치인들만이 아니었다. 그렇게 된 것은 부분적으로 오자와 자신에게 책임이 있다. 그가 다나카의 가장 뛰어난 제자였고, 다나카가 갖지 못했던 큰 그림을 보는 눈까지 갖게 된 것은 좋았다. 하지만 그는 다나카가 그토록 손쉽게 잘하던 일을 별로 내켜하지 않았으니, 그것은 바로 만나는 상대가 누가 되었건 각별히 신경 써주어서 마음을 사로잡는 일이었다. 오자와에게는 다나카가 갖고 있던 것과 같은 '네마와시'의 능력이 없었다고들 말한다. 오자와는 또한 사람들에게 인색하다는 비난을 받곤 했다. 그는 문을 닫아놓고 하는 협상이나 거래에 있어서는 놀랄 만큼 탁월한 사람이었다. 그렇지 않고서야 어떻게 그런 자리까지 오를 수 있었겠는가. 하지만 그는 제도권 기자들과 다른 많은 정치인에 대해 커져만 가는 경멸을 숨기려들지 않았다. 그들은 이에 대한 앙갚음으로 오자와를 오만하고 냉담한 사람이라고 보도하는 것으로 응수했고, 오자와의 이런 이미지는 많은 사람의 마음에 고착화되었다.

하지만 그게 전부가 아니었다. 오자와에 대한 증오는 그가 다나카의 적통을 이어받은 후계자라는 사실과도 떼려야 뗄 수 없었다. 일본에 잠깐이라도 살아본 사람이라면 이곳에 두 가지 상반된 세계가 공존한다는 것을 안다. 어둠의 세계가 빛의 세계에 마치 사악한 쌍둥이처럼 달라붙어 있는 것이다. 빛의 세계에는 숨 막힐 정도의 세련됨이 일본의 미술품과 디자인에 녹아 있고, 양가의 부인이나 고위 관료들이 사용하는 일본어의 절묘한 뉘앙스 및 형식미에도 스며들어 있다. 비즈니스 미팅에서부터 각종 공식 만찬과 황실 행사를 아우르는 일본의 모든 의식에는 우아함이 넘친다. 반면 어둠의 세계에는 도쿄와 오사카 같은 대도시의 길거리에서 접하는 난잡하고 광적인 풍경이 있다. 거기에는 폭력배들의 위협적인 말투 및 몸짓에서 드러나는 계산된 무례함이 있고, 가부키정과 난바에 있는 술집과 카바레들의 음탕함이나 추잡함에 흥청망청 빠져 있는 사람들이 있다. 기모노나 샤넬 정장을 입은 고전적인 일본 미인 곁에는 앞 장에서 보았던 호스티스나 갸루가 있다. 짧은 바지와 단정한 머리에 넥타이를 맨 영민한 젊은 남자 옆에는, 왁스로 뾰족 세운 머리를 한 채 소음기를 뗀 오토바이를 타고 폭주하는 친피라가 있다. 요새는 자신이 집착하는 물건들의 잔해로 가득한 지저분하고 좁은 방에 사는 오타쿠도 점점 늘어난다.

　박식한 언어를 구사하며 오로지 정책과 공공의 선만 염려하는 도쿄 대학 출신의 헌신적인 관료 옆에는, '부동산 개발자'들 및 부패한 건설회사 사장들과 어울리며 부정한 돈을 도처에 뇌물로 뿌리고 다니는 상스럽고 거래에 능한 정치인들이 있다. 다나카식 정치가 서서히 세력을 키워나가 마침내 그의 제자인 가네마루가 일본 정계를 장악하면서 그 절정을 맞았던 현실은, 정치가 이뤄낼 수 있는 긍정적 가능성을 찬양해온 사람들에게 있어 모욕적인 일이었다. 뿐만 아니라 일본에서 권력이 행사되는 방식에는 지킬 박사와 하이드처럼 양면성이 존재한다는 사실이 그로 인해 드러나고 말았다. 아무리 점잖게 포장하고 아무리 그럴듯한 설명을 반복해도 더 이상 그런 본질을 감출 수 없었다. 그 와중에 관료들은 단지 다나카의 정치 시스템에 의해 이용당하기만 했던 것일까. 사가와 규빈으로 정점을 찍었던 일련의 스캔들을 보면 관료들도 그 나름

대로 부패에 자발적으로 연루되었던 것이 분명했다.

이 모든 것이 일본의 '체면'을 유지할 책임이 있는 사람들에게는 끔찍함 그 자체였다. 바깥세상에 대한 체면이라기보다는 일본 스스로에 대한 체면이었다. 이들은 주로 검사와 판사들, 주요 일간지의 편집자들(특히 『아사히신문』), 학자와 지식인들, 예로부터 일본 사회당 주변에 몰려 있던 이상주의적이고 정치 참여 성향이 강한 사람들이었다. 다나카식 정치 시스템은 이들이 일본의 현실에 대해 혐오하는 모든 것을 대표했고, 오자와는 그 정치 시스템이 낳은 가장 뛰어난 산물이었다. 일본 정치의 병폐에 대한 그의 분석이 얼마나 날카로운지, 그 병폐를 청산하는 데 있어 그가 얼마나 뛰어난 능력을 보여주는지와 상관없이, 이들은 오자와를 용서할 수 없었다. 오자와는 수많은 일본인을 당혹케 만든 일본 정치의 암묵적이고도 공고한 특징들을 체현하고 있는 인물이었다. 동시에 그는 일본에서 그 특징들을 청산하겠다고 약속하고 있었다. 그리고 오자와의 청산 방식은, 그 특징들로 인해 이익을 누리던 사람들에게 직접적인 위협이 될 것이었다. 그 사람들은 그 '특징'들이 무엇인지 상기하는 것조차 극도로 혐오했지만 말이다. 이런 행위를 위선이라고 부르는 것은 핵심을 놓치는 일이다. 이는 위선이라기보다 조지 오웰이 '이중사고double-think'라고 분석했던 것의 한 유형이기 때문이다. 이중사고란 두 개의 서로 모순된 개념을 동시에 따라 행동하고, 생각의 흐름이 그 모순을 더 견디지 못할 정도로 위험한 상태에 도달하기 전에 생각을 무의식적으로 중단해버릴 수 있는 능력을 뜻한다. 오자와의 존재는 일본의 정치가 계층이 이런 심리적인 곡예를 더 이상 계속할 수 없도록 위협했다. 그렇기 때문에 그는 일본 정치 질서의 수호자를 자청하는 사람들에 의해 자리에서 끌어내려질 운명이었다.

정치 질서의 수호자들

수호자를 자청하는 사람들은 두 부류가 있고, 이들은 서로 보조를 맞춰 일한다. 검찰과 주요 일간지의 편집자들이 그들이다(그리고 '공영방송'이라 불리는 NHK의 대표 프로듀서들도 포함된다). 이 사람들은 정해진 각본에 따라 움직인다. 일본의 정치는 어떤 정치인이라도 언제든 이런저런 법률 위반으로 기소될 수 있는 환경에서 작동하고 있다. 법률은 모호한 문구로 쓰여 있기 때문에, 누구를 어떤 근거로 기소할지 결정할 때는 검찰의 자의적 판단이 절대적인 영향력을 끼친다(일본의 법률 체계는 관습법이 아닌 대륙의 성문법에 기초하고 있다. 미국이나 영국에서처럼 판례가 결정적인 역할을 하지 않는다).

검찰은 스스로를 일본 통치 체제의 가치를 수호하는 최후의 보루로 여긴다. 이들은 일단 특정 정치인이 질서에 위협이 되는 존재라고 판단하면, 그 사람이 각종 법률을 위반한 사례를 적발해낸다(보통 사소한 것들이다) 이를 주요 언론에 알린다. 검찰이 잠재적 범법자의 사무실에 들이닥쳐 '압수수색'을 하고, 그 장면은 잘 연출되어 시청자들에게 전달된다. 『아사히신문』과 같은 일간지는 공공의 신뢰가 '배신'당한 데 대한 분노를 격한 어조로 쏟아낸다. 타깃이 된 정치인은(혹은 은행가나 기업의 경영자일 수도 있다. 경제 기관을 길들일 때도 같은 각본으로 움직인다) 공개 사과와 함께 머리 숙여 절하며 자리에서 사임한다. 그렇게 깊이 뉘우치는 듯 행동하면 모든 일은 마치 오후 한때의 폭풍우처럼 지나간다. 그리고 얼마간 '반성'의 시간을 갖고 나면 그 정치인은 공직으로 복귀한다. 하지만 타깃이 이와 같은 각본에 따라 행동하지 않는 경우, 검찰과 언론은 히스테리에 가까운 반응을 일으킬 수 있다(다나카와 가네마루에 대해 검찰과 언론이 그토록 격분한 것은 이 두 사람이 각본에 따른 쇼에 코웃음을 쳤기 때문이기도 하다).

일본 정치 질서의 수호자들은 교과서적인 각본에 따라 행동을 개시해, 진정한 양당제도 시스템을 도입하려던 오자와의 시도를 무력화시켰다. 전술적으로 영리하게도 이들은 오자와 본인을 직접 공격하지 않았다. 대신 오자와가 정치적 방패로 삼았던 인물이자 신선하고 깨끗한 이미지의 호소카와에게 흠집을 낼 만한 건수를 찾아냈다. 일본에서 가장 유명한 귀족 집안의 후손이던 호소카와는(그의 조상들은 아시카가 막부를 세우는 데 지대한 공을 세웠다), 다나카 군단의 멤버들과는 완전히 다른 부류의 사람이었다. 하지만 그랬던 그도 수년 전 다름 아닌 사가와 규빈으로부터 돈을 빌렸던 사실이 드러났다. 돈은 갚았으나 이자를 내지 않았던 것이 문제였다. 그것만으로도 당시의 분위기에서는 언론에서 충분히 시끄럽게 떠들 만한 이슈가 되었고, 결국 호소카와는 사퇴하지 않을 수 없었다.

호소카와의 뒤를 이어 총리가 된 이는 오자와의 동지였던 하타 쓰토무羽田孜였다. 하타 또한 오자와처럼 한때 다나카 군단의 멤버였다. 하지만 하타의 집권은 겨우 9주 만에 막을 내렸다. 하시모토 류타로의 리더십하에 자민당에 잔류해 있던 군단의 멤버들이, 그들을 배신했던 오자와에게 반격을 가해 그의 연립 정권을 와해시킬 방법을 찾아냈기 때문이다. 그것은 바로 총리직을 미끼로 일본 사회당을 연립 정권으로부터 탈퇴시키는 것이었다.

여기에는 쏩쓸한 아이러니가 있다. 애초 자민당이 결성되었던 목적은 사회주의자들이 권력을 잡는 것을 방지하기 위해서였다. 시간이 흐르면서 사회당은 주장만 무성할 뿐 실질적 정치력이 전혀 없는 당으로 서서히 전락하고 말았다. 사회당은 자민당을 상대로 정치적 구호를 외치고 도덕적 우위를 과시했다. 하지만 진정한 내각을 구성할 수 있는 아무런 현실적인 노력도 기울이지 않고 야당의 위치만 차지하고 있던 사회당은, 기실 진짜 야당의 출현을 방지함으로써 기존의 권력 구조를 지탱하도록 해주는 유용한 한 축에 불과할 뿐이었다. 다나카는 특유의 정치감각으로 이 점을 매우 잘 이해하고 있었다. 그는 사회당의 주요 정치인들과 조용히 협력관계를 맺어두고 그들에게 재정적 도움을 주었다. 도덕적 우위를 내세우는 사회당의 태도는 정치적인 의례 정도로 여기고 개의치 않았다.

그리고 1994년, 100년 만에 처음으로 일본에서 진짜 야당이 권력을 잡고 내각을 구성하는 상황이 발생하자 사회당은 그 본색을 드러냈다. 자민당은 총리의 자리를 줄 수도 있다는 약속을 사회당 앞에 흔들어댔고, 사회당은 먹음직스러운 고깃덩어리에 정신이 팔린 감시견처럼 꼬리를 흔들며 따라갔다. 사회당과 자민당의 이 야합이 특히 더 아이러니했던 점은, 사회당 후보가 먼저 총리 임기를 채우고 나서 이어지는 임기는 자민당 후보, 그중에서도 다름 아닌 하시모토 류타로를 밀어주기로 했다는 것이다. 하시모토는 전 총리였던 다케시타가, 오자와의 탈당 이후 자민당에 잔류한 다나카 군단 멤버들의 수장으로 임명했던 사람이다. 그의 우파적 성향과 다나카식 정치 스타일은 사회당이 지난 두 세대에 걸쳐 반대해왔던 모든 것의 현현이라고 해도 과언이 아니었다. 이것은 마치 민주당 대통령 후보였던 조지 맥거번이 별다른 실권도 없는 정부의 허울 좋은 자리를 약속받고 공화당 후보였던 리처드 닉슨을 지원하기로 약속한 것과도 같은 일이었다.

야당에 의한 집권이라는 첫 실험은 그렇게 끝났다. 사회당은 1949년 이후 처음이자 마지막으로 총리를 배출했다. 그가 바로 무라야마 도미이치村山富市 총리다. 무라야마가 총리 재임 기간에 아무 일도 이루지 못했던 것은 아니다. 그는 1930년대와 1940년대 제국주의 일본이 저질렀던 일들에 대해 정부를 대변해 공식 사죄했다. 자민당 내부의 일부 세력이 아직까지도 철회하려 애쓰고 있는 그 사죄 말이다. 그러나 실제의 통치 체제는 과거처럼 각 정부 부처와 자민당 의원 사이에 권력이 조각조각 분산되어 있는 형태로 되돌아가고 말았다. 1996년 1월 하시모토가 연립정부의 수반으로 총리에 취임했다. 그는 경제가 회복세를 보이는 틈을 타 의회를 해산하고 10월 총선을 치렀다. 결과는 자민당의 승리였다. 이 총선으로 사회당은 사실상 사라지고 말았다. 덥석 물었던 고깃덩어리에 알고 보니 독이 들어 있었던 것이다. 그 독이란 바로 사회당의 위선에 유권자들이 철저히 등을 돌리고 말게 되었다는 사실이다.

양당제도에 대한 첫 실험은 이렇게 실패한 듯 보였지만, 자민당이 일본 의회의 통제권을 놓쳤던 그 10개월은 쉽게 되돌리기 어려운 두 가지 변화를 가져왔다. 첫째는, 일본 국민이 자민당 아닌 정권이 들어서는 일이 실제로 가능하다는 것을 깨달았고, 자신들의 투표를 통해 그런 정권 교체를 이루는 경험을 했다는 사실이다. 둘째는, 호소카와 정권이 실현한 선거제도 개혁이다. 이 개혁으로 인해 오자와가 그 필요성을 주장했던 활발한 정치적 경쟁이 비로소 가능해졌다.

1994년의 선거제도 개혁

선거제도 개혁은 1955년 체제의 핵심적인 부분을 약화시켰다.

1955년 체제의 선거제도는 유권자 1인이 1표를 행사하여 한 선거구에서 여러 명의 후보를 당선시키는 중선거구제였다. 이렇게 하면 돈이 선거 결과를 좌지우지하는 금권선거가 된다. 새로운 선거제도하에서는, 한 유권자가 중의원 선거에서 한 장이 아닌 두 장의 투표용지를 받는다. 그 중 첫 번째 용지에는 한 명의 후보를 골라 투표한다. 가장 많은 표를 얻은 후보 한 명만이 그 선거구를 대표하는 유일한 중의원이 된다. 300명의 중의원이 이렇게 선출된다.

하지만 중의원 의석수는 480석이다. 두 번째 용지에는 유권자들이 후보가 아닌 정당 이름을 골라 투표한다. 선거제도 개혁은 일본 전역을 11개의 비례대표 선거구로 나눠 도합 180명의 의원을 선출하게 했다.

이처럼 일본의 선거제도는 영미식으로 한 선거구에서 한 명의 의원을 선출하는 소선거구제와, 유럽 대륙식의 비례대표 선거제를 혼합한 방식으로 이루어져 있다(일본에는 또한 제한된 권한을 갖는 참의원도 있다. 참의원은 예산을 제외한 법안을 중의원에 반려해서 보낼 수 있고, 중의원은 3분의 2 이상의 의결 없이는 이를 뒤집을 수 없다. 참의원은 3년마다의 선거를 통해 242석의 절반씩을 선출한다. 중의원과 마찬가지로, 이 의석들의 일부는 개별 선거구의 선거를 통해, 나머지는 비례대표제를 통해 채워진다).

하지만 이러한 선거제도 개혁도 자민당의 독주를 막지 못했다. 비례대표 제도의 요소를 도입했던 원래 목적은 군소 정당들도 의회에서 일부 의석을 확보하도록 하기 위함이었다. 하지만 이를 통해 자민당을 포함한 다른 대형 정당들 또한, 후보들이 직접 유권자들에게 선거운동을 하지 않고도 일부 의석을 얻는 길을 확보하게 되었다. 그리고 선거제도 개혁은 도농 간의 선거구 불균형 문제에는 거의 손을 대지 않았다.

그래도 선거제도 개혁과 단기간의 비자민당 정권의 체험으로 인해 여기저기 의미 있는 정치적 움직임들이 생겨났다. 정치 신인들이 기성 정당에서 떨어져 나오고, 다른 정당과 합병하기도 하고, 또 거기서 새로운 정당으로 갈라져 나오기도 했다. 이런 움직임을 거쳐 탄생한 가장 큰 정당은 오자와가 이끄는 신진당新進黨이었다. 신진당은 그러나 자민당으로부터 다시 정권을 빼앗아올 정도의 규모는 되지 않았다. 경제가 회복의 전망을 보이는 데 힘입어, 하시모토가 이끄는 자민당이 1996년 10월 총선에서 압승을 거두었다. 이 총선이 새로운 선거제도하에서 치러진 첫 번째 선거였다.

승리는 압도적이었으나, 그것은 단지 선거에서 차지한 의석수만 놓고 봤을 때 그랬다. 자민당은 500석 중 239석을 차지했다.[57] 이런 의석수의 기반이 있었기 때문에, 하시모토는 총선 참패에서 살아남은 소수의 사회당 의원들을 포함시켜 연립 정권을 구성할 수도 있었다(사회당은 그 뒤 당명을 사회민주당으로 바꾸었으나 세력을 회복하진 못했다). 하지만 충분한 수의 다른 당 의원들을 끌어들이면서 결국 사회당 없이 정권을 구성했다. 의석수로 의회를 장악하긴 했지만, 선거에서 자민당의 전체 득표율은 39퍼센트 미만이었다. 오자와의 신진당은 28퍼센트를 얻어 156석을 차지했다. 자민당의 패권에 대한 오자와의 위협은 끝난 것이 아니라 이제 시작일 뿐이었다.

하시모토의 2차 내각이 출범한 지 얼마 되지도 않아 재무성은 소비세 인상을 추진했다. 재무성은 1970년대 말부터 소비세를 도입하려고 시도했다. 당시에는 다나카식 정치로 인한 세금의 과도한 낭비에 대응하기 위한 측면도 있었다. 마침내 1989년 재무성은 소비세를 도입했고, 그

---

57 당시 의회는 비례대표로 200석이 채워졌다. 나중에는 이 숫자가 180석으로 줄어든다.

로 인해 당시 총리였던 다케시타의 지지율이 곤두박질치기도 했다. 처음의 소비세율은 3퍼센트에 불과했으나, 재무성은 세율을 단계적으로 올려 소비세를 일본 정부의 주요 세원으로 만들려는 구상을 갖고 있었다.

1996년의 소비세율 인상이 경제에 미친 악영향에 대해서는 7장에서도 일부 다루었지만, 정치적으로도 영향을 끼쳤다. 당시의 세율 인상은 일본 정부가 그때까지 저지른 최악의 정책적 실수로 판명될 것이었다. 자라나던 경제 회복의 싹을 밟아버렸고, 은행의 줄도산을 불러오는 바람에 결국 그해에 정부는 대단히 부정적인 여론에도 불구하고 은행에 대한 구제금융책을 펼치지 않을 수 없었다. 자민당 입장에서는 공정한 평가가 아니라고 할 수도 있으나, 이 모든 것은 자민당의 탓으로 돌려졌다.

자민당 입장에서 중의원 선거가 2000년에야 있을 예정이었던 것은 다행스러운 일이지만, 1998년에 치러진 참의원 선거에서는 패배를 면치 못했다. 하시모토가 '책임을 지고' 총리직에서 물러나고, 외무성 대신이던 오부치 게이조小淵惠三가 그 자리를 대신했다. 다나카 군단의 멤버이기도 했던 오부치는, 총리 자리에서 2년을 채우지 못한 채 뇌경색을 일으켜서는 얼마 지나지 않아 사망했다. 임시 총리로 취임한 모리 요시로森喜朗는 불행히 숨진 오부치에게 쏟아진 동정에 어느 정도 힘입어(오부치가 일찍 사망한 원인은 스트레스로 알려져 있다), 2000년 6월의 중의원 선거에서 자민당을 승리로 이끌었다. 소비세율 인상에 대한 기억은 희미해지고 있었고, 야당은 사분오열 상태였으며, 자민당은 여전히 농촌 지역 선거구가 과잉대표되던 제도에서 오는 이익을 누리고 있었다.

모리는 사실 노련한 정치인이었지만, 일부러 어리숙한 척 행동해서 대중이 분노를 쏟아내는 총알받이를 자처했다. 그래야만 적당한 때에 총리직을 사퇴해 하시모토가 복귀할 정치적 공간이 생길 수 있기 때문이었다. 그런데 예상치 않던 일이 발생하고 말았다.

오자와가 자기 세력을 이끌고 탈당해 야당이 된 후, 남아 있는 다나카 군단의 실질적 리더십은 하시모토에게 넘어가 있었다. 그렇기 때문에 하시모토가 다시 총리직으로 돌아오리라는 사실이 당연하게 받아들여졌던 것이다. 그러나 정치적 책략가로서의 하시모토는 그의 정치 스승들에 비해 급수가 한참 낮았다. 다케시타와 같은 야미쇼군이 총리를 지명하는 과정에 투명성이 전혀 없다는 언론의 비난에 직면하자, 자민당은 총재 선출 과정에 미국식 '프라이머리primary'를 본뜬 예비선거 제도를 도입하기에 이른다. 자민당 내부의 '고위 관료파' 파벌은(다나카의 최대 라이벌이었던 후쿠다 다케오나, 기시 노부스케의 정치적 유산을 물려받은 사람들) 프라이머리를 그들이 일본 정치에서 마땅히 차지하고 있어야 할 주도권을 되찾을 수 있는 기회로 보았다. 그러나 이들은 다나카에 의해 밀려난 지난 한 세대 동안 깨달은 바가 있었다. 그것은 바로, 일본 정치에서 성공하려면 개혁가로서의 면모를 그럴듯하게 연기해서 보여주지 않으면 안 된다는 것이었다. 진짜 목적은 개혁의 정반대라고 할지라도 말이다.

고이즈미 준이치로

대부분의 일본 정치인이 그렇듯, 고이즈미 또한 정치인 가문 출신이다. 그의 할아버지는 내각의 대신이었고 아버지는 방위청 장관이었다. 고이즈미 자신은 후쿠다 다케오의 비서로서 정치 경력을 쌓기 시작했다. 후쿠다는 다나카의 최대 라이벌이었고, 다나카나 그의 후계자가 임명하지 않은 마지막 총리이기도 했다. 고이즈미는 1972년 첫 선거에서 당선된 뒤 자민당 내 서열의 계단을 착실히 밟아 올라갔다. 몇몇 요직을 거치고 나서 1990년대에는 비非다나카 군단인 관료파를 대표하는 세 리더 중 한 명으로 부상했다.[58]

따라서 고이즈미의 경력과 그가 물려받은 정치적 유산은 일본의 그 어느 정치인보다 더 정통파라고 할 만했다. 하지만 그는 정통파 정치인처럼 보이지 않았다. 그의 사자 갈기 같은 헤어스타일과 다방면에 걸친 음악 취향과(엘비스 프레슬리에서 바그너와 시벨리우스까지) 카메라 앞에서 자연스러운 캐릭터는 개혁가로서의 이미지를 강하게 뿜어냈다. 그런 강한 이미지에 힘입어 고이즈미는 자민당 총재 예비선거에서 승리했다. 이 예비선거는 자민당 당원만 대상으로 했기 때문에 구속력이 없었지만, 고이즈미가 워낙 압도적인 표차로 승리했기 때문에 자민당 지도부로서는 그 결과를 감히 무시할 수 없었다. 자민당 의원들을 대상으로 하는 총재 본선거를 불과 사흘 남겨둔 시점이라 더 그랬다. 고이즈미는 무난히 총재로 선발되었고, 이는 곧 자동으로 총리 자리에까지 오른다는 것을 의미했다.

고이즈미는 현대의 미디어를 정치적 수단으로 사용하는 법을 완벽하게 파악한 일본의 첫 정치인이었다. 미디어를 잘 활용해 국가수반의 자리에까지 올랐던 미국의 레이건이나 영국의 토니 블레어처럼, 고이즈미도 보수적인(반동적이기까지도 한) 어젠다를 친근하고, 개혁가적이며, TV 화면에 잘 받는 이미지로 포장해서 성공할 수 있었다.

---

58 세 명의 리더란 고이즈미와 가토 고이치加藤紘一, 야마사키 다쿠山崎拓다. 이들은 각자 성의 이니셜을 따서 'YKK'라고 불렸다. 유명한 지퍼 제조회사의 이름인 YKK를 이용한 말장난.

해외에서는 대부분 고이즈미의 어젠다가 지향하는 바를 신자유주의라고 잘못 이해하고 있었다. 미국에서는 조지 W. 부시 대통령의 집권하에 공화당이 득세하고, 프랑스와 독일에서도 보수 정권이 들어서던 상황이었기 때문에, 일본으로서는 국가의 역할을 축소하고 시장경제를 장려하는 세계적인 추세에 일본도 동참하고 있다는 인상을 구태여 부정할이유가 없었다.

고이즈미의 일부 측근이 신자유주의 사상의 영향을 받았던 것은 틀림없는 사실이다. 특히 그의 경제 각료이던 다케나카 헤이조竹中平藏가 대표적이다.[59] 고이즈미 본인도 신자유주의 사상에 호의적이었다. 그는 일본 우파의 사상적 틀이 종전 이후 수십 년 동안 후견주의clientelism(유권자와 정치인의 이익을 둘러싼 유착관계로 이루어지는 정치—옮긴이)와 강력한 국가 집단주의였던 것에서, 신자유주의에 기반한 반동적 국가주의[60]로 변화해가는 흐름을 대변하고 있었다. 그러나 고이즈미의 신자유주의에 관한 발언과 시대의 흐름에 합류하는 듯한 모양새는, 진짜로 개혁(신자유주의 개혁이건 다른 형태의 개혁이건)을 추진하기 위한 제스처라기보는, 일본 정치를 다나카가 패권을 쥐기 이전의 상태로 되돌리기 위한 시도였다. 즉, 고이즈미는 잘 훈련된 전문가 엘리트 관료들이 온전히 다스리는 나라로의 회귀를 지향했던 것이다.

회귀를 위해서는 우선 다나카와 그의 후계자들의 정치활동에 필요한 꾸준한 자금줄이 되고 있던 수단을 제거할 필요가 있었다. 고이즈미가 했던 일 중 가장 잘 알려진 일본 '우정郵政 민영화 법안'이 그렇게 해

---

59 예를 들어 다케나카는 자신이 일본 은행들의 오랜 부실채권 문제를 해결했다고 주장하곤 했으나, 리처드 쿠에 따르면 그런 부실채권은 다케나카가 경제 각료로 취임하기 전에 이미 은행 장부에서 손실 처리되었다. *The Holy Grail*, p.283

60 "reactionary nationalism with neoliberalism". 나카노 고이치의 명확한 표현에 감사를 표한다.

서 통과되었다. 일본의 우체국은 알고 보면 세계에서 가장 큰 은행이다. 전국 방방곡곡에 깔려 있는 우체국들은, 친절한 서비스와 약간 더 높은 이자율을 제공함으로써, 일본의 대형 민간 은행들보다도 더 많은 예금을 유치한다. 이 예금이 정부의 재량으로 사용할 수 있는 거대한 규모의 '비밀자금'이 된다. 다나카와 그 후계자들이 표를 확보하기 위해 지방에서 벌였던 '하얀 코끼리' 사업에 들어간 예산의 상당 부분이 여기서 나왔다.[61] 우정 민영화 법안의 진짜 목적은 이 비밀 자금을 원천 차단하는 것이었다. 법안은 고이즈미의 작품으로 알려져 있지만, 그는 이 법안을 읽어보지도 않았다고 고백한 바 있다. 이 법안은 실제로 재무성 내부에서 작성된 것으로 알려져 있다. 다만 고이즈미는 그의 정치적 능력을 충실히 발휘해서, 이를 일종의 '개혁'으로 포장해 국회에서 통과시키고 국민을 납득시켰을 뿐이다.

우정 민영화는 다나카의 후계자들이 정치활동에 사용하던 자금줄을 차단하기 위한 조치의 첫 단추일 뿐이었다. 2001년 9월 고이즈미 정부는 국채의 발행 액수에 제한을 두겠다고 발표함으로써 적자재정의 규모를 줄이는 작업에 착수했다. 버블이 붕괴한 후 적자재정은 지방의 각종 공공사업을 벌이는 데 있어 매우 중요한 자금원이 되어 있었다(이것은 케인스학파 이론의 신봉자라면 누구라도 반발할 만한 발표였다. 경제가 급격히 위축되자 결국 일본 정부는 2003년 이 조치를 철회하고 말았다).

고이즈미 정부는 또한 1950년대의 관료들이 사실상 당시의 격렬한 노동 투쟁을 끝내기 위한 목적으로 동의했던 종신고용이라는 사회적 계

---

61 재무적 관점에서 볼 때 우체국은 본질적으로 거대한 폰지 사기다. 우체국이 자금을 빌려주는 공공사업 프로젝트는 대부분 수익성이 떨어져, 사업비로 들어간 부채를 상환할 정도의 이익을 내지 못한다. 우체국은 고객이 예금을 인출하는 경우, 다른 고객의 신규 예금에서 빼내 지급하거나, 일본은행에서 새로 발행한 돈으로 지급한다.

약을 변경하는 작업도 시작했다. 7장에서 다룬 것처럼, 고이즈미 정권하에서는 회사들이 비정규직 사원의 비중을 늘려도 괜찮도록 점차 허용해주었다. 그리고 다케나카 헤이조가 은행의 부실채권을 정리하도록 하는 정책을 대대로 펼치면서, 그 전까지 부실 기업에 계속 공급되던 여신도 끊겼다. 은행 여신을 일종의 안전망 삼아 연명해나가던 그런 기업들을 일본에서는 '좀비 기업'이라 불렀다. 고이즈미 정부는 이런 일련의 정책을 마침내 일본에도 자유시장 자본주의가 도래했다는 신호처럼 들리도록 포장했다. 그러나 정부의 말을 곧이곧대로 받아들인 몇몇 사업가가 기업들을 적대적으로 인수해서 무자비한 구조조정을 통해 이익을 쥐어짜자, 검찰이 즉시 개입해 이들 중 가장 유명한 두 사람을 구속해버렸다. 호리에 다카후미堀江貴文와 무라카미 요시아키村上世彰가 그들이다. 이들은 정부가 신자유주의적 제스처를 취하는 것을 보고, 앞으로는 경제활동의 결과에 대한 통제를 투자은행과 자본시장에 맡기겠다는 진지한 의도로 착각하는 우를 범한 것이다. 비슷한 구상을 하고 있던 사람들에게 이 둘의 구속은 더할 나위 없이 확실한 경고 메시지를 던져주었다.[62]

외교에 있어서 고이즈미는 1950년대 보수파 관료들의 전통에 따라, 미일 관계를 최우선에 두는 정책을 다시 시행하려고 애썼다. 조지 W. 부시 대통령이 이라크를 침공하자 고이즈미는 적극 협조하겠다는 의지를 보이기 위해 최선을 다했다. 그러나 실제로 일본이 할 수 있는 일은 별로 없었다. 육상자위대를 일부 파견하긴 했지만, 이들은 비전투 부대였기 때문에 실제로는 적의 공격 목표가 되었을 뿐 별다른 도움이 되지

---

62 물론 호리에가 자기 회사의 주가를 올리기 위해 수상쩍은 수단들을 동원하긴 했다. 하지만 호리에가 받아들여야 했던 사회적 굴욕과 무자비한 형량이, 금융 범죄를 저지른 고위층 내부자들(예를 들면 올림푸스의 경영진)에게 일반적으로 내려지던 솜방망이 처벌과는 심하게 대조적이었기 때문에, 당국에서 호리에를 본보기로 삼으려고 했음을 쉽게 알 수 있었다.

못했다. 네덜란드가 파견했던 '평화유지군'은 이런 일본의 자위대를 경호하기 위해 시간의 대부분을 써야만 했다.[63]

하지만 자위대 파견은 상징적으로 중요한 역할을 했다. 이라크 전쟁을 미국의 일방적 침공이 아닌 것으로 포장하기 위해 애쓰고 있던 부시 정권에 있어 일본이 보여준 적극적인 지지의 태도는 큰 도움이 되었다. 고이즈미의 이런 노력은 보상을 받는다. 2006년 9월 고이즈미가 총리에서 퇴임하기 직전, 부시는 그를 테네시 멤피스에 있는 엘비스 프레슬리의 저택 그레이스랜드로 데려가 몇 시간에 걸쳐 직접 안내를 해주었다. 고이즈미는 거기서 엘비스 프레슬리의 노래를 몇 곡이고 열창했다.

미국에게 그렇게 비위를 맞추던 고이즈미는, 동전의 양면처럼 이웃 국가들에게는 줄곧 도발적인 태도를 취했다. 이러한 도발 또한 상징적인 행위이긴 마찬가지였다. 다른 무엇보다 고이즈미는, 중국과 남북한의 강한 반발을 불러일으킬 것을 뻔히 알면서도 야스쿠니 신사靖國神社에 참배를 다니기 시작했다.

야스쿠니 신사와 고이즈미 정권의 외교관계

야스쿠니 신사는 도쿄 중심에 있는 커다란 신토 사당이다. 여기에는

---

63 일본은 또한 미 재무부가 이라크 전쟁 자금을 마련하기 위해 별도로 발행한 국채를 대량으로 사들이기도 했다. 하지만 이것은 달러 중심의 국제 금융 질서에서 필연적으로 발생할 수밖에 없는 일이었다. 미국은 증세 조치 없이 전쟁에 뛰어들었기 때문에, 국가 경제의 수요는 증가했으나 그것을 충족시킬 공급이 부족한 상황이었다. 그 간극을 메운 것이 미국의 주요 수입국인 중국과 일본이었다. 이들은 미국에 물자를 수출하고 달러로 대금을 받는다(그리고 그 달러로 미국채를 산다—옮긴이). 그렇게 이들은 자동적으로 미국의 전쟁에 재정적 지원을 하는 것이나 마찬가지였다. 중국은 일본보다 더 많은 양의 미국채를 추가로 사들였으나, 이는 결코 중국이 미국을 우호적으로 여겼기 때문이 아니다.

제2차 세계대전의 전사자들을 포함해 일본 제국을 위해 목숨을 바친 사람들의 위패가 보관되어 있다. 이곳은 3장에서 다뤘던 국가 신토 사상의 핵심을 이루는 요소의 하나로서, 전전부터 전쟁 중에 이르는 기간에 국체國體 이데올로기를 떠받드는 정신적 중심지의 역할을 했던 곳이다. 국체는 천황 중심의 국가 체제를 이르는 말로 1930년대 일본의 침략을 정당화하고 합법화하기 위한 사상이다. 전쟁이 끝난 후에도 야스쿠니 신사는 일본의 국수주의 우익들과 일본유족회日本遺族會에게 상징적인 곳으로 계속 남아 있다. 일본유족회는 한때 그 정치적 영향력이 미국의 전미총기협회National Rifle Association에 비견되었을 정도로 막강한 단체다. 1978년 도조 히데키를 포함해 14명의 A급 전범의 위패가 야스쿠니로 옮겨오면서, 일본 정부의 고위 관료가 야스쿠니 신사를 방문하는 것은 특히나 민감한 문제가 되었다.

천황은 그 후 야스쿠니 신사의 참배를 중단했다. 14명의 전범 중 2명은 일본의 각료로서 추축국(제2차 세계대전 당시 독일·일본·이탈리아 동맹)을 지지함으로써 일본을 전쟁에 끌어넣은 책임이 일부 있다고 히로히토 천황으로부터 비난을 받은 사람들이었다. 이 같은 사실은 2006년 일본 궁내청이 내부 문건을 일부 공개하면서 세상에 알려졌다. 더 중요한 점은, 기소된 전범들의 위패가 놓이면서 일본 정부 각료들의 야스쿠니 공식 방문 행위가 주변국들로부터 강한 반발을 불러일으켰다는 사실이다. 나카소네는 그럼에도 총리 재임 시절 야스쿠니를 두 차례 참배했다. 하지만 1987년 그가 사임한 후로 다른 총리들은 모두 야스쿠니와 거리를 두었다. 그러던 와중에 고이즈미가 다시 참배를 시작한 것이다.

고이즈미의 연례 야스쿠니 참배는 상식적으로 이해하기 힘들 수 있다. 주변국들의 분노를 유발함으로써 얻는 실질적 이득이 도대체 어디에 있단 말인가. 하지만 이런 질문은 일본 정치라는 연극 무대에서 상징이 갖는 중요성을 제대로 파악하지 못했기 때문에 나오는 것이다.

일본의 주변국들은 야스쿠니 참배의 행보를 보고 일본 우익이 득세하면서 세계적 여론을 묵살하기 시작하겠다는 메시지가 숨겨져 있다고 여기곤 하지만, 여기에는 그보다 더 복잡한 무엇이 있다. 앞서 메이지 정부가 전통 불교의 영향이 깊이 스며들어 있던 대중 종교를 파괴하면서 당시 일본인들 사이에 커다란 정신적 공백이 생겨났음을 언급한 바 있다. 많은 일본인에게 야스쿠니는 그 공백을 채워주는 대의명분의 물리적 체현, 즉 자신들보다 더 커다란 존재에 의지할 수 있는 무언가를 제공해주는 유일한 곳이었다. 야스쿠니는 그런 대의명분을 위해 자기 목숨을 바친 수백만 명의 위패를 보관하고 있는 장소다. 그중에는 특히 나라와 국민을 위해 기꺼이 순국해서 거의 예수와도 같은 존재로 여겨지던 가미카제 비행사들도 포함되어 있었다. 무역 협의에 방해될까봐 또는 주변국들의 심기를 불편하게 할까봐 일본을 위해 순국한 가미카제 비행사와 같은 이들에게 경의를 표하지 못한다는 것은 많은 일본인에게 받아들일 수 없는 모욕이었다. '전범'의 위패가 함께 있다고 하는 사실도 대다수 일본인의 생각을 바꾸지 못했다. 3장에서 보았듯이, 도쿄 전범 재판은 '승자의 정의'를 자의적으로 행사했던 일로 여겨져 그 정당성을 거의 인정받지 못하고 있었다. 많은 일본인은 누가 전범으로 기소되고 누가 기소되지 않았는가는 상당 부분 운의 좋고 나쁨의 문제였고, 실제로 얼마나 책임 있느냐보다는 누가 더 관료사회 내부의 정치에 능했는가에 따라 결정되었다고 믿고 있었다. 그렇게 믿을 만한 충분한 근거가 있었던 것도 사실이다.

니체는 신이 죽고 나서 생긴 심연에서 기어나오는 괴물들 중 가장 해롭고 파괴적인 존재가 민족주의일 것이라고 예언했다. 그러나 민족주의는 수백만의 민초에게 살아야 할 이유를 제공하는 유일한 대의명분이기도 하다. 세계는 일본이 왜 1930년대에 벌어졌던 일들에 대해서 독일처럼 반성하지 못하는가 의아해한다. 하지만 많은 일본인에게 있어 그렇게 행동하는 것은 정신적인 자살이나 마찬가지다. 1930년대의 전쟁과 그로 인한 여파를 겪고도 독일에서와는 달리 일본인들의 조국과 역사를 사랑하는 마음은 사라지지 않았다. 단지 그 마음에 상처를 입었을 뿐이다. 무엇보다 일본인들은 여전히 일본의 문화적 유산을 복잡한 심경 없이 즐기고 자랑스러워한다. 이와 대조적으로 오늘날 독일에서는, 예를 들어 그 어떤 음악감독도 리하르트 바그너의 오페라 작품을 무대에 그대로 올릴 수는 없다. 바그너의 오페라 작품들은 독일 음악극의 화려한 정점이자 세계 예술사에 있어서도 가장 탁월하고 영향력이 큰 업적 중 하나다. 그러나 나치가 바그너의 작품들을 정치적 목적으로 사용했던 탓에, 독일의 음악감독들이 바그너의 방대하고도 자세한 주석에 따라 그의 오페라를 상연하는 일은 불가능하다. 일본 가부키의 최고봉으로 일컬어지는 「가나데혼 주신구라」 공연을 준비하는 연출가들은 그런 고민을 할 필요가 전혀 없다.

물론 일본의 우익 정치인들 중에는(그리고 다른 나라의 우익들도 마찬가지지만) 권력을 잡기 위해 어쩔 수 없이 애국심 및 현대사회의 정신적 위기에 호소하긴 해도, 사실은 철저히 냉소적인 태도로 임하는 사람도 많다. 하지만 고이즈미와 아베 신조를 포함해 수많은 일본의 우익 정치인은 현대 일본의 병이 사회경제적 문제의 껍데기를 썼을 뿐 사실은 정신적 위기라고 진심으로 믿는다. 그리고 자신의 리더십만이 국민이 그 위기를 극복할 수 있도록 인도하는 유일한 방법이라고 여긴다. 그렇게 생각하면 야스쿠니 신사 참배는 이들에게 너무나 당연한 일이다.

　일본이 미국을 대하는 태도와 주변국들을 대하는 태도가 완전히 다른 것도 같은 맥락이다. 4장에서 보았듯, 1950년대의 보수파 관료들은 전쟁과 미군정의 여파를 거치고도 살아남은 일본 권력 구조의 주요 세력이었다. 우리는 이들이 미국 정부와 일본 내의 자유민주주의 세력으로부터 어떻게 국가통제권을 되찾아왔는지 그 과정도 살펴봤다. 1940년대 말 대일 정책의 '역코스'를 취하기 전까지 미국은 자유민주주의 세력에게 나라의 통제권을 넘겨주려고 했었다. 기시 노부스케가 의회에서 미일 안보조약을 강행 통과시켰던 사건이 상징하듯, 보수파 관료들은 당분간 미국과 운명을 같이하기로 결정했다. 동아시아에서 독립적인 안보와 외교 정책을 펴기보다는 미국의 군사적 우산 아래서 안전을 꾀한다는 중대한 결정을 내린 것이다. 당시 보수파 관료들에게는 그것만이 유일한 선택지처럼 보였다. 그렇게 해야 국내 정치에 대한 본인들의 통제권을 유지하면서, 그들이 보기에 일본을 일본답게 만드는 것을 파괴하려는 세력이 집권하지 못하도록 막을 수 있었다. 설령 그 대가가 주권의 핵심 부분을 미국에게 넘기는 것이라도 말이다.

　그에 비하면 다나카와 가네마루는 중국과 북한과도 상호 공존을 위한 길을 모색하는 등 훨씬 덜 경직된 태도를 보였다. 오자와는 좌파가 아니었지만 일본은 미국 그리고 중국과도 협의를 통해 새로운 관계를 설정해야 한다고 믿었다. 미국과는 종속관계를 벗어나 동등한 입장에서 진정한 우방이 되는 쪽으로 나아가야 하고, 중국이 강대국의 지위를 되찾는 것에 대해 동조적 입장을 취해서, 중국이 인정할 수 있는 잠재적인 파트너가 되어야 한다고 생각했다.

　하지만 고이즈미로 대표되는 보수파 관료들은 그럴 생각이 전혀 없었다. 이들은 적어도 가까운 미래에 기존 미일 관계에 조금이라도 변화가 생기면, 일본의 문화와 국가로서의 본질이 새로이 부상하는 중국의 영향력에 압도당해, 일본이 언젠가 태평양의 티베트와도 같은 존재가 되어버릴 수도 있다고 생각했다. 중국의 통제권 아래로 들어가느니, 변덕스러운 미국의 비위를 계속 맞추고 짜증을 달래는 편이 나았다. 중국은 미국처럼 감언이설로 손쉽게 조종할 수 있는 상대가 아니었다. 일본은 이미 60년간 미국을 상대로 비위를 맞춰왔던 경험이 있고, 우익들은 그것을 통해 일본이라는 국가의 본질이라고 여겼던 것을 보존할 수 있었다. 우익들이 보기에 중국과는 그런 관계가 불가능해 보였다. 중국이 미국보다 지리적으로 훨씬 더 가깝기 때문만은 아니었다.

이 모두가 약간 아이러니했던 것은, 고이즈미의 인기를 치솟게 만든 당시의 경제 회복이 상당 부분 중국 기업들이 일본으로부터 자본 설비를 대량 발주했던 덕이라는 사실이다. 대차대조표 불황은 마침내 막을 내렸다. 이 발주들로 인해 은행의 부실채권은 정리되고 기업의 이익은 치솟기 시작했다. 기업의 수익성 회복이 아직 고용의 증가나 임금 인상으로까지는 이어지지 못했지만, 그런 것은 시간문제일 뿐이었다. 그러는 동안 중국으로부터 수입하는 값싼 물건들로 인해 일본의 생활비 또한 감소하고 있었다.

기업의 수익성 급증만이 고이즈미가 그토록 인기 있었던 유일한 이유는 아니다. 2003년 총선에서 고이즈미와 자민당은 고전을 면치 못했다. 오자와가 자신이 이끌던 신진당을 민주당과 합당시킨 터였다. 민주당은 1996년에 생겨나 간 나오토가 2003년 당시 명목상의 당수로 있었다. 합당한 민주당은 총 득표수에 있어서나 중의원 의석수에 있어서나 커다란 도약을 했다. 하지만 2005년이 되면 이야기가 달라진다. 정치적 책략의 대가였던 고이즈미는 우정 민영화 법안의 부결이라는 악재를 거꾸로 이용해 총선에서 자민당의 압승을 이끌어냈다. 2005년 8월, 법안이 부결되자 그는 총리의 고유 권한을 발동해 의회를 해산하고 새로운 총선을 실시하도록 했다. 고이즈미는 새로운 총선을 본인이 이끄는 개혁 세력과, 우정 민영화 법안을 가로막는 야당 연합 세력(그리고 자민당 내부의 반대 세력) 사이의 대결 구도로 몰아갔다. 자민당 내부와 외부를 막론하고 자신의 정적들에게 시대착오적이라는 낙인을 찍었던 그의 솜씨에 대부분의 국민이 손을 들어주었고, 자민당은 선거에서 일본 정치 역사상 가장 압도적인 승리를 거두었다. 다나카의 정치 시스템이 마침내 완전히 붕괴한 것처럼 보였다. 2005년 총선 결과 자민당 안에 남아 있던 다나카 군단의 마지막 세력이 초토화되었고, 간 나오토와 오자와 이치로의 민주당도 회복 불가능할 정도로 느껴질 만큼 치명적인 손상을 입었다.

그리고 고이즈미는 3선 총리라는 일본 정치에서 보기 드문 궁극의 영예를 얻었다. 1970년 이후 그때까지 3선 총리는 나카소네가 유일했다. 우정 민영화 법안은 다시 의회에 상정되어 통과되었다. 고이즈미는 다나카 이전 시절의 자민당 패권 정치 부활을 위해 해야 할 임무를 다했다. 그는 2006년 사임하고, 총리 자리를 다름 아닌 기시 노부스케의 외손자에게 넘겨주었으니, 그가 바로 아베 신조다.

고이즈미 이후의 자민당

고이즈미는 후계자로 점찍어두었던 아베가 자민당 총재가 되도록 힘을 썼고, 그 결과 아베는 자동적으로 총리 자리에까지 오른다. 1950년대 보수파 관료의 후손 입장에서, 보수 패권의 부활이 완성되었다고 믿기에 이보다 더 확실한 신호는 없었다. 아베의 어머니는 기시 노부스케의 장녀였다. 아버지 아베 신타로安倍晋太郎는 기시 노부스케의 보좌관으로 정치 커리어를 시작해서, 자민당 내 비非다나카 군단의 실질적인 리더로 활동해왔다. 일본에서 가장 오랫동안 외무장관을 역임하기도 했던 그는 또한 친미 반공 성향이 뚜렷했고, 수십 년간이나 확실한 총리 후보로 물망에 오르내렸다. 그러나 다나카 군단의 세력에 가로막혀 끝내 총리 자리에는 오르지 못했고, 1993년 오자와가 다수의 다나카 군단을 이끌고 자민당을 탈당하기 직전 비교적 젊은 나이에 세상을 떠났다. 이제 아버지가 마치 가업인 양 물려받으려 했으나 그러지 못했던 총리 자리를 그 아들이 물려받게 되었다.

그러나 아베가 총리로 등극하면서 우파들은 선을 넘고 말았다. 고이즈미의 성공에 도취된 나머지 오히려 고이즈미 시절의 가장 중요한 교훈을 잊고 만 것이다. 우파의 패권 장악이라는 늑대는 개혁이라는 양의 탈을 쓰고 있어야 한다는 교훈 말이다. 아베는 총리로 취임하자마자, 고이즈미 때에도 가벼운 립서비스에만 그쳤을 뿐인 일련의 어젠다를 현실화하는 작업을 시작했다. 전후 헌법의 개정, 과거사 사과 없이 오히려 강한 군대 추구, 일본 주권 체제에서 황실의 중심적 위치 인정, 1930년대 일본의 행위가 서양 제국주의 및 동아시아에 무력을 통해 강요된 해외 사상(사회주의, 자유주의)으로부터의 위협에 대한 정당한 반응이었다는 견해의 보급이 그것이다.

그러나 아베의 이런 어젠다는 전혀 통하지 않았다. 일본 국민의 대부분은 이 모든 것에 그저 당황했을 뿐이다. 그들의 삶, 그들의 고민과 너무나 동떨어진 주제였기 때문이다. 국민의 관심사는 삶의 질과 노후자

금의 마련, 자녀들이 제대로 된 직장을 구할 수 있을지의 여부, 노부모를 어떻게 부양할 수 있을지와 같은 문제였다. 그러는 와중에 후생노동성 산하의 사회보험청(현 일본연금기구)에서 5000만에 달하는 사람들의 연금 기록이 뒤섞이거나 분실되었다고 인정하는 일이 일어났다. 이 문제가 아베 정권 때 발생한 것이었다고 단정할 순 없었다. 하지만 아베는 우파적 언설로 인해 유난히도 'k.y.'(케이와이. 구키 요메나이空氣讀めない의 약자. 글자 그대로 '공기를 읽지 못한다', 즉 눈치가 없다는 뜻의 속어로, 글로 쓸 때도 알파벳으로 쓴다)인 사람으로 비치고 있었다.

언론은 아베를 현실과 동떨어진 인물이라고 조롱해대기 시작했다. 부잣집 도련님이라는 뜻의 오봇짱お坊ちゃん이라는 별명도 붙였다. 미국식 표현으로 하자면 3루에서 태어나 본인이 3루타를 쳤다고 생각한다는 의미다. 아베는 결국 임기를 1년도 채우지 못하고 건강 문제를 이유로 사임하고 말았다. 그 뒤를 이어 총리가 된 이는 후쿠다 야스오福田康夫다. 2007년 9월 후쿠다가 자민당 총재가 되었을 때(따라서 자동적으로 총리가 되었다) 이미, 자민당은 과거 정치 지도자들의 무능한 후손을 번갈아 재활용하는 것밖에는 더 이상 대안이 없어진 것 아닌가 하는 인상을 주었다. 후쿠다는 다나카의 최대 정적이었던 후쿠다 다케오의 아들이다. 후쿠다 다케오는 전형적인 옛날 스타일의 재무성 관료 출신 정치인이었으나, 명민한 두뇌와 과감한 추진력을 가진 사람이었다. 하지만 아들인 후쿠다 야스오는 피로에 찌든 샐러리맨 같았다. 실제로 샐러리맨으로 사회생활을 시작하기도 했다. 정치적 야심이 있는 정치인의 아들들이 우선 관료가 되거나 아니면 젊은 나이에 정치에 바로 뛰어드는 경우가 대부분인 일본에서, 이 점 하나만은 특이했다. 뒤늦게 정치에 입문한 야스오는 아버지의 인맥과 후원자들을 물려받았으나, 아버지의 추진력과 기지는 물려받지 못했다.

야스오는 고이즈미 시절 자민당 간사장으로서의 역할은 별탈 없이 잘 수행했지만, 자신이 총리가 되고 나서는 정치인으로서도 국가 지도자로서도 전혀 어울리지 않는 사람이었음이 드러나고 말았다. 그는 고이즈미와 아베 시절 악화되었던 중일 관계를 회복하겠다며, 야스쿠니 신사 문제에 대해 중국도 만족시키고 일본 극우의 심기도 거스르지 않는 일종의 해법을 제시하는 것을 공약으로 내걸고 있었다. 그러나 이것은 애초부터 도저히 양립할 수 없는 문제였다. 다나카 가쿠에이와 같은 수완을 가진 사람이라면 어떻게든 해냈을지 모르지만 후쿠다 야스오 정도의 정치력으로는 어림없는 일이었다. 그는 또한 75세 이상의 고령자들이 의료보험을 더 부담해야 한다는 언급으로 논란을 일으키기도 했는데, 여기에 대해 민주당은 곧 야스오에 대한 불신임 결의를 묻는 것으로 응답했다. 당시 참의원은 아베 시절 연금 기록 사태로 덕을 본 오자와의 민주당이 과반을 점하고 있었다. 총리에 대한 불신임 결의는 전후 헌법이 생긴 이래 처음 있는 일이었다.

후쿠다 야스오는 전방위의 압력을 견디지 못하고 취임 꼭 1년 만에 사임하고 말았다. 해외의 사정 또한 빠르게 악화되고 있었다. 미국에서 80년 만의 최악의 금융 위기가 발생하면서 일본 경제 또한 곤두박질칠 수 있는 상황이었다. 금융 위기가 자민당 탓은 아니었지만, 자민당이 금융 위기에 어떻게 대응해야 할지 갈피를 잡지 못한다는 사실이 드러나자, 현실과 동떨어진 당이라는 이미지는 더 강해지고 말았다. 오자와가 이끄는 민주당은 2007년 참의원 선거에서 자민당을 압살했다. 오자와는 2009년 전에 반드시 치러야 하는 중의원 선거에 대비해 전국 각지에서 후보들을 발굴하여 폭넓은 인재 네트워크를 만들고 있었다. 이 네트워크는 다나카 군단의 전성기 이후 일본에서 결성된 가장 강력한 정치 세력이 될 것처럼 보였다.

여기 대응해서 자민당이 한 일이라곤, 1950년대 정치 지도자의 후손 중에서 또 한 명을 찾아내 침몰하는 배의 선장으로 세운 것이 고작이었다. 그가 바로 1951년 샌프란시스코 강화조약을 협상했던 요시다 시게루의 손자인 아소 다로麻生太郎다. 아소 다로를 위해 변명하자면, 그가 총리에 취임했던 2008년 9월 자민당은 꼼짝할 수 없는 최악의 상황에 놓여 있었다. 아소는 새로운 인사들을 과감하게 내각에 기용했다. 그는 퇴근 후 제국호텔에 있는 유명한 바에 가서 술을 마시는 습관이 있었다. 언론이 이것을 문제 삼자 아소는 코웃음을 치며, 자신의 습관을 바꿀 생각이 전혀 없고 어차피 개인 비용으로 마시는 술이라고 응수했다. 스타일이 좋고 팝 컬처에 조예가 있었던(망가 애독자로 알려져 있다) 아소에게는 약간 고이즈미를 연상시키는 면이 있었다.

하지만 자민당이 절박한 상황이었던 것은 감출 수 없었다. 아소 주변의 인물들은 급기야 다나카 시절의 정치 방식을 흉내냈다. 표를 확보하기 위해 선심성 예산을 뿌려댄 것이다(바라마키ばらまき). 하지만 금액도 너무 적었고 무엇보다 만시지탄이었다. 글로벌 경기 불황이 시작되면서 일본 제품을 수입하려는 수요가 급격히 줄어들자, 일본의 일반 국민은 그들에게 경제적 안정을 제공해주던 시스템이 이제 붕괴하고 있음을 깨달았다. 때맞춰 그 시스템을 대체해줄 직접적인 사회복지 안전망의 구축계획에 대한 이야기가 들리기 시작했는데, 그 계획을 만들던 곳은 신뢰도가 높아만 가고 있던 민주당이었다.

민주당이 압승하는 쓰나미와도 같은 선거가 될 것임을 모두가 느끼고 있었다. 20년 전 오자와를 사로잡았던 꿈이 드디어 현실로 다가온 것처럼 보였다. 활발한 선거와 정책 비전의 경쟁으로 돌아가는 진정한 정치의 시대가 손에 잡힐 듯했다. 일본은 이제 드디어 진정한 지도자를 갖게 되는 것인가? 관료들을 자기 본분에만 충실하도록 통제할 능력과 의지가 있는 지도자, 미국 대통령과도 대등하게 협상에 임할 수 있는 지도자, 부상하는 중국과의 경제적인 유대를 보완하고 강화할 정치적 관계를 만들어나갈 수 있는 지도자. 일본은 그런 지도자를 필요로 하고 있었다.

그러나 안타깝게도 그 대답은 '아니오'였다. 오자와의 꿈을 철저히 무산시키고자 하는 세력은 일본 국내에 있는 무수한 정적만이 아니었다. 이들은 미국의 국방부, 국무부, 심지어 백악관의 대통령 집무 공간인 웨스트윙에까지 퍼져 있었다.

11장

일본과 세계

2010년 4월 11일 하토야마 유키오鳩山由紀夫 총리가 국제 핵 안보 정상회의에 참석하기 위해 워싱턴에 도착했다. 그는 아시아 태평양 지역에서 미국과 가장 가까운 우방이라 불리는 나라의 정부를 대표하는 사람이었다. 일본은 동아시아에 주둔하는 미군의 중추 기지였고, 냉전이든 실전이든 미래에 미중 갈등이 발생한다면 미국을 위해 결정적인 지원 역할을 맡게 된다. 미국의 외교 정책 담당자들의 상당수는 중국을 미국에 실존적 위협이 될 만한 유일한 강대국으로 보고 있었다.

일본이 중요한 이유는 안보 문제에 국한되어 있지 않았다. 일본은 세계 2위의 경제 대국이자 미국의 가장 큰 무역 상대국이기도 했다. 일본의 산업 기술 인프라는 미국과 너무나 밀접하게 연관되어 있어서 어디서부터 어디까지가 각자의 영역인지를 구분하기조차 어려웠다. 컴퓨터, 모바일 기기, 상업용 비행기, 자동차, 군수장비를 포함 미국의 모든 핵심 제조업은 일본의 기업들이 공급하던 각종 부품과 소재 없이는 생산이 불가능했다. 일본의 은행과 증권사들은 30년 넘게 미국 정부와 무역 및 경상수지 적자를 지탱해주는 가장 크고 중요한 외부 자금원이었다. 일본의 금융 당국은 1978년부터 이미 몇 차례나 국제 환율시장에 적극

드와이트 D. 아이젠하워 대통령이 보는 가운데 미일 안보조약에 서명하는 기시 노부스케 총리(AP통신).

개입해서 세계의 주요 결제통화와 준비통화로서 미 달러의 역할이 지속될 수 있도록 도와주었다.

하토야마 총리 자신도 미국이 세계 질서에 개입하는 행위를 정당화해주는 이념의 살아 있는 증거라고 할 만한 사람이었다. 미국인들은 하토야마의 나라를 자유 자본주의를 표방하는 민주국가로 다시 태어나게 한 것에 자부심을 느끼고 있었다. 그리고 하토야마 총리만큼 그것을 잘 보여주는 인물이 어디 있겠는가? 그를 총리 자리에 앉힌 것은 불만에 찬 군인들이 일으킨 쿠데타도 아니었고, 일당 독재 국가의 상임위원회와 정치국이 벌인 술책도 아니었다. 그는 한 국가가 과연 민주사회인가를 가름하는 궁극적인 제도의 힘으로 총리가 되었다. 그 제도란 바로 한 정당에서 다른 정당으로 정권을 평화적으로 이양하도록 하는 자유롭고 공정하며 투명한 선거다. 하토야마가 총리가 된 것은 미국 방문 7개월 전 그의 정당이 선거에서 압승을 거두었기 때문이다.

그렇다면 핵 안보를 논하는 이 중대한 회의에 47개국의 정상들이 다 명목상으로는 동등한 자격으로 참석했다고 해도, 미국이 하토야마에게만은 특별히 최고급 대우를 해주었으리라고 예상할 수 있다. 물론 참석한 모든 국가의 대표들에게 형식적 예를 갖추는 것은 외교 의전상 필요하다. 이 국가들 중 군부가 테러리스트와 공모했던 세력을 숨겨주고 보호했던 곳도 있고, 미국을 아시아에서 몰아내는 것이 최종적인 외교 목표라고 공언하는 곳도 포함되어 있더라도 말이다. 하지만 오바마 대통령은 다른 나라의 대표들을 만나기 전에 우선 하토야마 총리와 독대의 자리를 갖고 싶어하지 않았을까? 몇 시간에 걸친 독대를 통해 어떻게 하면 두 우방 국가가 핵 안보 정상회의의 목표를 더 잘 관철시키도록 공조할 수 있을지 의논하고 싶지 않았을까? 생각해보면 하토야마 총리는 전세계에서 핵폭격의 피해를 겪은 유일한 나라에서 정당하게 선출된 민주적 리더이고, 그렇기 때문에 핵 안보의 필요성을 특히 더 절감하고 있을 것이다. 혹은 정식 회의 일정이 끝나고 다른 정상들이 귀국한 뒤 오바마 대통령과 하토야마 총리는 캠프 데이비드에서 함께 주말을 보낼 수도 있을 것이다. 거기서 회의 결과를 함께 되짚어보고, 비협조적인 나라들에서 과연 어떤 반응이 나올까에 관해 서로의 의견을 교환할 수도 있을 것이다. 그리고 그 과정에서 각자가 마주하고 있는 도전에 대해 이야기할 기회도 생기지 않았을까? 누구라도 두 지도자가 그렇게 할 것을 바랄 만한 상황이었다. 두 나라의 사정상 두 사람은 붕괴되어가던 금융 시스템을 어떻게 되살릴 것인지, 선거로 뽑힌 지도자가 성공하는 것을 보느니 차라리 나라가 망하는 것을 바라는 정적들을 어떻게 상대할 것인지 하는 문제들에 대해 서로에게 긴밀한 조언을 해줄 만한 특별한 위치에 있었다. 통역도 필요 없었을 것이다. 하토야마 총리는 스탠퍼드대학에서 박사학위를 받았고 유창한 영어를 구사했다.

둘이 어떤 내용의 대화를 나눴는지와 무관하게, 두 사람이 대화의 시간을 가졌다는 사실 자체가 가장 중요한 메시지를 주었을 것이다. 오바마 대통령이 과거 레이건 대통령과 영국의 대처 총리 사이의 관계, 또는 린든 존슨 대통령과 서독의 루트비히 에르하르트 총리 사이의 관계와 같은 튼튼한 유대를 일본의 총리와 형성할 절호의 기회를 놓치려고 했겠는가. 더구나 미국에 있어 2010년 하토야마의 일본은 1981년의 영국이나 1964년의 서독에 비해 훨씬 더 중요한 존재였다.

물론 이 모든 것은 상상일 뿐이었다. 하토야마 총리는 핵 안보 회의에 참석하기는 했다. 하지만 그에게는 오바마 대통령과 짧은 의례적 독대의 기회조차 주어지지 않았다. 시끌벅적한 대형 만찬장에서 10분 정도 잠깐 따로 이야기를 나눈 것이 전부였다. 이와 대조적으로 중국, 독일, 파키스탄, 인도의 정상들은 모두 별도로 오바마 대통령과 단독 회담의 기회를 가졌다.

이는 의도적인 홀대였고, 이런 홀대는 처음이 아니었다. 4개월 전 코펜하겐의 글로벌 기후회의에서 하토야마 총리가 오바마 대통령과 일대일 단독 회담을 추진했을 때도 마찬가지였다. 백악관 대변인 로버트 기브스는 두 정상이 바로 지난달 도쿄에서도 만났다는 뻔한 구실을 대며, 이번에는 단독 회담이 없을 것이라고 굳이 발표했다. 하토야마는 그 대신 국무장관 힐러리 클린턴과 만찬 회동을 가졌다. 뒤이어 하토야마가 일본의 기자단에게 만찬 내용에 대해 브리핑을 하며 '이해'와 '협력' 같은 의례적인 단어들을 사용했는데, 클린턴은 이에 대해 이례적으로 워싱턴의 주미 일본 대사관에 연락하여 불쾌함을 표명했다.[64] 코펜하겐 회의 3주 전에는, 도쿄를 방문한 로버트 게이츠 국방장관이 일본 방위성 장관의 환영행사 및 만찬 초대를 거절하기도 했다. 이것은 베트남 분단 문제를 협상하기 위해 소집되었던 1954년 제네바 회담에서 미 국무장관 존 덜레스가 중국의 저우언라이 총리와 악수를 거부했던 것과 마찬가지의 계산된 무례함이었다.

하토야마가 푸대접을 받은 이유는 명확했다. 일본 정부가 최근에 미국과 서명했던 조약이 있는데, 이를 재협상하겠다는 공약으로 일부 지지를 얻어 선거에서 승리해 취임한 총리이기 때문이었다. 그 조약은 동아시아 최대의 미군 기지 중 하나를 다른 곳으로 이전하는 내용을 담고 있었다.

이 조약만이 이유의 전부는 아니다. 푸대접의 배경을 제대로 이해하기 위해서는 미국에서 대일본 정책을 결정하는 사람들을 살펴보는 데서 출발해야 한다. 하토야마를 친구가 아닌 적으로 대접하기로 결정한 사람들이 바로 그들이다. 이들을 '신新일본통New Japan Hands'이라 부르기로 하자.

'신일본통'

신일본통은 미국의 각종 정책 당국과 싱크탱크 여기저기를 누비며

---

64 "U.S. Concerned about New Japanese Premier Hatoyama," *Washington Post*, December 29, 2009.

반영구적으로 영향력을 행사하는 사람들이다. 이들은 국무부, 국방부, 국가안전보장회의, 주일 미 대사관과 같은 정부 기구와, 국제전략문제연구소CSIS, 신미국안보센터CNAS 같은 싱크탱크를 오간다. 이중 많은 사람이 조지타운대학의 월시 외교대학원이나 존스홉킨스대학의 니츠 고등국제대학원 같은 데서도 직책을 갖고 활동 중이다. 잘 알려진 이들로는 마이클 그린, 토컬 패터슨, 데이비드 애셔, 커트 캠벨 등이 있다. 상당수가 일본에 대해 많은 지식을 갖고 있고, 대부분이 일본에서 거주했던 적이 있으며 일본어도 구사할 것이다.

신일본통은 보통 유학생이나 군인이나 모르몬교 선교사로 처음 일본에 와서, 유창한 일본어를 배우고 일본에서 일이 암암리에 돌아가는 방식에 대한 감각을 익히게 된다. 이들 중 지적이고 명석하고 야심이 있으며, 안보 문제를 포함해 미일 관계의 첨예한 이슈들에 관심이 있는 남성들은(신일본통은 모두 남성이다), 일본 정책 당국의 상층부에 손쉽게 접근할 수 있다. 그러고는 자민당 핵심 의원 사무실에서의 인턴십이나 일본의 각종 대학 및 재단에서 넉넉한 자금 지원을 받는 좋은 자리를 얻어 일한다.[65]

하지만 이 신일본통 지망생들이 계속해서 자금 지원을 받고 일본의 정책 결정자들과의 관계를 지속하기 위해서는, 기회 있을 때마다 다음과 같은 논지의 주장을 일관되게 내세울 필요가 있다: 일본과 미국 사

---

[65] 일본에 대한 국제 여론을 형성하는 데는 고故 사사카와 료이치笹川良一가 설립한 재단의 역할이 특히 중요하다. 열렬한 파시스트이자 전범으로 기소되었던 사사카와는 전후 일본에서 법적으로 허용된 몇 안 되는 도박이던 보트 레이싱을 사실상 독점해 큰돈을 벌었다. 그렇게 번 돈으로 그는 일본의 우익 정계에서 중요한 역할을 할 수 있었다. 미국의 억만장자인 리처드 스케이프, 코크 형제와 비교할 수 있다. 하지만 이런 미국의 우익 거부들이 주로 미국 내 여론을 주도하기 위해 애썼다면, 사사카와의 재단들(닛폰재단, 사사카와 평화재단)은 주로 일본에 대한 외국의 견해에 영향을 미치려고 노력했다. 미일 관계에 대한 중요 이슈를 분석하는 미국의 신참 애널리스트가 사사카와 재단의 돈과 엮이지 않기란 거의 불가능하다.

이의 군사동맹은 동아시아의 평화를 유지하는 데 결정적인 역할을 한다. 그리고 그 동맹은 중국의 부상과 골칫거리 북한의 핵무장 야욕을 둘러싼 불확실성을 고려할 때 앞으로 더 중요해질 것이다. 그렇기 때문에 무역이건 금융이건 청산되지 않은 과거사가 되었건, 그 어떤 이슈도 안보동맹이라는 절대 가치에 방해가 되어서는 안 된다. 이 안보동맹은 그동안 잘 작동해왔으나, 한 가지 개선되어야 할 점이 있다. 바로 일본의 자위대가 일본 자국의 국방을 수행하고 미군의 군사력 행사를 돕는 데 좀더 적극적인 역할을 해야 한다는 점이다(신일본통들은 '상호운용성 interoperability'이라는 단어를 매우 좋아한다).

이런 논지의 주장을 설득력 있게 하다보면 일본의 실권자들에게 더 가까이 접근할 수 있게 되고, 그러면 미국의 대일 정책 담당자에게도 영향력을 끼칠 수 있게 된다. 백악관이나 미 국방부의 누군가가 어떤 이슈에 대한 일본 정부의 주류 의견이 궁금해 신일본통에게 물어봤다가 정확하고 유용한 분석을 얻는다면, 그 사람은 다시 그 신일본통에게 연락할 가능성이 높다. 도쿄의 일본 방위성이나 외무성 혹은 워싱턴의 주미 일본 대사관의 고위 관료들은 이런 사실을 잘 알고 있기 때문에, 신일본통들이 제때 필요한 정보를 파악할 수 있도록 도와준다. 심지어 때맞춰 신일본통을 통해 워싱턴의 정책 결정자들에게 메시지를 전달해주기도 한다.

신일본통들이 지난 20년간 미국 정부의 일본에 대한 발언과 정책에 거의 독점적인 영향력을 행사하게 된 데에는 더 큰 배경이 있다. 물론 신일본통이라는 말은 1920~1930년대에 미 정부의 대일본 정책에 조언을 하던 일군의 국무부 관료들을 전후에 '일본통Old Japan Hands'이라 불렸던 것을 살짝 비튼 표현이다.[66] 당시의 일본통들은 일본의 보수 엘리트층 중 글로벌하고 서양 친화적이던 세력들과 긴밀한 관계를 맺고 있었다. 일본통들은 결국 일본이 전쟁으로 폭주하는 것을 막지 못했기 때문에 미 정부로부터 일부 신뢰를 잃긴 했지만, 전후에도 여전히 영향력을 발휘해서 미군정에 천황의 퇴위를 고집하지 말 것을 설득했다. 그러나 4장에서 보았듯이 이들은 곧 국무부의 '중국파China Crowd'들에게 밀려나고 말았기 때문에 미군정에 그 이상 영향력을 행사하지는 못했다.

신일본통들에게는 그런 경쟁 세력이 없었다. 이들을 보호하고 키운 것은 미국 외교가에서 가장 막강한 힘을 갖고 있던 두 사람이었다. 한 명은 부시 정부의 국무부 부장관이었던 리처드 아미티지였고, 또 한 명은 클린턴 정부 때 국가정보위원회National Intelligence Council 위원장이자 하버드 케네디스쿨의 전 학장이었던 조지프 나이였다. 이렇듯 강력하고 초당파적인 지원을 등에 업고 있었고 대일본 정책에 관한 라이벌 세력도 없었던 신일본통들은, 마치 장님들만 사는 왕국에서 애꾸눈이 왕 노릇을 하듯 절대적인 권력을 갖게 되었다.

과거에는 일본이라는 존재가 미국인들의 사고를 크게 지배하던 시절이 있었다. 무역 갈등이 존재했고, 일본이 미국으로부터 글로벌 경제의 패권을 탈취할 것이라는 두려움이 있었으며, 일본의 경제 시스템과 사회 단결력에 대해 다들 감탄하던 시절이었다. 그때는 미국 학생들이 대학에서 일본어 수업을 들으려고 몰려들었다. 미국의 언론사들은 가장 우수한 기자들을 도쿄로 파견 보냈고, 편집 데스크는 무엇이 일본을 움직이게 하는가에 관한 기사를 발굴하려 애썼다. 미국 기업들은 일본과

---

66 '일본통' 중 가장 중요한 인물은 아마도 1932년에서 1941년까지 주일 미국 대사였던 조지프 그루일 것이다.

의 '불공정한' 경쟁 때문에 고전하고 있었는지 몰라도, 도쿄야말로 미국의 젊은 비즈니스맨들이 자신의 가치를 증명해 보일 수 있는 곳이었다. 어느 노래의 가사를 인용하자면, 도쿄는 '거기서 성공할 수 있다면 어디에서든 성공할 수 있는 곳'이었다. 게다가 버블 경제가 한창이던 시절에는 돈 냄새를 맡은 은행가들이 도쿄로 몰려들었다. 버블이 꺼지고 난 뒤에도 세계 금융계 리더들의 이목은 일본에 집중되어 있었다. 일본의 은행 시스템이 붕괴하면 전 세계적으로 어떤 후폭풍이 있을지 모두 잘 알고 있었기 때문이다.

하지만 2010년 4월에는 이미 대부분의 사람에게 있어 미일 무역 분쟁은 과거의 일이었다. 아무도 더 이상 일본이 세계 경제를 좌지우지하게 되리라고 생각하지 않았다. 일본은 여전히 경제 불황과 재정 적자라는 이중의 덫에 걸려 있었지만, 세계 각국의 재무장관, 경제장관, 중앙은행장들이 일본의 은행 시스템 붕괴에 대한 우려로 밤잠을 설칠 일은 더 이상 없었다. 기업에서의 커리어를 원하는 학생들은 이제 일본어가 아닌 중국어를 공부하고 싶어했다.[67] 그리고 커리어의 도약을 원하는 비즈니스맨들은 도쿄가 아닌 상하이나 싱가포르에 가서 근무했다. 주류 언론사들은 도쿄 지국을 아예 닫아버리거나 한 명의 특파원만 주재시켰다. 편집 데스크는 일본에 관한 기사라면 정치나 비즈니스에 대한 심층 분석이 아닌, 사회문화에 관한 흥미 위주의 내용들을 가져올 것을 명확히 요구했다. 일본인들은 이 모든 현상을 가리켜 '재팬 패싱Japan passing'이라는 신조어를 만들어냈다. 1980년대 미일 무역 마찰이 한창이던 시절 일본 때리기라는 뜻으로 사용하던 '재팬 배싱Japan bashing'을 패러디

---

67 미국 대학의 일본어 랭귀지 프로그램은 이제 주로 현대 일본 문화에 관심 있는 학생들이 듣는다.

한 단어다.

일본의 현실을 심도 있게 분석하는 영어로 된 글은 요즘에도 있긴 하지만 쉽게 검색해서 찾을 수는 없다. 경제지들이 가끔 일본 경제와 금융에 대해 종합 분석 기사를 싣긴 하나, 시간에 쫓기는 백악관이나 국무부, 국방부의 관료들이 일본 정치와 사회에 관한 심층 분석을 찾기 위해 『아시아퍼시픽 저널: 일본 포커스』[68]나 『NBR 재팬 포럼』 같은 특수한 매체들을 샅샅이 뒤져보지는 않는다. 대신 그들은 믿을 만하고 또 예전에 비슷한 일로 교류가 있었던 신일본통에게 연락해 즉각적인 의견을 구한다.

2009년 일본에 새로 들어선 정권이 오바마 정부에 해병 기지 이전 문제를 콕 집어서 재검토할 필요가 있다고 하고, 나아가서는 미일 동맹의 기반을 전반적으로 재협상하고자 한다고 이야기했을 때, 신일본통들은 백악관에게 다음과 같이 반응하라고 주문했다: 일본의 새 정권은 신뢰할 수 없다. 어느 정도 신뢰가 쌓일 때까지 외교적으로 허락하는 한도 내에서 최대한 무례하게 대하고 무시할 필요가 있다. 이런 조언의 합리성을 검증해볼 능력도 의사도 없었던 오바마 정권의 관료들은 그대로 따랐을 뿐이다.

신일본통들이 전혀 근거 없는 얘기를 한 것은 아니었다. 일본의 새 정권은 과거 미일 간에 서명한 조약을 실제로 재검토하고 싶어했다. 미국이 일본의 안보를 책임지고 있는 것은 틀림없는 사실이었고, 주일 미군은 당장은 갈등 상황에 얽혀 있지 않을지라도 동아시아에서 어떤 유의

68　밝혀두건대 나는 이 잡지의 웹사이트 운영자였다. 사이트의 목적은 일본과 아시아에 대한 학술적이고 진지한 조사를 수행한 글을 올려 정보를 공유하는 것이다. 웹사이트의 소개를 빌리자면 '아시아 태평양 지역과 세계를 움직이는 힘에 대한 심층 분석'을 제공한다.

전면적인 무력 사태가 발생하면 필연적으로 거기 관여하도록 되어 있었다. 그런 사태가 발생할 가능성을 줄이는 것이 미군이 애초 일본에 주둔하고 있는 이유 중 하나이기도 했다. 그럼에도 하토야마는 공공연히 일본에 주둔하고 있는 미군을 줄이는 것을 공약으로 선거운동을 했고, 미일 동맹의 기반을 재협상하자는 요구도 했다.

하지만 이것이 전부는 아니었다. 2009년 9월 하토야마를 총리로 만든 총선이 끝나고 몇 주 지나지 않아, 총선의 막후 설계자였던 오자와 이치로가 베이징을 여러 차례 방문했다. 급기야 12월 12~13일에는 600여 명의 정계, 재계, 문화계 지도급 인사들로 이루어진 사절단을 이끌고 가기도 했다. 오자와는 중국 지도부에 일본의 새 정권이 안보와 외교 정책을 근본적으로 재조정할 것이라고 이야기했다. 신일본통들은 여기에 격노하지 않을 수 없었다. 그들은 오자와를 부패하고 신뢰할 수 없는 반미 인사라 여겼고, 하토야마는 무능한 괴짜 정도로 치부했다. 이들이 이렇게 생각했던 이유는, 그것이 일본 기성 언론들이 떠들던 내용이었고, 그것이 그들이 일본 내에서 신뢰하던 사람들로부터 줄곧 듣던 내용이기 때문이었다. 수십 년간 거래해온 일본의 비즈니스 파트너라든지, 자민당 정치인이라든지 혹은 자민당으로부터 정치적으로 보호를 받아오던 고위 관료들 말이다.

신일본통들이 어떻게 그런 결론에 도달했는지를 이해하기 위해서, 우선 그 근간이 되는 문제들부터 살펴보기로 하자.

오키나와와 후텐마 해병 기지

후텐마普天間는 미 해병대가 일본 내에 운용하고 있는 두 개의 거대한 비행 훈련 및 항공 지원 기지 중 하나다. 하토야마가 재협상하고자 했던 조약은 이 기지 이전에 관한 협정이었다. 후텐마는 흔히 군사기지가 있을 만한 장소가 아니다. 항공 지원과 비행 훈련을 위해 전 세계 20여 곳에 위치한 미 해병대 기지 중 오직 후텐마만이 인구가 밀집한 도시 한복판에 자리하고 있다. 게다가 후텐마는 오키나와에 있다.

오키나와는 일본 본섬에서 타이완 근처까지 뻗어 있는 류큐琉球 열도 중 가장 큰 섬이다. 이 열도들은 한때 중국, 일본과 동시에 조공관계를 맺고 있던 독립 왕국이었다.[69] 류큐 사람들은 인종적으로는 중국보다 일본에 가까웠지만(예를 들어 이들이 사용하던 언어는 중국어가 아닌 일본어와 비슷한 언어였다), 문화적으로나 정치적으로나 일본과 뚜렷이 구별되었고 1879년이 되어서야 일본에 정식으로 편입되었다.

메이지 시대를 거쳐 20세기로 접어들며 일본 '민족'의 '순수성'과 '독자성'을 점점 강조하게 되면서 오키나와는 불편한 존재가 되었다. 이들은 외국인이 아니었지만 순수 일본 혈통이라고 할 수도 없었다. 그로 인해 오키나와 사람들은 두 가지 의미에서 차별을 견뎌야 했다. 하나는 완전한 일본인이 아닌 것에 대한 차별이었고 또 하나는 이들을 완전한 일본인으로 만들기 위해 행해진 강압적 조치들이었다. 이 조치들 중에는 그동안 오키나와를 오키나와이게 했던 종교, 언어, 예술과 같은 그들만

---

[69] 17세기 초 오키나와의 섬들이 규슈의 사쓰마번에 침략당했을 때 류큐는 저항 없이 항복했다. 하지만 청나라를 자극하는 것을 피하기 위해 도쿠가와 막부는 류큐에 계속해서 중국과의 조공관계를 이어가도록 하고, 동시에 에도로 매년 사절단을 보내도록 했다.

의 독특한 제도 및 관행들에 대한 탄압도 포함되어 있었다.

그래서 근대 오키나와 역사의 대부분은 브레턴Bretons, 바스크, 코르시카, 하와이 원주민, 이누이트, 나바호, 위구르, 이보, 쿠르드족, 체첸, 마야를 포함 수백에 달하는 소수민족 및 소수 문화가 겪었던 일들과 매우 흡사하다. 이들은 모두 각각의 '민족'은 자신만의 '국가'를 가져야 하고, 따라서 민족과 국가를 동일시했던 윌슨의 민족자결주의와 베스트팔렌 조약에 따라 전 세계 국경이 나뉘던 시절, 자신만의 국가를 세우는 데 실패한 사람들이다. 하지만 이 중 어느 소수민족도 오키나와 사람들만큼 시련을 겪지는 않았다. 우선 이들은 자국 정부에 의해 의도적으로 총알받이로 지정되었고, 대규모 집단 자살을 강요받았으며, 마침내는 사실상의 영원한 군사 점령지가 되었다. 그것도 점령국인 일본 본토가 아닌 제3국인 미국 군대에 의한 점령이었다. 티베트 사람들은 중국의 한족에 의해 자신들의 문화가 말살당한 것을 규탄하고, 팔레스타인 사람들은 서안 지구의 이스라엘 정착촌에 분개하기는 한다. 하지만 중국 정부가 수천 명의 '러시아 군대'를 불러와 티베트를 영구 점령하도록 하지는 않는다. 이스라엘 정부가 '독일'로부터 이민자들을 불러들여 팔레스타인 사람들을 내쫓고 땅을 빼앗지는 않는다.

제2차 세계대전이 막바지로 치닫던 무렵, 일본 정부는 미국의 일본 본토 침공이 불가피해 보이는 상황이 되자 오키나와를 희생양으로 삼아 이를 저지하려고 했다. 그로 인해 발생했던 오키나와 전투는 역사적으로도 가장 잔혹한 전투로 꼽힌다. 오키나와 인구의 3분의 1에 달하는 사람들이 죽었으며, 이들 중 많은 수가 집단 자살을 강요당했다. 미국이 일본 본토를 침공하면 과연 어떤 끔찍한 일이 벌어질지 미리 맛을 보여주기 위해 일본 정부가 의도적으로 연출한 집단 자살이었다.

미군이 도착하기 전 일본은 이미 오키나와를 병영 국가에 가까운 형태로 탈바꿈시켜놓았다. 오키나와 전투가 끝나고 미국은 일본이 설치했던 군사시설을 다시 짓고, 농토를 몰수해 새로운 시설들을 추가로 건설[70]해서, 오키나와를 동아시아에 주둔하고 있는 미군을 위한 병참기지로 전환시켰다. 1952년 일본은 본토에 대한 명목상의 주권을 회복했지만, 오키나와는 그 뒤로도 20년이나 더 미군의 공식적인 관할로 남아 있었다. 1972년의 소위 오키나와 반환이라는 것도 오키나와가 여전히 미군 시설이 빼곡하고 미군이 우글대는 미군 점령지라는 현실을 점잖게 가리기 위한 법적 조치에 지나지 않았다.

그런 상황은 미국과 일본에게는 받아들일 만한 것이었다. 미국에게 오키나와는 한국전쟁과 베트남 전쟁을 수행하는 데 필요한 주요 해외 주둔지가 되어주었다. 더구나 대부분의 비용을 일본이 대주는 주둔지였다. 아마도 미국의 전략가들에게 있어 더 중요했던 것은 오키나와가 국제 무력 정치에서 담당했던 위협용 역할이었다. 북한이 도발하지 못하도록 사전에 억지하거나 중국이 타이완을 침공하기 전에 다시 한번 생각하도록 하는 등의 역할이 그것이다.

한편 일본 사람들에게 오키나와의 반환은 일본이 자국의 안보와 외교를 스스로 책임지는 완전한 주권국가인 듯한 행세를 하게 해주었다. 사실은 그렇지 않았고 여전히 그렇지 않은데도 말이다. 자발적이건 아니건 자국의 운명을 남에게 맡긴 나라들은 보통 그 대가를 치른다. 타국의 통제하에 있는 대규모 군사기지가 눈에 거슬리는 형태로 자국 영토 위에 자리 잡고, 가꾸지 않는 땅에 어쩔 수 없이 잡초가 자라듯 그 반경

---

70 땅을 몰수당한 농민들은 결국 미국이 아닌 일본 정부로부터 보상을 받았다.

에는 매춘굴과 수상쩍은 술집들이 줄지어 들어선다. 자국의 소유가 아닌 군사기지가 들어서 있을 때 가장 눈엣가시와 같은 일은 현지 여성들이 몸을 파는 대상이 자국의 젊은 남성이 아니라 외국인이라는 사실이다. 또한 외국 군대의 제복을 입은 외국인 군인들이 자기 나라인 양 거리를 활보하는 것을 보아 넘겨야 하고, 그 군인들이 저지르는 크고 작은 범죄도 감수해야 한다. 다른 나라 부대의 마크를 단 차량이 도로를 질주하고, 요즘에는 외국 전투기들이 요란하게 머리 위를 날아다닌다. 일본 본토에서는 이런 것을 마주칠 일이 거의 없다. 본토에도 도쿄에서 남쪽으로 50킬로미터쯤 떨어진 곳에 미군 제7함대가 있는 요코스카橫須賀 기지가 있고, 혼슈의 서쪽 끝에 미 해병대의 또 다른 항공 기지인 이와쿠니巖國 기지가 있지만, 이들은 모두 도심에서 멀리 떨어진 구석에 위치하고 있어서 대부분의 일본인 눈에 띌 일도 신경을 거스를 일도 없다.

　어떤 중요한 의미에서 미국의 점령이 여전히 끝나지 않았다는 현실을 일본 본토에서는 손쉽게 모른 척할 수 있다. 오키나와에서는 그런 외면이 불가능하다.[71] 오키나와 면적의 8분의 1은 미군의 통제하에 있고, 110만의 인구가 빽빽하게 모여 사는 작은 섬을 9만여 명의 미국인(군인 3만8000명, 군속 4만3000명, 국방부 소속 민간인 직원 5000명)이 함께 나눠 쓰고 있으며, 초음속 전투기의 굉음이 밤낮으로 하늘을 가른다.

　당연하게도 수많은 오키나와 사람은 그동안 겪어왔고, 또 여전히 겪고 있는 일들에 분노한다. 하지만 소위 오키나와 반환이 있고 20여 년이 지나자, 본토 일본인의 대부분은 오키나와 사람들을 잊고 말았다. 관료들과 자민당은 오키나와의 상황을 통제하기 위해 평소에 잘 쓰던 방

---

71 http://www.fas.org/sgp/crs/natsec/R42645.pdf

법을 사용했다. 이들은 현지 건설회사 간부들에게 선심성 예산을 뿌려대고(바라마키), 미군 기지에 반대하는 시위를 조직하는 좌익 및 기타 선동 세력을 우익 폭력배들을 동원해 위협했다.

이런 방법들은 일본의 다른 지역들과 비교하면 오키나와에서는 별로 잘 통하지는 않았다. 오키나와 사람들은 상당수가 급진화되어 있었고 오키나와에서 미군의 존재감이 너무 컸던 것이다. 하지만 1995년 9월 4일이 되기 전까지는 그런 방법을 통해 어느 정도 민심을 통제할 순 있었다. 그날 밤, 두 명의 미 해병과 한 명의 미 해군이 열두 살 여학생을 납치 결박해서는, 렌트카에 태워 외딴 해변으로 데려가 윤간하는 일이 벌어졌다. 오키나와는 분노로 폭발했다. 8만 명이 넘는 사람들이(오키나와 전체 인구의 7퍼센트가 넘는 숫자다) 후텐마 기지 게이트로 몰려가 항의 행진을 했다. 오키나와 역사상 벌어졌던 가장 큰 규모의 시위였다. 이 윤간 사건이 갖는 상징성은 너무나 강렬했다. 오키나와 전투에서도 가장 끔찍했던 사건과 겹쳐지면서(간호 실습생이던 219명의 여학생이 일본군에 의해 전선 제일 앞쪽으로 강제로 내몰려 대부분 죽었던 사건), 피해자인 여학생은 단숨에 오키나와 그 자체를 상징하는 인물이 되었다. 소녀도 오키나와도 미국에 의해 강간당하고 일본에 의해 버려진 존재였기 때문이다.

아무리 아둔한 사람일지라도 이게 수습 불가능한 상황이라는 것은 직감할 수 있었다. 일본 정부는 이번에는 예산과 폭력배를 동원해 문제를 적당히 덮는 방식이 제대로 먹히지 않을 것임을 알아차렸다. 불과 4년 전 필리핀에서 현지 주민들의 거센 반발로 군사기지를 잃은 쓰라린 기억이 있던 미 국방부는 오키나와로부터 완전히 철수해야 하는 사태가 닥칠까 우려했다.

사태를 봉합할 수 있는 얼핏 그럴듯한 해결 방법은 있었다. 후텐마 기지를 폐쇄해서 동아시아 최대의 미군 기지인 인근 가데나嘉手納 미 공군 기지로 통합 이전하는 것이었다. 하지만 이 방법은 전략과 병참과 억지력 측면만을 고려하고 있었다. 더 중요한 다른 측면들도 있었는데, 그중 가장 핵심적인 두 가지는 미국의 각 군 사이에 존재하는 경쟁관계, 그리고 오키나와에 주둔하고 있는 미군을 완전히 철수시키고자 하는 현지인들의 바람이었다. 미 해병대는 해외에 단 두 군데 있는 해병대 영구 시설 중 한 곳에서의 지휘권을 결코 공군과 공유하고 싶어하지 않았다. 해병대는 그런 사태가 발생하는 것을 막기 위해서라면 어떤 일이라도 불사할 것이고, 미 정부 내부에 그런 해병대를 상대하고 싶어하는 사람은 없었다. 또한 오키나와의 사회운동가들은 가데나로 미군 기지의 통합이 일어나면, 미국이 오키나와에서 영원히 철수하는 데 도움이 되기보다 오히려 방해가 될 것을 우려했다.

그래서 미일 정부는 후텐마 기지 시설을 해병대의 온전한 통제하에 두고 대신 어디론가 이전시키는 방안을 놓고 협상에 들어갔다. 양측은 후텐마가 수행하던 기능의 일부를 괌으로 옮기고, 나머지 기능을 위해서는 새로운 헬기 전용 비행장을 짓기로 합의했다. 하지만 미 회계감사원조차 과대 계산되었다고 인정한 그 비용의 대부분을 일본이 부담하기로 결정했음에도, 합의는 앞으로 나아가지 못했다. 새로운 비행 기지를 건설하려면 오키나와에 몇 남지 않은 천연 지역인 오우라大浦만에 위치한 헤노코邊野古곳의 황폐화가 불가피했기 때문이다. 유일무이한 산호초들이 파괴되고, 멸종 위기에 처해 있던 다수의 보호 대상 생물이 사라질 가능성이 있었다. 그리고 어찌 되었건 현지 주민들은 기지의 건설 자체를 완강히 반대하고 있었다.

그럼에도 고이즈미 정권 말기의 일본 정부는 조약 체결을 강행했다. 당시 미 국방부 장관이던 도널드 럼즈펠드는 "우리를 필요로 하지 않는 곳에는 주둔할 필요가 없다. 당장 짐을 싸서 떠나겠다"며, 조약이 체결되지 않으면 미군을 일본에서 아예 철수시키겠다고 협박했다. 자민당은 시간이 좀 지나면 예산과 협박을 동원해 어떻게든 현지의 반대를 잠재우고 기지 이전을 추진시킬 수 있을 것이라는 모호한 기대를 하고 있었다.

하지만 당장 그런 수단들을 동원할 방법은 없었다. 새 기지의 건설을 곧 시작해서 후텐마로부터의 이전을 2014년까지 완료하겠다고 약속은 했으나, 일본의 어떤 정권도 그 작업에 실제로 착수할 수 있을 만큼 정치적으로 자유롭지 못했다.

후텐마와 헤노코를 둘러싼 사건들은 워싱턴과 도쿄의 정치 지도자들 간의 미일 동맹을 내세운 화기애애함과, 소위 '동맹'이라는 것은 더 이상 순종할 의사가 없는 피점령국 사람들의 순종에 달려 있다는 현실 사이의 모순을 적나라하게 보여주었다.

피점령국 사람들이 들고일어나고, 현지의 엘리트들을 뇌물로 포섭하는 것이 더 이상 불가능해지고, 배후에서의 협박이 더 이상 통하지 않게 되면, 점령국의 정부로서는 두 가지 선택지가 있다. 하나는 1857년 영국이 인도에서 그랬고 1956년 소련이 헝가리에서 그랬듯이 시위대를 무력으로 진압하는 것이다. 또 하나는 1949년 영국이 인도에서 그랬고 1989년 소련이 폴란드와 동독에서 그랬듯이, 피점령국에서 증오의 통치를 계속하는 것에 대한 도덕적·군사적 비용을 더 이상 감당할 의사가 없음을 인정하고, 새로운 현실을 받아들일 준비를 하는 것이다.

오키나와 주민의 반대가 일깨워준 새로운 현실을 마주한 일본 정부에는 두 가지 선택지가 있었다. 첫째는 미일 '동맹'이 사실은 전혀 동맹이 아니었음을 공개적으로 인정하는 것이다. 일본은 미국의 동맹이 아니고

한 번도 동맹이었던 적이 없다. 미국의 보호를 받는 피보호국에 가까웠다. 국내 정치를 수행할 자유는 어느 정도 보장되어 있었지만, 중요한 모든 외교 정책과 안보 문제에 있어서는(그리고 체제를 변화시킬 만한 중요한 경제 정책도) 미국의 뜻을 따라야 했다. 그런 공개적인 인정을 하게 되면 무엇보다 오키나와에 있는 대부분의 미군 시설을 일본 본토로 이전해서, 주둔 비용(국가적 자존심의 비용, 주권 침해의 비용, 점령군을 항상 따라다니는 부정부패로 인해 생기는 비용, 대형 군사기지에서 발생하는 소음과 혼란의 비용)을 오키나와 한 곳이 아닌 일본 전역이 골고루 나누어 부담할 필요가 생긴다.

둘째는 일본이 스스로의 운명을 결정하고 자신의 일은 자신이 알아서 할 수 있는 통제권을 되찾는 것이다. 다시 말하자면 1930년대에 잃어버린 주권의 회복이었다. 당시 일본은 근본적인 정치적 질문에 답하기를 회피했고, 어느 나라에서건 가장 위험한 세력(물리적 강압 수단을 가진 야심차고 과격한 젊은이들)을 통제하지 못해 주권을 내다 버린 것이나 마찬가지의 상황에 처했다. 이 주권을 성공적으로 회수해서 일본이 다시 한번 완전한 주권국가가 된다면, 일본은 미국의 동맹이 될 수도 있을 것이었다. 그렇게 될 가능성이 높았던 것이, 일본은 새로운 초강대국으로 부상하고 있는 중국과 지리적으로 가깝다. 중국이 자국의 과격한 젊은이들을 통제하는 데 어려움을 겪고 있는 것을 고려하면, 현실적 정치의 관점에서(혹은 상식의 관점에서) 봤을 때 일본에게는 미국과 동맹관계를 맺는 것이 합리적인 선택이다. 하지만 일본이 먼저 스스로 주권국가가 되기 전에는 미국은 물론이고 그 누구와도 동맹이 될 수 없는 일이다.

이것이 민주당의 상황 인식이자 특히 오자와의 상황 인식이었다. 이것이 미일 동맹을 재협상하자던 하토야마의 요청 뒤에 자리 잡고 있던 배경이었다. 하지만 미 국방부와 미국의 신일본통들은 이러한 요청에 귀를 틀어막고 분노의 비명을 지르는 것으로 답했다. 한편 일본 내부에서는 1955년 체제의 수호자와 그 주요 수혜자들(자민당과 관료들)이 오키나와의 저항이라는 현실이 무엇을 뜻하는지 받아들이기를 그냥 거부해버렸다. 이들은 이미 끝나버린 시대를 어떻게든 되돌릴 수 있을 것이라고 믿었다. 이들은 새 정권을 무너뜨리기 위해 암묵적으로 손을 잡았다. 그리고 예상치 않았던 세 군데로부터 도움을 받았다. 베이징과 평양 그리고 태평양 아래의 지각판이었다.

하토야마 정권의 붕괴

민주당의 정적들이 첫 번째 공격을 개시했던 것은 2009년 9월 총선이 있기 5개월 전의 일이다. 민주당이 선거에서 압승해 정권을 차지할 것처럼 보이자, 검찰과 주류 언론들은 야심찬 정치인들이 체제 질서를 위협할 때마다 항상 사용하던 주특기를 꺼내들었다. 모호한 선거법 위반으로 문제의 정치인을 걸고 넘어져서, 그 조사과정을 '뉴스'로 만들어 언론에 대서특필하는 방법 말이다. 오자와는 민주당의 대표로서 이런 일이 벌어질 것이라고 충분히 예상하고 있었고 스스로 잘 대비하고 있다고 생각했다. 하지만 검찰은 별로 파헤칠 것이 없는 상황에서도 수사를 계속해서, 오자와의 토지 매입 신고에 허위 사실이 있다는 혐의로 조사를 시작했다.

검찰은 증거불충분으로 조사를 중단해야 했지만, 오자와의 적대 세력들은 기발한 수법을 동원해 그의 '수상한' 거래에 대한 '뉴스'가 계속 보도되도록 했다. 검찰이 무소불위의 법 자체나 다름없다는 사회 전반의 염려의 목소리가 커지자(일본의 유죄 판결율은 99퍼센트가 넘는다), 당시일본에서는 검찰로의 권력 편중 현상의 균형을 잡고자 법원에서 시민패널을 임명하던 제도(검찰 심사회 제도)를 미국식 대배심원 제도 비슷하게 재정비했던 참이다. 미군정의 개혁이 남긴 산물이었던 검찰 심사회제도는 대부분 교통법규 위반과 같은 경범죄에만 적용되었다. 하지만 새로 마련된 대배심원 제도는 검찰의 과도한 폭주를 막겠다던 원래의 목적과는 반대로 전혀 다른 역할을 하게 되었다. 검찰이 법정에서 내세울 결정적인 증거가 없을 경우 피고의 평판을 훼손할 유용한 도구로 사용되었던 것이다. 오자와의 안건에 참여했던 시민 배심원들은 검찰에게 사건의 수사를 '재개'할 것을 '요구'했다. 이제 이 수사는 오자와의 야망이 좌절되고 그가 세운 정권이 붕괴하는 그때까지 편리하게 계속될 것이었다. 그리고 목적을 달성하고 나면 수사는 조용히 종결될 것이었다.

하지만 이것은 뒤에야 나올 이야기다. 수사가 재개되고 『아사히신문』 논설 등에서 '대중의 신뢰'를 '배신'했다는 유의 히스테릭한 삿대질이 시작되자, 오자와는 민주당의 당 대표 자리를 내려놓을 수밖에 없다고 판단하기에 이르렀다. 1993년 처음으로 진정한 야당을 만들려던 그의 시도를 좌절시켰던 날조된 스캔들을 포함해, 스캔들로 얼룩진 한 세대를 겪어왔던 오자와는 일본에서 스캔들이 어떤 시나리오로 전개되는지 너무나 잘 알고 있었다. 스캔들이 한번 터지면 모든 중요한 시사 이슈를 집어삼킨다. 누가 일본에서 실제 권력을 갖고 그것을 국민에게 어떻게 행사하는가라는 정치의 근본적인 질문이 묻히는 것은 물론이고, 일본 근현대 역사상 처음으로 진정한 권력 이양이 평화적으로 이루어질 것이라는 전망 또한 스캔들에 의해 위험에 처할 판이었다. 오자와는 스캔들을 서둘러 대중의 관심에서 멀어지게 해야 하며, 그렇게 할 수 있는 가장 빠른 방법은 당 대표에서 사퇴해 본인의 이름을 언론에 오르내리지 않게 하는 것이라고 판단했다. 사퇴한 이후에도 막후에서 지배력을 행사하기 위해, 그는 당시 더 인기가 많았던 것으로 보인 오카다 가쓰야岡田克也 대신 하토야마가 후임 당 대표로 선임되도록 손을 썼다.

오자와의 이런 결정은 정치적 멘토였던 다나카 가쿠에이가 남긴 사례의 영향을 받았던 것 같다. 앞서 보았듯이 다나카는 총리를 그만둔 후에야 권력의 정점에 도달했다. 오자와는 스스로 총리가 되지 않더라도, 자신의 탁월한 정치적 능력과 하토야마의 흠잡을 데 없는 평판 및 훌륭한 배경을 결합하면 자신의 비전을 실현할 수 있다고 생각했을 것이다.

오자와의 정치적 전술은 단기적으로는 먹혔다. 그가 대표에서 사임하자 민주당의 정적들은 더 이상 민주당이라는 열차를 궤도에서 벗어나게 할 방법이 없었다. 9월에 있던 총선에서 민주당은 일본 선거사상 가장 큰 표차로 압승을 거두었다. 표차가 얼마나 컸던지 1955년부터 일본의 정치와 국가 운영을 지배해왔던 자민당과 관료의 연대는 이제 완전히 파괴된 것처럼 보였다.

오자와의 단기적 전술은 완벽하게 성공했다고 할 수 있다. 그가 키워낸 새로운 정치인 '군단'은 일본 전역에 걸쳐 민주당이 선거에서 압승을 거두는 데 결정적인 역할을 했다. 다나카가 살아 있었다면 자랑스러워할 만한 일이었다. 하지만 장기적으로 봤을 때 오자와의 전술은 실패하고 말았다. 오자와는 진정한 정치적 리더십을 통해 관료사회를 통제하고, 미일 관계의 근간을 재협상하고 싶다는 점을 명확히 밝혀왔다. 하지만 돌이켜 생각해보면 설령 그가 총리가 되었다고 해도 이런 막중한 과제들을 수행해낼 수 있었을지는 의문이다. 강력한 정치인이 관료들을 어떻게 뜻대로 다룰 수 있는지 다나카가 증명해 보였던 것은 사실이지만, 다나카는 결국 관료들이 정책 입안에 대해 행사하던 특권까지 문제 삼지는 않았다.

오자와가 이루고자 했던 것은, 다나카가 정치적 동지와 추종자들을 위해 아무도 흉내낼 수 없는 그만의 방식으로 관료들로부터 예산을 짜내던 것을 훨씬 더 넘어서는 일이었다. 관료사회 권력의 상당 부분은 일본인들에게 경제적 안정을 보장해주는 다양한 제도와 방법을 장악하고 있다는 데서 나온다. 책 앞쪽에서 그런 예들을 여러 차례 다루었다. 원래대로라면 도산했을 기업들에게 은행이 신용을 지속적으로 제공하도록 각종 인센티브를 부여하는 감독 시스템이라든지, 해고가 불가능하거나 어렵게 만드는 고용에 관한 규정, 비효율적인 기업들이 도산하지 않도록 해주는 다양한 인허가 제도 및 관행이 그것이다.

버블이 붕괴한 이후, 일본 경제가 활력을 되찾으려면 이 모든 비효율적인 관행에서 탈피하지 않으면 안 된다는 주장이 계속 등장했다. 그것도 맞는 말이었지만, 오자와와 민주당은 이런 관행들을 없애는 것만으로는 부족하다고 생각했다. 일본뿐 아니라 그 어떤 근현대사를 보더라도, 경제적 안정을 한번 맛본 국민은 정권이 더 이상 그 안정을 제공하지 못하면 정치색에 관계없이 반드시 심판해왔기 때문이다. 실제로 자민당이 총선에서 대패하여 국회 장악력을 상실한 이유는, '종신고용'이 줄어들고 경쟁력이 부족한 기업들을 연명시키던 산소마스크의 기능이 약해지면서 경제적 안정성이 더 이상 보장되지 않을 수도 있다는 사실을 유권자들이 정확하게 인지한 까닭이었다.

오자와는 경제적 안정을 보장하기 위해 존재하던 그런 비효율적 관

행을 명확한 법적 강제력을 갖춘 수단으로 대체하려고 했다. 해고를 어렵게 만들던 규정을 강요하고, 낙후된 지역에서 '하얀 코끼리' 사업을 통해 '고용을 진작'시키는 대신, 복지와 실업수당을 보강할 계획이었다. 민주당은 일본이 지나치게 리스크를 회피하는 사회가 되어버렸다고 인식하고 있었다. 그러나 창업가와 관리자와 젊은 노동 인력이 리스크를 감수하도록 장려하려면, 사업에 실패하더라도 평생 가난에 시달리거나 사회적 사망선고를 받지 않아도 된다는 점을 우선 확신시켜야 했다. 바로 이런 점 때문에 민주당의 정책 담당자들은 탄탄한 사회적 안전망이 존재해 활력과 창업 열기가 넘치는 경제를 뒷받침해주는 덴마크와 같은 나라에 매료되었다. 민주당이 내걸었던 슬로건 중 기억에 남을 만한 것인 '고쿠민노 세카쓰가 다이이치國民の生活が第一(국민의 생활이 제일 우선)'나 '콘크리트에서 사람으로'는 하얀 코끼리 사업으로부터 사회복지로 예산을 재배치하겠다는 이들의 뜻을 압축적으로 전달하고 있었다. 실제로 국민의 삶을 얼마나 향상시켰느냐를 기준으로 경제 정책을 평가하겠다는 뜻이기도 했다.

그러나 이런 계획은 그때까지 줄곧 일본에서 권력이 작동되던 방식에 커다란 위협이 되었다. 정치인들이 그동안 정치적 지지를 얻기 위해 선심성 예산을 뿌리던 일을 앞으로 하지 못하게 될까봐 걱정하는 정도의 단순한 사안이 아니었다. 민주당의 계획이 실현되면 관료들이 그동안 사회 이곳저곳에 정치적·경제적 보호 장치를 임의로 배분해오던 재량을 상당 부분 잃게 된다.

따라서 관료들이 새 정권에 본능적인 적개심을 가졌던 것은 전혀 놀라운 일이 아니다. 일본의 선출직 정부를 위해 일하는 공무원들이 정부에 대한 적개심을 노골적으로 드러낼 수는 없었다. 그렇게 하려면 관료로서 유지하고 있던 사회적 가면(다테마에)을 벗어야 했기 때문이다. 하지만 관료들은 수동적 저항의 달인이었다. 이들은 새 정권이 하려던 일이 무엇이건 간에 훼방 놓을 수 있는 온갖 종류의 미묘한 수단을 갖고 있었다. 그 과정에서 정권이 타격을 입어 '무능한' 정권으로 보이게 할 수 있다.

오자와라면 이들을 통제할 수 있었는지도 모른다. 하지만 그는 검찰이 재개한 '수사'에 발목이 잡혔다. 그렇게까지 발목이 잡히리라고는 생각하지 못했을 것이다. 이제 개혁의 추진은 하토야마에게 달려 있었다.

하토야마는 절대로 사람들이 얘기하는 것과 같은 괴짜가 아니었다. 그의 핏줄에는 일본 정치와 일본 근현대사가 그대로 흐르고 있었다. 정치도 승계하는 일본 정가의 전통대로 하토야마의 가문은 일본에서 가장 유서 깊은 명문 정치가 가문 중 하나였다. 그의 할아버지인 하토야마 이치로鳩山一郎는 1955년 자민당이 처음 결성되었을 때 총리를 역임했던 인물이다. 약간 소심한 성격에 공감능력이 지나치게 발달한 면이 있었던 하토야마는, 정치의 진흙탕 싸움 같은 측면을 혐오했다는 것이 약점이라면 약점이었다. 다나카 가쿠에이가 린든 존슨을 닮았다면, 하토야마는 아들라이 스티븐슨(1950년대 미국 민주당의 대통령 후보)이나 지미 카터를 연상시켰다.

충분히 예상할 수 있듯이 하토야마를 깎아내리기 위해 그의 금전 문제를 파헤치는 작업이 우선 시작되었다. 하지만 하토야마에 대한 혐의는 오자와 때보다 훨씬 더 근거가 부족했다. 하토야마의 어머니가 하토야마에게 발행해주었던 일련의 수표가 사실은 지지자들로부터 나온 것이라고 비서가 고발했지만, 그 혐의는 대중의 별다른 관심을 끌지 못했다.

그러다가 민주당의 정적들은 후텐마 기지 문제라는 기막힌 공격 소재를 찾아냈다. 앞서 얘기했듯 고이즈미 정권의 자민당은 럼즈펠드의 압박에 못 이겨 후텐마 기지의 이전 조약에 서명을 하고 말았다. 이전을 실행하는 것이 정치적으로 불가능하다는 것을 너무나 잘 알면서도 말이다. 그 후 자민당은 이전 문제를 차일피일 미루고 있었다. 하지만 하토야마 내각이 들어서자마자, 기지 이전을 추진하는 것이 갑자기 미일 관계의 최우선 현안으로 떠올랐다. 처음에 하토야마는 미국과 일본 양쪽에서 날아드는 압력을 무시하려고 했다. 그리고 도대체 왜 이 문제가 하룻밤 사이에 이토록 절대적으로 시급한 사안이 되어야 하는가 하는 합리적 질문을 던지며, 기지 이전을 보류할 것을 제안했다.

'영향력의 대리인'

그 뒤에 일어난 일을 이해하기 위해서는, 일본이 지난 65년간 미국의 여론과 정책에 영향력을 행사하기 위해 공들여 건설해온 시스템을 살펴보는 것에서 출발해야 한다. 미국으로부터 무언가를 원하는 나라들은 모두 이런 시스템을 만든다. 하지만 너무나 유명한 이스라엘의 시스템을 제외하고 나면 일본만큼 탄탄하고 효과적인 시스템을 만든 나라는 없다. 일본이 그럴 수 있었던 이유는 당연히 미일 관계를 어떻게 관리하느냐에 많은 것이 달려 있었기 때문이기도 했고, 일본인들이 이런 유의 일에 워낙 능숙하기 때문이기도 했다. 일본은 무리한 요구를 하는 척 연기해서 힘 있는 상대를 자기에게 빠져들게 만들어 결국 원하는 것을 얻어내는 '아마에甘え'(어리광 또는 응석)를 발휘하는 데 있어 독보적 경지를 보여준다.

일본은 존 다우어가 미군정의 역사를 다룬 책(『패배를 껴안고』)에서 인상적으로 표현한 것처럼 '미국의 품American embrace'에서 한 번도 벗어나지 못했다. 그리고 1980년대 말 이후로는 벗어나려는 시도를 사실상 완전히 포기했다. 요즘의 보통 일본인들은 미국에 대해 더 이상 특별한 호기심이 없다고는 해도 대체로 미국을 동경하는 경향이 있다. 1960년 안보조약의 시행과 뒤이은 베트남전의 영향으로 1960년대와 1970년대 일본에 존재하던 한때 맹렬했던 반미 정서는 이제 오키나와를 제외하면 거의 남아 있지 않다. 아이패드와 구글의 시대인 지금은 1980년대에 종종 드러나던 미국 사회와 비즈니스에 대한 경멸도 더 이상 찾아볼 수 없다. 한편 관료와 자민당과 기성 재계를 중심으로 한 엘리트층의 상당수는, 주권의 핵심 부분을 미국에 맡기는 것이 자신들이 국내 상황을 지속적으로 통제하기 위해 치러야만 하는 타당한 대가라고 줄곧 자기 합리화를 해왔다.

하지만 미국의 품에서 안정을 누리는 일은 미국의 자비심에 달려 있다. 그리고 미국처럼 변덕스러운 나라로부터는 늘 자비심을 기대할 수 있는 것이 아니다. 그래서 일본은 미국의 여론을 감시하고 주도할 수 있는 재단, 언론인, 정부 관리, 학자들로 이루어진 막강한 네트워크를 수십 년에 걸쳐 구축해왔다. 미국 내에 있는 대규모의 일본 기업 커뮤니티도 '일본 주식회사'의 현지 지사 역할을 맡아 이 네트워크를 측면 지원한다. 일본이 미국의 대일 정책에 영향을 행사해야 할 때 미국 내에 있는 자생적인 우호 세력만 믿고 있을 수는 없기 때문이다. 이스라엘의 경우는 미국의 종교 우파인 기독교 시오니즘이 존재하고 이들이 본국의 보수 집권당인 리쿠드당과 긴밀한 관계를 맺고 있으나, 일본에게는 이런 것이 없다. 미국 내에 수십만 명의 일본계 미국인이 살고 있긴 하지만 이들 대부분은 일본과의 연결 고리가 더 이상 남아 있지 않고 조국에 대해서도 아련한 향수 이상의 감정은 갖고 있지 않다.[72] 미국 대통령들은 유대인, 쿠바계 미국인, 아일랜드계 미국인 유권자들의 반발을 살 것을 두려워하기 때문에 이스라엘, 쿠바, 북아일랜드에 관련된 정책을 도입하는 경우 눈에 띄게 망설이는 모습을 보여왔다. 일본계 미국인 유권자들의 존재는 미국이 대일 정책을 결정하는 데 이런 식의 영향을 미치지 않는다. 일본은 오로지 스스로의 능력만으로 미국을 어르고 달래며 때로 진정시켜야 하는 것이다.

미국 내에 일본의 자생적 우호 세력이 없다는 것은 얼핏 약점으로 보일 순 있지만, 이는 역으로 미국 내 언론의 주목을 받지 않기 때문에 일본 관련한 사안에 대해서는 별다른 검증 없이 미국 내 여론을 조성할 수 있다는 뜻이기도 하다. 이스라엘이 미국의 정책에 영향력을 행사하기 위해 벌이는 일에 대해 누군가 목소리를 내면 곧장 언론의 주목을 받게 마련이다. 일본의 경우도 한때 마찬가지였다. 1970년대와 1980년대에는 산업대국이 되어버린 일본이 미국을 일본의 경제 식민지로 만들어버릴지도 모른다는 공포가 있어서, 일본에 대한 분노를 표출하는 수많은 책과 기사가 쏟아져나왔다. 이런 글들은, 이 중 가장 자극적인 제목을 하나 빌려오자면, 일본의 '영향력 대리인'들이 어떻게 미국 경제와 비즈니스 정책 결정의 수뇌부까지 파고들었는지를 다루고 있다(Pat Choate, 'Agents of Influence,' 1990).

---

72 일본계 미국인들이 미국의 대일 정책에 상대적으로 관심이 없는 이유는(특히 미국 유대인들의 중동 문제에 대한 관심이나, 아일랜드계 미국인들의 북아일랜드에 대한 관심이나, 쿠바계 미국인들의 쿠바에 대한 관심과 비교했을 때) 아마도 제2차 세계대전 기간에 수만 명의 재미 일본인이 강제로 격리 수용되었던 사실과, 수용되지 않은 나머지 사람들이 자신이 얼마나 '훌륭한 미국인'이 되었는지 보여주고자 결심했던 데서 찾을 수 있을 것이다.

그러나 그런 시절은 이미 오래전에 지났다. 일본이 미국의 여론을 파악하고 주도하기 위해 건설한 막강한 네트워크는 여전히 건재하지만, 21세기가 되면서 미국과 일본 사이에는 첨예한 논쟁거리가 거의 사라졌다. 미일 무역 갈등은 이미 오래된 과거의 이야기였고, 미국과 일본의 정책 담당자들은 중국이 세계 질서에 미치는 위협이라든지 북한의 호전적인 도발에 대처하는 법에 대해 대체로 비슷한 견해를 갖고 있었다. 일본은 미국이 중동 문제에 너무 깊숙하게 얽혀 있다고 생각했어도 그것을 겉으로 드러내지는 않았다. 어찌되었건 석유 수입국인 일본으로서는 오히려 미국이 중동 문제에 과도한 개입을 했기 때문에, 석유를 수입하는 해상 교역로를 안전하게 보호받는 부수적 효과를 얻었으니 좋은 일이었다. 미국이 일본에 여전히 압력을 가하는 유일한 사안은 일본의 국방력을 증강시켜야 한다는 것이었는데(상호운용성), 이는 일본의 고위 정책결정자들도 대부분 바라는 바였다. 이들 중 적어도 좀더 우편향된 사람들은 미국의 압력이 자신들의 궁극적 목표를 달성하는 데 도움이 된다고 믿었다. 그 목표란 바로 일본이 전쟁 수행능력을 갖추는 것을 이론적으로 금지하고 있던 헌법 제9조 2항을 폐지하는 것이었다.

게다가 고이즈미와 부시가 서로 매우 우호적인 사이가 되면서 21세기의 첫 10년은 미국 내 일본의 '영향력 대리인'들이 활동하기 아주 좋은 환경이 되었다. 이들은 미국 언론의 동향을 여전히 면밀히 파악하면서, 중요한 사안이 등장할 때면 동원되었다. 가령 수십 년 전 북한에 납치된 일본 국민의 송환 요구를 위해 미국의 도움이 필요하다든가 하는 경우였는데, 일본은 납치 문제를 다루지 않고서는 북한과 어떤 협상에도 응하려 하지 않았다. 그리고 물론 이들은 후텐마 기지 이전이 곧 추진될 것이라고 미 국방부를 안심시키는 역할도 했다. 이전을 추진하기 위한 그 어떤 구체적인 계획도 없었음에도 말이다. 하지만 '영향력 대리인'들은 신일본통들과 긴밀한 관계를 유지하고 있었기 때문에, 그 관계를 이용해 국방부, 국무부, 백악관에 그들이 들려주고 싶은 얘기만 골라서 전달할 수 있는 위치에 있었다. 또한 허리케인 카트리나에 대한 미숙한 대처와 이라크에서의 실패, 서브프라임 모기지 사태가 불러온 1930년대 대공황 이후 최악의 경제 위기로 인해 부시 정권이 몰락하던 상황이었기 때문에, 미국 언론은 아프가니스탄과 이라크와 금융 위기에 집중하느라 오키나와에서의 교착 상태에 관심을 가질 여유가 없었다.

일본 민주당이 총선에서 승리하자, '영향력 대리인'들은 갑자기 전례 없는 새로운 임무를 맡게 되었다. 그때까지 이들에게 주어졌던 임무는 일본 자민당과 관료사회와 재계의 지도부가 관심을 갖고 있는 어젠다를 수행하는 것이었다. 이제 이들에게는 그것과 정확히 반대되는 임무가 주어졌다. 일본의 새로운 선출 정권을 깎아내리고 잠식하는 임무였다.

'영향력 대리인'들은 임무를 받아들였고, 일관된 메시지를 사방에 퍼뜨렸다. 하토야마 정권은 동아시아의 평화와 안정을 위협하는 무능한 반미 정권이라는 메시지였다. 이 메시지는 특히 신일본통과 미 국방부 입맛에 꼭 맞는 내용이었다. 신일본통들은 일본 상황에 무지한 사람들이 아니었다. 이들은 오자와가 민주당의 총선 승리를 이끌어낸 설계자라는 것을 너무나 잘 알고 있었다. 오자와가 얼마나 영향력 있는 사람인지도 알고 있었다. 이들 중 많은 이가 첫 걸프전 때 오자와가 일본 정부를 몰아붙여서 전쟁 비용의 상당 부분을 부담하게 했던 것을 기억하고 있었다. 그가 1993년에 자민당-관료의 연합을 거의 붕괴시킬 뻔했으며 이번에는 성공을 거둘 가능성이 꽤 높다는 것도 알고 있었다. 성공하게 되면 일본에 있는 신일본통들의 친구와 지인들은 권력의 상당 부분을 잃게 될 것이었다. 그리고 무엇보다도, 미국의 대일 정책을 거의 독점적으로 좌지우지하던 신일본통의 시대가 끝날 것이고, 미국과 일본 모두 익숙해져 있던 준식민주의적 안전보장 관계가 근본부터 흔들릴 위험이 있었다.

일본 민주당이 선거에서 승리하기 전부터 신일본통들은 이미 오자와가 미일 관계 개혁을 얘기하는 것에 대해 공포와 혐오 반응을 보였다. 2009년 2월 새 오바마 정권의 국무장관 자격으로 나선 첫 해외순방에서, 힐러리 클린턴은 후텐마 기지 이전에 관한 2006년의 합의를 새로 갱신하기 위해 일본을 방문했다. 미국은 일본의 온갖 립서비스에도 불구하고 합의 이행을 위한 움직임이 전혀 없다는 것을 알아차리고 있었다. 새 정권은 오바마가 대통령 선거 캠페인에서 '변화'를 외치기는 했어도 미국의 동아시아 정책은 변화시킬 의도가 없다는 것을 일본에 명확히 하고자 했다. 오바마는 부시 정권의 국방장관이었던 로버트 게이츠를 유임하고, 클린턴을 일본으로 보내 이제야말로 일본이 기지 이전에 관한 약속을 지켜야 할 적기라는 메시지를 전달했다.

이즈음에는 이미 자민당의 다가오는 패배를 막기 위해 미국이 할 수 있는 일이 없다는 사실이 점점 명확해지고 있었다. 클린턴은 미국이 2006년 합의의 번복을 결코 용인하지 않을 것이라는 메시지를 오자와에게 확실히 전달하고자 했다. 오자와는 처음에 회담을 회피하고자 했으나 클린턴은 만나겠다는 의사를 굽히지 않았다. 클린턴은 기자회견에서 다음과 같은 가시 돋힌 발언을 했다. "책임 있는 나라는 합의를 체결하고 나서 그 내용을 준수합니다. 오늘 내가 외무장관 나카소네와 체결한 합의는 어느 당이 집권하고 있는가에 관계없이 우리 두 나라 간의 합의입니다."[73]

오자와는 냉정하게 따져서 동아시아의 안보를 위해 정말 중요한 것은 오키나와가 아니라 요코스카에 주둔하고 있는 미국 제7함대라는 취지의 발언을 해왔었다. 오키나와의 기지들은 대부분 훈련과 후방 지원을 위한 시설이었다. 동아시아에서 실제 군사 충돌이 일어날 경우(한반도에서 다시 전쟁이 난다거나 타이완과 중국 사이에 군사행동이 있다든가 하는 경우) 곧장 실전에 투입되는 부대는 주한미군이거나, 오자와의 말처럼 오키나와의 해병이 아닌 제7함대의 해군이었다.[74]

미 국방부와 신일본통들은 오자와의 발언에 격노했다. 일본 정부와의 힘든 협상을 거치고, 미 해병대가 후텐마 기지 이전안을 받아들이도록 갖은 방법을 동원해 설득해서 만들어낸 해결책 아닌 해결책에 찬물을 끼얹는 발언이었다. 그러나 이들을 정말로 분노하게 만든 것은 일본의 안보 체제가 '미국 중심'이 아닌 '유엔 중심'으로 재편되어야 한다는 오자와의 제안이었다. 미국의 정부 당국을 이보다 더 분노케 하는 발언은 없을 것이었으나, 오자와는 그런 정서를 잘 이해하지 못하고 있었던 듯하다. 오자와는 처음에 거절했다가 나중에 급히 성사된 클린턴과의 회담에서, 집단 안보 체제에 대한 그의 구상을 언급했으나 클린턴은 '싸늘하게' 반응했다.

일본의 일부 평론가들은 오자와의 금전 문제에 대한 검찰 조사가, 이

---

73 http://www.japanfocus.org/-Gavan-McCormack/3059#sthash.nwukk0M2.dpuf 참조.
74 2011년 11월 22일, 나는 『로스엔젤레스타임스』 도쿄 특파원이자 일본 내 미 저널리스트 사회의 사실상 수장 역할을 했던 고故 샘 제임슨이 유명한 신일본통 윌리엄 브룩스에게 질문하는 것을 들었다. 브룩스가 도쿄에서 개최한 강연에서였다. 제임슨은 오키나와에서 해병대의 주둔이 갖는 전략적 중요성을 어떻게 정당화하겠냐고 물었고, 또 30년간 오키나와 군사기지 문제를 다뤄왔지만 '절대 이해할 수 없다'고 덧붙였다. 브룩스는 사실상 제임슨이 말한 내용을 인정했고, 해병대의 주둔이 일본과 동아시아에 제공하는 안보 '패키지'의 일부라고 답했다.

회담이 끝나고 얼마 지나지 않아 미국의 지시로 시작된 것이 아니었을까 추측해왔다. 여기에 대한 확실한 증거는 없다. 하지만 이 시점의 오자와가 신일본통들과 그들의 강력한 후원자로부터(특히 리처드 아미티지) '미일 관계'의 공동의 적으로 지목받았던 것은 확실하다. 검찰 조사 와중에 오자와가 일선에서 물러났음에도 신일본통들은 안심하지 않았다. 일본 정치가 어떻게 작동하는지 이해하고 있던 그들은, 오자와의 멘토인 다나카가 그랬듯이 오자와도 막후에서 강력한 실권자가 될 수 있음을 알고 있었다. 오자와가 2009년 12월 사절단을 이끌고 중국을 방문하자 이들의 분노는 더 커졌다. 오자와가 중국에서 받은 환대는 그가 힐러리 클린턴으로부터 받았던 냉대(혹은 하토야마가 로버트 게이츠로부터 받았던 냉대)와 너무나 명백히 대조적이어서, 미일 양국의 언론은 모두 미중일 삼국 간에 근본적인 관계 변화가 생기는 것이 아닌가 전망하기 시작했다.[75]

이런 배경하에서 '영향력 대리인'들은 하토야마가 반미 정권의 무능한 지도자라는 메시지를 손쉽게 퍼뜨릴 수 있었다. 오바마 정부는 이 메시지에 바로 호응했다. 오바마 정부가 하토야마를 홀대하자, 그러잖아도 하토야마가 일본에게 가장 중요한 외교관계를 '위협'하기 시작했다는 논조의 기사를 내보내고 싶었던 일본의 주류 신문들에게 더할 나위 없이 좋은 소재가 되었다. 자국의 대표가 미국 정부로부터 그런 무례와 경멸을 담은 대접을 받는다면 대부분의 나라에서는 국민이 자국 정부의 편을 들며 분노를 쏟아낼 것이다. 하지만 일본에서는 그렇지 않았다. 일본의 주류 언론들은 오자와에 대한 증오와, 다나카식 정치의 잔재를 청산하고자 하는 의지, 그리고 자민당 정치인들과의 익숙한 공생관계에 대한 향수에 사로잡혀 있었다. '우방'이라고 생각했던 나라의 지도층으로부터 자국의 총리가, 전 세계가 보는 앞에서 마치 잘못을 저지른 초등학생과도 같은 취급을 받는 것보다 그게 훨씬 더 중요했다.

하토야마에게 쏟아지는 압력은 견디기 어려운 지경으로 커져만 갔다. 여기에 대해 그가 했던 선택은 메이지 시대 지도자들이 사라진 이후 일본의 모든 선출 정권이 맞닥뜨렸던 근본적인 문제를 드러낸다. 그것은 바로, 스스로를 정치 '위에 군림한다'고 믿는 관료들을 정치의 힘으로 통제할 수 없다는 어려움이다.

이것이 일본에만 존재하는 특수한 상황은 아니다. 전문가들이나 해당 영역의 풍부한 지식을 갖춘 관료들 없이 나라를 다스리기란 불가능하다. 그래서 고도로 복잡한 현대사회에서는 관료들이 점차 오만함을 갖게 되고, 자신들이 하는 일에 '간섭하는' 모든 유의 시도를 경멸하게 되면서 결국 사회 전체의 발목을 잡는다. 냉전이 끝나고 나서부터 미국의 국가 안보 관련 관료 기관들(국방부, FBI, CIA, NSA)이 어떻게 변화해왔는가를 잘 생각해보면 미국인들도 일본이 처한 곤경을 남의 일이라고 치부할 수만은 없다. 오바마가 대통령으로 당선된 이유 중 하나는 전임 부시 정권 때 이 안보 기관들에 두텁게 드리워진 비밀주의의 장막을 해체하라는 시대적 요구였다. 하지만 오바마는 이들 기관이 비대해지는 것을 막지 못했을뿐더러 오히려 이들의 명백한 대리인으로 전락하고 말았

---

75 '영향력 대리인'들과 신일본통들의 '공개적 비밀 회동'이었던 2010년 1월 20일의 CSIS 퍼시픽 포럼에서 아미티지가 했던 연설이 특히 이런 시각을 드러낸다. '우리 일본 친구들'과 일본에 대한 불간섭에 대한 예의 바른 수사를 쏟아냈지만, 그는 민주당의 존재와 그것이 후텐마 기지에 미칠 영향에 대해 문득문득 당혹감을 숨기지 못했다. 예의 바름과 외교적 올바름의 가면은 연설 중간쯤 그가 오자와의 이름을 직접 부르지 못하는 데 이르러 벗겨졌다. 아미티지는 오자와의 베이징 방문을 힐끔거리면서 '일본 해방군(중국의 인민해방군을 비꼰 것—옮긴이)의 망령이 베이징에 착륙했다'고 했다. 오자와를 상관에게 보고하는 자리에 출석하지 않은 탈영 장교 취급하며 '10년이나 워싱턴을 방문하지 않았다'고도 했다. 이 글을 쓰는 시점에, 아미티지의 연설은 유튜브에서 찾아볼 수 있다: http://www.youtube.com/watch?v=AbqO2GU1khQ. 오자와에 대한 발언은 영상의 5분 39초에 나온다.

다. 왜냐하면 오바마도 이들 기관이 더 이상 정치권의 실질적인 통제하에 놓여 있지 않다는 점을 깨달았기 때문이다.

일본에서는 이 문제가 더 심각했던 것이, 미국이나 프랑스와 같은 나라에서처럼 선출된 세력의 권력 행사를 합법화하는 민주 정치의 기능이 온전하게 작동된 적이 한 번도 없기 때문이다. 일본 관료 조직의 고위 정책 담당자들은 자신들의 역할을 여전히 전쟁 전 관료들과 같은 시각으로 보는 경향이 있다. 당시에는 '천황'의 신하였고, 요즘에는 '일본'의 신하이지, 스스로를 유권자들의 공복이라고 생각하지 않는다. 유권자들이 선거로 뽑은 더럽고 욕심 많은 정치인들은 더더욱 그들이 섬길 대상이 아니다. 미일 관계와 같은 중요한 사안을 다룰 때 하토야마도 결국 전문 지식을 가진 테크노크라트 관료들에게 기대지 않을 수 없었다. 이들은 지난 수십 년의 세월 동안 미국의 여론과 정책을 속속들이 연구하며, 리처드 아미티지나 조지프 나이나 신일본통들과 서로 편하게 말을 놓고 지내왔다. 이 사람들은 스스로를 하토야마의 참모라고 여기지 않았기 때문에, 총리실에 있는 명목상의 상관들이 결정한 정책을 수행하는 것이 자신들의 일이라고도 생각하지 않았다. 이들은 하토야마와 그가 대변하는 모든 것을 '일본'에 대한 위협이라고 여겼다. 그래서 이들은 하토야마에게 후텐마 기지를 둘러싼 미국과의 난처한 상황이 '어떻게든 해결될' 수 있을 것이라고 거짓 조언을 했다.

하토야마는 그 뒤에 본인이 취했던 행동이 인생 최대의 실수였다고 나중에 사적인 대화에서 시인한 바 있다. 언론과 관료들로부터 쏟아지던 압력에 종지부를 찍지 않으면 민주당이 지향하던 모든 것이 위험에 처할까봐 다급했던 나머지, 외무성 관료들의 말을 액면 그대로 믿고 후텐마 기지 문제를 2010년 5월까지 해결하는 데 '정치생명을 걸겠다'고

선언해버린 것이다.

이것은 궁지에 몰린 일본 정치인들이 흔히 택하는 수법이다. 예를 들어 고이즈미는 우정 민영화 법안을 의회에서 통과시키는 데 '정치생명을 걸겠다'고 했었다. 이런 수법은 곧잘 통하기도 한다. 고이즈미는 법안 통과가 부결되자 총리로서의 특권을 행사해 의회를 해산하고 새로운 총선을 실시해 승리했다. 반면 하토야마의 경우에는 역효과만 불러오고 말았다. 오키나와는 사실상 미국의 점령지나 다름없던 세월에 마침표를 찍어주겠다던 민주당의 약속이 번복된 것으로 보고 분노로 폭발했다. 오바마 정부는 하토야마가 국제 핵 안보 정상회의에서 당했던 홀대를 보면 알 수 있듯이 어떤 형태의 도움을 보태는 것도 거부했다. 백악관은 새 기지의 건설이 시작되었다는 구체적인 정황이 확보되기 전까지는, 하토야마에게 일국의 대표, 특히 민주주의 '우방국'의 대표로서 마땅히 갖춰야 할 예의를 표하지 않겠다고 시사했다.

그러나 관료들이 하토야마에게 조언했던 것과는 달리 후텐마 기지 이전 조약이 5월까지 이행될 가능성은 털끝만큼도 없었다. 과거 자민당도 기지 이전을 강행하기 위해 강제력을 행사할 능력이나 의지가 없었던 마당에, 민주당에서 그런 일을 할 수 있을 리가 없었다.

그러던 와중에 3월 26일, 한국의 천안함이 폭발하며 해군 46명이 수장되는 사건이 일어났다. 한국과 미국은 기타 3개국 대표가 참여한 합동조사를 실시해 이 사건이 북한의 어뢰에 의한 격침이라고 결론 내렸다. 많은 사람이 조사 결과가 급조되었거나 심지어는 진실을 덮기 위해 날조된 것이라고 비난했다. 합동조사에 참가했던 스웨덴 대표단은 폭발이 북한의 파괴 공작이라는 결론으로부터 거리를 두었고, 저명한 한국인들이 조사 결과에 대한 의심을 공식적으로 제기하기도 했다.[76] 이 사건이 말년의 김정일이 아들에게 권력을 물려주는 데 방해가 되지 않도록 일부러 긴장 국면을 조성하려 했던 것인지(이에 대한 확실한 증거는 나온 바 없다), 아니면 한국과 미국 또는 이들 중 한 나라가 단순 사고에 대해 기회주의적으로 반응한 것인지는 알 수 없으나, 결론적으로 일본 내부에서 북한에 대한 공포를 가중시키는 효과를 가져왔다. 이러한 공포는 미국의 안보우산이 전쟁광 북한으로부터 일본을 지켜주고 있으며, 하토야마의 '무능함'이 이 안보우산에 구멍을 뚫어 일본을 위험에 노출시키고 말 것이라는 막연한 믿음과 연결되어 있었다.

이런 믿음이 잘못되었다는 것은 잠깐만 생각해봐도 알 수 있다. 북한의 지도자들은 세계에서 가장 혐오스러운 독재국가를 이끌고 있을지는 몰라도, 자멸을 원하는 미치광이들이 아니다. 최근의 이라크, 아프가니스탄, 리비아, 이란, 시리아, 보스니아, 좀더 거슬러 올라가 그레나다, 과테말라, 인도네시아, 니카라과, 파나마, 쿠바, 도미니크공화국이 겪은 일들을 보면, 북한이 지금 위협을 느끼고 있고, 가진 것을 모두 동원해 승산이 낮은 싸움을 벌이고 있다는 것은 전혀 놀랄 것 없는 자명한 사실이다. 약자인 북한으로서는 상대가 북한을 제압하려면 큰 희생이 따를 것이라는 생각을 각인시키는 것이 중요하다.

만약 북한이 잘못된 계산으로(그럴 가능성은 분명히 있다) 커다란 개 앞에 선 작은 고양이가 으르렁거리고 털을 곤두세우듯 호전적인 말과 연출된 분노를 보였다가 의도찮게 전쟁을 촉발시킨다고 해도, 이는 오키나와에 주둔하고 있는 미군과는 별 관계가 없다. 작전에 투입되는 것은 한

---

76 이 중 대표적인 사람으로는 합동 조사단의 결론이 '터무니없다'고 했던 버지니아주립대학의 물리학자 이승헌 교수와, 존스홉킨스대학 니츠 고등국제대학원의 한국학과 디렉터인 서재정 교수가 있다. Mark Thompson, "South Korean Probe Won't Settle Warship Dispute," *Time*, August 18, 2010

국의 200만 병력과 4만 명의 주한미군이다(2020년 기준 대한민국의 병력은 55만 명, 예비군은 270만 명 수준이다. 주한미군은 2만8000명 정도—옮긴이). 북한이 미사일 공격을 통해 서울뿐 아니라 오사카까지 위협할 수는 있겠지만, 오키나와에 있는 미 해병 훈련 기지는 북한에 대한 추가적인 심리적 위협이 될 수 있다는 것 외에 상황에 별다른 영향을 끼치지 못한다.

하지만 일본의 일반 유권자들은 이런 생각을 하지 못했다. 일본의 TV나 신문에서도 이런 분석을 다루지 않았다. 언론에서는 경제를 회복시키고 낡은 사회 안전망을 새로 손보라고 국민의 손으로 뽑은 정부가 엉뚱하게 일본의 안보 체제를 망가뜨리고 국가를 북한의 공격에 노출시킨다며 여론을 몰아갔다.

하토야마에게 가해진 압력은 이제 더 이상 견딜 수 없는 수준에 이르렀다. 언론에 의해 만신창이가 되고 지지율이 곤두박질치자, 하토야마는 오자와와 함께 계획하고 준비해왔던 모든 게 물거품이 될까봐 걱정하지 않을 수 없었다. 그는 오자와에게 두 사람이 동시에 총리와 민주당 간사장의 자리에서 사임하자고 설득했다. 그렇게 하면 아마도 이들의 후임자가 뒤이어 임무를 완수할 수 있을지도 모른다. 왜냐하면 그 후임자가 바로 일본 정치에서 가장 매력적인 인물 중 한 명인 간 나오토였기 때문이다.

3·11과 간 나오토 정권의 운명

여기서 우리는 9장의 마지막 부분에서 간 나오토가 처음 등장했던 내용과 다시 만난다. 간 나오토는 학생운동 출신의 신선한 정치인으로, 관료들의 수법을 꿰뚫어보고 있으며 관료에게 당당히 맞설 수 있는 사람임을 1996년 후생노동성 장관 시절 보여준 바 있다. 그는 하토야마와 함께 민주당을 창당했고, 하토야마가 사임한 뒤 곧바로 당 대표 선거에 출마해 당선되어 자동으로 총리 자리에 올랐다. 당 대표 선거에는 오자와와 가까운 사이라고 알려진 후보도 출마했으나 경쟁 상대가 되지 않았다. 당시 일부에서는 오자와와 간 나오토가 언론을 유도하기 위한 연막 작전으로 일부러 다른 후보를 출마시킨 것이 아니냐는 추측도 있었다. 다나카와 가네마루가 막후에서 실권을 휘두르던 것을 보고만 있어야 했던 시절을 기억하는 주류 언론의 평론가들은, 오자와가 민주당 간사장 자리에서 사임했음에도 여전히 실권을 쥐고 있는 것이 아닐까 민감하게 바라보고 있었다. 이들은 만약 그것이 사실이라고 판단되면 간 나오토에게도 하토야마에게 했던 것처럼 공격을 퍼부을 준비가 되어 있었다.

하지만 이것은 연막 작전이 아니었다. 간 나오토는 총리가 되고 나서 실제로 오자와로부터 거리를 두었다. 그는 취임 후 2주가 채 지나지 않아 소비세를 두 배 인상하는 방안에 대해 얘기하기 시작했다. 소비세 인상은 민주당의 선거 공약에 정면으로 위배되었을 뿐 아니라, 오자와의 가장 확고한 믿음과 배치되는 것이기도 했다. 세금 문제는 일본의 선출 정부가 관료들을 통제할 수 있는 얼마 안 되는 수단 중 하나였다. 그리고 7장과 10장에서 보았듯이 재무성은 이미 한 세대 동안 세금을 일본 정부의 주요 수입원으로 만들기 위해 노력해오고 있었다. 이는 단지 일본의 재정 딜레마를 해결하기 위한 목적만이 아니라 세금을 정치적 논의의 영역에서 벗어나게 만들기 위해서였다. 오자와는 재무성의 꿈이 이루어지면 정치인이 관료들을 통제할 수단이 모두 없어지고 만다는 것을 잘 알고 있었기 때문에 세금 인상에 단호하게 반대했다. 상당수의 유권자도 그의 이런 의견에 찬성이었다.

간 나오토의 발언은 커다란 실수였다. 하토야마가 후텐마 기지 이전 문제를 해결하겠다고 공언했던 일의 기억이 여전히 생생했던 시기에, 그의 발언은 민주당이 선거 공약을 우습게 여긴다는 인상을 한층 더 강화시켰다. 간 나오토는 재빨리 발언을 취소했으나 이미 때는 늦었다. 7월 총선에서 민주당은 참의원 과반을 잃었다. 오자와는 간 나오토를 공개적으로 비판하며 9월의 당 대표 선거에 출마해 그에게 도전했다. 간 나오토는 선거에서 가까스로 승리하고는 내각 내의 오자와 지지 세력을 정리해버렸다. 아마도 그렇게 하면 하토야마에게 가혹했던 주류 언론이 그에게는 우호적으로 돌아서지 않을까 하는 기대가 있었을 것이다.

오자와 세력을 대체해 들어선 내각 멤버들 중 상당수는 마쓰시타 정경숙松下政經塾 출신이었다(재무장관 노다 요시히코野田佳彦, 외무장관 마에하라 세이지前原誠司, 나중에 관방장관이 되어 3·11 때 정부의 대변인 역할을 하는 에다노 유키오枝野幸男). 파나소닉의 창업자인 마쓰시타 고노스케松下幸之助가 설립한 이 학교는 정치 지망생들을 위한 엘리트 교육기관이었다. 마쓰시타 정경숙과 그 졸업생들은 2008년 금융 위기 이전에 세계적으로 유행하던 트렌드의 일본 버전이라고 할 수 있다. 당시에는 정치와 정부 운영을 둘러싼 고질적인 문제들을 해결하기 위해서는 일류 기업을 경영할 만한 사람들에게 나라의 경영을 맡겨야 한다는 생각이 각국에 퍼져나가고 있었다. 효율성과 테크놀로지, 우선순위, 핵심 역량, 윈윈 시나리오와 같은 단어들을 즐겨 사용하고, 파워포인트와 데이터 분석에도 능하면서, 명확하고 군더더기 없는 리더십을 발휘하는 사람들 말이다. 민주

정치에 따라다니는 지저분함과 위험한 협상과 뻔한 부정행위를 일소하겠다는 비전으로 무장한 이런 강력한 생각은 미국의 부시 정권에도, 프랑스의 사르코지 정권에도, 타이의 탁신 정권에도, 캐나다의 스티븐 하퍼 정권에도 뚜렷이 드러나고 있었다. 이런 생각은 점점 수세에 몰리고 있던 일본의 비즈니스 엘리트들 사이에서도 공감을 얻었다. 이들은 일본이 곤경에 처하게 된 이유가 정치 지배 계층의 실패 때문이라고 여기고 있었다. 그 생각은 틀리지 않았을 것이다. 이들은 일본 정치에 뭔가 문제가 있다는 것, 특히 관료들이 나라 운영을 궁극적으로 책임지는 세력이어서는 안 된다는 것을 깨닫고 있었다.

하지만 이와 마찬가지로 기업의 경영진도 나라 운영을 책임질 수 없고, 회사 경영과 나라 경영을 혼동하는 정치인들도 나라 운영을 책임질 수 없다. 마쓰시타 정경숙 졸업생들은 외모나 말하는 것을 보면 흠잡을 데 없었다. 마에하라나 나중에 그를 뒤이어 외무장관이 되는 겐바 고이치로玄葉光一郎 같은 이들은 잘생기고 말쑥하고 언변이 좋았다. 이들은 대기업의 이사회 같은 데 잘 어울릴 사람들이었다. 혹은 다보스 세계경제포럼에 매년 모여드는 부류의 사람들과 동등한 신분으로 자연스럽게 이야기를 나눌 만한 이들이었다. 그러나 이들은 가령 직원들 월급을 주어야 하니 다음 정부 프로젝트를 위해 언제 삽을 들어야 하는지 알려달라고 요구하는 지방의 건설회사 간부들을 상대하는 데는 애를 먹었다. 또는 무역 자유화 이야기에 불편해하는 영세 농가나, 일본식 고용 관행에 '능력주의' 개혁이 필요하다는 얘기에 두려워하는 중장년층 샐러리맨들이나, 정사원이 되는 것만이 생활의 안정과 사회적 존경을 얻는 유일한 길이라고 교육받았으나 졸업을 앞두고 취업길이 막막해진 대학생들과 어떻게 대화해야 하는지는 몰랐다. 이러한 마쓰시타 정경숙 출신들이 분노한 수천 명의 오키나와 사람들을 어떻게 달래야 하는지 몰랐던 것은 당연한 일이다. 무수한 '개혁가' 정치인들이 거쳐가는 동안 스스로의 특권과 영역을 침범받지 않고 유지해낸 수백 명의 눈치 빠른 관료를 길들이는 법을 몰랐던 것 또한 말할 나위 없다.

간 나오토와 그의 세력들은 오자와를 몰아냄으로써 궁극적으로 자신들만의 '정치인 없는 정치'를 하려고 했다. 또는 최소한 다나카식 거래와 유착의 정치를 펼치는 정치인이 없는 정치를 하려고 했다. 3·11이 발생하지 않았더라면 과연 이런 시도는 성공할 수 있었을까? 아마도 성공하지 못했을 것이다. 미국이 당분간 간 나오토를 압박하지 않기로 결정했던 것은 사실이다. 오바마는 총리가 된 간 나오토와의 첫 번째 전화 통화에서 후텐마 기지 이전을 계속 추진하겠다는 약속을 이끌어냈다. 이번에는 기한을 따로 정해놓지는 않았다.

그러나 중국은 그리 호의적이지 않았다. 중국은 미국이 그동안 일본을 어떻게 다루는지 봐왔다. 일본 정부가 외교관계와 안보체제를 재편하려는 의지를 보일 때마다 미국은 일본의 정권을 약화시키는 작업을 조직적으로 해왔다. 그러다 중국의 트롤리 어선이 외딴 조그만 열도의 해역을 침범하는 일이 발생했다. 열도는 일본에 의해 실효 지배되고 있었지만 중국도 영유권을 주장하던 곳이었다. 트롤리 어선은 고의적으로 일본 해상보안청의 배를 들이받은 것으로 보였다. 그 장면은 해상보안청의 경관이 유출한 사고 당시의 동영상을 통해 확인할 수 있었다. 경관이 동영상을 유출한 것은 중국의 도발에 대한 일본 정부의 소극적인 태도에 충격을 받았기 때문이었으나, 결과적으로 이 사건으로 인해 도발이 이어지면서 1945년 이후 일본이 마주한 가장 심각한 외교 분쟁으로 비화되었다. 의도적이건 아니건, 중국은 일본이 미국 말을 잘 듣는 미국의 속국이 되는 것도 가능하고 중국과 좋은 관계를 맺는 것도 가능하지만, 앞으로는 그 두 가지를 병행할 순 없을 것이라는 메시지를 전달하기 시작했다. 두 가지를 다 하려면 다나카 가쿠에이가 보여주었던 것과 같은 천재적 정치 수완이 필요하다. 그는 40년 전 똑같은 문제로 중일 간 정식 외교관계의 수립이 무산될 위기에 처했을 때 저우언라이와 협상을 통해 그 문제는 잠시 접어두기로 합의했었다. 이런 식의 절묘한 외교를 풀어내는 데 필요한 기술은 제로베이스 예산 편성 같은 것을 가르치는 교실에서 배우는 게 아니라, 현실 정치에서 위협하고 어르는 협상을 통해 일을 성사시키는 오랜 경험으로 터득하는 것이다. 다나카와 오자와에게는 이런 경험이 있었지만 간 나오토와 외무장관인 마에하라에게는 그런 점이 확연히 부족했다.

이 열도를 둘러싼 난국에 대해서는 조금 뒤에 다시 다룰 것이다. 이 문제는 3·11로부터 몇 달 지난 뒤에 다시 맹렬히 쟁점화된다. 우선은 3·11의 비극을 잠시 들여다보자. 어떤 일이 벌어졌는가는 이미 9장에서 살펴본 바 있다. 피해 원전의 운영사인 도쿄전력이 원전을 아예 포기할 것처럼 보이자 간 나오토가 직접 지휘에 나섰던 일 말이다.

그런 일이 있었으니 언뜻 그 뒤에 간 나오토가 영웅 대접을 받았을 것이라고 생각하기 쉽다. 나중에라도 그 끔찍한 몇 주간의 사건에 대한 제대로 된 역사가 쓰인다면 그는 나라를 구한 영웅으로 재평가될 수도 있다. 하지만 당시의 간 나오토는 그런 대접을 받지 못했다. 지진이 발생하고 며칠이 지났던 시점에는 1995년 고베 대지진 때 정부의 부족했던 대응과 비교하는 긍정적인 평가도 볼 수 있었다. 2011년의 대재앙이 초래한 어려움이 그때보다 훨씬 더 컸다는 사람들의 인식도 작용했다. 하지만 지진과 쓰나미의 뉴스가 끝이 보이지 않는 원전 사태에 서서히 묻혀가면서 국민의 눈에 들어온 것은(그리고 언론이 보도한 것은) 도쿄전력과 일본 정부 양쪽 모두의 지도층에서 드러난 무능함과 마비였다.

미국은 귀감이 될 만한 방식으로 일본의 사태에 대응했다. 미국이 일본에 진정으로 도움이 되는 원조를 아끼지 않은 것은 해병대 기지 이전 문제로 인해 미국의 가장 중요한 외교관계 중 하나를 위태롭게 만든 것에 대한 불편함 때문이었을 수도 있고 혹은 진정한 동정심에서 우러난 것이었을 수도 있다. 그러나 가장 큰 동기는 오키나와를 둘러싼 사건들로 인해 심각한 위기에 처하고만 일본과의 안보관계를 회복하기 위함이었을 것이다. 미국의 원조 중에서 특히 중요했던 것은 센다이 공항의 재건이었다. 미군은 비행기가 착륙할 수 있도록 빠른 시간 안에 공항 설비를 복구하는 데 대단히 숙련되어 있다. 도쿄 북쪽으로 혼슈에서 가장 큰 도시인 센다이는 지진 및 파괴된 원전에서 유출된 방사능으로 인해 외부와의 교통이 완전히 끊긴 상태였다. 공항이 다시 열리자 센다이의 절박했던 고립감이 상당히 누그러졌다. 그리고 물론 미군이 이런 일에 얼마나 뛰어난지를 전시하는 효과도 있었다. 공항 복구 작업에서 미군이 보여준 효율성과 우수성은 후쿠시마 원전 복구를 둘러싼 일본 국내의 혼란과 선명한 대조를 이루었다.

두 달 뒤, 미 상원 군사위원회 소속 의원 세 명(존 매케인, 칼 레빈, 해병대 출신의 짐 웨브)이 입을 열어 진실을 이야기했다. 후텐마 기지 이전 조약은 애초부터 실현 가능성이 없는 것이었다는 진실이었다. 미국에서 이런 식으로 임금님이 벌거벗었다고 용기 있게 얘기할 만한 사람은 아마도 이들밖에 없었을 것이다. 주일 미 대사관의 이등서기관이었던 로드니 암스트롱은 이렇게 말했다:

"헤노코 프로젝트는 오키나와가 후텐마 기지를 수용할 수 없을 뿐 아니라 후텐마 기지를 대체하는 그 어떤 새로운 기지도 수용할 수 없다는 사실을 깨닫지 못한 미군으로 인해 생겨난 문제다. 유일한 해결책은 가데나 공군기지와 통합해 공동 기지를 만드는 것이다. 이것이 17년 전 이 문제가 불거졌을 때부터 사안을 지켜보던 모든 중립적 관찰자의 공통된 결론이다. 상원의원 레빈, 웨브, 매케인의 2010년 보고서에서도 이러한 사실을 인정하고 있다. 만일 각 군 사이의 경쟁관계로 인해 이 해결책을 도입할 수 없다면 해병대는 오키나와를 떠나야 한다."

하지만 간 나오토를 구하기에는 이미 때가 늦었다. 지진이 발생하기 얼마 전부터 통상적인 관행으로 볼 때 그가 총리 자리에서 몇 주 이상 버티지 못할 것이라는 관찰이 이미 지배적이었다. 재앙이 발생하면 흔히 중앙권력을 중심으로 단결하는 효과가 3·11 때도 나타났지만, 간 나오토에게는 겨우 임시 생명줄일 뿐이었다. 그는 이 생명줄을 붙잡고, 최소한 국가 재건을 위한 법안을 의회에서 통과시킬 때까지는 총리직에 남아 있겠다는 결심을 선언했다. 이 목표를 이루고 나서, 간 나오토는 너무나 지치기도 했고 그를 둘러싼 여론의 압박이 다시금 견딜 수 없는 수준까지 올라가자 사임하고 만다. 사임하면서는 재앙에 가장 큰 책임이 있다고 봤던 '원자력촌'의 관료들, 전력회사, 자민당에 맹비난을 날리는 것을 잊지 않았다.

민주당 당권을 놓고 뒤이어 벌어진 갈등은 당내 오자와 파벌과 그 반대 파벌 사이에 존재하는 치명적인 간극을 드러내 보였다. 오자와 반대파들 중 가장 큰 두 세력은 효율적인 관료 위주의 정부를 꿈꾸는 마쓰시타 정경숙 출신들과, 현실적인 정치보다는 정치적 명분만 내세우다 유명무실해진 사회당으로부터 당적을 옮겨온 사람들이었다. 마쓰시타 정경숙 출신과 예전 사회당원들은 서로 의견이 일치하는 부분이 거의 없었지만, 둘 다 오자와와 그의 추종자들을 다나카 시절에 부패한 구태 정치의 화신으로 보았다. 오자와가 내세운 당 대표 후보였던 가이에다 반리海江田萬里가 처음에는 승기를 잡은 것처럼 보였으나, 반대 세력들이 힘을 합쳐 아마도 민주당 역사상 가장 당 대표에 어울릴 것 같지 않은 인물을 내세웠다. 간 나오토의 재무장관이었던 노다 요시히코였다.

노다의 승리는 많은 사람에게 민주당이 과거의 정치로 회귀한 것 같은 인상을 주었다. 애초에 사람들은 바로 그런 유의 정치를 타파하라고 민주당에 투표했었다. 노다가 당선된 이유는 단지 다른 후보들보다 적이 더 많지 않아서였을 뿐이다. 유권자들의 입맛에는 어떤지 몰라도, 그의 무색무취함이 역설적으로 당내 다양한 파벌과 관료의 입맛에 맞았던 것이다. 노다 자신도 이 점을 인정하고 본인을 강바닥에 사는 맛없는 물고기에 비유했다. 평론가들은 2000년 재임 중에 사망했던 오부치 게이조에게 붙은 별명이었던 '차갑게 식은 피자'를 다시 떠올렸다.

노다는 정말이지 자민당의 구태의연한 스타일로 되돌아간 듯한 사람이었다. 그가 맨 윗자리까지 올라갈 수 있었던 것은 파벌 간의 싸움에서 살아남는 스킬과 관료들이 시키는 대로 고분고분 따르는 태도 때문이었다. 그런데 자민당 정치인이나 다름없는 사람도 이렇게 총리가 되는 상황이라면, 유권자들 입장에서는 진짜 자민당을 굳이 마다할 이유가 있을까?

노다 정권의 자멸

노다 정권은 두 가지로 인해 무너졌다. 하나는 소비세 인상이고 또 하나는 센카쿠열도尖閣列島(댜오위다오)를 둘러싼 중국과의 고조되는 갈등이었다.

소비세 문제부터 보도록 하자. 노다는 재정 파탄을 막기 위해서는 소비세 인상이 필수라고 진심으로 믿었던 것 같다. 이것은 그가 지진 피해를 복구하기 위한 재원을 마련하기 위해 재무성과 거래를 했을지도 모른다고 생각하면 설명이 가능하다. 간 나오토의 재무장관이었던 노다는 필연적으로 재해 복구 자금 마련을 위한 정부의 공적인 얼굴일 수밖에 없었다. 아마도 그는 재무성으로부터 복구에 필요한 자금을 얻는 대가로 소비세를 두 배 인상하는 방안을 추진하는 데 총대를 메기로 동의했던 것 같다. 그가 소비세 인상을 지지했던 또 하나의 이유는 그가 영국의 마거릿 대처 수상에 대해 갖고 있던 동경심이었다. 대처는 여론조사 결과가 어떻든 굴하지 않고(일본의 경우는 소비세 인상에 대한 여론조사 결과 소비세 인상에 대한 반대 의견이 압도적으로 많았다) 조국을 위해 필요하다고 생각하는 일을 추진하는 것으로 유명했다. 그리고 미국으로부터의 압력이 있었을 것이라는 추측도 많았다.

어떤 설명이 결정적인 것인지는 모르겠으나, 노다는 노련한 정치평론가들이 보기에 당의 미래에 결정적 패착이 될 것이 확실한 소비세 인상을 완고한 고집으로 밀어붙였다. 전임자들의 스타일을 흉내라도 내듯 노다는 소비세 인상을 의회에서 통과시키는 데 '정치생명을 걸겠다'고 선언했다.

하지만 노다는 민주당만 갖고는 그렇게 할 수가 없었다. 노다가 소비세 인상안을 밀어붙이자 오자와가 1993년 자민당이 선거제도 개혁을 거부했을 때 했던 것처럼 추종자들을 데리고 탈당해 신당을 만들겠다고 위협한 것이다. 노다는 자민당과 거래할 수밖에 없었고, 자민당은 매우 높은 대가를 요구했다. 법에 따르면 중의원 선거는 2013년 가을에야 있을 예정이었다. 하지만 자민당은 소비세 인상을 지지하는 대가로 의회를 해산하고 2012년 말까지 새로운 총선을 실시할 것을 약속하라고 노다에게 요구했다.

센카쿠열도를 둘러싼 분쟁이 격화되지 않았다면 노다와 민주당이 살아남았을지도 모른다는 상상도 완전히 불가능해지는 않다. 애초 민주당이 집권했던 것은 오자와의 정치적 수완 덕분이었지만, 그가 없던 상황에서도 정권 유지는 가능했을지 모른다. 하지만 노다는 센카쿠열도를 둘러싼 모든 대응에서 빠짐없이 헛발질을 했다. 이 문제를 재점화한 우익들의 말썽에 대한 대응으로부터 시작해서, 중국과의 외교관계 처리, 심지어는 미국과의 공조에 있어서도 미숙한 모습을 보여주었다. 정적들이 그동안 민주당에 덮어씌우려던 '무능함'의 라벨이 정말 맞는 말인 것처럼 느껴지기 시작했다. 중국에서는 폭동에 가까운 반일 시위가 벌어지고, 중국 군함이 일본 영해로 진출하고 있다는 기사를 읽고 일본 국민이 불안에 떨던 상황이었다. 이번에는 단순히 세금과 경제에 관한 문제가 아니었다. 전쟁이 실제로 일어날지도 모른다는 가능성이 눈앞에 있었다.

센카쿠열도와 일본의 영토 분쟁

센카쿠열도가 전쟁의 도화선이 될 개연성은 오스트리아 황태자가 세르비아의 젊은 선동가에게 암살당한 사건이 제1차 세계대전으로 번졌던 개연성 정도라고 할 수 있다. 다섯 개의 작은 무인도와 세 개의 바위로 이루어진 센카쿠열도는 류큐 열도의 최남단으로부터 180킬로미터 정도 떨어져 있고, 타이완 부속의 작은 섬으로부터 150킬로미터 정도 떨어져 있다. 19세기 말이 되기까지는 아무도 이 열도에 별다른 신경을 쓰지 않았다. 물론 어부들과 뱃사람, 과거의 지도 제작자들은 센카쿠열도의 존재를 알고 있었다. 도쿠가와 막부 시절의 지리학자 한 명이 이들을 중국의 섬으로 분류했고, 명나라와 청나라 때의 기록에도 이 섬들이 등장한다. 중국인들은 이곳을 댜오위다오釣魚島라고 부른다.

센카쿠열도는 일본이 벌이고 있는 세 개의 영토 분쟁 중 하나다. 각각 이웃 나라인 중국과 한국과 러시아와의 사이에 영토 분쟁이 하나씩 있다. 이 분쟁들에는 저마다의 역사가 있지만 지금은 셋이 서로 밀접하게 연관되어 있다. 하나의 영토를 양보했다가는 나머지 두 군데 영토도 잃을지 모른다는 일본 정부의 두려움도 큰 작용을 한다.

이 중 중요성이 가장 떨어지고 아마도 손쉽게 해결할 수 있는 것은, 한국인들은 독도라고 부르고 일본인들은 다케시마竹島라고 부르는 섬을 둘러싼 한국과의 분쟁이다. 이곳은 서양인들이 리앙쿠르 암초라고 부르는 바위섬들로, 한국과 일본의 중간쯤에 위치하고 있다. 한국의 실효 지배하에 있지만 일본도 영유권을 주장한다. 이런 유의 영토 분쟁이 대부분 그렇듯 두 나라 모두 자국의 권리와 상대국의 배신 행위에 대해 격한 언어를 쏟아낸다. 섬의 주변 해역이 어장으로서 어느 정도 가치가 있고 근처 해저에는 메탄 수화물이 매장되어 있다. 하지만 이 문제를 해결하지 못하는 진짜 이유는 일본이 영토를 양보하는 선례를 남겼다가는 나머지 두 영토 분쟁에도 불리하게 작용할까봐서다. 하나는 센카쿠열도고, 또 하나는 일본이 북방 영토라고 부르는 곳을 두고 러시아와 벌이고 있는 분쟁이다. 북방 영토는 쿠릴열도의 남쪽 끝에 모여 있는 네 개의

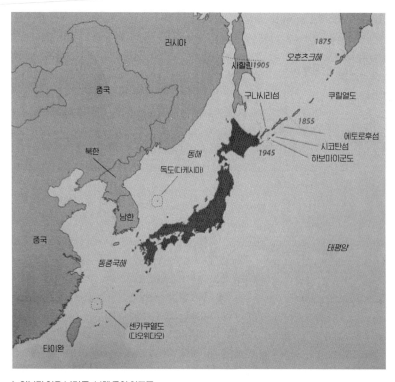

일본과 이웃 나라들: 분쟁 중인 영토들.

작은 섬이다.

쿠릴열도 전체는 1905년 러일전쟁을 승리한 대가로 일본에 주어졌고, 열도 남쪽의 섬들은 1875년의 조약에 의해 일본 영유가 되었으나 그 전부터도 오랫동안 수많은 일본인이 정착해 살고 있었다. 센카쿠열도나 독도/다케시마와는 달리 이곳은 진짜 섬들이다. 가장 큰 섬인 에토로후섬擇捉島의 면적은 3000평방킬로미터가 넘고, 그다음으로 큰 섬인 구나시리섬國後島은 1500평방킬로미터에 달한다(하와이의 오아후섬이 겨우 1500평방킬로미터가 넘는 정도다). 그리고 이 섬들은 모두 군사적·경제적으로 중요하다. 러시아 해군이 외해로 나갈 수 있는 길목과 지구상에서 가장 풍부한 어장 중 하나에 걸쳐 있기 때문이다.

제2차 세계대전을 종결하는 포츠담 선언을 일본이 받아들이고 며칠 되지 않아 소련은 일본과의 불가침 조약을 깨고 쿠릴열도의 남쪽을 침공해서 점령해버렸다. 대부분의 일본인이 노골적인 침략 행위로 간주하는 이 사건이 일본과 소련, 그 뒤를 이은 러시아연방이 수십 년간 적대관계를 지속해온 이유 중 하나다(소련이 붕괴하고 러시아는 쿠릴열도의 남쪽이 자국의 영유권하에 있다는 입장을 재확인했다). 소련에게 추방당한 일본 거주민과 그 친척들은 일본 내에 중요한 압력단체를 형성했다. 러시아가 이 섬을 깨끗이 포기하고 떠나는 것 외에 이 분쟁을 해결하는 그 어떤 다른 해법이 있으리라고 제안하는 것은 오랜 세월 일본에서 정치적 자살 행위나 마찬가지였다.

하지만 다른 분쟁들도 그렇듯 이것이 이야기의 전부는 아니다. 샌프란시스코 조약에서는 쿠릴열도의 영유권에 대해 뚜렷한 결론을 내리고 있지 않았다. 일부의 해석으로는 일본이 영유권에 대한 주장을 포기했다고도 하지만, 조약은 소련의 점령 또한 인정하고 있지 않다. 시코탄섬色丹島(면적 225평방킬로미터)과 하보마이군도齒舞群島는 어찌 되었건 쿠릴열도의 일부라기보다는 홋카이도에 속한 섬으로 간주되기도 한다. 이런 이유로 소련은 샌프란시스코 조약에 서명하는 것을 거부했다. 소련이 그 뒤로 여러 차례 협상을 제안해왔으나 일본은 거절로 일관해왔다. 이 중 가장 주목할 만한 제안은 1956년에 있었다. 소련은 일본이 더 큰 두 섬의 영유권에 대한 주장을 포기하면 시코탄과 하보마이를 돌려주겠다는 의사를 넌지시 타진해왔다. 냉전 초기였던 당시 일본에 반소련 감정을 부추기고자 했던 미국은 일본이 이런 제안에 반응하지 않도록 압력을 가했다. 일본이 바라 마지않던 오키나와 반환을 이 건과 연결지었던 것이다.

그런 상태로 60여 년의 세월이 흘렀다. 러시아는 아마도 시코탄과 하보마이를 돌려주고 더 큰 두 섬에서는 양국이 일종의 공동 개발을 벌이는 형태로 타협할 준비가 되어 있는 것으로 보인다. 러시아는 일본이라는 시장과 일본의 투자 및 기술력을 필요로 하고 있기 때문에, 그것을 얻을 수 있으면 유연하게 협상에 임할 수 있다는 태도를 보여왔다.

하지만 일본은 이런 제안에 꿈쩍도 하지 않는다. 러시아는 이 섬들을 불법으로 탈취해서 수천 명의 일본인을 추방했다. 일본인이 수 세기 전부터 그곳에 살고 있었다는 역사적 증거도 무수히 넘쳐난다. 원래부터 법적·역사적으로도 일본 영토였던 곳을 되찾기 위해 협상에 임한다는 것 자체가 분노할 만한 일이다. 이처럼 원칙의 영역으로 봐야 하는 사안에 대해서는 타협을 거부한다는 태도를 생각해보면, 센카쿠열도에 대해 '분쟁이 존재하지 않는다'고 주장하는 일본의 입장도 설명이 가능하다. 센카쿠열도 문제에 있어서는 섬을 실효 지배하고 있는 일본이 우위를 점하고 있다. 그러나 일본이 중국과 협상을 하게 되면, 러시아가 쿠릴열도의 남쪽 섬들을 불법적으로 점령했으니 떠나야 한다는 일본의 주장이 설득력을 잃게 될 수도 있다는 우려가 있다.

일본은 1895년 센카쿠열도가 국제법상 어느 나라 영토에도 포함되어 있지 않은 '무주지'였기 때문에 아무런 저항 없이 자국의 영토로 편입했다고 주장한다. 하지만 문제는 그렇게 간단하지 않다. 일본의 사업가들은 그 전부터 센카쿠열도 섬 중 하나에 들어가 가다랑어포 제조 및 조류 깃털을 채취하는 사업을 하고 있었고, 일본 정부에 센카쿠열도를 일본 제국에 편입시켜달라는 청원을 냈다. 3장에서 다뤘던 일본 제국주의의 아버지 야마가타 아리토모는 이 청원의 내용을 적절치 않다고 판단했다가 청일전쟁이 발발하기 몇 개월 전에야 이를 받아들였다. 중국은 센카쿠열도도 타이완과 마찬가지로 전쟁의 전리품이었고 제국주의 국가들의 부적절한 영토 수탈이라고 보았다. 아마도 이런 이유로 미국 또한 1972년 오키나와와 류큐열도의 섬들을 명목상 일본에 반환했을 때 센카쿠열도를 여기 포함시키지 않았다. 하지만 그것은 중국이 아닌 타이완의 반대 때문이었다. 타이완의 중화민국은 당시 자신들이 중국 전체를 대표하는 합법 정부라고 여전히 주장하고 있었고, 중국보다 훨씬 더 강한 목소리로 센카쿠열도의 영유권을 주장했다. 이미 중국과의 외교관계 수립을 위한 기초 작업을 준비 중이던 닉슨 정부는 일본의 센카쿠 영유권 주장을 대놓고 지지했다가 타이완을 더 이상 자극하게 될 것을 원치 않았다. 미국이 영유권 문제에 대해 입장 표명을 하지 않자, 타이완도 주장을 철회한 것은 아니지만 더 이상 밀어붙이지 않고 당분간 센카쿠열도가 오키나와의 반환과 함께 명목상 일본의 통제하에 들어간다는 것을 받아들였다.

이 문제는 1972년 일본과 중화인민공화국 사이에 정식 외교관계를 수립하기 위한 다나카 가쿠에이와 저우언라이의 협상에서 도마에 올랐던 것으로 널리 알려져 있다. 두 사람은 센카쿠를 둘러싼 분쟁을 잠시 덮어두기로 비공식 합의했고, 그 합의 내용은 수년 뒤 덩샤오핑과 당시 자민당 간사장이자 조만간 총리가 될 사람이었던 오히라 마사요시大平正芳에 의해서도 재확인되었다.

그렇게 센카쿠열도는 일본이 섬들과 주변의 해역을 실효 지배하고 중국과 타이완이 영유권을 주장하는 상태로 몇 년 전까지 조용히 유지되어왔다(물론 중국은 타이완 정부를 합법적 정부로 인정하지 않았다).

그런데 이게 왜 다시 문제가 된 것일까. 2010년을 기점으로 일본 해상방위청 경비정들과 중국 및 타이완 어선들 사이에 충돌이 급증하는 것을 보면, 영토 분쟁 뒤에 경제적인 이유가 있으리라 짐작할 수 있다. 센카쿠열도의 섬들은 메탄 수화물이 매장되어 있는 해저에 걸쳐 있다고 알려져 있다. 최근 테크놀로지의 발전으로 인해 메탄 수화물은 잠재적으로 귀중한 에너지 자원으로 주목받고 있다.

그러나 그보다 더 중요한 것은 정치적인 이유다. 중국이 최근 들어 갑자기 영유권을 적극적으로 주장하는 곳은 센카쿠 한 군데가 아니다. 중국은 남중국해의 광활한 해역을 놓고 과거로부터의 영유권을 새로이 주장하고 있으며, 그 과정에서 필리핀, 말레이시아, 인도네시아, 베트남과 마찰을 빚고 있다. 인도와의 국경 분쟁 지역에 군대를 급히 투입하기도 했다. 중국 인민해방군과 정부 지도층 내부의 강경파가 이제 과거의 묵은 빚들을 청산하기로 결심한 것이 아니냐는 관측도 그럴듯하게 들린다. 덩샤오핑은 과거 '화평굴기和平崛起'를 내세웠다. 중국은 다른 나라들과 유연하고 평화적인 관계를 유지하는 가운데 경제를 건설하는 데 집중해야 한다는 의미였다. 하지만 중국이 세계 제2경제대국이자 최대 채권국 중 하나로 부상하자, 중국 내 급진파들은 중국이 더 이상 다른 나라를 자극하는 것을 두려워할 필요가 없다고 생각하게 되었다. 이들은 중국이 방대한 제조업 인프라와 현대화된 군대를 갖추게 된 지금, 전 세계는 아닐지라도 최소한 아시아에서는 '세계의 중심(중국이라는 국명의 의미이기도 하다)'으로서 마땅한 위상을 되찾아야 할 때가 되었다고 말한다.

그 결과 중국은 일본은 물론 베트남, 필리핀, 인도, 미국에도 도발을 하고 있다. 여기에 중국의 국내 정치도 중요한 역할을 한다. 중국 공산당은 집권 정당성의 근거로서 '당의 지도적 역할'을 주장하는 레닌주의 신조를 버렸다. 그 대신 점점 더 일종의 피해자 의식에 사로잡힌 국가주의에 호소하고 있다. 그것은 무엇보다, 커져만 가는 빈부 격차와 고위 간부층에 구조적으로 만연한 부정부패에 분노하고 있던 중국 국민의 관심을 분산시키는 효과가 있다. 이러한 관점에서 생각해보면, 센카쿠열도와 남중국해에서의 도발이 보시라이薄熙來가 몰락한 직후에 발생한 것은 결코 우연이 아니다. 보시라이는 충칭시의 막강한 당서기로서, 사실상 금전의 힘으로 정치국 상무위원의 자리를 얻으려고 했었다. 그 결과 스캔들이 터졌고, 그의 아내에게 내려진 살인교사 혐의와 아들의 요란한 해외 유학생활에 대한 이야기까지 겹치면서, 아마도 1989년 톈안먼 사태 이후 중국 공산당의 정당성을 가장 크게 위협하는 위기가 찾아왔다. 공산당으로서는 국민의 관심을 다른 곳으로 돌릴 필요가 있었다.

공산당 지도부 내의 세력 간 균형이 어떻게 변하건 간에 중국의 지도층을 지배하는 세계관이 다음과 같은 것임에는 의심의 여지가 없다. 아시아에는 중국을 중심으로 하는 자비로운 질서가 오랜 세월 존재해왔고, 중국은 주변 국가들에게 평화로운 문명의 빛을 비추어왔다. 그러다가 이 질서가 탐욕스러운 제국주의 서구 세력에 의해 깨져버렸다. 이런 사고방식에 따르면, 일본은 아시아의 평화를 깨뜨리는 데 특히나 파괴적이고 악랄한 역할을 했다. 아시아의 전통을 배신하고 서양 제국주의와 영합해서 그들보다 더 열심히 중국을 약탈하고 훼손하지 않았는가. 자비로운 중국이 아시아 문명의 중심을 담당하는 평화로운 자연적 질서는 미국이 아시아를 떠나기 전까지는 회복되지 않는다. 중국이 보기에 미국의 가증스러운 속국에 지나지 않는 일본은 중국이 이런 꿈을 실현하는 데 아마도 가장 큰 장애물일 것이다.

중국 공산당이 최근 몇 년 사이 근현대사의 중요한 서사들을 다시 쓰고 있다는 것 또한 의심의 여지 없는 사실이다. 당의 이미지를 굳건히 하고 애국심을 고취시키기 위한 목적의 이런 이야기들은 한때 계급투쟁과 대장정과 장제스의 국민당을 상대로 한 내전을 지나 1949년의 건국으로 절정을 맞는 서사가 주를 이루었다. 지금의 서사는 아편전쟁 때 중국이 겪은 수모에서 시작하곤 하며, 1895년의 청일전쟁에서 1915년 일본의 중국에 대한 '21개조 요구'를 거쳐 1937~1945년의 중일전쟁까지를 다룬다. 중국이 근현대사를 이런 식으로 강조해서 바라보는 이유는 명백하다. 예전의 서사가 중국인이 중국인을 상대로 싸우는 것이었다면, 새로운 서사에서는 애국심 넘치는 중국인들이(공산당이건 국민당이건) 외국인을 상대로 싸운다. 타이완을 다시 본토로 병합하려는 중국 공산당의 야심을 생각해보면, 모든 중국인이 단결하여 항일 투쟁을 벌이던 시절을 강조하는 서사는 국민당(이 책의 집필 당시 여전히 타이완의 집권당)을 타이완의 '분리주의자'들로부터 떼어내어 공산당 편에 세우는 효과가 있다.

중국 근현대사의 새로운 서사는 또한 민중의 분노를 외부 대상들에게 향하도록 하는 데도 큰 효과가 있고, 간혹 공산당이 감당하기 어려울 정도로 큰 효과가 나기도 한다. 일본이 또 무슨 일을 벌였다라는 이야기가 나오면(진짜건 조작된 것이건, 과거의 일이건 현재진행형이건) 틀림없이 중국인들 사이에서 격렬한 반응이 나온다. 시위가 벌어지거나 중국 내 일본인이 소유한 재산에 대한 기물 파손이 이루어지고, 국가주의적 열정이 타오른다. 통제 불능의 상황이 올 수도 있다. 중국과 같은 억압적인 사회에서 대중의 분노를 반일 정서라는 허용된 배출구로만 표출하도록 하는 것은 결코 쉬운 일이 아니다. 하지만 중국 정권은 그래도 배출구를 전혀 허용하지 않는 것보다 그게 더 낫다고 여기고 있다. 문화대혁명과 톈안먼 사태가 체제의 기억에 남아 있는 중국은, 대중의 분노를 표출하는 모든 통로를 막는 것이 안전하지 않다는 것을 잘 알고 있다.

일본의 센카쿠열도 문제에 관한 대부분의 분석은(대단히 깊은 수준의 분석을 포함해서) 대략 위에서 서술한 것과 같은 내용이다. 핵심은 이것이다. 중국은 과거 왕조 시절에 누리던 주변국들과의 조공관계를 부활시키려 시도하고 있다. 주변국들은 중국에 의존하는 나라나 속국으로 전락하거나, 티베트나 신장위구르자치구처럼 독립을 아예 박탈당할 수도 있다. 중국 공산당은 일본에 대한 증오를 냉소적으로 조장하여, 공산당의 문제에 대한 대중의 분노를 굴절시키는 데 이용한다.

물론 이런 분석에는 정확한 측면이 있고 상당 부분 맞는 이야기일지도 모른다(예를 들어 중국에서의 반일 시위에는 돈을 받고 참석한 사람들도 있었던 것으로 보인다). 하지만 앞서 잠깐 서술했던 것처럼 이 문제를 다른 방식으로 바라볼 수도 있다. 중국은 오자와가 힐러리 클린턴의 2009년 방일 당시 유엔 중심 집단 안보 체제에 대한 이야기를 꺼냈다가 어떤 일이 벌어졌는지 모두 지켜보았다. 공교롭게도 그 직후 오자와의 금전 문제에 대한 검찰의 '조사'가 시작되어 총리가 될 기회가 날아가버리는 것도 보았다. 중국의 지도자들은 오자와가 600명의 사절단을 이끌고 중국을 방문했더니, 미국의 외교 정책 당국이 경련에 가까운 반응을 일으켰던 것도 놓치지 않았다. 이들은 미 국방부 관료들과 일본의 주류 언론 및 미국 내에서 일본의 목소리를 대변하는 사람들이 사실상 연합해서, 자국 정부에 대한 반역 행위에 준하는 행위조차 서슴지 않으며 어떻게 하토야마 정권에 의도적으로 훼방을 놓았는지도 알고 있었다. 그리고 이제 중국은 일본과 미국이 어떤 반응을 보일지 도박을 해보기로 결심한 것이다.

점점 더 많은 수의 '어선'과 중국의 배들이 센카쿠 주변 해역에 출몰하기 시작했다. 다년간 도쿄 도지사를 지내면서 직설적인 화법으로 우익들 사이에서 영웅 대접을 받는 이시하라 신타로石原慎太郎는 도쿄 도정부가 센카쿠를 사들일 의사가 있다고 발표했다. 센카쿠의 소유주는 19세기 말 처음 센카쿠열도에서 사업을 시작했던 사람의 후손이자 부동산 투자가였다.[77] 이시하라는 섬을 사들이는 데 필요한 자금을 마련하기 위해 모금운동을 시작했다. 그는 의도적으로 일본 내의 국수주의와 반중 정서를 자극하여 센카쿠를 둘러싼 난맥상을 외교적으로 해결하려고 시도했던 것으로 보인다.

노다 정권은 기겁했다. 그리고 민주당이 오자와를 당에서 내보냈던 일이 사실상 자살행위나 다름없었음이 다시 한번 증명되었다. 오자와라면 이시하라와 같은 우익 선동가를 다룰 수 있었을 것이다. 하지만 노다는 어떻게 대처해야 할지 전혀 몰랐다. 미국은 그제야 자신들이 무심결에 일본의 선출 정부를 파괴시킬지도 모른다는 사태의 엄중함을 깨닫고 노다 정권에 조언을 전달했으나, 노다는 센카쿠를 일본 정부가 직접 소유하는 형태로 국유화시켜버리고 말았다. 노다는 중국이 자신의 의도를 이해해줄 것을 '확신'한다고 주장했다. 이시하라와 같은 외국인 혐오주의자들이 악용할 만한 문제를 아예 그들 손에 닿지 않는 곳으로 치워두겠다는 의도라고 말이다. 하지만 그것은 심각한 계산 착오였다. 센카쿠열도가 민간인의 소유로 남아 있는 한, 영유권 문제는 서로의 체면을 구기지 않으면서 언제까지라도 묻어둘 수 있었다. 하지만 이것이 국유화되고 나면 어느 한쪽이 공개적으로 망신을 당하며 후퇴하지 않고서는

---

77 중국과 타이완 모두 섬의 소유주에게 천문학적 금액을 제시하며 접근했다는 루머가 일본 미디어에 보도된 바 있다.

해결할 방법이 없다. 노다는 동아시아에서 정치와 정책을 펼 때 절대 저질러서는 안 되는 커다란 죄를 엉겁결에 저지르고 말았다. 갈등 중인 두 세력을 어느 한쪽이 체면을 잃지 않고는 후퇴할 수 없는 분쟁 국면으로 몰아넣은 죄가 그것이다.

그런 와중에 미국의 대일 정책 당국에서 깜짝 놀랄 만한 내용의 보고서를 발표했다. 「아시아의 안정을 확보하는 미일 동맹The US-Japan Alliance: Anchoring Stability in Asia」이라는 제목의 이 보고서는 다름 아닌 리처드 아미티지와 조지프 나이가 작성했고, 데이비드 애셔, 마이클 그린, 토컬 패터슨과 로빈 사코다를 포함 신일본통들이 대거 연대 서명했다. 보고서는 마치 아직 대소변을 못 가리는 아이에게 기저귀 대신 바지를 입을 준비가 된 것이 정말 맞느냐고 묻는 부모처럼, 일본이 '일류 국가'가 될 준비가 되었냐고 묻는다. 글을 자세히 읽어보면 여기서 일류 국가란 '신중하게 원전의 사용을 재개하고' 미국과 자유무역 협약을 체결하고, 미국의 액화 천연가스를 대량 수입하고, 미국과 메탄 수화물을 공동 개발하고, 한국과 사이좋게 지내며(우익 미치광이들의 입에 재갈을 채워서) 그리고 이것이 핵심이라고 할 수 있는데, '상호운용성'을 중시하는 나라다(일본의 군사력을 키워서 미 국방부의 지휘 아래에 놓는 것). 보고서는 후텐마 기지 문제가 어떻게 하토야마 정권을 고사시켰는지에 대해서는 편리하게 생략해버리고 후텐마 기지는 '부차적 문제'라고 치부했다.

그러나 노다가 '일류 국가'를 이끌고 싶은 야심을 갖고 있었는지와 상관없이 때는 이미 늦었다. 오자와와의 갈등, 소비세 인상, 센카쿠 문제에 대한 서투른 대처는 일본 국민에게 커다란 실망과 불안을 안겨주었다. 사람들은 이제 민주당이 정말 절망적으로 무능한 세력이며, 게다가 동방의 떠오르는 위협 세력으로부터 자국을 지켜낼 의지도 능력도 없다고 확신하게 되었다. 밤이면 밤마다 TV에는 중국에서 일본인 소유의 재산이 시위대에 의해 파괴되는 장면과 중국의 군함이 일본 해역으로 들어오는 장면, 중국 도심의 길거리에서 일본인 타도를 외치는 군중의 모습이 화면을 가득 채웠다. 이 모든 것이 쇼에 불과하다는 좀더 신중한 목소리는 대부분 이 광경 속에 묻혀버렸다.

곧이은 총선에서 노다는 일본을 일류 국가로 만들겠다는 확고한 신념을 가진 인물과 경쟁하게 되었다. 경제를 다시 살리고 일본을 외세의 위협으로부터 지키기 위해 할 일은 하겠다는 약속을 내건 사람이었다. 하지만 그 사람이 말하는 일류 국가는 신일본통들이 생각하던 그런 일류 국가가 아니었다.

아베 신조의 귀환

2006년의 아베 신조 1차 내각은 실패였다. 많은 인기를 누렸던 고이즈미의 뒤를 이어 총리가 된 아베는 전임자가 일본 경제를 바로잡고 미국과의 관계를 개선하는 데 충분한 일을 해놓았다고 판단하고는, 그런 일들 대신 자신에게 정말 중요한 과제를 수행하려고 했다. 일본 우익의 오랜 염원이기도 했던, 전후 체제를 파기하고 '국체(즉, 전전의 천황제)'를 복원하는 과제였다. 이 과제에 따르면 '일본답지 않은' 자유와 권리를 말하는 '미국식' 헌법은 버려야 하고, 1930년대와 1940년대의 역사는 다시 써야 했다. 일본 군대는 전후의 제약으로부터 벗어나야 하고, 일본의 공무원들은 조국을 위해 목숨을 바친 사람들을 야스쿠니 신사에서 공식적으로 추모할 수 있어야 했다. 학생들에게는 올바른 일본의 덕목을 가르쳐야 하고, 천황에게 어느 정도의 주권(정치권력)을 돌려주어야 했다. 아베에게는 안된 일이지만 일본 국민은 이런 장광설에 하품으로 대응했다. 그는 현실과 동떨어졌다는 언론의 비판적 뭇매를 맞고 1년이 채 되지 않아 사임했다.

하지만 지난 6년간 상황이 달라졌다. 일본 경제는 그동안 전혀 바로 잡히지 않은 것으로 드러났다. 오히려 2008년 세계 금융 위기 이후 일본 경제는 붕괴 일보 직전까지 미끄러져 들어갔다. 민주당이 애초에 권력을 잡을 수 있었던 것도 그 때문이었다. 그러나 사람들이 보기에 민주당은 집권하고 나서 소비세를 인상한 것 외에는 경제를 살리기 위해 아무것도 한 일이 없었다. 진정한 사회안전망을 구축하고, 선거운동 때 슬로건처럼 '콘크리트'를 '사람'으로 대체하겠다는 계획은 온데간데없었다. 동시에 언론은 수많은 유권자의 머릿속에 민주당이 미국과의 안보관계를 거의 파탄냈으며, 국가를 중국과의 대치 상태로 비겁하고도 무능하게 몰아갔다는 인상을 효과적으로 심어주었다. 그리고 일국의 정부에 최대의 도전이라 할 수 있는 자연재해에 맞닥뜨렸을 때, 민주당은 행동보다는 홍보와 거짓말만 앞세우며 실패한 것처럼 보였다.

후쿠시마 원전을 둘러싼 문제는 알고 보면 자민당으로 대변되는 전후 일본의 구조적 병폐에 그 직접적 책임이 있다는 사실, 민주당이 관료들 및 미국 내에서 일본을 위해 활동하는 사람들의 반역에 가까운 행위로 인해 사사건건 발목을 잡혔다는 사실은 별로 중요하지 않았다. 정치세계에서는 모든 일이 금방 잊힌다. 일본처럼 언론이 국가 질서를 유지하는 세력을 자처하는 나라에서는 특히 더 그렇다. 일본의 언론은 공정하고도 절제된 보도가 아니라[78] 특정 정치인의 결점을 대서특필해서 이슈화하는 행위를 통해 권력을 감시한다.

그러는 사이 아베와 그의 주변 세력은 지난번의 실패로부터 교훈을 얻었다. 아니, 고이즈미가 총리로서 상대적으로 성공했기 때문에 잊고 있었던 교훈을 되살렸다고 하는 편이 맞을 것이다. 그 교훈이란 바로 추진하고자 하는 일이 아무리 수구적이라 할지라도 개혁적인 것처럼 포장해서 국민을 설득해야 한다는 것이었다. 또한 정부가 국민의 경제에 대한 불안과 욕망에 응답하지 않는다면 다른 아무것도 이룰 수 없다는 것이었다. 아베는 고이즈미의 수석 비서관이었던 이지마 이사오飯島勳를 측근으로 들였다. 이지마는 정치 책략가로서의 능수능란함에 있어 미국의 칼 로브에 비견되곤 했다(조지 W. 부시의 비서실 부실장—옮긴이). 칼 로브가 부시를 '진정 어린 보수'의 이미지로 포장하여 유권자들에게 호소하는 데 결정적인 역할을 했던 것처럼, 이지마는 고이즈미의 '개혁가' 이미지를 만든 사람이었다.

이지마는 아베에게도 똑같은 전략을 사용하기 시작했다. 그는 아베에게 '아름다운 일본'과 같은 애매한 주제에 대해 떠들 것이 아니라(이것이 아베가 2006년 발행했던 선거 정책집의 제목이었다), 경제 문제에 초점을 맞추어 경제를 활성화하기 위해 그가 구상하고 있는 대담한 계획에 대해 얘기해야 한다고 설득했다. 입헌 정부를 파괴하고 전전의 권위적인 '가족국가'를 재건하려는 우익의 계획은 자민당이 의회에서 헌법을 마음대로 개정할 수 있을 만큼의 의원수를 확보할 때까지는 잘 숨겨두어야 했다. 그렇게 하려면 유권자들에게 자민당이 경제를 잘 이끌어나갈 수 있으리라는 믿음을 주어야 했다. 그래야만 두 번의 총선에서 크게 승리를

---

78 이런 보도는 미국에서도 이제 찾아보기 힘들지만, 그래도 이게 언론이 해야 하는 일이라는 생각은 제대로 된 저널리스트의 심리의 기저에 여전히 깔려 있다(그들 상사의 심리에는 없을지도 모르지만). 이들 중 많은 이는 워터게이트와 펜타곤 문서 사건 이후로 미국의 저널리즘에 생긴 변화에 불편함과 노골적인 부끄러움을 느낀다.

거두어 참의원과 중의원 모두에서 과반 이상을 점할 수 있기 때문이다. 2012년 12월 16일, 자민당이 첫 번째 총선인 중의원 선거에서 승리했다. 그로 인해 다시 총리 자리에 오른 아베는 이번에는 6년 전의 실수를 되풀이하지 않겠다고 다짐했다. 자민당은 2013년 7월에 있는 참의원 선거에서도 승리해야 했다. 승리를 위해 아베는, 일본 경제에 대한 믿음을 되찾는 데 필요한 일들을 과감히 할 수 있는 지도자가 드디어 나타났다고 유권자들이 납득하도록 만들어야 했다.

경제 회복?

일본은 1980년대 말 버블의 절정에서 흥청망청하다가 수십 년간 그 후유증으로 고생해왔다. 알코올 중독자들은 심한 숙취로 신경이 두근거릴 때(입안이 불쾌하게 마르고 머리가 쿵쿵 울리는 것은 물론이며) 독한 술을 한두 잔 쭉 들이키면 금방 괜찮아진다는 것을 알고 있다. 물론 독주가 근본적인 숙취를 해결하는 것은 아니다. 사실은 더 악화시킨다. 하지만 확실히 잠깐 동안은 기분을 좋게 만든다. 그리고 이런 해장술을 통한 숙취 해소법은 독한 술을 마음껏 꺼내 마실 수 있는 술 창고를 갖고 있어야만 가능하다.

다행히 아베와 자민당에는 일본중앙은행이라는 술 창고가 있었다. 창고 열쇠는 일본중앙은행 총재인 시라카와 마사아키白川方明가 갖고 있었다. 은행 총재로서 시라카와는 '절대 금주가'는 아니었지만(일본중앙은행의 자산은 그가 총재로 있던 4년 반 동안 50퍼센트나 증가했다), 쾌적한 칵테일파티를 유지할 만큼의 충분한 유동성은 공급하되, 술 창고를 흥청망청 거덜내서 모두 고주망태가 되어버리는 만찬은 원치 않는다고 공언해오던 사람이었다.

그러나 아베와 자민당이 원하던 것은 바로 그런 만찬이었다. 이들은 총리실과 중의원을 장악하자마자 시라카와를 사임시키고 자기편 사람을 창고 관리인으로 세우기 위해 압력을 가하기 시작했다. 시라카와는 어쩔 수 없는 상황을 깨닫고 사직했으며, 그 자리에는 구로다 하루히코黑田東彦가 대신 앉았다.

구로다를 앉힌 것은 영리한 선택이었다. 그는 일본의 환율 정책을 담당했던 것을 포함해, 재무성의 국제 관련 업무 수장직을 모조리 거친 사람이었다. 그런 후 재무성 관료 중에서도 가장 화려한 경력을 가진 사람만이 가는 알짜 자리인 아시아개발은행 총재로 일하고 있었다.[79] 따라서 구로다는 아시아 각국의 재무장관과 중앙은행 총재뿐만 아니라, 지난 30여 년간 워싱턴, 런던, 파리, 프랑크푸르트, 뉴욕에서 놀랄 만큼 빈번했던 금융 위기의 산불을 진화하던 현지 금융 당국의 실력자들에게도 잘 알려져 있었다. 겉보기에 번듯하고 근엄한 이런 국제 금융 클럽의 일원이라는 지위 덕분에 구로다는 운신의 폭이 넓었다. 서구의 정책 담당자 사이에 잘 알려져 있지 않은 좌충우돌 포퓰리스트라면 그렇지 못했을 것이다. 구로다의 정책으로 국제 환율시장과 채권시장에 커다란 혼란이 일어나면(각국 중앙은행의 대응 조치가 뒤따를 것도 물론이고) 그가 애초 원했던 효과가 무산되었을 수 있다. 그러나 실제로는 구로다 취임 이후 엔화 가치가 떨어진 것 때문에 불만의 목소리가 좀 있기는 했어도 더 이상의 반발은 없었다(예를 들어 당시 미 연방준비위원회 의장 버냉키는

---

79 세계은행과 IMF 수장 자리를 각각 미국인과 유럽인이 맡듯이, 아시아개발은행 총재 자리는 일본인이 맡는다. 그리고 실제로는 일본 재무성이 이 자리에 누구를 앉힐지 결정한다.

구로다가 추진하려는 정책을 오히려 조심스럽게 칭찬했을 뿐이다.)

구로다는 품행과 이력에서는 정통파였는지 모르나, 통화 정책에 대한 그의 생각에는 정통파스러운 점이 전혀 없었다. 1930년대에 공황과 디플레이션에 대응하기 위해 통화 당국이 급진적인 조치를 취할 것을 주장했던 어빙 피셔의 학문적 추종자였던 구로다는, 일본을 디플레이션으로부터 벗어나게 하기 위해 강력한 통화정책을 사용하기 시작했다. 그 정책이란 곧 인플레이션 목표를 미리 발표하고, 그 목표가 달성될 때까지 나라의 통화량을 무한정 늘리는 것이었다. 그 전까지 일본중앙은행은 인플레이션 목표를 발표하는 것을 항상 꺼려왔다. 발표했다가 달성하지 못하면 신뢰에 치명적인 금이 갈 것을 염려했기 때문이다. 이는 합리적인 염려다. 미국에서는 역사적으로 연방준비위원회가 채권시장을 이용해 시장에 통화량을 공급해왔다. '공개 시장 조작open market operations'이라 불리는 이러한 방법은, 연준위가 새로 발행한 통화를 지급해 투자자들로부터 미국 국채를 사들이는 식으로 작동한다. 하지만 대부분의 채권이 민간 투자자가 아닌 예금기관(은행)의 수중에 있는 일본에서는 이런 방법이 잘 통하지 않는다. 일본중앙은행이 공개 시장 조작을 통해 시중 은행들로부터 채권을 사들이면, 시중 은행은 그 돈을 기업에 융자해주기보다는 국채를 더 사들여서 결국은 은행의 대차대조표만 더 부풀리게 된다.[80]

구로다는 일본중앙은행이 정부로부터 국채를 직접 구매하게 함으로써 이 문제를 우회해버렸다. 이런 식으로 통화량을 늘리는 행위는 원래

---

80 이런 문제는 2008년 미국에서도 나타나기 시작했다. 버냉키의 양적 완화는 교과서에서 이야기했던 만큼의 효과가 없었다. 적절한 재정 자극책이 없는 상태에서 양적 완화의 대부분은 경제활동을 촉진하기보다는 투자자들의 유동성만 늘려놓았다. 지난 20년 일본의 경험이 다른 지역에도 나타나기 시작한 현상의 전조였다는 또 하나의 사례다.

일본을 포함해 대부분의 나라에서 불법이다. 정부로 하여금 아무런 책임도 지지 않고 적자재정을 운영할 수 있도록 허용하는 것이나 마찬가지기 때문이다. 짐바브웨나 바이마르 공화국이 바로 이런 방법을 이용한 탓에 극심한 인플레이션에 시달렸다. 하지만 이번에는 일본중앙은행의 행위를 사전에 합법화하는 조치를 취했고, 적어도 당분간은 일본에 극심한 인플레이션이 발생할 우려는 없었다.

구로다의 정책에 폴 크루그먼이나 애덤 포즌과 같은 서양의 리버럴한 케인스학파 경제학자들은 환호했다.[81] 마침내 여기, 모든 선진국이 씨름하고 있는 문제를 정면으로 해결할 대담한 정책을 펼치는 중앙은행 총재가 나타났다는 반응이었다. 버냉키 역시 줄곧 비정통파적 정책을 실험해보고 싶어했으나, 구로다의 대담한 통화정책은 마찬가지로 대담한 일본 정부의 재정 정책에 의해 뒷받침되었다는 면에서 차이가 있었다. 오바마 정부는 적대적인 의회 환경에서 불충분한 재정 부양 정책을 딱한 번 통과시켰던 것을 제외하고는 버냉키에게 아무런 도움이 되지 못했다. 연방준비위원회는 미국 경제 성장의 엔진을 재가동시켜야 하는 부담을 정부의 도움 없이 홀로 짊어져야 했다. 이와 달리 아베는 선거 때부터 경제를 살리기 위해 '세 개의 화살'이 필요하다는 슬로건을 내세웠다. 통화정책, 재정 부양책, 광범위한 규제 완화 및 구조 개혁이 그것이다. 구로다가 중앙은행에서 통화를 계속 공급해주었기 때문에 아베는 재정 부양이라는 명목하에 바라마키(선심성 예산 뿌려대기)를 마음껏 할 수 있었다.

하지만 서구에 있는 구로다의 지지자들보다 일본의 정치 및 제도적

---

[81] "No Big Deal," *New York Times*, February 27, 2014

현실에 대해 더 잘 이해하고 있는 사람들은 깊은 우려를 표했다. 그중에는 열렬한 케인스학파였던 사람들도 있었다. 리처드 쿠는 구로다가 "지난 20년간의 시장 구조를 바꾸어버렸다"면서 "일본 경제 몰락의 시작"을 불러올 위험이 있다고 주장했다.[82] 케인스식 재정 부양은 그럴 만한 재원이 있을 때에만 실행이 가능하다. 그때까지 일본은 막대한 재정적자를 감당하는 데 전혀 어려움이 없었다. 그랬기 때문에 7장에서 보았듯이 일본은 경제 공황으로 곤두박질치지 않으면서도 역사상 최악의 대차대조표 불황에서 회복할 수 있었다. 그게 가능했던 이유는 이자율을 낮게 유지했기 때문이다. 혹은 달리 말하면 재정 적자를 집행하는 데 필요한 자금을 싼 이자에 조달할 수 있었기 때문이다. 하지만 구로다의 정책은 의도적으로 인플레이션을 조장하고 있었고, 그렇게 되면 필연적으로 이자율이 올라가게 된다. 또 한편으로는 일본 정부의 수입과 지출 사이의 간극이 이대로 계속 커지면 일본 국채 시장을 패닉에 빠뜨릴 가능성이 있었다.

사실 일본 국채의 대부분은 금융기관들이 보유하고 있다. 이들이 예금(그리고 구로다의 끝없는 통화 발행)을 통해 국채를 계속 사들이고, 복잡한 회계 처리를 통해 그 국채가 실제로 대차대조표에 계상된 만큼의 가치가 있다는 환상을 유지하는 한 패닉은 피할 수 있고 이자율도 계속 낮게 유지할 수 있다. 하지만 그렇게 하는 것은 일본 국채와 연동되어 있는 파생상품들을 매매하는 해외의 헤지펀드들이 일본 국채의 실제 가치를 시장에 강제로 반영토록 할 가능성을 간과하고 있다. 일본의 금융상품과 연동된 파생상품을 매매하는 외국인들은 지난 20년 이상

---

82 에번스프리처드의 "The Bank of Japan Must Crush all Resistance," *The Telegraph*, May 24, 2013 기사를 인용했다.

의 세월 동안 금융상품 가격을 통제하려는 일본 금융 당국의 시도를 주기적으로 무력화시켜왔다.[83] 일본이라고 봐줄 감정이라고는 조금도 없는 해외의 헤지펀드들이 이렇게 큰 돈벌이의 기회를 그냥 놓치리라고 기대하는 것은 안이한 생각이다. 이들이 일본 국채를 대량으로 공매도해서 일본의 이자율 체계를 붕괴시켜버릴 가능성도 있었다.

구로다와 아베가 추진한 정책의 또 다른 위험은 엔화에 대한 시장의 신뢰를 떨어뜨릴 수 있다는 데 있었다. 이 정책의 주요 목표는 엔화의 가치를 낮추는 것이었고, 이 한 가지 목표만 놓고 보면 구로다가 성공을 거두었다고 말하지 않을 수 없다. 달러 대비 엔화의 가치는 무서운 속도로 떨어졌고 이는 노다 정권의 정책에 대해 시장이 보여주었던 뜨뜻미지근한 반응과 극적인 대조를 이루었다. 일본의 전통적인 수출주도형 대기업들은 환호성을 질렀다. 하지만 8장에서 보았듯 수출은 더 이상 일본 경제를 견인하는 엔진이 아니었다. 엔화 가치를 낮춘 것은 고통스러운 경제 개혁을 뒤로 미루는 임시 해결책에 불과했다. 동시에 엔저는 높은 수익성을 누리던 일본 기업 대부분에 악영향을 미쳤다. 가격 경쟁력을 갖고 후방 산업에서 부품과 소재를 공급해 독점적 시장점유율을 누리던 기업들에게는 원재료를 수입하는 비용이 오르게 된 것이다. 또한 임금은 오르지 않았는데 물가가 오르자 가계도 꼼짝없이 타격을 입었다.

3·11 이후 실질적으로 일본을 살렸던 것은 엔화의 강세였다. 원전이 파괴되면서 갑작스럽게 필요해진 화석연료를 전력회사들이 수입할 수

---

83 좋은 사례로, 1990년대 초반 일본 금융 당국은 뉴욕 증권거래소와 싱가포르 선물거래소에서 거래되던 닛케이지수 연동 파생상품이, 도쿄 증권거래소 주가의 급락을 막으려던 자신들의 노력을 방해하고 있다는 사실을 발견했다. 두 거래소에 압력을 가해 거래를 중단시키려고 했지만 소용없었다.

있었고, 각종 재건에 필요한 물품을 터무니없이 비싼 가격에 사지 않아도 되었기 때문이다. 엔화의 강세는 지난 20년간 상대적으로 정체된 경제 상황에서 가계가 버틸 수 있는 힘이 되기도 했다. 생필품 가격이 내려가고, 가끔 명품을 사거나 타이 또는 괌으로 짧은 해외여행을 갈 수도 있었기 때문에 경제 전망이 점점 어두워지는 와중에도 견딜 수 있었다. 엔화에 대한 믿음이 있었던 터라 대부분의 사람은 은행에 예금을 넣어두었다. 그리고 은행들은 그 돈으로 일본 국채를 샀다.

이제 이 모든 상황이 위험에 처했다. 아베와 자민당은 인플레이션이 멈추면 임금이 오를 것이라고 주장했다. 그리고 임금이 오르도록 하기 위해서 소위 아베노믹스의 세 번째 화살이라 불리는 것을 쏘겠다고 약속했다. 통화정책과 재정 부양책은 세 번째 화살인 경제체제 개혁을 위한 거시적 환경을 만들려는 준비 작업이었다. 개혁을 통해 오랫동안 기다려 마지않던 일본 경제의 부활을 이루고 국민 모두의 소득이 10년마다 두 배씩 증가하던 영광의 시절로 돌아간다는 구상이었다.

이 세 번째 화살의 내용을 자세히 들여다보면 대부분 예전에 나왔던 아이디어들을 조금씩 바꾼 것에 지나지 않았다. 이 아이디어들은 일본의 경제체제에 진정한 혁명적 변화를 가져오기에는 스케일이 지나치게 작거나 또는 농업 분야의 구조적 혁신을 위한 조치들처럼 이론적으로는 그럴듯하게 들리지만 실행에 옮기기에는 극도로 어려운 것들이었다. 1950년대의 갈등을 거쳐 형성된 전후 시스템의 핵심 요소들에 위배되었기 때문이다. 그 핵심 요소에는 고용 관행도 있었고, 농부, 소규모 유통업자, 소매업자와 같이 경제 기적이 이루어지는 변두리에서 희생을 감수하고 협조했던 사람들에게 사실상 '보상'처럼 주어졌던 암묵적인 보조금 같은 것도 있었다.

여기까지 생각하면 과연 아베와 구로다가 시행한 통화정책/재정 부양 콤보의 진짜 목적이 무엇이었는가에 대해 많은 사람이 내렸던 결론에 도달하게 된다. 이들은 일종의 경제적 '환각 상태'를 만들어 그 에너지로 2013년 7월 21일 참의원 선거에서 자민당이 압승할 수 있게 하고 싶었던 것이다. 그 선거를 이기기만 하면 자민당은 헌법을 뜯어고치고 전체주의 정권을 세우는 데 필요한 과반을 중의원과 참의원에서 모두 차지하게 된다. 그 전체주의 정권은 일본을 일류 국가로 재정립하는 데 필요한 일(필요하다면 경제 개혁도 포함해서)에 반대하는 세력을 잠재울 합법적이고도 강제적인 권력을 갖게 된다.

이것은 미국의 몇몇 평론가가 지적했듯, '경기 종료 직전 지고 있는 팀이 마지막으로 멀리 던져보는 패스Hail Mary pass'와도 같은 식의 도박이었다. 그러나 경제를 위해 하는 도박이 아니라 궁극적으로 정치를 위한 도박이었다. 아베 주변 사람들은 이제야말로 다나카 가쿠에이의 잔재를 영원히 없애고 싶어했다. 그리고 그 일에 성공한 것처럼 보였다. 이들은 다나카의 방식을 그대로 차용해서는, 다나카가 일본 정부의 엘리트 독재로부터 그토록 해방시키고 싶어 했던 바로 그 사람들을 소외시켰다(다나카의 방식으로 선거를 통해 의회를 장악해서 다나카 파벌을 몰아낸 것을 뜻함—옮긴이). 그들은 농부, 시골의 부동산 개발업자, 영세 건설회사 사장과 같이 촌스러운 사투리를 쓰는 소박하고 현실적인 사람들이다. 일본 경제 위계질서의 맨 밑바닥에 위치한 도시의 자영업자들과 원청으로부터 쥐어짜이는 영세 기업들이다. 그들의 우상이었던 다나카는 죽고 없으며 그의 추종자들은 정치적 황야로 추방되었다. 다나카의 수제자였던 오자와 이치로는 정치세력으로서 파산한 것이나 다름없었다. 그가 만들었고 한때 막강한 정치적 힘을 가졌던 정당은 그를 배신했고,

그 뒤 웃음거리로 전락하고 말았다.

다나카와 오자와에 대항하여 한 세대 동안 참호전을 벌여온 아사히 신문과 마쓰시타 정경숙 출신의 사람들은, 레닌이 서양의 진보 좌파를 조롱하는 의미로 사용했던 말을 빌리자면 '쓸모 있는 바보들'이었다. 이들이 정신을 차리고 보니, 자신들의 도움으로 탄생한 새로운 일본은 고매한 전문 관료 집단이 더러운 돈과 거래의 속박에서 벗어나, 조국을 위해 공정하고 효율적인 정책을 입안하며 시행하는 데 일생을 바치는 그런 나라가 아니었다. 새로운 일본은, 일본의 과거 중에서도 가장 어두웠던 시절의 흡혈귀가 되살아나 산 사람들 사이에서 걸어다니는 나라였다. 미국은 1940년대에 이 흡혈귀들의 심장에 말뚝을 박았다고 오랫동안 착각하고 있었다. 일본의 진보 자유주의자들은 일본의 현실을 잘 알고 있었지만, 다나카, 가네마루, 오자와와 같은 사람들의 정치 방식과 구태의연함을 경멸했던 나머지 일본의 민주주의를 진짜로 위협하는 세력이 다가오는 것을 보지 못했다.

아베와 그 주변 사람들은 단순히 1970년대 초반 다나카가 일본의 선거 정치 시스템을 장악했던 시절 이전의 세계, 다름 아닌 아베의 외조부인 기시 노부스케가 창조하여 다나카가 반란을 일으키기 전까지 직접 관리하던 그 세계로 돌아가는 데 만족하지 않았다. 일본의 우익에게 있어 1950년대의 체제는 일본의 패전과 좌익 세력의 창궐 때문에 어쩔 수 없이 취한 긴급 조치이자 임시방편일 뿐이었다. 그 체제는 외교 정책을 미국에 종속시켰다는 점이 가장 큰 특징이었고, 종신고용과 어용노조, 샐러리맨 문화와 같은 장치들을 고안해 대중에 대한 좌익의 호소력을 약화시키기도 했다. 아베와 그 주변에게 이런 체제는 더 이상 필요없는 시절이 오면 내다 버려야 할 것들에 불과했다. 그리고 드디어 그날이 온 것처럼 보였다.

아베는 2013년 7월 참의원 총선의 선거운동 기간에 자기통제 능력을 발휘해 이러한 의도를 잘 감추고 있었다. 몇 번 가면이 슬쩍 벗겨지기도 했다. 과거사를 논의하다가 '침략'이라는 말의 의미에 대해서 클린턴식 화법으로 얼버무리기도 했고(빌 클린턴은 종종 의미가 불분명한 수사를 동원거나 속보이는 변명을 해서 Clintonesque라는 신조어를 유행시키기도 했다—옮긴이), 재무장관인 아소 다로를 야스쿠니 신사에 참배 보내기도 했다. 아베 자신은 신사에 바칠 공물을 보내는 데 그쳤지만, 정치적 제약으로 인해 참배하지 못하는 것에 대한 조바심을 감추지 못했다. 이때, 아베보다 우익에 서 있는 사람들이 등장해 뜻하지 않은 도움을 주었다. 인기 있는 정치인이던 오사카 시장 하시모토 도루橋下徹는 일본 유신회 정당을 이끌고, 도쿄의 외국인 혐오 선동가인 전 도쿄 도지사 이시하라 신타로를 중심으로 한 정치 세력과 통합을 이루어낸 참이었다. 성노예와 관련된 이슈에서 하시모토가 했던 경솔한 발언으로[84] 전 세계 언론에서 난리가 났고, 이로 인해 아베는 실제보다 훨씬 덜 우익으로 보이는 효과를 누릴 수 있었다. 그러는 동안 아베의 첫 두 화살이 엔저를 실현하면서 주가가 급등했고 물가도 올랐다. 임금이 오르는 효과는 아직 나타나지 않았고 언제 임금이 오르게 될지도 알 수 없었다. 하지만 드디어

---

84 하시모토는 일본이 전쟁 중에 매춘을 위해 강제로 동원된 여성들(이들 중 상당수가 한국 여성이다)에게 사과해야 하지만, 성적 에너지가 넘치는 군인들이 멋대로 행동하도록 내버려두지 않고 이들을 위해 매춘 시설을 조성한 것은 역사적으로 일본만이 아니었다고 말했다. 이런 일은 제2차 세계대전뿐만 아니라 한국전쟁 때도 있었으며, 미국이 병사 무리를 그냥 내버려두었을 때 발생할 수 있는 현실에 대해 조금이라도 일관적인 정책을 갖고 있었다면 후텐마 기지 난맥상의 원인이 된 사건들이 덜 발생할 것이라고도 했다. 해외 언론에서는 그를 과거에 일본이 저지른 잘못을 호도하고 오키나와에서의 매춘 합법화를 옹호하는 사람인 것처럼 보도했다. 그의 발언을 자세히 들여다보면 그가 말하고자 했던 내용은 그런 게 아니었고, 일본인 대부분은 그런 오독을 하지 않았다. 하지만 그는 어쨌든 정치적으로 매우 부적절한 말을 내뱉은 것에 대해 비판의 대상이 되었다. 비슷한 사례로는 2012년 미주리 상원의원 선거에서 토드 어킨이 '정당한 강간'이라고 했던 발언을 들 수 있다.

경제에 '무언가' 변화가 일어나고 있다는 느낌이 생겼고, 대중이 보기에 위협과 협박만 일삼는 중국에 아베가 맞서 대응할 것이라는 믿음을 주면서, 아베와 자민당은 자신들이 원하는 것을 얻었다. 참의원 선거에서의 승리였다.

승리는 이들이 원했던 만큼의 압승이 아니었다. 자민당은 스스로의 표만으로 전후 헌법을 뜯어고칠 수 있는 숫자인 참의원 3분의 2 의석은 얻지 못했다. 선거가 끝난 직후에도 아베와 그 주변은 선거운동 기간에 보여주던 절제를 이어나갔다. 강경 우익들이 불만의 목소리를 드러냈으나 아베 정권이 광범위한 지지를 누리고 있음에는 의심의 여지가 없다. 그 지지와 열기는 그해 9월 도쿄가 2020년 올림픽 개최지로 선정되면서 한층 더 뜨거워졌다. 올림픽이 경제적인 면에서나 그 외의 면에서나 일본의 번영에 촉진제가 될 것이라는 기대와 1964년 도쿄 올림픽의 향수가 맞물려 개최지 선정 소식은 아베와 측근들이 경제 부활을 위해 바라 마지않던 바로 그 '야성적 충동animal spirits'을 불러일으켰다.

TPP, 특정비밀보호법, 아베 정권의 우선순위

2013년 말이 다가오면서 아베와 측근들은 본색을 드러냈다. 정권이 선동과 가장을 통해 진짜 목표를 잠시 숨겨둘 수는 있다. 하지만 어떤 정권도 원하는 것을 다 이루지는 못한다. 어느 순간에는 우선순위를 정해 가장 중요하다고 생각하는 일에 한정된 정치적 자산을 집중시킬 필요가 있다. 두 총선에서의 결정적인 승리, 민주당이 붕괴되고 구질서가 복원된 데 대한 관료사회 및 전통적인 '일본주식회사'로 대표되는 재계의 눈에 띄는 안도의 모습, 무대 밖에서 신일본통들이 보내던 열렬한 응원,[85] 이런 것들 덕분에 아베는 2005년 고이즈미가 선거에서 압승했던 이후 일본의 그 어떤 총리가 누렸던 것보다 훨씬 더 많은 정치적 자산을 갖게 되었다.

아베는 그 자산을 어떻게 사용할까. 진정한 변화를 위해 필요하다고 오랫동안 예고되어온 개혁에 사용할까. 한 세대 넘게 국내외 인사들은 일본에 거시경제적 관점에서 뿌리까지 뒤엎는 근본적인 변화가 필요하다고 주장해왔다. 이들은 일본의 고용 관행과 임금체계, 기업 지배 구조, 서비스 분야, 금융시장, 농업, 토지사용권, 유통망, 교육, 여성의 지위 향상 및 각종 분야에 개혁을 요구해왔다.

그러나 '세 번째 화살'에 관해 수많은 홍보를 해왔음에도 아베가 이런 일들에 정치적 자산을 사용할 의사가 없다는 사실은 금방 드러났다. 미국은 당시 크게 보도되었던 환태평양 전략적 경제동반자 협약TPP을 통해 다시 한번 무심결에, 아베가 개혁을 미뤄도 되는 편리한 가림막을 제공해주었다. 얼핏 보면 TPP는 이미 50년이 넘도록 잊을 만하면 미국으로부터 불어오는 '자유무역' 또는 '시장 개방'을 요구하는 바람의 일종처럼 보일 수 있다. 일본의 입장에서 이런 바람은 한여름의 맑은 날에 예고 없이 왔다 가는 폭풍우와도 같다. 모두들 늘 원래 하던 대로 일을 하는 와중에 미국으로부터 뭔가를 요구받는 강풍이 갑자기 불기 시작한다. 워싱턴에서 날아온 사절단이 특별한 요구 사항을 흔들어대며 폭우를 내리고, 미국의 기업가, 정치인, 통상 관료들이 쏟아내는 엄포의 천둥

---

85 이런 응원의 사례를 보고 싶다면 대표적 신일본통인 마이클 그린이 2013년 12월 웹사이트에 올린 글을 참조. https://www.lowyinstitute.org/publications/japan-back-unbundling-abe-s-grand-strategy

으로 도쿄 중심가의 창문이 흔들린다. 일본의 정책 담당자들은 먼 옛날의 제사장들처럼 옹기종기 모여서 무엇을 제물로 바쳐야 신의 노여움을 달랠 수 있을까 고민한다. 제물은 여성용 블라우스일 수도 있고, 자동차 부품, 반도체, 담배, 오렌지, 건설계약보험, 위성, 종이, 엔화, 변호사 자격증, 판유리, 자동차 점검 서비스, 각종 금융상품, 강철봉일 수도 있다. 제물이 되는 제품이나 서비스는 해가 바뀌고 연대가 바뀔 때마다 달라지지만, 일이 전개되는 패턴은 거의 똑같다. 폭풍우가 거세어지면, 미국의 타깃이 된 특정 상품이나 협약으로부터 이익을 취하던 업계, 정치인, 관료, 노동자, 농부, 하청업체의 네트워크가 소환당해 미국이 만족해서 물러갈 만큼의 무언가를 내놓아야 한다. 그러고는 미국 대통령이 TV에 나와 국민에게 흔들어 보일 수 있는 협정 같은 것이 맺어진다. 빗줄기가 가늘어지고, 바람은 잦아들며, 천둥 소리는 일본이 정말 자유무역의 약속을 지킬 것인가를 의심하는 태평양 너머의 울림으로 멀어져간다. 일본의 통상 교섭진과 외교관들은 이번 폭풍우를 잠재우는 데 필요한 희생을 최소화하기 위해 최선을 다했고, 정치인과 관료들은 희생의 부담을 뒤집어써야 했던 대상에게 조용히 보상해줄 것이다(다나카 가쿠에이가 일본 정치의 정점까지 올라갈 수 있었던 중요한 이유 중 하나는 이런 과정을 기가 막히게 잘 처리했기 때문이다).

일본의 일반 국민은 설혹 TPP에 관심을 가진다 해도 그냥 이와 비슷한 일이겠거니 여겼다. 이번에도 예전처럼 자민당과 관료들과 재계가 다시 나서서 수습을 시작하고, 어딘가의 어느 업계나 단체가 양보해 변덕스러운 미국을 달래는 안이 곧 만들어진다. 그러면 미군 제7함대는 떠나지 않고 남아, 미친개와 같은 북한과 가증스러운 불량배처럼 행동하는 중국으로부터 계속 일본을 지켜줄 것이다. 이번에는 자신들의 목이 희생의 도마에 오르지 않을까 염려하는 농민들은 요란한 시위를 조직하기 시작할 것이다.

하지만 자세히 살펴보면 TPP는 이전 세대에서 겪었던 자유무역에 관한 협상과는 사뭇 달랐다. 최소한 아베의 아버지가 씨름했던 자유무역 협상들과는 확연히 달랐다(아베의 아버지 아베 신타로는 내각에서 농림수산장관, 외무장관, 통상산업장관 등 미국의 자유무역에 관한 요구에 대처하는 것을 주 업무의 하나로 삼는 대부분의 자리에서 일했던 사람이다. 이런 일을 처리하던 그의 능력을 미국에서도 높이 샀기 때문에 많은 사람이 그가 총리 자리에 오를 거라고 거의 확신하고 있었다. 그러나 10장에서 보았듯 그는 너무 일찍 죽고 말았다). 우선 TPP는 원래 미국이 아니라 칠레, 싱가포르, 뉴질랜드, 브루나이와 같은 환태평양 지역의 작은 나라들로부터 시작되었다. 그것이 미국 기업들의 관심을 끌었다. 월가의 금융회사들을 중심으로 제약, 오락, 농업, IT 분야의 기업들이 저작권 및 기타 지식재산권에 대한 범위를 확대하고, 분쟁이 생기면 정치적 개입을 받지 않고 해결할 수 있도록 하는 목적으로 TPP를 이용하고 싶었던 것이다. 물론 TPP에도 전통적인 식료품의 '시장 개방'에 관한 조항이 있었다. 하지만 실제로 이것은 미국 기업들에게 일본의 여러 산업 분야에 진출할 기회를 주기 위해서라기보다는, 몬산토 같은 기업이 글로벌 농업시장을 합법적·제도적 방법으로 장악하게 하거나 혹은 미국의 미디어 기업들이 저작권을 영구히 소유케 하기 위한 목적이 훨씬 더 강하다고 비판 받았다.[86]

일본의 통상 및 농업부처 관료들은 워싱턴주의 농부들이 생산한 체리를 일본에 팔게 해달라는 미국의 요구를 받아들이면서도 야마가타山

---

86 예를 들면 바버라 치세리오, "Trans Pacific Partnership and Monsanto," *Nation of Change*, June 24, 2013

形현의 체리 농가들에 큰 피해가 가지 않는 방법을 찾는 유의 일을 하는 데 익숙한 사람들이었다(이들은 성공적으로 방법을 찾아냈다. 고가의 미국산 체리가 제철이 되면 미국의 서너 배 가격에 일본에서 팔린다. 품종이 다르긴 하지만 미국산 체리는 일본산 체리와 완전히 별도의 상품으로 취급되고, 일본산 체리가 들어오기 전 슈퍼마켓 매대에서 대부분 사라진다. 그러면 일본산 체리가 선물용으로 적합한 고급 과일로 포장되어 팔린다). 몬산토와 같은 기업들은 수많은 변호사와 로비스트들을 고용해[87] 일본의 종자 공급원을 확보하려 하거나, 비공개 재판을 통해 일본의 식품안전법에 이의를 제기하고 싶어한다. 이들을 상대하는 것은 일본 관료들에게는 전혀 다른 종류의 어려움이고, 그런 작업을 하기 위한 준비 또한 더더욱 갖춰져 있지 않았다.

TPP가 실제로 불러올 수 있는 파급 효과에 경각심을 가졌던 것은, 그 세부 내용을 실제로 들여다보고 연구했던 소수의 일본 관료, 기자, 정치운동에 적극적인 시민뿐만이 아니었다. 2013년 11월 위키리크스가 TPP 교섭의 비밀 녹취를 공개하며, TPP가 "의약, 출판, 인터넷 서비스, 인권, 바이오 특허에 광범위한 영향을 끼칠 수 있다"고 비난했다.[88] 폴 크루그먼도 『뉴욕타임스』에 기고한 TPP 관련 칼럼에서 "대형 제약회사들에 좋은 것이 반드시 미국을 위해 좋은 것은 아니다"라고 썼다. 2014년 초 미 상원의 다수당인 민주당 원내총무였던 해리 리드는 TPP 법안 통과를 위해 필요한 '패스트트랙' 권한을 갱신하는 데 대하여 반대 의사

---

87 2013년 말까지 미국 TPP 농업 분야 수석 교섭관이었던 이슬람 시디키는 전직 몬산토 로비스트이자 유전적으로 변형된 식품의 옹호자로 유명한 인물이었다. 그는 일본이 식품에 유전자 변형 표기를 하는 것에 반대했었다.

88 "Secret Trans-Pacific Partnership Agreement (TPP)—IP Chapter," http://wikileaks.org/tpp/

를 밝혔다.[89]

이렇듯 TPP에 관한 불안이 널리 보도되고 미 의회에서의 승인 전망 또한 불투명해진 것은 아베에게는 축복이었다. 대중의 관심이 아베노믹스의 '세 번째 화살'에 대한 의문에서 TPP에 대한 이야기로 옮겨가자, 아베는 자신이 정말 바라는 일을 위해 정치적 자산을 아껴둘 수 있었기 때문이다. 그리고 아베가 정말 바랐던 것은 경제 개혁이 아니었다. 아베의 정치적 자산은 2013년 말 비밀정보취급에 관한 법안을 의회에서 강행 통과시키는 데 사용되었다. '특정비밀보호법'이라 불린 이 법안에 따르면 정부는 원하는 모든 것에 '보안'이라는 딱지를 붙일 수 있고, 고의성이 없을지라도 보안 사항의 내용을 파악하려 하는 사람은 누구라도 기소할 수 있게 된다. 54년 전 아베의 외조부 기시 노부스케 또한 이와 비슷하게, 미군정 체제 이전에 일본 정부가 갖고 있던 무제한의 경찰권을 부활시키려는 시도를 했었다. 하지만 거센 반대에 부딪혀 그 시도를 포기해야만 했다.

기시 노부스케의 외손자가 마침내 할아버지가 실패했던 일에 성공한 것이다. 물론 법안 통과 과정에서는 일본 정부가 한동안 겪어보지 못했던 공공연한 반대 운동이 있었다. 아베는 법안을 통과시키기 위해 강압적인 전술을 써야 했다. 아베의 지지율은 중의원 선거 이후 처음으로 50퍼센트 아래로 떨어졌고, 도쿄 도심에서는 실제로 시위가 벌어졌다. 하지만 이 정도의 반대는 기시 노부스케 시절에 비하면 아무것도 아니었다. 당시에는 1930년대의 경찰국가를 복원하려는 기시 노부스케의 노골적인 시도에 항의하기 위해 100만에 가까운 인파가 거리로 쏟아져

---

89 '패스트트랙' 권한을 사용하게 되면 대통령이 통상 법안을 하원에 일괄 상정하여 하원은 단 한 번의 가부 결정만을 하게 된다.

나왔다. 1960년에 시위를 벌이던 군중의 기억 속에는 아무 핑계나 대고 누구라도 체포할 수 있던 나라에서 살던 기억이 아직 생생했다. 반면 2013년 시점에는 사회를 철저히 통제하는 관료 체제가 다시 힘을 얻어 부활한다는 것의 진정한 의미를 알고 있는 사람이 거의 없었다. 언론에 대한 통제를 넘어 일상의 구석구석까지 협박과 자기검열의 칼을 들이대는 체제하에서 산다는 것의 의미를 경험적으로 알지 못했던 것이다. 새로운 법안에 반대 시위를 벌이는 사람 대다수는 사상경찰, 좌익 세력 동조자의 집단 검거, 군국주의의 광기, 사회주의와 기독교를 부인하는 사상 전향 같은 일을 직접 겪었거나, 그런 기억이 생생하게 남아 있는 가정환경에서 자란 기성세대였다. 하지만 젊은 세대는 경제가 드디어 회복되는 듯한 분위기를 반겼고 중국에 대한 두려움도 갖고 있었다. 이들에게는 아베가 자신의 정치적 자산을 경제 개혁이 아니라 민주주의와 법치주의의 근간을 흔드는 일에 사용함으로 인해 닥칠 일들에 대한 위 세대 지식인과 언론인들의 경고를 무시해버리는 경향이 있었다.

그렇게 해서 아베와 자민당은 최소한의 정치적 대가만 치르고도 '특정비밀보호법'을 통과시킬 수 있었다. 그 대가라는 것조차 자민당 간사장인 이시바 시게루石破茂가 법안에 반대하는 시위대를 테러리스트에 비유함으로써 자초한 일이었다. 이는 잠시나마 법안의 진짜 목적을 드러내는, 자민당 입장에서는 참으로 바보 같은 발언이었다. 하지만 그런 발언이 나왔음에도 불구하고, 무소불위 전체주의 국가의 제도적 틀을 만들기 위한 시도를 막으려는 반세기 전과 같은 대중적 분노는 터져나오지 않았다.

아베는 미국이 일본에 기밀 누설의 위험이 있다고 염려를 표했다는 점을 구실 삼아 법안을 정당화하려고 했다. 하지만 당시 미국은 전 국가 안보국nsa 계약직이었던 에드워드 스노든의 폭로로 인해, 기밀정보 관리에 대해 뭐라고 말하고 나설 만한 입장이 아니었다. 미국이 국가 안보기관에 어떠한 종류의 책임을 지운다는 행위 자체가 전혀 신뢰가 가지 않던 상황이었다. 미국은 아베 정권하에서 일본 민주주의의 미래가 걱정된다는 통상의 입에 발린 의견조차 내놓지 않았다. 대신 미국이 줄기찬 입장 표명을 통해 일본으로부터 바라던 유일한 것은 '상호운용성(일본의 국방 체제를 미 국방부 시스템 산하에 편입시키는 것)'과 국방부 내부의 각 군 사이에 존재하는 긴장관계를 완화시키는 것, 즉 해병대가 후텐마에서 철수하는 대가로 요구하던 보상을 해주는 것이었다. 아베는 미국이 요구하는 것을 들어주었다. '특정비밀보호법'이 통과되었고, 오키나와에는 거액의 보조금을 제안했다. 금액이 얼마나 컸던지 오키나와현의 현지사인 나카이마 히로카즈仲井眞弘多도 고집을 꺾고 오키나와의 신 해병 기지 건설 작업 착수에 반대하지 않겠다고 12월 26일에 밝혔다.

그리고 아베는 미 국방부가 원한다고 생각했던 것을 주었던 바로 그날, 자신이 원했던 일도 저질러버렸다. 야스쿠니 신사에 참배한 것이다. 중국과 한국은 분노로 폭발했고 미국은 '실망'을 표했다. 미국의 정책 당국은 아베가 총리 자리로 돌아오게 만든 과정에 직접적인 원인 제공을 한 당사자였기 때문에, 그렇게 하는 것 외에 딱히 뭐라고 행동을 취하거나 언급을 할 수 없었다. 하지만 미국과 일본 모두 잘못된 계산을 하고 있었음이 곧 드러난다. 감히 일본의 독자 노선을 표방하려고 했던 하토야마 정권을 일거에 내쳤던 미 국방부와 신일본통들은, 아베 또한 그의 외조부와 마찬가지로 안보와 외교에 관한 문제에 있어서는 미국의 말을 고분고분 따를 것이라고 생각했다. 그것이 기시 노부스케나 요시다 시게루 등의 협상에서 오랜 세월 지속되어온 미일 간 종속관계의 근간이 되는 교환 조건이지 않은가. 미국의 외교 정책과 노선을 함께하고 일본 내 미군기지 비용을 부담하는 한, 일본의 엘리트 지도층은 국내 문제에 있어서는 미국 보안 당국의 은밀한 협조를 얻어가며 마음대로 할 수 있는 자유를 누려왔다. 아베 입장에서는 미국이 그토록 요구하던 것들을 다 들어주었으니, 이제는 세계 최강인 미군의 무조건적인 후원을 믿고 중국을 향해 내키는 대로 대응해도 된다고 생각했던 듯싶다. 하지만 미국은 제1차 세계대전 직전 오스트리아의 페르디난트 황태자가 암살된 뒤 독일이 오스트리아에 허락했던 백지수표와도 같은 식의 전면 위임은 하지 않을 것임이 곧 드러났다. 미국은 물론 예전부터 이미, 오자와가 원했듯 일본이 중국과 독자적인 친선관계를 만들도록 허용하지 않겠다는 점은 분명히 해오고 있었다. 하지만 미국은 일본이 중국과 정면 대치의 갈등 상황으로 치닫는 시기와 조건 또한 일본의 뜻대로 선택하도록 놔두지 않으려 했다.

중국과의 관계 정립

현실주의 정치론에 따르면 동아시아의 정치적·지리적 환경은 평화와 안정이라는 관점에서 봤을 때 현대사회에 있을 수 있는 국가 세력들 간 최악의 조합을 형성했다. 일본과 중국은 비관적인 현실주의자들이 말하는 것처럼 영원한 앙숙으로 남는 운명은 아닐지도 모른다. 하지만 그런 운명을 회피하는 일은 무엇보다 현실을 인식하는 데서 출발한다.

현실주의자들은 주요국들이 대략 비슷한 군사적·경제적 균형을 이루는 것이(즉, 힘의 균형) 상대적으로 안정적인 질서를 이루는 데 도움이 된다고 주장한다. 반면 한 나라가 경제, 군사, 기술 면에서 잠재적 경쟁국들보다 사실상 절대적이라고 할 만큼 압도적 우위를 차지하고 있을 때에도 또 다른 형태의 안정이 생겨난다. 이런 경우 다른 나라들은 불평을 할 수는 있지만 심각한 도전을 하지는 못하기 때문이다.

현실주의자들이 보기에 불안정과 전쟁은 이 두 극단 사이에서 생겨난다. 즉, 한 나라가 잠재적 경쟁국들보다 강하긴 하지만, 압도적으로 강하지는 않은 상황이다. 강한 나라는 다른 나라들을 위협적인 대상으로 보고 그에 따라 행동한다. 다른 나라들은 강한 나라로부터 실질적인 독립을 빼앗기지 않기 위해 서로 동맹을 맺거나, 패권국을 꿈꾸는 강한 나라를 상대로 힘의 균형을 잡아줄 또 다른 외부 국가의 힘을 빌린다. 그러나 이런 움직임은 강한 나라에 위협으로 비치기 때문에, 도발과 오해를 거쳐 더 큰 갈등을 촉발할 수 있는 상황을 만들어내는 것은 물론이고, 전쟁이 발발할 가능성도 커진다. 역사를 거슬러 올라가면 이런 사례는 고대 아테네에서도 찾을 수 있다. 역사학자 투키디데스는 아테네가 스파르타의 부상을 두려워했던 것이 펠로폰네소스 전쟁의 궁극적 원인이 되어 결국 스파르타가 패권을 차지했다고 결론지었다. 여기 들어맞는 가장 최근의 사례는 19세기 중반 통일된 독일 제국이 등장해 그 전 50년간 유럽의 평화를 유지시켜주던 힘의 균형을 깨뜨린 일이다. 독일이 주변국들보다 더 강해지자, 주변국들은 서로 동맹을 맺었고, 이에 위협을 느낀 독일이 세 차례의 전쟁을 일으켰다. 이 전쟁들은 매번 더 파괴적이 되었고, 결국 세계 무대에서 유럽의 패권이 끝나는 결과를 낳았다. 그 뒤 유럽을 나누어 정치적으로 장악하게 된 것은 프랑스와 독일이 아니라 유럽 바깥에 있던 두 초강대국인 미국과 소련이었다.

동아시아 또한 비슷한 비극을 불러올 수 있는 조건을 모두 갖추고 있다. 중국은 이 지역에서 가장 강대국이다. 오랜 역사를 거치며 언제나 그래왔고 앞으로도 항상 그럴 것이다. 물론 내부가 쇠퇴하면서 몽골이나 만주족 같은 외부 세력이 중국을 장악한 시기들이 과거에 있었다. 이들 모두 기존 중국의 제도에 따라 중국을 다스리기는 했지만 말이다. 가장 최근에 이런 쇠퇴가 나타났던 시기이자 가장 길었던 시기는 아편전쟁으로부터 시작되었다. 그리고 과거의 쇠퇴기들이 다 끝이 있었듯이 이번의 쇠퇴기도 끝이 났다. 현재 중국이 아시아의 최대 강대국으로 재부상하는 것이 무산될 현실적인 시나리오는 없다.

유사 이래 대부분의 시간 동안 중국은 생각할 수 있는 모든 면에서 압도적으로 강력했기 때문에 주변국들의 대부분은 불가피하게 중국의 정치적·문화적 영향권 아래 놓여 있었다. 그러나 일본은 중간에 동중국해와 동해가 가로막고 있어서 중국으로부터 독립적인 정치체제를 발전시킬 수 있었다. 일본의 많은 제도가 중국을 모델로 삼아 만들어지긴 했지만, 문화적 궤적은 또한 독자적인 것이었다. 1장에서 보았듯 일본의 해적(왜구)들은 1000년이 넘도록 중국 해안 지역에서 끊임없는 공포와 불안의 원인이었다. 13세기에는 중국 대륙에서 온 침략자들이 일본을 위협하기도 했다. 하지만 이런 침략 행위들을 제외하면(그리고 일본을 침략한 것은 중국인들이 아니라, 중국을 정복했던 몽골인이었다는 사실 또한 중요하다) 두 나라가 서로의 실존을 위협할 만큼의 갈등을 겪었던 적은 없고, 그렇게 여겼던 적도 없다(16세기 도요토미 히데요시의 조선 침략도 그 예외로 볼 수 있다. 그는 중국 정벌을 목표로 삼았고 중국이 한국을 도와주었던 것도 그 때문이다. 하지만 이 역시 1500여 년에 걸친 역사 중 단 한 번의 사례에 지나지 않는다).

그러던 것이 서구 열강이 등장하고, 근대식 교통 및 통신 기술이 출현하면서 급격한 변화를 맞았다. 메이지 시대 지도자들은 청나라의 무력함에 경악을 금치 못했다. 1860년대 이후 일본의 외교 정책은 본질적으로 한 가지 목표를 최우선으로 했다. 아시아 대륙에서 특정 국가가 패권국으로 재등장하는 것을 막겠다는 목표였다. 처음에 일본은 러시아가 곧 그 국가가 아닐까 염려했다. 하지만 1911년 쑨원의 신해혁명이 있고 나서부터는, 대륙에서 일본의 군사 외교 정책은 중국에서 통일된 독립국가가 출현하는 것을 방지하는 데 점점 더 초점이 맞춰졌다. 3장에서 보았듯이 일본은 중국을 분열 상태로 유지시키기 위해 한 번은 이쪽 군벌을 지원했다가 또 한 번은 저쪽 군벌을 지원하는 식의 전략을 폈으나, 결국은 국민당 군과의 처절한 장기 전쟁으로 빠져들어갔다. 일본군은 국민당 군을 패배시키겠다는 목표를 달성하는 데 사실 성공했다. 1944년 일본이 벌였던 이치고 작전1號作戰의 결과, 통일 중국의 지도자가 되겠다는 장제스의 희망은 현실적으로 완전히 사라졌다. 하지만 그로 인한 권력의 빈자리를 차지하고 들어선 것은 일본이 아니라 마오쩌둥의 공산당이었다. 일본 전시 지도자들의 전략적인 무분별함이 그들 스스로 가장 두려워했던 결과를 불러온 것이다. 다름 아닌 대륙에서의 통일된 레닌주의 강대국의 등장이라는 결과였다.

전투에서의 전술적 우위와 전쟁에서의 최종 목표를 혼동하는 자들이 범하는 실수란 늘 그런 것이다. 1939년 일본군은 충칭에 끊임없는 무차별 테러 폭격을 가했다. 무수한 건물이 파괴되고 수천 명이 죽었다. 하지만 그 폭격은 중국인이 일본인을 증오하게 만들었고 오늘날까지도 일본의 정책 담당자들을 곤란하게 하는 긴 세월의 악몽을 만들어냈을 뿐, 일본이 이를 통해 전략적으로 이룬 것은 하나도 없었다.

바로 이런 이유로, 군인들에게만 맡겨두기에 전쟁은 너무 중요한 일이라고 하는 것이다. 전쟁에서 어처구니없는 실책을 저질렀던 사례는 일본 말고도 무수히 많지만 그렇다고 해서 위안이 되지는 않는다. 일본은 10세 소년의 전략적 지능을 가진 국수주의 과격파들의 손에 나라의 외교와 안보를 넘겨주고 말았다. 그렇게 전쟁에 패하고 미국에 점령당한 일본이 강력하고 위협적인 이웃 국가 중국의 등장에 대처할 수 있는 방법은 단 하나뿐이었다. 외부 국가의 힘을 이용해 '힘의 균형'을 잡는 것이다. 그리고 그 방법은 지난 한 세대에 걸쳐, 일본에 아무런 발언권이 없던 형태에서 일본이 자발적으로 미국의 말에 따르는 형태로 천천히 바뀌어왔다.

일본 우익 중 일부는 마침내 일본이 미국과의 동맹관계를 벗어버리고 스스로 충분히 위협적인 나라가 되어, 중국이 일본의 요구에 맞추어 협상하지 않을 수 없는 날을 꿈꾸기도 한다. 혹은 최소한 일본이 베트남과 필리핀 같은 나라들과 동맹을 맺어 중국을 포위하는 형세를 만드는 것을 꿈꾼다. 한 세기 전이었다면 실행해볼 만한 꿈이었는지도 모른다. 하지만 지금 그런 일을 벌였다가는 제1차 세계대전을 불러왔던 1914년 유럽의 자멸적 행동을 반복하는 것에 지나지 않는다.

일본에게는 현실적으로 오로지 두 가지 선택지가 있다. 하나는 중국과 어떤 식으로든 합의를 이루어 공존의 미래를 만드는 것이다. 다른 하나는 미국의 품 안으로 더욱 파고드는 것이다. 일본이 왜 후자를 더 선호하는지 수긍이 가기는 한다. 하지만 길게 내다보면 그것이 더 위험한 선택일 수도 있다.

지속 가능할 수 없는 미일 '동맹'

이렇게 말하는 것은 실로 괴로운 일이지만, 미국은 근본적으로 일본에 대해 관심이 없다. 많은 미국인이 일본과 개인적인 유대를 맺고 있고, 따라서 일본에 애정을 갖고 있다는 사실을 부정하려는 것은 아니다. 일본 요리, 무라카미 하루키의 소설, 구로사와 아키라와 오즈 야스지로 영화의 열렬한 팬이 수십만에 이르고, 수백만의 미국인이 일본 애니메이션, 헬로키티, 포켓몬 같은 것에 둘러싸여 자란 탓에, 대체로 일본에 막연한 호의를 품고 있다. 그러나 정작 미국의 엘리트 지도층은 일본을 미국의 군사적 자산, 미국의 꿈을 이루기 위한 도구 정도로밖에 여기지 않는다. 미국의 꿈은 미국의 품안으로 들어가 중국과 직접 맞대결해야 하는 상황에서 벗어나고자 하는 자민당의 꿈보다 훨씬 더 위험하고 무모하다. 그 꿈이란 미국이 역사적으로 북미 대륙에서 아무런 잠재적 위협도 없고 아무런 잠재적 도전도 받지 않던 상황을 어떻게든 전 세계로 확대하고 싶은 것이다. 망상에 빠진 미국의 군사 전략가들은 이런 상태를 '전방위 지배full spectrum dominance'라고 부른다.

미국이 어쩌다가 이런 비극적이고 무모한 환상에 사로잡혔는지는 이 책에서 다룰 내용이 아니다. 다만 여기에 대한 몇 가지 생각을 강조해두고 싶다. 첫째, 일본의 근현대사와 정치 체제에 관심을 가진 사람이라면 지난 수십 년간 미국에서 일어난 일이 낯설지 않을 것이다. 미국이 제2차 세계대전에서의 승리와 냉전의 준비를 위해 설치한 국가 안보 기구들은, 1930년대에 일본 황군이 일본의 조종권을 장악하게 된 것과 유사한 과정을 거쳐 정치권의 통제를 벗어났다. 그러고 보면 미국의 군사적 과욕이 어디에서 나왔고 그 여파는 무엇인지에 대한 가장 날카로운 분석을 남긴 고故 찰머스 존슨이 일본의 관료주의를 연구하는 데 삶의 상당 부분을 바친 정치학자였다는 것도 놀라운 일은 아니다. 강력한 관료 기구 또는 다수의 관료 기구로 구성된 네트워크의 규모가 임계점을 넘으면, 그 정치적 영향력이 걷잡을 수 없이 커지기 때문에 이들을 정치적으로 통제하기가 불가능해진다. 특히 문제의 관료 기구가 고유의 물리적 강제력을 갖고 있다면 더 그렇다. 아이젠하워 대통령은 그런 일이 일어날 수 있다고 일찍이 경고한 바 있다. 그는 '군산복합체'가 출현하여 미국의 민주주의를 파괴할 수 있다며 이들을 제어할 필요성을 촉구했다. 아이젠하워의 경고는 무시되었다.

물리적 강제력을 가진 강력한 관료 기구를 정치인이 굴복시키고 국가의 옹호자로서 광범위한 대중의 지지를 얻은 명백한 사례는 현대사에서 단 하나뿐이다. 그 사례의 주인공은 바로 프랑스의 드골 대통령이다. 만약 드골이 1960년대 알제리에서 프랑스군을 철수시켰듯 1930년대 일본의 지도자가 일본군을 중국에서 과감히 철수시켰다면 오늘날의 세계 질서가 어떻게 변했을까 하는 것은 흥미로운 상상이다.

안타깝게도 미국의 정계에는 아무리 둘러봐도 드골 같은 인물이 없다. 드골 같은 존재감의 대통령이 있었다면 두말할 것 없겠지만, 미 국방부가 명확한 사고를 갖고 제대로 운영되기만 했더라도 절대로 후텐마 기지 이전 문제를 그런 식으로 출구가 없는 상황까지 가도록 내버려두지 않았을 것이다. 미 해병대의 행위를 일본 관동군의 만행과 비교할 수야 없지만, 조직의 근시안적 요구 사항을 위해 국가의 장기적·전략적 이해 관계를 망가뜨린다는 면에서는 둘이 너무나 비슷하다.

미 제국은 외부 세계에 대해 구조적, 제도적으로 무지하기 때문에 언젠가는 반드시 실패할 운명이다. 국가안전보장이 모든 이슈에 앞서는 국가의 형태에서 탈피해야만 이런 무지를 바로잡을 수 있다. 일반 미국인들이 해외 국가들에 대해 무관심하다거나, 외국어와 지리를 공부하는 학생의 수가 적다거나, 미국의 대중매체에 외국에 대한 기사라고는 흥미 위주의 해외 토픽류의 이야기밖에 찾아볼 수 없는 현실을 이야기하려는 것이 아니다. 미국인 중에도 해외 거주 경험이 있고, 외국어를 구사하며, 세계 이곳저곳의 상황에 대해 잘 알고 있는 사람은 충분히 많다. 안보 정책과 외교 수행을 책임지고 있는 정부 기관의 유능한 사람들이 이런 인재들을 고용하면 된다. 문제는 신일본통의 사례에서 봤던 것과 마찬가지로, 이런 인재를 발굴하고, 고용하고, 훈련시키고, 승진시키는 기준이 기존 통념에 이의를 제기하는 사람들을 모두 걸러낸다는 데 있다. 그 통념이라는 것이 명백하게 터무니없을 때조차 그렇다. 관료가 주도하는 일본의 정책 입안 과정을 연구해본 사람이라면 이런 현상이 매우 친숙하게 느껴질 것이다.[90] 이렇게 되면 그 조직은 어떤 사안에 대해서건 가장 편협한 종류의 집단사고를 하게 된다. 정세를 잘 알고 있는 사람이라면 오자와의 베이징 방문이 미국에 위협이 되기는커녕, 장기적으로 미국의 이익에 도움이 되었을 거라는 사실을 이해했을 것이다. 하지만 리처드 아미티지와 그 주변 사람들은 오자와의 방문으로 인해 미일 '동맹'에 대한 자신들의 독점력에 손상이 갈지 모른다는 데만 신경 쓰기에 급급했다.

지도자와 관리자들의 명백한 무능에도 미 제국이 휘청대면서 여전히

---

90 의사결정자들에게 투명한 사실이 전달되는 것을 방해하는 관료사회의 역학은 이라크 침공의 실패에 그대로 드러나 있다. 침공 전날, 『애틀랜틱』지는 앞으로 전개될 일들에 대해 놀랄 만한 디테일까지 예견한 커버스토리를 실었다. 지금에 와서 보면 그 선견지명에 경악할 정도다(2002년 11월 1일자 「51번째 주?The Fifty-First State?」). 글을 쓴 제임스 팔로우스는 기밀문서를 열람하는 어떠한 특별 허가도 받지 않고 그런 기사를 써냈다.

유지되는 이유는 상당 부분 전 세계에서 달러 중심의 통화 및 경제 질서를 운영하고 있기 때문이다. 그 질서를 잉태하는 데는 일본이 매우 중추적인 역할을 했다. 단순히 일본의 경제 기적과 이를 모방한 한국 및 중국을 비롯한 기타 국가의 경제 성장에 도움이 되었다고 하는 것만으로는 부족하다. 책 안의 문장과 책을 따로 떼어 생각할 수 없듯이 동아시아의 성장 모델은 이 질서와 불가분의 관계다. 이 질서의 구조는 미국이 대규모의 경상 적자와 재정 적자를 감내하고, 일본, 중국, 한국이 대량의 달러 보유고를 유지하는 것을 핵심으로 한다. 한중일이 수출과 투자 중심의 성장 전략을 유지하는 한(혹은 거기서 벗어나지 못하는 한) 다른 대안이 없다.

하지만 이 나라들의 높은 달러 보유고 덕분에 미국은 제국으로서 통상 짊어져야 하는 재정 부담에서 벗어날 수 있다. 경제적으로는 비생산적이라고 할 수 있는 군사 체제를 세금을 통해 유지해야 하는 부담을 말한다. 미국이 군사 체제를 유지하는 데 전혀 비용이 들지 않는다는 것은 아니다. 다만 군사 체제 유지를 위해 조달한 부채를 갚는 데 드는 이자 비용이 저렴하다는 뜻이다.

군산복합체를 유지하는 데 드는 진짜 비용은 미국의 노동자 계층과 중산층이 과도하게 치러야 하는 희생에 있다. 달러 중심의 세계 통화질서와 미 제국의 자금 조달이라는 메커니즘은 달러 가치에 장기적인 상승 압력을 가하게 되고, 미국 내의 제조 시설을(이제는 서비스 업종도) 아시아의 파트너 국가로 꾸준히 이전시키는 결과를 낳는다. 그렇게 보면 세계 '본사 경제'의 종주국으로 등극한 것은 일본이 아니라 미국이다. 오늘날 전 세계에서 이루어지는 자금 조달의 형태며 테크놀로지의 설계를 결정하는 곳은 월가와 실리콘 밸리, 미국의 일류 대학과 국가안보기관에서 후원하는 실험실이다. 그러나 제품을 실제로 생산하고 조립하는 작업은 대부분 해외에서 이루어진다.

그 결과 나타나는 불평등이 정치적 갈등과 계급적 갈등의 직접적 원인이고, 그것이 미 제국 시스템의 원활한 운용을 위협한다. 미국 국민은 이제 미 제국주의 엘리트층에 존재하는 각각의 파벌이 서로 필요하다고 주장하는 전쟁들에 점점 더 회의적이 되어간다. 그곳이 시리아, 이라크, 이란, 아프가니스탄, 동중국해 어디건 상관없다. 중국은 이런 점을 잘 알고 있다. 중국의 군사력은 '상호운용'되는 미일 연합 체제는 물론이고, 미국의 군사력에도 아직 비교조차 할 수 없을 정도로 미치지 못한다. 그러나 베트남전 당시 북베트남의 군사력도 그랬다. 아시아에 머물고 싶어 하는 미국의 바람보다, 미국이 아시아에서 떠나기를 원하는 중국의 바람이 훨씬 더 강하다. 중국은 그것을 현실화하기 위해 많은 것을 걸고 장기적인 작업에 착수했다. 이것은 중국만큼이나 일본에도 운명이 걸린 일이 될 것이나, 대부분의 미국인에게는 그렇지 않다. 그 사실이 명확해지는 날 미일 '동맹'은 무너지고 일본은 외롭게 홀로 남겨질 것이다.

다시 아시아의 일원으로

일본의 현재 상황은 별로 좋지 않다. 중국 정부도 일본과 마찬가지로 과거사의 악령에 쫓겨서, 자신의 정당성에 대한 조그마한 도전에도 과민한 반응을 보인다. 위협과 공포에 시달리는 정부는 위험하다. 특히 크고 강한 국가를 다스리고 있는 정부일수록 더 그렇다. 중국을 비판하는 사람들은 중국 정부가 냉소적으로 반일 감정을 부추겨서 그것을 국내 상황을 타개하기 위한 도구로 사용했다고 하는데, 이는 틀린 말이 아니다. 중국은 미국이 하토야마 정권을 제거하고, 이시하라 신타로의 우익 선동에 노다가 서투르게 대처한 것에 대해 최악의 방식으로 반응했다. 마치 일부러 일본을 미국의 품안으로 밀어넣고 아베와 자민당의 선거운동 역할을 하기 위해 특별히 애쓴 것과도 같은 모양새였다. 하지만 중국이 가하는 위협을 생각하면 일본이 명민한 외교를 펼쳐야 할 필요성은 더욱 시급해진다. 호통치며 엄포를 놓는 태도도 아니고, 반대로 억울한 피해자 행세도 아닌 그 중간 어디쯤의 외교적 입장을 택할 수 있어야 한다.

일본의 원죄는 스스로를 아시아에서 분리시키려고 했다는 데 있다. 시대 상황을 고려하면 이해할 수 있는 죄이지만 그 여파는 끔찍했다. 일본이 스스로 택했던 쇄국에서 19세기 중반에 깨어났을 때 세계는 완전히 거꾸로 뒤집혀 있었다. 일본인들의 세계관에서 언제나 힘과 문화와 기술의 종주국으로 자리 잡고 있던 중국이 머나먼 땅에서 온 야만인들에게 도살장의 돼지처럼 꼼짝없이 당하고 있었다. 게다가 그 야만인들은 알고 보니 근대성을 대표하는 화신이었다. 그리고 일본은 그때까지 속해 있던 문화적·민족적 그룹에서 벗어나 소위 '선진국' 클럽 사이에서 자리를 확보하기 위해 미친 듯이 노력했다. 그 과정에서 그 나라들로부터 탄생한 가장 유해한 이데올로기의 일부를 수입했다. 핏줄과 영토에서 문화와 민족과 정체성의 뿌리를 찾으려던 이데올로기였다. 여기서도 일본의 동기는 이해할 수 있다. 메이지 지도자들은 일본이 병약하고 무기력한 중국이나 한국 같은 나라와는 태생부터 확연히 다르다는 점을 스스로와 서방 세계에 증명하고 싶었던 것이다. 이런 목적으로 사용되는 이데올로기는 서양에서는 이제 대부분 설득력을 잃어버렸지만[91] 일본에서는 사람들이 그 유래가 무엇인지 이미 잊었음에도 여전히 유효하다.

그 결과로 자리 잡은 현상 중 하나는 일본인 거의 모두가 일본을 아시아와 별개의 나라라고 자연스럽게 생각한다는 것이다. 일본 사람들이 아시아ㄱシア라고 말하면 그것은 일본을 제외한 아시아를 뜻한다. 서양에서 온 사람들은 일본의 지인이 자기는 아시아에 가본 적이 없다고 하는 말을 들을 때마다 놀라곤 한다. 리버럴하고 상식적인 일본인들조차 서양인이 일본을 중국이나 한국과 동일선상에 놓고 비교하기라도 하면 일본이 그 나라들과 얼마나 다른지 즉각 지적하려든다. 그러나 일본의 미래를 생각하면 일본이 다시 아시아의 일원이 될 수 있는가라는 질문보다 더 중요한 질문은 없을 것이다. 경제 협력만을 말하는 것이 아니다. 경제 협력은 이미 광범위하게 이루어지고 있다. 그보다는 일본과 그 운명이 아시아 지역의 운명과 밀접하게 얽혀 있다는 사실을 직시할 수 있느냐는 질문이다.

왜냐하면 지난 500년간 서양이 우위를 차지하던 세계가 서서히 끝나가고 역사의 추가 다시 동아시아로 기울고 있다는 예측이 거의 확실히 현실화될 것으로 보이기 때문이다. 일본이 여기서 중심적 역할을 해야 할지도 모르는데, 그것은 이웃 국가들로부터 아시아의 일원으로 인정받은 후에야 가능한 일이다.

그런 인정을 받는 것은 과거사 문제와 직결된다. 앞서 일본이 과거사를 직면하는 것이 왜 그토록 어려운 일인지 살펴보았다. 우선 메이지 시대가 가져온 근대의 영적인 위기로 인해 대부분의 일본인이 매달릴 수

---

91 파시스트 사상이 서구 세계 대부분의 예의 바른 사회에서 사라진 것은 사실이지만, 그 일부 요소는 여전히 러시아와 미국과 대부분 유럽 국가의 정치 지형에 스며들어 있다. 마치 비온 뒤에 버섯이 여기저기서 솟아나듯, 적합한 정치적 환경이 갖춰지면 순식간에 퍼져나가기를 기다리는 홀씨와도 같다. 긴축재정을 펼칠 것을 주장하는 세력들은 그런 정치적 환경을 조성하려고 일부러 애쓰는 것만 같다.

있는 신성한 대상이 '일본'이라는 국가밖에 남지 않았다는 사실이 있다. 그리고 메이지 이후부터 정권의 정치적 책임 소재가 불분명해졌다는 구조적 결함이 있다. 그로 인해 황군이 국가의 조종권을 탈취하는 일이 가능했고, 그 결함은 현재까지도 메꿔지지 않고 있다. 오늘날 아베와 그의 측근들을 포함해 일본 권력자들의 상당수가 1930년대에 일본을 재앙으로 몰고 갔던 사람들의 직계 후손(유전적으로나 사상적으로나)이라는 사실을 생각하면, 일본이 과거를 인정하기란 쉽지 않은 일이다.

일본의 옹호자들은 다른 나라들도 과거에 큰 잘못을 저질렀고 사과도 하지 않았다는 점을 즉각 지적한다. 일본이 어떤 사과의 말과 행동을 해도 주변국들은 절대 만족하지 않고 과거사를 채찍 삼아 일본을 계속 때리려들 것이라고도 얘기한다. 이 또한 맞는 말이지만, 여기서 핵심은 그것이 아니다. 일본이 1930년대에 일어났던 일을 직면해야 하는 이유는 한국이나 중국을 위해서가 아니다. 그것은 바로 일본을 위해서다. 많은 일본인은 자국의 지폐에 역사상 최악의 대규모 살인을 초래한 사람의 초상이 찍혀 있고 집권당이 수천만에 달하는 자국민을 사상死傷했던 나라가 과연 일본에 무언가를 요구할 도덕적 자격이 있느냐고 물을 것이다. 그러나 대약진 운동, 문화대혁명, 톈안먼 대학살에 대한 인정과 반성은 궁극적으로 중국인들 사이에서만 일어날 수 있다. 마찬가지로, 일본의 과거에 대한 답은 일본인들 스스로가 구해야 한다. 도대체 무엇 때문에 일본이, 일본의 독립성을 파괴하며 해외에서 일본이라는 단어를 잔인하고 비인간적인 광기의 대명사로 만든 사람들의 손에 장악되었는가 하는 질문에 대한 답을 말이다. 아베가 하는 것처럼 과거에 일어났던 일에 대한 진실을 순수하고 고결한 나라에 대한 이야기로 묻어버리려는 시도는, 앞으로도 일본이 비슷한 일을 다시 벌일 수 있을 것이라는 추측만 더 그럴듯하게 만들어줄 뿐이다.

아베와 그의 문부과학성 장관인 시모무라 하쿠분下村博文 같은 이는 과거를 직시하는 일이 어린아이들에게 가져올 효과에 대해 특히 민감한 것 같다. 애국심의 붕괴가 일본이 현재 갖고 있는 문제들의 근본 원인이고, 일본이 바깥 세계와 공존할 수 있도록 하는 그 어떤 지속 가능한 해결책도 우선 일본 국민이 자국에 대한 애정을 회복하지 않고서는 불가능하다는 그들의 주장도 맞는 말일지 모른다. 하지만 인간이기에 저지를 수 있는 실수와 죄악을 솔직하게 인정하고 마주하지 못하는 애국심, 진짜 세상의 논쟁으로부터 온실 속의 꽃처럼 보호되어야만 하는 애국심이라면, 그것이야말로 아이들 사이에서만 통할 애국심이다. 아베와 시모무라 같은 이들은 아마도 대부분의 국민을 어린아이처럼 여기고 있을 것이다. 이들이 하는 일을 보면 어린아이와 같은 국민의 나라를 다스리고 싶어하는 것 같다. 하지만 그런 정치체제로는 앞으로 일본에 닥칠 최대의 도전에 제대로 대처할 수 없다. 반일 감정을 국가적 구호로 채택한 채 빠르게 부상하는 호전적인 초강대국 중국이라는 도전 말이다. 중국 또한 고분고분하고 단합된 자국민을 배양하려는 뚜렷한 목적을 위해 국가적 신화를 만들어내는 데 막대한 에너지를 쓰고 있다.

한편 많은 일본인이 한국은 일본에 협조하는 것 외에는 선택의 여지가 없을 것이라고 생각한다. 북한으로부터의 위협이 상존하고, 중국이 북한을 지원하는 상황에서는 다른 방법이 없을 것이라는 계산이다. 하지만 이는 역사를 보는 정적이고 근시안적인 시각이다. 현재 동아시아의 권력 구조가 영원히 가는 것도 아니며, 얼마 더 지속되지 못할지도 모른다. 중국과 한국은 모두 북한 정권의 존속이 중국의 용인 없이는 계속될 수 없다는 점을 알고 있다. 지금까지는 중국이 북한 정권을 용인해왔다. 하지만 중국이 한국과 새로운 타협안을 구상하고 있다는 조짐이 보인다. 중국과 한국이 모두 받아들일 수 있는 조건으로 한반도를 통일하여 거기서 더 큰 이익을 노린다는 구상이다. 한반도가 통일된다면 중국은 미국의 가까운 우방인 한국이 미군을 중국 국경 부근에 주둔시키는 상황을 허용하지 않을 것이다. '핀란드화'(핀란드가 나토에 가입하지 않는 한 자국 내에서의 독립권을 허용한 소련의 방식을 가리키는 용어에서 가져온 말)된 통일 한국이 되는 것이 남북한 대다수에게도 현재의 상황보다 더 바람직할 것이다. 물론 북한의 현 집권 세력인 김씨 가문과 엘리트 지배층이 걸림돌이 되겠지만, 중국이 그들을 어찌하지 못할 것이라고 생각하는 것은 오산이다.

장기적인 비전을 가진 일본 정권이라면 한국과 가능한 한 가장 가까운 관계를 맺어 그러한 만일의 사태를 방지하려고 할 것이다. 미군이 동아시아로부터 철수하는 날은 언젠가 필연적으로 온다. 그러면 아시아의 일에 대한 통제권은 다시 한번 아시아의 손으로 돌아오게 된다. 그런 날이 왔을 때 일본이 어떻게 하고 있어야 훨씬 더 큰 영향력을 행사할 수 있을까. 한국과 가까운 우호관계를 맺고 있는 것이 좋을까, 아니면 스러져가는 미 제국의 전초 기지로 남아 있는 것이 좋을까.

한국과 우호적 관계를 만드는 데는 두 가지 장애물이 있다. 하나는 이미 다룬 것으로, 일본이 리앙쿠르 암초(독도/다케시마)에 대한 영유권을 계속 주장하고 있는 것이다. 이로 인해 일본과 한국의 관계에는 어두운 그림자가 드리워져 있다. 또 하나는 뭐 묻은 개가 뭐 묻은 개 나무라듯 한국이 뻔뻔스럽게 과거사를 문제 삼는다는 일본인들의 분노다. 이 중에서도 특히 제2차 세계대전 동안 일본군의 성적 욕구를 충족시키기 위해 '위안부'를 동원한(상당수가 강제로 동원되었다) 일이 쟁점이 된다.

이 이슈에 대해 글을 쓰는 것은 지뢰밭 사이를 걷는 것과 마찬가지다. 하지만 많은 일본 남성, 특히 자민당을 지지하고 국수주의 언론에 글을 쓰는 사람들에게 있어 한국이 이 문제를 제기하는 것은, 성에 관한 일은 공개적으로 얘기하지 않는다는 동아시아 특권층 남성들 사이의 묵계를 위반하는 일이다. 이들은 한국이 이를 위반한 것에 대해 화는 나지만 왜 화가 나는지에 대해서는 입을 다물 수밖에 없다. 식민지 시절 일본의 통치에 잘 적응했던 한국의 보수 엘리트층이 종종 일본의 적극적인 부역자들이기도 했다는 것은 잘 공론화되지는 않지만 모두가 알고 있는 사실이다(대표적으로 한국의 대통령 박근혜는 한국의 경제 기적에 그 누구보다 공이 큰 인물인 박정희의 딸이다. 박정희의 사회화 과정과 권력 및 경제 발전에 대한 생각은 거의 완벽한 일본식이다. 그는 만주에서 교육을 받았고, 일본 최고의 사관학교에서 공부했으며, 일본 제국 육군에서 복무했다. 일본식 이름으로 개명하기도 했다. 1960년대에 권력을 잡고 나서 그는 조국을 세계적인 산업국가의 반열로 올려놓기 위해 강행군을 시작했다. 그때 그가 사용한 방법론은 일본의 '혁신 관료'가 처방했다고 해도 좋을 만한 내용들이었다. 혁신 관료에 대해서는 1부에서 언급했는데, 1930년대 일본 경제를 전시 체제로 변경시키고 만주국의 경제체제를 육성했으며, 전후에는 통상산업성의 핵심 관료가 되는 사람들이다). 일본이 1930년대 과거사의 진정한 인정을 차일피일 미루고 있는 것도 맞지만, 한국 권력층의 많은 사람도 똑같은 행동을 하고 있다. 일본군이 한국의 모든 젊은 여성에게 위협이 되었던 성노예 시스템을 만들고 운영한 것은 사실이지만 많은 경우 중개업자들은 한국인이었다. 이들은 식민지 이전부터 성적 '서비스'를 제공하는 사업을 벌이던 사람들이고 그 사업은 식민지 이후에도 계속되었다. 한국이 아직 절대 빈곤에서 벗어나지 못하던 1950년대와 1960년대, 많은 일본 남성에게 한국이라는 말은 섹스 관광과 동의어일 정도로 지저분한 농담의 대상이었다. 일정 나이대 이상의 일본 남성들은 모두 '기생집'이라는 한국어 단어를 안다. 한국 여성을 착취한 데 대해 한국 정부가 이제 와서 일본으로부터 공식 사죄를 요구하는 것은 많은 일본인에게 있어 마치 영화 「카사블랑카」에서 르노 대위가 도박을 금지시키면서 자기가 딴 돈은 따로 챙기던 장면을 연상케 한다.

하지만 일본인들이 이렇게 얘기할 수는 없다. 성에 관해 정치적으로 올바른 현대사회에서 '너도 그랬잖아!'라고 말하는 것은 변명거리가 되지 않는다. 그래서 그 대신 이들은 말은 제대로 못하고 화가 난 상태가 되고 마는 것이다. 이 정서를 외부인들은 잘 이해하기 어렵겠지만, 모두에게 괴롭힘을 당하고 나서 엄마의 치마폭으로 도망가는 어린아이와도 같다. 엄마의 넓은 치마에 안겨 야스쿠니 신사를 참배한다든지 고등학교 교과서를 수정한다든지 하는 행동으로 한국과 중국에 놀리는 표정을 지어 보이는 것이다. 하지만 미국의 안전보장체제는 엄마가 아니다. 미국은 모성애건 무엇이 되었건 일본에 대한 어떤 종류의 애정도 갖고 있지 않다. 일본을 단순히 군사적 속국으로 여겨서 미국이 시키는 대로 잘 하고 말썽을 부리지 않기를 기대할 뿐이다.

아베의 과욕과 미래

2014년 초의 겨울이 봄으로 접어들면서 아베와 그의 극우 측근들이 과욕을 부리고 있다는 신호가 도처에서 나타났다. 아베는 야스쿠니 신사를 참배함으로써 중국과 한국뿐 아니라 미 국무부 장관 존 케리, 국

방장관 척 헤이글, 부통령 조 바이든마저 무시해버렸다. 미국의 두 장관은 2013년 10월 도쿄를 방문했을 때 일부러 야스쿠니가 아닌 그 근처의 무명 전사자 묘지인 지도리가후치千鳥ヶ淵에 헌화를 했다. 그리고 그해 12월 조 바이든 부통령은 아베와 한 시간에 걸친 전화 통화를 통해 야스쿠니 신사 참배를 취소하라고 설득했다. 하지만 이 모든 것이 소용없었다. 아베는 자신과 정치적 지지자들에게 일본이 단지 미국의 부하가 아니라는 사실을 보여줄 필요가 있었다. 그런 일이라면 미국의 요구에도 불구하고 야스쿠니 신사를 방문하는 것만큼 효과적인 것은 없었다. 미일 정부 간의 긴장이 1980년대 무역 마찰 이후 보지 못했던 수준으로 고조되었다. 중국 또한 1909년 만주의 하얼빈에서 이토 히로부미를 암살했던 조선의 민족주의자 안중근을 기리는 기념관의 개설 작업에 들어갔다. 메이지 지도자들 중에서도 가장 위대한 인물로 꼽히는 이토 히로부미의 초상화는 한때 일본의 1000엔짜리 지폐에도 들어가 있었다(2021년 현재 1000엔 지폐의 초상화는 20세기 초의 세균학자 노구치 히데요野口英世—옮긴이). 한국에서는 안중근을 조국을 점령했던 일본에 저항한 영웅으로 여기고 있기 때문에 오랫동안 중국에 기념사업을 요청해왔었다. 하지만 많은 일본인은 이에 대해 마치 미국의 피그스만 침공에 대한 보복으로 쿠바가 베네수엘라에 케네디 암살범인 리 하비 오즈월드의 기념상을 세워달라고 요청한 것과 같은 반응을 보였다. 중국도 바로 이런 이유로 일본의 여론이 지나치게 나빠질 것을 염려해 기념관 개설의 승인을 오랫동안 망설이고 있었다. 하지만 아베가 야스쿠니 신사를 참배하자 중국은 마음을 바꾸었다. 이 일로 한중 관계의 개선과 일본의 더해가는 고립이 한층 더 강조되었다. 중국과 한국의 평론가들은 하얼빈이 일본의 만주 식민 지배의 중심지 중 하나였을 뿐 아니라 악명 높

은 731부대가 수백 명의 살아 있는 중국인과 러시아인을 대상으로 악랄한 생체실험을 했던 곳임을 지적하는 것도 잊지 않았다.

그러는 동안 태평양 건너에서는 미국 버지니아주 의회가 주립 학교의 교과서에 일본해Sea of Japan가 동해East Sea라고도 불린다는 사실을 명기해야 한다는 법안을 통과시켰다. 한국에서는 일본해를 동해라고 부르기를 원한다. 미 하원에서는 일본 정부에 과거에 대한 책임을 인정하고, 일본 어린이들에게 1930년대의 일을 사실대로 교육하며, 2007년의 '일본 위안부 사죄 결의안'의 내용대로 적절한 사과와 배상을 할 것을 요구했다.[92] 미국 전역의 한국계 미국인 사회는 '위안부' 기념관 설립을 추진하기 시작했다.

한편 일본에서는 아베노믹스에 대한 첫 평가의 의미가 있는 신임투표가 있을 예정이었다. 2014년 2월 도쿄 도지사 선거였다. 아베는 이 선거에 영향력을 행사하기 위해 NHK 이사회 멤버를 시대착오적인 우익 인사들로 채우는 속 보이는 수를 두었다. 선거의 승리를 위해 아베는 자신에게 불리한 뉴스가 최대한 나오지 않도록 막을 필요가 있었다. 특정비밀보호법, 후쿠시마 제1원전의 끝나지 않은 문제, 원전을 재가동하려는 '원자력촌'의 끊임없는 시도 같은 것을 다루는 뉴스들 말이다. 어떤 것이 뉴스거리가 되고 어떤 것이 되지 않을지에 영향력을 끼치려면 NHK를 장악하는 것만큼 효과적인 방법이 없다. NHK는 일본의 BBC라 불리며 이론적으로는 정치권의 압력으로부터 자유로운 독립적인 언론이다. NHK가 무엇이 일본에서 뉴스거리인가를 결정하는 데 차지하는 역할

---

92 흥미롭게도 2007년 결의안의 후견인은 실리콘 밸리의 한복판에 지역구를 갖고 있는 일본계 미국인 하원의원 마이크 혼다였다. '위안부'를 위한 기념관을 추진하는 한국계 미국인들의 노력에 대한 일본계 미국인들의 반발은 거의 없다.

은 대략 과거 월터 크롱카이트가 앵커맨을 하던 1960~1970년대 시절 미국의 CBS가 하던 역할과 비슷하다고 할 수 있다. NHK의 뉴스 프로 그램은 비판적 시각이 부재한 것처럼 보일 수 있지만 이들은 최소한 겉으로는 객관성과 초당적인 입장을 고수하는 것처럼 보이려고 애쓴다. 하지만 더 이상은 아니다. 아베가 새로 임명한 사람들 중 한 명은 난징 대학살이 일어난 적이 없다고 공식적으로 발언한 바 있고, 또 한 명은 아사히신문사 사옥 앞에서 천황의 이름으로 할복자살한 극우 테러리스트를 찬양했었다. 새로 회장으로 취임한 모미이 가쓰오籾井勝人는 NHK의 존재 이유가 이제부터 정권의 선전 도구가 되는 것이라고 사실상 인정했다. 여기에 대한 반발로 인기 아나운서 한 명이 사임했다. NHK의 새 경영진은 그가 미국의 원전을 취재하고 제작한 다큐멘터리에 대해 강하게 비판했었다. 한 평론가는 이제부터 원전에 대해 비판적인 발언을 하지 말라는 압력을 받았다며 NHK 라디오 쇼에 더 이상 출연하지 않겠다고 말했다. 모미이 가쓰오 자신은 '위안부'에 대한 조직적인 강제 동원이 전혀 없었다고 부인하고, 미국을 포함한 다른 나라들도 전쟁 때는 다들 그런 일을 했다고 주장해서 한국과 미국의 화를 더 돋우었다.

　NHK를 장악하는 것이 매우 중요했던 이유는, 은퇴해 있던 일본 정계의 두 노장이 아베의 과욕을 보다 못해 다시 현실 정치에 뛰어들었기 때문이다. 이들은 아베와 그 주변 극우 세력들이 추진하고자 하는 사안들을 필사적으로 막으려고 했다. 도쿄 도지사인 이노세 나오키猪瀬直樹가 사임한 사건이 이들에게는 좋은 기회가 되었다. 이노세 나오키는 2020년 도쿄 올림픽을 유치하면서 영웅 대접을 받았다가, 일본 정치의 흔한 스캔들로 발목을 잡히고 말았다. 병원 운영사로부터 거액의 돈을 받았던 것이다.[93] 도지사 자리를 대체할 가장 유력한 후보는 마스조에 요이치舛添要一였는데, 그 또한 각종 문제를 안고 있는 인물이었다. 그는 생리 주기 때문에 여성은 고위 공직에 오르면 안 된다는 글을 썼고, 개인사도 복잡했으며(세 번의 결혼과 세 명의 혼외자식, 친권을 둘러싼 지저분한 분쟁), 1차 아베 내각 때 연금 기록 사태를 일으켰던 후생노동성 장관으로서 아베의 사임에 대한 책임이 있었다. 마스조에의 이런 약점에서 기회를 본 호소카와 모리히로가 도지사 출마를 선언하고 이번 선거를 통해 아베의 통치에 대한 신임을 묻겠다고 공언했다. 수려하고 귀족적인 외모의 호소카와는 1993년에, 1955년 이후 첫 비자민당 출신의 총리가 되어 나라를 이끌었었다. 하지만 이미 보았다시피 얼마 지나지 않아 사임해야 했다. 일본에서 기성의 질서를 위협하는 정치인을 다루는 전통적인 방식, 금전 문제에 대한 과장된 스캔들의 타깃이 되었던 것이다. 호소카와는 그 뒤로 정치 무대를 완전히 벗어나 도예에 몰두하고 있었다. 하지만 그는 잊히지 않았고, 사람들도 그가 일으켰던 짧은 희망의 바람을 잊지 않고 있었다.

더 놀라운 것은 고이즈미 준이치로가 호소카와 후보에 대한 지지를 선언한 일이다. 고이즈미는 아베의 핵심 후견인 중 한 명이었을 뿐 아니라, 2006년 그가 이끌던 현대 일본 역사에서 가장 정치적으로 성공했던 정권을 뒤로하고 사임하면서 사실상 아베를 친히 후계자로 지정했다. 하지만 자기가 만들어준 날개를 달고 너무 높이 날던 아들 이카루스를 지켜보던 다이달로스처럼, 고이즈미는 아베가 자신이 물려준 보수·관료 부흥이라는 재산을 사용하는 방식에 점점 더 불편을 느끼고 있었다. 특히 고이즈미는 일본이 이제 원전에 절대 의존해서는 안 된다고 확신하

---

93 일본 내에서의 소문에 의하면 그의 진짜 실수는 도쿄 올림픽을 유치한 공을 너무 많이 차지하려고 해서라고 한다.

고 있었다. 무엇보다 핵폐기물의 처리 방법에 대해 정해진 바가 아무것도 없기 때문이었다. 고이즈미는 원전을 재가동하는 것은 화장실이 없는 아파트에 들어가 사는 것과 마찬가지라고 비유하곤 했다.

과거의 정적이었던 고이즈미와 호소카와 두 사람의 연합은 언론에서 센세이션을 일으켰다. 둘은 종종 연합 유세를 했으며 가는 곳마다 커다란 인파를 불러 모았다. 이것은 마치 레이건이 조지 W. 부시에 대한 혐오를 선언하고 하워드 딘(2004년 미 대통령 선거에서 부시에 맞설 민주당 후보로 각광받던 정치인—옮긴이)을 지지하는 유세를 시작한 것과도 같았다. 그러나 결국 선거운동은 흐지부지되고 말았다. 수십 년 만의 한파 때문에 투표율이 낮았고, 많은 유권자가 지방선거를 국가적 이슈에 대한 신임으로 변질시키려는 시도에 불쾌해했다. 마스조에는 결점이 많은 사람이었지만 노련한 정치인이었다. 잘나가던 TV 아나운서이기도 했던 그는 유권자에게 냉철함과 자신감을 전달하는 유세를 잘 조직하여 신중하게 운영할 줄 알았다. 하지만 여전히 가장 큰 문제는 야권이 세력을 통합하지 못한다는 점이었다. 호소카와는 반아베, 반원전 표를 공산당 후보이자 여론조사에서 그보다 지지율이 높은 우쓰노미야 겐지宇都宮健児와 나눠 갖는 형국이 되었다. 마스조에는 또한 그보다 더 우익 성향의 후보이자 장군 출신인 다모가미 도시오田母神俊雄의 덕도 보았다. 다모가미는 군인 시절 역사에 대한 괴이한 견해를 밝혔다가 옷을 벗은 인물이다. 그의 견해 중에는 루스벨트 대통령이 코민테른의 사주를 받고 일본이 전쟁에 뛰어들도록 속였다는 것도 있었다.[94] 다모가미는 극우 선동가 이시하라 신타로와 하시모토 도루의 존재가 아베에게 그랬던 것처럼, 마스조에를 온건한 사람으로 보이게 하는 효과를 만들어 선거에 도움을 주었다. 아베는 사실 다모가미의 견해에 살짝 동조를 표했고 마스조에는 아베를 공개석상에서 비판한 일이 있었다. 따라서 유권자들은 마스조에에게 투표한다고 해서 아베를 지지하는 것은 아니라고 스스로를 납득시킬 수 있었다.

도지사 선거는 정치적으로 잘 훈련된 조직 앞에서는, 오합지졸이 아무리 정당한 뜻을 갖고 있더라도 상대가 되지 않는다는 엄연한 사실을 확인해주었다. 국가의 방향을 선회하는 데 성공했던 지도자들은 모두 이런 사실을 잘 이해하고 있다. 그 지도자가 좌파건 우파건, 선의 세력이건 악의 세력이건, 권력을 잡기 위한 도구로 총과 폭탄을 사용하건 스피커와 투표함을 사용하건 상관없다. 히틀러와 루스벨트, 레닌과 드골, 마오쩌둥과 만델라, 존슨과 대처가 모두 공통적으로 갖고 있던 특징이 하나 있다. 이들 모두 숭고한 목표이건 그렇지 않은 목표이건, 목표가 있는 것만으로는 충분치 않다는 점을 본능적으로 이해하고 있었다. 충분한 숙고를 거친 전략과 냉철한 전술이 뒷받침되지 않은 목표는 그저 뜨거운 바람일 뿐이다.

기시 노부스케와 다나카 가쿠에이 같은 사람도 이 점을 잘 알고 있었다. 하지만 일본의 야당은 좌파건 아니건 지난 반세기 동안 이를 무시했다. 이들은 숭고한 뜻만 있으면 그것으로 충분하다는 듯이 행동했다. 선거 정치에서 승리하고 실제로 나라를 통치하기 위해 해야만 하는 현실의 일들 앞에서, 근심 없이 자라 도도한 빅토리아 시대의 귀족 아가씨처럼 회피해버리고 마는 야당이었다. 오자와 이치로는 이런 것을 잘 이해

---

94 다모가미는 아마도 당시 얼마 전에 공개된 해리 덱스터 화이트의 역할에 대한 증거를 다시 사용하고 싶었던 것인지도 모른다. 화이트는 진주만 공습이 일어나기 직전 미국이 일본에 전달했던 요구 사항을 재차 강요하는 역할을 했는데, 이 요구는 1941년 11월 26일 일본에 최후통첩의 형태로 전달되었고 헐 노트Hull note라고 불린다. 재무부 장관의 보좌관이었던 화이트는 소련의 스파이가 아니었지만 소련에 동조적인 입장이었고, 미일 사이의 갈등을 증폭시키려는 소련의 은밀한 노력에 도움이 되었을 수는 있다.

하고 일본의 방향을 선회시킬 수도 있던 유일한 야당 정치인이었다. 하지만 검찰과 기성 언론과 신일본통이 무언의 협력을 통해 그가 쌓아올린 것을 파괴하기도 전에, 그는 그의 지지자여야 했던 사람들에 의해 치명타를 입었다. 오자와가 사라진 이후로 그에 필적한 만한 비전을 갖고, 정치와 통치에 수반되는 지저분하지만 필요한 일들을 확실하게 장악하고 있는 정치인은 아무도 등장하지 않았다.

하지만 그렇다고 해서 수천만의 일본인이 자국의 현실에 불안해하고 있다는 사실은 바뀌지 않는다. 도쿄 도지사 선거 수 주일 전, 9장에서 등장했던 히트 삼부작 영화 「올웨이즈: 산초메노유히」의 감독 야마자키 다카시山崎貴가 새로운 블록버스터 영화를 공개했다. 영화는 사법시험에 몇 차례 낙방했으나 편안한 일상을 보내고 있던 전형적인 현대의 젊은 이가 가미카제 비행사였던 할아버지의 이야기를 재발견해가는 스토리다. '올웨이즈' 시리즈가 경제 기적을 건설했던 두 세대 전 사람들이 보여주었던 진취성과 인간미를 통해 현대인의 정신 상태를 은근히 꾸짖고 있다면, 새 영화 「영원한 제로永遠のゼロ」는 더 큰 무엇을 위해 자신의 생명을 희생하기로 결심했던 비행사를 통해 요즘 사람들의 얄팍함과 이기심을 반성하게 만든다. 야마자키 감독은 아베가 NHK의 이사회 임원으로 임명했던 우익 인사의 소설을 토대로 「영원한 제로」를 만들었다. 그는 영리하게도 주인공 비행사를 천황을 위해 죽기 바라마지 않는, 전시 선전 자료에나 나올 법한 틀에 박힌 인물로 그리지 않았다. 비행사는 처음에는 그의 손자와 더 비슷한 사람으로 나온다. 냉소적이고, 개인주의적이며, 전쟁에서 살아남는 데만 관심이 있다. 하지만 그는 세상의 어떤 일은, 특히 조국과 동족은, 죽음과 맞바꿔 지킬 가치가 있다는 점을 점차 깨닫게 된다.

영화는 일본에서 큰 성공을 거두었고 아베도 '크게 감동받았다'고 공개적으로 감상을 남겼다. 예상할 수 있겠지만 중국과 한국에서는 이 영화가 일본이 파시즘으로 퇴화하고 있다는 또 하나의 증거라고 비난을 받았다(대부분 영화를 보지도 않았다). 그 비난은 핵심을 잘못 짚은 것이다. 일본의 위대한 망가와 애니메이션 제작자이자 스스로도 제로센零戰(가미카제에 사용되었던 '영식함상전투기零式艦上戰鬪機'를 줄여 부르는 말—옮긴이)에 대한 작품(「바람이 분다風立ちぬ」, 2013)을 만들기도 했던 미야자키 하야오가 이 영화의 핵심적인 문제를 잘 지적하고 있다. 매체로부터 「영원한 제로」에 대한 질문을 받고 그는 이렇게 대답했다. "제로센에 대한 영화가 만들어지고 있는데 이것은 거짓말로 가득 찬 가공의 전쟁 이야기를 기초로 한 것입니다. 아직도 신화를 날조하려는 것입니다."

달리 말하자면, 핵심적인 문제는 일본이 계속해서 과거를 청산하는 데 실패하고 있다는 점이다. 그렇기 때문에 삶의 의미를 찾기 위해 신화를 간절히 원하는 사람들을 위해 거짓 신화가 계속 만들어지고 있는 것이다. 뿐만 아니라 그렇기 때문에 동중국해와 동해 너머로부터 일본을 향해 날아오는 위협과 비난이, 어떻게 대처해야 좋을지 모를 막연한 증오처럼 느껴지는 것이다. 다른 무엇보다 바로 이 점 때문에 아베와 극우 세력이 전후 체제에 그토록 효과적인 공격을 가할 수 있었다. 그리고 제국의 망상에 사로잡힌 미국이 (때로는 무심결에) 이들을 도와주고 때로는 방조했다.

하지만 일본인의 절대다수(「영원한 제로」를 관람하려고 줄을 서는 대다수와, 아베와 마스조에게 투표한 사람들을 포함해서)는 전쟁을 원치 않는다. 이들은 이웃 국가들과 사이좋게 지내는 것을 선호한다. 이들이 먼 바다에 있는 작은 바위섬 문제에 흥분하는 것은 이들이 일본인으로서의 정체성이 그런 섬들에 깃들어 있다고 생각하도록 강요받을 때뿐이다. 이들은 우익의 구호를 외치며 행진하는 데에도 관심 없고, 자신의 아이들이 교사로 가장한 제복 입은 교관들이 큰소리로 명령을 내리며 체벌을 가하는 '애국' 교육을 받기를 원하지도 않는다. 이들도 전 세계 사람들이 보편적으로 원하는 것을 원할 뿐이다. 어느 정도의 편안함과 존엄을 누리며 살 수 있을 만큼의 돈, 삶의 목적을 부여하는 의미 있는 직업, 가족과 친구들의 존재, 늙거나 병들어도 사회로부터 버려지지 않을 것이라는 믿음, 재난을 방지할 수 있는 합리적인 보호 장치 같은 것이다. 여기서 재난은 전쟁일 수도 있고, 일본 열도가 지구상에서 가장 불안정한 단층이 만나는 곳에 위치하고 있다는 엄연한 현실에도 불구하고 건설된 원전이 파괴되어 나오는 유독가스 구름일 수도 있다.

사실을 말하자면 아베와 그의 무리도 진짜로 전쟁을 원하지는 않는다. 하지만 그들은 전쟁이 수반하는 것들을 갈망한다. 사람들 사이의 열광, 목적의식, 명확함, 위계질서, 경의가 생겨나기를 원하고, 의심과 거리낌과 비판을 일소하기를 바란다. 이런 갈망은 그저 환상일 뿐이다. 사회 전체가 빠르게 노화되고 있는 갸루와 초식남과 오타쿠의 시대에, 수백만의 젊은이가 천황을 위해 죽지 못해 안달이던 1930년대의 상태로 돌아갈 수 있는 방법이 있을 리 없다. 아베는 그 시절의 정신 비슷한 것을 부활시키지 못하면 일본이 거침없고 호전적인 중국에 맞서는 것은 불가능하리라고 생각하는 것 같다. 그리고 중국도 물론 아베의 이런 착각을 바로잡는 데 전혀 도움이 되지 않는다. 중국 또한 국가의 거대한 선전 기구를 통해 일본이 모든 악의 근원이었고 지금도 그렇다는 관념을 중국 국민의 머릿속에 끊임없이 주입해 넣는다. 양국에 있는 최악의 세력들이 서로를 이용해 공포와 히스테리를 부추겨, 마치 산소가 생명체를 번성케 하듯 선동과 억압을 더 강화한다.

이 책의 맨 앞에서 우리는 일본의 정치 문화에는 다른 곳에서는 상상할 수 없을 정도로 모순을 참고 받아들이는 태도가 스며들어 있다고 이야기한 바 있다.[95] 때때로 이러한 태도는 실현 불가능한 공상에 가까운 목표와, 가장 냉철하고 비정한 전술의 공존을 가능케 한다. 일본이 중국에 맞설 수 있도록 과거 일본 제국 육군의 기상을 회복해야 한다는 아베의 비전은 진지하게 받아들이기 힘든 것이지만, 일본이 무모한 목표를 좇느라 터무니없는 옆길로 빠졌던 일은 아베 정권이 처음은 아니다. 과거에 사용되었던 존황양이, 팔굉일우(세계 만방이 모두 천황의 지배하에 있다는 일본 천황제 파시즘의 핵심 사상—옮긴이), 대동아 공영권과 같은 말만 봐도 알 수 있다. 일본보다 열 배나 더 큰 산업 기반을 가진 적을 때려눕히겠다는 은연중의 목표를 갖고 감행된 진주만 공격 또한 말할 것도 없다. 1980년대 말, 앞으로는 일본이 글로벌 시장과 테크놀로지와 금융의 표준이 될 것이라던 자아도취적 기대도 이런 사례의 하나다. 조금만 진지하게 생각해봤어도 이런 목표들을 달성할 수 있는 그 어떤 그럴듯한 시나리오도 존재하지 않는다는 것을 분명히 알 수 있었다. 그럼에도 불구하고 목표 달성을 위해 뛰어난 전술들이 동원되었다. 그리고 그러한 전술들로 인해 상황을 더 악화시켰다고도 할 수 있다. 예를 들어 일본이 대동아 공영권의 비전에 대한 아시아 각국의 저항을 철저히 진압하는 데 그토록 집착하지 않았더라면, 아시아에서의 잔학 행

---

95 미국 또한 한편으로는 드론 폭격기, 개인정보의 대량 수집, 범산복합체prison-industrial complex(교도소의 민영화로 등장한 사법기관과 민간 기업 간의 이익공동체—옮긴이), 구속 기소에 혈안이 된 수많은 검사, 여기저기 관할이 겹치는 경찰 조직, 전 세계에 퍼져 있는 미군기지 등을 통해, 단일 정부의 휘하에 있는 가장 가공할 만한 억압 체제를 보유하게 되었다. 그러면서 또 한편으로는 민주주의, 자유, 인권을 떠들어댄다. 이런 상황을 보고 있노라면 일본만이 고도의 모순을 참고 견디는 정치 문화를 갖고 있는 국가라고 말하기가 점점 더 망설여진다.

위를 저지를 기회도 동기도 줄어들었을 것이다. 일본과 주변국들과의 관계는 그 잔학 행위가 남긴 기억으로 인해 지금도 여전히 악화되고 있다. 또는 일본군이 전쟁사에서 타의 추종을 불허하는 전술적 우수함으로 육지전을 치르지 않았더라면, 미국은 전면전을 통해 무조건 항복을 이끌어내는 것만이 일본을 상대하는 유일한 방법이라고 결론짓지 않았을 수도 있다. 또는 일본 기업들의 제조 기술과 원가 통제 능력이 그토록 뛰어나지 않았더라면, 세계 경제가 필연적으로 일본을 중심으로 돌아갈 것이라는 생각에 동의하지 않는 일본 사람도 많았을 것이다. 버블 경제와 그 붕괴의 상황이 닥친 데에는 그런 생각에도 직접적인 원인이 있었다.

그러나 실현 불가능한 목표와 극도로 우수한 전술이 결합한다는 일본의 이야기에는 또 하나의 측면이 있다. 그것은 명약관화한 현실이 들이닥쳐서 망상에 빠진 일본 지도층이 깨어나고, 그 현실에 정면으로 대응할 수밖에 없는 상황이 되었을 때 생기는 일이다. 그런 상황이 발생했을 때마다 일본의 전술적 우월성과 사회적 단결성이 함께 작용하여 정말 기적이라고밖에 볼 수 없는 경이로운 결과를 가져왔다. 야만인을 쫓아낼 수도 쇄국으로 돌아갈 수도 없다는 사실이 명확해졌을 때, 일본은 스스로를 재창조했다. 서양을 제외한 사실상 전 세계가 식민지화되었을 때 홀로 살아남아 스스로 강대국이 되었다. 팔굉일우를 실현하려던 전쟁에서 가망 없이 패배하고 미국이 일본을 그대로 놔두지 않을 것이라는 사실이 명확해지자, 일본은 태도를 급선회했다. 오만하고 위협적인 미국의 그늘에서 살아가는 방법을 터득했을 뿐 아니라, '일본다움'을 보존하면서도 번영을 이루어 미국 중심의 세계 질서에서 필수 불가결한 한 축이 되었다. 석유 수출국기구OPEC가 세계 에너지 가격을 장악해 높은 수준으로 올렸을 때, 일본은 자국의 경제와 에너지 사용 습관을 놀랄 만큼 빠르고 철저하게 개혁해서 1973~1975년의 세계 경제 불황으로부터 그 어느 선진국보다 더 신속하게 빠져나왔다. 1980년대 말의 버블이 영원히 꺼지고 회복되지 않으리라는 것이 명백해지자, 일본은 세계 금융사에 전례 없는 일을 해냈다. 금융 시스템이 붕괴되는 와중에 공황을 모면했던 것이다.

또 한 번 외면할 수 없는 현실이 닥쳐서, 일본에 새로운 지도자가 출현하여 드골이 프랑스를 위해 했던 것과 같은 일을 일본을 위해 해주기를 바랄 뿐이다. 미국에 정중하지만 단호하게 전후 세계의 질서가 끝났음을 알리고 이제부터는 일본이 스스로 안보 문제를 책임지겠다고 말하는 것이다. 이런 지도자는 합리적인 기간을 설정해두고 미군 기지를 차례로 모두 폐쇄하며, 미 육군, 해병대, 공군, 해군이 최후의 한 명까지 모두 일본에서 철수하도록 요구할 것이다. 이렇게 하려면 일본이 '육·해·공군 및 기타 전쟁 수행 능력'을 보유할 것을 금지하는 헌법 제9조 2항의 파기가 어쩔 수 없는 전제 조건이 되어야 한다. 하지만 그 조항을 대체하는 내용이 일본 정부가 원하는 것을 마음대로 할 수 있는 권력을 부여하는 자의적인 내용이어서는 안 된다. 그 내용은 중국과 한국은 물론이고 일본의 일반 국민까지도 납득할 수 있을 만큼 명료해야 한다. 견고한 제도적 장치를 통해 다시는 법을 무시하는 관료·군인 집단이 국가를 장악할 수 없도록 하는 내용을 담아야 한다. 조직 내부에 물리적 강제력을 가졌건, 가지지 않았건 모든 형태의 관료 조직은 강력한 법적·정치적 통제에 영원히 놓여야 한다는 내용을 담아야 한다.

안보 문제를 이렇게 정리하고 나면, 일본의 드골은 미국에게 진정한 동맹을 제안할 수 있게 된다. 동맹이란 동등한 나라 사이의 협력을 뜻한다. 경제 규모나 군사력으로 보아 동등하다는 뜻이 아니라, 상대의 주권과 독립성을 상호 존중한다는 면에서의 동등이다. 두 나라는 상호운용성을 일부 도입하는 것을 구상할 수도 있고, 이에 따라 미군 병력의 일부가 점령군으로서가 아닌 일본군 지휘통제권하에 있는 일본 기지에 파견되는 형식으로 일본으로 되돌아올 수도 있다. 또한 이 지도자는 중국, 한국, 러시아로 눈을 돌려 조건을 달지 않고 영토 분쟁에 대한 협상을 제안할 것이다. 일본이 세 분쟁 지역 모두 영유권에 대한 정당성이 있음을 믿는다는 입장을 견지하면서도, 상대국 또한 다른 견해를 갖고 있을 수 있다는 점을 인정할 것이다. 그리고 양국이 모두 수용할 수 있고 혜택을 보는 형태의 지속 가능한 협의에 도달하는 것이 일본의 목표임을 명확히 할 것이다. 그는 또 중국이 아시아에서 역사적으로 차지했던 위치로 복귀하는 것을 인정하고 지지한다는 시그널을 중국에 보낼 것이다. 하지만 동시에 중국이 이웃 국가들의 자주성을 존중할 것도 정당하게 요구할 것이다. 일본이 앞으로는 제2차 세계대전 이후 유럽에서 프랑스가 했던 역할을 맡고, 중국은 전후의 독일이 했던 역할을 맡기를 기대한다고 말할 것이다. 중국에는 일본의 드골과 상대가 되어줄 독일의 아데나워 수상 같은 인물이 없지 않느냐고 반문하는 사람에게는(두 사람은 1963년 프랑스-독일 양국우호조약에 서명했다—옮긴이), 평화와 호의는 어느 한쪽에서부터라도 먼저 시도해야 하는 것이라고 말해줄 수밖에 없다.

일본의 새로운 지도자는 형식적이고 진심이 담기지 않은 사과가 아닌, 일본의 학교 교육과 미디어에 속속들이 반영된 진정한 자기성찰을 통해 과거의 일을 사과할 것이다. 1930년대에 무슨 일이 있었는지 정확히 이해하고 앞으로 그런 일이 반복되지 않을 것이라고 사과한다면, 위험하고 냉소적인 방식으로 반일감정을 선동하고 악용하는 중국이 오히려 부끄러워해야 할 입장에 놓인다. 그런 후 필요한 것은, 조국과 동포를 사랑하는 일과 과거에 저지른 실수와 죄악을 인정하는 일이 서로 모순되는 일이 아님을 양국의 국민이 깨달을 수 있도록 하는 리더십이다. 어린아이 취급을 당하는 국민이 아닌 정치적으로 깨어 있는 시민들의 명민한 애국심은 그런 깨달음을 필요로 한다.

뛰어난 일본의 지도자는 일본 경제의 고질병 아래 놓여 있는 위험성을 이해하고 명확히 설명할 수 있어야 한다. 일본은 확실히 리스크를 회피하는 사회이고 오늘날의 세상에서 그런 사회는 어려움에 처하게 된다. 그러나 그렇다고 해서 한때 경제적 안정성을 제공했으나 더 이상 그러지 못하는 시스템을 그대로 날려버리는 것이 경제적 고질병에 대한 해결책은 아니다. 그 시스템을 일류 기업의 정사원과 관리자들로 이루어진 특권 노동자 시스템으로 대체하고 나머지 사람들은 가차 없이 냉혹한 비정규직 노동시장으로 내모는 것은 더더욱 아니다. 그보다는, 사업의 리스크가 현실화되었을 때에도 빈곤과 사회적 비난의 나락으로 떨어지지 않을 수 있도록 튼튼한 사회적 안전망을 만드는 것이 창업의 활기를 되살리기 위한 관건이다. 선택의 기회가 주어졌을 때 대부분의 일본인이 의미 있고 생산적인 일보다는 사회복지에 기대어 연명하는 것을 선호하리라고 생각한다면, 그런 생각을 하는 이의 일본인에 대한 무지와 경멸만 드러낼 뿐이다. 사회적 안전망을 마련할 재정적 여유가 없다고 하는 반대의 외침도 설득력이 없다. 아베 정권은 소위 아베노믹스의 두 번째 화살이라는 명목 아래 쇠락해가는 농촌 지역에서 '하얀 코끼리' 프로젝트들을 가동하는 데 이미 막대한 재정 예산을 쓰고 있기 때문이다.[96]

마지막으로, 일본이 필요로 하는 지도자는 아베가 했던 것처럼 여성의 고용 촉진을 요구하는 정도로는 부족하다는 것을 인식해야 한다. 여성은 일본에서 가장 제대로 활용되고 있지 않은 자원이라고 많은 사람이 이야기한다. 그러나 수많은 여성이 안고 있는 과도한 노인 부양과 육아의 부담을 어떤 방법이라도 써서 줄이지 않는 한, 이들은 경제적 생산의 주체가 될 수 없다. 수백만의 여성 노동력이 더해져 경제에 도움이 되도록 하는 것은 물론이고, 일본의 출산율을 이탈리아 수준이 아니라 프랑스 수준으로 끌어올리고 싶다면, 프랑스의 가정들이 누리고 있는 정도로 탁아 시스템을 확충하는 것이 필수다. 동시에 현명한 지도자라면 신중하게 관리되는 이민 정책을 장려해 건설이나 간호와 같은 분야에서 모자란 노동력을 보충하려고 할 것이다.

현재로서는 일본에 그런 지도자가 어디에도 보이지 않는다. 2014년 7월 1일, 아베 내각은 일본이 이제부터 '집단적 자위권'을 행사할 수 있다는 내용을 선언했다. 헌법에 정면으로 위배되는 내용이고, 선언은 의회의 승인도 없이 이루어졌다. 이것은 일본이 행정 결정에 의해 통치되는 무법국가라고 선언하는 것이나 마찬가지였다. 그러는 사이 일부 기업이 기본급을 인상하기 시작했으나, 4월 1일 발효된 3퍼센트의 소비세 인상분을 상쇄하기에는 부족한 인상 폭이었다. 주식시장은 계속해서 조금씩 오르고 있고 일본의 전통적인 수출주도형 대기업들의 수익(수출량은 늘지 않았더라도)은 상승했지만 내수가 자생적으로 회복되고 있다는 진정한 신호는 여전히 보이지 않는다.

그러나 미리 비관할 필요는 없다. 국민 사이에 근심과 심지어 히스테리의 분위기가 짙어가는 와중에 소치 동계올림픽에서 금메달을 딴 한

---

96 2014년 2월 아베 정권은 쓸데없는 낭비성 사업으로 가득찬 5.5조 엔(550억 달러)의 추경예산안을 의회에서 강행 통과시켰다.

겸손한 일본 소년이 수백만 일본인의 마음을 잠시 사로잡았다. 19세 소년 하뉴 유즈루羽生結弦의 인생 승리는 극도로 불리한 상황에서도 끈기 있게 투지를 발휘하는 고전적인 일본의 서사를 뛰어넘는다. 왜냐하면 하뉴는 2011년 3월 끔찍한 재해가 발생한 곳에서 가장 가까운 대도시인 센다이에서 자란 청년이기 때문이다. 하뉴는 지진이 발생했을 때 연습 중이었다. 그가 있던 아이스링크는 파괴되었고 그는 스케이트를 신은 채 절뚝거리며 거리로 탈출해야 했다. 하뉴는 스케이트를 포기할 뻔한 상황까지 갔다. 연습 장소는 폐허가 되었고 집도 심하게 피해를 입은 터라, 아직 어렸던 하뉴는 어디에도 의지할 만한 곳이 없었다. 하지만 자신의 의지력과 센다이 사람들의 지지 덕분에(같은 센다이 출신으로 2006년 동계올림픽 여자 피겨 스케이팅 금메달리스트였던 아라카와 시즈카荒川靜香의 후원이 특히 도움이 되었다) 하뉴는 부서진 인생을 딛고 일어나 피겨 스케이트 인생의 정점에 올랐다.

하뉴의 승리는 아베 정권이 집권한 이후로 일본이 가고 있는 방향에 대한 일종의 꾸짖음 역할을 한다. 무엇보다 하뉴는 피해를 입은 도호쿠 지역과 그곳의 사람들이 겪고 있는 현실로 사람들의 관심을 다시 돌렸다. 도호쿠 지역에는 수만 명의 사람이 여전히 임시 숙소에서 생활하며 고통을 겪고 있고, 정부가 약속했던 주택 재건은 겨우 10퍼센트만이 시작되었을 뿐이며, 후쿠시마 원전은 깊은 상처로 남아 있다. 오래도록 예고해온 경제 부흥이며 중국에 '맞설' 수 있는 나라가 되겠다는 이야기는 물론이고, 올림픽을 개최할 수 있는 자원(재정 자원이건 다른 무엇이건)을 뽐내는 나라가, 쓰나미로 폐허가 된 해안가 마을들을 재건하는 일상적이고 지난한 작업은 하지 못하고 있는 것처럼 보였다. 공사 과정에서의 걸림돌에 대한 얘기며, 정치와 조직폭력단과 건설업계 사이의 유착에 대한 얘기가 돌았다. 수천 채의 단순한 집을 짓는 평범한 작업보다는 요란한 건설 프로젝트가 더 짭짤하다는 얘기였다.

하뉴의 태도 또한 아베 정권이 들어선 이후 등장한 추악한 외국인 혐오주의자들의 태도와도 대조를 이뤘다. 서점에는 '혐중·혐한'이라는 이름으로 불리는 새 장르의 책들이 가득하고 인터넷은 '넷우익ネット右翼'들이 넘쳐나는 나머지, 한 일본의 주류 잡지가 혐중·혐한 사이트로 몰려다니는 주부들에게 '네토우요 주부ネトウヨ主婦'라는 이름을 붙여주었다. 그 와중에 하뉴는 그가 타인에게 지고 있는 빚을 의식하고, 감사하는 태도를 보여주었다. 그리고 그 타인 중에는 일본인이 아닌 사람도 포함되어 있다. 하뉴는 경쟁의식을 내려놓고 러시아의 뛰어난 스케이트 선수 예브게니 플루셴코에 대한 존경을 표하며, 그가 개인전을 기권해야 했던 것에 대해 아쉬움을 전했다.

하뉴의 이야기와 그의 태도는 엄연히 21세기 일본의 이야기가 될 수 있다. 그 이야기는 과거의 굴레를 벗어버리고 비극을 승리로 변화시키는 이야기다. 과거를 왜곡하려는 사람이 위협과 조소를 통해 이루는 승리가 아니라, 열심히 노력하고, 포기하지 않고, 뽐내지 않는 사람의 겸손한 승리다. 이 나라에 대해 가장 감탄을 자아내는 특질인 선량하고, 예의 바르고, 사랑할 수밖에 없는 인간의 승리다. 이런 승리는 예전에도 있었다. 하뉴 유즈루와 그의 친구들과 그의 고향에 있는 후원자들과 같은 개인에게도 있었고, 일본이라는 나라 전체에도 있었다. 이번에도 그런 일이 다시 일어나기를 바랄 수밖에 없다. 일본의 미래가 아베가 불러낸 우울하고 피해자 의식에 사로잡힌 국수주의가 아닌, 하뉴 유즈루 이야기의 궤적을 따라 결정되기를 바라 마지않는다.

- 가쓰라 다로桂太郎(1848~1913) 조슈 출신. 청일전쟁에서 대장으로서 중요한 육군 사단을 지휘. 타이완 통감 역임. 내각 총리대신을 세 번 역임.

- 구로다 기요타카黑田淸隆(1840~1900) 사쓰마 출신. 내각 총리대신 역임. 사이고 다 카모리의 반란(세이난西南 전쟁) 진압에 공헌. 홋카이도 개척을 감독.

- 기도 다카요시木戸孝允(1833~1877) 조슈 출신. 오쿠보 도시미치, 사이고 다카모리 와 함께 삿초 동맹을 결성하여 메이지 유신을 성공시킨 유신 삼걸 중 한 명으로 초대 메이지 정부를 수립. 번 체제를 폐지(폐번치현廢藩置縣)하는 데 주도적인 역할 을 함.

- 노기 마레스케乃木希典(1849~1912) 조슈 출신. 도고 헤이하치로 제독과 함께 러일 전쟁을 승리로 이끄는 데 최대 공헌을 한 육군 장군. 히로히토 천황의 황태자 시 절 스승이자 멘토.

- 도고 헤이하치로東鄕平八郎(1848~1934) 사쓰마 출신. 러일전쟁 중 1905년 쓰시마 해전에서 러시아 발틱 함대를 침몰시켜 일본의 승리를 이끌어냄. '동양의 넬슨 제독'으로 불림.

- 마쓰카타 마사요시松方正義(1835~1924) 사쓰마 출신. 1880년대의 재무장관으로 근대 일본을 대표하는 재정가. 1882년 일본은행을 설립. 내각 총리대신 역임. 일 본 산업 자본주의의 설계자.

- 모리 아리노리森有禮(1847~1889) 사쓰마 출신. 초대 미국 공사, 초대 문부장관 역 임. 근대 일본 교육 제도의 아버지라 여겨짐. 메이지 계몽운동과 자유 민주주의 의 신봉자. 극우 국수주의자에게 암살당함.

- 사이고 다카모리西鄕隆盛(1828~1877) 사쓰마 출신. 메이지 유신의 주역으로, 유신

과 이후 구막부 세력 척결(보신戊辰 전쟁)에 주요한 역할을 한 군사 지도자. 1873년 정한론을 주장하다 메이지 유신의 동지들과 결별하고 사쓰마로 귀향. 1877년 메이지 정부에 대항하는 마지막 반란(세이난 전쟁)을 일으킴. 세이난 전쟁은 영화 「라스트 사무라이」의 배경이 되기도 함.

- 사이온지 긴모치西園寺公望(1849~1940) 공가公家 귀족. 메이지 천황의 어린 시절 놀이 친구. 내각 총리대신 세 번 역임. 1919년 파리 만국박람회 사절단의 대표. 말년에는 자유주의자로서 군국주의자들을 제어하고자 했으나 실패함.

- 시부사와 에이이치澁澤榮一(1840~1931) 에도 근교 무사시국武藏國(지금의 사이타마현) 출신. 은행 제도를 정립하고 많은 기업의 설립에 관여하여, 일본 자본주의의 아버지라 불림. 재무장관 역임.

- 야마가타 아리토모山縣有朋(1838~1922) 조슈 출신. 일본 군국주의의 아버지. 전국 규모의 남자 징병제를 도입. 군부를 정치적 감독으로부터 분리시킴. 내각 총리대신 두 번 역임. 1930년대 파시스트 군국주의자의 선구자로 여겨짐.

- 오야마 이와오大山巖(1842~1916) 사쓰마 출신. 메이지 정부에서 일본 육군의 창설을 주도했음. 청일전쟁과 러일전쟁에서 일본의 승리를 이끈 주역.

- 오쿠마 시게노부大隈重信(1838~1922) 히젠肥前(지금의 사가현) 출신. 메이지 정부 초기 외무장관 역임. 민정과 재정의 일체화를 위해 대장성大藏省과 민부성民部省을 합병하여 하나의 거대 관청으로 만듦. 내각 총리대신을 두 번 역임. 와세다대학의 전신인 도쿄전문학교의 설립자.

- 오쿠보 도시미치大久保利通(1830~1878) 사쓰마 출신. 메이지 유신 삼걸 중 한 명. 메이지 정부의 재무장관으로 산업 근대화 정책(식산흥업정책殖産興業政策)을 추진. 사이고 다카모리의 반란(세이난 전쟁) 진압을 도왔다는 이유로 암살당함.

- 이노우에 가오루井上馨(1836~1915) 조슈 출신. 초대 외무장관. 일본 정부의 재정을 재정비하는 데 중심적인 역할을 하여, 사무라이의 녹봉 지급을 폐지(질록처분秩祿處分)하고, 근대적 세제인 토지세를 도입. 국가 철도 산업의 해외 진출을 지원했음.

- 이와사키 야타로嚴崎彌太郎(1835~1885) 도사 출신. 미쓰비시 창업자. 일본 최초의 위대한 기업가.

- 이와쿠라 도모미嚴倉具視(1825~1883) 공가公家 귀족. 메이지 정부 최초로 사절단(이와쿠라 사절단)을 이끌고 서양 세계를 방문. 근대 천황제와 내각제를 확립했음.

- 이타가키 다이스케板垣退助(1837~1919) 도사 출신. 막번 체제를 와해했던 보신 전쟁에서 중요한 군사적 역할을 수행. 이후 메이지 정부와 결별하고 자유민권운동의 지도자가 됨. 일본 최초의 근대 정당의 창설자이며 대의민주주의의 선구자로

여겨짐.

- 이토 히로부미伊藤博文(1841~1909) 조슈 출신. 초대 내각 총리대신을 포함해 총 네 차례 내각 총리대신 역임. 조선통감부의 초대 통감(안중근 의사에 의해 암살당함) 역임. 근대 일본 건국의 아버지라는 의미로 메이지 지도자 그룹의 '조지 워싱턴'에 비유됨.

- 후쿠자와 유키치福澤諭吉(1835~1901) 오사카 출신. 메이지 시대의 가장 중요한 지식인. 미국으로 파견된 첫 일본 사절단의 일원. 게이오대학의 설립자이자 일본에 서양 사상을 소개한 핵심 인물.

- 가네마루 신金丸信(1914~1996) '킹메이커' '대부' '야미쇼군' 등으로 불리던 일본 정계의 실세. 1980년대 후반 막후에서 커다란 정치적 영향력을 행사. 다나카 가쿠에이의 최측근이었으나 다케시타 노보루와 공모하여 다나카 가쿠에이를 밀어냄. 1990년대 초반 사가와 규빈 스캔들로 정치적 영향력을 상실하는 전형적인 최후를 맞았음.

- 가메이 시즈카龜井靜香(1936~) 인기 많은 '고지식하고 예스러운 방식'의 정치가로, 무슨 말을 할지 예측 불가한 면이 있음. 고이즈미 준이치로의 우정 민영화 법안에 반대하여 고이즈미로부터 맹비난을 받았으며 고이즈미가 낙선시키려던 시도에도 불구하고 재선에 성공했음. 자민당을 탈당하여 하토야마 내각에 참여함.

- 가이에다 반리海江田萬里(1949~) 오자와 이치로의 측근으로 간 나오토 정권에서 경제산업장관을 역임. 간 총리의 퇴임 후, 오자와의 지원을 받아 민주당 총재 선거에 출마했으나, 노다 요시히코에게 패함. 승리한 노다 요시히코는 자동적으로 내각 총리대신에 취임함. 2012년 중의원 선거에서 민주당이 크게 패한 것에 대한 책임을 지고 노다 총리가 사임한 후, 민주당 총재로 선출됨.

- 가이후 도시키海部俊樹(1931~) 전후 일본 정치사에서 가장 큰 사건이었던 리쿠르트 스캔들의 충격으로 1989년 다케시타 노보루가 퇴진하고, 우노 소스케 정권이 3개월 단명으로 끝난 후 내각 총리대신에 취임. 정적이 적다는 이유로 임시방편에 가까운 내각 총리대신으로 선택되었으나, 예상외로 인기가 많았을 뿐 아니라 독자적인 소견도 갖고 있었음. 1991년 자민당의 원로들에 의해 밀려난 뒤 1993년 오자와 이치로를 도와 1955년 이래 첫 비자민당 정권을 탄생시킴.

- 가타야마 데쓰片山哲(1887~1978) 전후 좌파 세력에 대한 지지가 가장 높았던 시기인 1947~1948년 일본 사회당 출신으로는 최초로 내각 총리대신 역임. 노동성

창설, 탄광 국유화 정책 등 노동자의 권익을 지키는 주요한 제도 일부를 도입.

- 가토 고이치加藤紘─(1939~2016) 1990년대 자민당의 유력 정치인. 1992년 내각 관방장관 역임. 미야자와 기이치의 직속 후계자이자 고이즈미 준이치로의 중요한 정치적 동지.

- 간 나오토菅直人(1946~) 민주당을 공동 창당했으며 2011년 도호쿠 대지진 발생 당시 내각 총리대신. 간 총리의 정치적 뿌리는 학생 저항 운동에 있음. 하시모토 류타로 연립 정권에서 후생노동성 장관을 역임할 당시, HIV에 감염되었을 가능성이 있는 혈액제제가 일본 혈우병 환자들에게 사용되었다는 증거를 발견하고 이를 폭로하여 전국적인 명성을 얻었음.

- 고가 마코토古賀誠(1940~) 모리 요시로 정권하에서 간사장을 역임한 자민당의 주요 정치인. 미국의 전미총기협회에 비견될 정도의 막강한 정치력을 가진 단체인 일본유족회의 회장 역임. 고가 마코토는 아베 신조에 대한 일종의 비판으로, 1978년 옮겨온 A급 전범의 위패를 분사해서 야스쿠니 신사 문제를 해결해야 한다고 주장. 또한 '국가의 권리'로서 전쟁을 포기하는 것을 명시한 헌법 제9조 1항은 그대로 유지해야 한다고 주장.

- 고노 요헤이河野洋平(1937~) 모리 요시로 정권의 외무장관, 미야자와 기이치 정권의 내각 관방장관, 사회당 무라야마 도미이치 연립 정권의 부총리, 2003년부터 2009년까지 일본 헌정사상 가장 오랫동안 중의원 의장을 역임한 자민당의 유명 정치인. 최근 1993년에 발표되었던 '고노 담화'가 재차 주목을 받으면서 언론에 다시 등장. 고노는 그의 담화를 통해서 1940년대에 한국과 다른 나라로부터 일본군의 성적 욕구를 만족시키기 위한 '위안부'를 강제 동원했다는 사실을 인정.

- 고다마 요시오兒玉譽士夫(1911~1984) 전후 초기 가장 중요했던 음지의 해결사. 전쟁 전 극우 선동가로 자유주의 및 온건주의 정치인들의 암살 계획에 관여했으며, 이후 중국으로 건너가 거대한 부를 축적함. 전후에는 미군정에 전범으로 체포되어 구금되었으나 유죄 판결을 받지 않고 석방된 이후 극우 세력, 야쿠자, 막 결성된 자민당 사이의 중요한 연결 고리였으며, CIA가 자민당에 정치 자금을 전달하기 위해 고용한 비밀 행동책이었음. 기시 노부스케와도 긴밀하게 관계를 맺고 있었으며, 록히드사의 로비스트이기도 했음. 다나카 가쿠에이의 몰락(중의원 의원직을 제외한 모든 정부 공직에서 사퇴)을 불러온 1976~1977년 록히드 스캔들을 통해 고다마 요시오의 존재가 주목받게 되었음.

- 고이즈미 신지로小泉進次郎(1981~) 고이즈미 준이치로의 잘생기고 카리스마 넘치는 차남. 신지로는 중의원 의원이며, 2차 아베 내각의 환경장관을 역임. 자민당의 가장 촉망받는 신예 정치인 중 한 명.

- 고이즈미 준이치로小泉純一郎(1942~) 2001년 자민당이 도입한 총재 예비선거에서 예상외의 승리를 거두어 내각 총리대신으로 취임한 파격적인 정치인. 1970년대 이후, 다나카 군단의 정치적 지원을 받지 않고 내각 총리대신으로 취임한 첫 번째 사례. 전후 최고의 인기를 누렸던 내각 총리대신 중 한 명으로, 1987년 이래 3년 이상 정권을 유지했던 최초의 사례이며, 3선 총리라는 영예를 얻고 2006년 사임. 개혁가적인 이미지, 반동적이기까지 했던 보수적인 외교 정책, 미국 조지 부시 대통령과의 긴밀한 관계, 우정 민영화 법안을 통과시킨 것으로 알려져 있음. 자신의 보수적인 과제를 달성하기 위한 후계자로 아베 신조를 지명했으나, 이후 탈원전 옹호론자 입장에서 아베의 원전 정책을 공개적으로 비판하고 있음.

- 고토다 마사하루後藤田正晴(1914~2005) 다나카 가쿠에이의 핵심 측근. 다나카 정권에서 경찰청 장관을 역임. 이 시기의 경험을 통해 일본의 관료 조직을 전략적으로 다루는 본능적인 방법을 터득함. 오히라 마사요시, 나카소네 야스히로, 미야자와 기이치 정권의 각료였으며, 나카소네 정권의 내각 관방장관 역임. 나카소네 정권의 성공에 큰 공헌을 했다고 평가받음.

- 기시 노부스케岸信介(1886~1987) 전후 초기 수십 년간 일본 정계에서 막강한 영향력을 발휘한 가장 중요한 정치인. 전쟁 전 만주국의 경제 운용 총책임이었으며, 도조 히데키東條英機의 전시 내각에서 군수장관을 역임하여 미군정 때 전범으로 체포, 수감되었으나 기소되지 않고 풀려남. 1955년 CIA로부터 비밀 자금을 제공받아 자민당을 성립하는 데 산파 역할을 함. 1956년 자민당 총재 선거에서 중도 파인 이시바시 단잔에게 패했으나, 이시바시 총리가 병으로 물러나자 그 뒤를 이어 내각 총리대신에 취임. 1960년 국회에서 미일 안보조약의 개정을 강행 처리하자 이에 반발하여 대규모 시위가 발생, 이에 책임지고 사임. 그러나 1980년대까지 막후에서 막강한 권력을 행사함. 사토 에이사쿠의 친형이며, 아베 신타로의 장인, 아베 신조의 외조부.

- 나카소네 야스히로中曾根康弘(1918~2019) 1982~1987년 내각 총리대신 역임. 재임 기간에 미국의 레이건 대통령과 친밀한 신뢰관계 구축, 일본철도(국철) 민영화 등 정치적으로 가장 성공한 내각 총리대신 중 한 명으로 여겨지나, 그럼에도 다나카 가쿠에이와의 긴밀한 관계를 비꼬아 언론이 '다나카소네 정권'이라는 별명을 붙였음. 나카소네는 일본 정계에서 원로 정치가로서 존재감을 유지했으며, 일본에 치명적인 원자력 의존 정책을 이끈 '원자력촌'과 깊은 관계를 맺었던 것으로 알려져 있음.

- 나카소네 히로후미中曾根弘文(1945~) 나카소네 야스히로의 장남. 현재 자민당 내 가장 유력한 정치인 중 한 명. 문부장관(1999~2000)과 외무장관(2008~2009)을 역임함.

- 노나카 히로무野中廣務(1925~2018) 1990년대에 주요 관직을 역임했고, 총리대신 후보로 여겨졌던 자민당의 유명 정치인. 다나카 가쿠에이와 저우언라이가 센카쿠 열도 문제 해결을 잠시 보류하기로 합의했다는 사실을 다나카 본인으로부터 들었다고 주장하면서 언론의 주목을 받음. 이것은 그러한 대화 기록이 존재하지 않으므로 이는 '영토 분쟁이 존재하지 않는다'는 정부의 공식 입장을 부정하는 것임.

- 노다 요시히코野田佳彦(1957~) 2011년 9월 간 나오토 총리가 사임하자 뒤이어 민주당 출신으로는 세 번째 내각 총리대신에 취임. 소비세율 인상을 국회에서 강행 처리하고, 중국과의 센카쿠 열도 문제에 미숙하게 대처함. 그 결과 2012년 민주당은 총선거에서 패배, 보수파 정권의 부활을 불러왔다는 비판을 받고 있음.

- 노사카 산조野坂參三(1892~1993) 일본 공산당을 창당한 인물 중 한 명. 전후 초기 수십 년 동안 일본 공산당의 중요한 리더 중 한 명. 1950년대 일본 전역에서 발생했던 일련의 시위와 기시 노부스케 정권의 붕괴를 불러온 1960년의 폭동을 조직하는 데 중요한 역할을 함. 노사카는 소련과 중국 공산당 양쪽과 관계를 맺고 있었으며, 그의 생애 마지막에, 그가 한때 코민테른의 공작원이었으며, 동지의 밀고 사건에 연루되어 그 결과 그 동지는 스탈린 비밀경찰에 의해 살해되었다는 KGB 내부 문서가 공개됨. 이 일로 그는 일본 공산당에서 제명당함.

- 니시오 스에히로西尾末廣(1891~1981) 가타야마 데쓰와 아시다 히토시 정권에서 내각 관방장관과 부총리를 역임했던 사회당 정치인. 전후 일본에서 일어났던 최초의 대규모 스캔들인 쇼와덴코昭和電工 스캔들에 휘말려 체포되었으나 후에 무죄로 풀려남. 정계에 복귀 후 1960년 일본 사회당의 온건파 세력을 이끌고 탈당하여 민주사회당(민사당)을 창당함. 민사당 해산 이후 다수의 의원이 최종적으로 민주당에 참여함.

- 다나카 가쿠에이田中角榮(1918~1993) 전후 일본에서 아마도 가장 중요했던 정치인. 전대미문의 규모로 돈을 뿌리고, 후원회를 조성하여 일본의 선거 정치 문화를 바꿔놓았음. 그 충격으로 인해 일본의 선거제도는 개정되었으며 오늘날까지도 그 여파가 지속되고 있음. 1972~1974년 내각 총리대신 역임. 록히드 스캔들로 중의원 의원직을 제외한 모든 공직에서 물러났으나, 그 후로도 10년간 소위 일본 정계의 '야미쇼군'(어둠의 쇼군)으로 막후에서 군림했음. 1983년 그의 최측근이었던 가네마루 신, 오자와 이치로, 다케시타 노보루가 그에게 대항하자, 뇌경색으로 쓰러짐.

- 다나카 마키코田中眞紀子(1944~) 다나카 가쿠에이의 장녀. 거침없는 발언으로 논란이 많은 정치인. 아버지가 만든 정치 조직의 대부분을 이어받았지만, 연대를 조직해내는 아버지의 비교 불가한 능력은 이어받지 못했음. 고이즈미 준이치로

정권의 외무장관에 취임했으나, 북방 영토 문제를 놓고 러시아와 거래를 하려고 했던 스즈키 무네오의 시도를 둘러싼 복잡한 상황에 얽히고, 이로 인해 고이즈미 총리가 공개 비판을 받자 경질되었음. 그 후 자민당을 탈당해 민주당에 입당, 노다 요시히코 정권에서 문부과학장관 역임.

- 다케나카 헤이조竹中平藏(1951~) 저명한 신자유주의 경제학자로 고이즈미 준이치로 내각의 각료를 역임함. 신자유주의 노선에 입각하여 일본 경제의 민영화와 구조 개혁 추진을 지지했음. 다케나카의 거침없는 발언은 고이즈미 정권이 신자유주의적 모양새를 유지하는 데 도움을 주어, 미국 정부로부터 좋은 평판을 얻을 수 있었음. 다케나카는 1980년대 후반 버블 경제의 후폭풍이라 할 수 있는 은행 부실채권 문제를 최종적으로 해결한 것이 그의 공적이라고 주장하지만 이에 관해서는 이견이 많음.

- 다케시타 노보루竹下登(1924~2000) 다나카 가쿠에이의 최측근 중 한 명이었으나 1983년 다나카에 대항하여 다나카 군단의 일부를 분리하여 새로운 계파를 조직함. 나카소네 야스히로 정권에서 재무장관으로 1985년 플라자 합의의 협상을 이끌었으며, 1987년 나카소네의 뒤를 이어 내각 총리대신에 취임함. 리쿠르트 스캔들로 인해 내각 총리대신을 사임했으나, 그 뒤에도 1990년대까지 일본 정치의 막후에서 큰 영향력을 행사함.

- 도이 다카코土井たか子(1928~2014) 1986년 일본 사회당 총재로 취임. 이는 일본 헌정사상 주요 정당 최초의 여성 당 대표. 한동안 유권자들로부터(특히 여성 유권자들) 많은 지지를 받았으며, 사회당을 교조적인 좌파주의에서 벗어나게 하는 데 중추적인 역할을 함. 1991년 사회당 총재에서 물러나, 단명으로 끝난 호소카와 모리히로의 연립 정권에서 일본 최초 여성 중의원 의장 역임. 1994년 사회당이 자민당과 손을 잡고 연립 정권을 구성한 것에 대해 분노한 지지층이 대거 이탈하자, 1996년 당명을 바꾼 사회민주당의 총재로 복귀함.

- 마스조에 요이치舛添要一(1948~) 정계에 입문하기 전에는 복지와 '고령화 사회' 문제에 관한 전문 식견을 가진 뉴스 해설자로 활약했던 인기 많은 정치인. 참의원 의원에 당선되어 제1차 아베 신조 정권에서 후생노동장관을 역임하며 차기 총리대신 후보로 자주 거론되었음. 2009년 선거에서 자민당이 패한 후 자민당을 탈당, 개혁신당을 창당하여 자민당과 민주당 양쪽으로부터 구애를 받음. 2014년 도쿄 도지사 선거에 자민당의 지원을 받아 전임 총리였던 호소카와 모리히로를 이기고 당선됨.

- 마에하라 세이지前原誠司(1962~) 1992년 호소카와 모리히로가 만든 일본신당 소속으로 처음 중의원 의원에 당선. 이후 민주당의 주요 정치인이 되었으며, 짧은 기간이었지만 민주당 총재 역임. 민주당이 정권을 잡았던 2009~2012년 내각의 여러

직을 거쳐 간 나오토 정권에서는 외무장관을 역임. 소비세 증세에 반대하는 입장으로, 간 나오토 총리 후임을 선출하는 민주당 선거에서 노다 요시히코에게 패함.

- 모리 요시로森喜朗(1937~) 2000년 뇌경색으로 쓰러진 오부치 게이조小淵惠三를 대신해 임시 정권을 이끌 내각 총리대신으로 취임했으나 일부러 어리숙한 척 행동을 연출, 1년 후 사임함. 2020년 도쿄 올림픽·패럴림픽 경기 대회 조직위원회 회장이었으나, 코로나19로 올림픽이 연기되던 중 성차별적 발언으로 2021년 2월 사퇴.

- 무라야마 도미이치村山富市(1924~) 1948년 이래 일본 사회당이 배출한 처음이자 유일한 내각 총리대신. 1955년 이래 처음 탄생한 비자민당 정권을 무너뜨리기 위해 자민당이 1994년 연립을 제안하자 무라야마는 이 제안을 받아들여 자민당과 연립 정부를 구성, 내각 총리대신이 됨. 이에 분노한 일본 사회당의 지지층이 대거 이탈하는 사태를 초래함. 8개월 재임 기간의 업적으로, 1930년대 제국주의 일본이 저질렀던 일에 대해 정부를 대변해 공식 사죄하는 '무라야마 담화'를 발표.

- 미야모토 겐지宮本顯治(1908~2007) 1940년대 후반에 잠깐, 그리고 다시 1958년부터 1977년까지 일본 공산당 총재를 역임. 일본 공산당이 폭력 혁명 노선을 버리고(이로 인해 중국과 소련으로부터 비난을 받았음), 도시 근로자와 소규모 자영업자의 목소리를 대변해야 한다는 입장을 강화하는 데 공헌했음.

- 미야자와 기이치宮澤喜一(1919~2007) 재무성 관료 출신으로 지성과 풍부한 실무 경험을 갖춘 올드 스타일의 정통 관료파 정치인. 다나카 군단의 지원을 받아 1991년 내각 총리대신에 취임. 일본을 국빈 방문했던 미국의 조지 H. W. 부시 대통령이 도쿄의 공식 만찬장에서 옆에 앉아 있던 그의 무릎에 구토하면서 쓰러지는 바람에 미국에서 유명해짐. 오자와 이치로가 파벌을 만들며 최초로 자민당에 반기를 들었을 때 압력을 받고 내각 총리대신에서 사임. 미야자와는 총리로서보다는 1980년대 후반 그리고 1990년대 후반에 역임했던 재무장관으로서 큰 업적을 남김. 1970년대 초반 성립된 브레턴우즈 체제의 해체부터 시작하여 2003년 은퇴할 때까지, 일본 정부가 관련된 주요 국제금융 관련 교섭에 참가하여 주도적인 역할을 함.

- 미키 다케오三木武夫(1907~1988) 1974년 다나카 가쿠에이가 내각 총리대신에서 사임하자 자민당의 작은 파벌을 이끌며 부패하지 않은 깨끗한 정치인으로 알려져 있던(정치와 상관없이 처가가 재력가였음) 미키 다케오가 내각 총리대신에 취임. 일본의 금권정치 문화를 개혁하고자 했던 그의 시도는 자민당 내 강력한 파벌주의의 반발을 불렀고, 후쿠다 다케오에게 밀려 사임함.

- 사이토 지로齋藤次郎(1936~) 재무성의 전임 관료. 일본 관료사회에서 가장 높은 자리인 사무차관까지 오름. 사이토의 전임자들이 대중에게 널리 알려지지 않았

던 것에 반해 그는 1993년 버블 경제가 막 붕괴한 이후, 오자와 이치로가 자민당의 1955년 체제를 무너뜨린 직후 재무성의 사무차관에 임명되었기 때문에 관료를 대표하는 유명 인사가 됨. 이후 정치적으로 큰 주목을 받는 자리인 일본 우정주식회사의 2대 사장 역임.

- 사카키바라 에이스케榊原英資(1941~) 재무성의 전임 관료. 그가 국제 금융정책국장을 역임하던 1990년 중반 세계 외환시장에서 큰 영향력을 발휘, 미디어로부터 '미스터 엔'이라 불림. 1995년 멕시코 통화 위기, 즉 '데킬라 위기'로 촉발된 엔화의 급격한 상승으로 정치적 위험 부담이 커지자 미국 재무부를 설득하여 공동으로 시장 개입. 논란의 여지가 많은 주장을 펴는 지적 이단아로 알려져 있으며, 2퍼센트 인플레이션 목표 달성은 어렵다며 '아베노믹스'에 대한 비판으로 최근 재차 주목을 받고 있음.

- 사토 에이사쿠佐藤榮作(1901~1975) 1964~1972년까지 역대 최장수 총리대신을 역임(2020년 아베 신조 총리가 이 기록을 깸—옮긴이)한 기시 노부스케의 동생. 오키나와의 명목상 반환을 위해 미국과 교섭을 했음. 이 교섭의 조건이었던 일본 섬유제품의 대미 수출 억제가 이루어지지 않아 당시 미국 닉슨 정권의 분노를 삼. 그럼에도 오키나와 반환 노력을 인정받아 1974년 노벨 평화상 수상.

- 스가 요시히데菅義偉(1948~) 아베 신조의 최측근으로 제1차 아베 정권에서 총무장관 역임. 2012년 제2차 아베 정권에서 내각 관방장관 역임.(2020년 건강상의 이유로 사퇴한 아베의 뒤를 이어 내각 총리대신에 취임—옮긴이)

- 스즈키 무네오鈴木宗男(1948~) 일본의 최북단 홋카이도에서 다나카 가쿠에이, 오자와 이치로와 유사한 강력한 지역 정치 세력을 구축한 정치인으로 오부치 게이조 정권에서 내각 관방장관 역임. 2002년 건설회사로부터 뇌물을 받은 혐의로 체포됨. 그가 저지른 '진짜 범죄'는 러시아와의 영토 분쟁(11장에 나옴)을 해결하기 위해 일본 관료 조직을 우회하려던 것이었다고 보는 견해도 적지 않음. 그를 지지하는 유권자 대다수는 제2차 세계대전 말기 소련군이 남쿠릴열도를 점령한 후 강제로 퇴거시킨 섬 주민들의 친척들임.

- 스즈키 젠코鈴木善幸(1911~2004) 1980년 갑작스럽게 사망한 오히라 마사요시의 뒤를 이어 내각 총리대신에 취임. 기자회견이나 외국 정상과의 회담에서 관료가 적어준 대답을 줄줄이 읽기만 했던 그의 태도 때문에 웃음거리가 되어버림. 이에 당황한 일본 정계의 대부, 다나카 가쿠에이와 기시 노부스케가 합의하여 스즈키 젠코를 사임케 하고, 나카소네 야스히로를 차기 내각 총리대신에 앉힘.

- 아베 신조安倍晋三(1954~) 2006~2007년 내각 총리대신 역임 후 사임. 2012년 다시 내각 총리대신에 취임하여 2020년까지 최장수 내각 총리대신을 역임. 국수주

의적인 우파 사상을 가진 것으로 알려짐. 외조부인 기시 노부스케의 명예를 회복하고, 1930년대의 역사를 일본에 유리한 시점으로 재해석하려는 시도를 했음.

- 아베 신타로安倍晋太郎(1924~1991) 일본 최장수 외무장관이었으며 자민당 내 관료·보수파의 핵심 인물이었음. 차기 내각 총리대신이 될 것이 유력했으나 다나카 군단의 방해로 좌절. 미국 정부와 긴밀한 관계를 유지한 것으로 알려짐. 기시 노부스케의 사위이며 최장수 내각 총리대신을 역임한 아베 신조의 아버지.

- 아사누마 이네지로淺沼稻次郎(1898~1960) 강성 좌익 정치가. 1950년대 선거에서 가장 강력했던 일본 사회당을 이끎. 1960년 라디오로 생중계되는 와중에 극우 민족주의 청년의 칼에 암살당함.

- 아소 다로麻生太郎(1940~) 2008~2009년 내각 총리대신 역임. 2차 아베 신조 정권의 부총리 겸 재무장관 역임. 거침없는 언행과 우파적 시각, 만화 애독자, 미식가이자 애주가로 알려져 있음. 그의 가족은 전쟁 중 전쟁포로와 징용 한국인을 강제노동 시킨 것으로 기소된 아소 탄광을 운영했음. 1951년 샌프란시스코 평화조약을 협상했던 요시다 시게루 전 내각 총리대신의 외손자이며, 스즈키 젠코 전 내각 총리대신의 사위.

- 아시다 히토시芦田均(1887~1959) 1948년 연립 정권의 내각 총리대신에 취임했으나 쇼와덴코昭和電工 스캔들에 연루되어 7개월 만에 사임함. 그의 연립 정권 이후 1994년 연립 정권이 출현할 때까지 38년간 자민당 독점 시기가 이어짐. 대형 화학공업 회사인 쇼와덴코로부터 뇌물을 받았다고 기소되었으나, 이 사건은 정기적으로 일본 정계를 크게 흔들어 야망 있는 정치인에게 굴레를 씌워 제거하는 방식의 전형적인 스캔들이었음.

- 야마사키 다쿠山崎拓(1936~) 고이즈미 준이치로, 가토 고이치와 긴밀한 관계를 맺고 있는 주요 정치인으로 고이즈미 정권에서 자민당 간사장을 역임. 2006년 당 총재 선거에 출마했으나 패하여, 아베 신조가 고이즈미의 뒤를 이어 자민당 총재로 선출됨.

- 에다노 유키오枝野幸男(1964~) 2011년 도호쿠 대지진 당시 내각 관방장관으로 정부의 재해 대책 공식 창구 역할을 함. 이후 노다 요시히코 정권의 경제통상장관을 역임.

- 오부치 게이조小淵惠三(1937~2000) 1998년 참의원 선거에서 자민당이 크게 패한 책임을 지고 하시모토 류타로 총리가 사임하고 그 뒤를 이어 내각 총리대신에 취임. 격무와 스트레스로 인해 뇌경색으로 쓰러져 총리직을 사임하고 몇 주 후 사망.

- 오자와 이치로小澤一郎(1942~) 다나카 가쿠에이의 가장 뛰어난 제자라고 할 만

한 정치인. 미야자와 기이치 정권에서 자민당 간사장 자리에까지 오름. 제1차 걸프전에 일본 정부가 막대한 금액의 자금 원조를 하도록 만들었음. 일본이 '보통국가'가 되는 것을 막는 최대 방해물은 진정한 정치적 경쟁의 부재라고 확신한 뒤 1993년 다나카 군단의 대다수 세력을 이끌고 자민당을 탈당, 1955년 이후 처음으로 자민당의 장기 독주를 무너뜨림. 그러나 정권 교체를 이뤄낸 야당의 신정부를 오래도록 지속시키고자 했던 그의 첫 번째 시도는 실패하고, 그 후 15년의 세월을 진정한 양당 제도를 확립시키고자 노력함. 2009년 민주당이 정권을 잡는 데 주도적 역할을 함. 내각 총리대신에 취임할 것으로 기대되었으나 일본에서 야심찬 정치인을 압박할 때 늘 쓰는 수법, 즉 금전적 부정 행위가 있다는 의혹이 요란스럽게 이슈화되어, 오자와의 시도는 무력화됨. 오자와는 기존의 기득권 세력들로부터 미움, 심지어 증오의 대상이었으며, 미일 관계의 기본을 재협상하자는 오자와의 제안 때문에 미국 정부도 그에 대해 불신감을 갖고 있었음. 일본의 관료들과 주류 미디어, 워싱턴의 대일 정책에 영향력을 행사하는 집단들이 암묵적으로 결탁하여, 2010년 오자와가 후원하던 하토야마 유키오가 총리대신에서 결국 사임하게 되고, 그 결과 오자와는 군단에 대한 영향력을 잃고, 권력으로부터 멀어짐.

· 오카다 가쓰야岡田克也(1953~) 민주당의 핵심 인물 중 한 명. 1993년 오자와 이치로와 함께 자민당에서 집단으로 탈당해서 신생당 창당에 참여하지만, 최종적으로는 1998년 민주당에 입당. 2009년 오자와 이치로의 당 대표 사퇴 후 치러진 선거에서 하토야마 유키오에게 패함. 하토야마 정권에서 외무장관 역임. 후텐마 해병 기지 이전 문제 해결에 실패. 노다 요시히코 정권에서 부총리 역임.

· 오히라 마사요시大平正芳(1910~1980) 다나카 가쿠에이가 공식석상에서 물러난 이후 다나카 군단 출신으로 처음 내각 총리대신에 취임. 자민당 내 양대 파벌인 후쿠다 다케오와 합의를 맺어 후쿠다가 먼저 내각 총리대신을 역임하고 그 뒤를 이어 1978년 오히라가 정권을 이어갔음. 오히라는 뛰어난 교섭가로 정평이 나 있으며, 이케다 하야토와 다나카 정권에서 외무장관을 역임할 때, 한국과 중국 양국과 국교 정상화 교섭을 하는 데 중요한 역할을 했음. 총리 재임 중에 사망했는데, 사망 원인은 재무성의 강력한 요청에 따른 소비세 도입에 관한 문제로 인한 스트레스 때문이었다고 함.

· 와타나베 미치오渡邊美智雄(1923~1995) 20세기 후반의 중요한 자민당 정치인. 야심가였으나 실언을 반복했음. 1978년에서 1993년 사이 많은 내각 각료직을 역임했으며, 오랫동안 총리대신 후보로 거론되었음. 서방 세계에는 미국의 흑인과 한국인에 대한 무개념한 인종차별적인 발언으로 알려져 있음.

· 요시다 시게루吉田茂(1878~1967) 종전 직후의 일본에서 가장 중요했던 정치 지도

자로서 정계 입문 전에는 외교관으로 1930년대에 영국 대사를 지냄. 전후에는 점령군에 체포되어 짧은 기간 수감되었으나 1946년 석방 후, 내각 총리대신에 취임. 그 후 최초의 사회당 정권이었던 가타야마 데쓰 정권과 아시다 히토시 연립 정권을 거쳐 1948년 다시 내각 총리대신이 됨. 샌프란시스코 평화조약을 체결하여 미군정을 끝내고, 1954년 말 하토야마 이치로의 민주당에 패할 때까지 내각 총리대신을 계속 역임함. 1955년에 일본 민주당과 자유당의 보수연합으로 자민당이 결성되었고, 요시다는 1960년대 전반까지 숨은 실력자로 영향력을 행사. 아소 다로의 외조부.

- 우노 소스케宇野宗佑(1922~1998) 리쿠르트 스캔들로 인해 다케시타 노보루 정권이 붕괴된 후, 1989년 짧은 기간 동안 내각 총리대신 역임. 우노가 자신을 하찮게 대했다는 내연녀의 폭로로 사임함. 일본 근현대 역사상 처음으로 정치인이 섹스 스캔들로 정치생명이 다한 사례.

- 이노세 나오키猪瀬直樹(1946~) 유명 언론인이자 작가. 이시하라 신타로 도쿄 도지사의 사임으로 도지사 대행을 역임한 후 이어진 2012년 선거에서 압도적인 승리를 거두며 도쿄 도지사에 당선됨. 2020년 하계 올림픽을 도쿄로 유치하는 데 공헌. 2013년 후반, 거액의 정치헌금을 받고 이를 제대로 보고하지 않아 사임함. 그의 사임으로 아베 집권 이후 처음으로 정권의 신임을 묻는 성격의 선거를 치르게 됨.

- 이시바시 단잔石橋湛山(1884~1973) 1956~1957년 내각 총리대신에 취임했으나, 두 달 만에 뇌경색으로 사임하고 기시 노부스케에게 내각 총리대신을 위임. 정계 입문 전에는 유명 언론인으로, 일본 최고의 경제지『주간 동양경제』의 주필이었음. 케인스에 앞서 케인스식 재정 정책을 펼쳤던 유명한 재무장관 다카하시 고레키요高橋是清 같은 전쟁 전 자유주의파와, 좌파는 아닐지라도 미국 정부의 외교 정책과는 거리를 두었던 전후의 온건파 세력 사이에서 중요한 접점 역할을 함.

- 이시바 시게루石破茂(1957~) 자민당 소속의 유명 정치가. 2012년 자민당 총재 선거(내각 총리대신을 결정하는 선거)에서 아베 신조에게 근소한 차로 패한 후, 당 간사장으로 취임. 그의 많은 발언이 주목을 받았으나 그중 2013년 후반 국회에서 강행 처리한 특정비밀보호법안에 반대하는 시위를 테러 행위에 비유한 발언이 유명함. 공격적으로 매파적 견해를 피력하는 것으로 알려져 있음.

- 이시하라 신타로石原慎太郎(1932~) 청년 작가로 화려한 시절을 보낸 이후 정계에 입문, 1999~2012년 도쿄 도지사 역임. 우파적 견해와 직설적이고 거친 외국인 혐오 발언으로 유명함. 하시모토 도루 오사카 시장과 함께 일본 유신회를 창당하여 현대 일본 역사에서, 비록 단 한 번 짧은 기간이지만, 자민당보다 더 우익인 정당이 정권에 도전한 사례를 만듦.

- 이지마 이사오飯島勳(1946~) 고이즈미 준이치로의 비서관을 오랫동안 역임. 고이즈미 정권의 정치적 성공에 큰 기여를 했다고 평가받음. 이후 2차 아베 신조 내각의 총리 자문역을 맡아 우파적 주장을 줄이고, 경제 개혁의 옹호자로 이미지 변신할 것을 조언. 독특한 개성의 소유자로 알려져 있으며, 종종 미국의 조지 부시 대통령의 보좌관이었었던 칼 로브와 견주어짐.

- 이케다 다이사쿠池田大作(1928~) 창가학회 명예회장, 국제창가학회 회장으로 신흥종교인 '창가학회創價學會'를 일본에서 가장 유력한 단체의 하나로 키운 인물로 평가받고 있음. 막강한 재력과 권력을 가진 그는 또한 창가학회의 정치 부문이었던 조직을 바탕으로 공명당을 창당. 공명당은 현대 일본 정계에서 '제3당'으로 여겨지며, 1964년 창가학회로부터 공식적으로 분리되었지만 대중은 두 조직이 여전히 서로 긴밀히 연계되어 있다고 믿고 있음. 표면적으로는 중도 노선(특히나 외교 정책과 안보 문제에 있어서)을 표방하지만, 공명당과 이를 잇는 신공명당은 대체로 보수적인 입장을 보이며, 중요한 국면에서 자민당과 수차례 연립 정권을 결성했음.

- 이케다 하야토池田勇人(1899~1965) 재무성 관료 출신으로 일본 경제 기적의 아버지로 알려짐. 1960년 기시 노부스케가 미일 안보조약 개정을 강행한 것에 대한 반발로 폭동이 일어나자 그 책임을 지고 사임한 후 내각 총리대신에 취임. '소득을 두 배로 늘리는 정책所得倍增政策'으로 유명하며, 1950년대의 사회적 혼란으로부터 경제 성장의 시대로 일본을 이끌었음.

- 하시모토 도루橋下徹(1969~) 논란도 많고 인기도 많은 오사카 시장. 이시하라 신타로石原愼太郎와 함께 일본유신회를 창당. 2012년 중의원 선거에서 선전. 전쟁 중 한국 여성을 강제로 동원한 '위안부' 문제에 관한 발언으로 외신들의 거센 비판을 받음.

- 하시모토 류타로橋本龍太郎(1937~2006) 다케시타 노보루의 제자. 오자와 이치로 그룹이 자민당에서 탈당한 후 다나카 군단의 잔여 세력을 추슬러 계파의 리더가 됨. 1996~1998년 내각 총리대신 역임.

- 하타 쓰토무羽田孜(1935~2017) 1955년 이래 첫 비자민당 정권을 만들었던 오자와 이치로의 핵심 측근. 1994년 24일간 내각 총리대신 역임.

- 하토야마 유키오鳩山由起夫(1947~) 하토야마 이치로의 손자. 2009~2012년 일본 의회 정치에서 주도권을 장악했던 일본 민주당의 공동 설립자이자 주요 지도자. 민주당의 첫 내각 총리대신 역임.

- 하토야마 이치로鳩山一郎(1883~1959) 군국주의자들로부터 밀려난 유명한 전쟁 전 보수파 엘리트 중 한 명으로, 1946년 내각 총리대신으로 임명되기 직전 미군정으로부터 정치활동을 금지당함. 1951년 복권되어 1954년 요시다 시게루의 사임

을 이끌어내고, 1954~1955년 내각 총리대신 역임. 자신의 총리직을 유지하기 위해 민주당을 보수 연합에 참여시켜 자민당을 결성하는 데 공헌함. 하토야마 유키오의 조부.

- 호소카와 모리히로細川護熙(1938~) 일본신당을 창당하여 연립 정부를 구성, 1993~1994년에 1955년 이후 최초의 비자민당 출신 내각 총리대신을 역임. 1994년 선거제도 개혁을 실시함. 그러나 사가와 규빈 정치 자금 스캔들에 연루되어 8개월 만에 사임. 2014년 도쿄 도지사 선거 출마를 선언하고 아베 신조 정권에 도전하며 정계 복귀. 일본 명문 귀족 집안의 후손.

- 후쿠다 다케오福田赳夫(1905~1995) 재무성 관료 출신으로 1976~1978년 내각 총리대신 역임. 다나카 가쿠에이의 부상 이후, 사토 에이사쿠를 이어 자민당 내 관료파의 리더가 됨. 다나카 가쿠에이의 최대 라이벌로, 미디어에서 '가쿠-후쿠 전쟁'으로 불린 다나카와의 경쟁관계는 20세기 중반 일본 정치사의 최대 권력 투쟁의 하나로 여겨짐.

- 후쿠다 야스오福田康夫(1936~) 후쿠다 다케오의 아들. 모리 요시로 정권과 고이즈미 준이치로 정권의 내각 관방장관 역임. 2007~2008년 1년간 험난했던 내각 총리대신 역임.

더 읽을 거리

이 책은 원래 가볍게 읽을 수 있는 일본에 관한 입문서로 쓸 예정이었다. 책을 쓰기 시작한 후 옥스퍼드대학 출판부의 지원에 힘입어 점점 책의 내용과 형식이 바뀌었고, 책 말미에 상세한 참고문헌 목록이 없는 것은 그 때문이다. 어쨌든 이 책이 다루고 있는 광범위한 주제를 전부 포괄하는 참고문헌 목록을 작성하는 것은 그것만으로 책 한 권 분량이 될 것이다.

대신 나는 참고문헌이 필요하다고 생각되는 부분의 정확한 문구를 인용하여 열거했다. 또한 각 장의 주제와 관련된 영어로 된 참고문헌을 추가했는데, 내 생각을 좀더 명확하게 하는 데 도움을 받았던 자료일 뿐만 아니라, 각 장이 다루고 있는 주제에 대해 심도 있게 알고자 하는 독자들을 위해서다.

내가 가진 일본에 관한 사고를 형성하는 데 커다란 영향을 준 문헌을 소개하는 것으로 시작하고자 한다. 아래 여섯 권의 책을 통해 에도 시대 말기부터 일본이 겪었던 비극적인 역사를 따라가면서, 일본에 대해 포괄적인 이해를 하게 되었다.

1. 카럴 판볼페런Karel van Wolferen, *The Enigma of Japanese Power*(Knopf, 1990). 20세기 후반 일본의 권력 관계에 관해 영어로 쓰인 탁월한 저작이다.

2. 애거튼 허버트 노먼E. H. Norman, "Japan's Emergence as a Modern State". 이 글은 *The Japanese Modern State: Selected Writings of E. H. Norman*, ed. John Dower(Pantheon, 1975)에 실려 있다. 주로 1930년대에 쓰인 노먼의 논문들은 미국의 냉전 시대 첫 세대 학자들로부터 비판을 받았다. 이들은 도쿠가와 막부의 여러 요소가 메이지 유신의 토대가 되었다고 보는 노먼의 마르크스주의적인 분석에 문제를 제기했다.(특히 그러한 관점이 두드러지는 연구서는 Albert M. Craig,

Choshu in the Meiji Restoration(Harvard, 1961)). 그럼에도 노먼의 저서는 현재도 구미와 일본에서 메이지 유신에 관한 주요 연구로 평가받고 있다. 존 다우어는 100쪽 분량의 서문을 기고했는데, 전후 초기 미국의 일본 연구가 정치화되었다는 탁월한 분석을 내놓았다.

3. 이안 부루마Ian Buruma, 『근대 일본』(을유문화사, 2014), *Inventing Japan: 1853~1964*(Modern Library, 2003). 짧은 글이지만 탁월한 명저로, 부루마는 '일본'이 본질적으로 근대에 건설되었다는 것과 그 건설의 과정에 대해 서술하고 있다.

4. 마루야마 마사오丸山眞男, 『현대정치의 사상과 행동』(한길사, 1997), *Thought and Behavior in Modern Japanese Politics*, ed. Ivan Morris(Oxford, 1963). 현대 일본의 대표적인 정치사상가인 마루야마의 글을 모은 책을 서구의 저명한 일본학 학자들이 번역한 책. 20세기 일본 정치사를 이해하기 위한 필독서다.

5. 존 다우어John Dower, 『패배를 껴안고』(민음사, 2009), *Embracing Defeat*(W. W. Norton, 1999). 헤어나기 어려워 보일 만큼 복잡하게 얽힌 미국과의 관계에 지배당한 전후 일본의 현실이 어디에서 기원했는지 파헤친 역사 서술의 역작이다.

6. 찰머스 존슨Chalmers Johnson, *MITI and the Japanese Miracle*(Stanford, 1982). 일본의 수출주도형 성장 모델의 제도적 기원에 대해 여전히 가장 진지하고 종합적인 분석을 시도하고 있는 획기적인 책이다.

- 이반 모리스Ivan Morris, *The World of the Shining Prince: Court Life in Ancient Japan*(Alfred A. Knopf, 1964), *The Nobility of Failure: Tragic Heroes in the History of Japan*(Holt, Rinehart and Winston, 1975) 이 두 권은 일본 중세사에 관한 책들 중 오랫동안 내가 가장 아껴오던 작품들이다.

- 마리우스 젠슨Marius Jansen, 『현대 일본을 찾아서』(이산, 2006), *The Making of Modern Japan*(Belknap/Harvard, 2000) 이 책의 1장부터 10장은 내가 아는 한, 도쿠가와 막부의 역사를 알고자 하는 이들에게 최고의 입문서라 할 수 있다.

- 타이먼 스크리치Timon Screech, *Sex and the Floating World: Erotic Images in Japan 1700~1820*, 2nd edition(Reaktion Books, 2009) 1700~1820년대 일본에서 유행하던 대부분의 예술 뒤에 숨겨진 창작의 동력과 그 성적인 측면에 대해 깜짝 놀랄만한 통찰을 제공한다.

- 에드워드 사이덴스티커Edward Seidensticker, 『도쿄 이야기』(이산, 1997), *Low City, High City*(Knopf, 1983) 도쿠가와 막부의 에도가 현대 도시 도쿄로 변모해가는

과정을 일본 전체의 변화와 함께 서술했다.

- 앤드루 고든Andrew Gordon, 『현대 일본의 역사1, 2』(이산, 2015), *A Modern History of Japan: From Tokugawa Times to the Present*(Oxford, 2003) 내가 생각하는 이상적인 교과서에 가장 가까운 책이다.

- 에즈라 보걸Ezra F. Vogel, *Japan's New Middle Class: The Salary Man and his Family in a Tokyo Suburb*(University of California, 1963) 전후 초기의 수십 년 동안 일본의 샐러리맨 문화에 대해 쓴 영어 저작으로, 현재까지도 탁월한 연구로 남아 있다.

- 켄트 콜더Kent Calder, *Crisis and Compensation: Public Policy and Political Stability in Japan*(Princeton, 1988) 일본 경제 기적의 설계자들이 그 실현을 위해 필요로 했던 정치적 안정을 어떻게 정부 예산의 집행을 통해 돈으로 사서 이루었는지 자세히 논하고 있다.

- 존 C. 캠벨John C. Campbell, *Contemporary Japanese Budget Politics*(University of California, 1977) 전후 초기 수십 년 동안 일본 정치 구조의 핵심을 들여다본 연구서다.

- 알렉스 커Alex Kerr, 『치명적인 일본』(홍익출판사, 2002), *Dogs and Demons: Tales from the Dark Side of Japan*(Farrar, Strauss, and Giroux, 2001) 일본의 급격한 고도성장 때문에 치러야 하는 미적·문화적 비용에 대해 신랄한 비판을 하고 있다.

- 에드윈 라이샤워Edwin Reischauer, *My Life between Japan and America*(Harper & Row, 1986) 미일 관계 구축의 핵심 담당자 중 한 명이었던 저자의 시각을 담은 흥미롭게 읽을 수 있는 자서전이다.

- 개번 매코맥Gavan McCormack, 『종속국가 일본』(창비, 2008), *Client State: Japan in the American Embrace*(Verso, 2007) 미일 관계의 병적인 측면을 묘사하고 있다.

- 나의 또 다른 책인 *The Weight of the Yen*(Norton, 1996)은 일본이 미국에 의존하고 있다지만 적어도 금융 면에서는 역으로 미국이 일본에 의존하고 있는 현상에 대해 서술하고 있다.

- 제이컵 M. 슐레진저Jacob M. Schlesinger, *Shadow Shoguns: The Rise and Fall of Japan's Postwar Political Machine*(Simon and Schuster, 1997) 다나카 가쿠에이와 그가 20세기 후반 일본 정치에 미친 영향에 대해 썼다.

- 리처드 카츠Richard Katz, *The System that Soured the Rise and Fall of the Japa-*

nese Economic Miracle(M. E. Sharpe, 1998) 한때 경제 기적이라 불릴 만큼 경이적인 성과를 냈던 일본의 경제 시스템이 그 후 어떻게 되었는지 설득력 있게 서술했다.

- 미쿠니 아키오三國陽夫와 나의 공저 *Japan's Policy Trap*(Brookings, 2002) 재정, 정치, 국제수지 등의 요소가 뒤섞여 일본 거시경제적 문제의 용이한 해결을 가로막는 현상을 분석했다.

- 리처드 쿠Richard Koo, 『밸런스시트 불황으로 본 세계 경제』(어문학사, 2014), *Balance Sheet Recession: Japan's Struggle with Uncharted Economics and its Global Implications*(John Wiley & Sons, 2003)와 『대침체의 교훈』(더난출판, 2010), *The Holy Grail of Macroeconomics: Lessons from Japan's Great Recession*(John Wiley & Sons, 2009) 버블 경제 붕괴 후 일본에 벌어진 일들과 그것이 세계에 어떤 교훈을 주는가에 대한 고찰.

- 울리케 샤에데Ulrike Schaede, *Choose and Focus: Japanese Business Strategies for the 21st Century*(Cornell, 2008) 최근 수십 년간 일본 재계에 발생한 변화를 다룬 내가 읽은 최고의 책이다.

- 이 책의 초고를 끝낼 무렵, 영국의 *The New Left Review*(2013년 9/10월호)에 페리 앤더슨의 논문 "American Foreign Policy and its Thinkers"가 실렸다. 로버트 브레너의 저서 *The Economics of Global Turbulence*(Verso, 2006) 그리고 브레너 자신이 2008년 일련의 금융 위기 발생 후 그 내용을 추가 분석한 장문의 논설 *What is Good for Goldman Sachs is Good for America: The Origins of the Present Crisis*(Center for Social and Comparative History, UCLA)와 더불어 페리 앤더슨의 이 권위 있는 글은, 근대 일본이 겪은 비극적인 역사의 궤적을 그려보는 데에 거의 이상적인 프레임워크가 되어준다.

서문

Steven Rattner, "The Lessons of Japan's Economy," *New York Times*, October 13, 2013

Lafcadio Hearn, *Gleanings in Buddha Fields*(Cosmo Classics, 2004)

Kurt Singer, *Mirror, Sword and Jewel*(Routledge, 1997)

Ian Buruma, *A Japanese Mirror: Heroes and Villains of Japanese Culture*(Penguin, 1984)

Donald Richie, *The Inland Sea*, 2nd edition (Stonebridge Press, 2002). 일본이

외국인들에게 미치는 영향에 관해 쓴 글들 중 아마도 최고의 책. 그가 말년에 쓴 글들은 모두 읽을 만한 가치가 있다. 일본 영화에 관한 일련의 연구로 가장 잘 알려진 리치는 20세기 후반 평범한 일본인의 삶에 대해 분명 외국인으로서는 최고의 관찰자로 평가된다.

1장 에도시대 이전의 일본

George B. Sansom, *Japan: A Short Cultural History*(Cresset Press, 1931)

Marius B. Jansen ed., *Warrior Rule in Japan*(Cambridge, 1995)

2장 근대 국가로서의 일본의 탄생

Herman Ooms, *Tokugawa Ideology: Early Constructs, 1570~1680*(Princeton, 1985)

Masao Maruyama, *Studies in the Intellectual History of Tokugawa Japan*, translated by Hane Mikiso(University of Tokyo, 1974)

Robert Bellah, *Tokugawa Religion: The Cultural Roots of Modern Japan*(Free Press, 1957)

Thomas C. Smith, *The Agrarian Origins of Modern Japan*(Stanford, 1959)

Gregory M. Pflugfelder, *Cartographies of Desire: Male-Male Sexuality in Japanese Discourse, 1600~1950*(University of California, 1999)

Leslie Downer, *Geisha: The Remarkable Truth behind the Fiction*(Headline, 2001)

Liza Dalby, Geisha(University of California, 1983)

Donald Keene, *World Within Walls: Japanese Literature of the Pre-Modern Era, 1600~1867*(Henry Holt, 1976)

Timothy Clark, C. Andrew Gerstle, Aki Ishigami, and Akiko Yano, eds., *Shunga: Sex and Pleasure in Japanese Art*(British Museum, 2013)

3장 메이지 유신에서 미군정기까지

Roger W. Bowen, *Rebellion and Democracy in Meiji Japan*(University of California, 1980)

W. J. Macpherson, *The Economic Development of Japan 1868~1941*(Cambridge, 1987)

Hane Mikiso, *Peasants, Rebels, and Outcasts: The Underside of Modern Japan*(Pantheon, 1982)

Arthur Herman, *The Idea of Decline in Western History*(Free Press, 1997), 메이지 시대에 소개된 인종에 대한 고찰은 제2장의 "Arthur de Gobineau and Racial Wreckage"를 참조했다.

Takashi Fujitani, *Splendid Monarchy: Power and Pageantry in Modern Japan*(University of California, 1998)

Liaquat Ahamed, *Lords of Finance: The Bankers Who Broke the World*(Penguin, 2009) 일본과 그 외 여러 나라에서 파시즘이나 군국주의를 불러온 1920년대의 금융 역사에 관한 탁월한 입문서.

Andrew Gordon, *Labor and Imperial Democracy in Prewar Japan*(University of California, 1991)

Sheldon Garon, *The State and Labor in Modern Japan*(University of California, 1987)

Walter LaFeber, *The Clash: U.S.-Japanese Relations throughout History*(W. W. Norton, 1997)

Mark Peattie, Edward Drea, and Hans Van de Ven, eds., *The Battle for China: Essays on the Military History of the Sino-Japanese War of 1937~1945*(Stanford, 2011)

Akira Iriye, *The Origins of the Second World War in Asia and the Pacific*(Longman, 1987)

Saburo Ienaga, *The Pacific War 1931~1945*, translated by Frank Baldwin(Pantheon, 1978)

John Dower, *War Without Mercy: Race and Power in the Pacific War*(Pantheon, 1986)

Herbert P. Bix, *Hirohito and the Making of Modern Japan*(Harper Collins, 2000)

4장 경제 기적

John Dower, *Empire and Aftermath: Yoshida Shigeru and the Japanese Experience, 1878~1954*(Harvard, 1979)

Takeo Doi, *The Anatomy of Dependence*(Kodansha USA, 2002), 아마에甘え에 대해 논하고 있는 고전.

Dennis J. Encarnation, *Rivals Beyond Trade: America Versus Japan in Global Competition*(Cornell, 1992) 일본이 해외 직접투자를 배제했던 문제의 기원을 다루고 있다.

Robert Scalapino, *The Japanese Communist Movement 1920~1966*(University of California, 1967)

Andrew Gordon, *The Evolution of Labor Relations in Japan, 1853~1955*(Harvard, 1988)

Akio Mikuni and R. Taggart Murphy, *Japan's Policy Trap*(Brookings, 2002) 이 책의 3장에서는 재정 정책과 은행 감독 정책을 잘 섞어 '경제 기적'의 기반을 다지는 데 이케다 하야토가 수행했던 중심적 역할을 다룬다.

Byong Chul Koh, *Japan's Administrative Elite*(University of California, 1989)

Edwin Reischauer, *My Life between Japan and America*(Harper & Row, 1986) 워싱턴과 도쿄 사이의 "끊어진 대화"(pp.151-160)가 어떻게 1961년 저자의 일본 대사 임명으로까지 이어지는지를 이야기한다.

John G. Roberts, *Mitsui: Three Centuries of Japanese Business*(Weatherhill, 1973)

5장 고도성장의 제도적 기틀

Frank Upham, *Law and Social Change in Postwar Japan*(Harvard, 1987) 무엇이 허용 범위 안에 있고, 무엇은 아닌지를 결정하는 기준이 종종 법적 구속력이 없는 비공식적인 관습인 것에 대해 서술하고 있다.

Andrew Gordon, *The Wages of Affluence: Labor and Management in Postwar Japan*(Harvard, 1998)

Chalmers Johnson, *Japan's Public Policy Companies*(American Enterprise Institute, 1978)

Rodney Clark, *The Japanese Company*(Yale, 1979)

Shigeo Tsuru, *Japan's Capitalism: Creative Defeat and Beyond*(Cambridge, 1993)

Thomas P. Rohlen, *Japan's High Schools*(University of California, 1983)

Ezra Vogel, ed., *Modern Japanese Organization and Decision-Making*(University of California, 1975)

William M. Tsutsui, *Banking Policy in Japan: American Efforts at Reform during the Occupation*(Routledge, 1988)

Yoshio Suzuki, *Money and Banking in Contemporary Japan*, translated by John G. Greenwood(Yale, 1980)

Aaron Viner, *Inside Japan's Financial Markets*(The Economist Publications, 1987)

Yoshio Suzuki, ed., *The Japanese Financial System*(Oxford, 1987)

James Horne, *Japan's Financial Markets: Conflict and Consensus in Policy Making*(George Allen & Unwin, 1985)

Daniel L. Okimoto and Thomas P. Rohlen, eds., *Inside the Japanese System: Readings on Contemporary Society and Political Economy*(Stanford, 1988)

T. F. M. Adam and Iwao Hoshii, *A Financial History of the New Japan*(Kodansha International, 1972)

Hugh Patrick and Henry Roskovsky, eds., *Asia's New Giant*(Brookings, 1976)

Robert J. Ballon and Iwao Tomita, *The Financial Behavior of Japanese Corporations*(Kodansha International, 1988)

Michael L. Gerlach, *Alliance Capitalism: The Social Organization of Japanese Business*(University of California, 1992)

6장 성장으로 얻은 것과 잃은 것

Satoshi Kamata, *Japan in the Passing Lane: An Insider's Account of Life in a Japanese Auto Factory*, translated by Akimoto, Tatsuru(Pantheon, 1982)

Robert Whiting, *The Chrysanthemum and the Bat*(Dodd, Mead, 1977), *You Gotta Have Wa*(MacMillan, 1989), and *The Meaning of Ichiro: The New Wave from Japan and the Transformation of Our National Pastime*(Grand Central Publishing, 2009) 이 책들은 미국의 독자들에게 일본의 야구에 대해 경이롭고도 철저하게 소개하고 있다.

Yuko Ogasawara, *Office Ladies and Salaried Men*(University of California, 1998)

Robert C. Angel, *Explaining Economic Policy Failure: Japan in the 1969~1971 International Monetary Crisis*(Columbia, 1991)

Edward J. Lincoln, *Japan's Unequal Trade*(Brookings, 1990)

I. M. Destler and C. Randall Henning, *Dollar Politics: Exchange Rate Policymaking in the United States*(Institute for International Economics, 1989)

Ryutaro Komiya and Miyako Suda, *Japan's Foreign Exchange Policy 1971–1982*, translated by Colin McKenzie(Allen and Unwin, 1991)

Kozo Yamamura and Yasukichi Yasuba, eds., *The Political Economy of Japan: Vol. 1, The Domestic Transformation*(Stanford, 1987)

Takashi Inoguchi and Daniel Okimoto, eds., *The Political Economy of Japan: Vol. 2, The Changing International Context*(Stanford, 1988)

Shumpei Kumon and Henry Rosovsky, eds., *The Political Economy of Japan: Vol. 3, Cultural and Social Dynamics*(Stanford, 1992)

7장 경제와 금융

Christopher Wood, *The Bubble Economy: The Japanese Economic Collapse*(Sidgwick and Jackson, 1992)

Richard Koo, *The Holy Grail of Macroeconomics: Lessons from Japan's Great Recession*(John Wiley & Sons, 2009)

Richard Katz, *Japanese Phoenix: The Long Road to Economic Revival*(M. E. Sharpe, 2003)

Roger Lowenstein, *When Genius Failed: The Rise and Fall of Long-Term Capital Management*(Random House, 2000)

8장 비즈니스

Michael Porter, Hirotaka Takeuchi, and Mariko Sakakibara, *Can Japan Compete?*(Perseus, 2000)

Gillian Tett, *Saving the Sun: Shinsei and the Battle for Japan's Future*(Random House, 2004) Steven K. Vogel, *Japan Remodeled: How Government and Industry are Reforming Japanese Capitalism*(Cornell, 2006)

Marie Anchordoguy, *Reprogramming Japan: The High Tech Crisis under Communitarian Capitalism*(Cornell, 2005)

Emi Osono, Norihiko Shimizu, and Hirotaka Takeuchi, *Extreme Toyota: Radical Contradictions that Drive Success at the World's Best Manufactur-*

er(John Wiley & Sons, 2008)

Tim Clark and Carl Kay, *Saying Yes to Japan: How Outsiders are Reviving a Trillion Dollar Services Market*(Vertical, Inc., 2005)

Michael Woodford, *Exposure: Inside the Olympus Scandal; How I Went from CEO to Whistleblower*(Portfolio Hardcover, 2012)

9장 사회문화적 변화

Joseph J. Tobin, ed., *Re-made in Japan: Everyday Life and Consumer Taste in a Changing Society*(Yale, 1992)

Michael Zielenziger, *Shutting Out the Sun: How Japan Created its Own Lost Generation*(Random House, 2006)

Sabine Frühstück and Anne Walthall, eds., *Recreating Japanese Men*(University of California, 2011)

Lucy Birmingham and David McNeill, *Strong in the Rain: Surviving Japan's Earthquake, Tsunami, and Fukushima Nuclear Disaster*(Palgrave Macmillan, 2012)

10장 정치

Jake Adelstein, *Tokyo Vice*(Constable&Robinson, 2009) 일본의 암흑세계 야쿠자에 대한 르포다.

Gerald L. Curtis, *The Japanese Way of Politics*(Columbia, 1988)

John Creghton Campbell, *How Policies Change: The Japanese Government and the Aging Society*(Princeton, 1992)

Gavan McCormack, The Emptiness of Japanese Affluence(M. E. Sharpe, 1996)

Mark Selden, "Japan, the United States and Yasukuni Nationalism: War, Historical Memory and the Future of the Asia Pacific," *Asia Pacific Journal: Japan Focus*, September 10, 2008, http://www.japanfocus.org/~Mark~Selden/2892.

Takashi Oka, *Policy Entrepreneurship and Elections in Japan: A Political Biography of Ozawa Ichiro*(Routledge, 2011)

11장 일본과 세계

Mayumi Itoh, *The Hatoyama Dynasty: Japanese Political Leadership Through the Generations*(Palgrave Macmillan, 2003)

Laura Hein and Mark Selden, eds., *Islands of Discontent: Okinawan Responses to Japanese and American Power*(Rowman & Littlefield, 2003)

Paul Morris, Naoko Shimazu, Edward Vickers, eds., *Imagining Japan in Postwar East Asia: Identity Politics, Schooling, and Popular Culture*(Routledge, 2013)

John J. Mearsheimer, *The Tragedy of Great Power Politics*(Norton, 2001)

Richard J. Samuels, *Securing Japan: Tokyo's Grand Strategy and the Future of East Asia*(Cornell, 2008)

Richard J. Samuels, *3·11: Disaster and Change in Japan*(Cornell, 2013)

"불쌍한 멕시코여! 신과는 멀고, 미국과는 가깝구나!" 저는 이 책의 일본어판 저자 후기를 쓰면서 이 유명한 풍자를 인용했습니다. 이 책은 '들어가는 말'에서도 얘기한 것처럼 옥스퍼드대학 출판사의 '누구나 알아야 하는 지식What Everyone Needs to Know' 시리즈의 한 권으로 쓰기 시작했습니다. 즉, 일본 독자들을 위해 쓴 것이 아니라 일본에 호기심을 갖고 좀더 이해하고 싶어하는 영어권 독자들을 위해 쓴 것입니다.

하지만 일본어판 저자 후기를 부탁받으면서, 저자로서 일본 독자들에게 이야기를 건네려면, 오늘날 일본을 그 무엇보다 구속하고 있는 과거의 굴레라고 제가 여기고 있는 것을 더 깊게 들여다봐야 한다고 생각했습니다. 그 굴레란 바로 일본을 아시아의 국가가 아닌 근대적이고 선진화된 서구 열강의 국가로 인식시키고자 했던 메이지 시대의 성공적인 시도입니다. 메이지 지도자들은 세계의 모든 사람뿐 아니라 일본인 스스로도 그들의 나라를 유라시아 대륙의 동쪽 끝자락에 자리한, 다 같이 한자를 쓰는 이웃의 나라들과는 다른 존재로 여기게 되기를 원했습니다.

물론 중국과 한국과 일본을 한번이라도 방문해본 사람이라면 그것이 터무니없는 생각임을 누구라도 알 수 있습니다. 세 나라는 지리적으로 가깝고, 모두 한자 문화권에 속해 있다는 점 말고도 수많은 공통점이 있습니다.

하지만 메이지 시대의 이런 관념은 끈질기게 살아남았습니다. 이 관념의 연장선상에서 보면, 많은 일본인이 자신들이 태어나기도 전에 있었던 일 때문에 이웃 나라가 계속해서 '일본 때리기'를 하는 것에 대해 왜 그토록 당혹스러워하는지 설명이 가능합니다. 일본 사람들은 과거사에 대해 자신들이 어떻게, 몇 번이고 거듭해서 사과를 해봤자 충분치 않다며 비난을 받을 것이라는 생각을 갖고 있습니다. 저는 일본이, 특히나 한국을 상대하는 데 있어 있는 그대로 받아들이는 법을 배울 것을 조언했습니다. 맨 앞의 인용구는 멕시코의 대통령 포르피리오 디아스가 100년 전 자신의 조국 멕시코의 운명을 풍자했던 유명한 말입니다. 저는 이 말이 더 큰 현실을 가리키고 있다고 생각합니다. 멕시코와 미국뿐만 아니라 아일랜드와 영국, 폴란드와 러시아, 베트남과 중국처럼 전쟁과 탄압, 차별 등으로 큰 나라와 역사가 얽혀버린 상황에서 작은 나라들은 필연적으로 힘센 이웃에 대한 애증이 뒤섞인 감정을 경험한다는 현실입니다. 과거사와 영토 분쟁, 경제와 정치권력이 처한 현실 때문에 한국인은 항상 일본에 대해 감정의 응어리를 품게 됩니다. 그러나 저는 일본인들이 그런 현실을 불쾌해하는 데 머물지 말고, 지진이나 태풍 같은 바꿀 수 없는 현실을 받아들이듯이, 세계 속의 일본의 위치를 받아들이고 대처하라고 조언했습니다. 일본은 커다란 재앙을 불러오고 말았던 1930년대의 제도적 결함들을, 1945년 이후 고치려 하기보다는 감추기에 급급했습니다. 저는 일본이 그에 대한 감정에 치우치지 않은 평가에서부터 시작하기를 권했습니다.

최근에 저는 위에서 인용한 디아스의 풍자보다 더 한국의 상황에 들어맞을 수도 있는 농담을 하나 들었습니다: 한 폴란드 병사가 독일군과 러시아군에게 동시에 공격을 당하게 되었습니다. 이 순간 그는 누구를 먼저 쏠 것인가. 그는 이렇게 대답했습니다. "그야 독일군이죠. 감정보다는 일이 먼저니까요."

한국의 경우는 이웃의 두 강대국 사이에 끼어 있을 뿐 아니라 러시아와 미국이라는 또 다른 강대국의 개입이 더해져 나라가 분단되어 있는 현실까지 감안하면 멕시코보다는 폴란드의 상황과 더 비슷할 수도 있겠습니다. 한국을 이리저리 차도 되는 축구공 취급하는 외부 세계에 대한 한국인의 분노에 가까운 거친 감정은 이해할 수 있을 뿐만 아니라 인간적인 반응이기도 하고 그래서 용인할 수 있는 것이기도 합니다.

하지만 그 감정이 용인할 수 있는 것이라고 해서 곧 현명함이 되는 것은 아니겠지요. 제가 한국을 잘 알고 있다고는 말할 수 없습니다. 제 삶에서 한국에 대한 경험이라고는 몇몇 좋은 친구와 제가 가르쳤던 매우 뛰어난 한국 학생들이 전부입니다. 그리고 그들은 모두 일본과 어떻게든 연관되어 있기 때문에(그래서 제가 그들을 알게 된 것이기도 합니다) 일반적인 한국인을 대표한다고 할 수는 없을 것입니다. 제가 대학을 졸업하고 시작한 일은 한국이 쏟아내는 놀라운 경제 성장률 및 각종 경제 지표 같은 한국의 경제에 대한 자료를 만드는 것도 포함하고 있었습니다. 그 일을 하면서 한국을 네 번 방문했습니다. 하지만 서울 밖으로 나간 것은 오직 한 번뿐이었지요.(저는 나라奈良의 성립 및 불교의 전래 등과 같은 일본의 중세 이전의 역사에 오랫동안 푹 빠져 있었기 때문에, 이 시기 대륙의 문화를 일본에 전달했던 신라의 수도 경주에 꼭 가보고 싶었습니다.) 나머지 세 번의 방문은 모두 비즈니스 미팅과 콘퍼런스로 일정이 꽉 채워진 전형적인 2~3일짜리 출장이었습니다. 그렇기 때문에 제가 가진 한국에 대한 지식은 매우 피상적일 수밖에 없습니다.(한국 요리를 매우 좋아하기는 합니다.) 그래도 폴란드 병사의 농담이 한국의 경우에도 비슷하게 적용되지 않을까 생각해봅니다. 한국 병사라면 일본군보다는 중국군을 먼저 쏠 것이라고요. 저는 일본인에 대한 한국인의 혐오가 한국 정세에 간섭하는 중국, 미국, 러시아와 같은 다른 외국에 대한 분노를 훨씬 더 넘어선다고 느끼는데, 제가 틀린 것일까요?

동질감이 아마도 그런 감정을 설명할 수도 있겠습니다. 우리는 모두 가까운 이들 사이의 분란, 이혼, 내전 같은 것이 더 지독해지는 경향이 있다는 점을 잘 알고 있습니다. 대한해협을 사이에 둔 두 나라의 많은 사람은 인정하기 싫겠지만, 한국과 일본은 그 어떤 나라보다 서로 더 비슷합니다. 한국인들이 느끼는 분함은 분명 최근의 역사 때문일 것입니다. 여기서 저는 단지 한국 문화와 민족성을 말살하고자 했던 여러 조치에 드러난 잔혹함, 착취, 심지어 대량학살의 의도로 점철된 일본 식민 시절의 역사만을 얘기하는 것이 아닙니다. 1945년 이후 일본이 군국주의와 전쟁을 극복하고, 경제 기적을 만들어냈던 그 10년 이상의 시기에 전쟁으로 내몰리며 그 결과 분단이라는 아픔이 오늘날까지도 남아 있는 그 역사에 대해서도 말하고 있습니다. 그렇기 때문에 예를 들어 히로시마와 나가사키에 떨어져 모든 것을 파괴한 원자폭탄이 청명한 하늘에서 이유 없이 불쑥 나타났다는 식으로, 피해자로서의 입장을 끝없이 강조하는 일본의 태도가 한국에서 분노를 불러일으킨다는 것을 누구라도 이해할 수 있습니다.

또한 '위안부' 문제에 대해서도 마찬가지입니다. 일본어판 후기에서도 제 영문판 책이 출판된 뒤 얼마 안 되어 일어났던 일에 대해 언급한 바 있습니다. 당시 저는 '위안부'로 알려진 여성들을 강제로 모집한 것을 솔직하게 인정한 1993년의 고노 담화를 부정하려는 아베 정권의 시도에 반대하는 청원에 동참해달라는 부탁을 받았습니다. 그 일에 대해 일본어판 저자 후기에 썼던 내용입니다:

저는 처음에 청원에 동참하는 데 회의적이었습니다. 왜냐하면 그러한 일들은 보통 진실 규명에 대한 노력이라기보다는 망신을 줄 목적으로 사람들의 시선을 끄는 한바탕 쇼가 되기 쉽기 때문입니다. 하지만 그 시기의 사건을 조사한 일본의 역사학자들을 지원하는 공개 청원서를 읽어보니, 글이 매우 신중하게 쓰여 있었고, '올바른' 역사 해석이란 참으로 어렵다는 사실을 인정하고 있었습니다. 그것은 결코 일본의 우파 수정주의자들만을 겨냥한 것이 아니었습니다. 그래서 저는 청원에 동참했습니다.

그 후에 벌어진 일들은 흥미로웠습니다. 자민당 내부와 산케이신문 관련 인사들이 저에게 한국이 일본을 얼마나 비난하고 있는지, 한국 정부가 역사적 사실을 바로 세우는 것과는 아무 상관없이 그저 일본을 모욕하고 당혹스럽게 만들어서 자신들이 정치적으로 당면한 현실에 유리하도록 전쟁 중 흔히 벌어질 수 있는 일들을 부풀리고 있다는 내용의 책과 기사들을 보내기 시작했습니다. 저는 이때 유엔 인권 이사회UN Human Rights Council가 작성한 북한의 열악한 인권 상황에 대한 아주 두꺼운 실태 보고서뿐만 아니라 북한에서 벌어지는 끔찍한 일들에 관한 책들도 받았습니다.

그것은 제 의도를 완전히 오해해서 벌어진 일이었습니다. 제가 당시 청원에 동참한 것은 한국과는 사실 아무런 상관이 없었습니다. 저는 일본이 역사 연구를 정치 도구화하는 것이 괴로웠기 때문에 청원에 참여했을 뿐입니다. 더 정확히는 이 책의 제목처럼 일본을 구속하고 있는 '굴레'를 벗기려면 역사에 대한 냉철한 분석이 필요하다고 믿었기 때문입니다. 이 책

11장에서 논했듯이, 일본이 1930년대와 1940년대의 역사를 다시 바라보는 작업이 필요한 까닭은 한국을 위해서가 아니라 바로 일본을 위해서입니다. 저는 그 청원을 통해 당시 무슨 일들이 있었는가 이해할 필요가 있음을 환기시키고, 신화에 경도된 일본 우익들을 두려워하는 학자들을 일깨우기를 바랐습니다.

마찬가지로 일본에 계속해서 사과만 요구하기보다는 성적 착취에 관한 일을 대할 때 감정에 치우치지 않는 현실 진단을 하는 것이 한국이 일본 군부의 의심할 여지 없는 조직적 만행에 고통당한 수천 명의 젊은 여성을 기억할 수 있는 최선의 방법이라고 생각합니다. 역사학자와 인류학자들이 인정하듯이 전쟁에 수반되는 강간과 성적 약탈은 역사상 늘 있어왔습니다. 매춘은 '세상에서 가장 오래된 직업'이라 불려왔습니다. 이 모든 것이 의미하는 바는 무엇일까요? 게다가 현격히 차이나는 정치적, 군사적, 경제적 권력이 얽혀 있다면 이는 어떤 의미를 가질까요? 자기 나라의 여성들이 침략자의 성적 노리개가 되는 것을 무기력하게 지켜보는 것만큼 패전국의 남자들에게 굴욕감을 주고, 고통스러운 패배의 현실을 느끼게 하는 것은 없습니다. 제가 다른 글에도 썼듯이 "일본이 전례 없는 수준으로 한국과 다른 곳에서 성노예를 조직적으로 운영했을지라도, 물론 동아시아 전역에서 가난한 젊은 여성들을 제도적으로 착취했다는 더 큰 그림은 일본의 식민지 시대 이전부터 존재해왔으며 식민지 시대가 끝난 뒤에도 이어졌습니다."[1]

일본이 가난하고 힘없는 여성들을 착취했던 유일한 나라였던 것은 아닙니다. 하지만 한국을 포함한 많은 이에게 '위안부'에게 벌어졌던 일이 대단히 충격적인 이유는 두 가지 면에서입니다. 첫째는, 성적 본능의 실체에 대한 일본인들의 공개적이고 노골적인 인정입니다. 우리 대부분은 이런 인정을 하는 상황을 피하고 싶어합니다. 사람들은, 가령 전쟁에서, 많은 남성이 상대적 약자인 여성들에게 저지르는 물리적 강제가 수치스럽기 때문에 가능한 한 이러한 것을 언급하고 싶어하지 않습니다. 우리 대부분은 이런 일이 일어나지 않는 척하거나, '나쁜' 사람들 사이에서만 일어나는 것처럼 행동합니다. 그렇기 때문에 일본인들이 이것을 당연한 사실처럼 취급하는 태도는 괴물처럼 보입니다. 그리고 이 점이 바로 충격과 경악을 금치 못하게 하는 두 번째 이유로 이어집니다. 일본인들이 저지른 '위안부'의 노예화라는, 가난하고 힘없는 여성들에 대한 착취가 이전에는 없었던 새로운 일이었기 때문이 아니라 그러한 착취가 관의 조직적인 주도하에 행해졌다는 점 때문입니다. 이러한 면에서 '위안부' 문제는 나치가 유럽에서 600만 명의 유대인을 살해했던 일에 비견할 수 있습니다. 소수자들은 유사 이래 줄곧 박해받고 때로는 살해당하기도 했습니다. 스탈린이나 마오쩌둥은 히틀러보다 더 많은 사람을 죽였습니다. 하지만 나치는 관의 조직적인 주도하에 대량학살을 저질렀고, 이 때문에 사람들이 특별히 경악하는 것입니다.(혹은 미국의 흑인 노예제도에 비유할 수도 있겠습니다. 노예제도는 아프리카인들을 포함하여 항상 존재해왔고 널리 퍼져 있었지만 17, 18세기 대서양을 오가며 벌어졌던 노예무역은 관의 조직적인 주도하에 이를 새로이 시작되던 세계 산업경제에 연결시켰습니다.)

안타깝게도, 대부분의 일본인은 자신의 나라가 얼마만큼 악해질 수 있는가를 직시하지 못해왔으며 앞으로도 그러지 못하리라는 것이 현실입니다. 이 점에 있어서는 사실 세상의 모든 사람이 별반 다르지 않으니

---

1 태가트 머피, "아베 신조의 일본: 동아시아에서의 역사와 정통성On Shinzo Abe's Japan: History and Legitimacy in East Asia" 『뉴레프트리뷰』 93, 2015년 5/6월호

다. 조지 오웰은 "역사란 대부분 민족주의적인 관점에서 고려되는 것이다. 그것은 마치 (…) 면도칼로 아일랜드 여성들의 얼굴을 난자해버린 크롬웰 병사들의 행동이 도덕적으로 중립적이 되거나, 심지어 그들이 '올바른' 대의명분 아래 행동했다고 여겨질 때는 칭찬할 만한 일이 되는 것과 같다. (…) 민족주의자는 자기편이 투쟁 중에 저지른 만행을 못마땅하게 여기지 않을 뿐 아니라, 심지에 그런 일들에 대해 애써 듣지 않는 놀라운 능력을 가지고 있다. 민족주의적 사고에는 진실과 거짓, 알려져 있는 사실과 알려지지 않은 사실이 구분되어 있다. 어떤 알려진 사실은 너무 견디기 힘들기 때문에 민족주의자들은 이를 습관적으로 회피하여 논리적인 수용과정에서 빼버리거나, 다른 한편으로는 모든 계산 안에 이를 넣었으면서도 심지어 마음속에서조차 결코 사실로는 인정하지 않을 수도 있다"고 말한 바 있습니다.[2]

따라서 일본인들이 스스로 저지른 잔혹 행위에 대해 듣지 못하는 행태는 유별난 것이 아니며, '견디기 힘든' 사실을 '회피'하려는 것이 일본인만의 행동도 아닙니다.(예를 들어 한국 경제의 많은 제도적 구조가 일제 식민주의의 유산이라는 사실을 한국인들은 '견디기 힘들어한다'는 것을 언급하지 않을 수 없습니다.)

그러나 견디기 힘든 사실을 '회피'해버리는 방식에는 일본인만의 특유의 무언가가 있기는 합니다. 그것을 일본인들 스스로는 '피해자 의식被害者意識'이라고 부릅니다. 한국인들이 격분할 수 있는 지점인데, 일본인들은 자신들을 희생자로 보는 경향이 있습니다. 즉, '19세기 후반, 거스를 수 없는 역사의 물결에 마지못해 끌려갔다, 본인들이 주도해서 만들

---

2 조지 오웰, 「민족주의 비망록Notes on Nationalism」, https://www.orwellfoundation.com/the-or-well-foundation/orwell/essays-and-other-works/notes-on-nationalism/

지 않았던 세상의 규칙과 규범에 따르도록 강요받았다'는 것입니다. 그러한 당시의 규범들 중 하나는 바로 강한 나라들이 자신보다 작고 약한 나라들, 특히 그런 나라가 자신과는 다른 문화와 종교를 가지고 있다면 정복해서 식민지로 만들어, 자기 방식이 옳음을 확인하고자 하는 것이었습니다. 이것이 일본인들이 스스로를 '아시아인'과는 다르다고 믿으려 했던 이유 중 하나입니다. 대부분의 평범한 일본인은 스스로를 1930년 대와 1940년대 초반에 있었던 사건의 희생자로 여겼습니다. 그들은 전쟁을 원치 않았지만, 그들이 누리던 생활은 파괴되었고, 살고 있던 집과 마을은 폭격을 당했으며, 남편과 아들은 전투에서 죽었습니다. 고노에 후미마로近衛文麿 공작, 마쓰오카 요스케松岡洋右 외무대신, 도조 히데키東條英機 내각 총리대신과 다수의 일본 제국군 고위 간부들 등 당시 발생한 일에 실제로 책임을 져야 하는 사람들조차 자신들이 통제할 수 없는 사건들에 의해 전쟁에 내몰렸다고 생각하는 경향이 있었습니다.

물론 많은 사람, 특히 그 결과로 몹시 끔찍한 고통을 겪은 한국인과 같은 사람들은, 과거를 받아들이고 책임지려는 모습을 보이지 못하거나 원하지 않는 많은 일본인의 태도에 코웃음을 칩니다. 하지만 이것은 제가 본문에서 논한 것처럼 일본 문화가 가진 특징의 한 부분입니다. 이런 현상은 일본의 정계와 사회생활과 재계 등 일본의 모든 곳에 깊게 얽여 들어가 있습니다. 나카노 고이치나 마루야마 마사오처럼 탁월한 통찰력을 가진 일본의 비평가들은 이를 매우 잘 알고 있습니다. 하지만 이러한 현상이 금세 바뀌지는 않을 것이며, 바뀐다고 하더라도 가장자리에서부터 천천히 바뀌는 과정이 될 것입니다.

그렇기 때문에 제가 한국 독자들에게 드리고 싶은 조언은(제 조언이 어떤 의미를 가진다고 한다면), 현실을 그대로 냉정하게 받아들이라는 것입니다. 이 책 8장에서 언급했듯, 한국인들은 세계화에 일본보다 훨씬 더 우월하게 대응하고 있습니다. 책에서도 말했지만 이는 바로, 한국에서는 의사결정 과정이 훨씬 더 명쾌하고, 책임 소재와 설명 책임의 의무가 훨씬 더 명확하기 때문입니다.

최근 막을 내린 아베 신조 정권이 남긴 유산에 대해서도 한마디 하지 않을 수 없습니다. 아베 총리가 2012년 재집권에 성공했을 때, 좌파 성향의 많은 이는 1930년대 우파 패권주의의 재등장을 우려했고(이 책 마지막 장에서 저 역시 그러한 우려에 대해 논했습니다), 우파의 많은 이는 그것을 기대했습니다. 그러나 그러한 일은 일어나지 않았습니다. 대신 아베 총리는 1950년대에 형성된 전후 질서를 복원하고 재강화하는 데 착수했습니다. 즉, 전문 엘리트에 의한 경제 통제의 강화, 정책 수립에 대한 관료들의 지속적인 재량권, 선거 정치의 장악을 통한 자민당 집권의 고착화, 미국과의 유대 강화 등이 그것입니다. 아베 총리는 그의 임기 마지막 몇 달 동안 코로나19 사태에 대한 대처에 실패했지만 1950년대 체제를 복원하려던 그의 시도는 대체로 성공했습니다.

아베 총리의 출신 배경과, 1930년대에 실제로 벌어진 일들에 대해서는 아니더라도 적어도 당시의 국수주의적 분위기에 대해 그가 갖고 있던 향수를 생각하면, 한국인들은 이제 확신을 가져야 합니다. 아베 정권의 지난 몇 년은 앞으로 정세가 어떻게 전개되더라도, 일본이 주변국들에 큰 피해를 줄 수 있는 재무장과 군사화의 길을 다시 걸을 가능성은 이제 없다는 사실을 증명해줍니다. 그러기에는 세계가 그리고 일본 자체가 너무 많이 변했습니다. 군국주의 시대의 재앙을 초래한 제도적 결함들 중 일부가 여전히 존재하고 있는 것은 사실입니다. 그러나 오늘날 그러한 결함은 예전처럼 자멸적 파괴라는 결과를 불러오기보다는, 오히려 지난 한 세대 동안 일본이 직면하고 있는 인구 감소, 기업가 정신의 결핍, 빈약한 내수, 고정 자산에 대한 투자 급감, 소극적이 되어가는 엘리트층 등 명백하게 드러나 있는 도전에 대처하지 못하는 현상으로 나타나고 있습니다. 한국 역시 이런 도전에 직면하고 있지만 적어도 일부분에 있어서 한국인들의 대응은 훨씬 더 낫습니다. 예를 들어 모바일폰 시장에서 애플사의 가장 큰 두 경쟁자 중 하나는 일본 기업이 아닌 한국 기업이며, 한국의 재계와 정계의 엘리트들은 일본에 비해 확실히 훨씬 더 국제화되어 있습니다. 이는 한국이 실제로 역사적 입장을 뒤집어서, 일본인에게 교훈을 줄 수 있는 위치에 오를 수 있음을 시사합니다.

그리고 어떤 방법을 동원하든 한국과 일본은 프랑스의 드골 대통령과 독일의 아데나워 수상이 제2차 세계대전의 폐허에서 회복하기 위해 서로 합의해낸 것과 같은 수준의 관계 회복이 필요합니다. 프랑스와 독일은 수 세기에 걸쳐 서로 눈엣가시와도 같은 존재였고 과거 80년 동안 혹독하고 파괴적인 전쟁을 세 차례나 벌였습니다. 그러나 그들은 그저 서로의 차이를 받아들이고, 이웃으로서 살아가는 방법을 찾아야 했습니다. 그렇게 하지 않으면 치러야 하는 대가가 너무 컸기 때문입니다.

한국과 일본에 대해서도 마찬가지라고 할 수 있습니다. 지금의 세계정세는, 두 나라가 함께 살아가는 법을 찾지 못한다면, 둘 다 다른 나라에 종속되거나 파멸할 수도 있는 방향으로 변해가고 있습니다. 특히 미국 내 정치사회적 문제로 인해 미국의 패권주의가 쇠퇴하는 와중에 바로 이웃에서 호전적인 초강대국이 새롭게 부상하고 있는 상황에서 한국과 일본은 각자의 미래에 대해 냉철하게 사고해보지 않을 수 없습니다. 두 나라의 정치와 안보는, 분명 이스라엘 다음으로 다방면에서 미국과 복잡하게 얽혀 있습니다. 미국의 군사, 정치, 경제, 문화 권력이 점차 쇠락해가는 지금, 한국과 일본이 어떻게 협력해서 공존할 것인가를 생각하지 않는다면, 중국이 다시금 동아시아와 동남아시아에서 구축하기를 원하는 종속 질서에 빨려들어갈 것입니다.(책에서 이야기했듯 예전의 일본은 물리적 거리 덕분에 중국이 주도하던 질서 밖에서 생존할 수 있었지만, 이제 물리적 거리는 더 이상 문제가 되지 않습니다.)

앞서 한국을 멕시코와 폴란드에 비교했지만 물론 서로 다른 대상 간의 비교는 결코 완벽할 수 없습니다. 한국 독자들은 한국을 세계 역사상 가장 큰 피해국이었던 두 나라와 나란히 비교한 것에 불쾌할 수도 있을 것입니다. 하지만 한국을 멕시코나 폴란드와 비교할 수 없다고 반박하는 그 지점들이 바로 한국에 낙관을 갖게 합니다. 멕시코와 폴란드가 피해국이 되었던 역사는 수 세기 전으로 거슬러 올라갑니다. 멕시코는 콜럼버스의 발견 이전 아메리카 대륙에 존재했던 가장 막강한 국가였을 아스테카 제국의 직계 후손국입니다. 아스테카의 멸망은 유럽 제국주의가 저지른 최초이자 가장 끔찍한 사례들 중 하나였습니다.(본문에서 언급한 바와 같이, 초기 도쿠가와 쇼군들은 아즈텍인들에게 일어난 일을 알고 있었고, 이것이 의도적으로 일본을 서구로부터 격리시키고, 기독교 신자들을 박해했던 주된 이유였습니다.) 독립된 국가로서의 폴란드는 1795년 러시아와 프로이센과 합스부르크 왕가에 의해 분할되면서 사라졌습니다.(비스마르크는 폴란드가 독립국가로 남아 있는 한 독일에 감당키 어려운 안보 위협을 지속적으로 가할 것이기 때문에 독일은 절대로 독립된 폴란드가 존재하도록 허용할 수 없다고 말한 적이 있습니다.) 본문 3장에서도 언급했듯, 한국을 '일본의 심장부를 겨냥한 단도'라고 보았던 비스마르크 참모의 조언도 부분적으로 영향을 미쳐서, 메이지 지도자들은 한국을 식민지화하는 수밖에 없다고 믿었습니다. 그러나 멕시코·폴란드와는 달리 한국은 근세기까지 이웃 나라들과 대체로 우호적인 관계를 유지했습니다. 한국은 명목상으로는 중국의 조공국이었지만, 중국의 황제는 한국 문제에 크게 간섭하지 않았습니다. 또한 도요토미 히데요시가 일으켰던 1592~1598년 임진왜란을 제외하면, 19세기 후반까지 일본과 한국의 관계도 대체로 우호적이고 상호 존중에 기반하고 있었습니다. 그러나 청나라의 붕괴가 진행되고 잔혹했던 제국주의가 횡행했던 시절 일본이 느낀 자국의 안전에 대한 두려움, 거기에 메이지 시대의 계몽사상가 후쿠자와 유키치의 '탈아입구론脫亞入歐論' 등이 합쳐져, 한국은 독립국가의 지위를 잃고, 결국은 세계 무대에서 분단된 나라와 분단된 민족으로 남겨졌습니다.

그러나 이러한 조건들은 이제 바뀌었고, 돌이킬 수도 없습니다. 중국은 더 이상 붕괴되어가는 나라가 아니라 세계 속의 새로운 강대국입니다. 호전적이던 제국주의 일본의 시대도 끝났습니다. 한국과 일본이 최근의 과거사를 뒤로하고 앞으로 나갈 수 있는 모든 외부적인 상황이 갖춰져 있습니다. 그런 상황들 중 가장 중요한 것은 미국이 쇠퇴하고 중국이 부상하고 있는 세계질서에서 한국과 일본에게 현실적으로 다른 대안이 없다는 점입니다. 그런 면에서 한국 독자들이 제 책에 관심을 보여주고 있다는 바로 그 사실, 그리고 고단하고 때로 생색도 나지 않는 번역 작업을 맡아준 박경환씨와 윤영수씨 같은 예리한 관찰자들의 존재는 그 자체로 희망의 증거입니다.

한 나라에 오래 산 외국인이 현지인보다 그 나라를 더 정확하게 꿰뚫어 보는 경우가 있습니다. 나에 대해 애정을 갖고 있는 친구가 나 자신도 깨닫지 못하던 내 모습에 대해 객관적으로 얘기해줄 수 있는 것과 마찬가지입니다.

저희 부부는 회사 일 때문에 20여 년 전 한국을 떠나 처음 12년은 중국에서, 지난 7년간은 일본에서 살고 있습니다. 이웃 나라이고 미디어를 통해 접할 일이 많기 때문에 두 나라에 대해 잘 안다고 생각했습니다. 하지만 직접 가서 살아보니 낯선 점이 한두 가지가 아니었습니다. 왜 간단해 보이는 일이 여기서는 이렇게 복잡해지고 마는 것일까, 혹은 보통 일이 아닌 것 같은데 왜 다들 심각하게 여기지 않을까, 왜 이 사람들은 나의 말이나 행동에 이렇게 반응할까, 나아가서는 왜 한국에 대한 뉴스가 여기서는 이렇게 소비되고 있는 것일까 하는 문제까지, 여태껏 우리가 당연히 상식이라고 여겼던 사고방식이 잘 통하지 않는 일이 종종 생겼습니다.

낯설다는 것은 신선한 일이기도 하지만 객지에서 오래 살며 그 나라 사람들과 깊은 유대를 맺으려면 신선함만으로는 부족했습니다. 그 나라에서 성장기를 보내지 않은 사람이 일상적인 접촉만을 통해 현지인의 정서를 이해하는 데는 한계가 있습니다. 인지상정이란 어딜 가나 근본적으로 비슷하기는 해도, 특정 시점의 특정 사회를 놓고 보면 그곳에서 있었던 지난 몇 세대의 경험이 응축되어 영향력을 행사하고 있기 때문입니다. 이 사회에 대해 더 잘 알려면 이곳의 역사에 대해, 특히나 근현대사에 대해 자세히 알지 않으면 안 되겠구나라는 생각이 들었습니다. 일제강점기, 한국전쟁의 경험과 한강의 기적, 1970~1980년대의 민주화 운동과 최근의 경제 양극화에 대해 모르는 외국 사람이 우리와 같은 한국인의 정서를 제대로 이해하기 어려운 것과 같은 이치입니다.

그렇게 틈나는 대로 일본에 대한 책을 찾아 읽었습니다. 우리 책 중에도 좋은 것이 많지만 의외로 우리 부부가 갖고 있던 갈증을 해소해주는 책은 찾기 쉽지 않았습니다. 너무 학술적이라 읽기가 부담스럽거나, 지엽적인 주제만을 다루고 있거나, 민족적 감정 혹은 거꾸로 그에 반발하는 감정에 지나치게 사로잡힌 책도 많았습니다. 감정적으로 얽힌 것이 많은 이웃 나라이기 때문에 어쩔 수 없는 부분이기도 합니다. 그러고 보면 일본 관련 인터넷 기사에 온갖 감정적 댓글이 달리는 것에 비해 우리는 실제로 일본에 대해 과연 얼마나 잘 이해하고 있을까요. 한국 사람들의 일본에 대한 이해뿐만 아니라 한·중·일 세 나라 간에는 서로서로 오해와 선입견만 난무한다는 생각을 자주 합니다. 물론 그런 것을 정치적으로 이용하는 세력이 있기 때문이기도 하지만, 일반 국민이 서로에 대해 조금만 더 제대로 알고 있다면 상황이 지금과는 다르지 않을까 하는 아쉬움이 항상 있습니다.

그러다가 이 책을 발견하고는 그야말로 가뭄에 단비를 만난 것 같았습니다. 책을 읽으며 일본에 처음 왔을 때 이 책을 알았더라면 얼마나 좋았을까 수없이 생각했습니다. 저자인 태가트 머피 씨는 미국인이지만 대학을 졸업하고 40년이 넘는 세월을 일본에서 살았습니다. 이 책에는 태가트 씨가 평생 일본에서 살며 일본에 대해 보고 배운 그야말로 모든 것이 담겨 있습니다. 나라와 교토의 성립부터 시작해서, 전국시대의 혼란, 에도 시대 사회의 얼개, 쇄국 정책과 메이지 유신, 제2차 세계대전의 광기, 전후의 경제 기적과 샐러리맨 문화, 1980년대 버블의 형성과 붕괴, 최근의 아베 정권에 이르기까지 역사와 경제와 정치와 문화를 종횡무진 넘나들며 일본 사회에 대한 저자의 전방위적인 통찰을 보여줍니다. 그리고 일본인도, 그 이웃 나라 사람도 아니지만 일본에 대한 평생의 애정을 바탕으로 쓴소리를 아끼지 않는 제3국의 사람이라는 점 때문에, 그의 시각은 감정 면에서 한발 뒤로 물러나 있고 분석 면에서 한발 깊게 들어가 있습니다.

특히 에도 시대가 막부의 강력한 권위를 기반으로 수백 년간 평화를 유지해서 상상 이상의 눈부신 사회경제적 발전을 이루었다는 부분은 다시 새겨볼 만합니다. 부의 축적은 맨 아래 계층인 상인들을 중심으로 이루어졌으나 사무라이가 지배하는 신분제도가 집요하리만큼 철저하게 유지되면서 생겨난 거대한 모순의 에너지는 오늘날까지도 일본 사회의 여러 현상을 설명하는 데 유용합니다. 메이지 유신 이후 아시아에서 벗어나 서구 열강의 대열에 합류하려던 불과 한 세대의 압축적인 노력이 어떻게 일본인의 정신세계를 바꿔놓았고 어떻게 여전히 일본이 미래로 나아가는 데 굴레로 작용하고 있는가 하는 분석에도 감탄하지 않을 수 없었습니다. 그리고 메이지 유신이 천황제도와 의회제도라는 두 가지 '허구'를 앞에 내세웠지만 실제로는 그 뒤에서 유신의 주역들이 과두정치를 펼쳤다는 지적, 그들이 나이가 들어 죽으면서 남긴 커다란 권력의 공백으로 인해 최종 책임이 없는 관료에게 휘둘리는 현재 일본 정치의 구조가 탄생했으며, 일본의 조직에서 근본적인 개혁이 그토록 어려운 이유가 바로 이 최종 책임의 소재가 없는 문화 때문이라는 이야기에 이르면 저절로 무릎을 치게 됩니다.

저자는 또한 국제 정치경제학 교수답게 제2차 세계대전 이후 정치와 경제에 대한 이야기에도 책의 많은 부분을 할애합니다. 태가트 씨는 책의 본문에서도 언급한, 기존 미일관계의 수호를 위해 행동하는 미국의 '신일본통'들과는 결을 달리하는 사람입니다. 책의 제목이 암시하듯 일본이 가진 고질적인 문제들에 대해 칼을 들이대는 것은 물론, 현재 일본의 문제들에 원죄를 갖고 있는 미국에 대해서도 거침없이 비판합니다. 일본의 과거사 청산이 그토록 어려운 것에는, 미군정이 전후 처리과정에서 일본인들이 스스로 과오를 돌아볼 기회를 원천봉쇄해버린 데 큰 책임이 있다는 지적은 미국인이라면 아프게 들어야 할 내용입니다. 1990년대부터 미일 관계의 뜨거운 감자가 되어버린 오키나와의 후텐마 해군 기지 문제도 미국 내 관료 조직 간의 경쟁과 이기주의로 인해 불필요하게 장기화되고 복잡해졌다는 지적 또한 그렇습니다.

환율 정책이나 버블에 관한 이야기는 상당히 깊이 들어가기 때문에 경제에 관심이 많지 않은 분들에게는 읽기가 조금 수월하지 않을 수 있습니다. 옮기는 과정에서 가장 많은 시간이 걸린 부분이기도 한데, 가능한 한 자세히 풀어가며 번역했으므로 다 읽고 나면 일본 경제가 그려온 극적인 궤적이 머릿속에 정리되는 경험을 할 수 있으리라 생각합니다. 일본이 패전 이후 미국에 국방과 외교를 맡긴 대신 미국을 지렛대 삼아 경제를 일으키고, 나중에는 거꾸로 미국이 일본의 경제력에 의존하여 달러 중심의 세계 경제를 유지한다는 얘기는 이 책에서 다루고 있는 중요한 주제 중 하나이기도 합니다.

책을 읽으며 내심 놀랐던 또 한 가지는 한국 사회의 너무나 많은 면이 전후 일본의 모습과 닮아 있다는 것이었습니다. 우리나라의 경제 성장 모델이 일본의 그것을 그대로 들여온 것이니 비슷할 수밖에 없다고 하더라도, 주어만 일본에서 한국으로 바꾸어도 전혀 어색하지 않을 것 같은 문장이 한가득입니다. 그렇게 일본을 따라가던 한국은 20세기 말을 분기로 점점 궤적을 달리하고 있지만, 일본이 고민하고 있는 만성적 저성장이나 언론의 독립성, 사법 개혁, 저출산 고령화 사회 등이 우리에게도 숙제인 까닭은 그래서이지 않을까 합니다. 이 책을 통해 일본의 과거를 제대로 들여다보고 우리 사회가 그것과 얼마나 닮아 있던가를 돌아볼 수 있기를, 그래서 미래를 생각해볼 기회가 되기를 바랍니다.

우리 부부가 일본에서 살기 시작한 2014년부터 지난 7년간 한일관계는 최악이었습니다. 일본에는 혐한 서적들이 서점의 한 코너를 항상 채우고 있고 한국의 인터넷에도 일본에 대해 그에 못지않은 험악한 말들이 넘쳐납니다. 저자도 본문에서 이야기했지만 이웃 나라라는 것은 선택할 수 있는 게 아닙니다. 한발 물러나 생각하면 역사적으로 사이가 좋았던 이웃 나라들이 전 세계에 과연 얼마나 있었을까요. 이웃이기 때문에 갈등할 수밖에 없지만 그럼에도 불구하고 공존할 방법을 찾아야 하는 것 아닐까요. 공존의 첫걸음은 상대방을 이해하려는 노력이라고 생각합니다. 상대가 왜 저렇게 행동하는 것일까 헤아리려는 노력을 하지 않는다면 즉각적이고 감정적인 반응이 앞서기 마련입니다. 이 책을 통해 많은 분이 현대의 일본을 더 잘 헤아릴 수 있게 된다면 옮긴이로서 더 바랄 것이 없겠습니다.

노파심에서 한 가지 덧붙이자면 이 책은 원래 저자와 같은 영어권 사람들에게 일본을 좀더 이해시키고자 쓴 책입니다. 딱히 일본인의 입장이나 한국인의 입장을 고려해서 쓰이지 않았기 때문에, 어떤 내용은 우리가 보기에 불편할 수도 있습니다. 특히 3장의 한국의 식민화 과정에 대한 얘기나 마지막 장의 '위안부' 관련 내용은 그 시선의 냉정함 때문에 우리에게는 '자존심' 상하는 이야기일 수 있습니다. 하지만 그런 제3자의 시각이 바로 이 책의 미덕이라고 생각합니다. 밖에서 보고 있는 시각은 우리가 우리 중심으로 보고 있는 시각과 다를 수도 있다는 점, 그리고 그 시각차를 어떤 방향으로 좁혀나갈 것인지는 우리의 선택이라는 점에서 그렇습니다.

이 책을 주변 사람들이 읽었으면 좋겠다는 단순한 소망에 앞뒤 가리지 않고 번역을 시작했습니다. 번역본을 내기까지의 인연을 만들어준 이진성, 김보경 두 사람에게 고마움을 전합니다. 7장 경제 부분의 번역을 읽고 감수해준 한병국에게도 신세를 졌습니다. 흔쾌히 추천사를 써주신 주진형 선생님께도 깊은 감사를 드립니다. 평소 한국 사회에 대한 선생님의 명확한 분석이 좋아서 무작정 부탁드렸던 것인데, 알고 보니 저자인 태가트 씨와 20년 전으로 거슬러 올라가는 인연이 있었던 것도 신기했습니다. 전문 번역가도 아닌 저희의 제안을 선뜻 받아들여 훌륭한 책으로 만들어주신 글항아리의 강성민 대표님께는 특별한 감사의 말씀을 드립니다.

저자인 태가트 머피 씨와는 책을 읽고 나서부터 꼭 한번 만나보고 싶었지만, 은퇴 후 미국과 일본을 오가는 삶을 살고 있는 태가트 씨가 코로나19 사태로 인해 미국에서 돌아오지 못하게 되면서 이메일로만 대화를 이어가야 했습니다. 번역에 필요한 원문의 정확한 이해를 위해 수많은 이메일을 교환하며 태가트 씨의 방대한 지식과 학문적인 꼼꼼함, 열린 자세로부터 새삼 많은 것을 배웠습니다. 존경과 감사의 마음을 전합니다. 생업이 있는지라 주로 새벽과 밤에 번역 작업을 했습니다. 끝이 보이지 않는 터널과도 같은 암울한 팬데믹의 와중에 책을 한 문장 한 문장 옮기던 밤 시간이, 밤새 도착한 저자의 메일을 확인하던 새벽 시간이 큰 즐거움이었습니다.

번역은 옥스퍼드대학 출판사의 2014년 초판 *Japan and the shackles of the past*를 기준으로 했고 인명이나 지명, 기관명의 일본어 표기는 2015년 하야카와쇼보早川書房 출판사의 일본어 번역본(『日本: 呪縛の構圖 上·下』)을 참고했습니다.

2021년 1월
도쿄에서
윤영수 박경환

찾아보기

일본의 굴레

1판 1쇄 2021년 2월 15일
1판 17쇄 2024년 9월 11일

지은이 R. 태가트 머피
옮긴이 윤영수 박경환
펴낸이 강성민
편집장 이은혜
마케팅 정민호 박치우 한민아 이민경 박진희 정유선 황승현
브랜딩 함유지 함근아 박민재 김희숙 이송이 박다솔 조다현 정승민 배진성
제작 강신은 김동욱 이순호

펴낸곳 (주)글항아리 | 출판등록 2009년 1월 19일 제406-2009-000002호
주소 10881 경기도 파주시 심학산로 10 3층
전자우편 bookpot@hanmail.net
전화번호 031-955-2689(마케팅) 031-941-5158(편집부)
팩스 031-941-5163

ISBN 978-89-6735-862-4 03300

geulhangari.com

Japan and the Shackles of the Past